U0934141

宁德市
档案史料
丛书

编纂委员会

闽东抗日战争档案史料

第七辑 军民合作

宁德市档案馆 福鼎市档案馆 厦门大学马克思主义学院 编

主　　编　郑　伟　李小平　林劲松　张　侃

执行主编　陈劲松　董兴艳　叶召法　陈承纯

厦门大学出版社
XIAMEN UNIVERSITY PRESS
国家一级出版社
全国百佳图书出版单位

图书在版编目(CIP)数据

闽东抗日战争档案史料. 第七辑/宁德市档案馆,福鼎市档案馆,厦门大学马克思主义学院编.—厦门:厦门大学出版社,2020.10

ISBN 978-7-5615-7932-9

Ⅰ. ①闽… Ⅱ. ①宁… ②福… ③厦… Ⅲ. ①抗日战争—历史档案—福建 Ⅳ. ①K265.06

中国版本图书馆 CIP 数据核字(2020)第 194275 号

出 版 人 郑文礼
责任编辑 韩轲轲
装帧设计 李夏凌
技术编辑 朱 楷

出版发行 厦门大学出版社
社 址 厦门市软件园二期望海路 39 号
邮政编码 361008
总 机 0592-2181111 0592-2181406(传真)
营销中心 0592-2184458 0592-2181365
网 址 http://www.xmupress.com
邮 箱 xmup@xmupress.com
印 刷 厦门集大印刷厂

开本 787 mm×1 092 mm 1/16
印张 36.25
插页 4
字数 800 千字
版次 2020 年 10 月第 1 版
印次 2020 年 10 月第 1 次印刷
定价 180.00 元

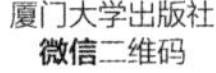
厦门大学出版社
微信二维码

厦门大学出版社
微博二维码

前　言

1931年的“九一八”事变后，中国人民经过十四年艰苦卓绝的浴血奋战，最终赢得了抗日战争的胜利，这是中国近代以来抗击帝国主义入侵的第一次完全胜利，也是为世界人民反击法西斯主义暴政和争取和平所做出的重大贡献。抗日战争中，中国人始终洋溢着自信、自立、自强的民族精神；而抗日战争的胜利，也开启了古老中国凤凰涅槃、浴火重生的新征程；如今，鲜血写就的抗日战争历史，其精神已凝结为中华民族走向伟大复兴的核心价值。

历史是一个民族的灵魂，不是任人打扮的婢女。维护历史的尊严，就是维护人类良知，就是要留下正义、善良与仁慈，将邪恶、血腥和残暴钉在历史的耻辱柱上；坚守真实的共同记忆，就是坚守理性火炬而照亮自我，念念不忘，必有回响，才可穿越丛林，走向未来。

20世纪像一列轰轰烈烈的火车，正渐渐地驶离我们的视野。但它依旧是未曾合上的书，与现实生活仍有千丝万缕的联系。习近平总书记在中共中央政治局第二十五次集体学习时强调，坚持正确的历史观，就是“让历史说话，用史实发言”。[①] 史料是一切历史阐述的基础，前辈学者早就指出：“只有掌握了更丰富的史料，才能使中国的历史，在史料的总和中，显出它的大势；在史料的分析中，显出它的细节；在史料的升华中，显出它的发展法则。”[②]有人比喻，历史解释犹如果肉，历史事实犹如果核，严肃、负责的历史解释都必须建立在“事实的硬核”之上。[③] 缺乏基本史实的支撑，任何历史描述和历史解释只能是没有生命的空壳。

一直以来，日本极右翼分子不顾历史事实，美化战争，甚至走向否认历史、推卸战争责任的极端。清代龚自珍说：“欲知大道，必先为史。灭人之国，必先

① 习近平：《让历史说话，用史实发言》，《人民日报》2015年8月1日。

② 翦伯赞：《略论中国文献学上的史料》，翦伯赞：《史料与史学》，北京大学出版社1985年版，第17页。

③ ［英］爱德华·霍列特·卡尔：《历史是什么？》，商务印书馆1981年版，第4页。

去其史。”因此，如何遏制解构、歪曲、篡改历史的行为，已成为社会各界必须面对的问题。在纪念世界反法西斯战争胜利和中国人民抗日战争胜利70周年之际，习近平总书记高屋建瓴地指出：“抗战研究要深入，就要更多通过档案、资料、事实、当事人证词等各种人证、物证来说话。”[①]此论切中要害。敬畏历史，尊重事实，才能守住记忆。

1937年“八一三”事变后，日本除在华北各地进一步扩大侵略和进攻上海外，还加紧在沿海地区的侵略活动。8月25日，日本海军宣布对中国海岸实行封锁，企图占领福建，变其为侵略华南地区乃至东南亚地区的基地。宁德俗称闽东，南靠福州市，北邻浙江省温州市，东临东海，西接建阳，现辖蕉城、福鼎、霞浦、福安、寿宁、周宁、古田、屏南、柘荣9县(市、区)。宁德人民素有光荣的革命传统，为了抗击日本帝国主义的野蛮侵略，开展了多种形式的民众抗日运动，实行全民抗战。

闽东抗日战争档案史料丰富，为了使整理、编辑工作细致有序地展开，本辑以“军民合作”为主题进行相关档案的汇编。1941年11月，第二十五集团军总司令部军民合作站总指导处成立，12月军民合作站福鼎县指导处建立，县长与县党部书记长分别兼任处长、副处长，初设桐山、琳江、管浮和秀岭四站。此后，随着省处的两度改组，1942年6月改称为“第三战区司令长官司令部福建省福鼎县军民合作站指导处”，1943年4月再改称为“第三战区福建省福鼎县军民合作站指导分处”。福鼎县军民合作机构组建后，县指导处及各乡镇军民合作站共同承担了办理部队副食马干供应，组织民夫办理军运，设置茶水站等劳军设施，发动劳军、慰问征属，组训各种任务队等任务。各级军民合作机构的建立，对军事作战及民众动员均起到积极作用。

闽东抗日战争档案现在被保存在宁德市各级档案馆中，它们既是“闽东之光”的历史见证，也是宁德人民的精神财富和文化遗产。为了充分发挥档案“存凭、留史、资政、育人”的作用，宁德市各级档案馆与厦门大学马克思主义学院合作，编辑出版《闽东抗日战争档案史料》，谨以为志。铭记历史，用史实发言；开创未来，中华民族走在复兴路上。

---

① 习近平：《让历史说话，用史实发言》，《人民日报》2015年8月1日。

编辑说明

“宁德市档案资料丛书”汇编宁德市、县(市、区)的珍贵馆藏档案。宁德市档案馆民国档案历经辗转，接收时大部分已虫蛀、破损。从1986年开始，档案馆逐卷进行整理、托裱、编制卷内目录和案卷目录，更换案卷皮，重新编制全宗号和案卷号。目前已有案卷目录和全引目录两种检索工具。

本辑《军民合作》所用档案资料以福鼎市档案馆藏民国档案资料辑成，为了便于利用，采取了两种方式处理。

一、分类排列，给每份档案定名并确定时间。第一部分为办理军运与民伕征雇管理，第二部分为办理部队副食马干供应。按时间归类排列。

二、保留每份档案的馆藏档号，以维护档案的原有属性和归档系统。

福鼎市档案馆藏民国档案为：G133-003-0120、G133-003-0121、G133-003-0122、G133-003-0123、G137-001-0001、G137-001-0002、G137-001-0003、G137-001-0004、G137-001-0005、G137-001-0006、G137-001-0007、G137-001-0008、G137-001-0009。

影印出版闽东抗战档案资料，既保持了文献内容的原汁原味，又可呈现史料原貌，亦为抗战史研究提供了颇具特色、细致翔实的历史文献。

为便于阅读，将部分较大页面分为a、b面排版，并尽可能保留原档案所载信息。只是，档案文稿底色、印鉴颜色等因黑白印刷之故，无法保留原色。

由于经验及水平限制，我们在编辑与考订上难免存在缺漏。本书的错误和缺点必定不少，诚恳地希望各方面提出批评和指正。

目 录

一、办理军运与民伕征雇管理情形

二、办理部队副食马干供应情形

办理军运与民伕征雇管理情形

(一)民伕征雇与组训

事由：遵奉第三戰區政治部電轉卅年秋季會議第十三案檢發本處頒訂民伕隊組訓調派辦法令飭切實遵辦由

第二十五集團軍總司令部軍民合作站總指導處訓令 總組字第130號

令福安縣指導處

案奉

第三戰區司令長官司令部政治部訓字參零七四號代電開："頃奉 司令長官顧[illegible]摘錄第十集團軍三十年秋季會議提案第十三案關於[illegible]各縣應常川組設驛運站及義輸隊協助軍運一案案由及辦法一份飭查照核辦"等因奉此查本戰區所屬各地之軍民合作站已有從調組之設置協助軍事運輸[illegible]民伕以[illegible]使常川組設驛運站一節經核實無另議之必要唯調從各地軍民合作站徵

第二十五集团军总司令部军民合作站总指导处关于奉转三十年秋季会议第十三案及检发本处颁订民伕队组训调派办法令饬切实遵办的训令(1942年2月7日)a面 G137-001-0008

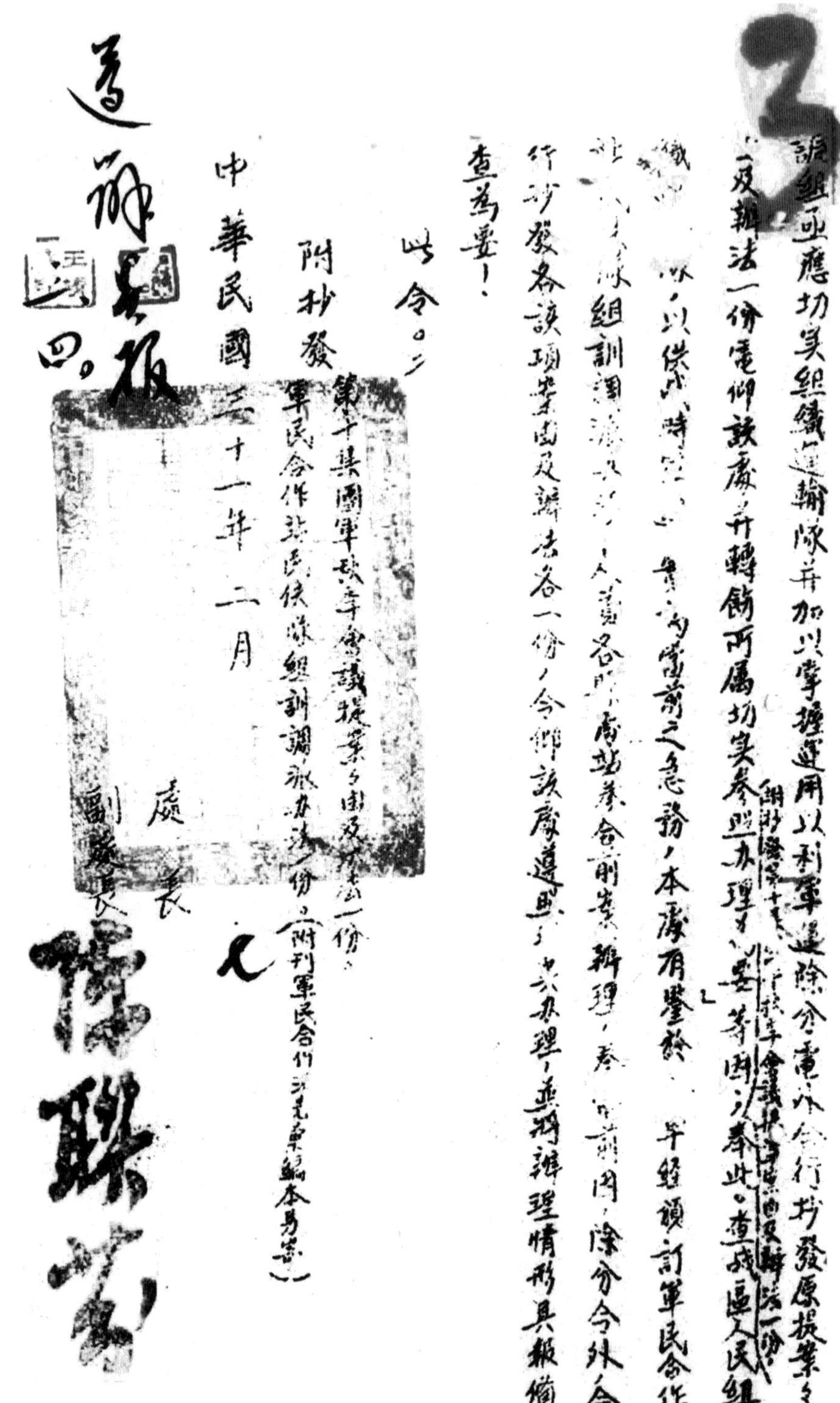

詞組亟應切實組織運輸隊并加以掌握運用以利軍運除分電外合行抄發原提案令及辦法一份電仰該廠并轉飭所屬切實參照辦理為要等因奉此查戰區人民組織[illegible]以供[illegible]時[illegible]實為當前之急務本處有鑒於[illegible]早經頒訂軍民合作站[illegible]隊組訓調派[illegible]各[illegible]參酌[illegible]辦理[illegible]前因除分令外合行抄發各該項案及辦法各一份令仰該廠遵照[illegible]辦理並將辦理情形具報備查為要！

此令。

附抄發第[illegible]集團軍[illegible]會議提案[illegible]及辦法一份、軍民合作站民伕隊組訓調派辦法一份（附刊軍民合作[illegible]本[illegible]）

中華民國三十一年二月

處長

副處長

第二十五集团军总司令部军民合作站总指导处关于奉转三十年秋季会议第十三案及检发本处颁订民伕队组训调派办法令饬切实遵办的训令(1942年2月7日)b面　G137-001-0008

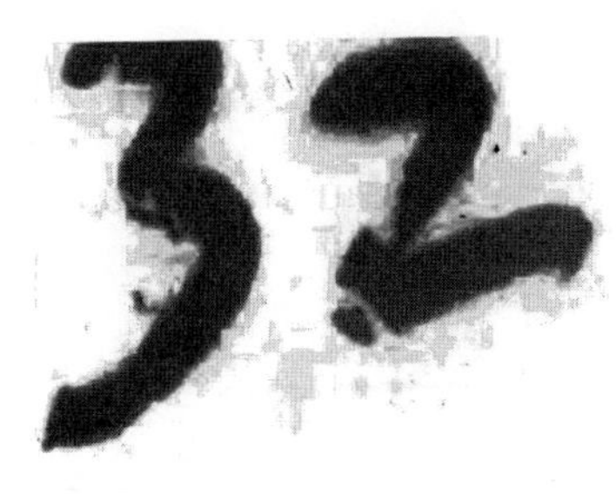

第十集團軍三十年秋季會議提案

第十三項案由：接近戰場各縣應常川組設義輸隊協助軍用案

辦法：一、由戰區（集團軍）與浙江省府洽定轉飭接近戰地各縣以鄉為單位常川組設義運站及義輸隊[illegible]之担架及運輸工具由鄉壯丁輪流值日人數則視各鄉壯丁之多寡以每日應有數十人或百人輪流值班根據前方作戰之需要酌予常川設置無事時仍各理其業一旦有事則由鄉長集合與鄰鄉御接遞次補助軍運過去本軍在上高會战中而江西上高高安各縣辦理是項義輸隊甚多卓著成效

附件：第十集团军三十年秋季会议提案第十三项：接近战场各县应常川组设义输队协助军用案

（1942 年 2 月 7 日） G137-001-0008

第二十五集团軍總司令部軍民合作站總指導處各縣軍民合作站民伕隊組訓調派辦法草案

一、本辦法為劃一各縣軍民合作站民伕隊組訓調派適應軍事需要訂定之。

二、各縣指導處應督促所屬各站將民伕隊切實編組訓練，以供軍運。

三、各軍民合作站（以下簡稱合作站）民伕隊之編組，應每站編設一隊，每鄉鎮編設一分隊，其民伕人數以各該鄉鎮保甲內壯丁輪流十名至二十名（必要時得臨時增加）組設之。

四、民伕隊設隊長隊附各一人，由合作站總幹事徵調但幹事分別

附件：第二十五集团军总司令部军民合作站总指导处各县军民合作站民伕队组训调派办法草案（1942 年 2 月 7 日）a 面 G137-001-0008

並任，分隊設隊長一人由保長兼任，分隊附二人於調派時由分隊長隨時指定能够領隊之民伕隊充當，專負統率管理之責，並給予一定之證章或符號。

五、各站民伕隊編組完竣，應編造清冊三份，一份存查，一份呈縣指導處，一份呈本總指導處備查。

六、各站編組民伕隊之番號規定為第二十五集團軍總司令部○○縣○○鄉鎮軍民合作站民伕隊，其分隊番號亦由[illegible]推定。

七、各站民伕隊應依照番號製備長方形小白布旗，於調派時軍運輸送之領隊民伕使用，以資識別，而免沿途軍警盤查。

附件：第二十五集团军总司令部军民合作站总指导处各县军民合作站民伕队组训调派办法草案（1942年2月7日）b面　G137-001-0008

34

八、民伕之调集由各级队长以命令行之，各保输所之民伕奉到召集命令应即自行准备扁担绳索等用具，按时前赴指定地点听候派用，不得推诿延误，如有违抗逃避者得随时送区署或当地派出所拘役一星期，以示惩儆。

九、各站应选定宽广空地为民伕队之集合场所，并加以标记。

十、各站应於运输线上指定公共场所空房，备作民伕休息场所并须有茶水铺草等生活上必要之设备。

十一、各站於民伕队出发时应先令沿途村庄设备茶水以供民伕之吸饮。

十二、各站民伕休息场所应有运输器具及停置场所之设备。

附件：第二十五集团军总司令部军民合作站总指导处各县军民合作站民伕队组训调派办法草案（1942年2月7日）a面　G137-001-0008

十三、各站民伕队遇军事紧急时，应不问天候，不分昼夜，随到随运。

十四、各站民伕队应备具三联运输证，一联存根，一联于物品运至目的地后请僱伕部队加盖印章交还存查，一联由领队民伕签名盖章或指印交呈僱伕部队收执以凭查核。

十五、各站民伕队应利用时机随时随地讲述三民主义，抗战言论，国民公约，军民合作公约，敌寇暴行，民伕之待遇保障并其他有关之常识。

十六、各站民伕队以分队训练为原则，于必要时得施行全体集中训练。

附件：第二十五集团军总司令部军民合作站总指导处各县军民合作站民伕队组训调派办法草案（1942年2月7日）b面　G137-001-0008

35

十七、各站民伕及雇伕部队应共同遵守军民合作公约。

十八、各站军队征雇民伕应依照下列各项规定。

1.征雇民伕在二十粁以上须于十二小时前以正式公文通知，在二十粁以下须于七小时前通知。

2.民伕运送军用物品由沿线军民合作站依次输送，但限于规定挑运行程内，不能送未设站之乡镇，应由当地乡镇公所征雇民伕接运。

3.各站输送民伕于送达目的站后，应由雇伕部队全数放回，不得藉故扣留。

4.各站输送民伕应按路程远近酌给伕食费。

附件：第二十五集团军总司令部军民合作站总指导处各县军民合作站民伕队组训调派办法草案（1942年2月7日）a面　G137-001-0008

5、民伕每挑重量不得超过七十市斤。

6、派用民伕不得超出两天，每天行程应以六十里为限，并令当日回家。

7、不得以私人名义征雇民伕运送行李物品及看房子。

8、民伕出发前，应依照各站规定力资先行发给。

九、民伕挑运力资及回程伙食费，应由各县指导处参照军委会所定军事征雇伕马车辆租力给与标准表及本集团军兵站分监部军运处办理民伕马车船之租力给与标准并地方实际情形分别规定发给，但须呈报本部核备。

十、各站遇有军队征雇民伕不依照第十八条各项之规定其他违犯

附件：第二十五集团军总司令部军民合作站总指导处各县军民合作站民伕队组训调派办法草案
（1942年2月7日）b面　G137-001-0008

36

論，應呈報本處轉呈總司令部核辦。如不屬本集團軍範圍者，亦應呈由本處轉報第三戰區長官司令部核辦。

卅、各站接到軍隊徵僱民伕通知時，應即辦理，完成手續，人徵調民伕在二十名以上者，應於起運前迅速以電話或派人通知接替站或鄉鎮公所，以便準備民伕，接替軍運送。

又、迅速調集應徵民伕，聽候起運。

3、民伕出發前應開具民伕名單，交軍隊負責人員點收，並取具收據。

卅一、各站民伕隊輸送軍用物品，應妥為保護，不得藉故遺失或損壞。

卅二、各站民伕對於担架輸送傷病官兵，不另組隊，暫由

附件：第二十五集团军总司令部军民合作站总指导处各县军民合作站民伕队组训调派办法草案（1942年2月7日）a面　G137-001-0008

民伕隊調派担任之。

廿四、各站對於軍委会所訂正軍用徵僱伕馬車輛租力給与標準表及軍運代辦所所規定事項，亦本办法有関者，應一律遵行之。

廿五、本办法如有未盡事宜，得隨時呈報修正之。

廿六、本办法呈報　總司令部核准施行，并轉呈　第三戰區長官司令部備查。

附件：第二十五集团军总司令部军民合作站总指导处各县军民合作站民伕队组训调派办法草案（1942年2月7日）b面　G137-001-0008

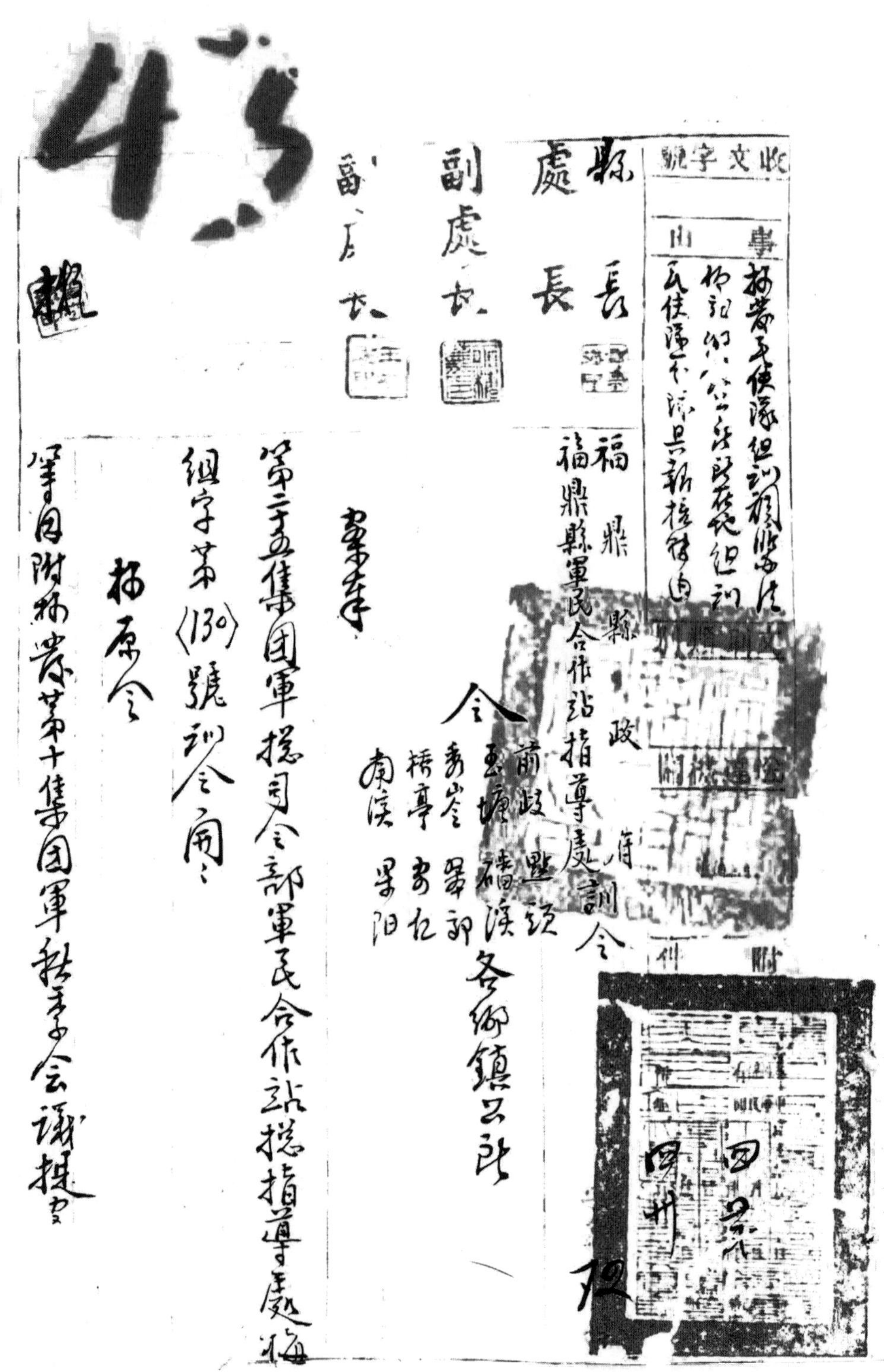

福鼎县政府、福鼎县军民合作站指导处关于抄发民佚队组训调派办法并令前岐、点头、玉塘、磻溪、秀岭、翠郊、桥亭、安仁等乡镇在各乡镇公所所在地组训民佚队一分队具报核转的训令

（1942 年 4 月 30 日）　G137-001-0008

及籍[illegible]案。此查本縣緊接浙境，另屬沿海縣份，值此
軍隊過境頻繁，民伕供應甚為重要，已設軍民合作站之各
民伕組訓調派自屬必要，其餘各鄉鎮[illegible]時常行，一旦需用互
大批民伕，自非二三已設站之鄉鎮所能應付，若不事先適應戰時需要
便利軍運起見，除桐山、璘口、磻溪各站趕組民伕隊外，并[illegible]
奉頒之伕隊組訓辦法第三條規定，先就桐山站附近之玉塘、秀嶺鎮
前岐、橋亭、璘口站附近之點頭，磻溪站附近之安仁、翠郊、果
陽等鄉鎮，各在其鄉鎮公所所在地之保甲內編設民伕隊一分隊
分別隸屬桐山、璘口、磻溪各站之民伕隊，以便隨時召集[illegible]
此外各鄉鎮在必要時并得普遍編設隊分，令外合行抄發[illegible]

福鼎县政府、福鼎县军民合作站指导处关于抄发民伕队组训调派办法并令前岐、点头、玉塘、磻溪、秀岭、翠郊、桥亭、安仁等乡镇在各乡镇公所所在地组训民伕队一分队具报核转的训令

（1942 年 4 月 30 日）　G137-001-0008

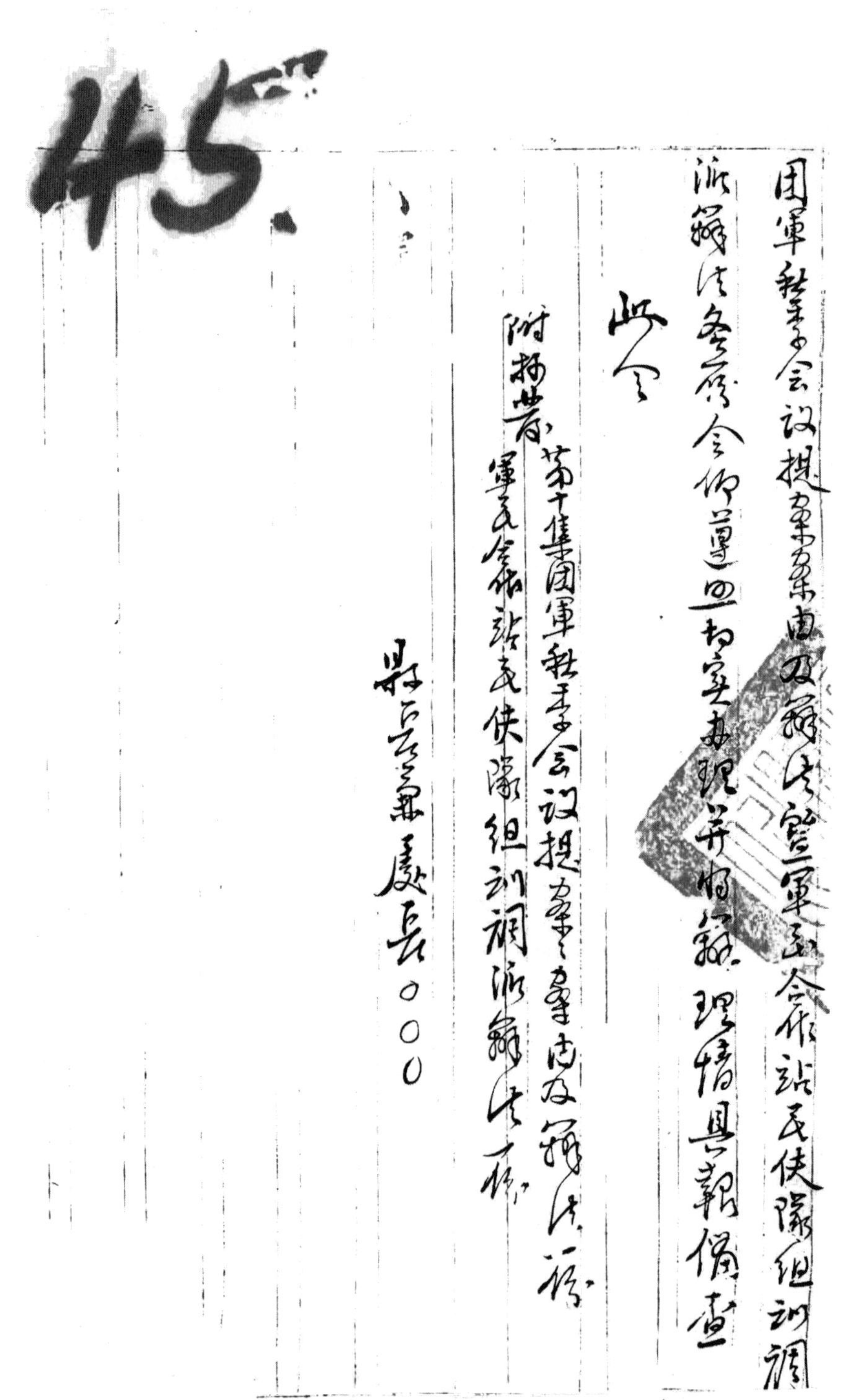
45

團軍糧秣會議提案第一案由及辦法暨軍民合作站民伕隊組訓調
派辦法合行令仰遵照辦理並將辦理情形具報備查
此令
附抄第十集團軍糧秣會議提案第一案由及辦法一份
軍民合作站民伕隊組訓調派辦法一份
縣長兼處長○○○

福鼎县政府、福鼎县军民合作站指导处关于抄发民伕队组训调派办法并令前岐、点头、玉塘、磻溪、秀岭、翠郊、桥亭、安仁等乡镇在各乡镇公所所在地组训民伕队一分队具报核转的训令

（1942 年 4 月 30 日）　G137-001-0008

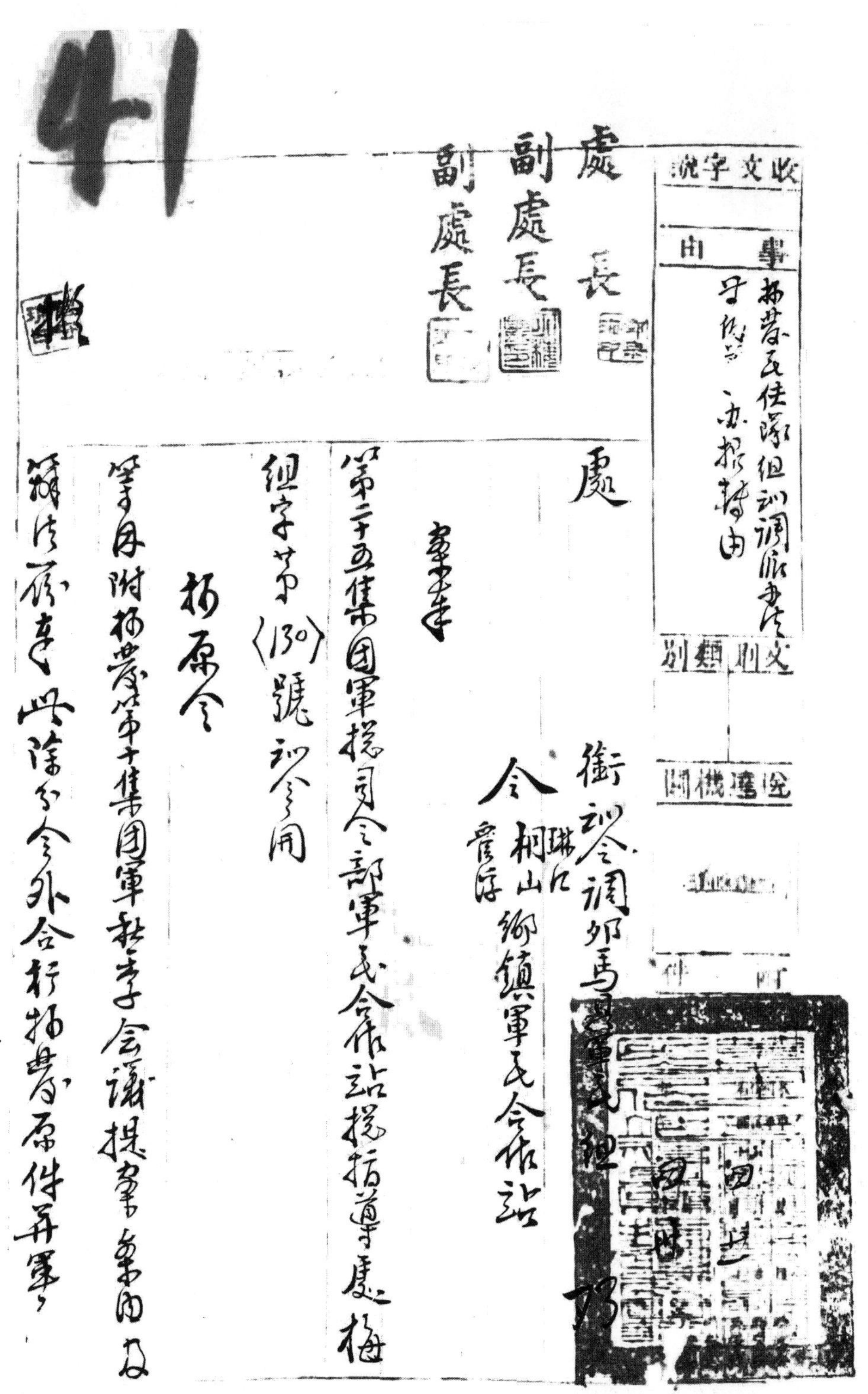
收文字號
事由　抄發民伕隊組訓調派辦法令仰遵辦報轉由
文別　類別
送達機關
附件
處長
副處長
副處長
處
衔　訓令
令　琳江　桐山　管浮　鄉鎮軍民合作站
案奉
第二十五集團軍總司令部軍民合作站指導處梅組字第〈130〉號訓令開
抄原令
案奉附抄發第十集團軍軍政聯合會議提案[illegible]

第二十五集团军总司令部军民合作站福鼎县指导处关于抄发民伕队组训调派办法令琳江、桐山、管浮军民合作站遵办报转的训令(1942 年 4 月 30 日)　G137-001-0008

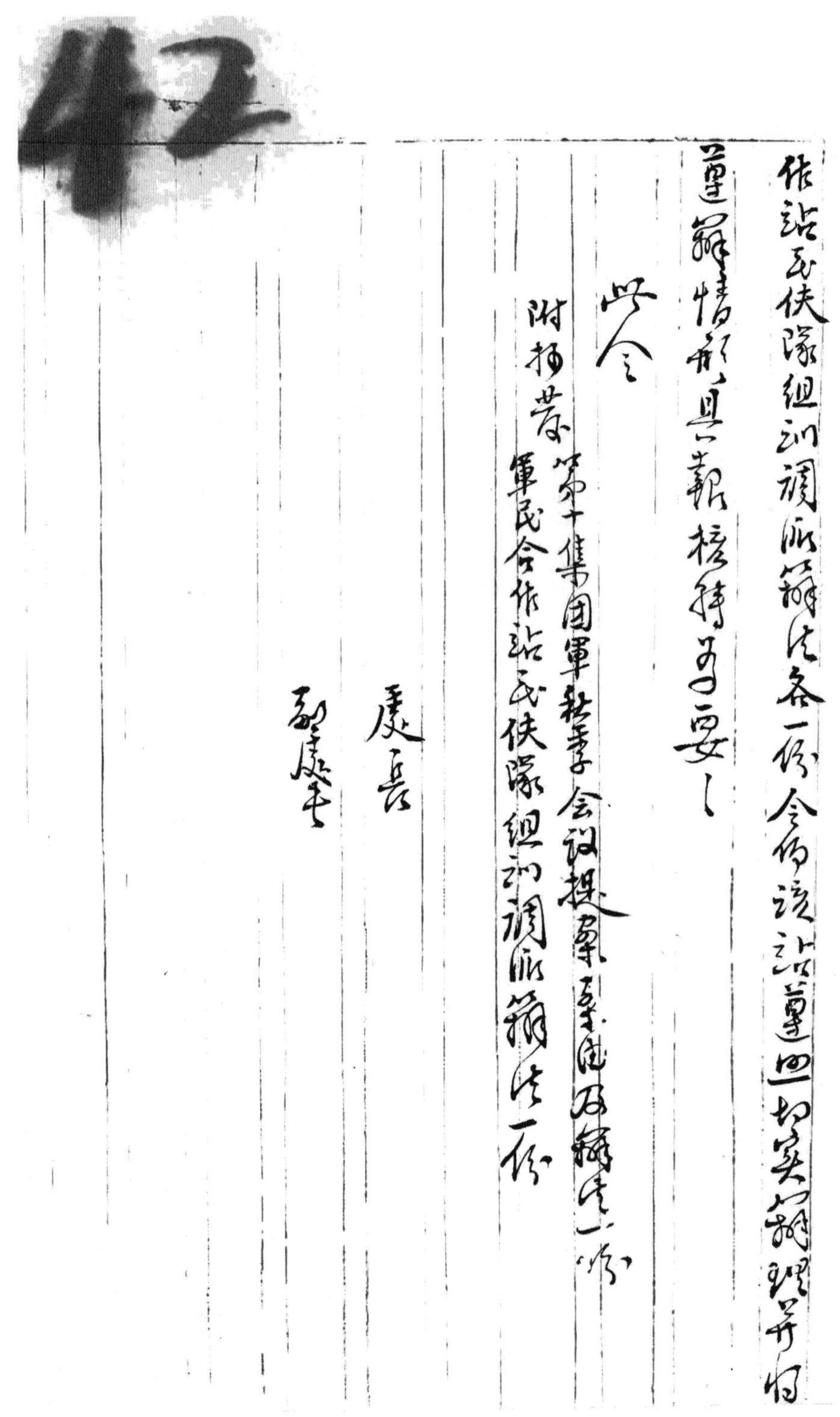

作站民伕队组训调派办法各一份，令仰该站遵照切实办理，并将
遵办情形具报核转为要。
此令
附抄发第十集团军总部会议提案原案及办法一份
军民合作站民伕队组训调派办法一份
处长
副处长

第二十五集团军总司令部军民合作站福鼎县指导处关于抄发民伕队组训调派办法令琳江、桐山、管浮军民合作站遵办报转的训令(1942 年 4 月 30 日) G137-001-0008

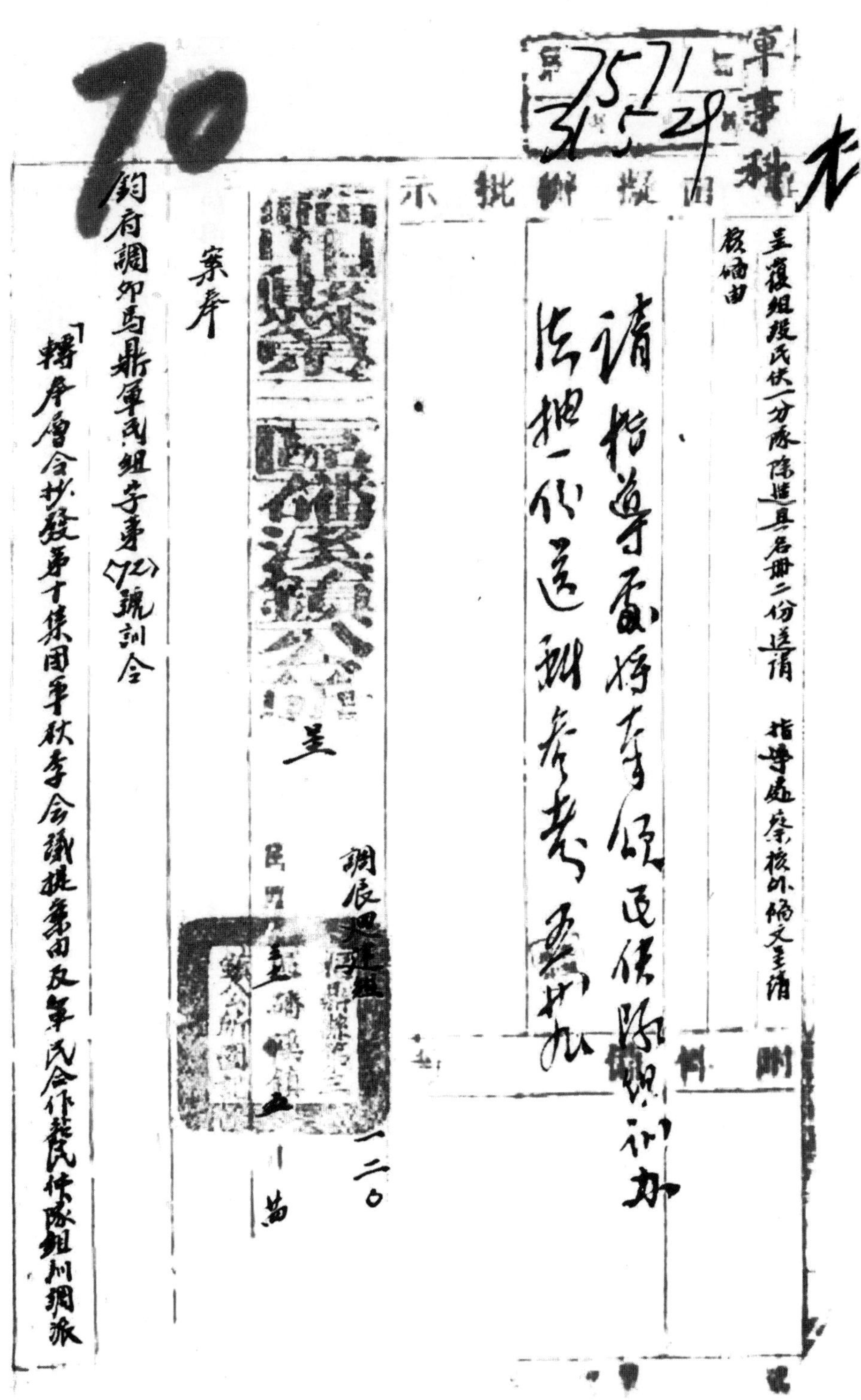

福鼎县第三区磻溪镇公所关于具报民伕一分队名册二份给福鼎县政府的呈文

(1942年5月24日)a面　G137-001-0008

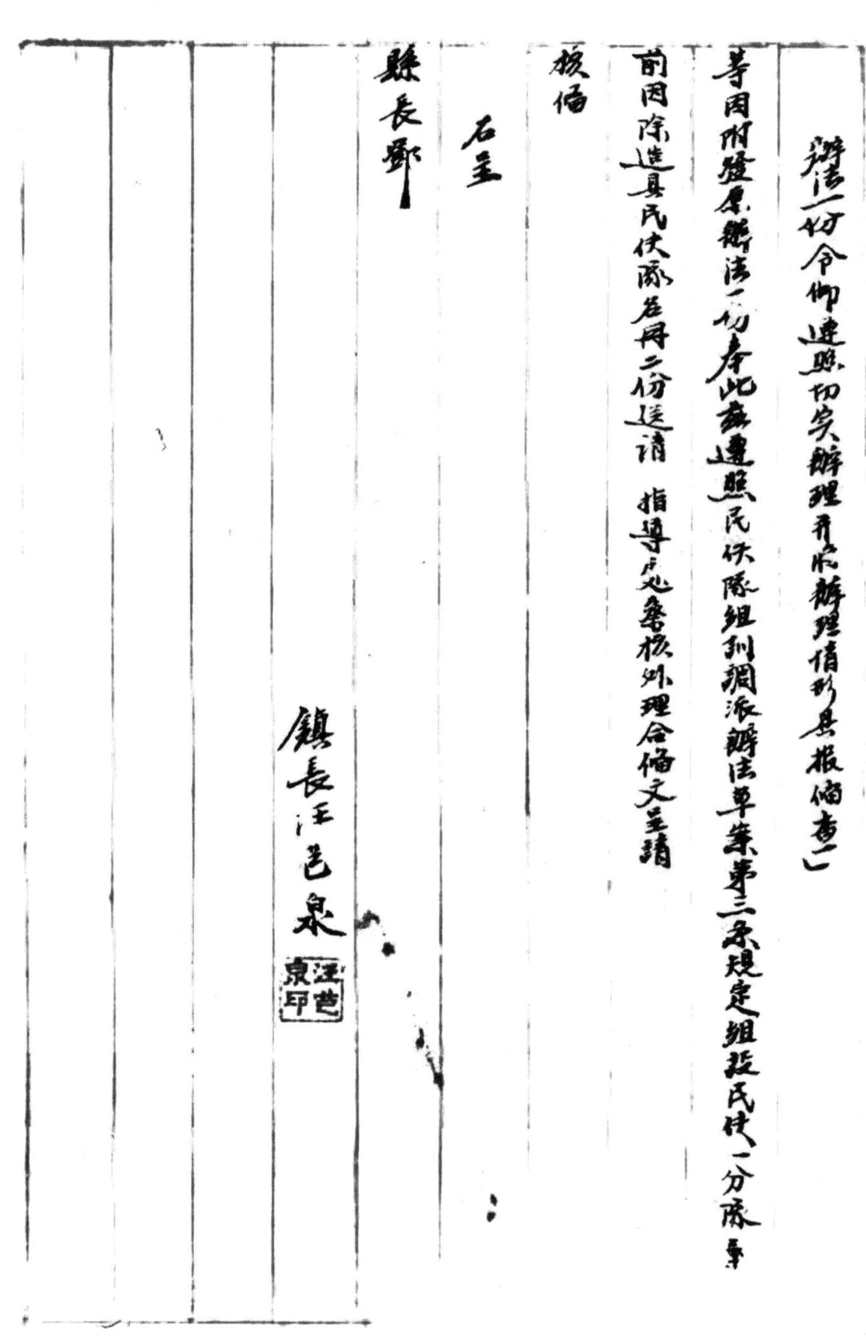

福鼎县第三区磻溪镇公所关于具报民伕一分队名册二份给福鼎县政府的呈文
(1942 年 5 月 24 日)b 面　G137-001-0008

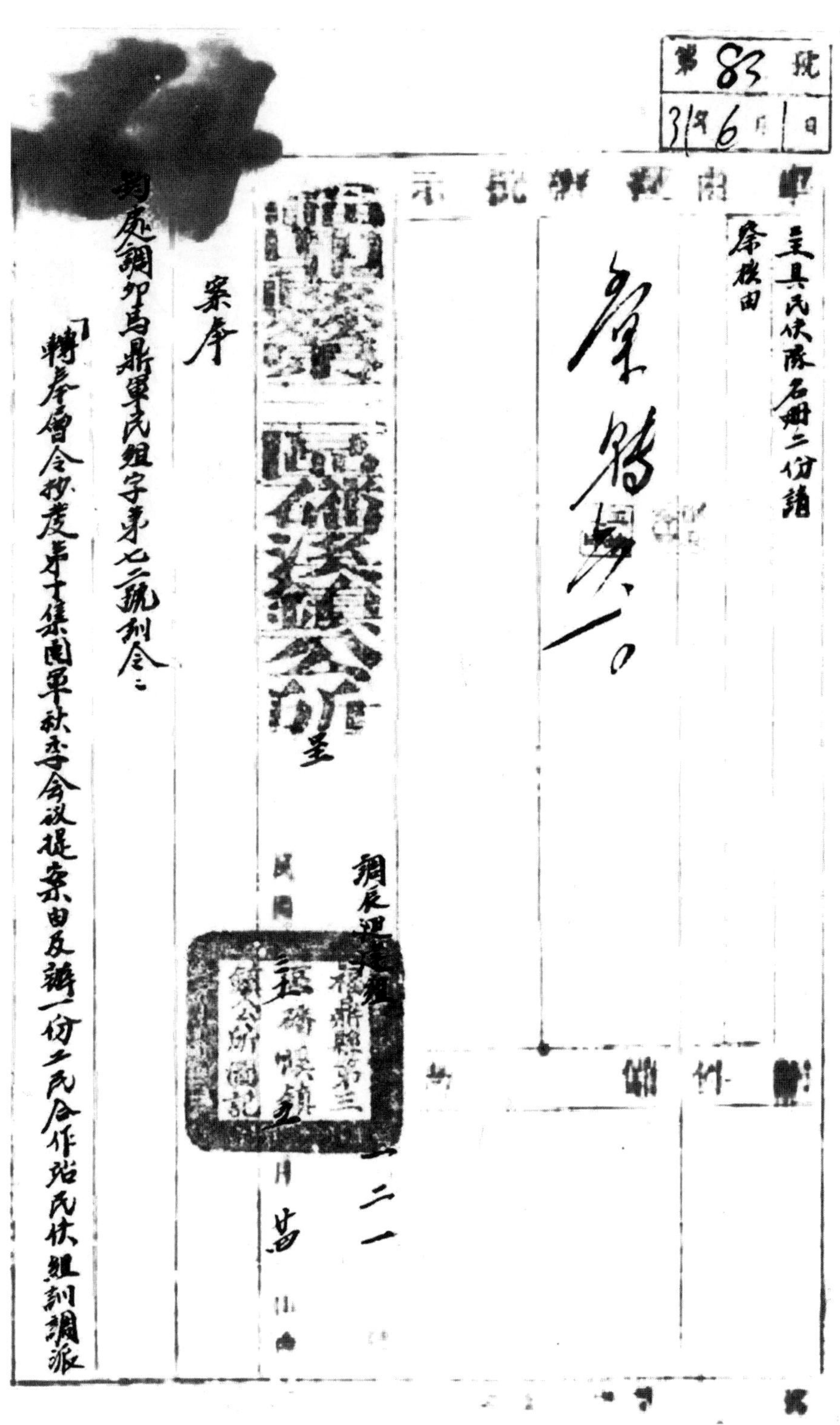
第83號
31年6月1日
事由：呈送具民伕隊名冊二份請察核由
呈閱
鈞處調卯乌鼎軍民组字第七二號训令二
案奉
轉奉曾令抄發第十集團軍秋季會議提案由反講一份，軍民合作站民伕組訓調派
磻溪鎮公所呈
鎮長
中華民國三十一年五月二十四日

福鼎县第三区磻溪镇公所关于具报民伕队名册给县军民合作指导处的呈文
(1942年5月24日)a面　G137-001-0008

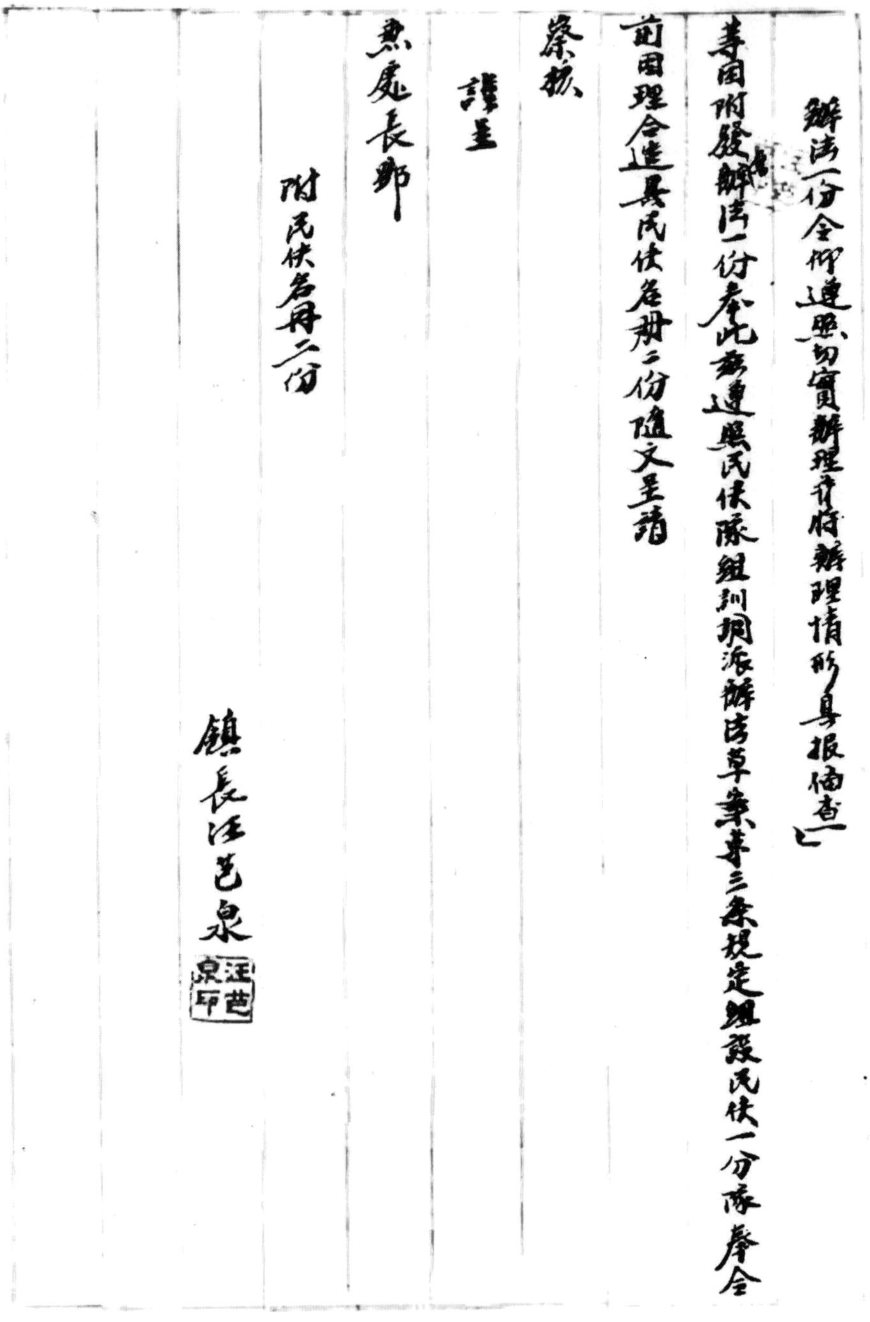

辦法一份令仰遵照切實辦理並將辦理情形具報備查」

等因附發辦法一份奉此並遵照民伕隊組訓調派辦法草案第三條規定組設民伕一分隊奉令

前因理合造具民伕名冊二份隨文呈請

察核

謹呈

惠處長鄭

附民伕名冊二份

鎮長汪芑泉

汪芑泉印

福鼎县第三区磻溪镇公所关于具报民伕队名册给县军民合作指导处的呈文

(1942 年 5 月 24 日)b 面　G137-001-0008

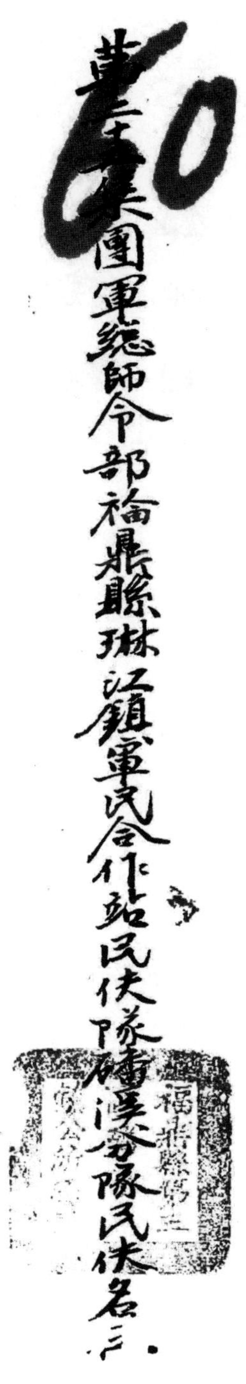

附件：第二十五集团军总司令部福鼎县琳江镇军民合作站民伕队磻溪分队民伕名册

（1942 年 5 月）　G137-001-0008

第二十五集團軍總司令部福鼎縣琳江鎮軍民合作站民伕隊名冊

姓名	年齡	住址	備攷
林典增	二六	九曲保三甲	
林典逢	三〇	〃〃〃四甲	
袁桂臨	二八	磻溪保七甲	
鄭肇相	二五	〃〃〃九甲	
洪典魯	三八	黄江保四甲	
周乗坎	二三	〃〃〃〃	
周恒景	三八	鳳洋保十甲	
周恒告	三九	〃〃〃五甲	

附件:第二十五集团军总司令部福鼎县琳江镇军民合作站民伕队磻溪分队民伕名册

(1942年5月)a面　G137-001-0008

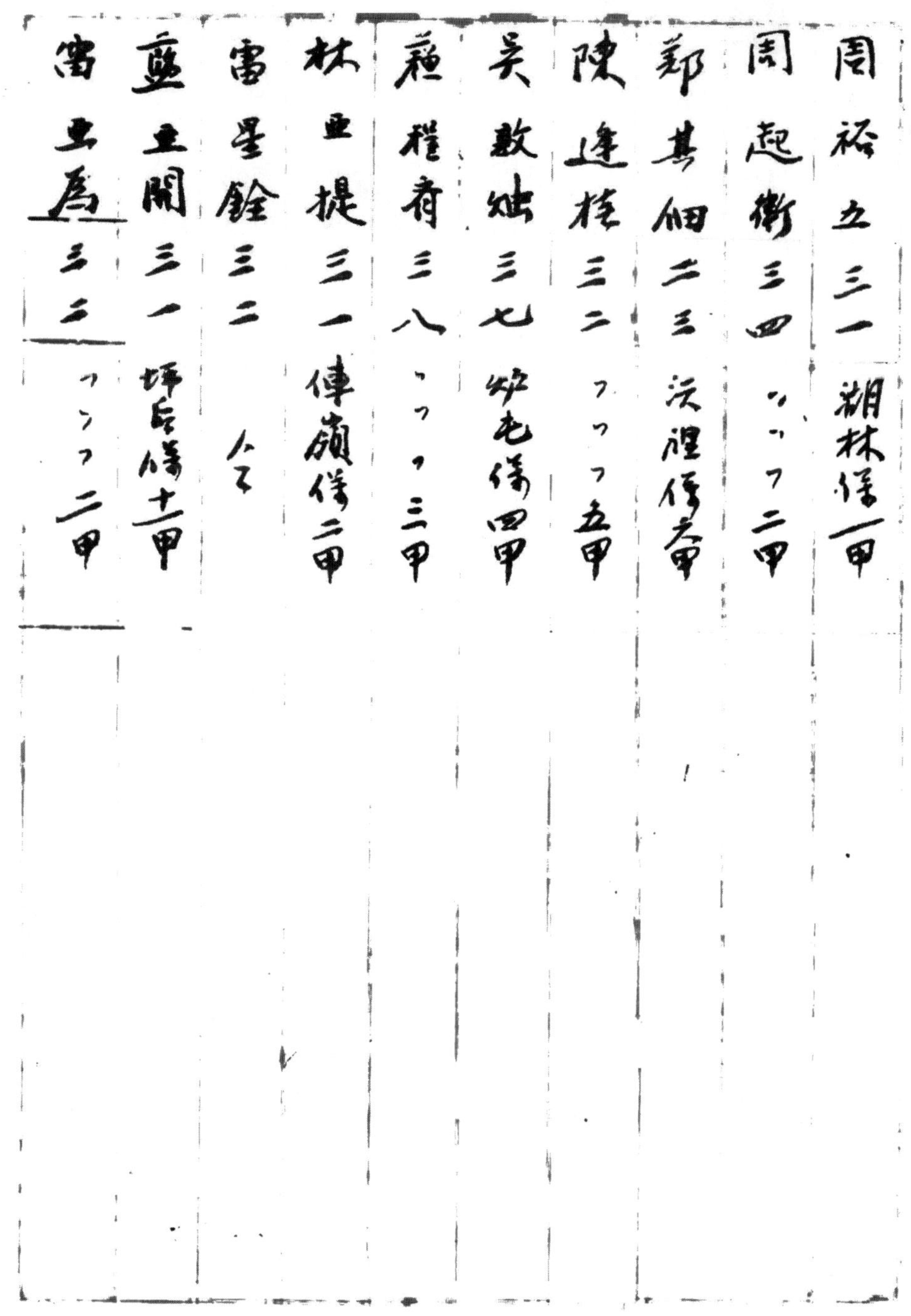

附件：第二十五集团军总司令部福鼎县琳江镇军民合作站民伕队磻溪分队民伕名册
（1942 年 5 月）b 面　G137-001-0008

中華民國三十一年五月

日 鎮長汪邑泉 造報

附件：第二十五集团军总司令部福鼎县琳江镇军民合作站民伕队磻溪分队民伕名册

（1942 年 5 月） G137-001-0008

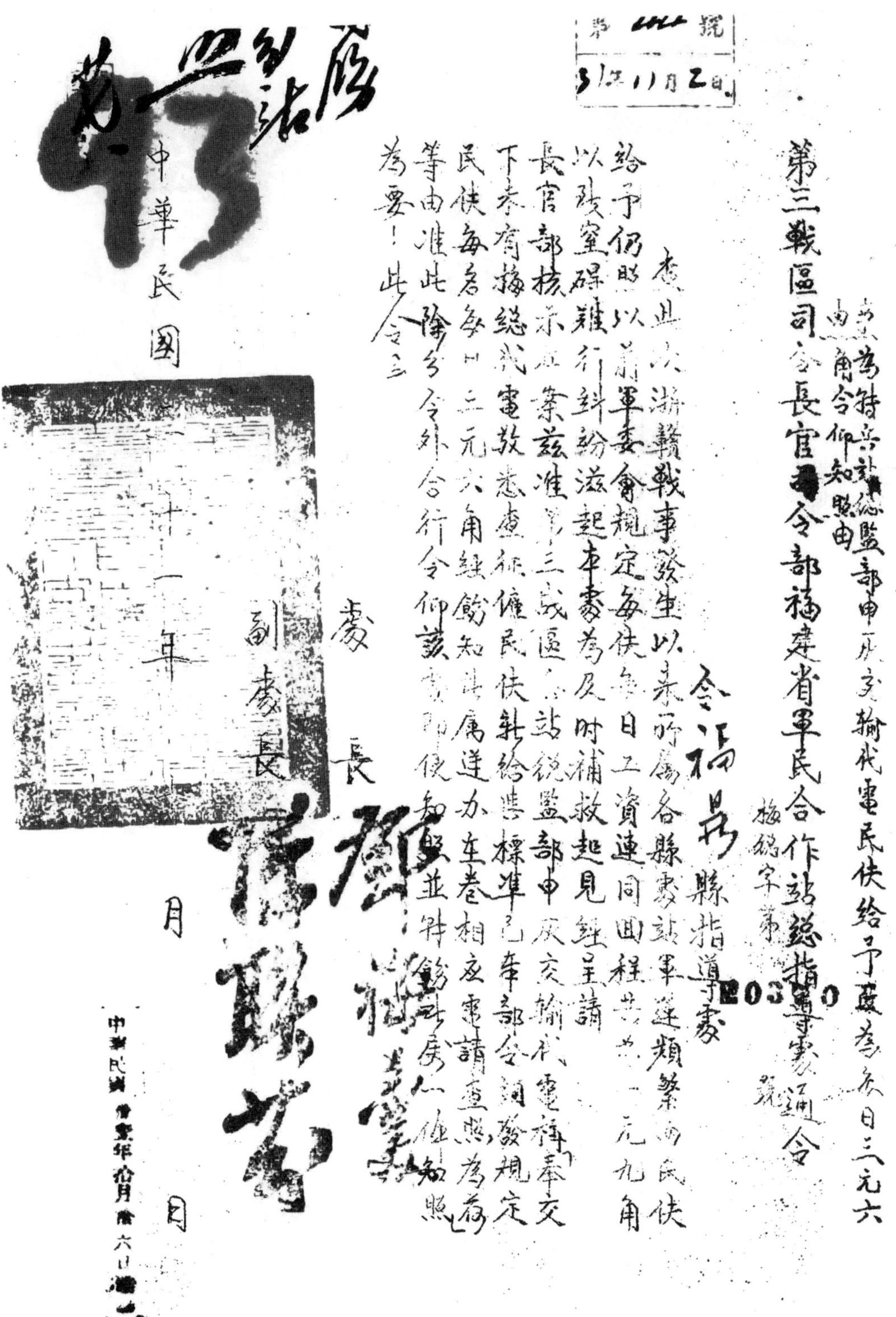

第三战区司令长官司令部福建省军民合作站总指导处关于转兵站总监部申灰交输代电征雇民伕给予标准改为每名每日三元六角的通令(1942 年 10 月 16 日)　G137-001-0008

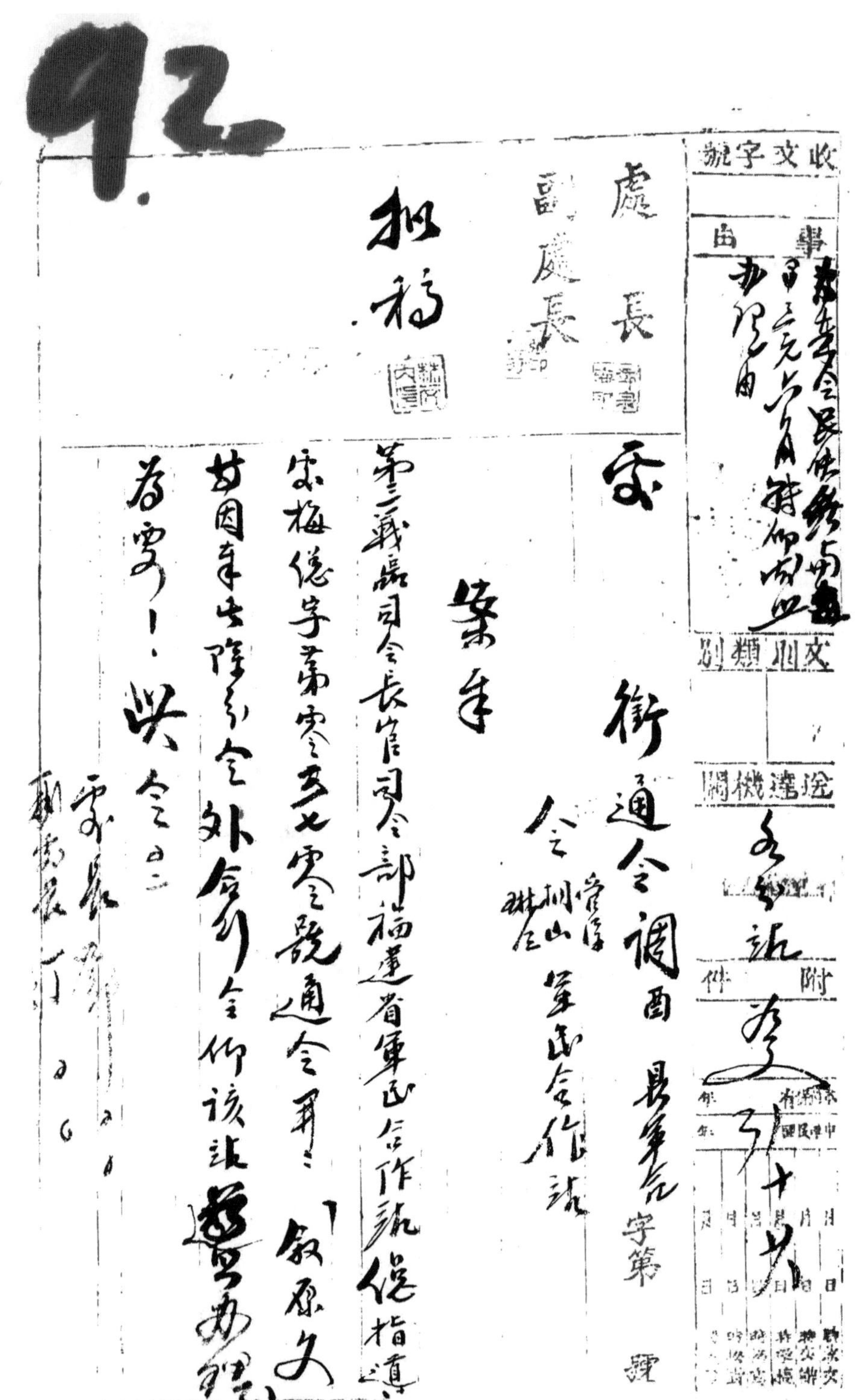

第三战区司令长官司令部福建省福鼎县军民合作站指导处关于民伕给予改为每日三元六角仰知照办理的通令(1942 年 10 月 28 日) G137-001-0008

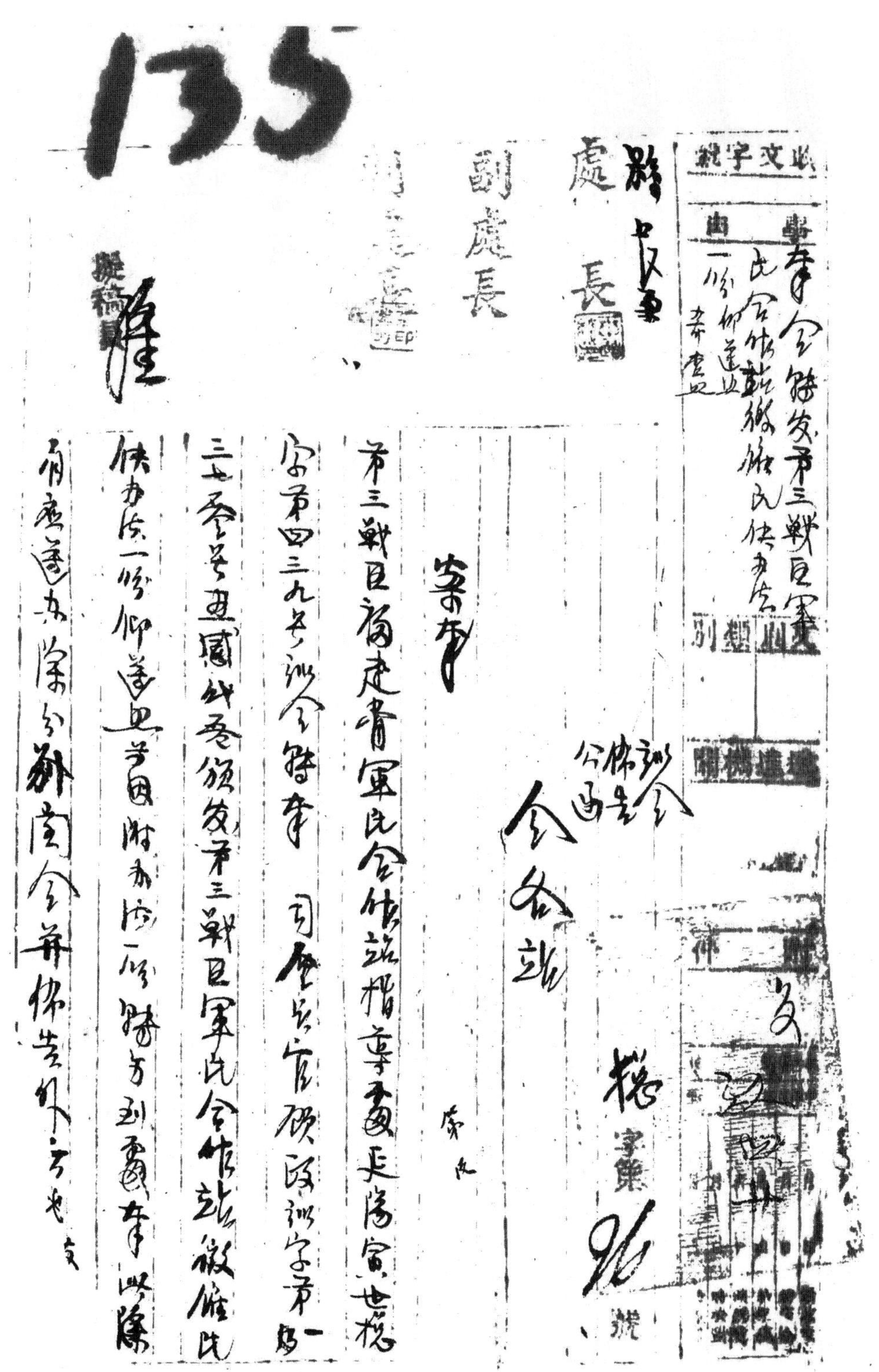

第三战区福建省福鼎县军民合作站指导分处关于奉令转发第三战区军民合作站征雇民伕办法的训令

（1943 年 4 月 20 日） G137-001-0009

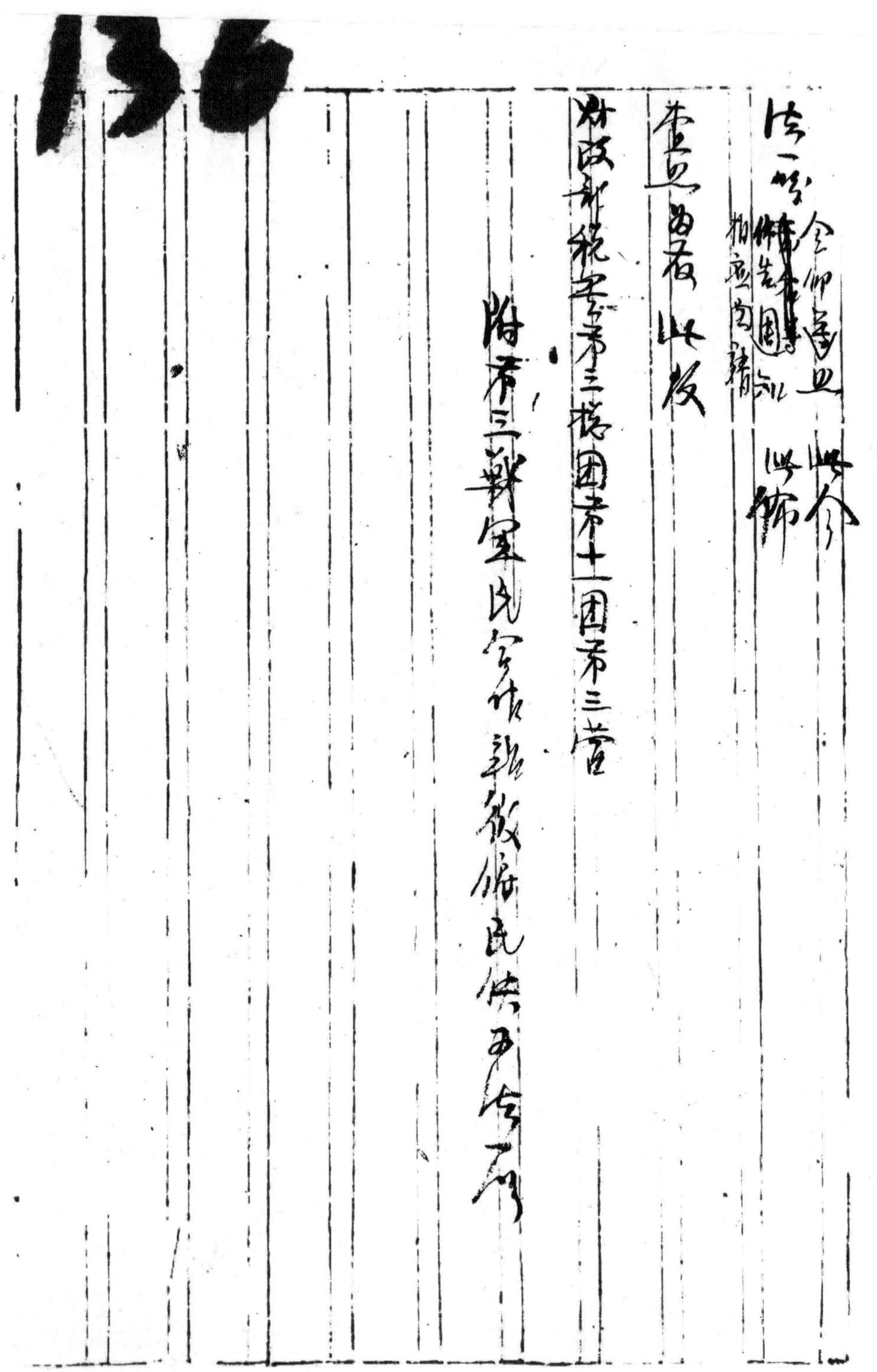
136

此令

此饬

查照为荷 此致

财政部税警第三总团第十一团第三营

附第三战区军民合作站征雇民伕办法一份

第三战区福建省福鼎县军民合作站指导分处关于奉令转发第三战区军民合作站征雇民伕办法的训令

（1943 年 4 月 20 日） G137-001-0009

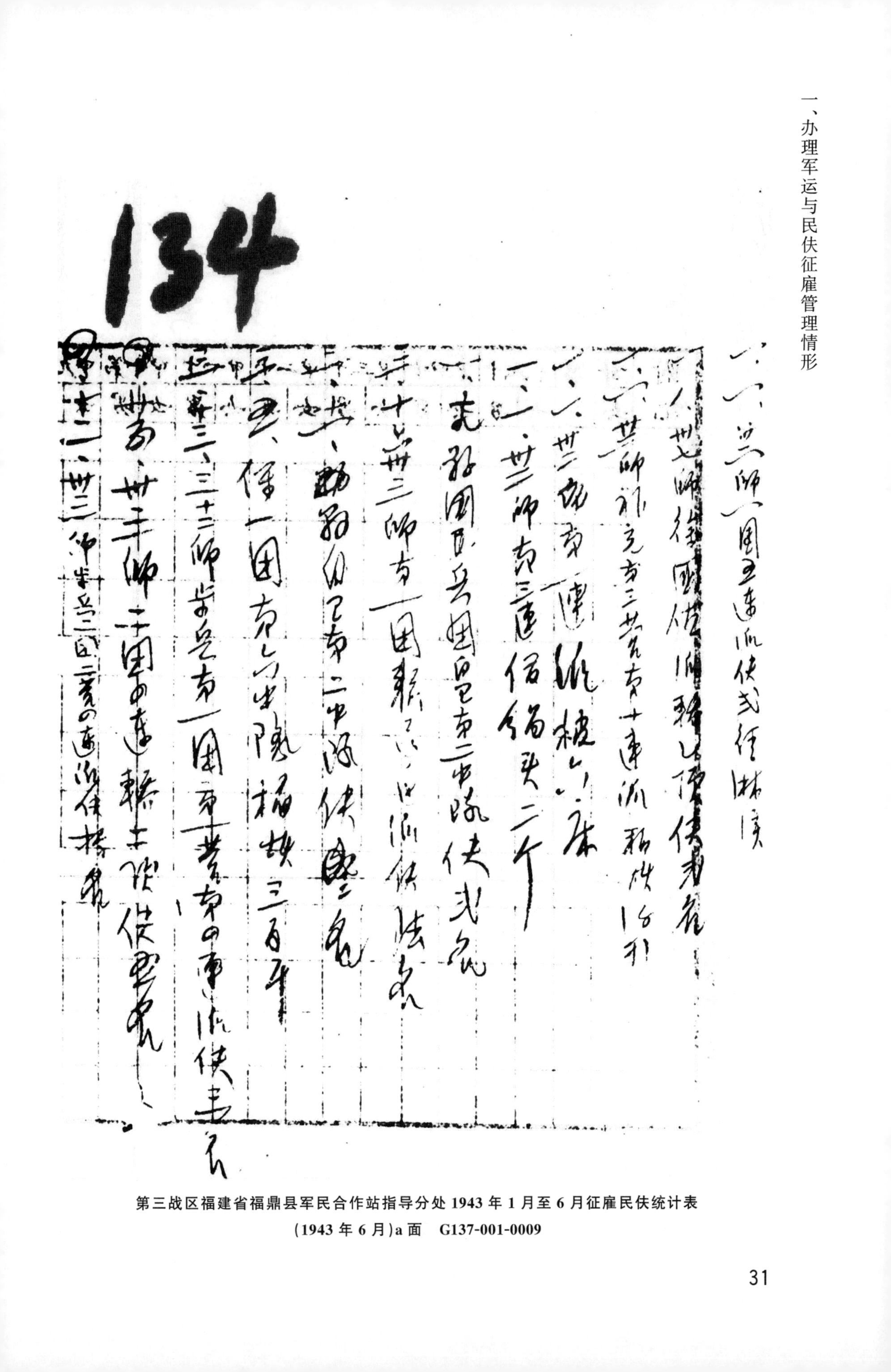

134

一、一、卅一师一团五连派伕弍佰[illegible]名

一、八、卅七师[illegible]团[illegible]派[illegible]伕[illegible]名

一、六、卅二师补充第三营第十连派[illegible]伕[illegible]

一、八、卅二师第一连派[illegible]六名

一、二、卅二师第三连[illegible]二个

[illegible]团[illegible]第二中队伕弍名

一、十六、卅二师第一团[illegible]派伕[illegible]名

一、[illegible]第二中队伕[illegible]名

二、[illegible]一团第[illegible]福[illegible]三百[illegible]

[illegible]三、三十二师[illegible]第一团第十[illegible]第四连派伕[illegible]名

[illegible]、卅二师一十团第四连[illegible]伕[illegible]名

[illegible]一、卅二师[illegible]第二营第四连派伕[illegible]名

第三战区福建省福鼎县军民合作站指导分处 1943 年 1 月至 6 月征雇民伕统计表

(1943 年 6 月)a 面　G137-001-0009

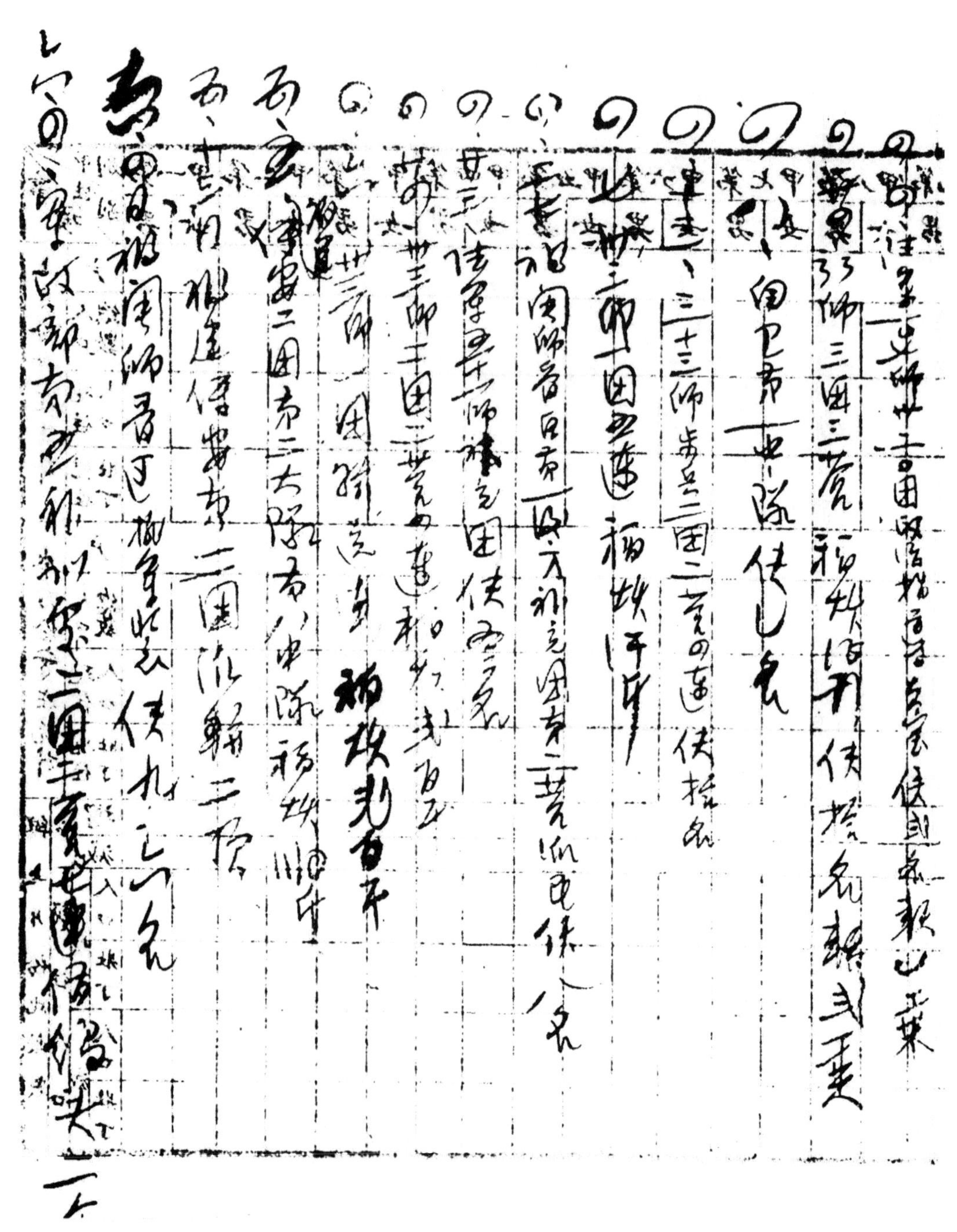

第三战区福建省福鼎县军民合作站指导分处 1943 年 1 月至 6 月征雇民伕统计表

(1943 年 6 月)b 面　G137-001-0009

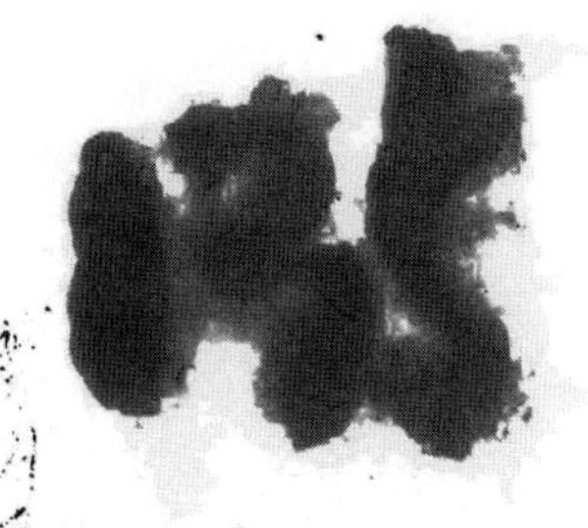

第三战区福建省军民合作站指导处关于各县分处须及早组织常备民伕队等民众组织以应军队临时之需的训令(1943 年 8 月)　G137-001-0007

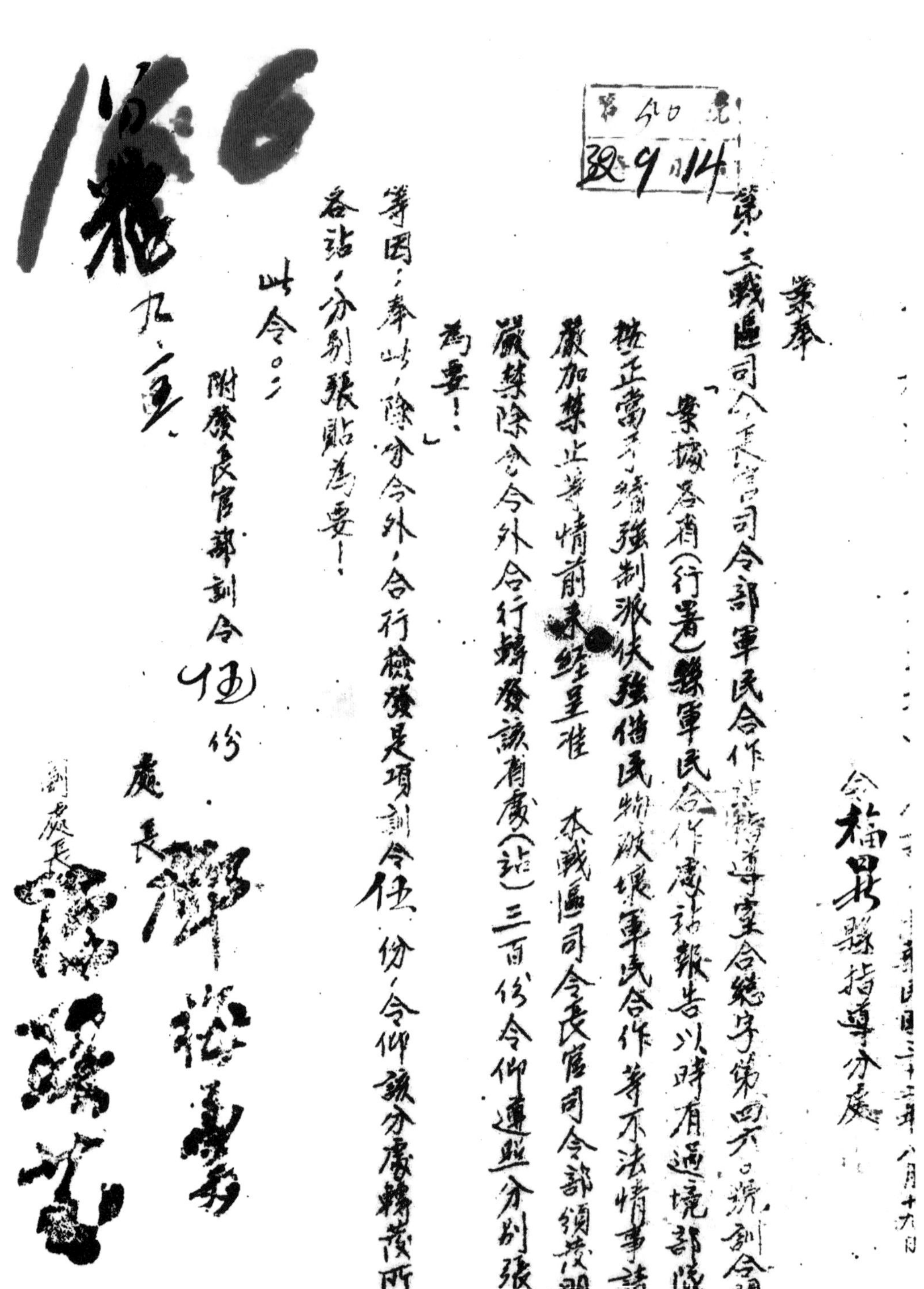

第410號
32 9/14

令福鼎縣指導分處

案奉

第三戰區司令長官司令部軍民合作站指導處合總字第四六〇號訓令開：

「案據各省（行署）縣軍民合作處站報告以時有過境部隊不按正當手續強制派伕強借民物破壞軍民合作等不法情事請予嚴加禁止等情前來經呈准

本戰區司令長官司令部頒發明令嚴禁除分令外合行轉發該省處（站）三百份令仰遵照分別張貼為要！」

等因；奉此，除分令外，合行檢發是項訓令伍份，令仰該分處轉發所屬各站，分別張貼為要！

此令。

附發長官部訓令伍份

處長

副處長

中華民國三十二年八月十九日

1250

備案 九.二五

第三战区福建省军民合作站指导处关于颁发第三战区长官部明令禁止部队强制派伕强借民物的训令的通令（1943 年 8 月 19 日）　G137-001-0009

永安福建省政府○密查補給運輸與作戰密切相關兵站限於經費不能編組大量輸隊悉賴發動民力以收協助各縣軍運代辦所依照規定應就地編列輸隊預備控制無事則各安生業不給費用有事則聽候調遣担任軍運乃各縣軍代辦所對於該地輸力多未能切實掌握以致影響軍運亟應迅謀整頓藉赴事功除分飭兵站總監部就近督促各軍代辦所切實掌握地方輸力外務請轉飭遵辦其有尚未設所縣份亦請飭其事先調查并祈見復為荷俞飛鵬申卅午交辦印

福建省政府关于饬令各县军运代办所切实掌握地方输力的密电

（1943年9月30日） G137-001-0002

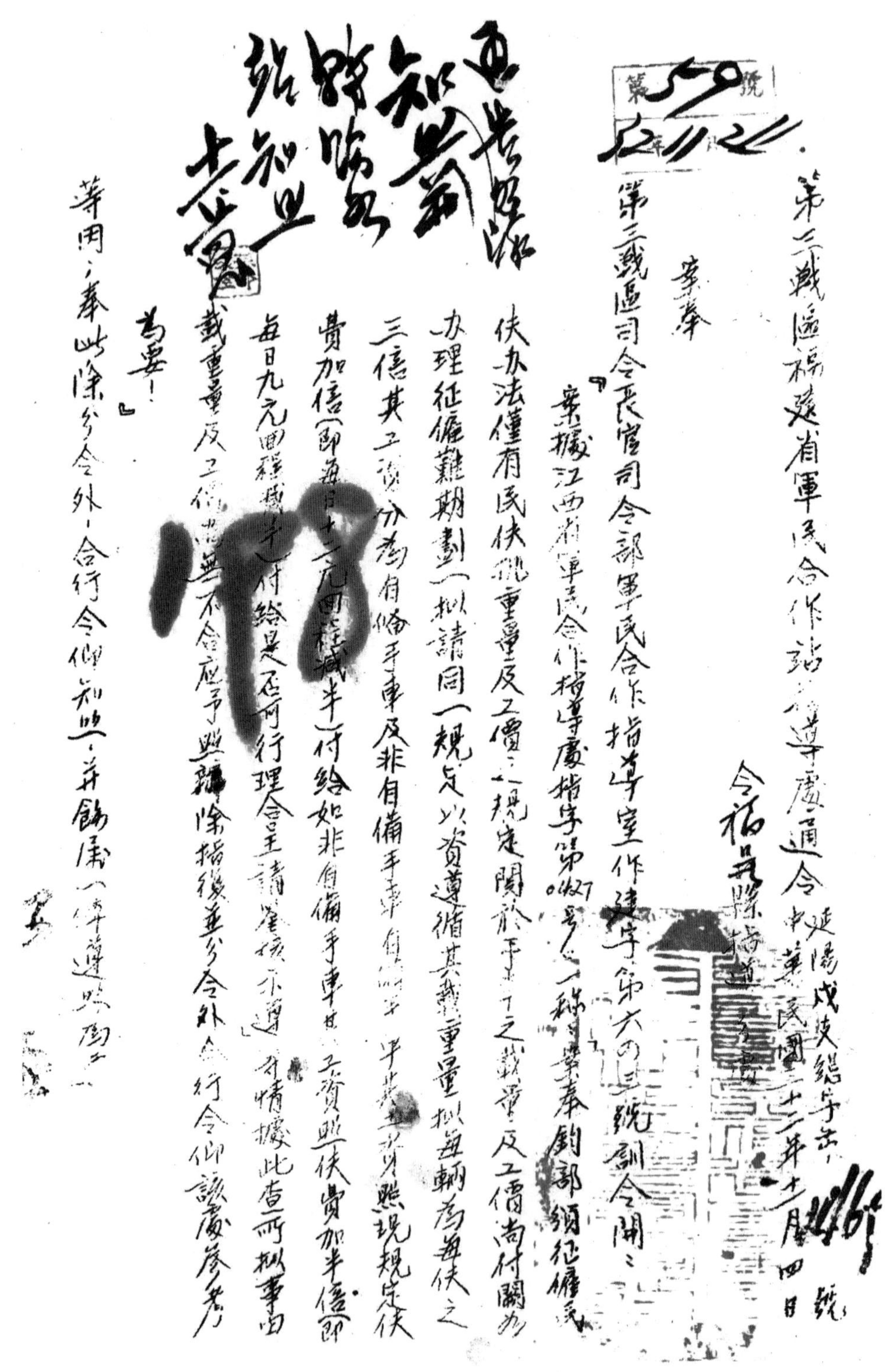

第三战区福建省军民合作站指导处关于江西省军民合作指导处征雇民伕手车载重量及工价规定请参考的通令(1943 年 11 月 4 日)　G137-001-0002

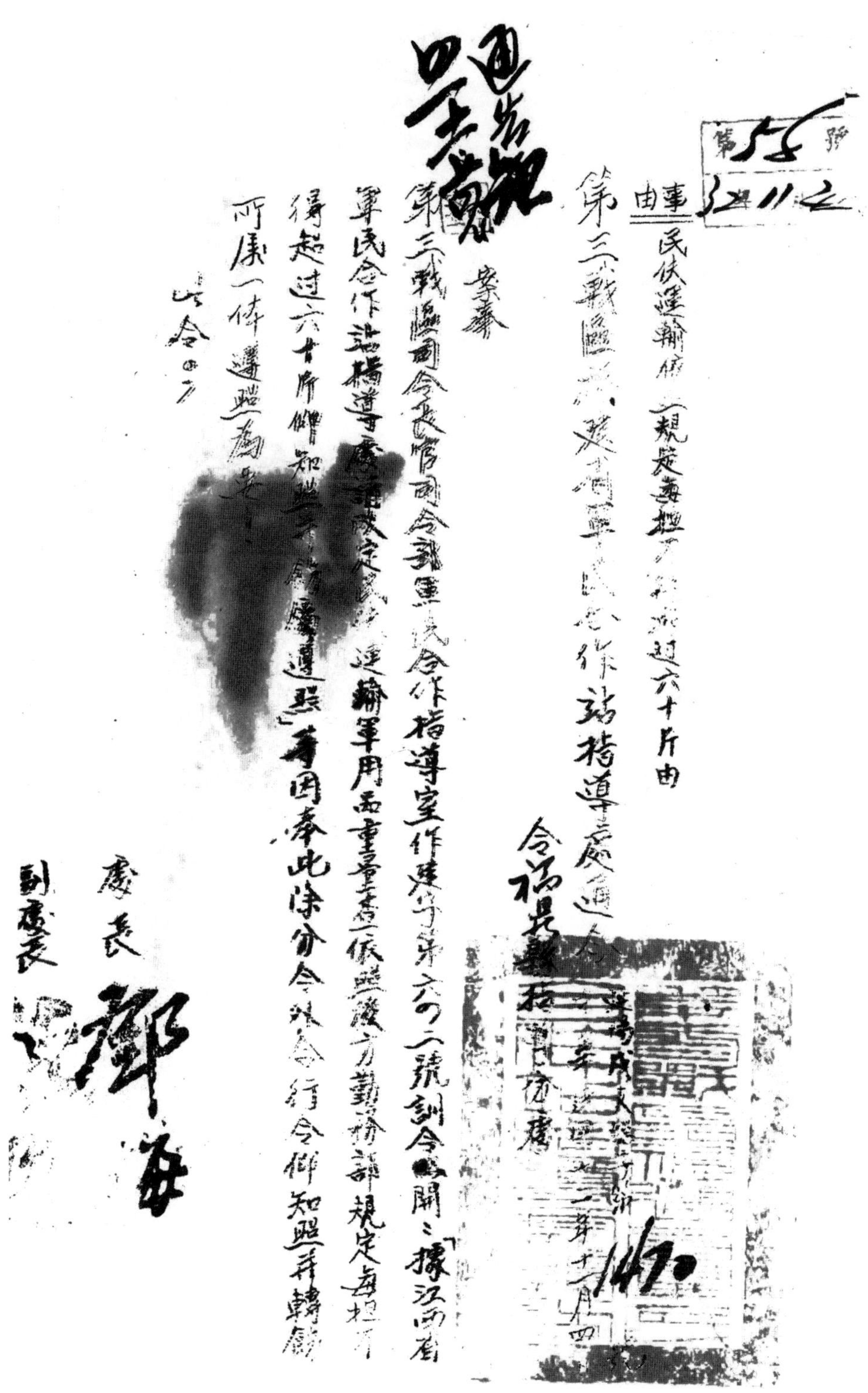

第三战区福建省军民合作站指导处关于民伕运输依照规定每担不得超过六十斤的通令

（1943 年 11 月 4 日） G137-001-0002

第三战区福建省军民合作站指导处通令

事由：为重申征用民伕办法令仰遵照由

令福安县军民合作站

案奉第三战区司令长官司令部军民合作指导室[illegible]代电内开："福建省军民合作指导处鉴：案奉长官顾[illegible]字第[illegible]代电开：据江西省第七区行政督察专员易希亮[illegible]十二月五日[illegible]以来各部队机关人员因需用民伕[illegible]征[illegible]民伕[illegible]后人民[illegible]之道[illegible]军民合作之宗旨相违[illegible]民伕伙食费每日六元[illegible]以目前物价[illegible]茶水之资[illegible]

中华民国卅三年二月[illegible]日 字第1758号

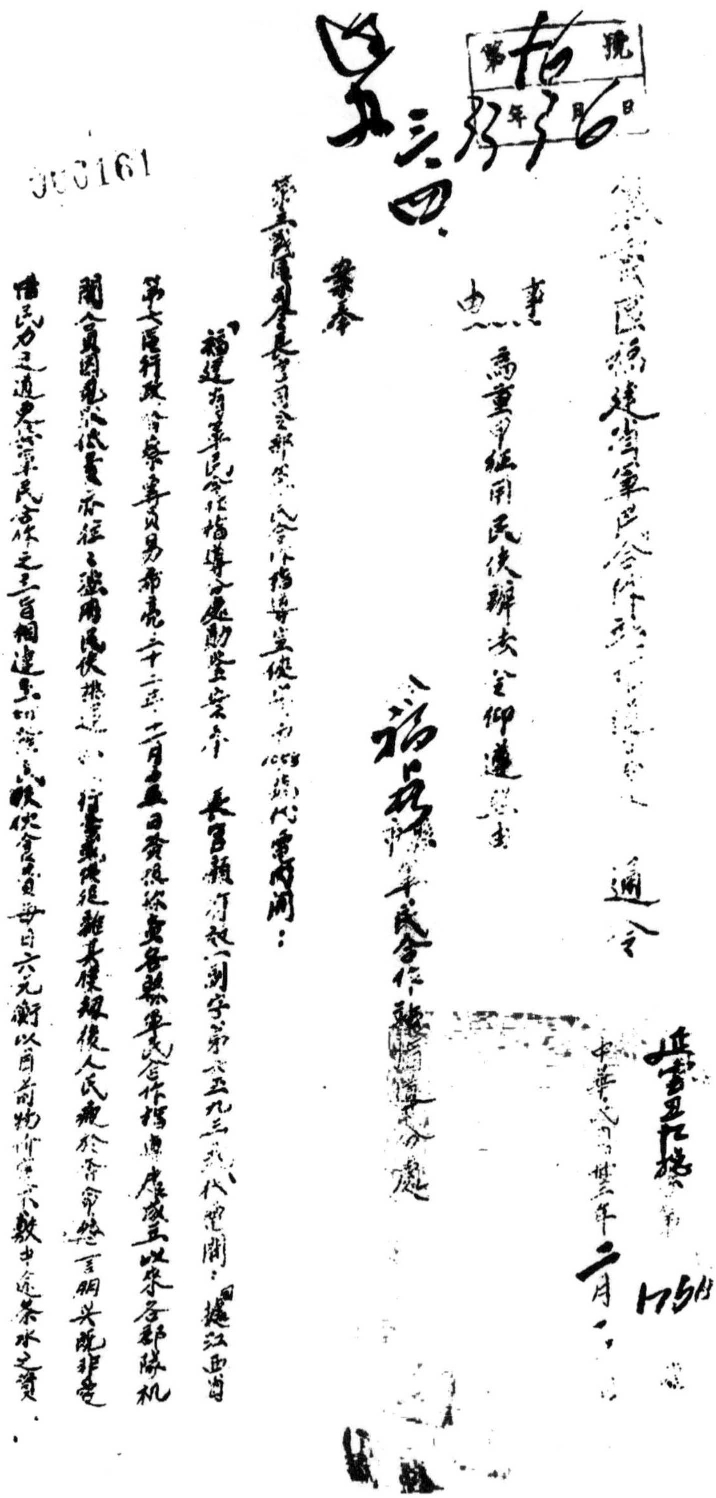

第三战区福建省军民合作站指导处关于重申征用民伕办法的通令

(1944年2月3日)a面　G133-003-0121

违[illegible]亦难上述诸点[illegible]情所难[illegible]，希饬地方行政[illegible]

[illegible]各机关部队[illegible]人员及地方民众不得藉故[illegible]并明令规定

征用民伕[illegible]私人滥用民伕，以杜流弊等情，查征雇民伕本部前颁

订[illegible]办法[illegible]前令[illegible]民伕[illegible]办法办理[illegible]

[illegible]征民伕[illegible]民役[illegible]等因奉此，仰遵照[illegible]法办理[illegible]遵以为要

主任[illegible]民伕

等因奉此，除分令外，合行令仰遵照法规征雇民伕，[illegible]办理为要！

此令。

第三战区福建省军民合作站指导处关于重申征用民伕办法的通令

(1944 年 2 月 3 日)b 面　G133-003-0121

00J169

第三戰區徵僱民伕辦法

一、凡軍事機關部隊及軍官佐因公徵僱民伕悉依本辦法辦理。

二、徵僱民伕概須經由當地縣軍民合作處站（以下簡稱合作處站）辦理。

三、徵僱民伕軍事機關及部隊以運輸糧服彈藥行李為限，如欲運其他物品，合作站得予拒絕。（並呈報本部查究）

四、軍以下各部隊在平時以運用原有運輸力為原則，如遇急要軍運本身輸力有感不足時，方可徵僱民伕，但每次僱用名額不得超過下列規定：

軍（師） 五〇名　　團 四〇名

營 一五名　　連 一〇名

五、軍事機關及部隊徵僱民伕須預填僱伕通知單，於事前送交當地合作處站並繳納規定之伕價，換取僱伕聯單第二聯（格式附發）

六、因公出差軍官佐請派民伕須持因公出差證件於事前向合作處站繳納規定之伕價，換取僱伕聯單第二聯。

七、因公出差軍官佐僱用民伕名數不得超過下列規定：

校尉官 一名　　將官 二名

第三战区征雇民伕办法(1944年2月)a面　G137-001-0006

八、如随运军用的，应须按照第五条规定办理。
每一民伕之挑重量规定最多不得超过六十市斤，每一车载重量不得超过每伕挑重量之三倍为限，每日行程规定六十华里，但不能越站计算。
九、民伕工资规定每伕每日二十元，徒手回程不另给，去程膳食由雇用者供给，到达地未设合作站，并供给宿处。
十、民伕以由起运站送至次一站为限，不得强迫越站输送，如遇旅行军可商得县军民合作分处变通办理，但须以邻站为限，并由该分处于雇伕联单内注明之。又如运往未设合作站之县区，应商由当地乡镇公所或县政府负责接运。
十一、民伕反手车于回程中沿途军警不得留难或强迫运输，违则以拉伕论罚。
十二、凡雇佣民伕之部队或出差军官佐，如有不遵办法及军民合作公约各项法令规章或虐待民伕及殴辱军民合作站人员等情事，准由各该地军民合作处站查明该部队番号及违反纪律者级职姓名，备报本部严办外，并函请其直属长官。
十三、本办法如有未尽事宜，得随时以命令修正之。
十四、本办法自公布之日起施行。

第三战区征雇民伕办法(1944 年 2 月)b 面　G137-001-0006

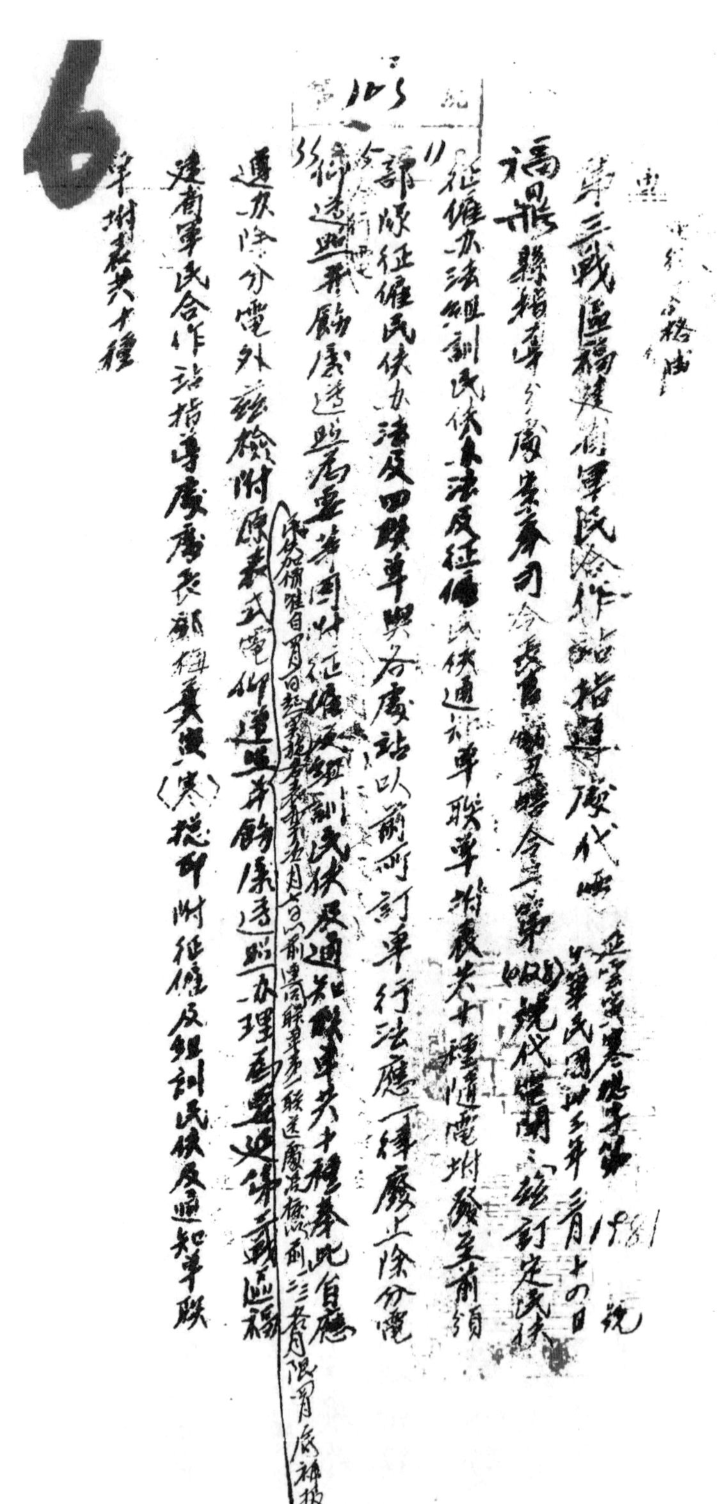

第三战区福建省军民合作站指导处关于印发征雇及组训民伕办法的代电
（1944 年 3 月 14 日） G137-001-0006

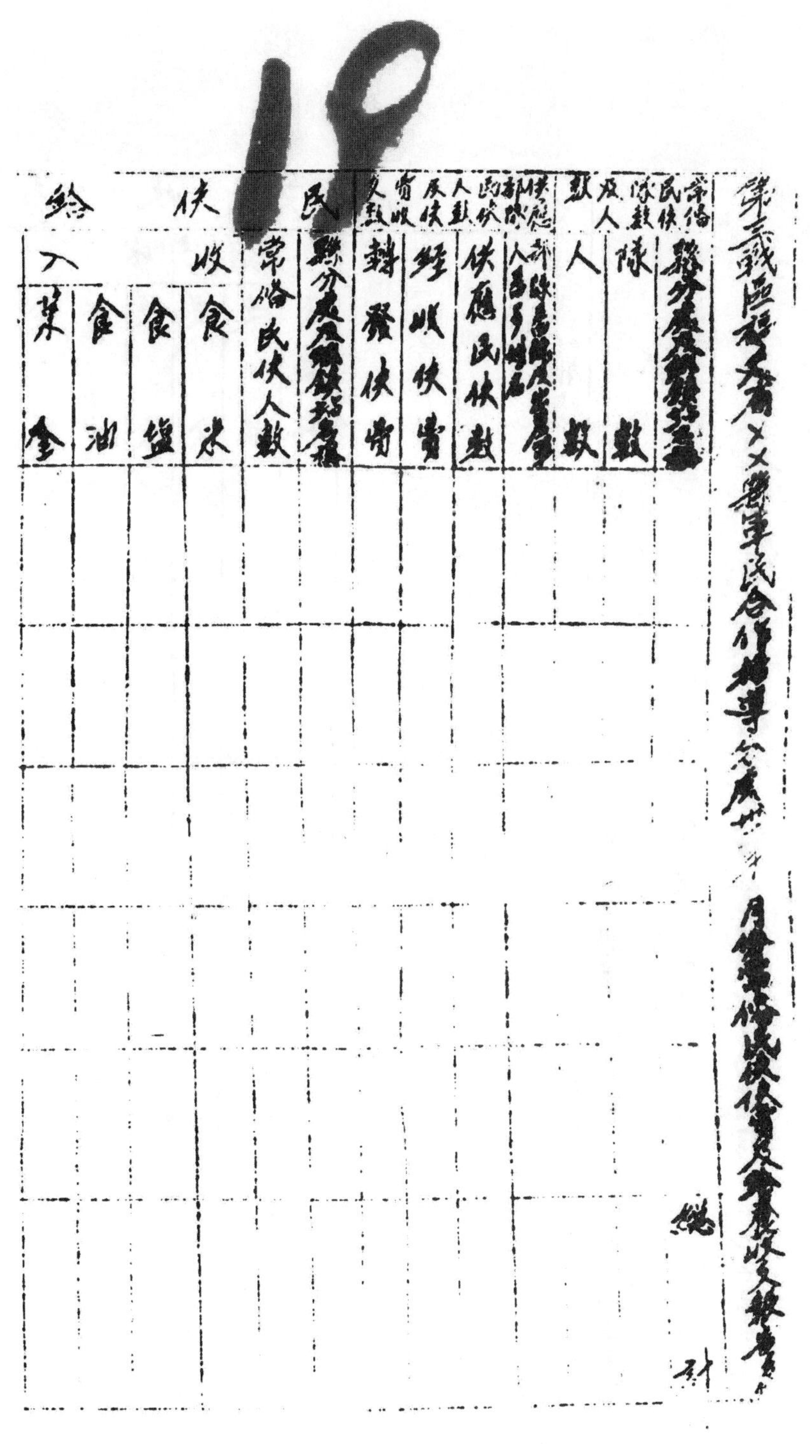

第三戰區福建省××縣軍民合作站指導分處卅三年 月份常備民伕伕費及給養收支報告表

縣分處及鄉鎮站名稱	隊數	人數	部隊番號及當地人員多寡	伕應民伕數	經收伕費	轉發伕費	縣分處及鄉鎮站名稱	常備民伕人數	食米	食鹽	食油	菜金
總計												

附件:第三战区福建省××县军民合作站指导分处三十三年××月份常备民伕伕费及给养收支报告表

(1944年3月14日)a面 G137-001-0006

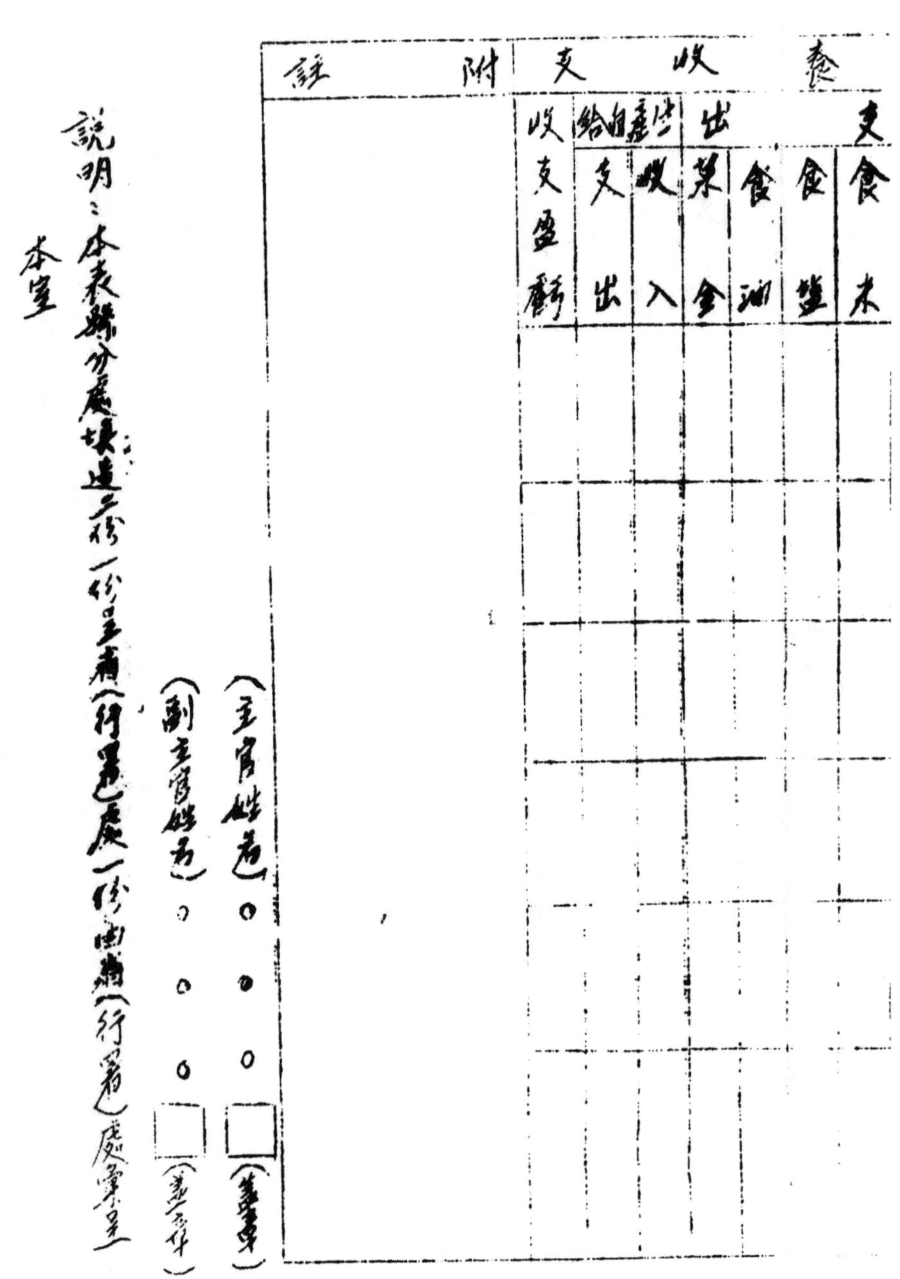

附件:第三战区福建省××县军民合作站指导分处三十三年××月份常备民伕伕费及给养收支报告表
(1944 年 3 月 14 日)b 面 G137-001-0006

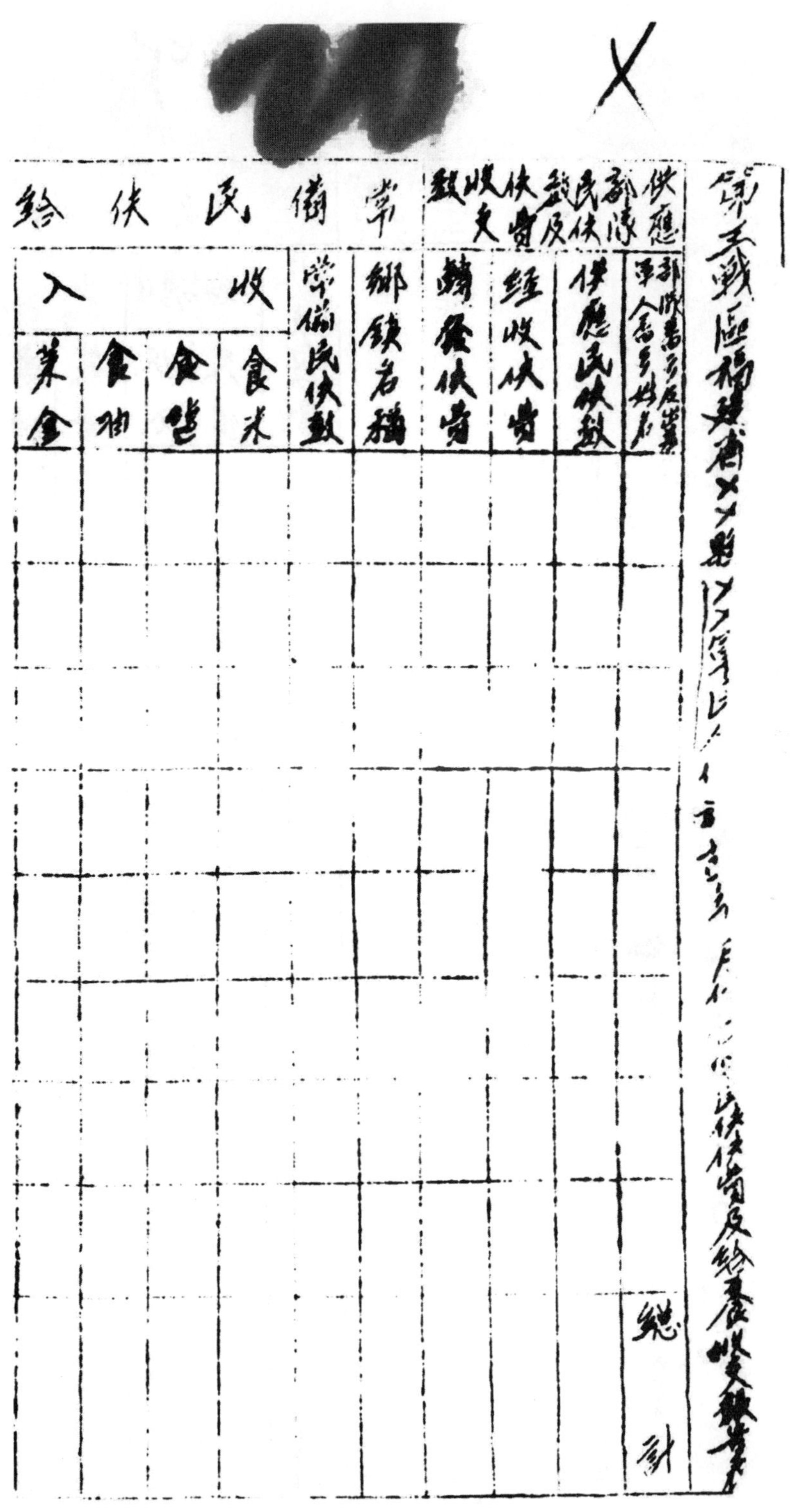

第三战区福建省××县××军民合作站××年××月份常备民伕费及给养收支数报告表

菜金	食油	食盐	食米	常备民伕数	乡镇名称	转发伕费	经收伕费	应民伕数	部队番号及事由
收入									
									总计

附件:第三战区福建省××县××军民合作站三十三年××月份常备民伕费及给养收支报告表

(1944 年 3 月 14 日)a 面　G137-001-0006

张学印

说明：本表乡镇站缮造二份，一份呈县分处，一份由县份呈处汇呈省（行署）
处

（主官姓名）○○○ （盖章）
（副主官姓名）○○○ （盖章）

附	说	养	收	支				
		支		出		自备给养		收支盈亏
		食米	食盐	食油	菜金	收入	支出	

附件：第三战区福建省××县××军民合作站三十三年××月份常备民伕费及给养收支报告表
（1944年3月14日）b面　G137-001-0006

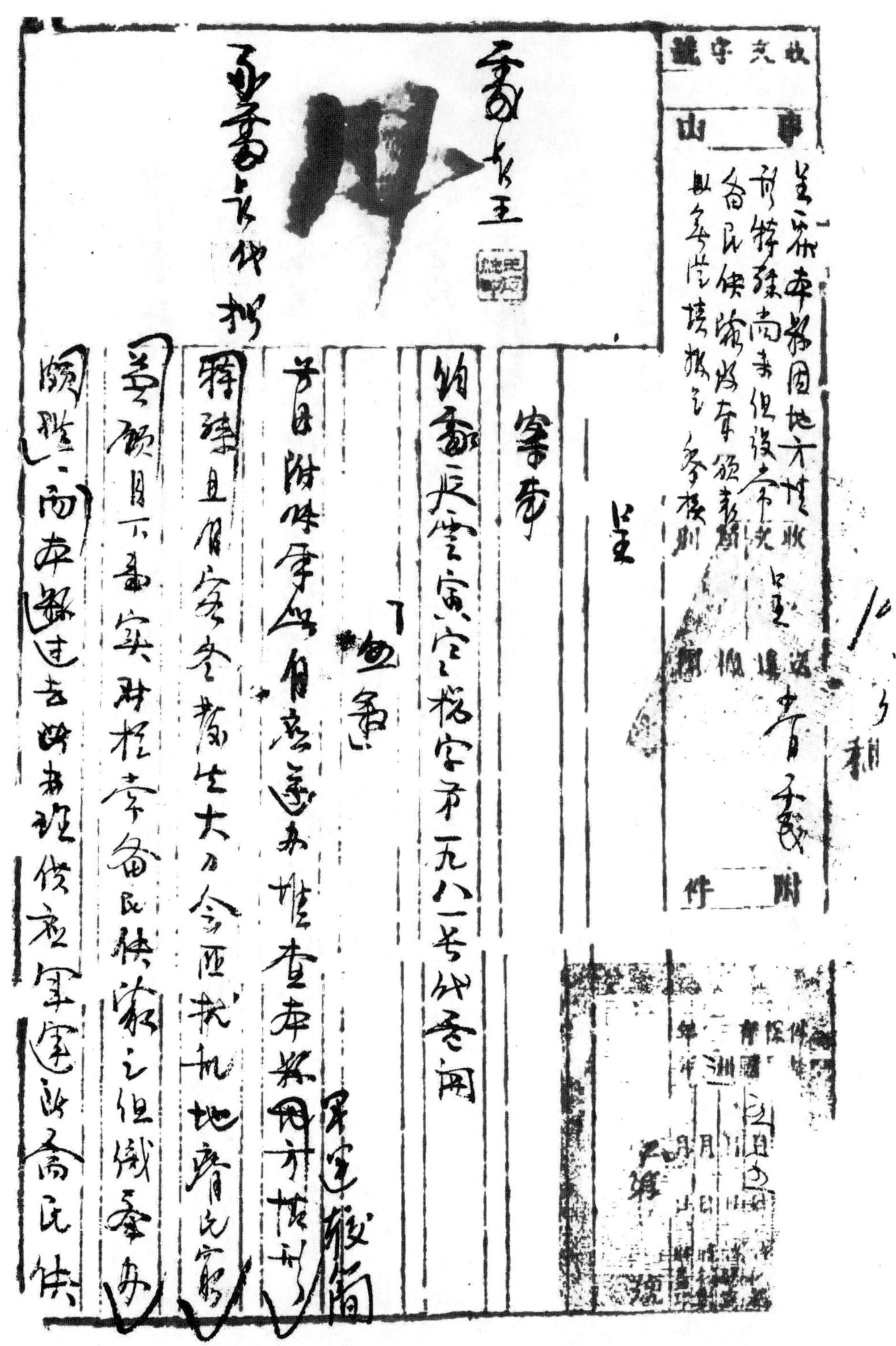

第三战区福建省福鼎县军民合作站指导分处关于本县因地方情形特殊尚未组设常备民伕队表册无从填报的呈文(1944 年 5 月 15 日)　G137-001-0006

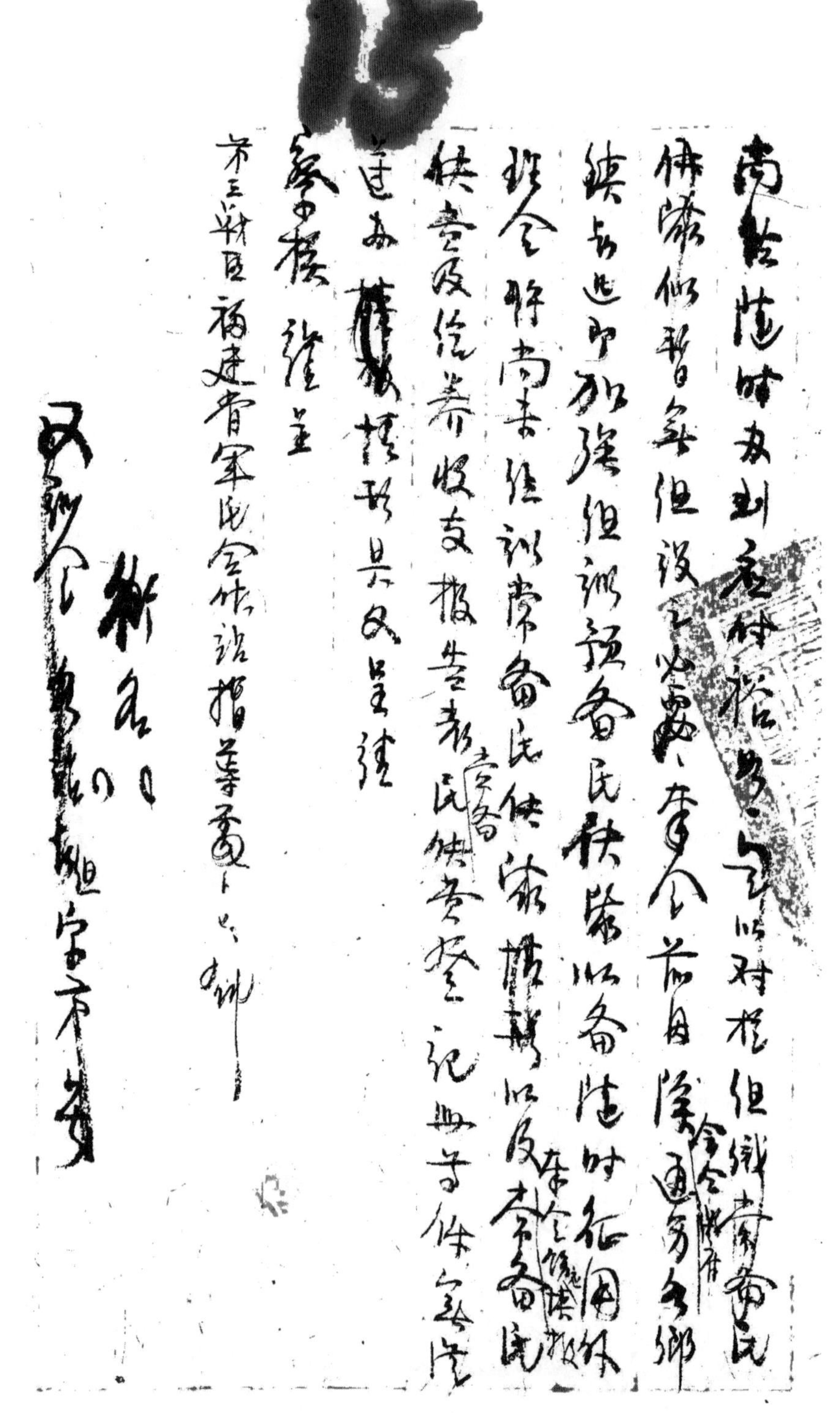

第三战区福建省福鼎县军民合作站指导分处关于本县因地方情形特殊尚未组设常备民伕队表册无从填报的呈文(1944 年 5 月 15 日) G137-001-0006

福闽师管区司令部代电

事由：为转发征雇民伕办法及通知单联单各一份电仰遵照并转饬所属遵照由

福鼎县

案开：案奉国民兵团整字第三战区司令长官部……订定征雇民伕办法暨征雇民伕通知单联单各一份……须发至前须部队征雇民伕办法及通知联单与各处……以前所订单行法应一律废止除分电外合行电仰遵照并饬属遵照为要！等因；附征雇民伕办法及通知单联单各一份。奉此。除分电外合行电仰遵照并饬属遵照为要。福闽师管区司令黄懋和寅铣副甲附征雇民伕办法及通知单联单各一份

福闽师管区司令部关于转发征雇民伕办法及通知单联单并饬属遵照的代电

（1944年3月16日） G133-003-0121

福建省政府代電

雲師來　一七三號

中華民國卅三年四月　日

事由：抄發第三戰區征僱及組訓民伕辦法等仰遵照并飭屬切遵办理由

福鼎縣政府案奉第三戰區司令長官司令部卅三年丑皓合字第(107)號代電內開「查本部根据各省(行署)指導處暨所屬處站關于過去辦理民伕組訓及徵僱之考察雖具有成效然猶未臻完善如各省縣民伕供應無一定之限制而部隊徵僱亦未以最低限度需要數量要求供應殊有濫用民力之嫌又如各省(行署)所屬處站民伕組訓尚未統一關于徵僱固由於保甲未臻健全流弊滋生以致民衆殊感苛擾茲為求手續趨于嚴密部隊徵僱有所限制徵派達於公允訂定『第三戰區徵僱民伕辦法』『徵僱民伕通知單』『徵僱民伕聯單』及『第三戰區各級處站民伕隊組訓辦法』各一份以

福建省政府关于抄发第三战区征雇及组训民伕办法并饬属切遵办理的代电

(1944 年 4 月 1 日)a 面　G133-003-0121

[illegible]

前此须民伕徵雇办法应一律废止除分電外特電請查照并請轉飭所屬各縣查照办理為荷」并因附征雇及組训民伕办法等共四份奉此除分令各專員公署各縣政府各特種區署及福州市政籌備處暨飭由驛運管理處轉飭所屬各區站一体遵照外合行抄件電仰該縣（局）府遵照并飭所屬一体切實遵照辦理為要福建省政府永驛監（ ）印抄發第三戰區征雇及組訓民伕辦法戰區各級軍民合作處站民伕隊組織办法各一份征雇民伕通知式樣一份征伕民伕单一份

本縣軍運不忙常備隊暫不組織

四月十九日

福建省政府关于抄发第三战区征雇及组训民伕办法并饬属切遵办理的代电

(1944 年 4 月 1 日)b 面　G133-003-0121

第三戰區徵僱民伕辦法

一、凡軍事機關部隊及軍官佐因公徵僱民伕悉依本辦法辦理

二、徵僱民伕概須經由當地縣軍民合作處站（以下簡稱合作處站）辦理

三、徵僱民伕軍事機關及部隊以運輸糧服彈藥行李為限如要運其他物品合作站得由拒絕（并呈報本部查究）

四、軍以下各部隊在平時以運用原有運輸力為原則如遇急要軍運本身輸力有感不足時方可僱用民伕協運但每次僱用名額不得超過下列規定

軍（師）五〇名　　團　四〇名

營　一五名　　連　四名

附件：第三战区征雇民伕办法（1944年3月）a面　G133-003-0121

五、軍事機關及部隊徵僱民伕須預填僱伕通知單於事前送交當地合作處站並繳納規定之伕費換取僱伕聯單第二聯（格式附黏）

六、因公出差軍官佐請僱民伕須持因公出差証件於事前向合作處站繳納規定伕費換取合作處站僱伕聯單第二聯

七、因公出差軍官佐僱用民伕名數不得超過下列規定

將官二名

校尉官一名

八、如隨運軍用物品須按照第五條規定辦理每一民伕之挑重量規定最多不得超過六十市斤每一手車載重量不得超過每伕挑重量之三倍為限每日行程規定六十華里但不能越站計算

九、民伕工資規定每伕每日二十元徒手回程不另給去程膳食由僱用者供給到達地未設合作站者併給宿

附件：第三战区征雇民伕办法(1944年3月)b面　G133-003-0121

處

十、民伕以由起運站送至次一站為限不得強迫越站輸送如遇強行軍時商得該軍民合作分處之同意辦理但須以鄰站為限並由該分處于征伕聯單內註明之又如運往未設合作站之縣區應商由當地鄉鎮公所或縣政府負責接運

十一、民伕及手車于運程中沿途軍警不得留難或強迫運行違則以拉伕論罪

十二、凡徵僱民伕之部隊或出差軍官佐如有不遵本辦法及軍民合作公約各項法令規章或虐待民伕及毆辱軍民合作站人員等情事准由各該地軍民合作處站查明該部隊番號及違反紀律者級職姓名會報本部嚴辦外連帶處分其直屬長官

十三、本辦法如有未盡事宜得隨時以命令修正之

附件：第三战区征雇民伕办法（1944 年 3 月）　G133-003-0121

第三戰區各級軍民合作處站民伕隊組織办法

一、為動員民眾配合部隊作戰協助軍事運輸起見特訂本辦法

二、各縣處站均應組織常備民伕隊預備民伕隊
常備民伕隊為平時供給軍方運輸使用之
預備民伕隊為作戰時補充常備民伕隊使用之

三、各縣處站應將所轄鄉鎮區域內壯丁舉行總調查一次編造壯丁名冊後即行組織切實掌握使用

四、各縣適齡壯丁（免役例外）不論職業如何均須輪流徵派服常備伕役如本人確不能勝任勞力者得僱人代替

五、常備民伕隊使用配額由地區屬治劃分應由縣政府縣指導分處縣臨時參議會、縣商會縣總工會縣黨部

附件:第三战区各级军民合作处站民伕队组织办法
(1944 年 3 月)a 面　G133-003-0121

青年团分团部及有关机关适应环境需要共同决定之

六、常备民伕队每一分处站可视军运之实际需要组织一队，其名额皆定三十名，由辖境壮丁编组，县分处设常备民伕总队长一人，由分处处长兼任，其备站分队长一人，由办事员兼任。如遇军运频繁，供应站原额不敷分配，仍由分处调近所辖各站常备民伕队使用之

七、预备民伕队凡辖境内壮丁均归编入预备民伕队，计每保编成一分队，由保队附兼任队长，各乡镇警卫干事任中队长，于战时归分处调度使用

八、常备及预备民伕如遇兵役抽签中签入伍时，均遵照兵役法规办理，不得藉词规避

九、常备民伕所需给养由各伕应雇时一次筹足每名

附件：第三战区各级军民合作处站民伕队组织办法

（1944年3月）b面　G133-003-0121

月款目暂定如左

食米　四斗五升　食油　壹斤

食盐　十二两　菜金　六十元

十、常备民伕伙食得由民伕组织伙食委员会经军站派员监督办理之

十一、民伕出差所得工资于征备出发之前由军站经办人付给并具收据不得藉词扣发

十二、民伕出差如不能回原站住宿时则邻站应负招待之责必要时可设置民伕招待所

十三、关于常备民伕队之教育管理及增加生产自给办法得各军站应适应环境切实办理

十四、预备民伕队之训练教育仍宜由军站协同各县以备队办理之

十五、本办法如有未尽事宜得随时以命令修正之

十六、本办法自公布之日起施行

附件：第三战区各级军民合作处站民伕队组织办法

（1944年3月）　G133-003-0121

000180

徵僱民伕通知存根

茲有

貴縣共需民伕　名運輸軍用物品由××經過

起運至××止請代為徵僱準于×月前來

領取為荷

此致

（填發單位全銜）○○○（主管姓名）（蓋章）

中華民國　年　月　日

注意：本通知凭照部隊由連以上軍事机關或教育機關知法主官填發必由承办人員或附工人員持向各軍民合作站接洽徵僱民伕事宜

字第　號

附件：第三战区征雇民伕通知及存根（1944 年 3 月）a 面　G133-003-0121

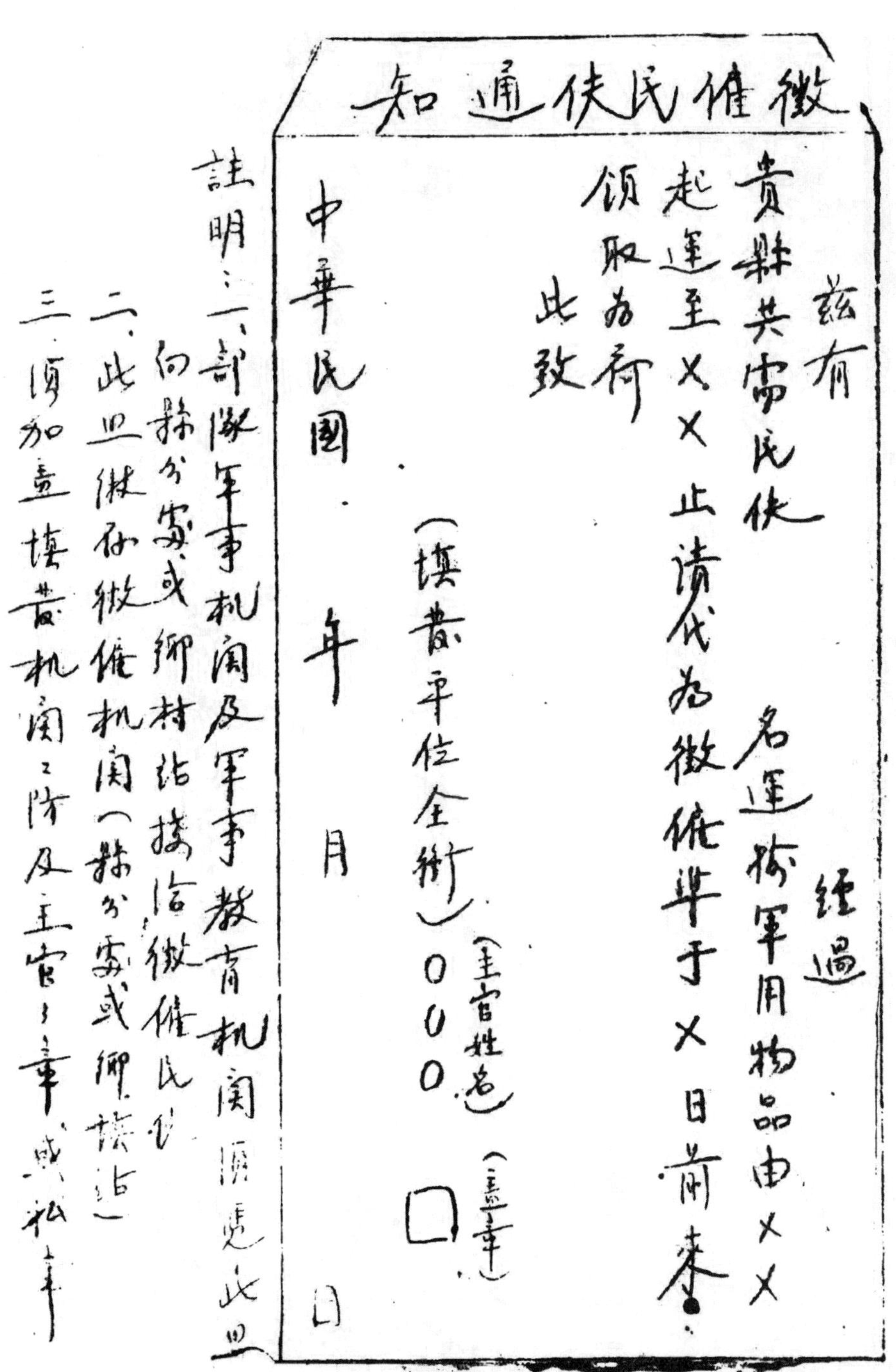

徵僱民伕通知

茲有　　　　經過

贵縣共需民伕　　名運輸軍用物品由××

起運至××止請代為徵僱準于×日前來

領取為荷

此致

中華民國　　年　　月　　日

（填發单位全銜）○○○（主官姓名）□（蓋章）

註明：一、部隊軍事机關及軍事教育机關須憑此聯向縣分處或鄉村公所接洽徵僱民伕

二、此聯繳存徵僱机關（縣分處或鄉保接洽）

三、須加蓋填發机關之關防及主官之章戳或私章

附件：第三战区征雇民伕通知及存根（1944 年 3 月）b 面　G133-003-0121

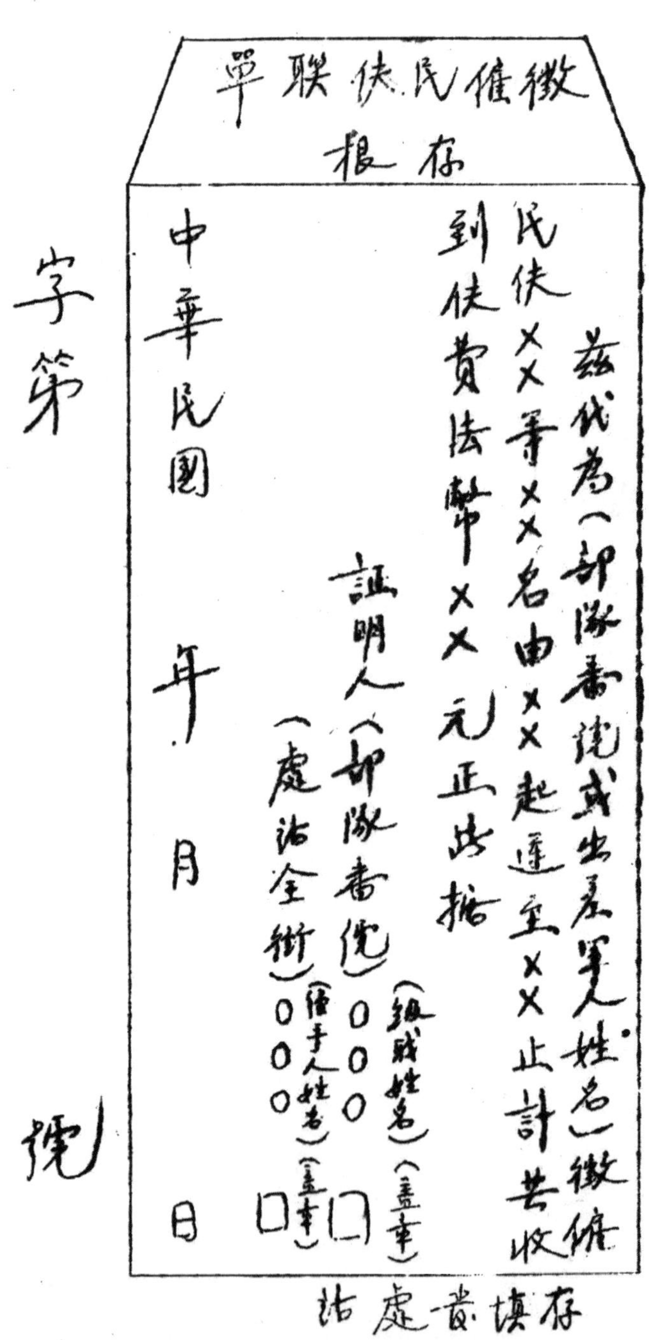

徵僱民伕聯單

存根

茲代為（部隊番號或出差軍人姓名）徵僱

民伕××等××名由××起運至××止計共收

到伕費法幣××元正此據

證明人（部隊番號）〇〇〇（級職姓名）（蓋章）

（處沽全銜）〇〇〇（僱手人姓名）（蓋章）

中華民國　年　月　日

字第　號

沽處貴填存

附件：第三战区征雇民伕联单及存根（1944年3月）a面　G133-003-0121

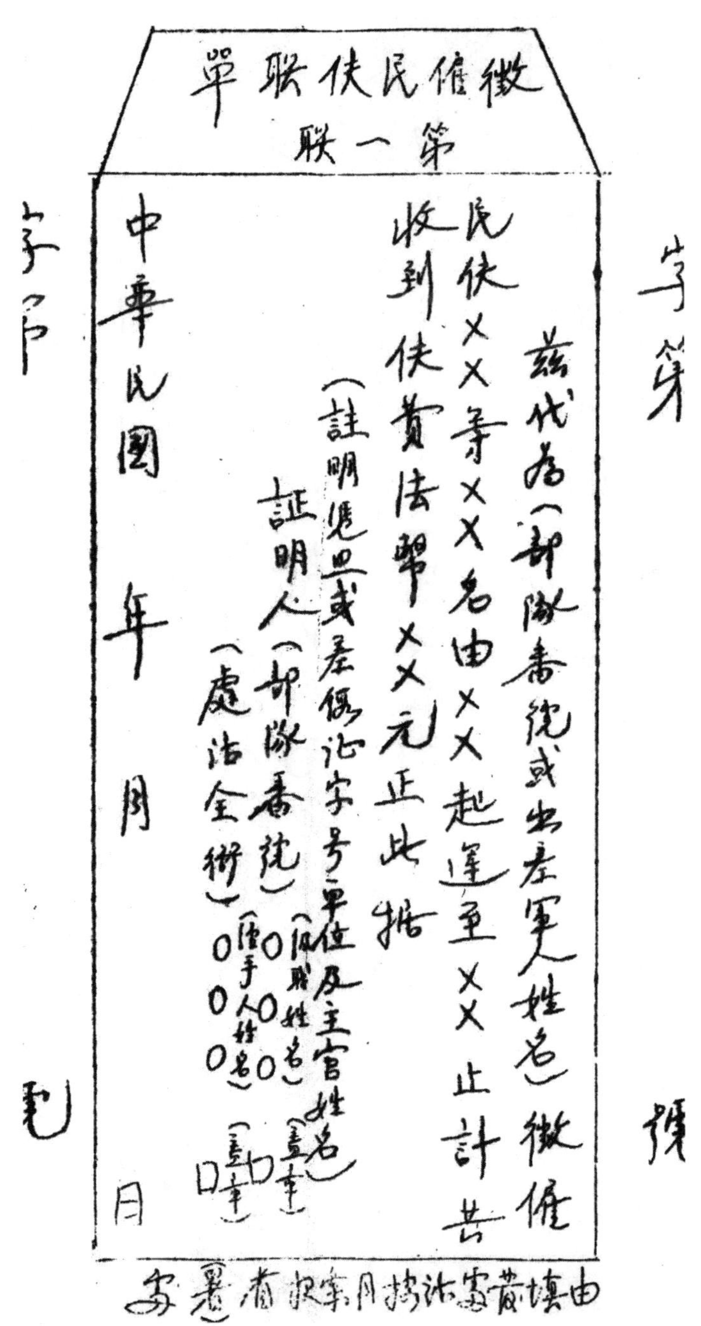

徵僱民伕聯單

第一聯

字第　　　號

茲代為（部隊番號或出差軍人姓名）徵僱
民伕××等××名由××起運至××止計共
收到伕費法幣××元正此據
（註明憑照或差假證字號單位及主官姓名）
證明人（部隊番號）（階職姓名）〇〇〇（蓋章）
（處法全銜）（僱手人姓名）〇〇〇（蓋章）

中華民國　　年　　月　　日

字第　　　號

由填發站將本聯交收款者收執

附件：第三战区征雇民伕联单及存根（1944 年 3 月）b 面　G133-003-0121

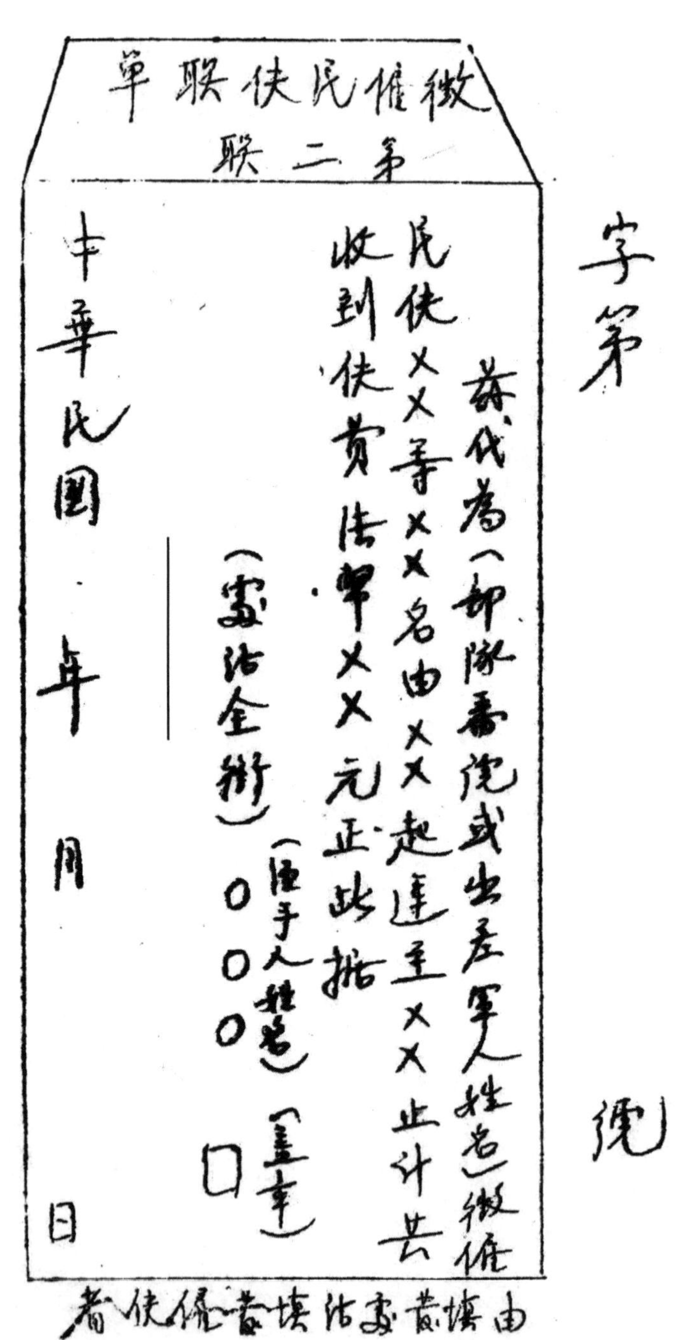

徵僱民伕聯單

第二聯

字第　　號

茲代為（部隊番號或出差軍人姓名）徵僱
民伕××名由××起運至××止計共
收到伕費法幣××元正此據
（僱主人姓名）○○○（蓋章）
（處所全銜）

中華民國　年　月　日

由填發處所填發僱伕者

附件：第三战区征雇民伕联单及存根(1944年3月)c面　G133-003-0121

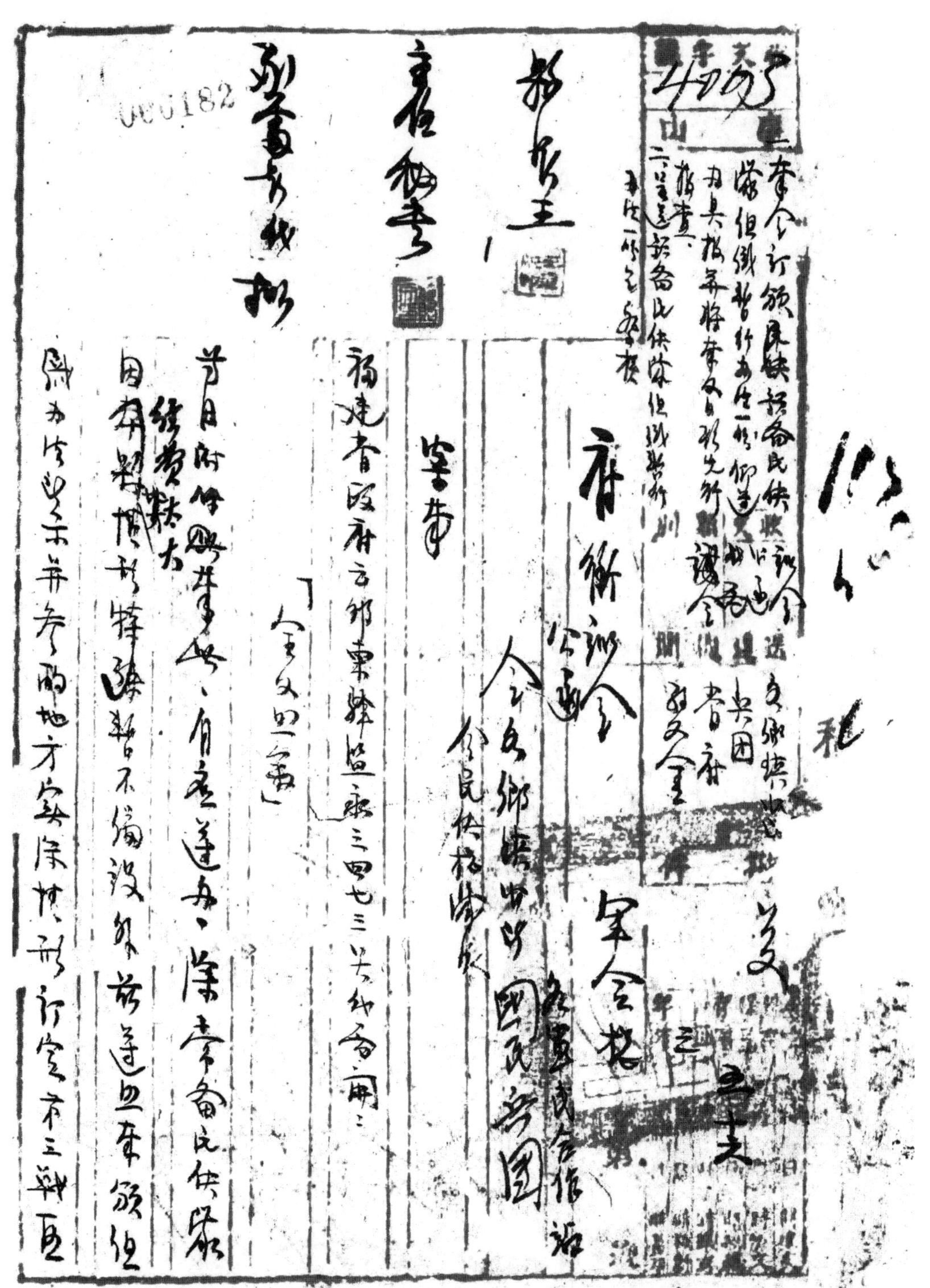

第三战区福建省福鼎县军民合作站指导分处关于奉令订颁预备民伕队组织暂行办法令各乡镇公所及军民合作站遵办具报并将奉文日期先行报查的训令（1944年5月16日） G133-003-0121

福建省福鼎县民伕总队预备民伕队组织暂行办法一份，除

呈报并分别令外，合行检发该组织暂行办法一份，令仰该乡

相应检同组织暂行办法一份，函请

镇长遵照切实办理，并分别具报，并将奉文日期先行报备查

查照办理为荷

此致

福鼎县国民兵团部

第三战区福建省福鼎县军民合作站指导分处

附发民伕队组织暂行办法一份

分处长　王逸旭

第三战区福建省福鼎县军民合作站指导分处关于奉令订颁预备民伕队组织暂行办法令各乡镇公所及军民合作站遵办具报并将奉文日期先行报查的训令(1944年5月16日)a面　G133-003-0121

文代电

福建省政府主席刘钧鉴：□卯东释监秘字
三四七三号代电暨附件均已奉悉，自应遵办。惟常
备民伕队因本县经费困难，□□□军运需□□□
临时征用，应付尚称裕如，拟暂不组织，以轻民负□□
遵照来颁民伕队组织办法，斟酌本县地方实
情形，拟订预备民伕队组织暂行办法一种，除
□□□□□□乡镇公所遵照外，
实遵照办理外，理合检同该暂行办法一份，电请察核备
查。福鼎县县长王□□卯□印，附呈预备民
伕队组织暂行办法一份

福鼎县政府关于暂拟不组织常备民伕队以轻民负并将拟定预备民伕队组织暂行办法呈请察核的代电

(1944年5月16日)b面 G133-003-0121

福鼎县政府关于委派军民合作站指导分处上尉干事孙文金兼任县民伕总队总队长的训令

（1944 年 5 月 16 日）　G133-003-0121

福建省第三战区福鼎县民伕总队预备民伕队组织暂行办法

一、遵照第三战区民伕队组织办法颁发并参酌本县地方实际情形订定福鼎县预备民伕队组织暂行办法（以下简称本办法）

二、民伕队之任务以动员民众在必要时配合部队作战协助军事（军运）输期以军民切实合作争取反攻之胜利

三、[illegible]编设民伕总队总队由县军民合作站指导员兼任[illegible]办事员[illegible]乡镇编一中队由乡镇公所兼办事员[illegible]保编一小队由保

附件：第三战区福建省福鼎县民伕总队预备民伕队组织暂行办法
（1944年5月16日）a面　G133-003-0121

~~三、平时南岸金门安门等三中队节省金门鸳民合作社调度使用，蹦江福岸……调度使用~~

溪坪各区中队由战时统筹战区军民合作社指导分配调度使用

四、每中队所辖小队数以其乡镇所辖区域保数而为准，各中队其番号即称为第三战区福鼎县预备民伕总队〇〇（乡镇名称）预备民伕中队〇〇（保之名称）小队

五、各保适龄壮丁（免役删除）不论既婚与否均须轮流征服伕役，为本人确不能胜任劳力者得雇人代替

六、编入民伕队各员（免役）其役期中第入伍时期应

附件：第三战区福建省福鼎县民伕总队预备民伕队组织暂行办法

（1944年5月16日）b面　G133-003-0121

附件：第三战区福建省福鼎县民伕总队预备民伕队组织暂行办法

(1944 年 5 月 16 日)a 面　G133-003-0121

廿一、修呈府核准时并抄送各县参考使用

十、本办法如有未尽事宜

得随时修正行之

十一、本办法自呈准之日起施行并报省备案

民伕队名册格式

第三战区福建省福鼎县民伕总队预备民伕中队民伕名册

小队别	职别	姓名	年龄	籍贯	职业	详细住址	备考
						保 甲 户	

附记 本册一律以十行纸划造三份呈府 由中队部订成册加盖戳

附件：第三战区福建省福鼎县民伕总队预备民伕队组织暂行办法

（1944年5月16日）b面 G133-003-0121

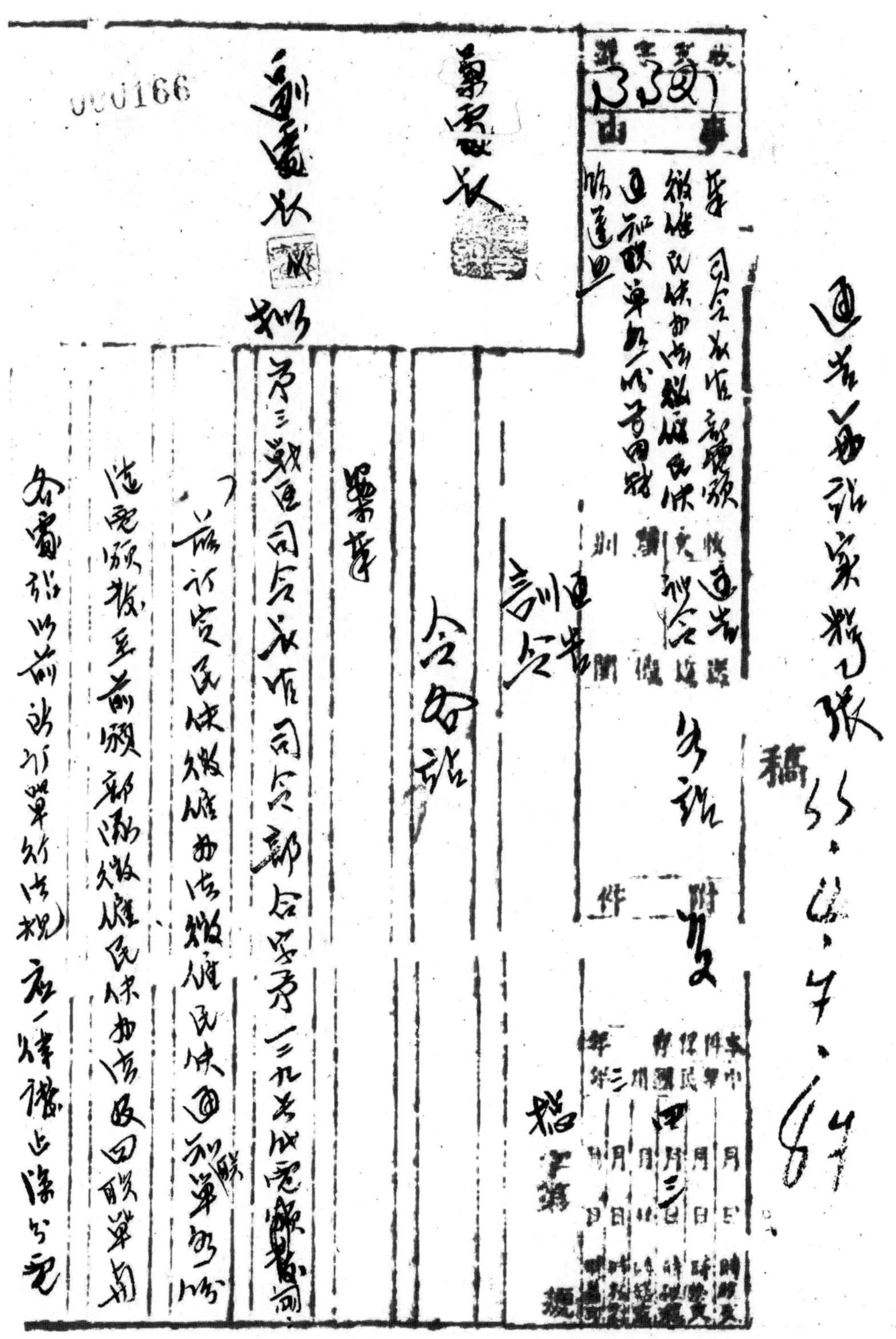

第三战区福建省福鼎县军民合作站指导分处关于奉司令长官部订颁征雇民伕办法、征雇民伕通知单联单一份转饬遵照的训令(1944 年 4 月 3 日)　G133-003-0121

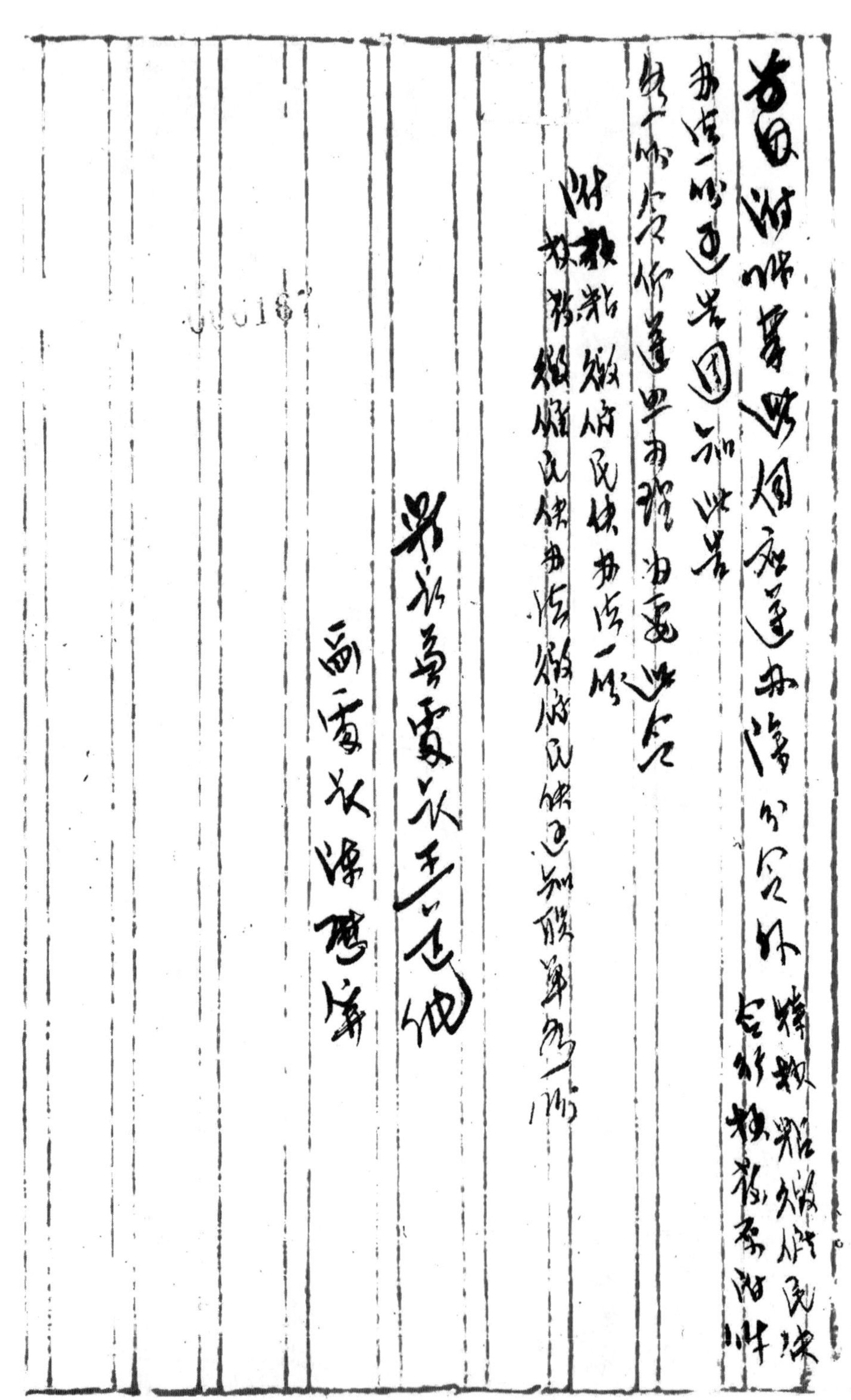

第三战区福建省福鼎县军民合作站指导分处关于奉司令长官部订颁征雇民伕办法、征雇民伕通知单联单一份转饬遵照的训令(1944 年 4 月 3 日) G133-003-0121

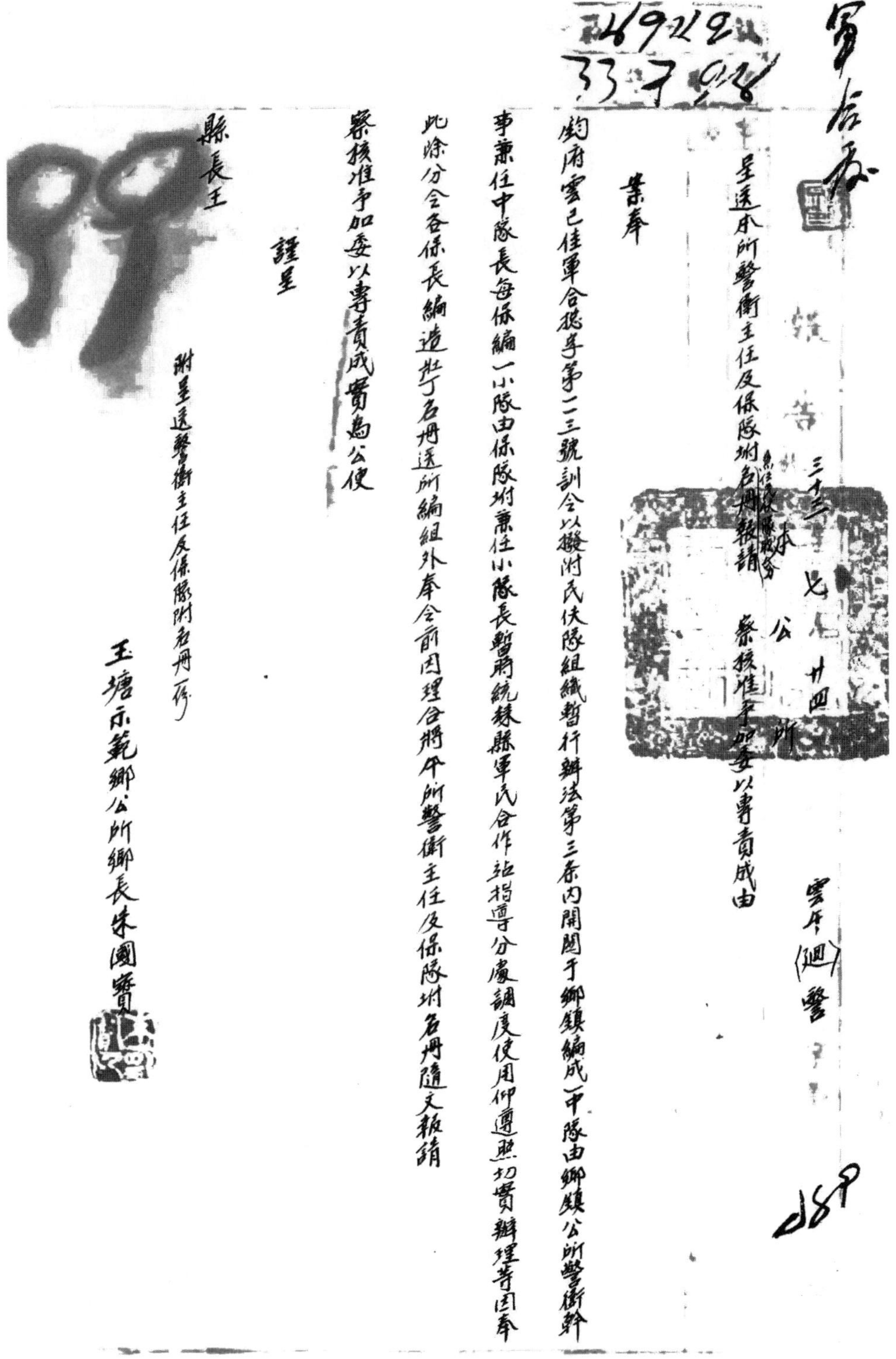

呈送本所警衛主任及保隊附名冊報請 察核准予加委以專責成由

三十三 七 廿四 公所

案奉

鈞府雲已佳軍合懇字第一二三號訓令以擬附民伕隊組織暫行辦法第三條內開關于鄉鎮編成一中隊由鄉鎮公所警衛幹事兼任中隊長每保編一小隊由保隊附兼任小隊長暫將統隸縣軍民合作站指揮分處調度使用仰遵照切實辦理等因奉此除分令各保長編造壯丁名冊送所編組外奉令前因理合將本所警衛主任及保隊附名冊隨文報請

察核准予加委以專責成實為公便

謹呈

縣長王

附呈送警衛主任及保隊附名冊一份

玉塘示範鄉公所鄉長朱國寶

福鼎县玉塘示范乡公所关于报送本所警卫主任及保队副兼任民伕队职务名册请准予加委以专责成的呈文(1944 年 7 月 24 日) G137-001-0007

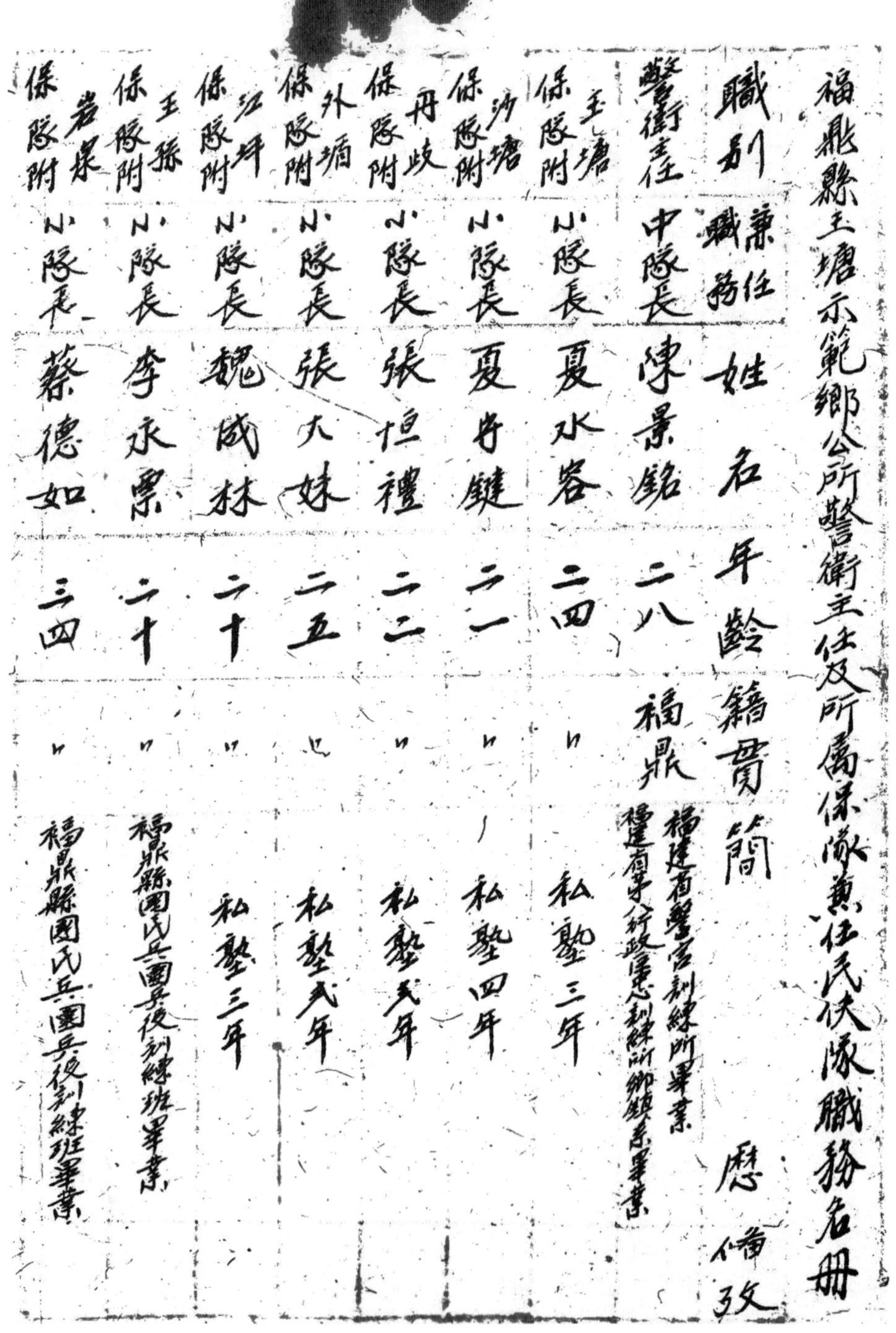

福鼎縣玉塘示範鄉公所警衛主任及所屬保隊兼任民伕隊職務名冊

職別	兼任職務	姓名	年齡	籍貫	簡歷	備攷
警衛主任	中隊長	陳景銘	二八	福鼎	福建省警官訓練所畢業 福建省第八行政區訓練所鄉鎮長畢業	
玉塘保隊附	小隊長	夏水容	二四	〃	私塾三年	
沙塘保隊附	小隊長	夏寄鏈	二一	〃	私塾四年	
丹岐保隊附	小隊長	張恒禮	二二	〃	私塾弍年	
外塘保隊附	小隊長	張大妹	二五	〃	私塾弍年	
紅坪保隊附	小隊長	魏成林	二十	〃	私塾三年	
玉孫保隊附	小隊長	李水票	二十	〃	福鼎縣國民兵團兵役訓練班畢業	
岩里保隊附	小隊長	蔡德如	三四	〃	福鼎縣國民兵團兵役訓練班畢業	

附件：福鼎县玉塘示范乡公所警卫主任及所属保队兼任民伕队职务名册

（1944年7月24日）a面　G137-001-0007

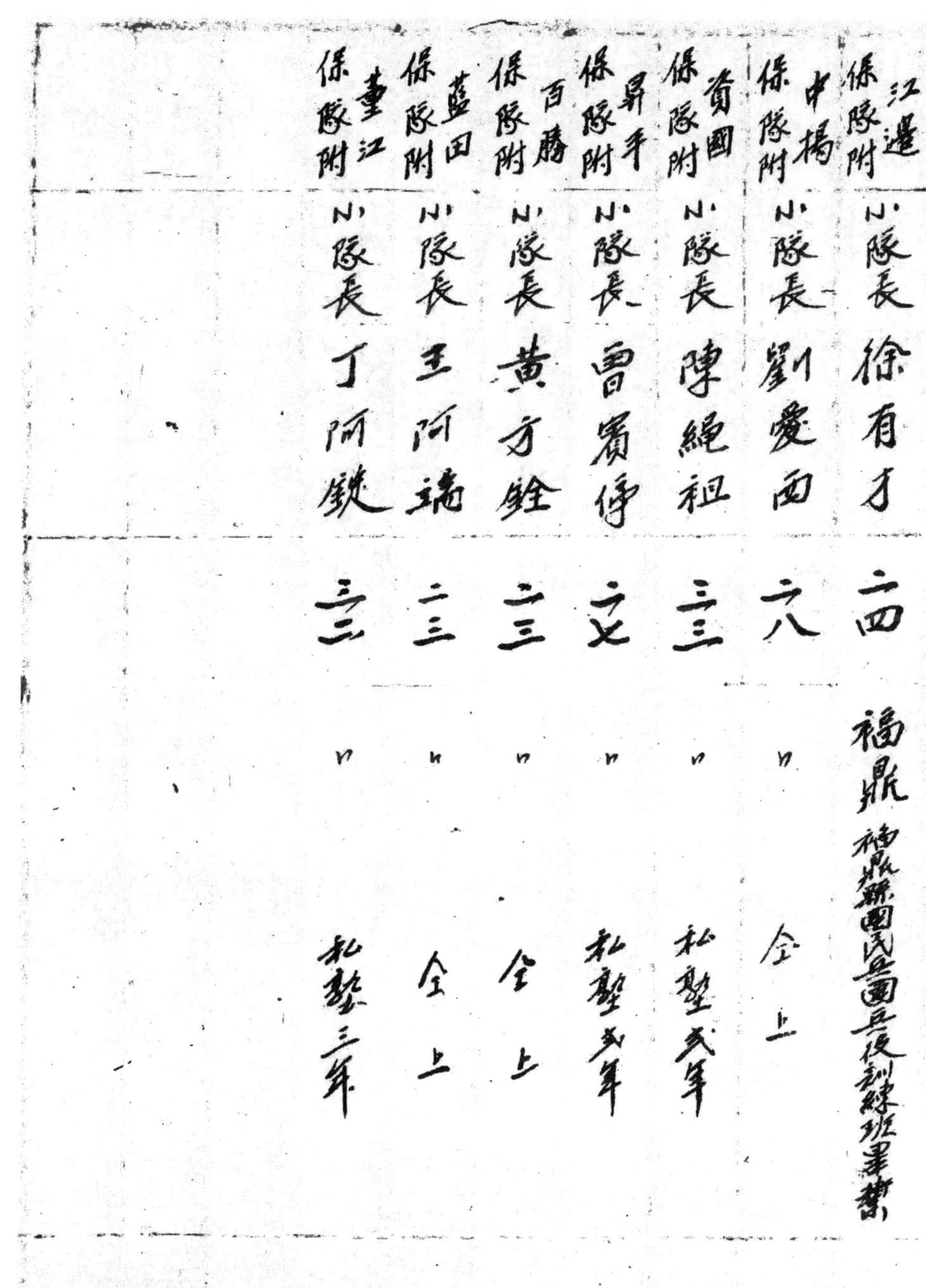

江邊保隊附	小隊長	徐有才	二四	福鼎	福鼎縣國民兵團兵役訓練班畢業
中楊保隊附	小隊長	劉愛西	二八	〃	仝上
資國保隊附	小隊長	陳繩祖	三三	〃	私塾式年
昇平保隊附	小隊長	曾賓俘	二七	〃	私塾式年
百勝保隊附	小隊長	黃方銓	二三	〃	仝上
藍田保隊附	小隊長	王阿端	二三	〃	仝上
董江保隊附	小隊長	丁阿鍈	三二	〃	私塾三年

附件：福鼎县玉塘示范乡公所警卫主任及所属保队兼任民伕队职务名册

（1944 年 7 月 24 日）b 面　G137-001-0007

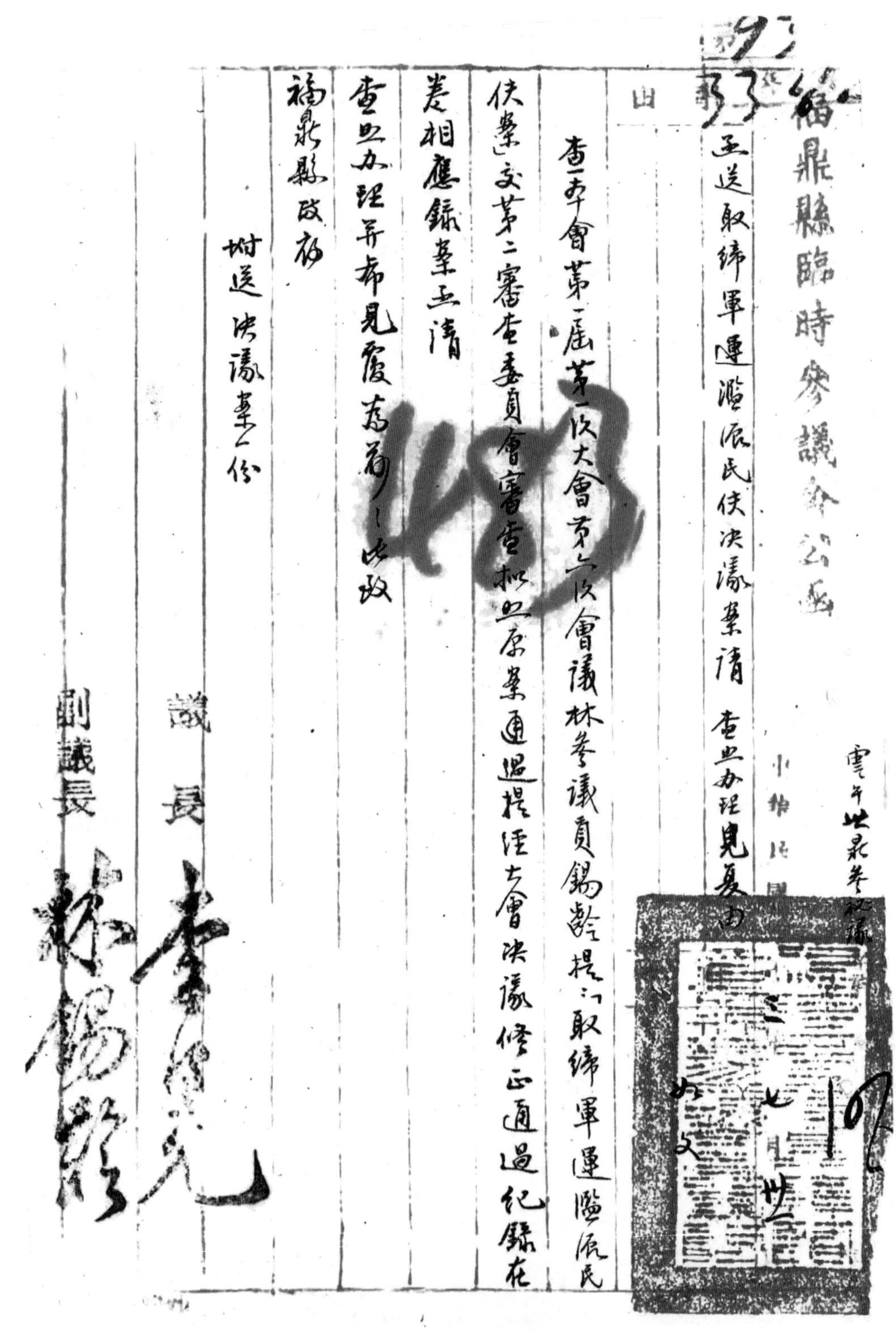
福鼎縣臨時參議會公函

為送取締軍運濫派民伕決議案請 查照办理見復由

查本會第一屆第二次大會第六次會議林參議員錫齡提「取締軍運濫派民伕案」交第二審查委員會審查擬照原案通過提經大會決議修正通過紀錄在卷相應錄案函請

查照办理并希見復為荷！此致

福鼎縣政府

附送決議案一份

議長 李[illegible]

副議長 [illegible]

福鼎县临时参议会关于取缔军运滥派民伕决议案请查照办理的公函

（1944 年 7 月 31 日） G137-001-0005

議　題：取缔軍運濫派民伕案

理　由：查各部隊機關雇用民伕前經第三戰區司令長官訂定暫行辦法（見三六七、三日省政府永字第六一七期公報）通飭遵行在案，乃查比年以來各部隊機關濫派挑伕與土木之事時有所聞，甚至超過規定重量挑運私人貨物亦屢見不少，各鄉鎮保民一經被派，輾轉雇倩，賠累難堪，亟應嚴加取缔，以肅風紀而安閭閻。

辦　法：一、請縣政府轉函軍民合作指導處通飭各合作站務須依照法令辦理，如有各部隊機關非法要求，應予嚴詞拒絕。二、各合作站遇有代雇民伕應函各鄉鎮公所辦理，不得逕向保甲長雇派，以杜弊端。三、各合作站雇用民伕每月應詳造各項清冊彙呈本縣軍民合作指導處，於次月份提向本會駐會委員會報告，以便查察。

是□□　求易舍

附件：福鼎县临时参议会取缔军运滥派民伕决议案

（1944年7月31日）　G137-001-0005

連署人 夏匡明 池乃午

（右案经卅三年七月一日第一届第一次大会第六次會議決議修正通過）

685

附件：福鼎县临时参议会取缔军运滥派民伕决议案

（1944 年 7 月 31 日） G137-001-0005

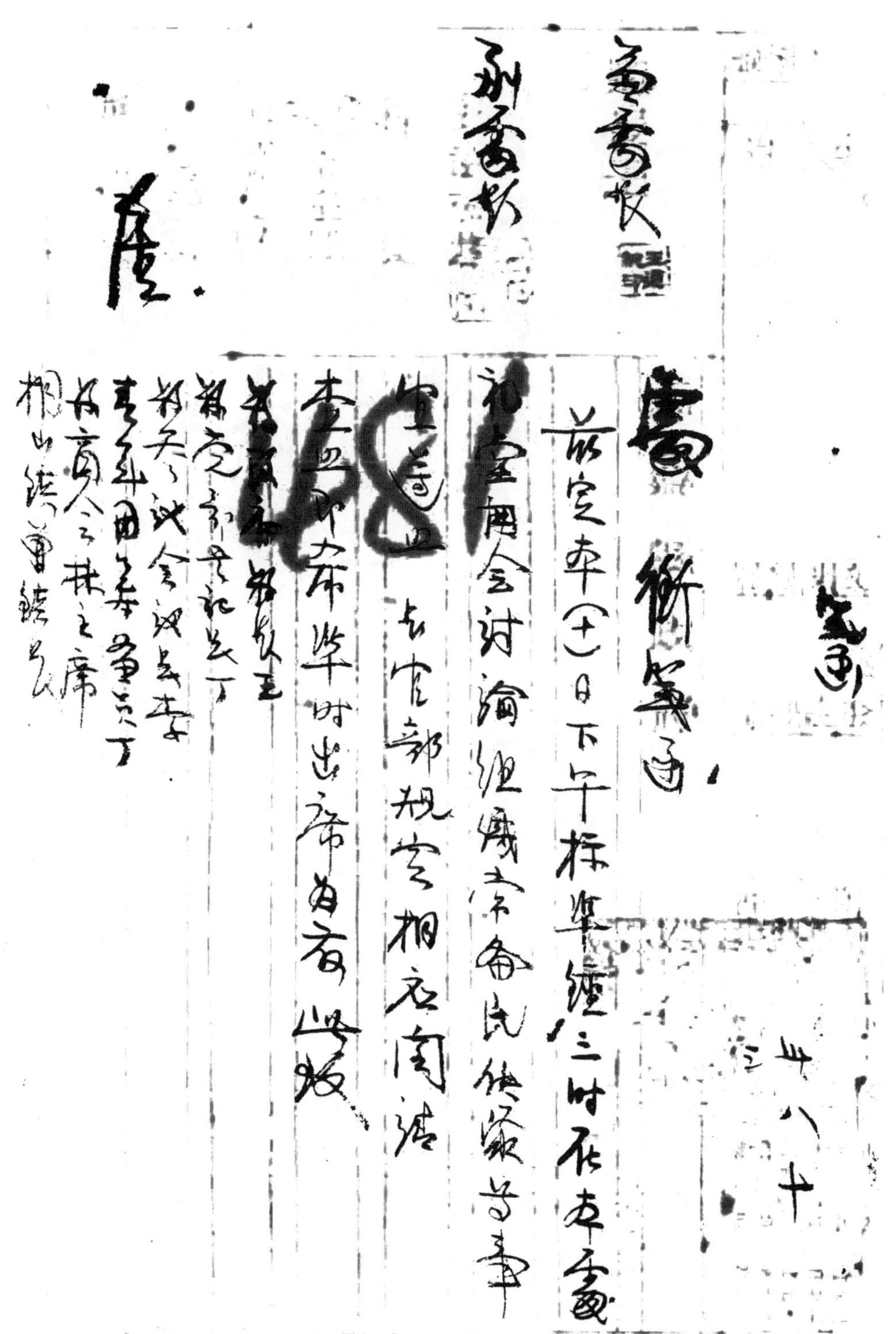

第三战区福建省福鼎县军民合作站指导分处关于在本处礼堂开会讨论组织常备民伕队等事宜希准时出席的公函(1944 年 8 月 10 日)　G137-001-0005

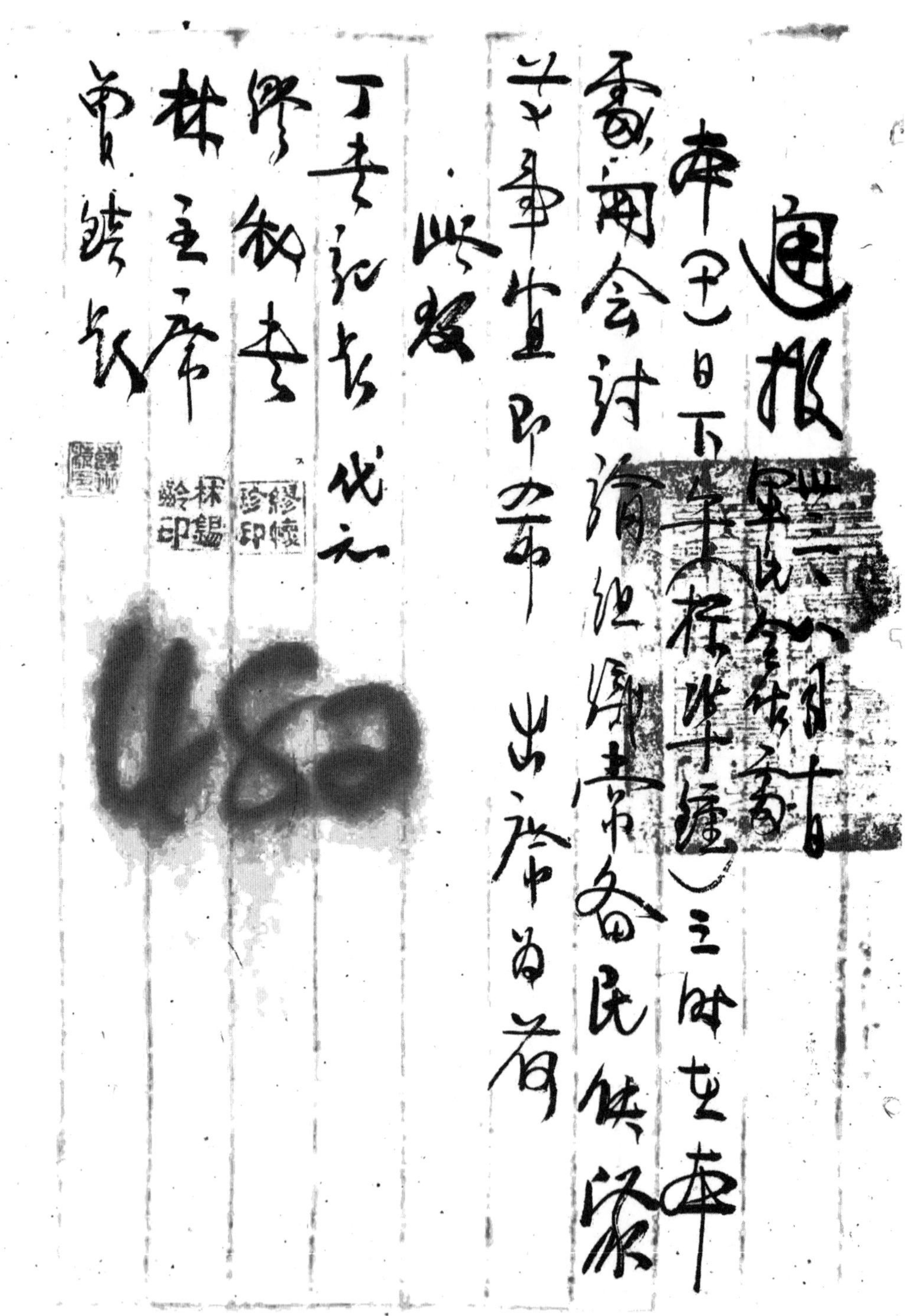

通报
本（十）日下午（林华锺）三时在本
处礼堂开会讨论组织常备民伕队
等事宜即希出席为荷
此致
丁专员　代元
缪秘书
林主席
曾馆长

第三战区福建省福鼎县军民合作站指导分处关于在本处礼堂开会讨论组织常备民伕队等事宜希出席的通报（1944 年 8 月 10 日）　G137-001-0006

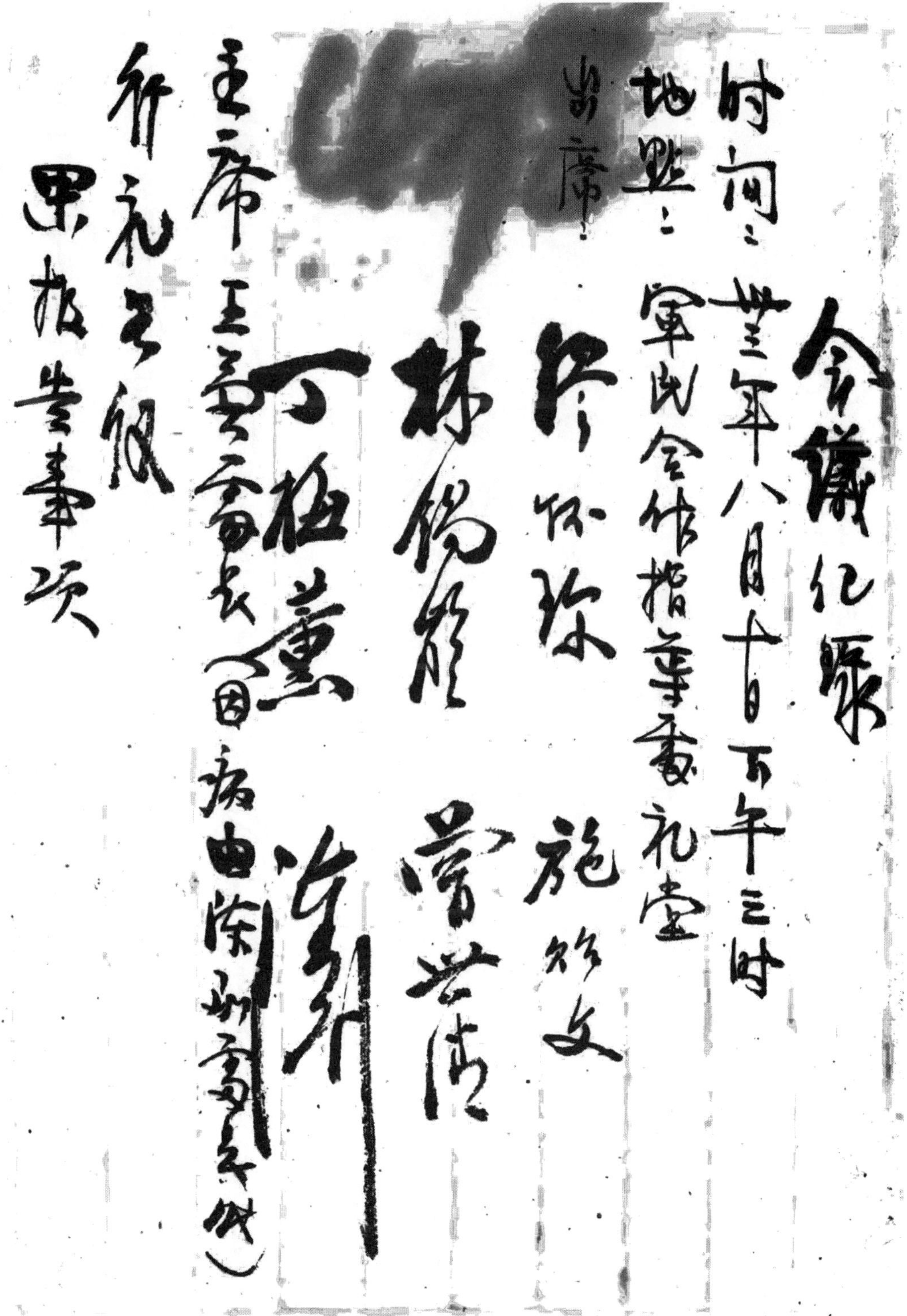

会议纪录

时间：卅三年八月十日下午三时

地点：军民合作指导处礼堂

出席：陈怀琛　施修文

林锡麟　曾若清

丁梅董　许钊

主席王委员长（因病由陈副处长代）

行礼如仪

报告事项

第三战区福建省福鼎县军民合作站指导分处组织常备民伕队会议记录

（1944 年 8 月 10 日）a 面　G137-001-0005

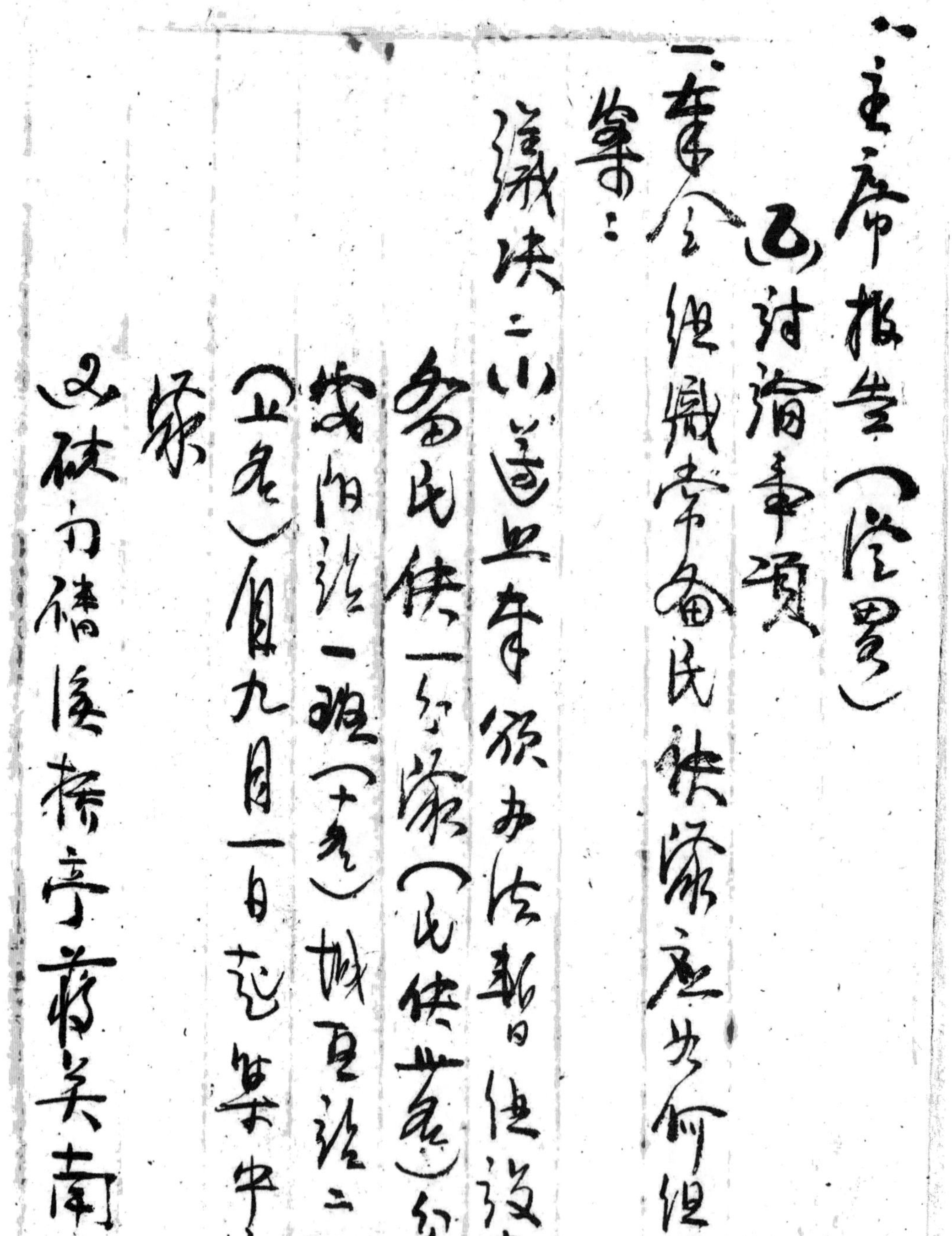

八、主席报告（从略）

九、讨论事项

一、奉令组织常备民伕队应如何组织案：

议决：㈠着照本年须办法报告使设常备民伕一分队（民伕廿名）分驻城内设一班（十名）城区设二班（五名）自九月一日起集中编队

㈡役力储备接亭蒋吴南溪

第三战区福建省福鼎县军民合作站指导分处组织常备民伕队会议记录
（1944年8月10日）b面　G137-001-0005

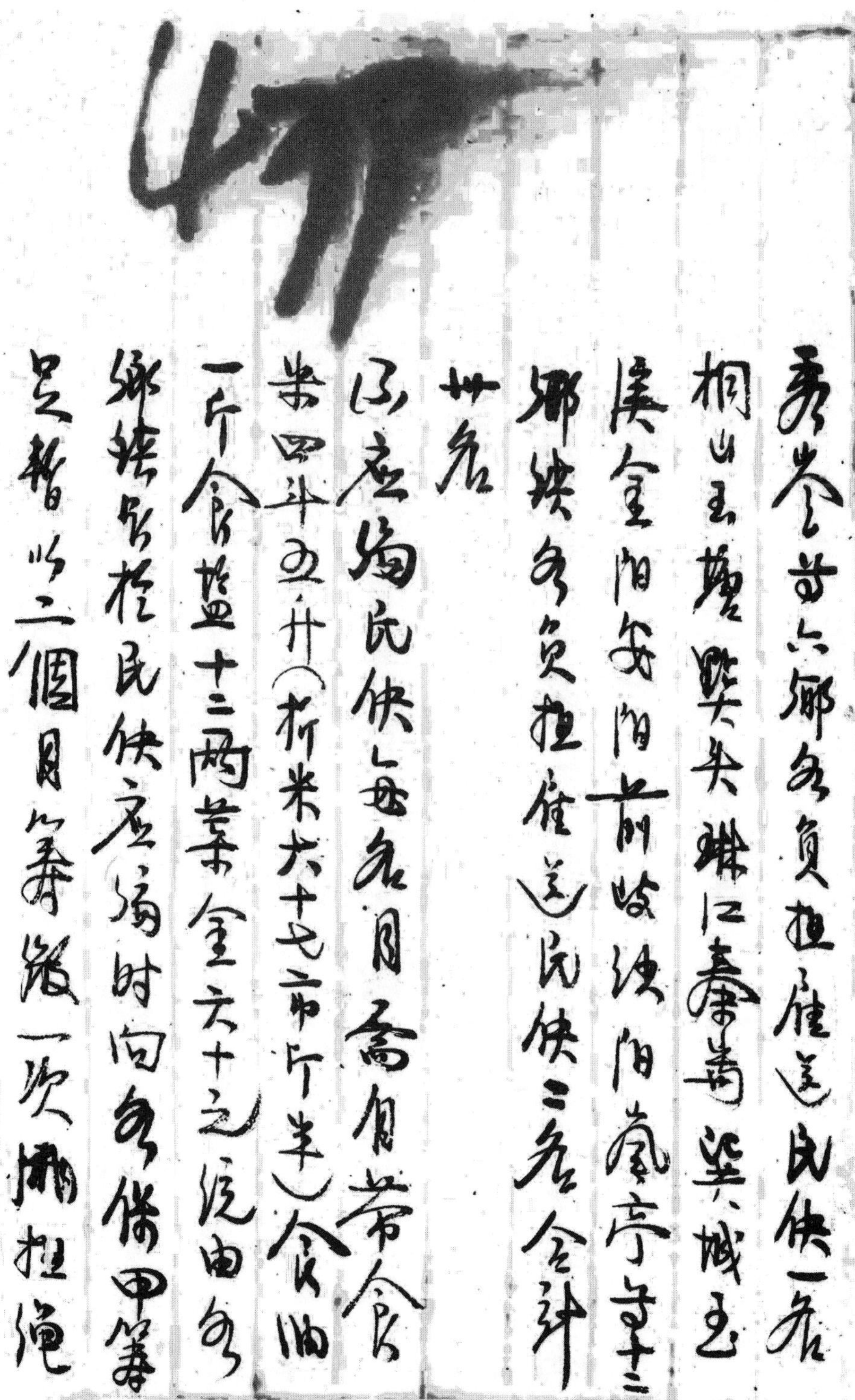

秀岑等六鄉各負担雇送民伕一名
桐山、玉塘、溪尖、雙仁、秦嶼、溪城、玉
溪、金阳、安阳、前岐、浊阳、鳳亭等十三
鄉鎮各負担雇送民伕二名，合計
卅名
（乙）应编民伕每名月需自带食
米四斗五升（折米六十七市斤半）、食油
一斤、食盐十二两、菜金六十元，统由各
鄉鎮保於民伕应编时向各保甲筹
足，暂以二個月為筹缴一次，扁担绳

第三战区福建省福鼎县军民合作站指导分处组织常备民伕队会议记录
（1944年8月10日）a面　G137-001-0005

子六应常用
伕民伕队用去费日常费一千
五百元（十五条薪）(乙)锄二口锄头四共六千
元(丙)水桶二担计两百元(丁)篾篓四十个共五
百元(戊)什具计五百元(己)斗笠卅顶计
八百元上列计共四千五百元由应向民
伕队伕食项挪垫由民伕生产金收
入项下补还
(二)调花常备民伕队间隔时间应如何判
团保导生产金案

第三战区福建省福鼎县军民合作站指导分处组织常备民伕队会议记录
(1944年8月10日)b面　G137-001-0005

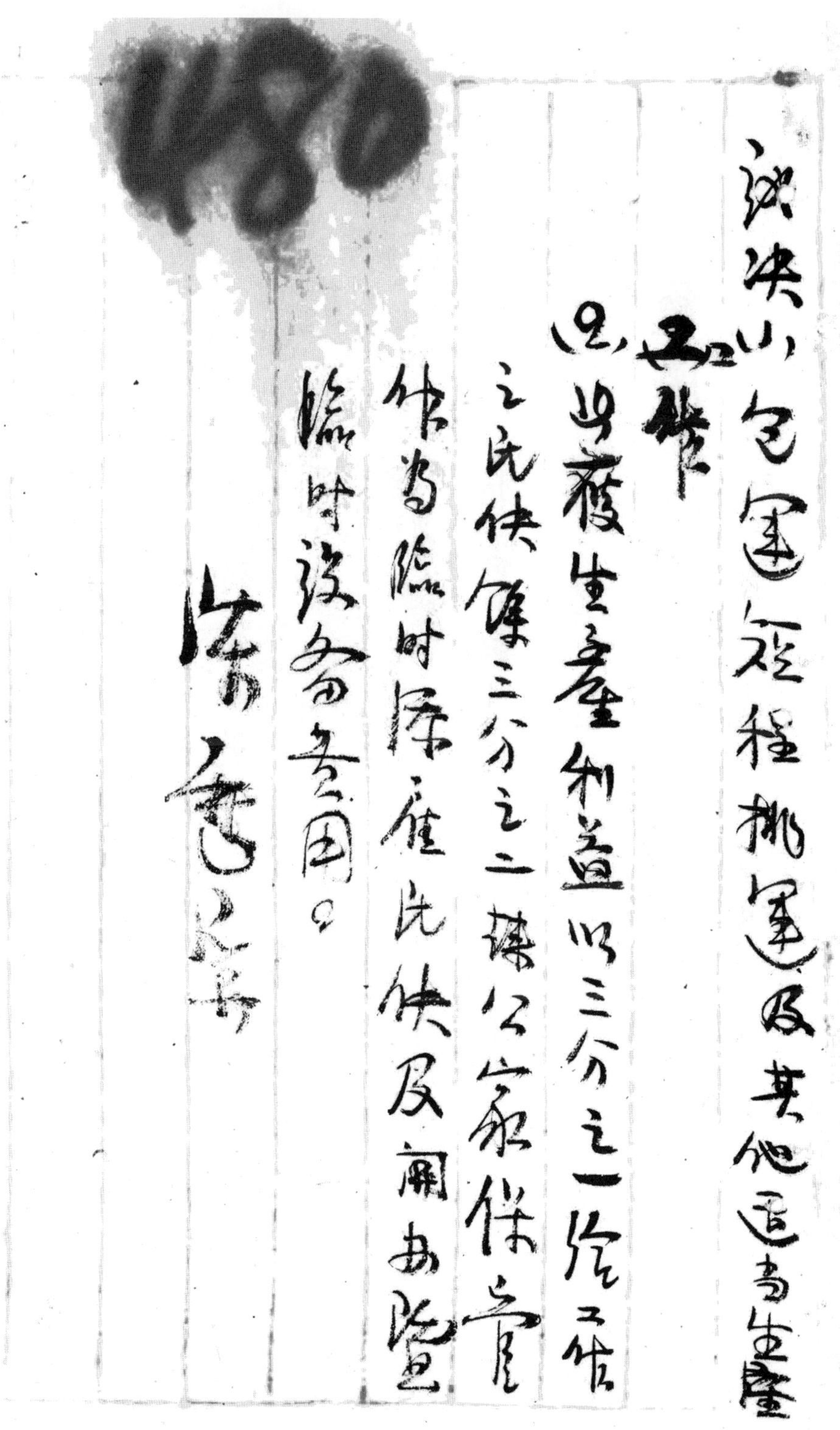

议决：包运箩担挑运及其他运输生产
工作
以上获生产利益以三分之一给工作之民伕余三分之二拨公家保管作为临时保雇民伕及开支[illegible]临时设备费用。
陈[illegible]

第三战区福建省福鼎县军民合作站指导分处组织常备民伕队会议记录
（1944 年 8 月 10 日） G137-001-0005

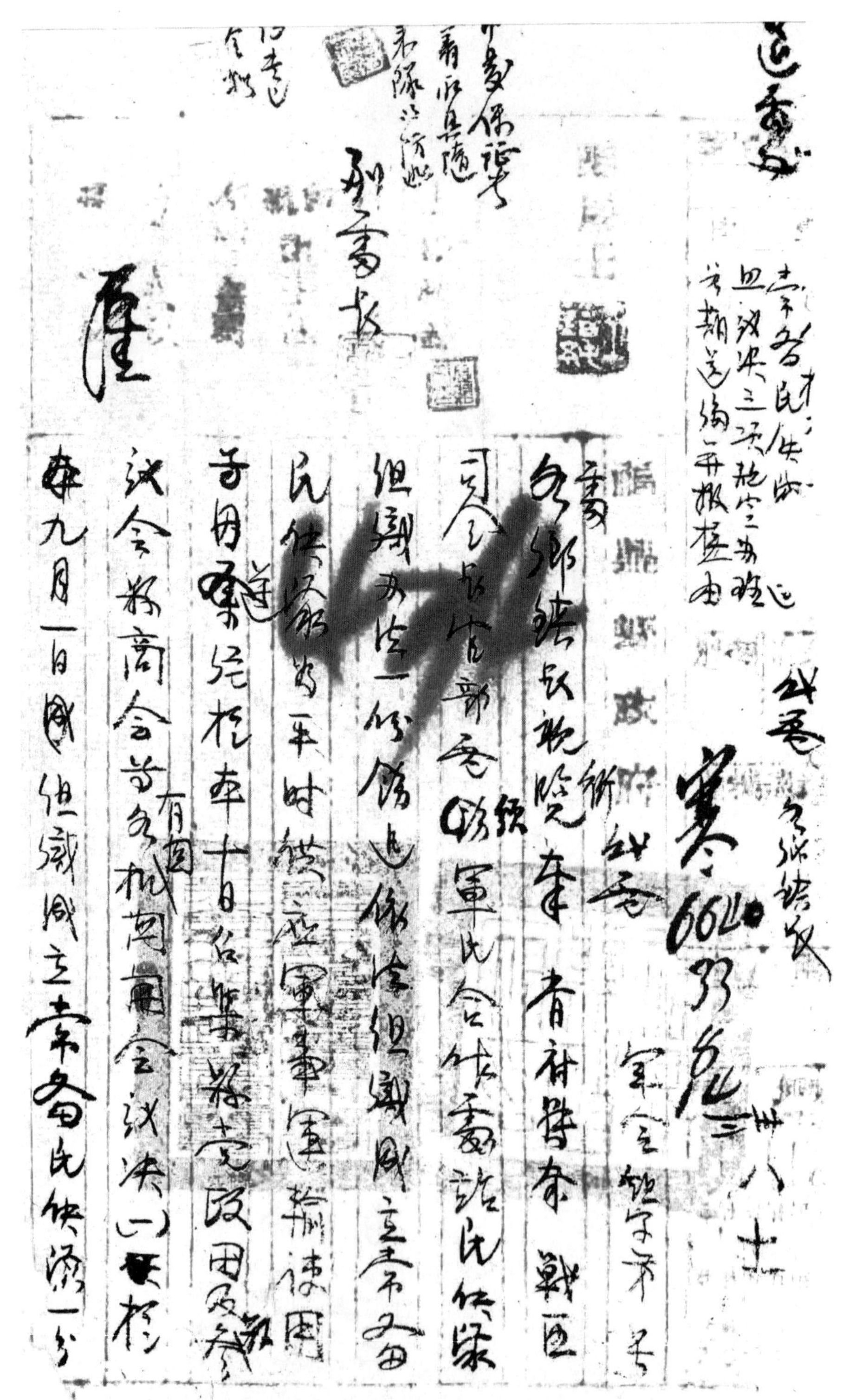

福鼎县政府、第三战区福建省福鼎县军民合作站指导分处关于奉令组织常备民伕队希各乡镇遵照议决三项规定如期征送的代电(1944 年 8 月 14 日) G137-001-0005

队（一十名），队分驻城区及各阳军民合作站（二）该乡镇应负送民伕　名（照会议决名额填写）由该乡镇长就各保适龄壮丁（免役例外）挑选体格壮健者于八月廿四日前送交县军民合作指导处验收集中编成队（三）每送四名须由该乡镇常备编民伕每名每月应自带食米四斗五升（折六十七市斤半）食由每一户合计十二两（全六十元）统由各乡镇于民伕起解时照筹足按照两个月清缴一次并带雨伞一支绳子二条等证照在县已集合各外余带该乡镇长逐照办理如期征编并报

福鼎县政府、第三战区福建省福鼎县军民合作站指导分处关于奉令组织常备民伕队希各乡镇遵照议决三项规定如期征送的代电(1944 年 8 月 14 日)　G137-001-0005

不得违延干咎，切切。如各乡镇长王○○、心军组印附发民伕

伕名单样式各式一份

福鼎县○○乡镇征送常备民伕队民伕名单

姓名	年龄	籍贯	详细住址	所属联保保甲	备考
			保甲	现联保保甲长姓名	带领伕人民名数量附保

民伕保结书样式

具保结人○○乡镇长○○○保长○○○今当

福鼎县军民合作站指导等处第五分站长王　　锁前保张○○、

一名充当本乡常备民伕队民伕，在服役期间内应守纪律，

如有逃亡或在途中假及遗失货品等情事发生，惟保

证人愿负责赔赎，清楚并限期被保人到案，合具

福鼎县政府、第三战区福建省福鼎县军民合作站指导分处关于奉令组织常备民伕队希各乡镇遵照议决三项规定如期征送的代电（1944 年 8 月 14 日） G137-001-0005

保證書呈案

具保證人○○鄉鎮長○○○ 章
○○保長○○○ 章
被保證人民伕○○○ 章

中華民國卅三年八月 日具

鄉鎮公所戳

（保證書長大以十行紙畫一張對開）

福鼎县政府、第三战区福建省福鼎县军民合作站指导分处关于奉令组织常备民伕队希各乡镇遵照议决三项规定如期征送的代电(1944 年 8 月 14 日)　G137-001-0005

福鼎縣政府 代電 軍組除字第 號

第三戰區福建省福鼎縣軍民合作站指導處 代電 民國卅三年 月 日

鄉鎮

鄉鎮長覩覽：奉省府轉奉戰區司令長官部電頒軍民合作處站民伕隊組織辦法一份，飭迅依法組織成立常備民伕隊為東南伕役軍事運輸使用等因，遵經於本十日，召集縣黨政團、參議會、縣商會等各有關機關開會議決：（一）於九月一日組織常備民伕隊一分隊（卅名）分駐城區督歸軍民合作站；（二）該鄉鎮應負送民伕[illegible]名（照議決名額填寫）由該鄉鎮長就各保適齡壯丁（免役例外）挑選體格壯健有挑運能力者，於八月卅日送交縣軍民合作指導處點收編中編隊；（三）遵照奉頒辦法規定，常備民伕每名每月薪餉帶食米四斗五升（折六十七市斤半），食油一市斤，食鹽十二市兩，菜金六十元，統由各鄉鎮長於民伕報到時籌足，暫以兩個月清繳一次，并[illegible]第二條等語。[illegible]除分電外，希該鄉鎮長遵照辦理，如期徵送，并開具民伕名單一份，并取具保證書二份報核，不得違延。切切。此令。縣長[illegible]

計附發民伕名單保證書格式各一份

福鼎县政府、第三战区福建省福鼎县军民合作站指导分处关于迅即依法组织常备民伕队的代电

（1944年8月14日） G137-001-0007

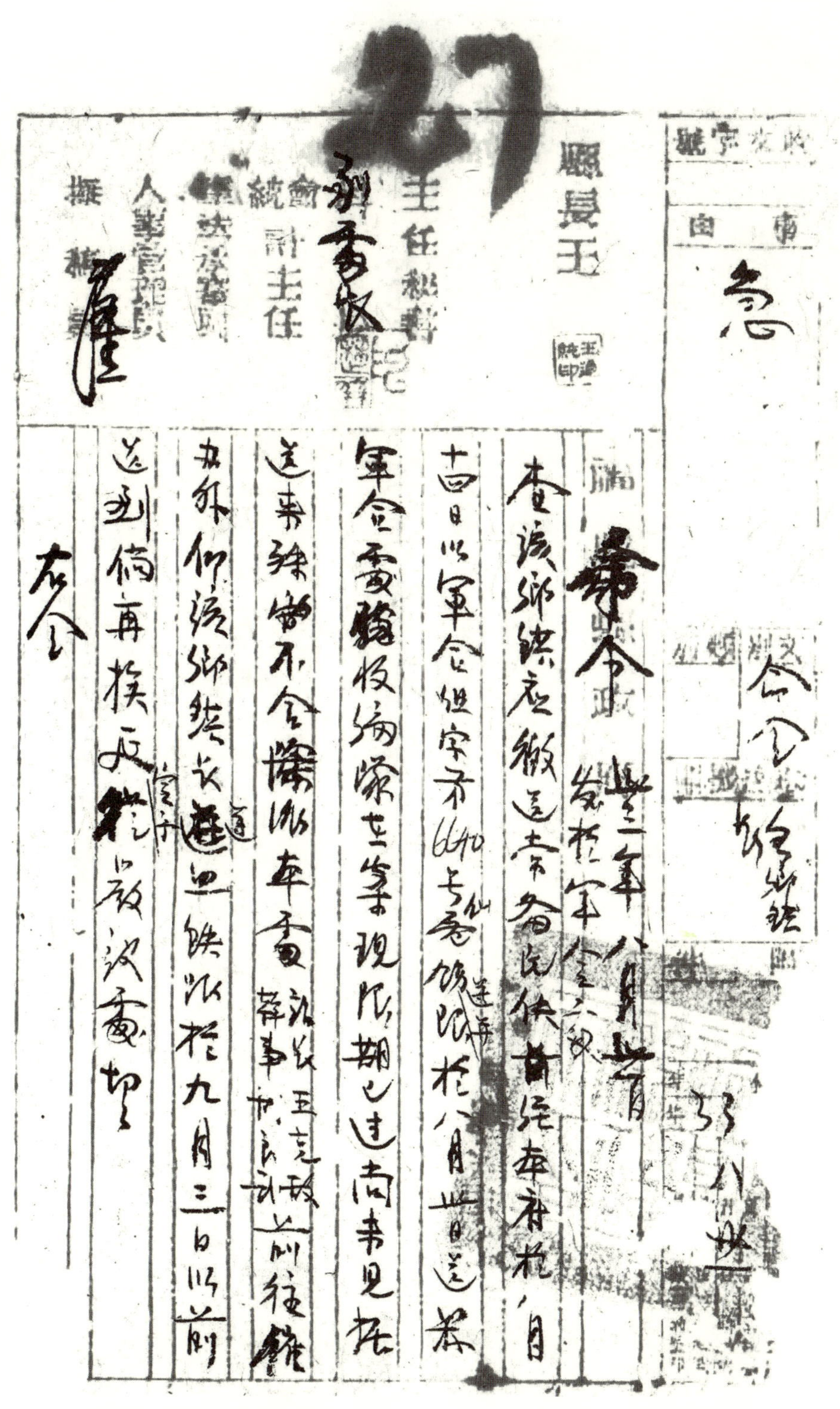

第三战区福建省福鼎县军民合作站指导分处关于派员催办各乡镇征送常备民伕的命令

（1944 年 8 月 31 日） G137-001-0006

28

各乡镇长

兹派本处委员王□□

应缴送民伕及物品清单

民伕　名

每名民伕每月应缴

食米六十七市斤半

食盐十二两

食油一斤

草鞋二六十双

（以两月份清缴一次）

係派壹二條

扁担一支　绳子二條

以上民伕

第三战区福建省福鼎县军民合作站指导分处关于派员催办各乡镇征送常备民伕的命令

（1944 年 8 月 31 日）　G137-001-0006

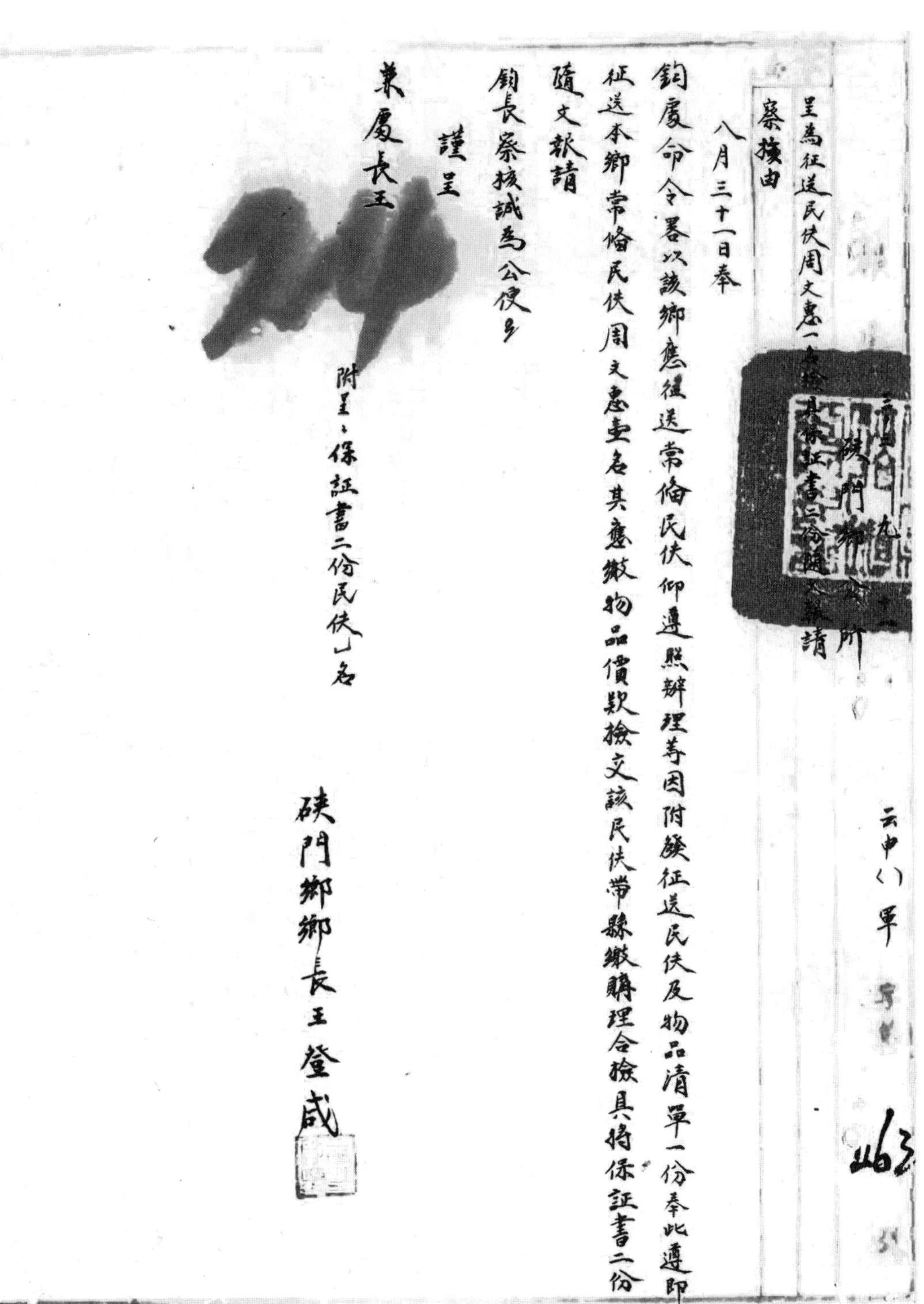

呈为征送民伕周文惠一名检具保证书二份随文报请

察核由

八月三十一日奉

钧处命令略以该乡应征送常备民伕仰遵照办理等因附发征送民伕及物品清单一份奉此遵即征送本乡常备民伕周文惠壹名其应缴物品价款检交该民伕带县缴购理合检具将保证书二份随文报请

钧长察核诚为公便

谨呈

兼处长王

附呈：保证书二份民伕一名

硖门乡乡长王登成

福鼎县硖门乡公所关于征送常备民伕周文惠一名并检具保证书报核的呈文

（1944年9月11日）a面　G137-001-0006

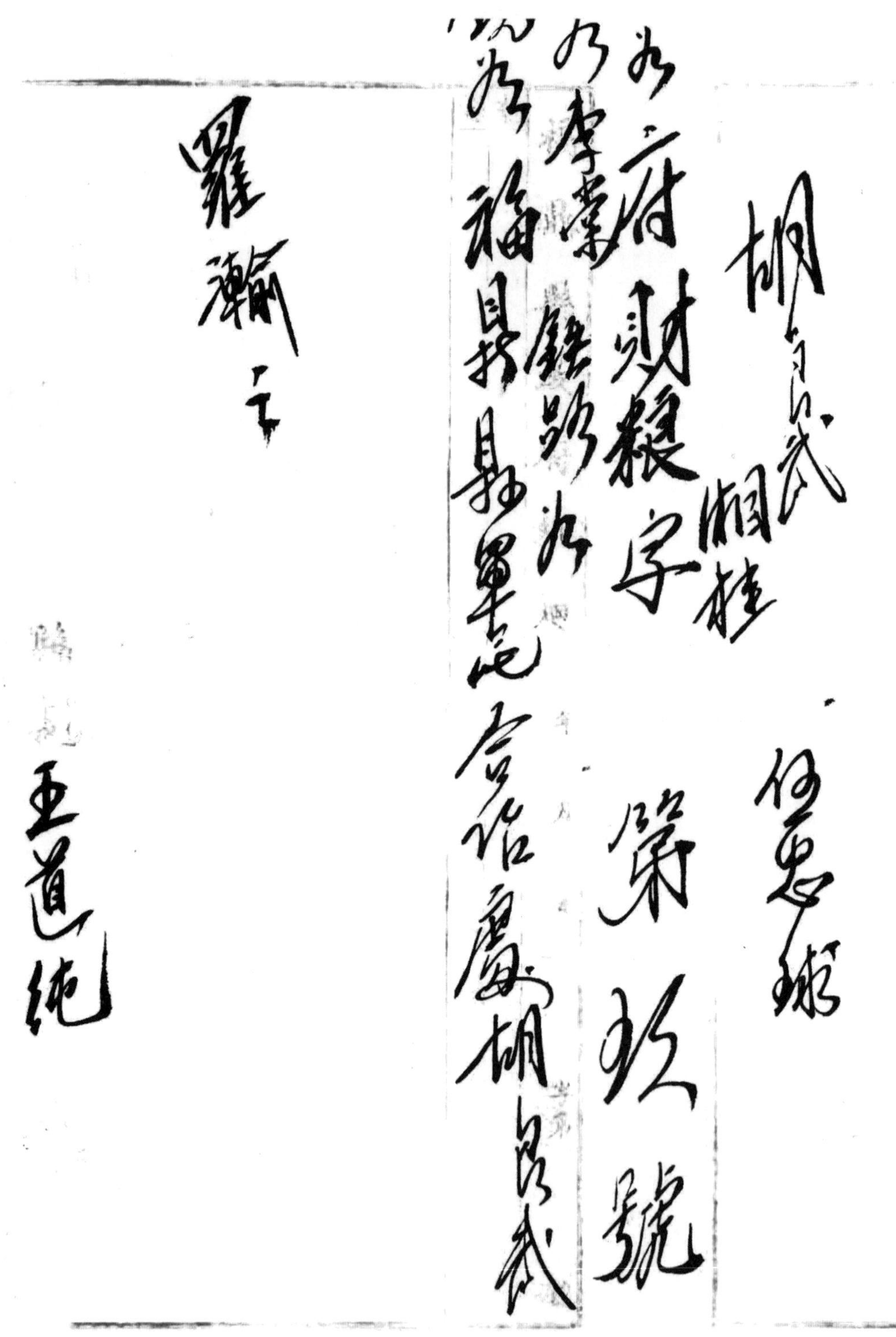

福鼎县硖门乡公所关于征送常备民伕周文惠一名并检具保证书报核的呈文

(1944 年 9 月 11 日)b 面 G137-001-0006

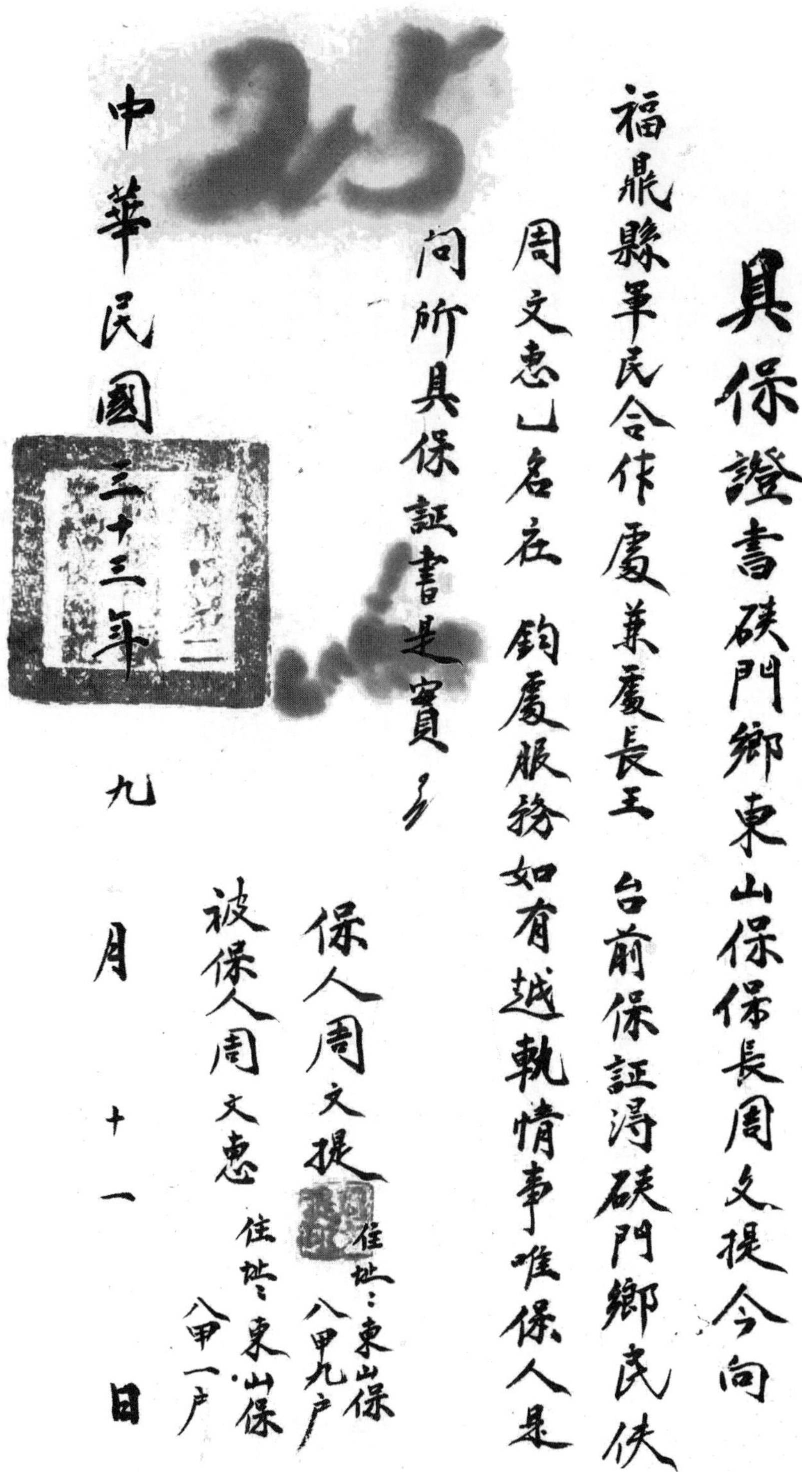

具保證書

硤門鄉東山保保長周文提今向

福鼎縣軍民合作處兼處長王　台前保証得硤門鄉民伕

周文惠山名在　鈞處服務如有越軌情事唯保人是

問所具保証書是實

保人周文提　住址：東山保八甲九户

被保人周文惠　住址：東山保八甲一户

中華民國三十三年九月十一日

附件：福鼎县硖门乡东山保关于周文惠的保证书（1944 年 9 月 11 日）　G137-001-0006

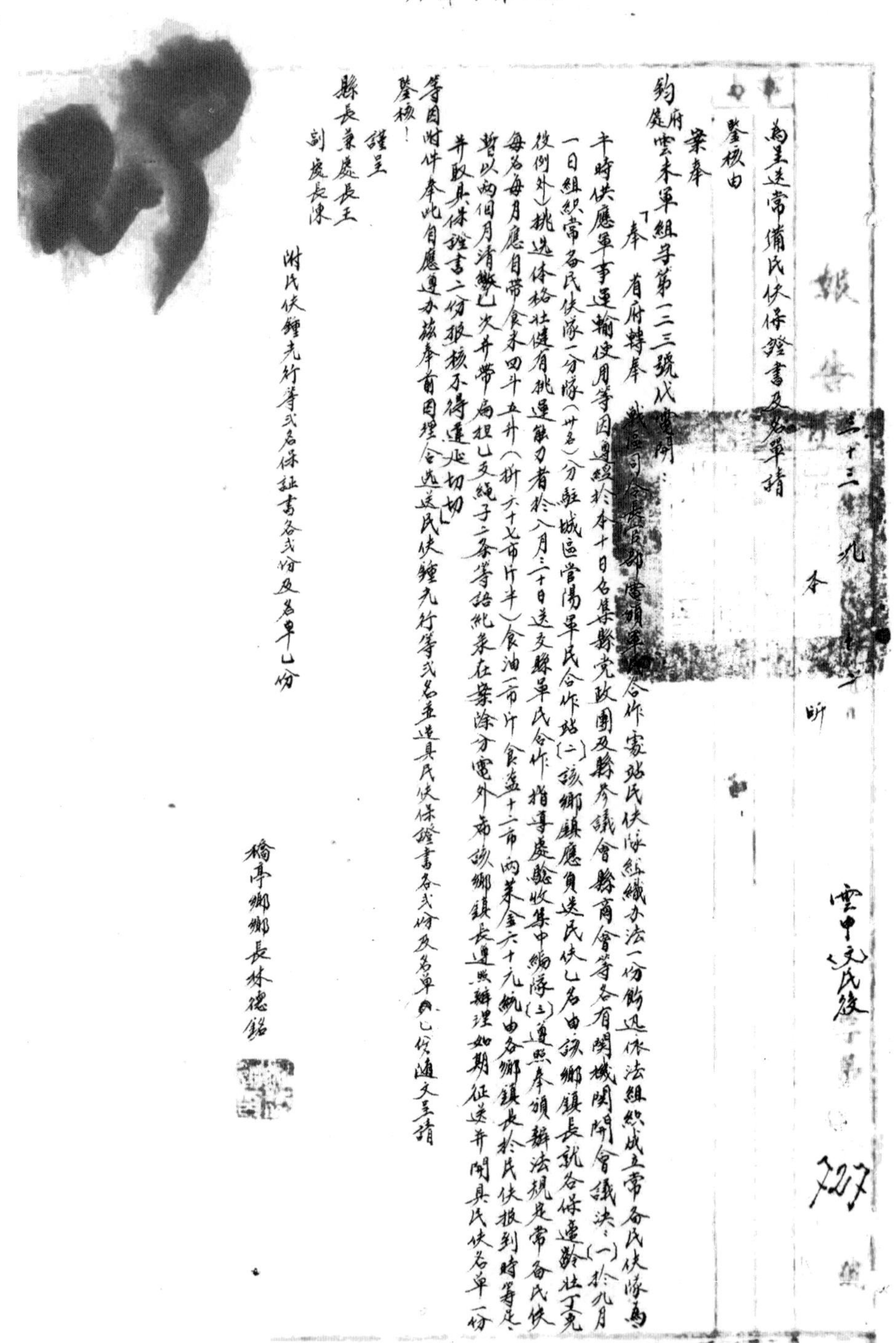

福鼎县桥亭乡公所关于报送常备民伕钟光行等保证书及名单的呈文

（1944 年 9 月 12 日） G137-001-0006

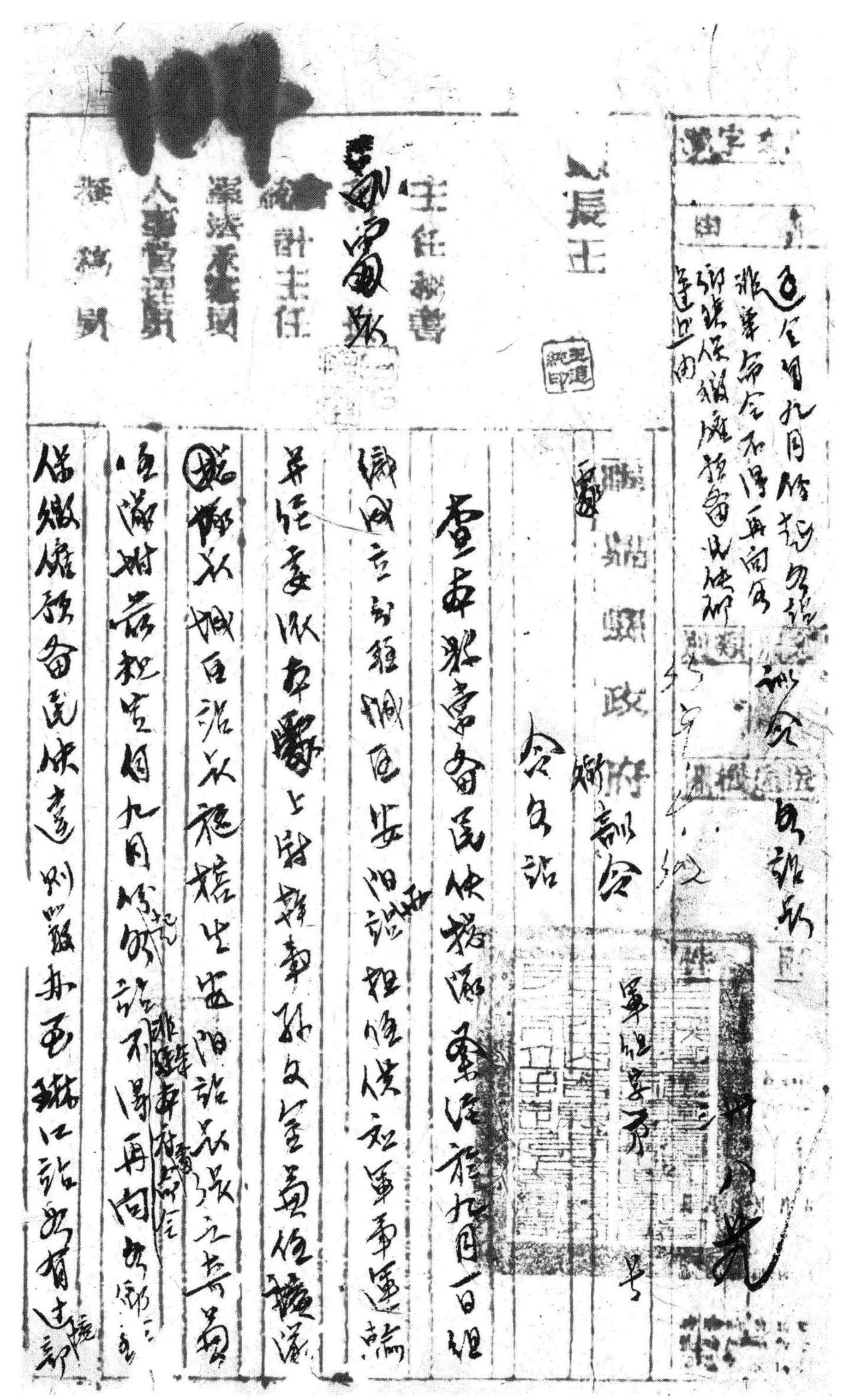

福鼎县政府、第三战区福建省福鼎县军民合作站指导分处关于自九月份起各站非奉命令不得再向各乡镇保征雇预备民伕的训令（1944 年 9 月 4 日）　G137-001-0007

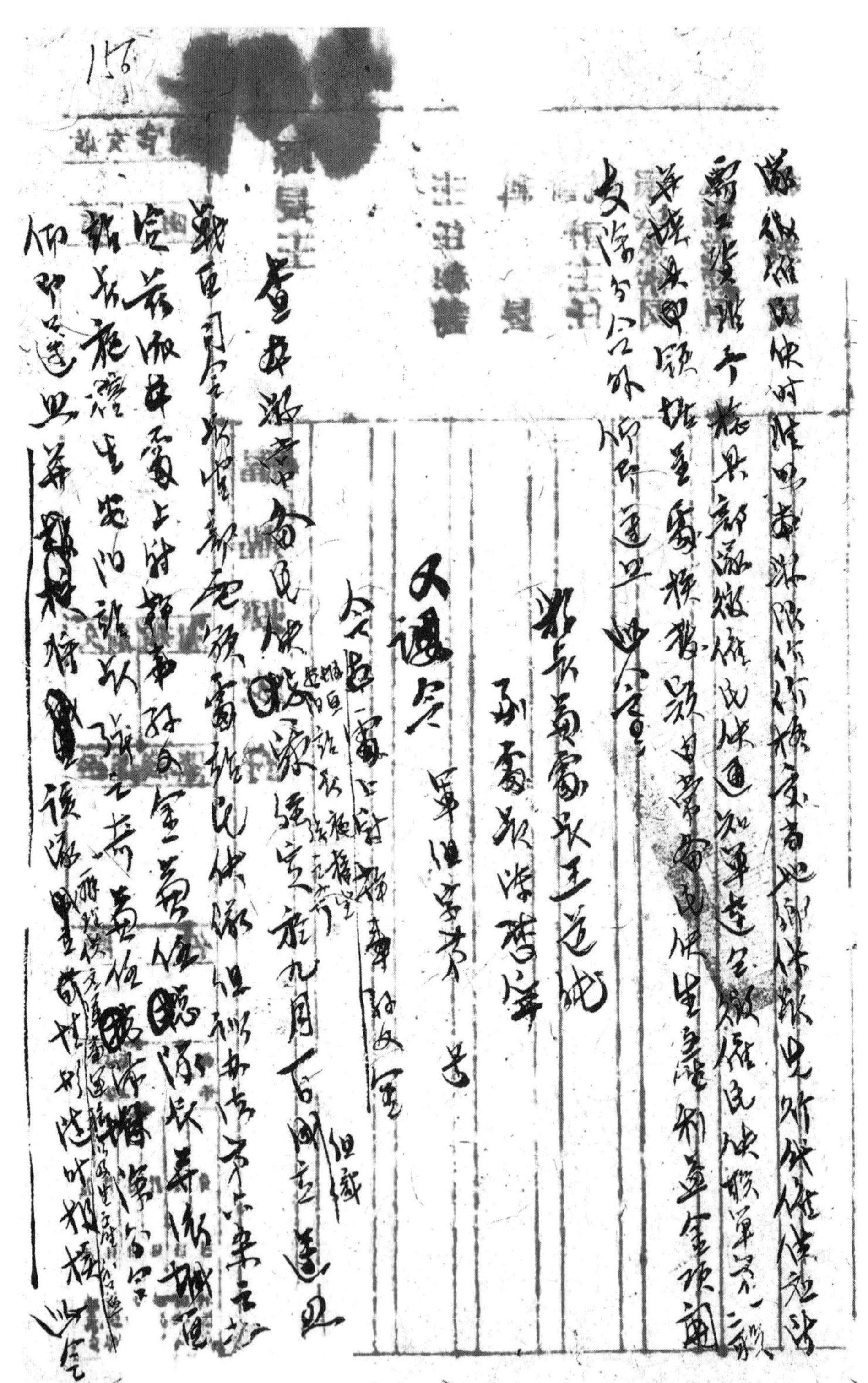

福鼎县政府、第三战区福建省福鼎县军民合作站指导分处关于自九月份起各站非奉命令不得再向各乡镇保征雇预备民伕的训令(1944 年 9 月 4 日)　G137-001-0007

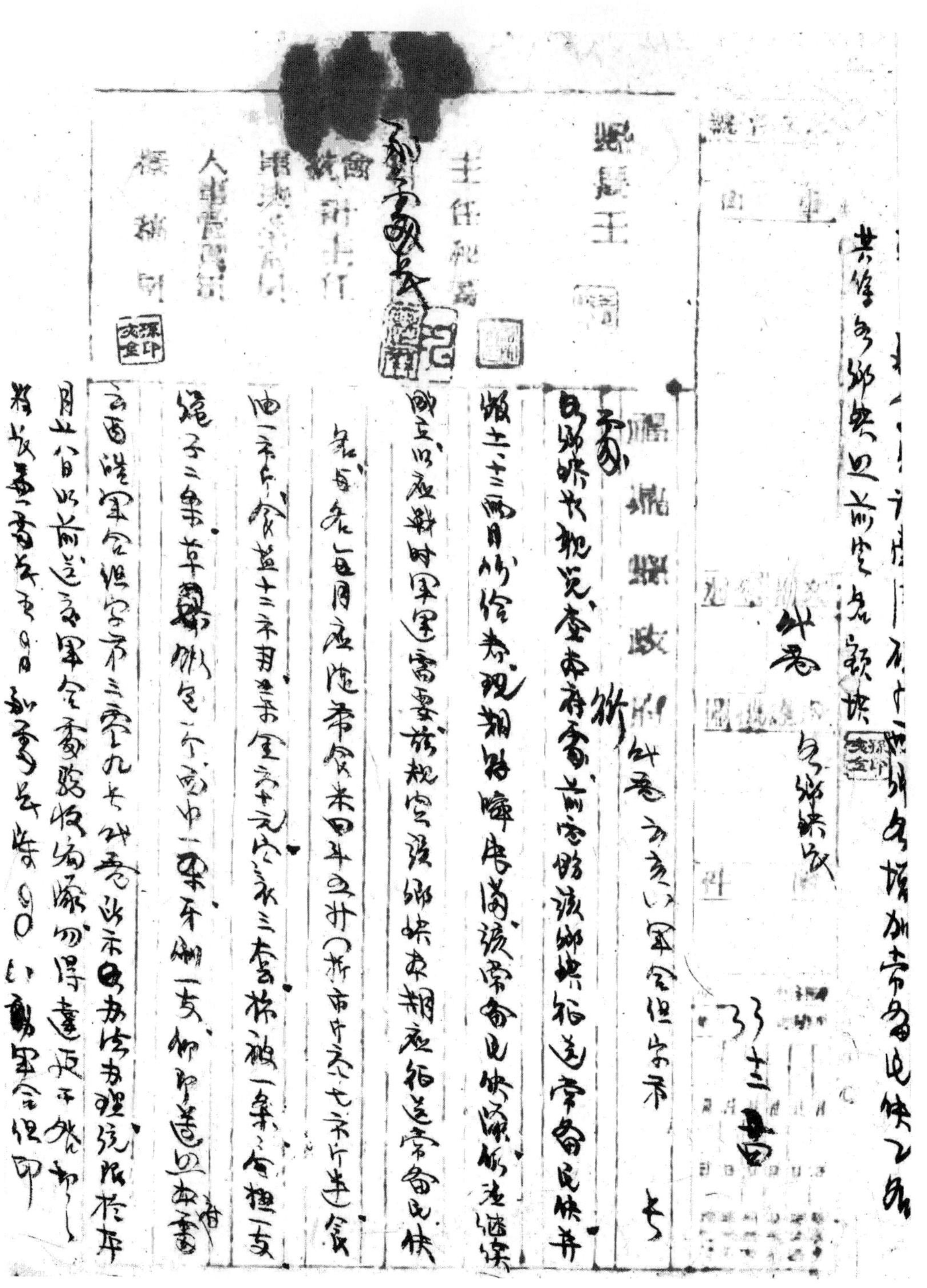

福鼎县政府、第三战区福建省福鼎县军民合作站指导分处关于本期应征送常备民伕与应备物品限本月二十八日前送处编队的代电(1944年12月24日)　G137-001-0007

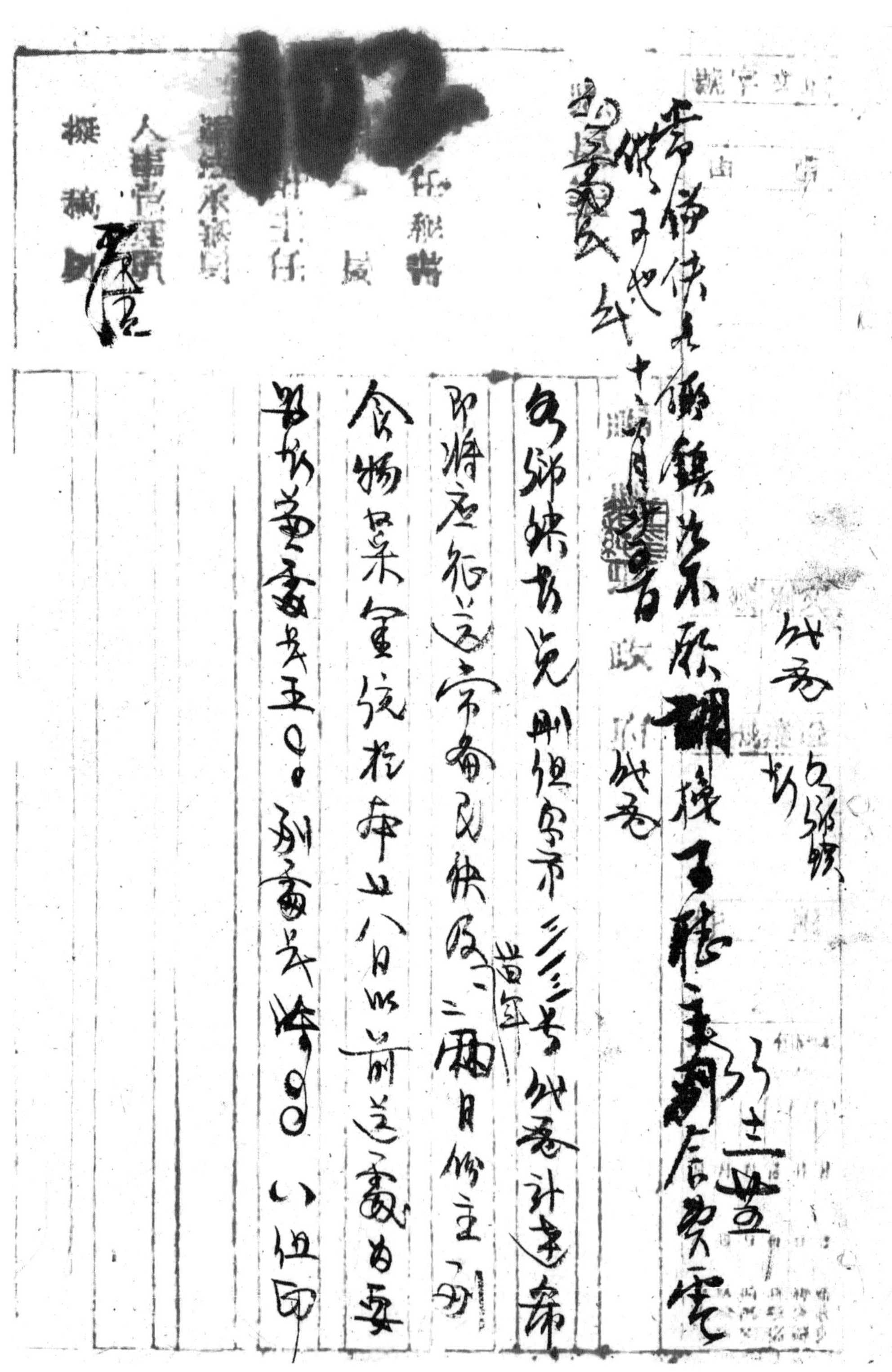

福鼎县政府、第三战区福建省福鼎县军民合作站指导分处关于即将应征送常备民伕及主副食物菜金送处的代电(1944 年 12 月 25 日) G137-001-0007

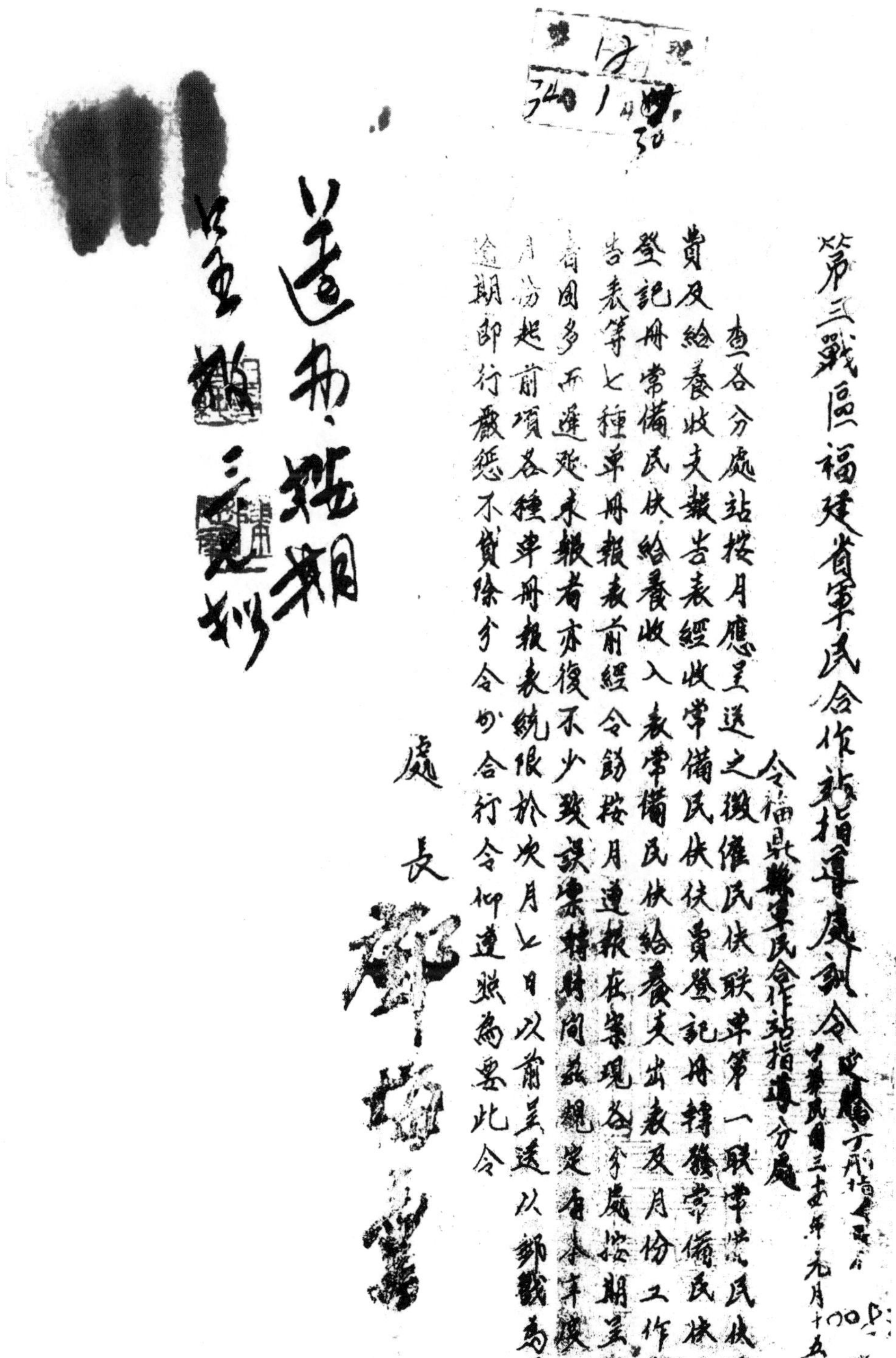
第三戰區福建省軍民合作站指導處訓令

中華民國三十四年元月十五日

令福鼎縣軍民合作站指導分處

查各分處站按月應呈送之徵僱民伕聯單第一聯常備民伕伕貴及給養收支報告表經收常備民伕伕貴登記冊轉發常備民伕伕貴登記冊常備民伕給養收入表常備民伕給養支出表及月份工作報告表等七種單冊報表前經令飭按月遵報在案現各分處按期呈報者固多而遲延未報者亦復不少殊誤業務時間茲規定自本年一月份起前項各種單冊報表統限於次月七日以前呈送以郵戳為憑逾期即行嚴懲不貸除分令外合行令仰遵照為要此令

處長 鄧

第三战区福建省军民合作站指导处关于各分处站应按月呈送征雇民伕七种表册的训令

（1945 年 1 月 15 日） G137-001-0007

339

34.2.22.收文22号

第三戰區福建省軍民合作站指導處通令 [illegible]字第0222號

令[illegible]縣軍民合作站指導分處

案奉

第三戰區政治部寅字2297號代電開：奉長官顧交下陸軍第七十軍司令部[illegible]代電（保安團機關兵站支部當支部長亥微交代電略稱：查民伕挑運徵集而負載八十市斤，亦屬過重，且所經路線行經困難，擬請改善，以利軍運等情，查閩省多屬崇山峻嶺，小道崎嶇，民伕挑運倍為艱苦[illegible]體恤民[illegible]准[illegible]每天以上行程（[illegible]為負重（60）市斤[illegible]本戰區征雇民伕辦法第八條規定每一民伕之挑負最多不得超過六十市斤，自應認真執行挑重限量，以蘇民困，除核復外，特電遵照[illegible]除分令外，合亟令仰該分處即便遵照，並轉飭所屬（[illegible]遵照規定[illegible]執行[illegible]不遵，可拒絕征雇，若執行不力，由該副處長負連帶責任，仰凜遵勿違為要。

此令

中華民國三十四年一月廿九日

處長 鄭梅[illegible]

第三战区福建省军民合作站指导处关于严厉执行民伕挑重限量凛遵勿违的通令

（1945年1月29日）　G137-001-0004

338

军 13660
326292

福建省政府代电

府参三府字第〇六九六八号
中华民国三十四年二月 日

准陆军第七十军司令部电请饬属认真执行民伕挑重限量一案仰遵照由

各县县政府：案准陆军第七十军司令部三十四年一月十七日参丙字第一一一号代电开：“案准长官部政治部子寅伕代电开：奉长官颁交下贵司令部会訪县内民伕代电一件敬悉，查本战区征雇民伕办法第八条规定，每一民伕之挑重最多不得超过六十市斤，核与高见若合符节，除分别严饬其执行挑重限量外，特复，并希饬属遵照为荷”等由，致请转饬所属各县遵照等由，准此，除分令外，合行电仰遵照。福建省政府永民丁 印

福建省政府关于请饬属认真执行民伕挑重限量的代电

（1945 年 2 月 2 日） G137-001-0004

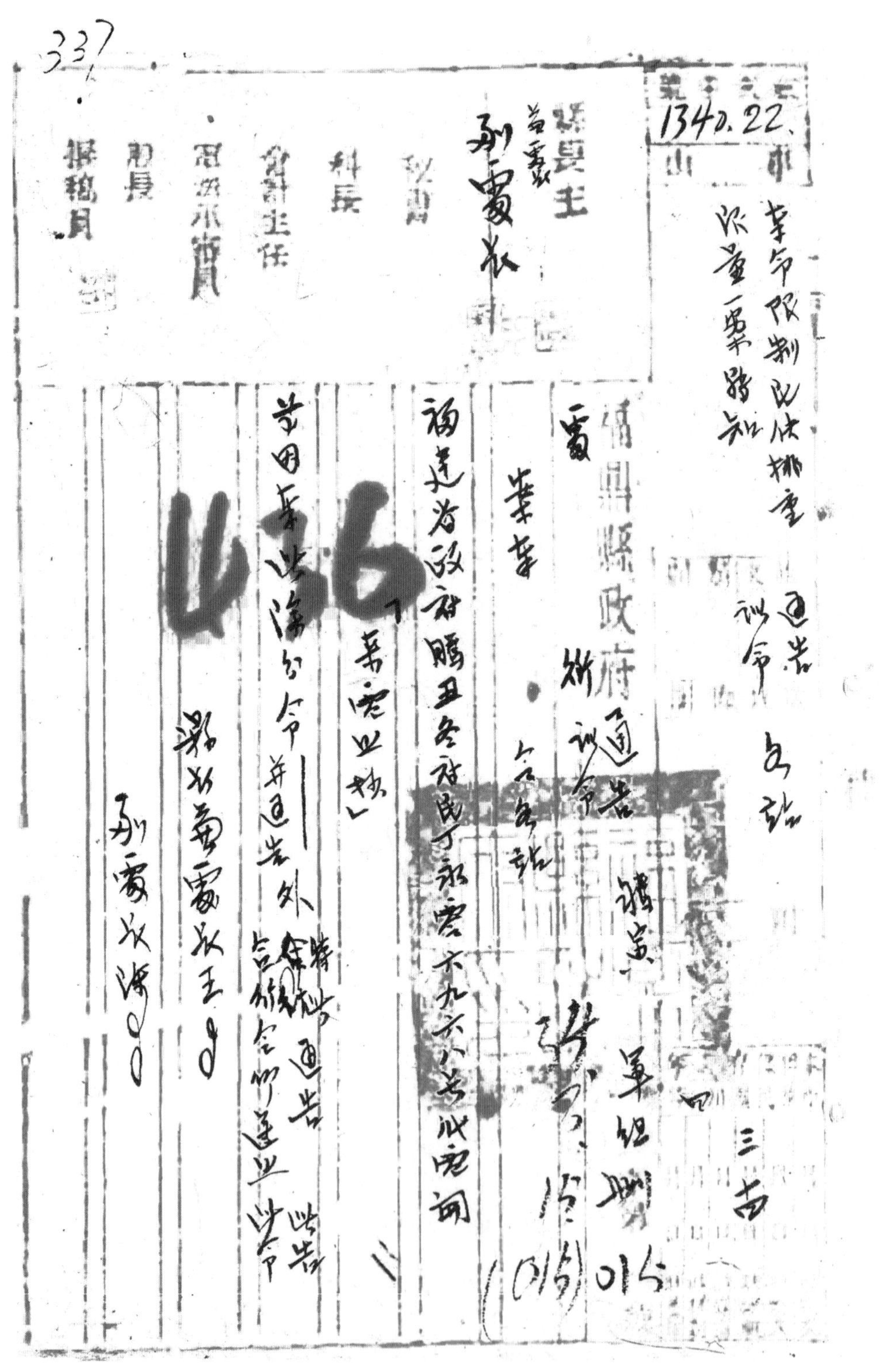

第三战区福建省福鼎县军民合作站指导分处关于奉令限制民伕挑重限量的通告/训令

（1945 年 3 月 15 日） G137-001-0004

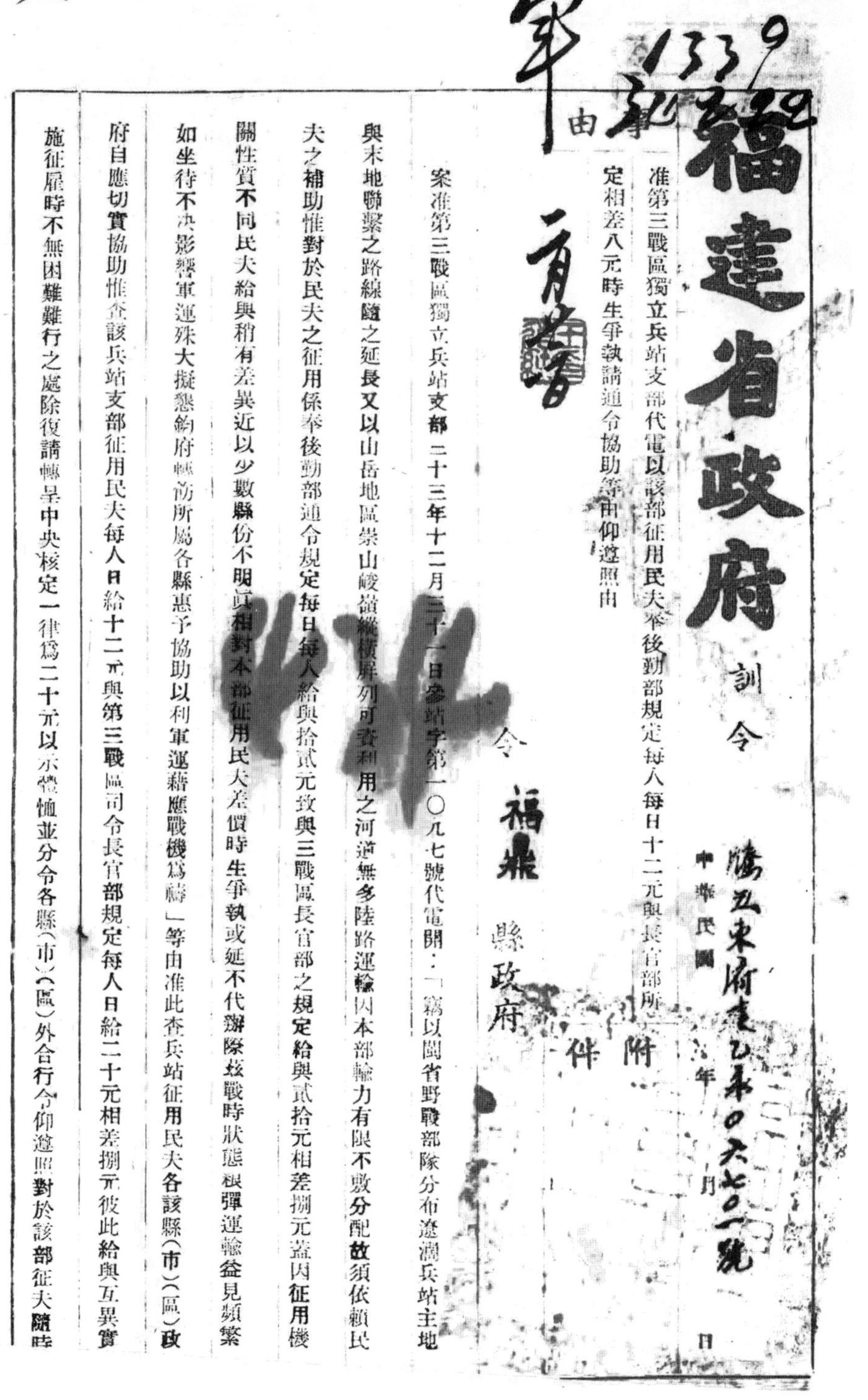

福建省政府訓令

由 准第三戰區獨立兵站支部代電以該部征用民夫奉後勤部規定每人每日十二元與長官部所定相差八元時生爭執請通令協助等由仰遵照由

中華民國　年　月　日

令福鼎縣政府

案准第三戰區獨立兵站支部三十三年十二月三十一日參站字第一〇九七號代電開：「竊以閩省野戰部隊分布遼濶兵站主地與末地聯繫之路線隨之延長又以山岳地區崇山峻嶺縱橫羅列可資利用之河道無多陸路運輸因本部輸力有限不敷分配故須依賴民夫之補助惟對於民夫之征用係奉後勤部通令規定每日每人給與拾貳元致與三戰區長官部之規定給與貳拾元相差捌元蓋因征用機關性質不同民夫給與稍有差異近以少數縣份不明眞相對本部征用民夫差價時生爭執或延不代辦際玆戰時狀態械彈運輸益見頻繁如坐待不決影響軍運殊大擬懇鈞府轉飭所屬各縣惠予協助以利軍運藉應戰機爲禱」等由准此查兵站征用民夫各該縣(市)(區)政府自應切實協助惟查該兵站支部征用民夫每人日給十二元與第三戰區司令長官部規定每人日給二十元相差捌元彼此給與互異實施征雇時不無困難難行之處除復請轉呈中央核定一律爲二十元以示體恤並分令各縣(市)(區)外合行令仰遵照對於該部征夫隨時

福建省政府关于准第三战区独立兵站支部代电以该部征用民伕奉后勤部规定每日每人十二元与长官部所定相差八元时生争执请通令协助的训令(1945 年 2 月 1 日)　G137-001-0004

336

予以便利在力價未增加以前仍應切實協助辦理爲要此令

主席　劉建緒

福建省政府关于准第三战区独立兵站支部代电以该部征用民伕奉后勤部规定每日每人十二元与长官部所定相差八元时生争执请通令协助的训令(1945年2月1日)　G137-001-0004

收文20号
34.2.22

10

第三战区福建省军民合作站指导处训令 延腾五屡操字第0327号

令各县军合分处

兹转发各分处站常备民伕队花名册格式一种、常备民伕指模册格式一种，应自二月份起每月列报二份，除分令外，合行附发前项册式各一份，令仰遵照逐月具报为要！

此令。

中华民国三十四年二月　日

处长 邓梅羹

第三战区××省××县军民合作站指导分处常备民伕队花名册						年 月 份
姓名						
性别						
年龄						
籍贯 乡(镇)保甲户						
征役日期						
退役日期						
备考						

第三战区福建省军民合作站指导处关于转发各分处站常备民伕队花名册、常备民伕指模册格式各一种，应自二月份起每月填报的训令（1945年2月7日）a面　G137-001-0006

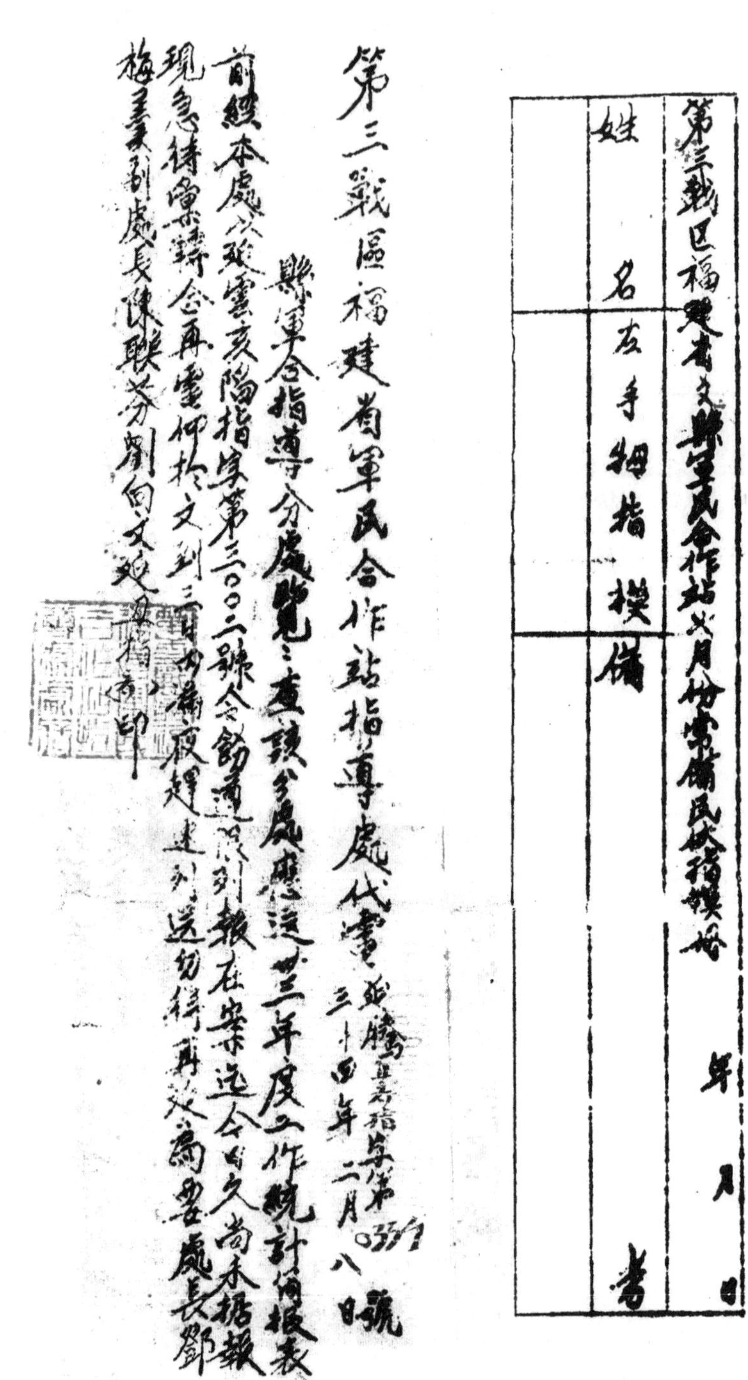

第三战区福建省军民合作站指导处关于转发各分处站常备民伕队花名册、常备民伕指模册格式各一种，应自二月份起每月填报的训令（1945 年 2 月 7 日）a 面 G137-001-0006

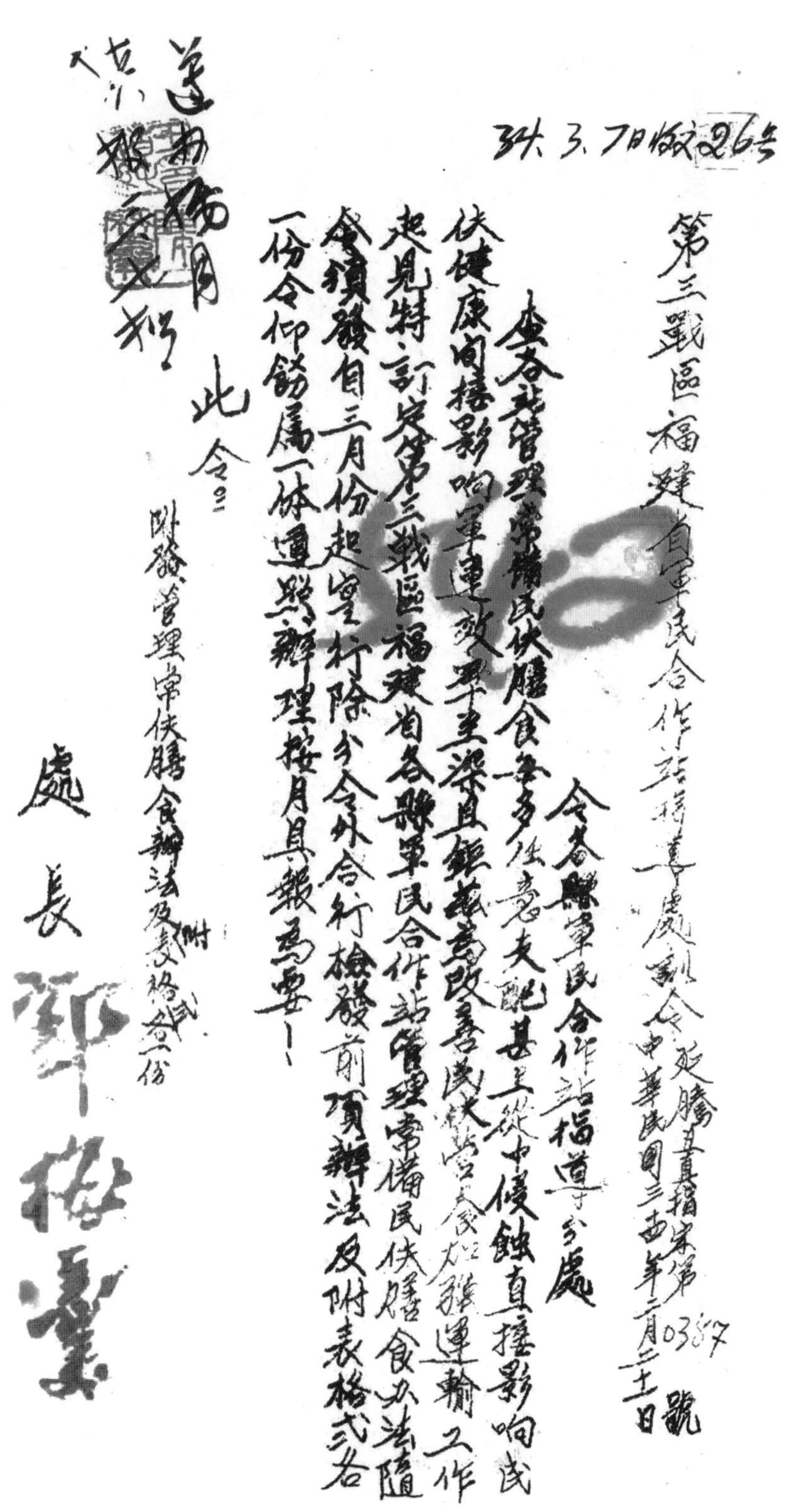
34.3.7日收文26号

第三戰區福建省軍民合作站指導處訓令 延騰五指字第0387號 中華民國三十四年二月十一日

令各縣軍民合作站福道分處

查各站管理常備民伕膳食每多任意支配甚至從中侵蝕直接影響民伕健康間接影響軍運殊堪注意,兹為改善民伕給養增強運輸工作起見特訂定第三戰區福建省各縣軍民合作站管理常備民伕膳食辦法隨令頒發自三月份起實行除分令外合行檢發前項辦法及附表格式各一份令仰飭屬一体遵照辦理按月具報為要!

此令。

附發管理常伕膳食辦法及附表格式各一份

處長 鄭

第三战区福建省军民合作站指导处关于颁发第三战区福建省各县军民合作站管理常备民伕膳食办法饬属一体遵照办理并按月具报的训令(1945 年 2 月 11 日) G137-001-0005

第三戰區福建省各縣軍民合作站管理常備民伕膳食辦法

一、第三戰區為健全軍民合作站組織指導各縣軍民合作站管理常備民伕膳食以求推行兵站業務起見特訂定本辦法

二、各站常備民伕膳食之管理應由每月輪役之常備民伕互推三人爲事務員負責管理並受站長及副站長之監督

三、各站應負責將常備民伕之給養照規定徵收足額交由事務員負責保管各事務員[illegible]役之剩餘數量及代金應照點交遞補者保管

四、常備民伕全數派出服役時所有給養應由站指派公役代爲保管

五、未派出担任運輸工作之常備民伕應自行栽種蔬菜及刈柴草以供炊需

六、每一常備民伕每月所需給養費暫以左列爲標準

附件：第三战区福建省各县军民合作站管理常备民伕膳食办法（1945年2月11日）a面　G137-001-0005

食米四斗五升 食油壹斤 食盐十二两 蔬菜三十斤

七、常備民伕自行栽種之蔬菜及刈之柴草除伕自用外剩餘數量得酌交當地所需機關購買，其收入以充實營養，但每月所供不得超過右列規定：

黃豆四斤 魚三斤 肉七斤

八、常備民伕在担任運輸時間不及回隊用膳者得於每日應領之伕粮或折價代金內預支第一日至第三日

九、常備民伕病離者其食米應即交服役者領取以充實途中膳食

十、常備民伕被歸所餘食米得照第八條規定移為充實營養之用

十一、各站每月應造具常備民伕給養收支報告表（格式另附後）一式三份呈報縣分處（一份由縣分處轉報省指導處）一份存查。

十二、本辦法自公佈之日施行，呈報第三戰區司令長官司令部與省政府備案。

附件：第三战区福建省各县军民合作站管理常备民伕膳食办法
（1945年2月11日）b面　G137-001-0005

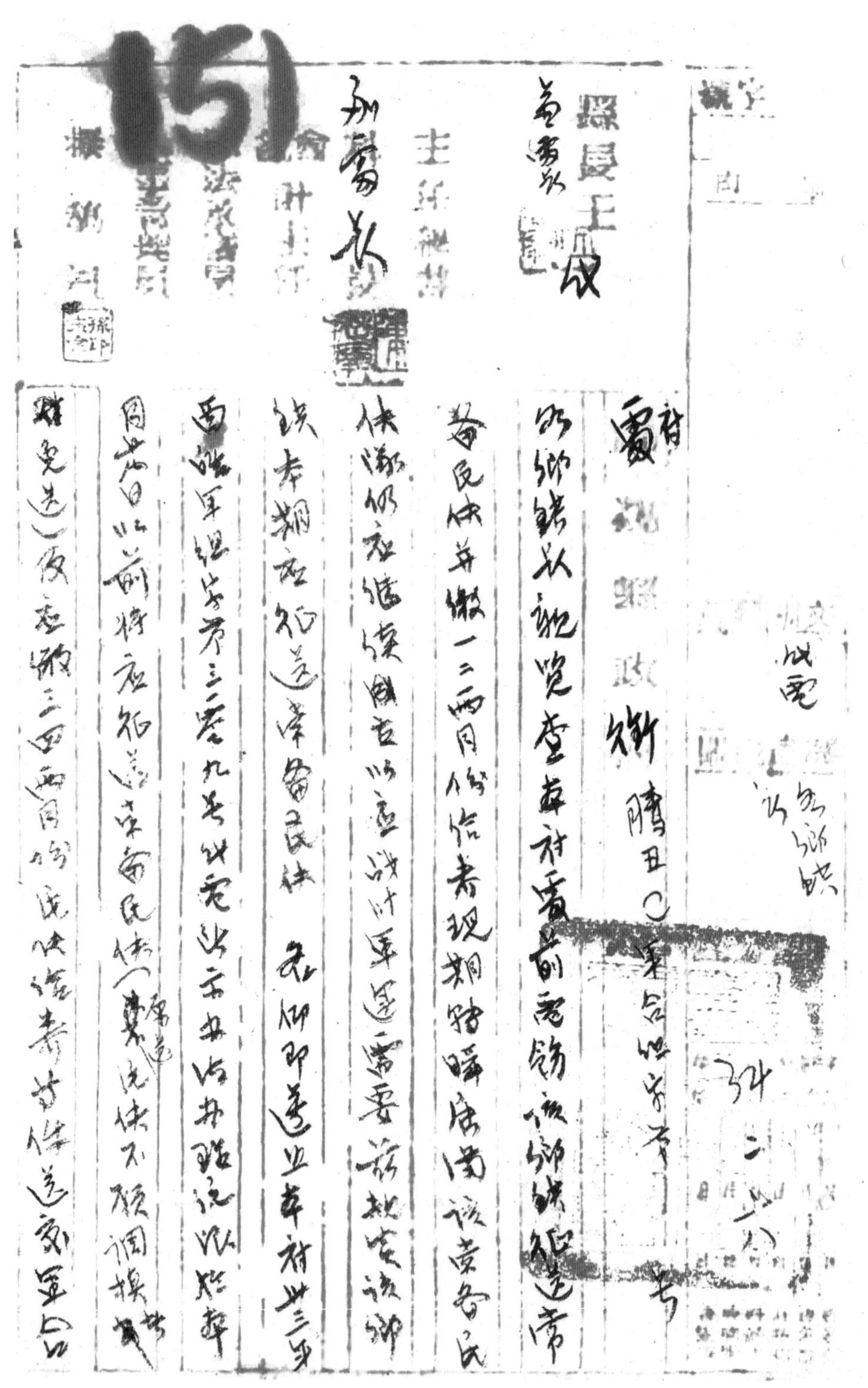

福鼎县政府、第三战区福建省福鼎县军民合作站指导分处关于本期各乡镇应征送常备民伕名额的代电

（1945 年 2 月 18 日） G137-001-0007

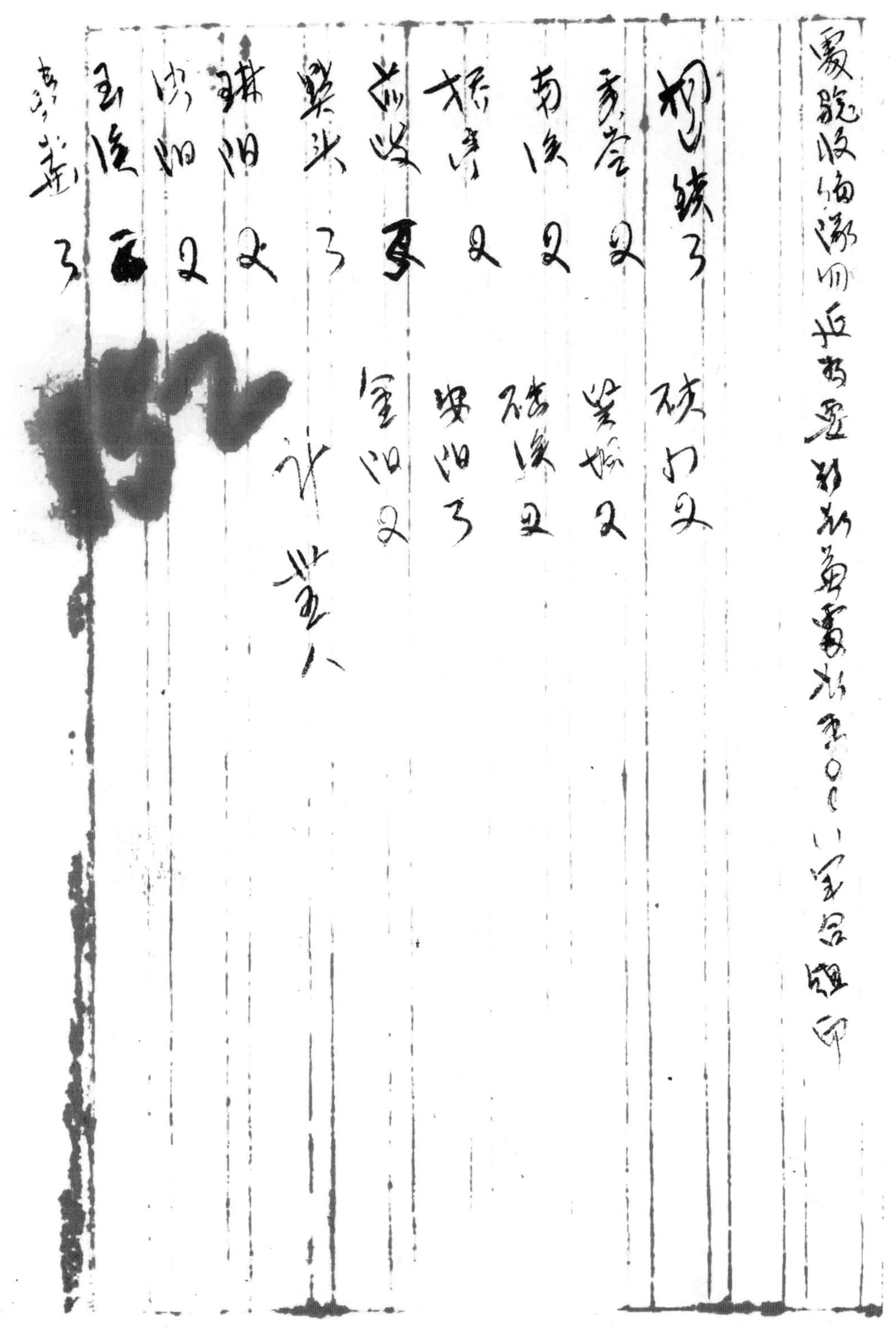

福鼎县政府、第三战区福建省福鼎县军民合作站指导分处关于本期各乡镇应征送常备民伕名额的代电

（1945 年 2 月 18 日） G137-001-0007

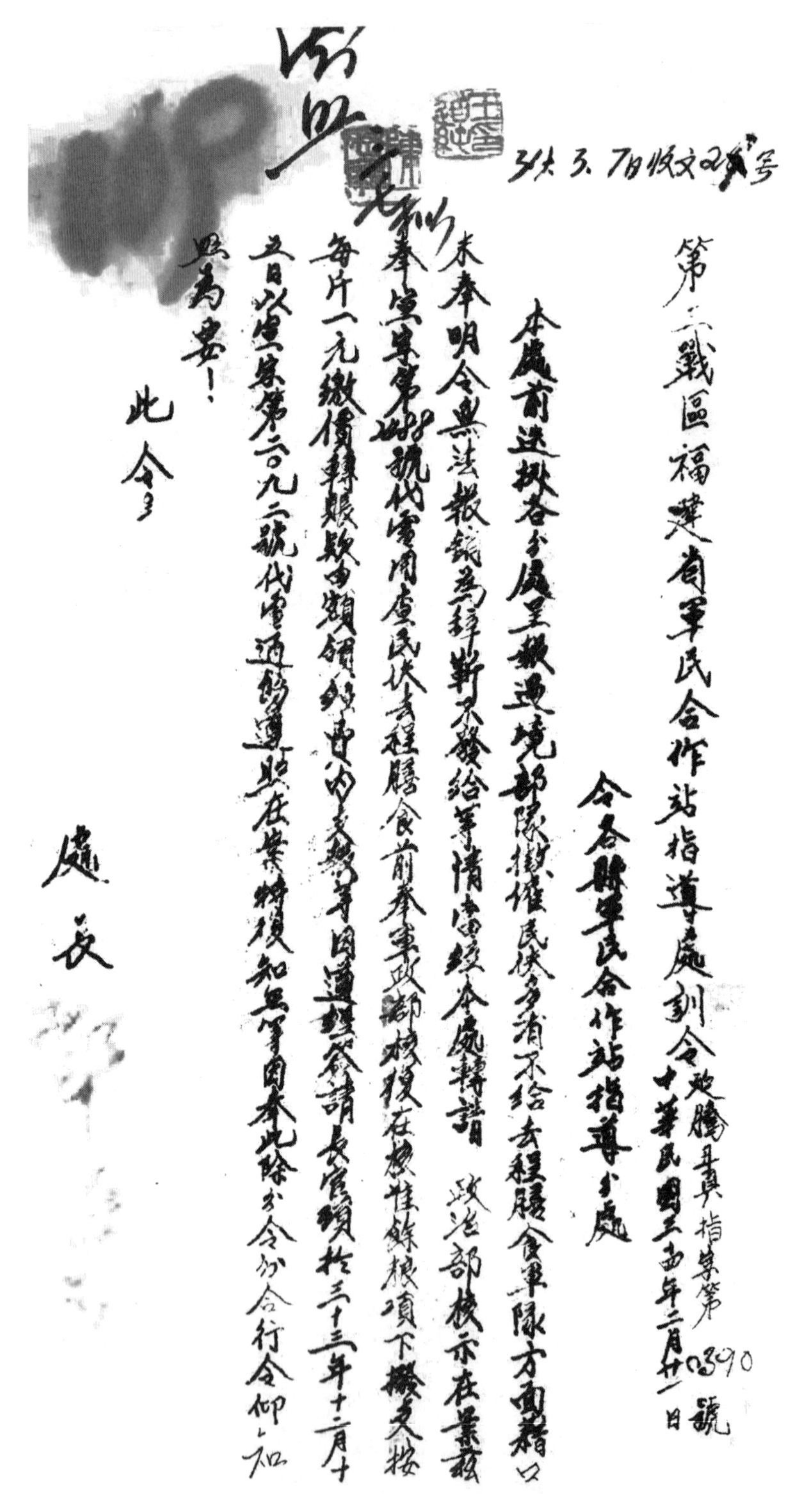

34.3.7日收文

第三戰區福建省軍民合作站指導處訓令 建騰丑寅指導第0390號

中華民國三十四年二月廿一日

令各縣軍民合作站指導分處

本處前迭據各分處呈報過境部隊徵僱民伕，多有不給去程膳食，軍隊方面藉口未奉明令，無法報銷為辭，輒不發給等情，當經本處轉請 政治部核示在案。茲奉寅字第4088號代電開：查民伕去程膳食前奉軍政部核復在案，惟該項下撥支按每斤一元繳價歸賬，款由類領經費內支報等因，遵經簽請長官頒於三十三年十二月十五日以寅字第一〇九二號代電通飭遵照在案，特復知照等因，奉此除分令外，合行令仰知照為要！

此令

處長

第三战区福建省军民合作站指导处关于过境部队征雇民伕去程膳食款拨支的训令

（1945 年 2 月 21 日） G137-001-0007

325

會 9341 3498

事由 准三战区独立兵站支部電自本年元月起征用民伕除每日每人十二元外加發公米壹斤八两仰知照由

福建省政府代電 騰寅東府建乙永三八九號
中華民國三十四年 月 日

福州縣政府業准第三戰區獨立兵站支部參站字第797號代電轉奉總監部電示自三十四年元月份起征用民伕除每人每日仍應給與拾弍元外另加發每人每日食米乙斤八兩請查照飭知等由准此除分電各專員公署各縣政府外合行電仰知照轉飭所屬知照

福建省政府府永建乙(一)印

福建省政府关于准第三战区独立兵站支部电自本年元月起征用民伕除每日每人十二元外加发食米一斤八两的代电(1945年3月1日) G137-001-0004

34.4.2.收文32号

第三戰區福建省軍民合作站指導處訓令　騰寅八哿指字0813号

令○縣軍合指導分處

查各縣分處辦理徵僱民伕係為便利軍隊軍運而設行政機關不能享受此種權利現查各縣分處呈送僱用民伕聯單內列徵僱民伕機關名稱經核仍有少數徵單載明行政機關及社會團體僱用殊屬不合嗣後供應民伕應加注意非屬部隊或軍事機關應拒絕徵僱以節民力除分令外合行令仰遵照為要！

此令。

處長

第三战区福建省军民合作站指导处关于行政机关及社会团体不得向军民合作站雇佣民伕的训令

（1945 年 3 月 20 日）　G137-001-0005

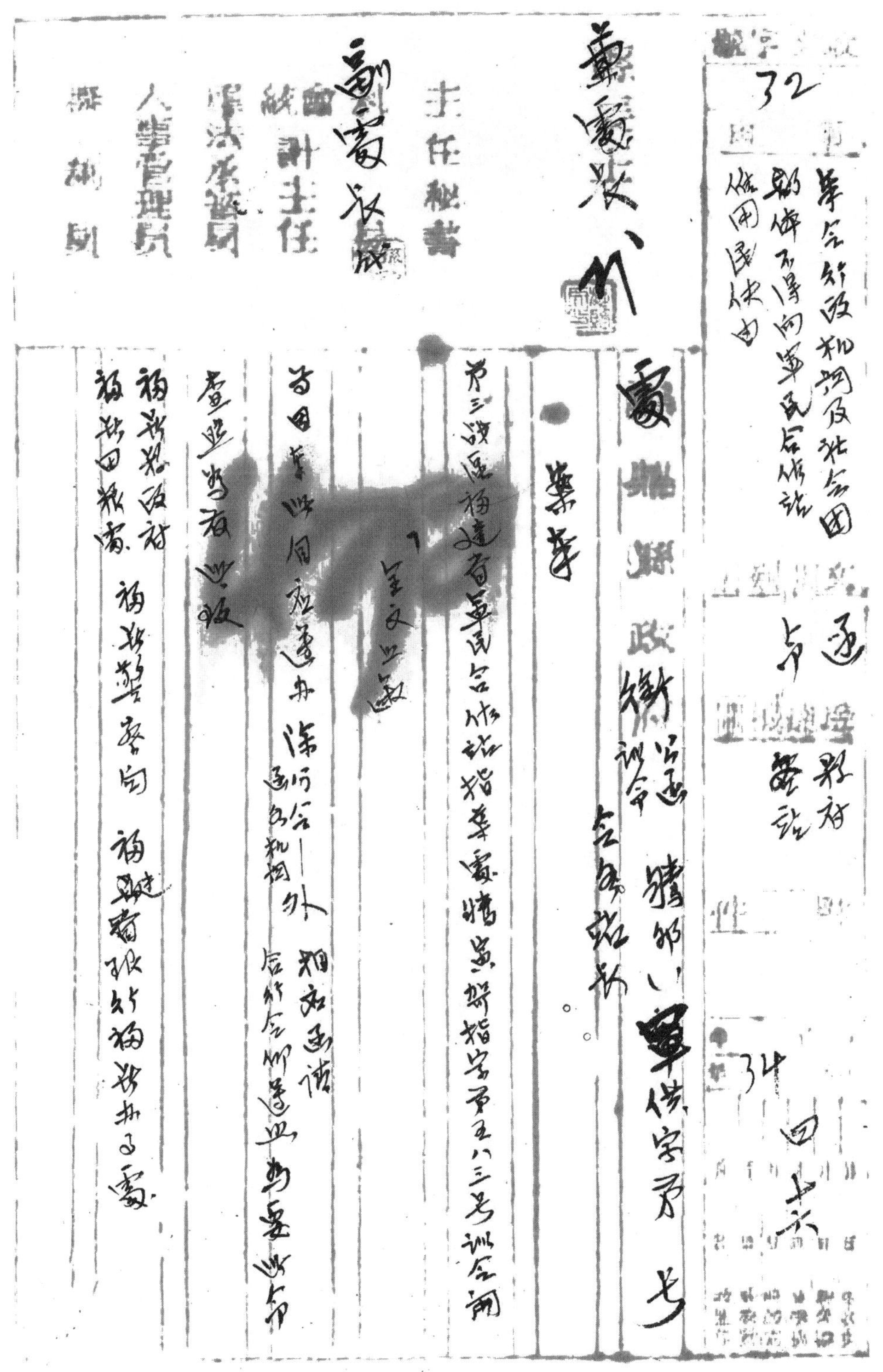

第三战区福建省福鼎县军民合作站指导分处关于行政机关及社会团体不得向军民合作站雇佣民伕的公函(1945 年 4 月 16 日) G137-001-0005

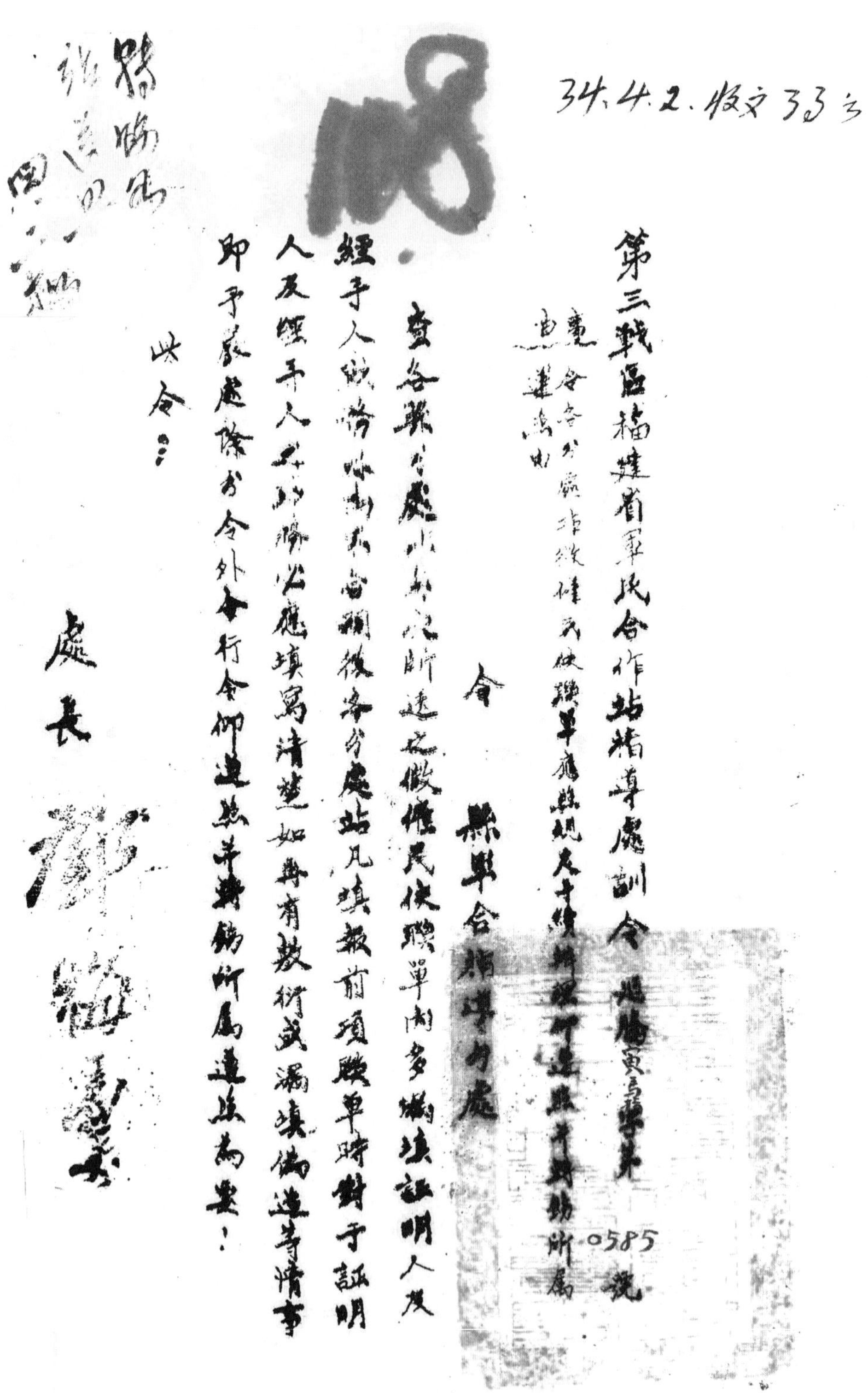

34.4.2. 收文 33 号

第三戰區福建省軍民合作站指導處訓令 准腸寅马导字第 0585 號

飭令各分處站征僱民伕聯單應照規定手續辦理由

令 聯合指導分處

查各縣分處以往所造之徵僱民伕聯單間多漏填證明人及經手人致將來無法稽核嗣後各分處站凡填報前項聯單時對于證明人及經手人名姓職務必應填寫清楚如再有敷衍或漏填偽造等情事即予嚴處除分令外合行令仰遵照並轉飭所屬遵照為要！

此令！！

處長 [illegible]

第三战区福建省军民合作站指导处关于各分处站征雇民伕联单应照规定手续办理的训令

（1945 年 3 月 21 日） G137-001-0007

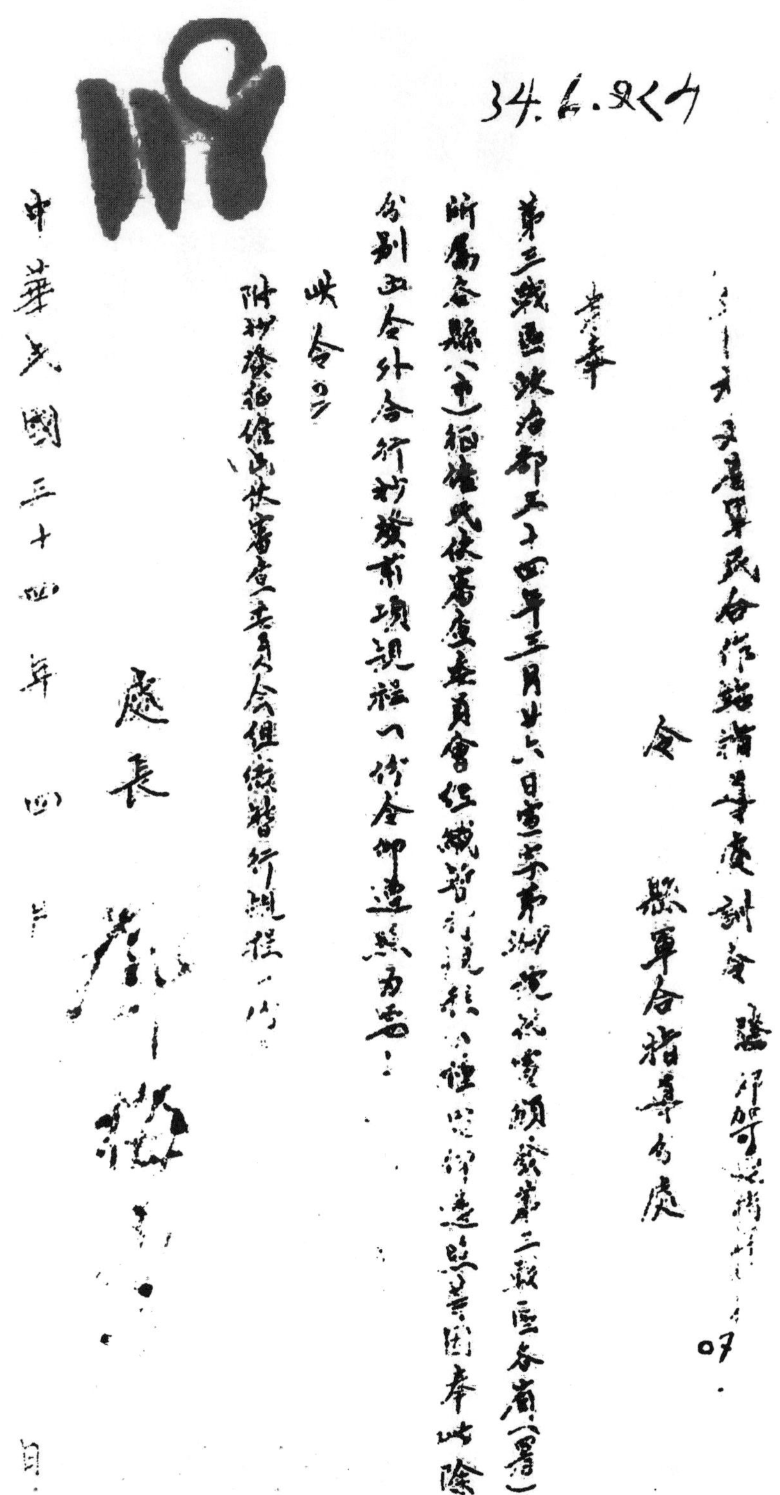

福建省軍民合作站指導處訓令　　字第　07號

令　縣軍合指導分處

案奉

第三戰區政治部三十四年三月廿六日里字第[illegible]代電頒發第三戰區各省(署)所屬各縣(市)征僱民伕審查委員會組織暫行規程一種仰即遵照等因奉此除分別函令外合行抄發前項規程一份令仰遵照為要!

此令。

附抄發征僱民伕審查委員會組織暫行規程一份

處長

中華民國三十四年四月　日

第三战区福建省军民合作站指导处关于抄发第三战区各省(署)所属各县(市)征雇民伕审查委员会组织暂行规程的训令(1945 年 4 月 20 日)　G137-001-0007

第三战区各省(署)所属各县(市)征雇民伕审查委员会组织暂行规程

一、第三战区各省(署)军民合作站指导处(以下简称省(署)指导处)为加强军运确保伕力使用及民伕给养收支办法以杜绝流弊起见,特于各县(市)组织征雇民伕审查委员会(以下简称审委会)。

二、审委会设委员七人至九人,由县长、县党部书记长、县参议会正副议长、县总工会理事长、县农会理事长、县商会理事长及地方公正士绅担任,指定县参议会议长为主任委员,并由委员中推选一人为副主任委员。

三、审委会正副主任委员及委员由省指导处聘任之,股长以下职员由正副主任委员派任之。

四、审委会地点设于参议会内,每月五日以前开会(次由主任委员召集之),必要时并得召开临时会议,开会时副分处长应出席报告并备咨询。

五、审委会之职责如左:

(一)审查本县(市)征雇民伕是否遵照第三战区各级军民合作站民伕队组织暨征雇民伕办法办理。

(二)审查各站常备民伕人数是否足额有无吃空情事

附件:第三战区各省(署)所属各县(市)征雇民伕审查委员会组织暂行规程

(1945年3月26日)a面 G137-001-0007

三、审查各站对临时常备民伕需备民伕有无折收代金及其他舞弊情事

四、审查各站对民伕折收所给代价及工程雇价(包括民工会)是否确实交民伕实领必要时并应饬具领据

五、审查收支民伕给养有无舞弊情事

六、审议其他有关征雇民伕事项是否合理公允

六、审查委员会于开会时应将下列各种簿表册加盖「审查讫」

(一)征雇民伕函件

(二)征雇民伕账单

(三)经收民伕伕费报告表

(四)特发民伕伕费报告表

(五)特发民伕伕役登记册

(六)常备民伕膳食收支报告表

七、审查委员会每次开会后应将审查结果填写审查报告表(报告表格式附后)送达

附件:第三战区各省(署)所属各县(市)征雇民伕审查委员会组织暂行规程

(1945年3月26日)b面　G137-001-0007

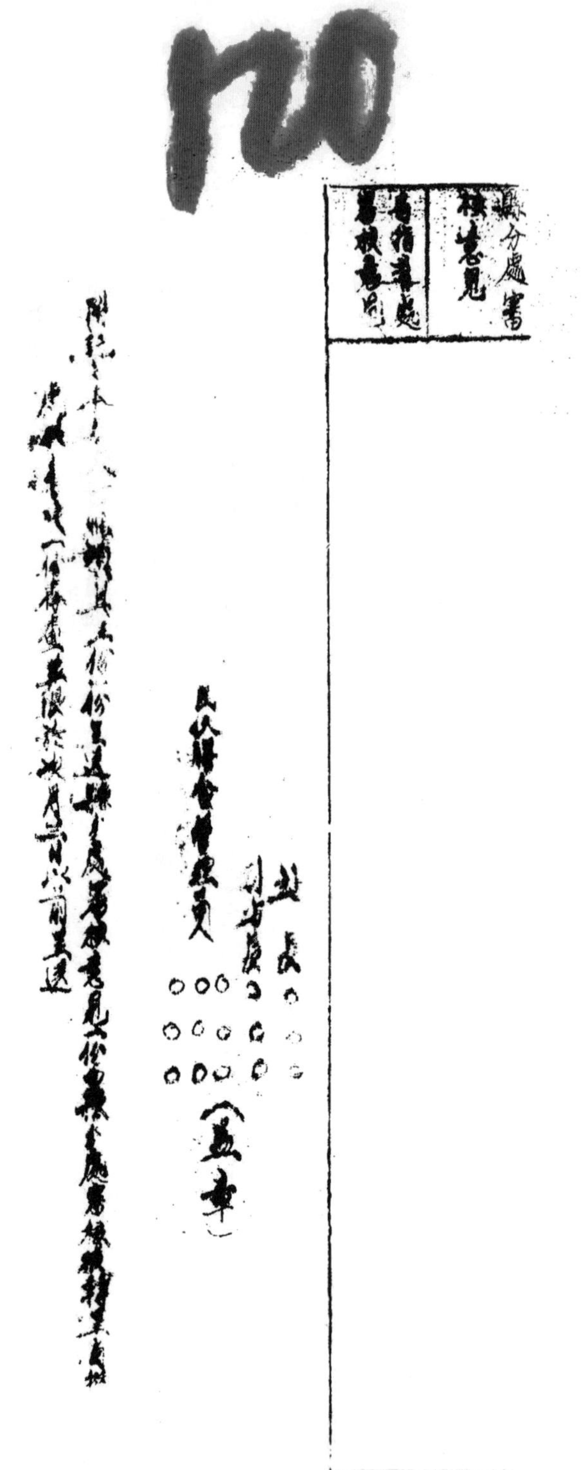

附件：第三战区各省（署）所属各县（市）征雇民伕审查委员会组织暂行规程

（1945 年 3 月 26 日）　G137-001-0007

34.6.2收文

第三战区福建省军民合作站指导处通令 [illegible]字第0660號

事由：令發經收及轉發民伕伕費報告表暨轉發民伕去程食米報告表格式仰飭屬遵照由

令　縣[illegible]合指導分處

茲製定經收及轉發民伕伕費報告表暨轉發民伕去程食米報告表三種，隨令頒發。至前頒之經收及轉發常備民伕伕費登記冊，即行廢止。各站應自三月份起，按照新頒格式逐月填報。惟徵僱日期在文到之前者，准予免填民伕指模。除分令外，合行令仰遵照，並轉飭所屬各站遵照為要。

此令。

附經收及轉發民伕伕費報告表暨轉發民伕去程食米報告表格式各一份。

中華民國卅四年三月　日

處長　[illegible]

第三战区福建省军民合作站指导处关于奉发经收及转发民伕伕费报告表暨转发民伕去程食米报告表格式自三月起逐月填报的通令(1945年4月8日)a面　G137-001-0007

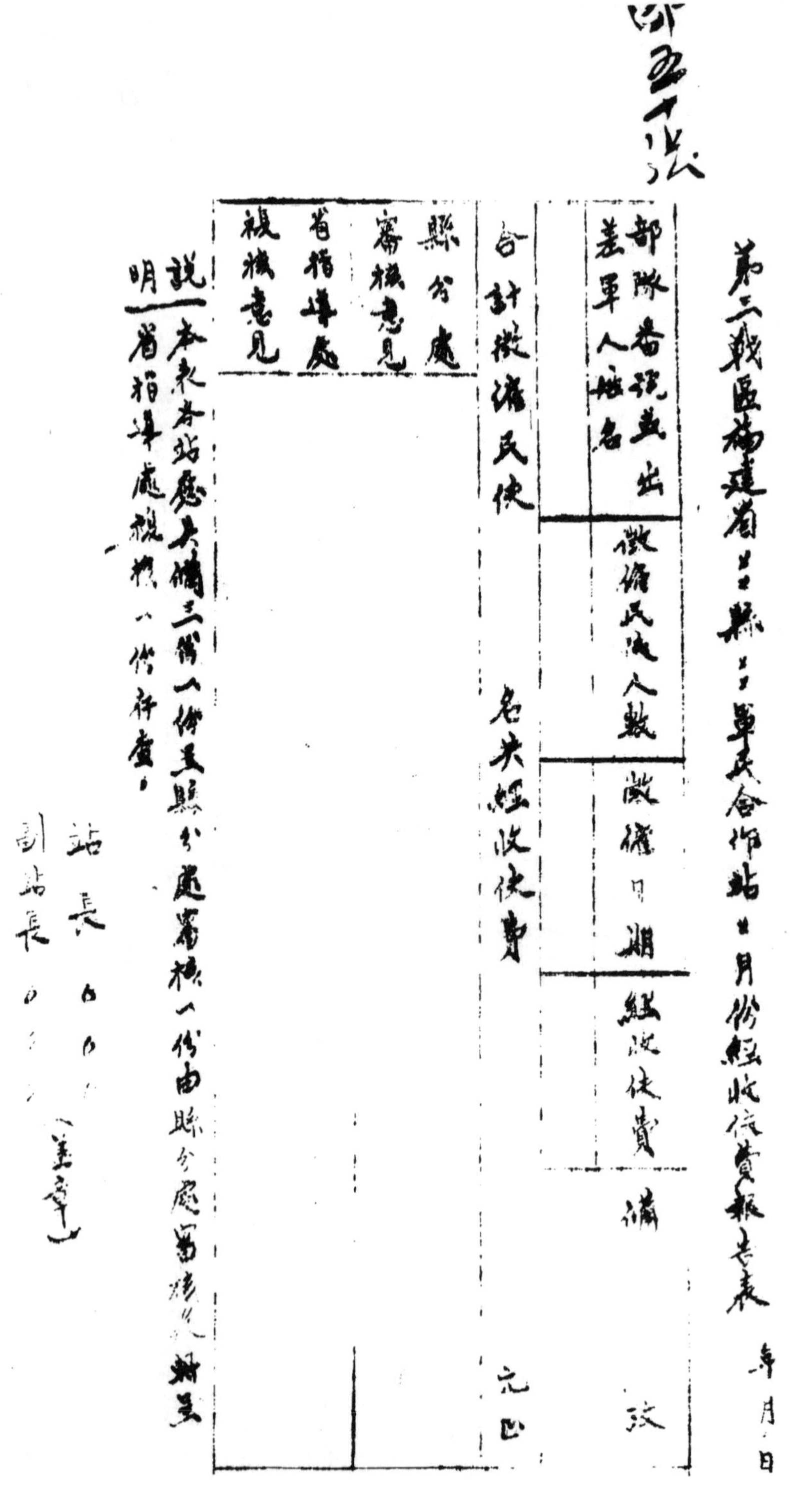

第三战区福建省××县××军民合作站××月份经收伕费报告表

年 月 日

部队番号及出差军人姓名	徵雇民伕人数	徵雇日期	经收伕费	备考
合计徵雇民伕 名 共经收伕费 元				
县分处审核意见				
省指导处复核意见				

说明 一、本表各站应先备三份，一份呈县分处审核，一份由县分处汇转呈省指导处复核，一份存查。

站长 ○○○
副站长 ○○○（盖章）

附件：第三战区福建省××县××军民合作站××月份经收伕费报告表（××年×月×日）

(1945年4月8日)b面　G137-001-0007

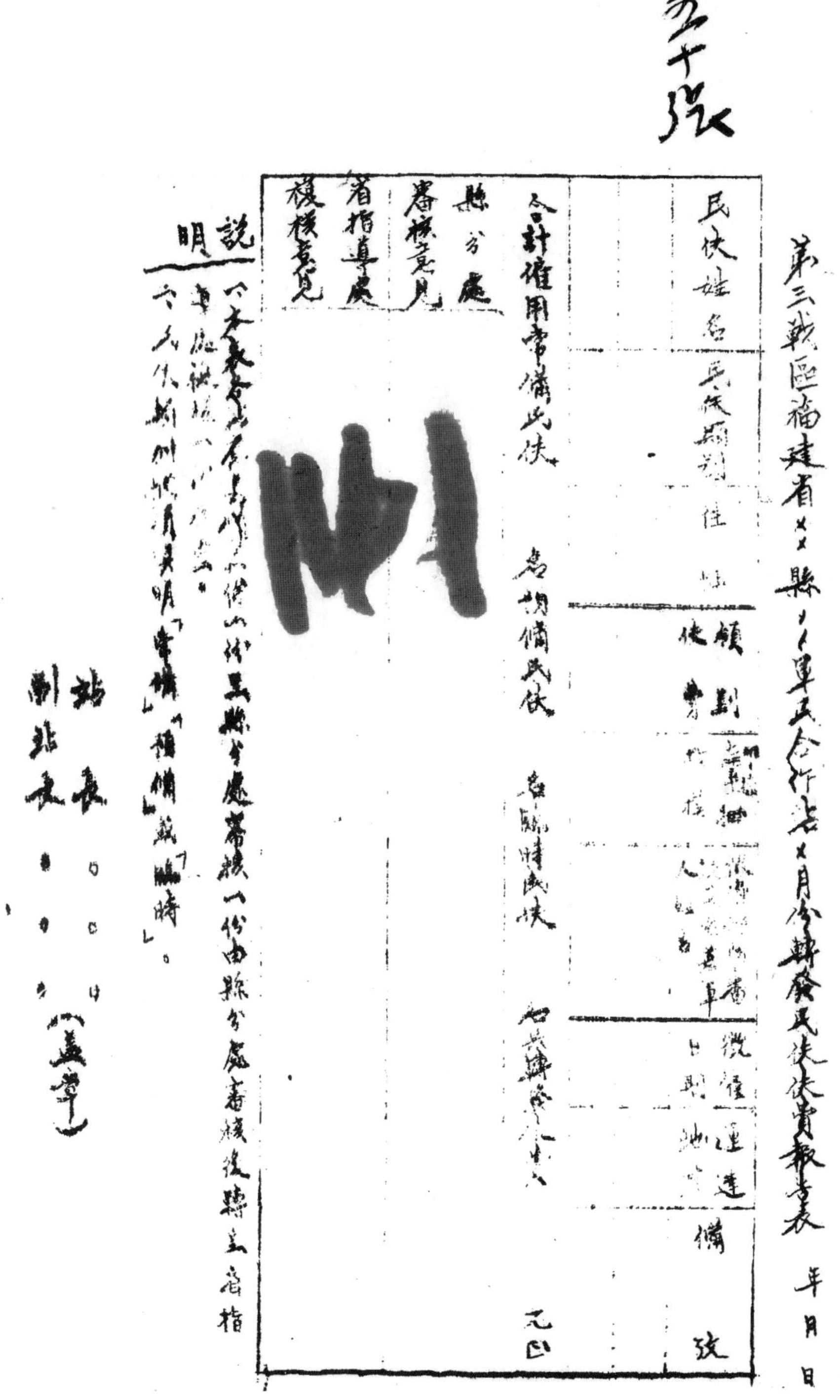

印五十张

第三战区福建省××县××军民合作站×月份转发民伕伕费报告表 年 月 日

民伕姓名 | 民伕期别 住址 | 领到伕费 | 备考

合计 征用常备民伕 名 预备民伕 名 临时民伕 名 共转发伕费 元

县分处审核意见

省指导处核核意见

说明

站长 ○○○

副站长 ○○○（盖章）

附件：第三战区福建省××县××军民合作站×月份转发民伕伕费报告表(××年×月×日)

(1945 年 4 月 8 日)a 面　G137-001-0007

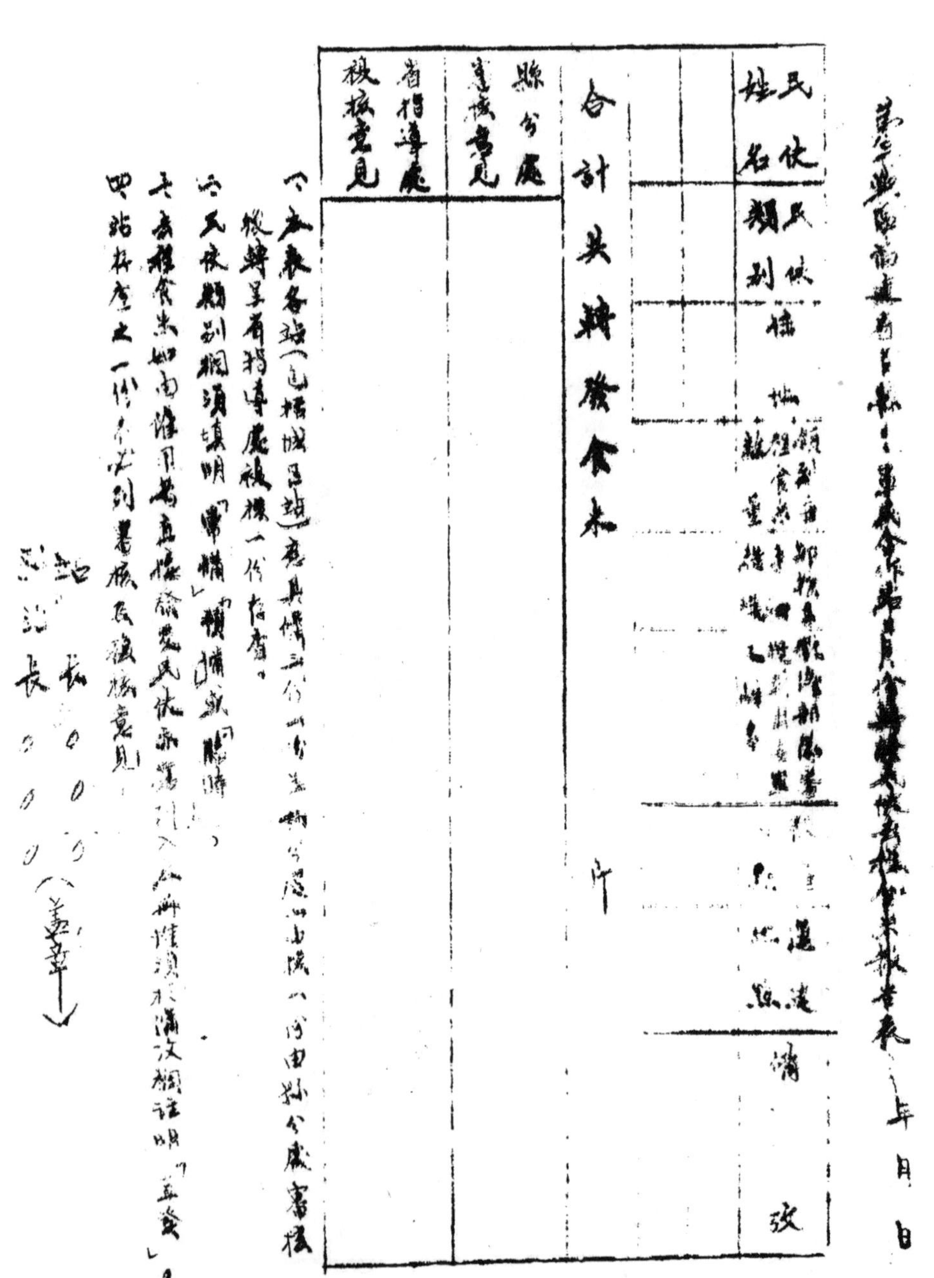

第三戰區福建省　　縣　　軍民合作站　　月份轉發民伕去程食米報告表（　　年　　月　　日）

民伕姓名	民伕類別	[illegible]	[illegible]	[illegible]

合計共轉發食米　　斤

縣分處審核意見

省指導處複核意見

一、本表各站（包括城區站）應具備三份，一份呈轉分處，一份由縣分處審核轉呈省指導處複核，一份存查。
二、民伕類別欄須填明「常備」「預備」或「臨時」。
三、去程食米如由[illegible]民伕者[illegible]證明。
四、站存查之一份不必列署核及複核意見。

站長　○○○（蓋章）
[illegible]長　○○○

附件：第三战区福建省××县××军民合作站×月份转发民伕去程食米报告表（××年×月×日）

（1945 年 4 月 8 日）b 面　G137-001-0007

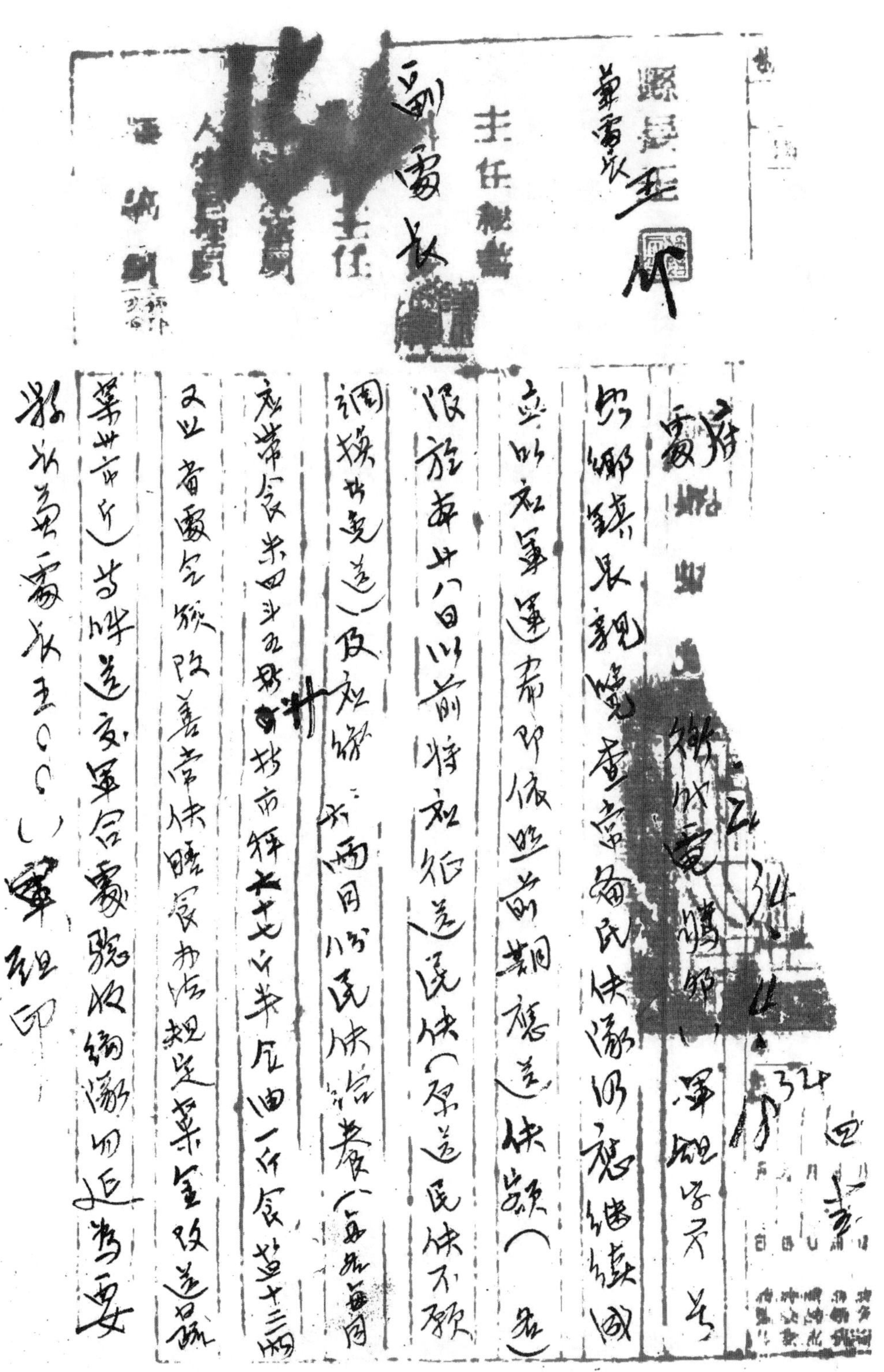
县长王
兼处长
副处长
主任秘书
主任

府密
各乡镇长览：查常备民伕项仍应继续征送，以应军运需要，即依照前颁总送伕额（名限于本廿八日以前，将应征送民伕（未送民伕不愿调换者免送）及应缴六两日之民伕给养（每名每日应带食米四斗五升，计折市秤六十七斤半，合油一斤，食盐十三两）又此前所定各级队善后伕膳食办法规定菜金改送（菜卅市斤）均如数送交军合处验收编队，切延为要。
福鼎县长王○○
兼处长王○○（军组印）
衔代电 军组字第 号

福鼎县政府、第三战区福建省福鼎县军民合作站指导分处关于本期各乡镇应征送常备民伕名额的代电

（1945 年 4 月 18 日） G137-001-0007

117　34.6.2.

三戰區福建省軍民合作站指導處訓令　勝民儉字第1041號

事由　令飭各分處辦理徵僱民伕不得徇情舞弊由

令各縣軍合指導分處

查徵僱民伕，為便利軍運，達成輔助作戰任務，一面固應加強民伕組訓，以適應軍事需要，一面仍應節省伕力，以恤民艱，乃常有不肖兵[illegible]，利用軍運，強派民伕挑送私人物件，甚至夾帶商品，強迫挑運，更有其他非軍事機關，亦多不明民伕徵僱性質，動輒徵僱，各分處站工作人員，亦不加以拒絕，徇情濫派，浪費民力，迭經本處再三嚴厲制止，現仍發現此種情弊，近復又有處站少數人員，從中侵蝕舞弊，如[illegible]伕資食米，似此情形，不僅直接影響民伕生活，抑且間接防碍軍運，貽害及此，殊堪痛心，本處前為整飭紀律，嚴禁貪污計，

第三战区福建省军民合作站指导处关于各分处办理征雇民伕不得徇私舞弊的训令
(1945年5月28日)a面　G137-001-0007

時將防止徇私、杜絕流弊，列為本年度中心工作之一，並頒發各種辦理民伕徵僱及管理民伕膳食報表格式，令飭各分處按月填送，以憑考核。又不時派員考察用糧方式，向各地察查，以期與本處聯繫，無使大好機構自貽站蠹，數月以來，經考核結果，各處尚可遵辦，絕無規定辦理者固多，而仍陽奉陰違，徇情舞弊者，亦頗不少，且有將民伕各種表報視為具文，一不送報，以致情形，實難明其真象，殊為徹底整飭起見，特再對於徵雇，如仍有上項情事發生，即行撤職依法辦理，決不姑寬，本處長言出法隨，幸勿視為具文，特此令仰遵照，並轉飭所屬一體遵照為要。

此令。

處長 [signature]

中華民國三十四年五月廿八日

第三战区福建省军民合作站指导处关于各分处办理征雇民伕不得徇私舞弊的训令
(1945 年 5 月 28 日)b 面　G137-001-0007

第三战区福建省军民合作站指导处关于转饬各分处进行兴革各点的代电

(1945 年 6 月 13 日)a 面 G137-001-0007

第三战区福建省军民合作站指导处关于转饬各分处进行兴革各点的代电

(1945 年 6 月 13 日)b 面　G137-001-0007

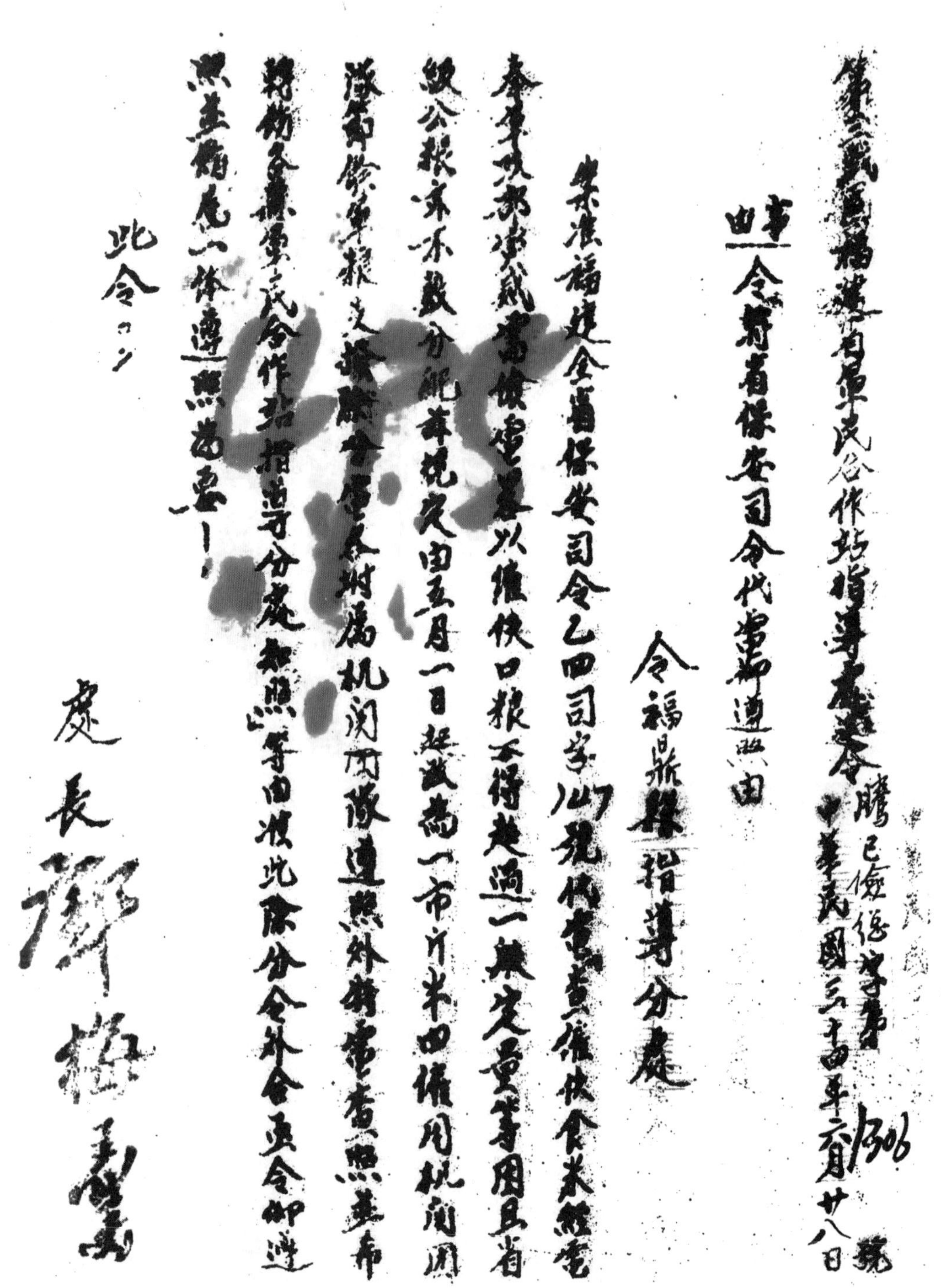

第三战区福建省军民合作站指导处通令 腾巳俭总字第1306號 中华民国三十四年六月廿八日

事由：令转省保安司令代电希遵照由

令福鼎县指导分处

案准福建全省保安司令乙四司字1147號代电开：查雇佚食米经电奉本战区部核准，为维持雇佚口粮不得超过一斤半定量等因；且省级公粮亦不敷分配，兹规定由五月一日起改为一市斤半，以备用机关团体开饮食粮支拨，除令各机关团体遵照外，转希查照并希转饬各县军民合作站指导分处知照。等由；准此，除分令外，合亟令仰遵照并饬属一体遵照为要！

此令。

处长 郑□□

第三战区福建省军民合作站指导处关于转省保安司令代电规定五月一日起雇佚口粮改为一市斤半的通令（1945年6月28日） G137-001-0005

540

第三战区福建省军民合作站指导处代电 中华民国三十四年七月卅一日

延膳午世揔 [illegible]

事由：电知政治部四三一〇号代电仰遵照由

福鼎县军民合作站 指导处案奉第三战区政治部[illegible]字四三一〇号

代电开「奉长官顾支下战区军风纪第(延)密电以

现查各县军民合作机构对所征民伕多未照给伕费且间有挪移及

侵吞情事迭经报告或控诉到阃除饬由本团出此委员随处察[illegible]

1196 卅一

第三战区福建省军民合作站指导处关于政治部4310号电令严加禁止未照给伕费挪移及侵吞的代电

(1945年7月31日)a面 G137-001-0005

並外將電請查照並轉飭所屬遵照嚴加禁止藉維信用而紓民困

等因將電仰遵照飭屬嚴加禁止毋稍干犯為要」等因奉此查民

伕給予原屬作徵若再移挪侵吞應與造册偷同罪除分電外合行

電仰遵照並飭屬一体遵照並將以前所發伕費情形詳細具報為

要（建）第三戰區福建省軍民合作站指導處處長鄧梅羹午（世）

總印

第三战区福建省军民合作站指导处关于政治部4310号电令严加禁止未照给伕费挪移及侵吞的代电
(1945年7月31日)b面 G137-001-0005

(二)调派民伕与军运业务

52

福鼎縣政府稿

收文字號

事由

文別類別

送達機關

附件

縣長鄧

秘書

科長

會計主任

軍法承審員

股長

擬稿員

玉塘 秀嶺 桐山 鄉(鎮)公所 茲爲供應過境部隊運輸需要仰該鄉(鎮)公所即趕派民伕 名 限本日午時征齊交由縣軍民合作站指導處副處長王請達轉令調用,案關軍事運輸,毋得延誤。縣長鄧[illegible]印

五月十八日

第二十五集团军总司令部军民合作站福鼎县指导处关于玉塘、秀岭、桐山各乡镇即赶派民伕午时征齐到县调用的代电(1942 年 5 月 18 日) G137-001-0008

第79號
年5月19日

事由	為請煩代雇運伕兩佰名由
擬辦	
批示	
附件	

年　月　日收文　字第　號

軍政部第五補充兵訓練處第二團公函　卅一年五月十九日於福鼎　時　分發　字第一二四號

逕啓者：本團奉令開往福安擔兵護帶軍用品一批，請煩

貴　代雇運伕兩佰名，以便輸運。除派員前來面洽外，相應函達，即希

军政部第五补充兵训练处第二团关于请福鼎县军民合作指导处代雇运伕两百名的公函

(1942年5月19日)a面　G137-001-0008

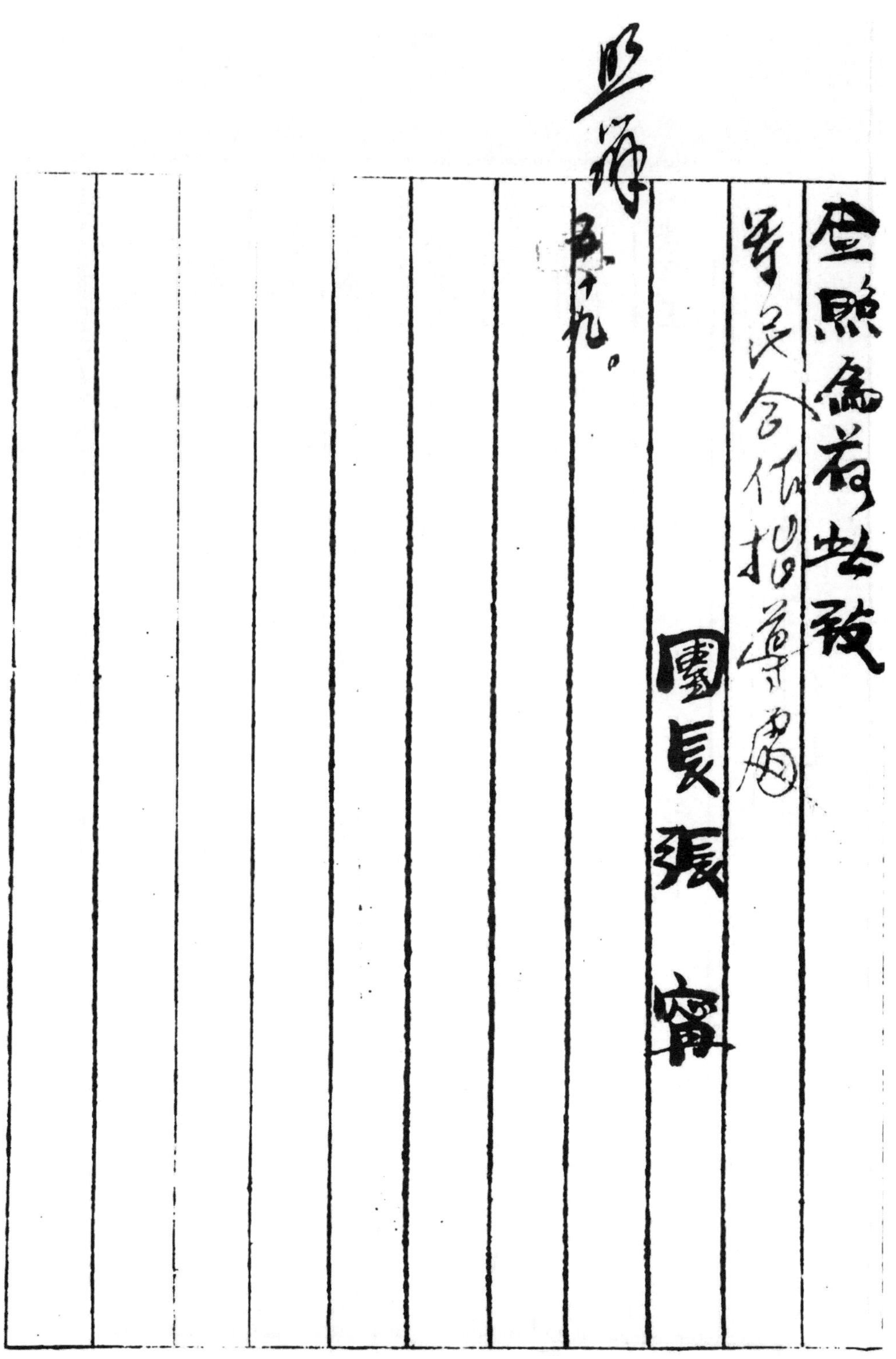

查照為荷此致

軍民合作指導處

團長張寯

照發
五十九。

军政部第五补充兵训练处第二团关于请福鼎县军民合作指导处代雇运伕两百名的公函

（1942 年 5 月 19 日）b 面　G137-001-0008

55

報告 卅一年五月廿一日

竊查本日雇充軍運計補訓處開拔福安民伕所派五塘及本鎮各保均已如數到齊乃柯嶺保保長陳有志雖數次飭派竟避而不見似此弁髦命令貽誤軍輸非懇准予派兵前往將該保長拘帶到處究辦以為頑忽戎機者戒為特將情報請

察核

謹呈

處長 王

桐山站事務幹事卓梅峰（卓梅峰印）

〔批示〕

福鼎县桐山镇军民合作站关于本镇柯岭保保长陈有志弁髦命令贻误军输请准拘带到处究办的报告

（1942年5月21日） G137-001-0008

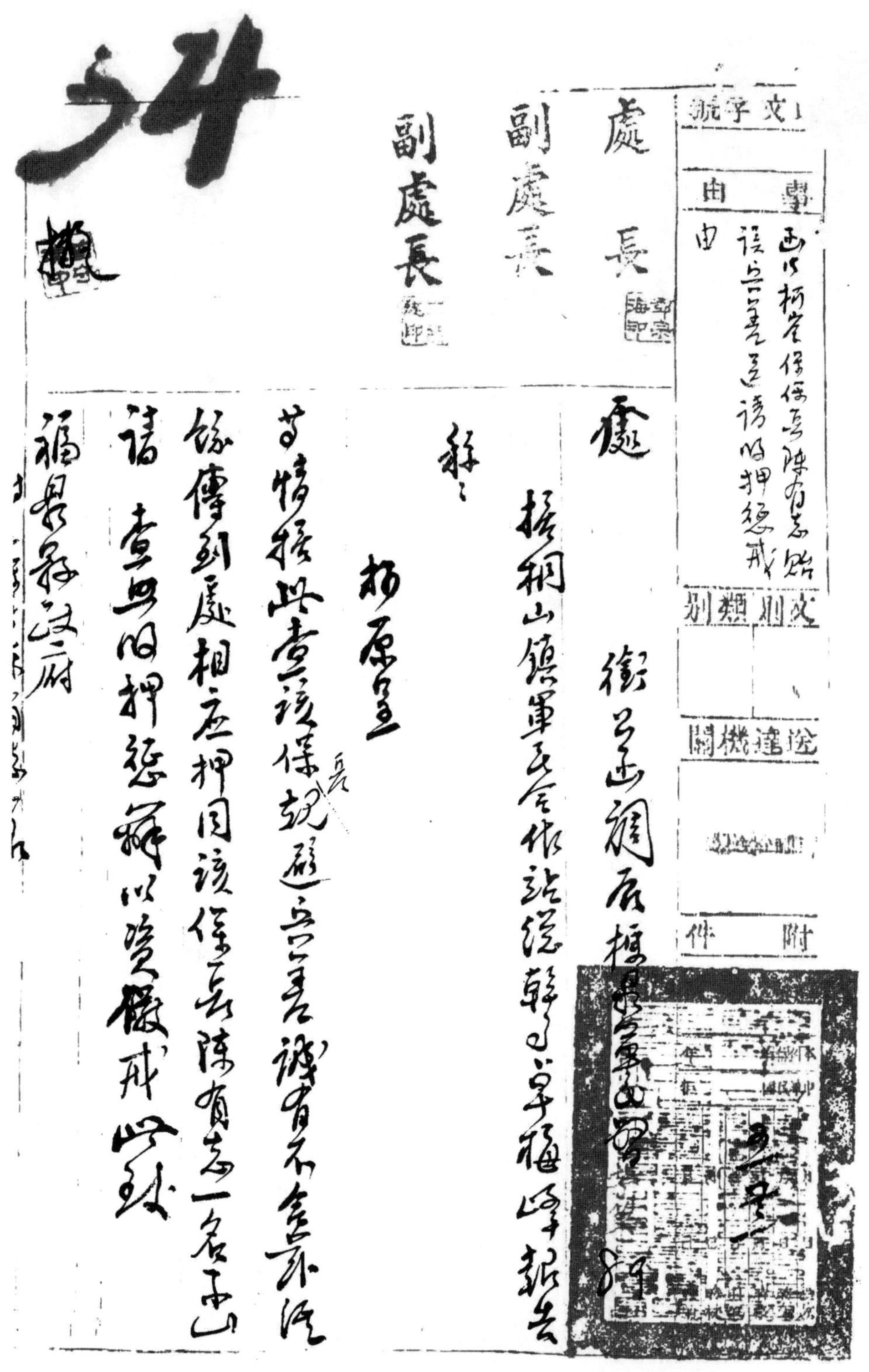

事由：函以柯岭保保長陳有志貽誤兵差送請收押懲戒

處長 副處長 副處長

據桐山鎮軍民合作站總幹事林梅峰報告稱：

……

查該保長延誤兵差，殊有不合，除經飭傳到處相應押同該保長陳有志一名函送

請查照收押懲辦以儆效尤為荷

此致

福鼎縣政府

第二十五集团军总司令部军民合作站福鼎县指导处关于柯岭保保长陈有志贻误兵差送请收押惩戒的公函(1942 年 5 月 23 日)　G137-001-0008

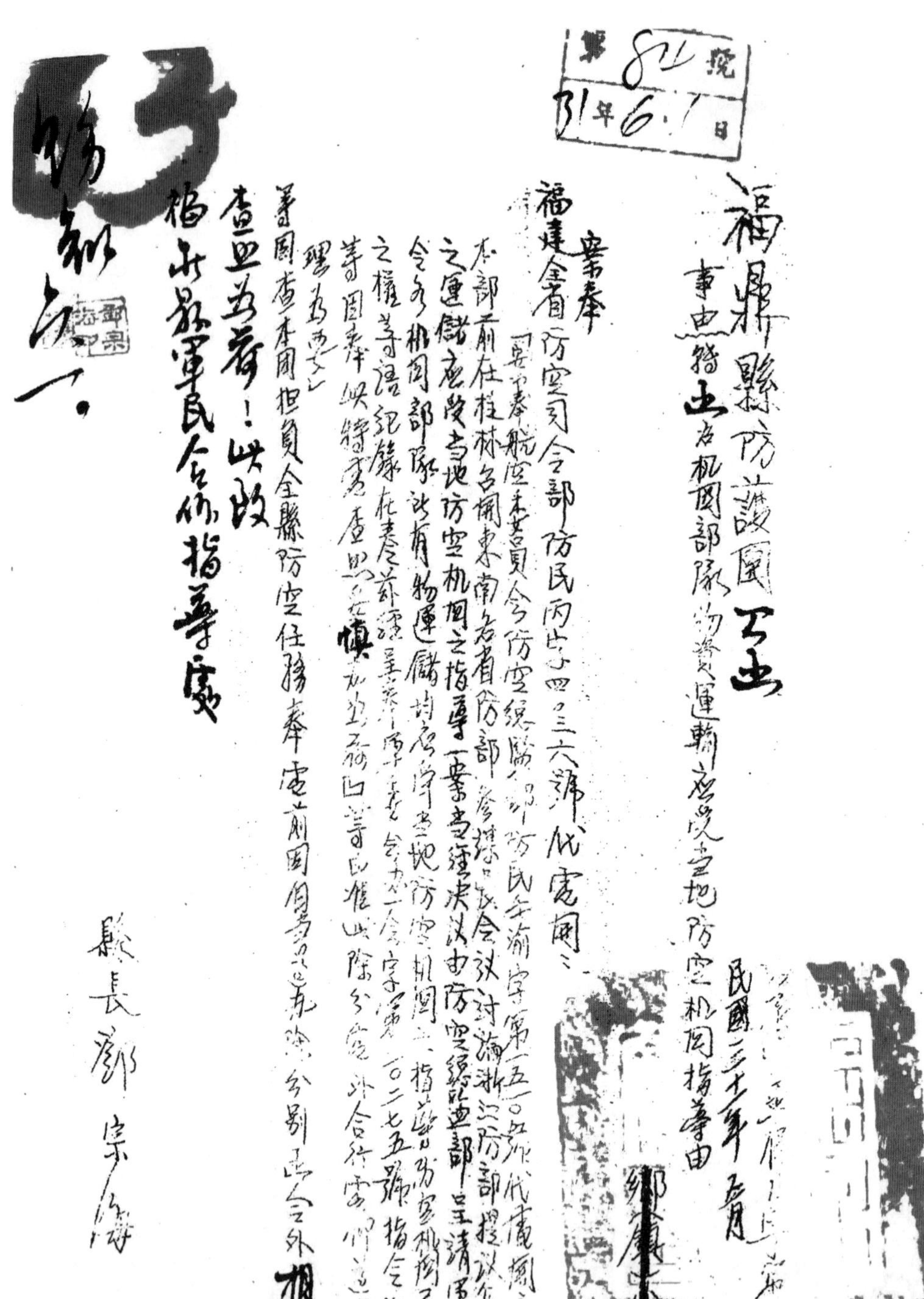

第812號
31年6月1日

福鼎縣防護團公函

事由：為函各机關部隊物資運輸應受當地防空机關指導由

民國三十一年五月 日 [illegible]字第 號

案奉

福建全省防空司令部防民丙字四三六號代電開：「案奉航空委員會防空總監部防民字渝字第一五〇九號代電開：『[illegible]本部前在桂林召開東南各省防部參謀長會議，討論浙江防部提議各機關物資之運輸應受當地防空机關之指導一案，當經決議由防空總監部呈請軍委會通令各机關部隊所有物運輸均應受當地防空机關之指導[illegible]之權等語，紀錄在卷[illegible]等因，奉此[illegible]除分令外，合行電仰遵照[illegible]』等因，奉此，特電[illegible]慎[illegible]理為要。」

等因，查本團擔負全縣防空任務，奉電前因，除分別函令外，相應函請

查照為荷！此致

福安縣軍民合作指導處

縣長 鄭[illegible]

福鼎县防护团关于各机关部队物资运输应受当地防空机关指导的公函

（1942 年 5 月 30 日）　G137-001-0008

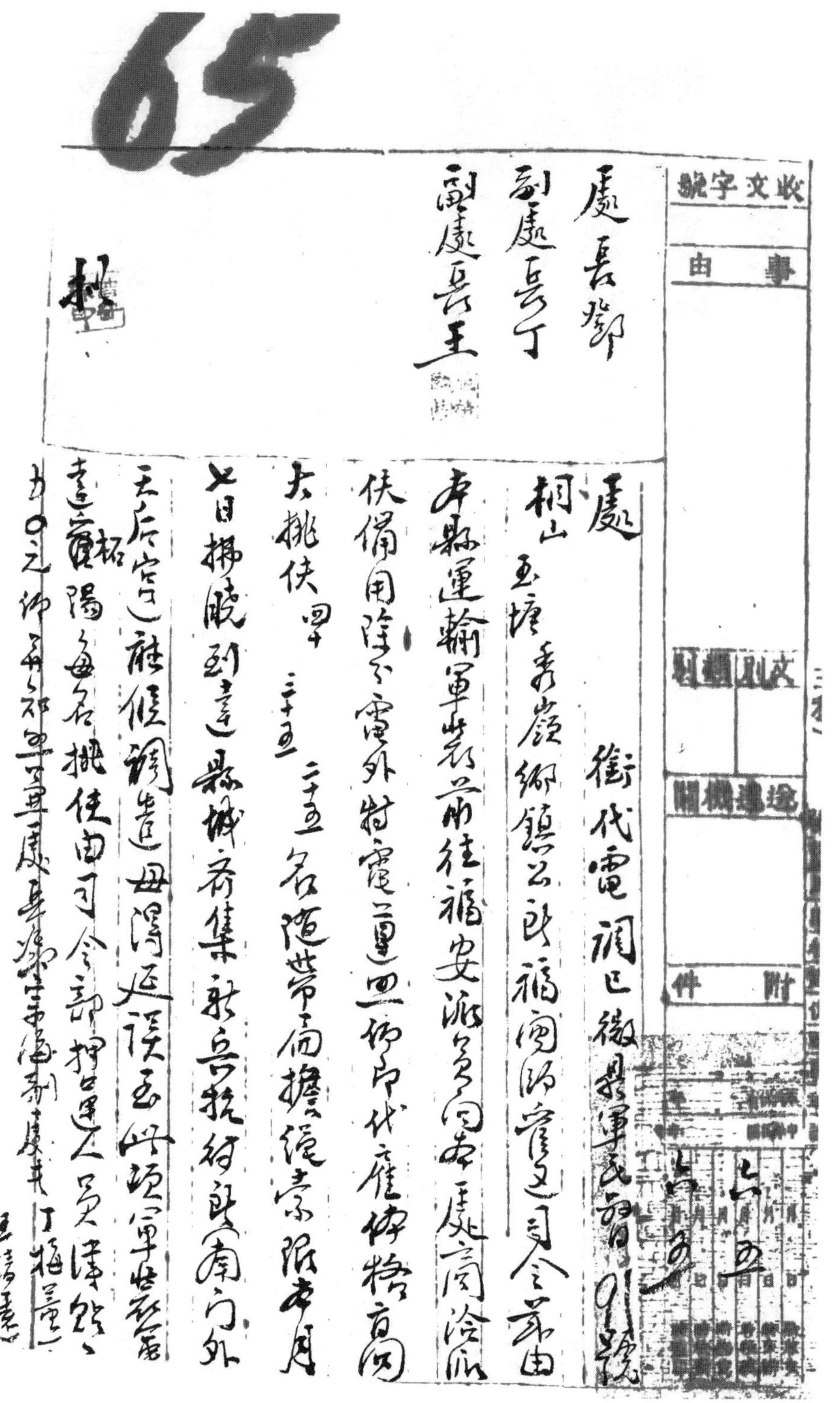

第二十五集团军总司令部军民合作站福鼎县指导处关于令桐山镇、玉塘乡和秀岭乡各公所如数代雇挑伕限本月七日拂晓前到县听候调遣的代电(1942 年 6 月 5 日)　G137-001-0008

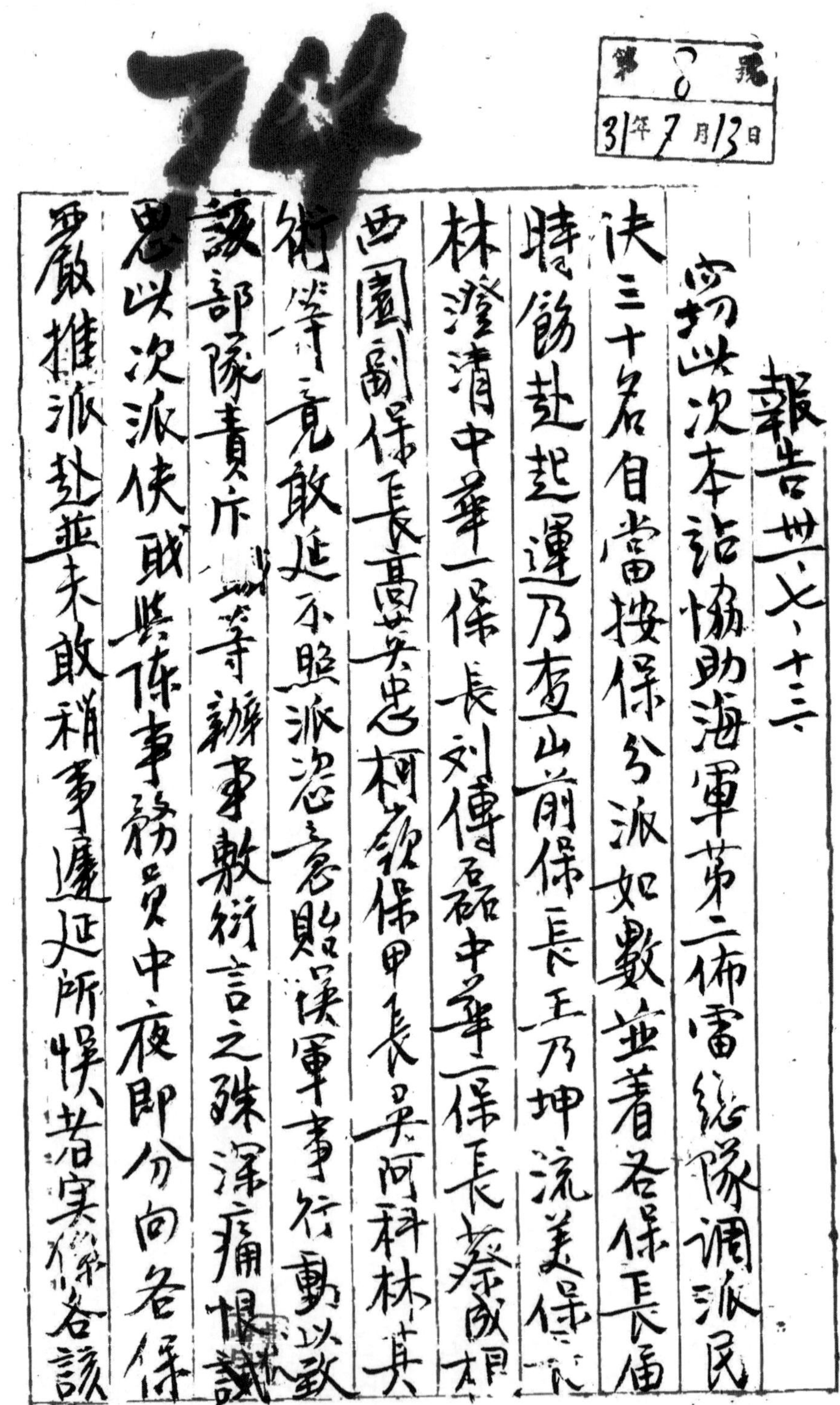

第8號
31年7月13日

報告卅一、七、十三

竊以次本站協助海軍第二佈雷總隊調派民伕三十名自當按保分派如數並着各保長届時飭赴起運乃查山前保長王乃坤流美保[illegible]林澄清中華一保長劉傅磊中華二保長蔡成相、西園副保長高其忠柯嶺保甲長吳阿科林其術等竟敢延不照派怨意貽誤軍事行動以致該部隊責斥[illegible]等辦事敷衍言之殊深痛恨誠恐以次派伕職與保事務員中夜即分向各保嚴推派赴並未敢稍事遷延所誤若實係各該

福鼎县桐山镇军民合作站关于保长王乃坤等延不照派民伕贻误军事行动恳准一并拘案严惩的报告

(1942年7月13日)a面　G137-001-0008

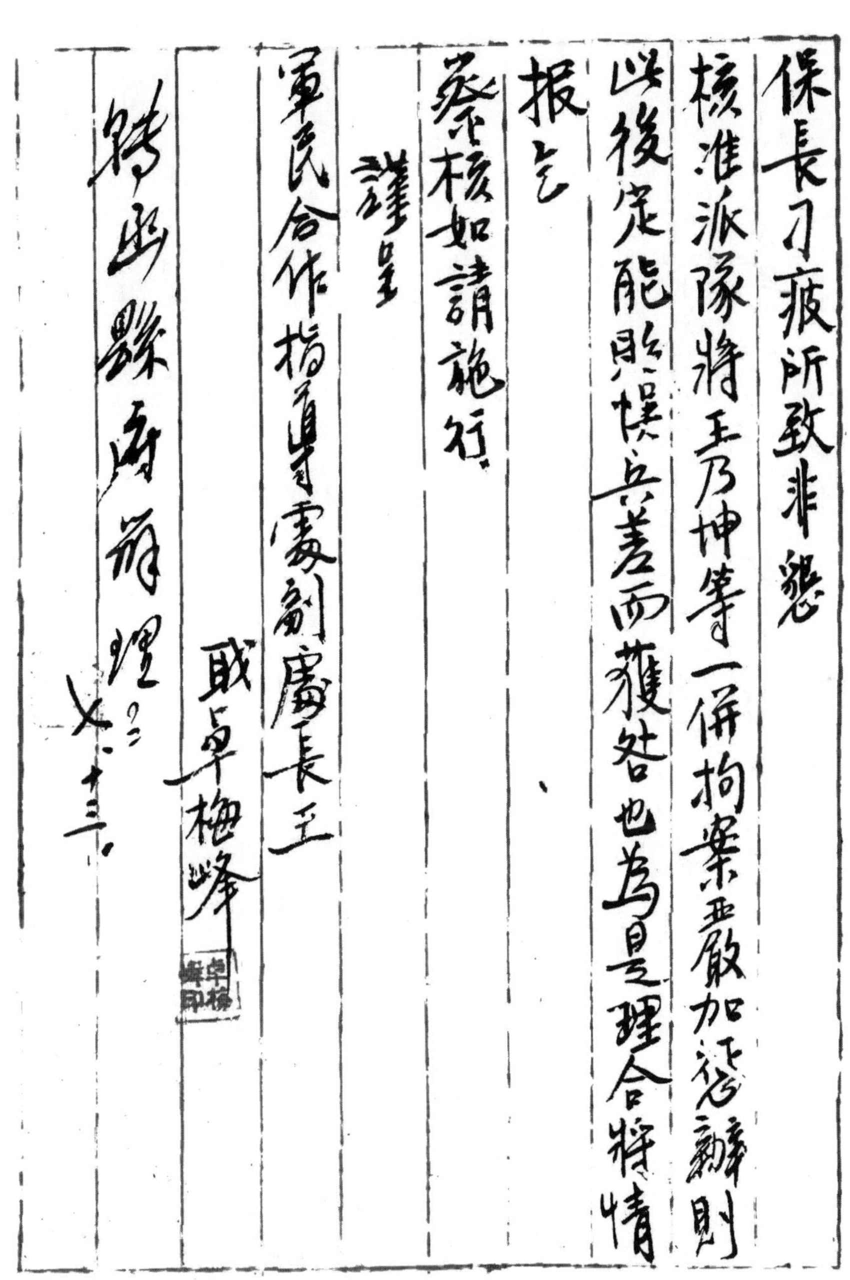

保長刁玩所致非懇
核准派隊將王乃坤等一併拘案嚴加懲辦則
以後定能照撥兵差而獲咎也爲是理合將情
報乞
鑒核如請施行
謹呈
軍民合作指導處副處長王
戰卓梅峰
卓梅峰印
轉呈縣府辦理
七、十三、

福鼎县桐山镇军民合作站关于保长王乃坤等延不照派民伕贻误军事行动恳准一并拘案严惩的报告

(1942年7月13日)b面　G137-001-0008

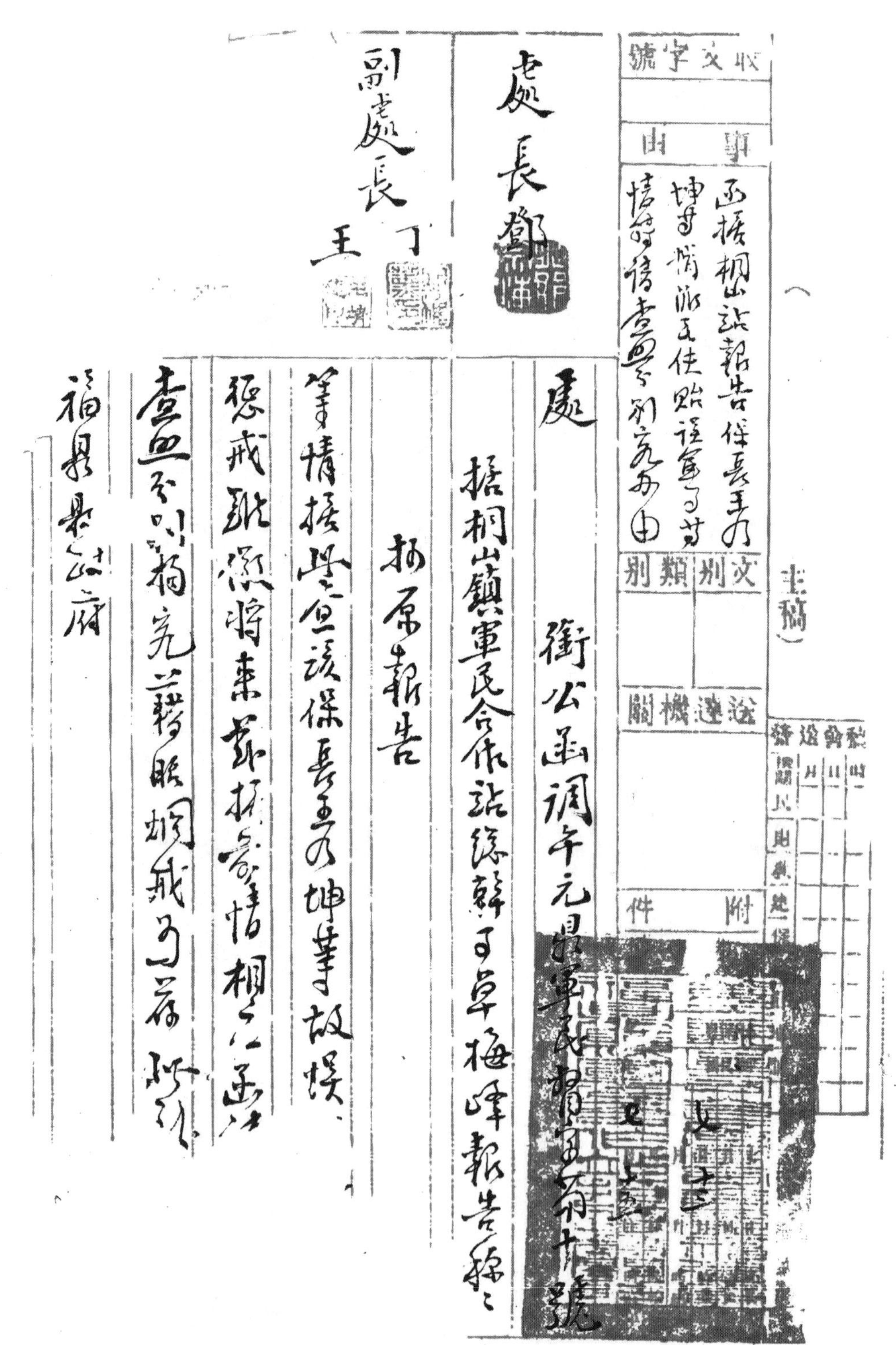

收文字號

事由：函據桐山站報告保長王乃坤等誤派民伕貽誤軍事等情請查照分別究辦由

文別 類別

送達機關

附件

（主稿）

處長鄭

副處長丁 王

處 銜公函 調午元縣軍民督字第十號

據桐山鎮軍民合作站總幹事卓梅峰報告稱

抄原報告

等情據此，查該保長王乃坤等故誤

懲戒班派將來茲據前情相應函請

查照分別究辦見復為荷。此致

福鼎縣政府

第三战区司令长官司令部福建省福鼎县军民合作站指导处关于据桐山站报告保长王乃坤等误派民伕贻误军事等情转请查照分别究办的公函（1942 年 7 月 15 日） G137-001-0008

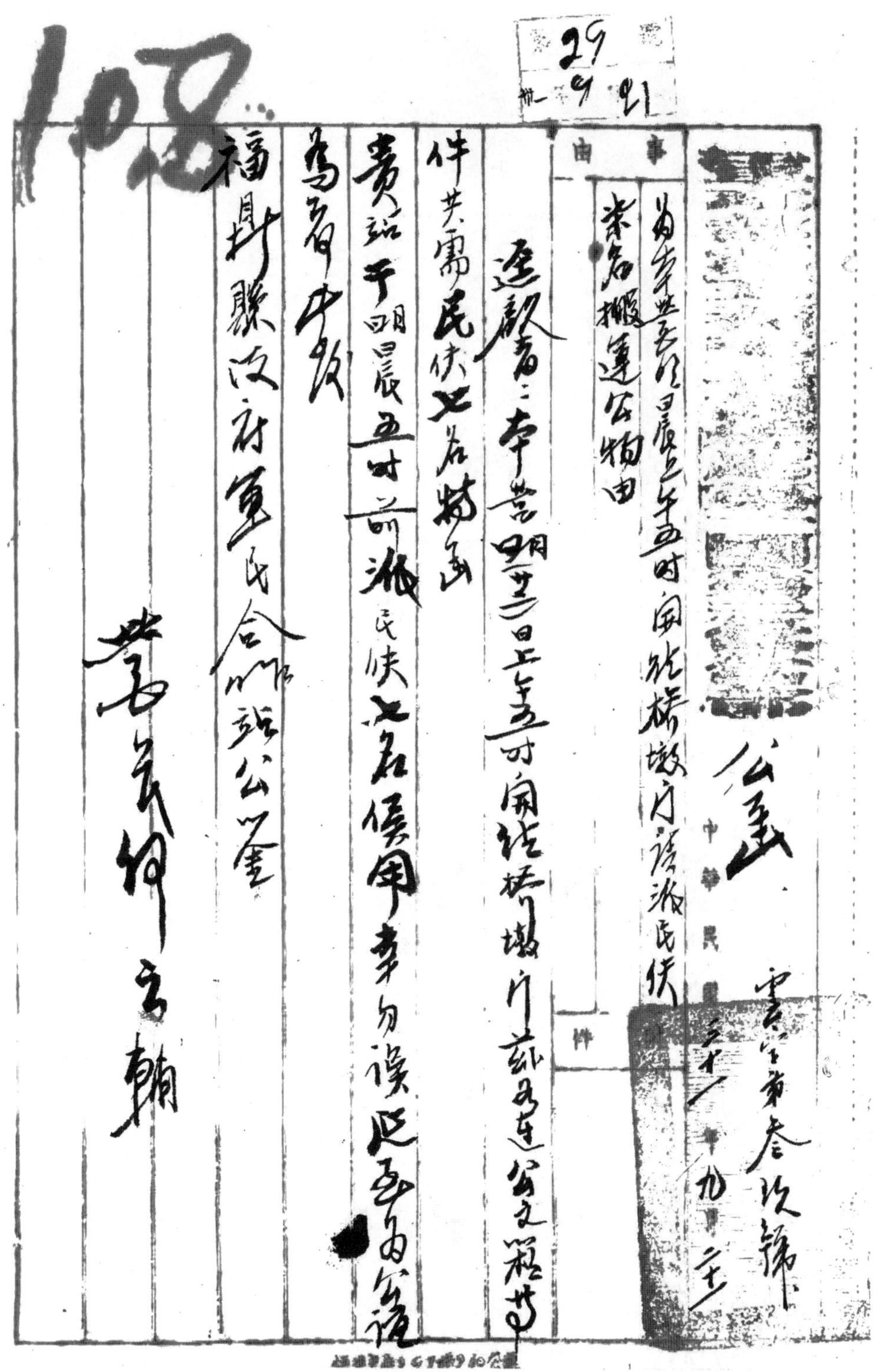

事由：为本营明晨五时开往桥墩行请派民伕七名搬运公物由

公函

中华民国三十一年九月二十一日

逕启者：本营明（廿二）日上午五时开往桥墩行，兹有运公文箱等件，共需民伕七名，特函贵站于明晨五时前派民伕七名候用，幸勿误延，至为公谊为荷。此致

福鼎县政府军民合作站公鉴

营长 [illegible]

军政部第五补充兵训练处第二团第二营关于明晨五时请派民伕七名搬运公物的公函

（1942 年 9 月 21 日） G137-001-0008

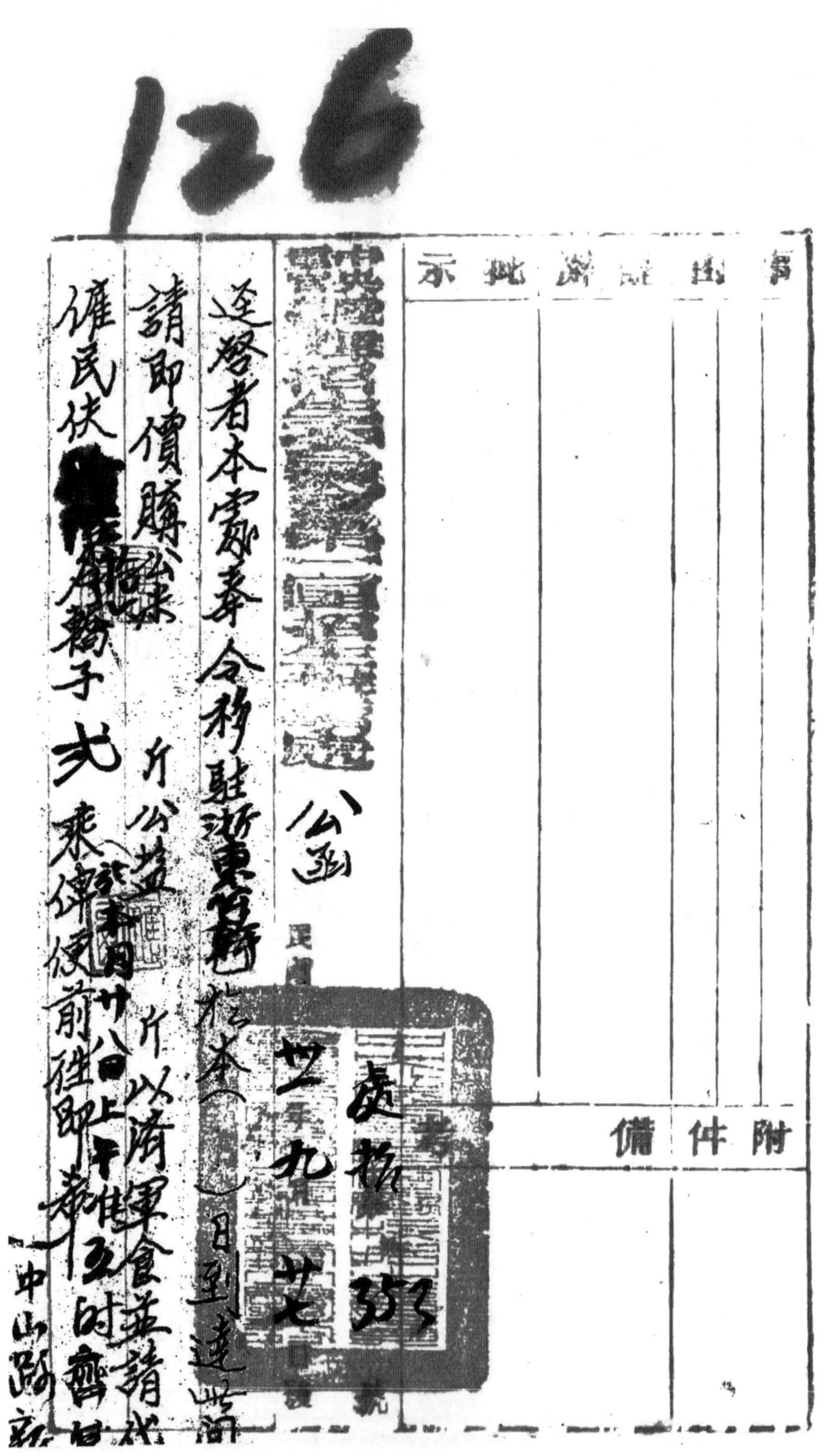

中央陸軍軍官學校招生委員會第一區招生辦事處 公函

逕啓者本處奉令移駐浙東[illegible]於本（　）月（　）日到達[illegible]

請即價購公米[illegible]斤公鹽[illegible]斤以濟軍食並請代

僱民伕[illegible]名轎子弍乘俾便前往即希[illegible]

中山路新[illegible]

附件 備考

中央陆军军官学校招生委员会第一区招生办事处关于请价购米盐并代雇民伕轿子的公函

（1942 年 9 月 27 日）a 面　G137-001-0009

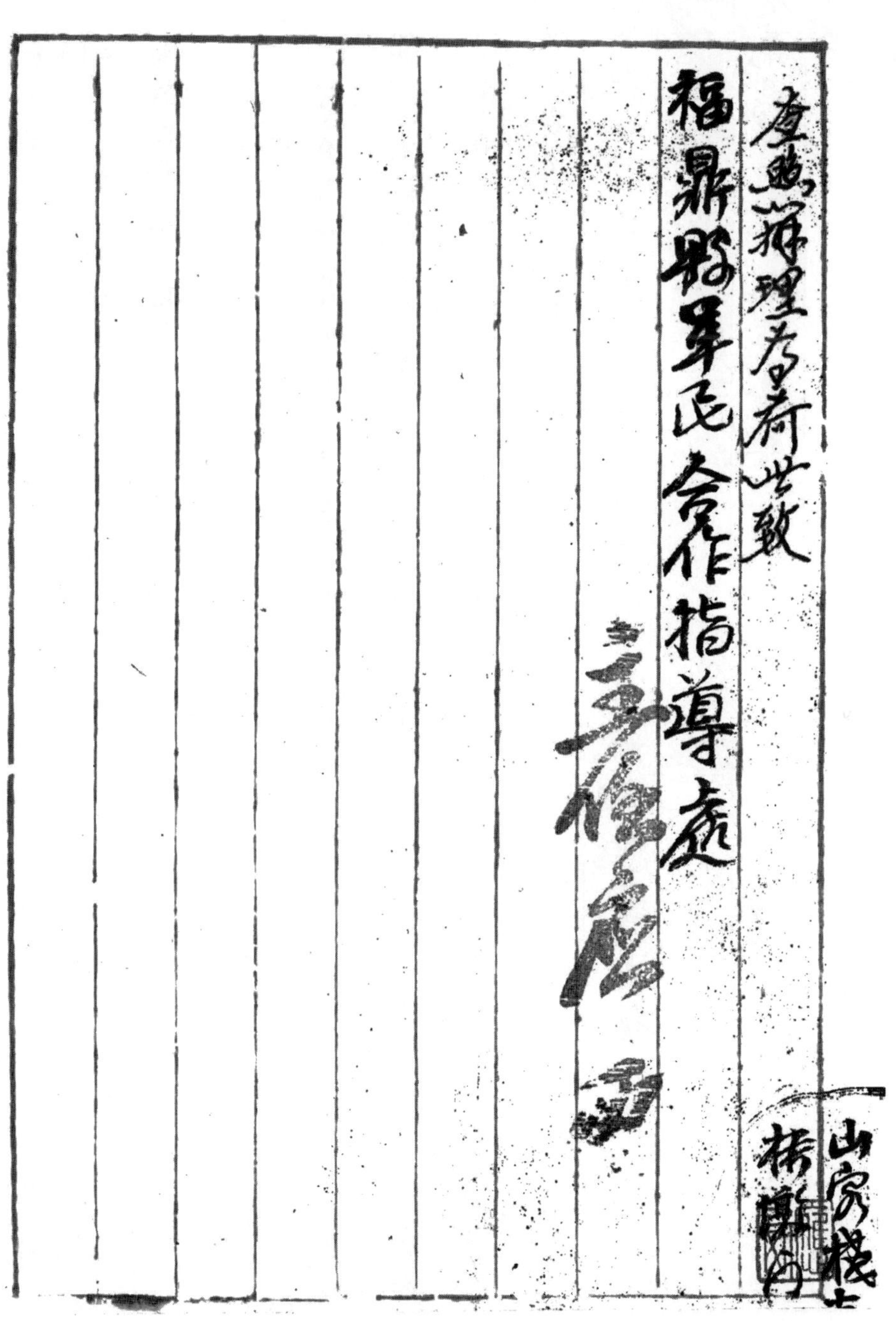

中央陆军军官学校招生委员会第一区招生办事处关于请价购米盐并代雇民伕轿子的公函

(1942年9月27日)b面　G137-001-0009

31 10 21

福鼎县政府公函

事由：为请代雇民伕前往南溪运回服装由

调回 单役字第 130 号

中华民国三十一年 月 日

案查本府前发南溪仓库保管之新灰色棉服(426)份奉电着迅拨交第五补训处接收，又草黄色夹被单四十八条，近时气候转冷，亦须送府发给壮丁应用，请代雇民伕九名，于十月廿二日首途启运，该伕等工资由府依照规定发给，并随派员兵护运外，相应函请查照，即希准如是日清早饬该伕等带斋扁担绳具来府，至为荷！

此致

福鼎县军民合作指导处

八 邓宗

福鼎县政府关于请代雇民伕前往南溪运回服装的公函

（1942 年 10 月 22 日） G137-001-0008

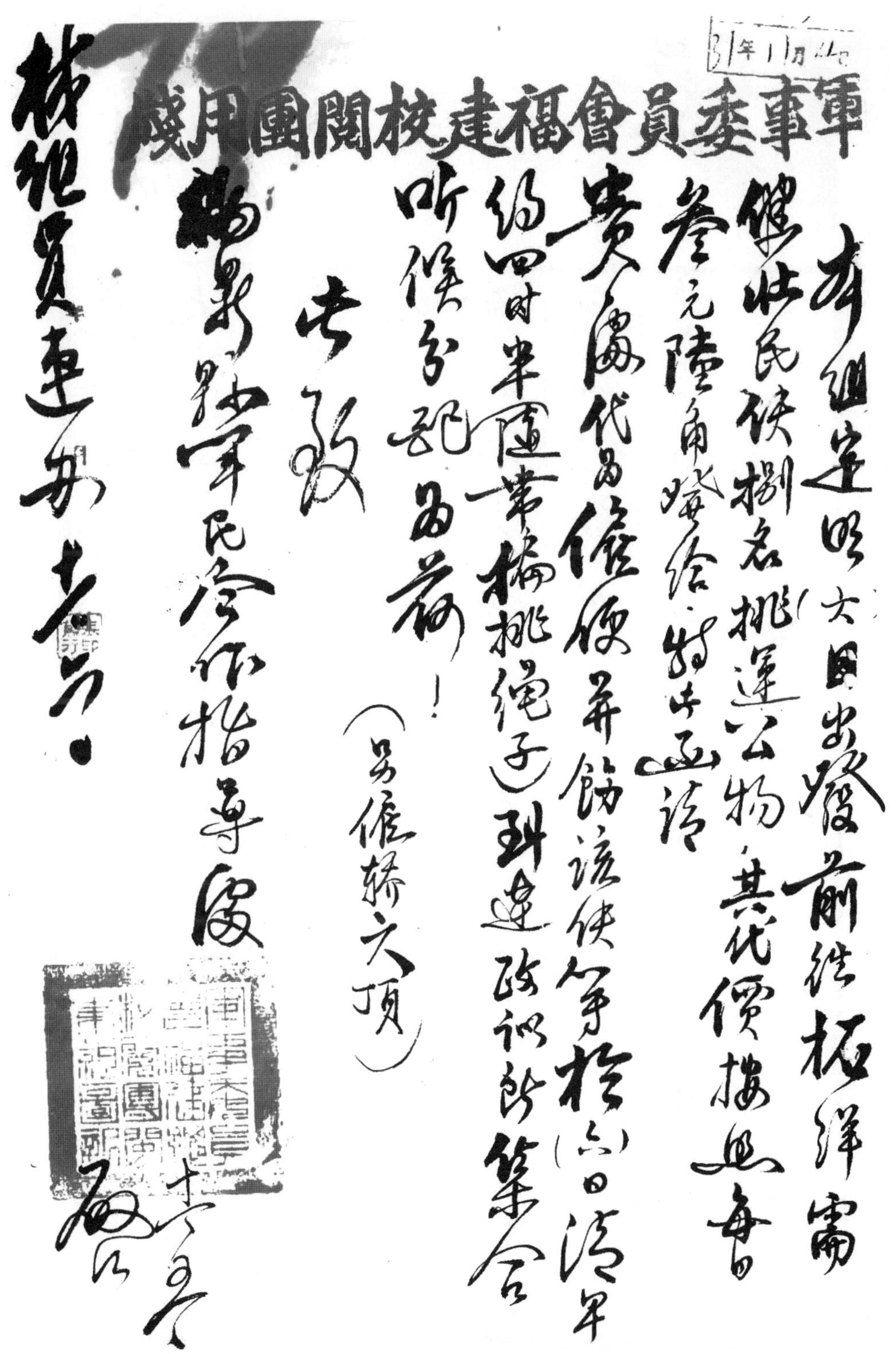

31年11月4日

軍事委員會福建校閱團用箋

本組定明（六）日出發前往梅洋，需雇壯民伕捌名挑運公物，其代價按照每日叁元陸角給發，特此函請
貴處代為雇便，並飭該伕等於（六）日清早四時半隨帶扁挑繩子到達政訓所集合聽候分配為荷！
此致
[illegible]縣戰時民伕管理指導處
（另僱轎六頂）
十一月五日

军事委员会福建校阅团闽东组关于请代雇民伕八名于六日四时半到政训所听候分配的公函

（1942 年 11 月 5 日） G137-001-0008

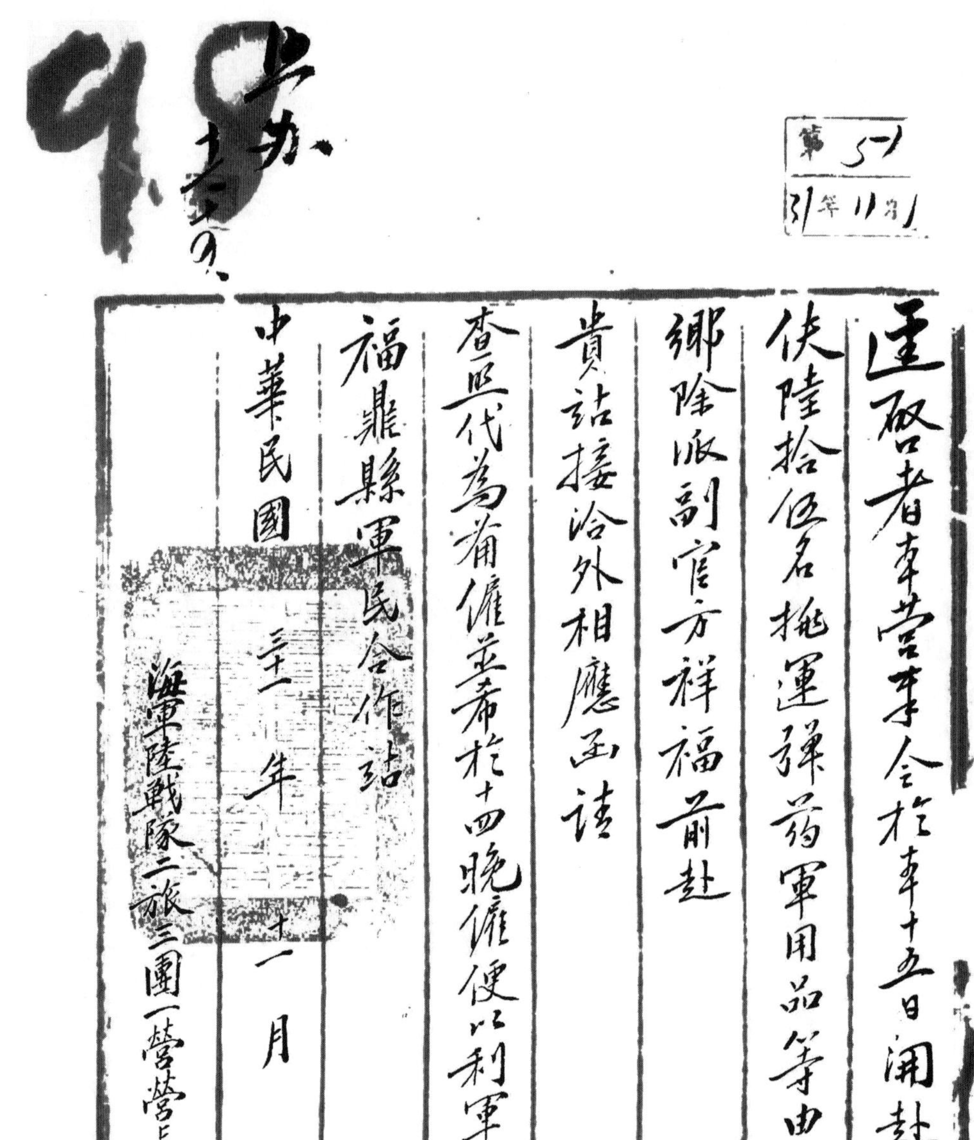

第51
31年11月

逕啟者本營奉令於本十五日開赴平陽需用民伕陸拾伍名挑運彈藥軍用品等由福鼎至橋墩鄉除派副官方祥福前赴貴站接洽外相應函請查照代為雇傭並希於十四晚傭便以利軍輸至紉公誼此致

福鼎縣軍民合作站

海軍陸戰隊二旅三團一營營長林其元

中華民國三十一年十一月十二日

海军陆战队第二独立旅步兵第三团第一营关于请代雇六十五名民伕挑运军用品的公函

（1942年11月12日） G137-001-0008

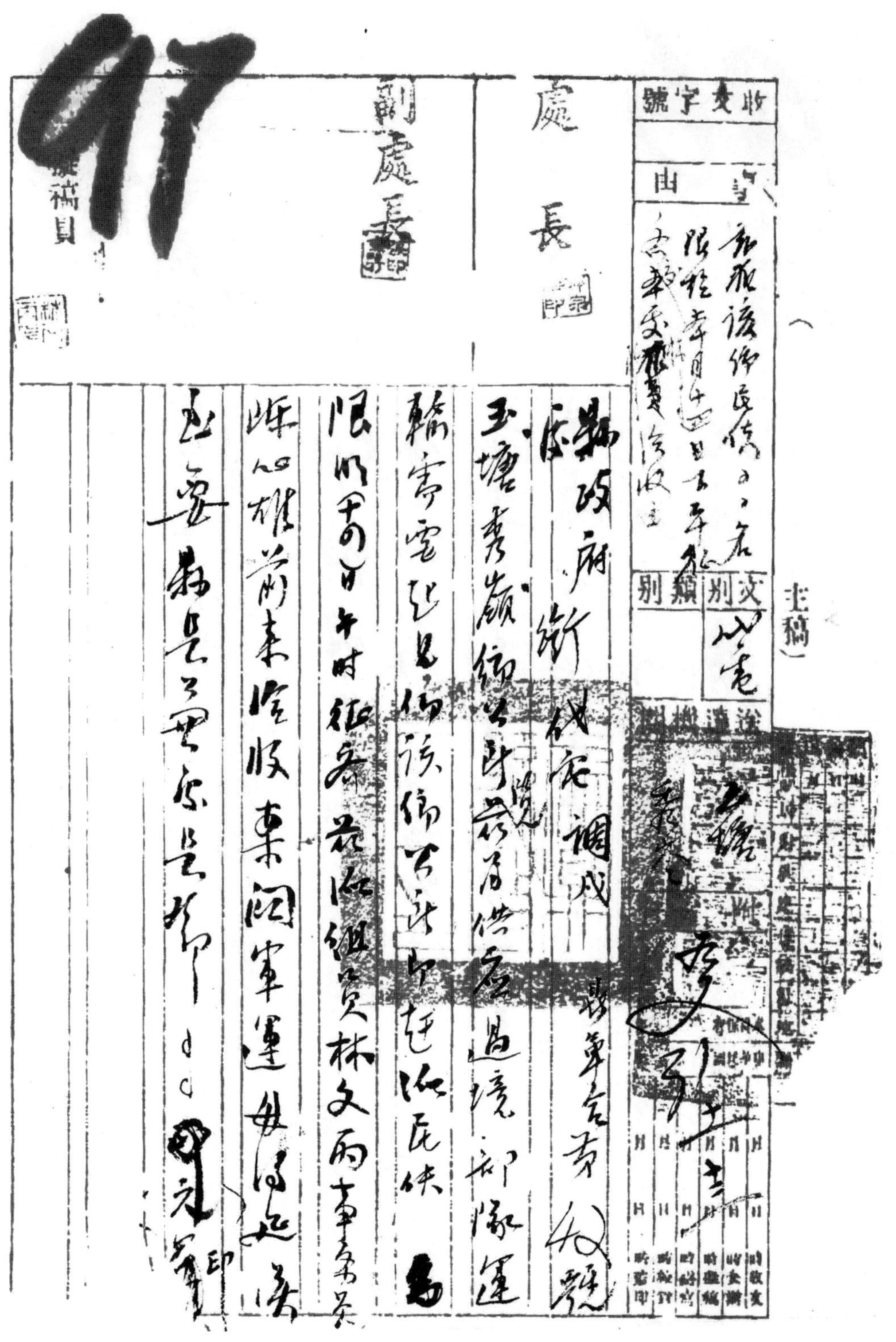

福鼎县政府、第三战区司令长官司令部福建省福鼎县军民合作站指导处关于派玉塘、秀岭乡民伕××名限十四日征齐交本处调用的代电(1942 年 11 月 13 日)　G137-001-0008

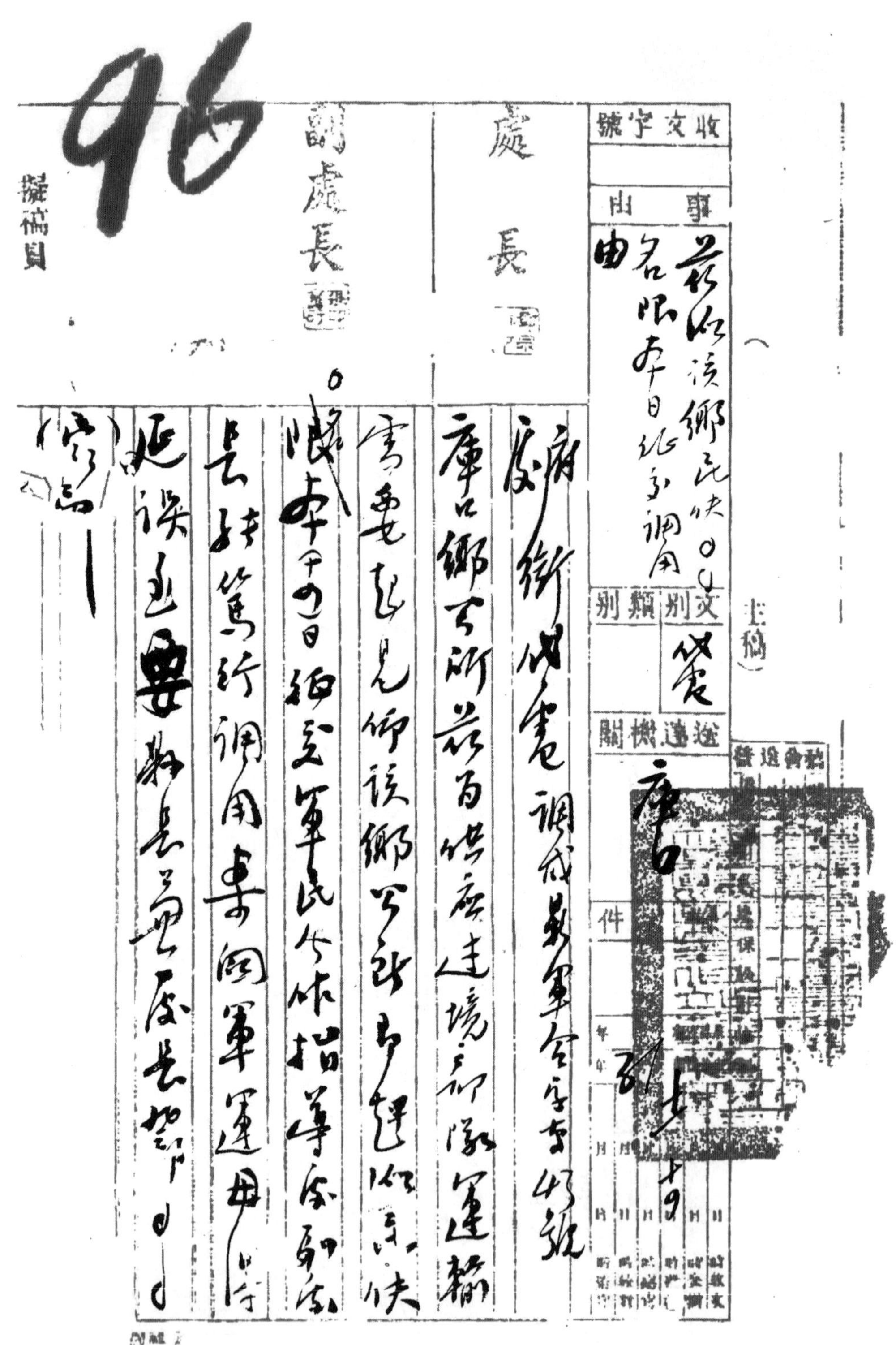

福鼎县政府、第三战区司令长官司令部福建省福鼎县军民合作站指导处关于派库口乡民伕××名限本日征齐交本处调用的代电(1942 年 11 月 14 日)　G137-001-0008

軍民合作站揩導處民伕叁拾伍名正
此據
條
十一、十四

海军陆战队第二独立旅步兵第三团第一营关于征雇民伕三十五名的条据

（1942年11月14日） G137-001-0008

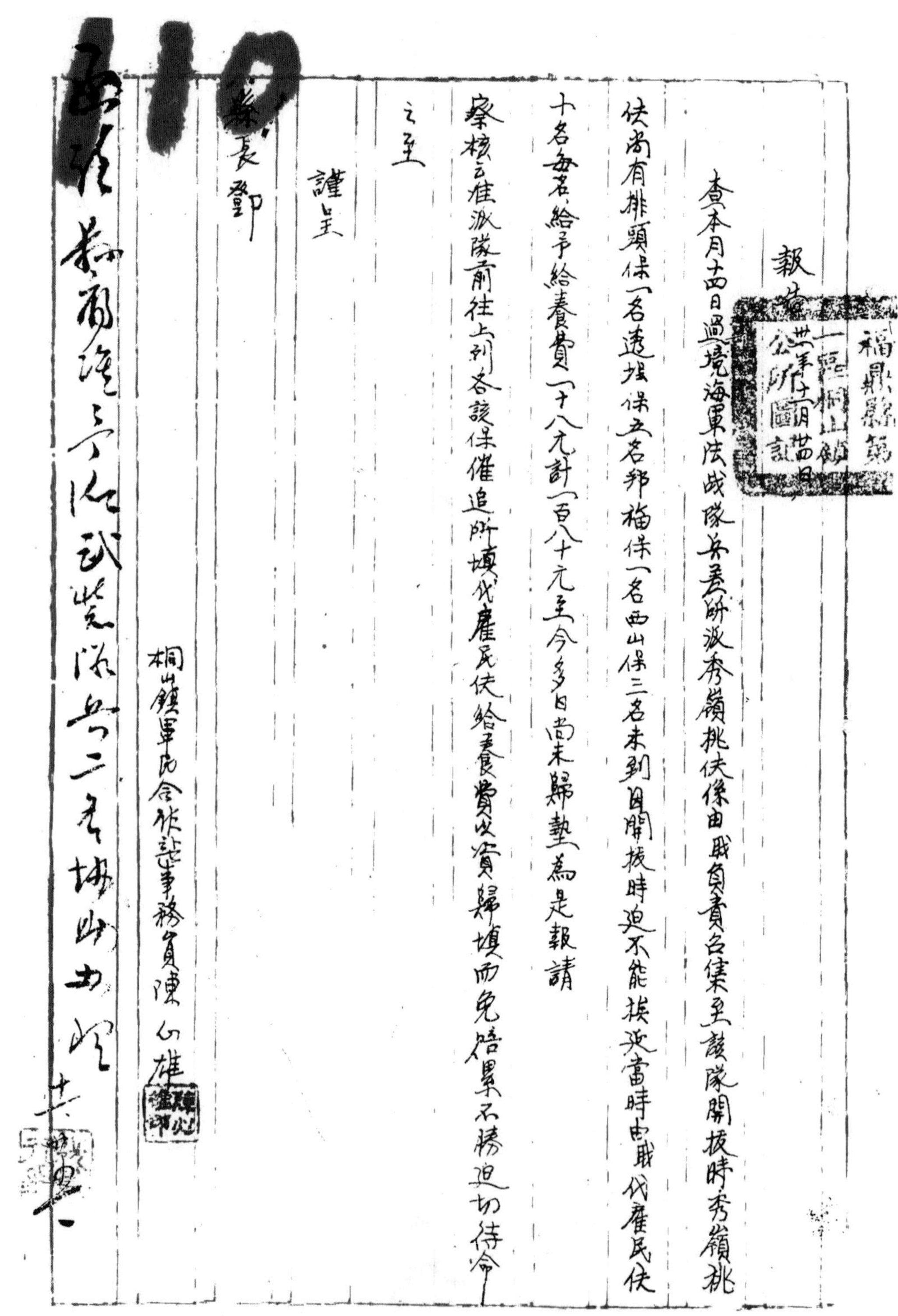
報告

查本月十四日過境海軍陆战隊兵差所派秀嶺挑伕係由職負責召集至該隊開拔時秀嶺挑伕尚有排頭保一名透堀保五名邦稿保一名西山保三名未到因開拔時迫不能挨延當時由職代雇民伕十名每名給予給養費一十八元計一百八十元至今多日尚未歸墊為是報請
察核准派隊前往上列各該保催追所填代雇民伕給養費以資歸墊而免賠累不勝迫切待命之至

謹呈
縣長鄧

桐山鎮軍民合作站事務員陳心雄

福鼎县桐山镇军民合作站办事员陈心雄关于准派队前往各保催追所填代雇民伕给养费的报告

（1942 年 11 月 24 日）　G137-001-0008

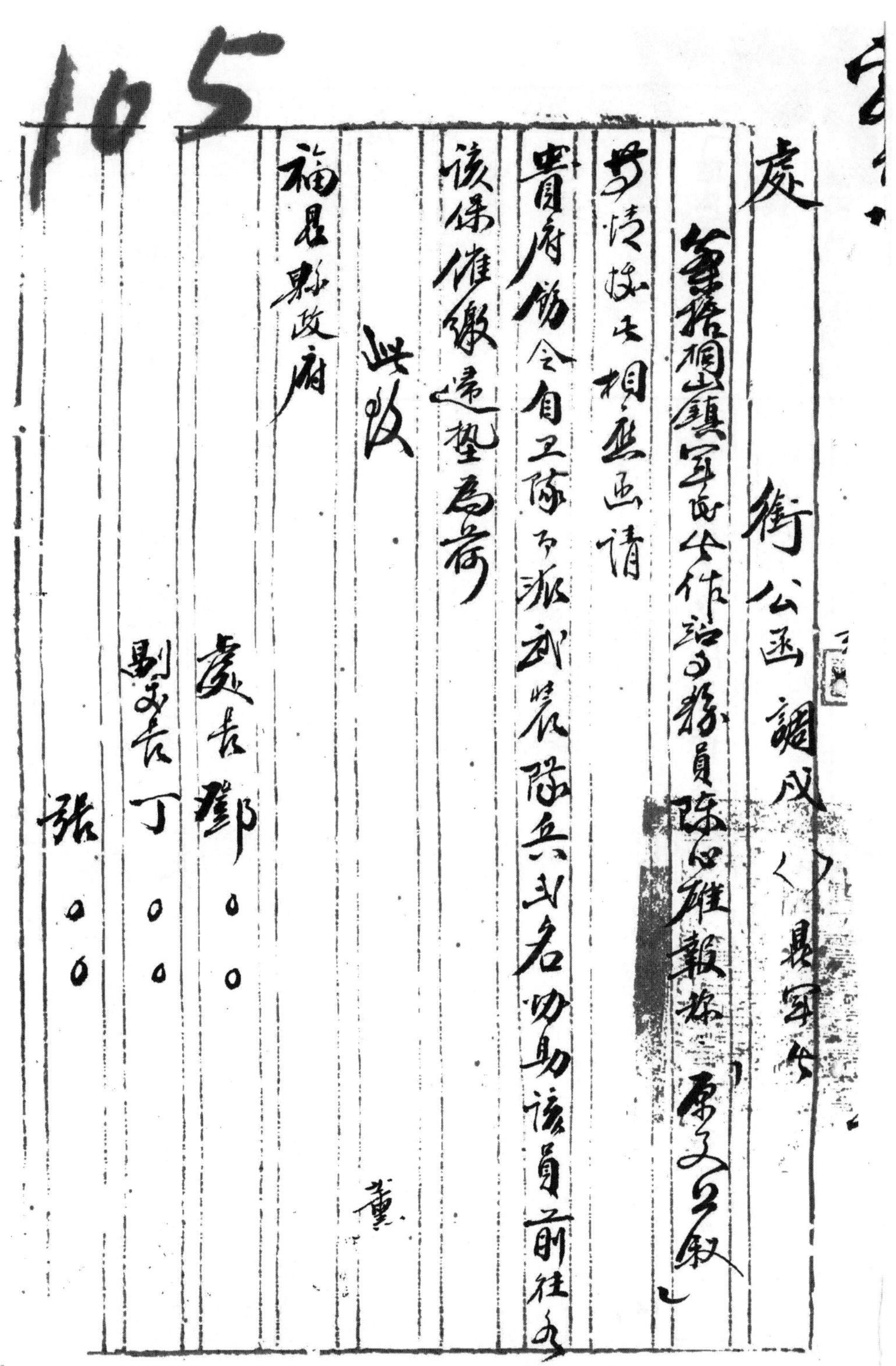

105

處 銜公函 調戌（?）县军合

案据桐山镇军民合作站事务员陈心雄报称：「原文○叙」

等情。据此，相应函请

贵府饬令自卫队即派武装队兵贰名协助该员前往各

该保催缴归垫为荷。

此致

福鼎县政府

處长 鄭○○

副處长 丁○○

張○○

董

第三战区司令长官司令部福建省福鼎县军民合作站指导处关于请县府饬令自卫队即派武装队兵二名协助陈心雄前往各保催缴归垫的公函(1942年11月)　G137-001-0008

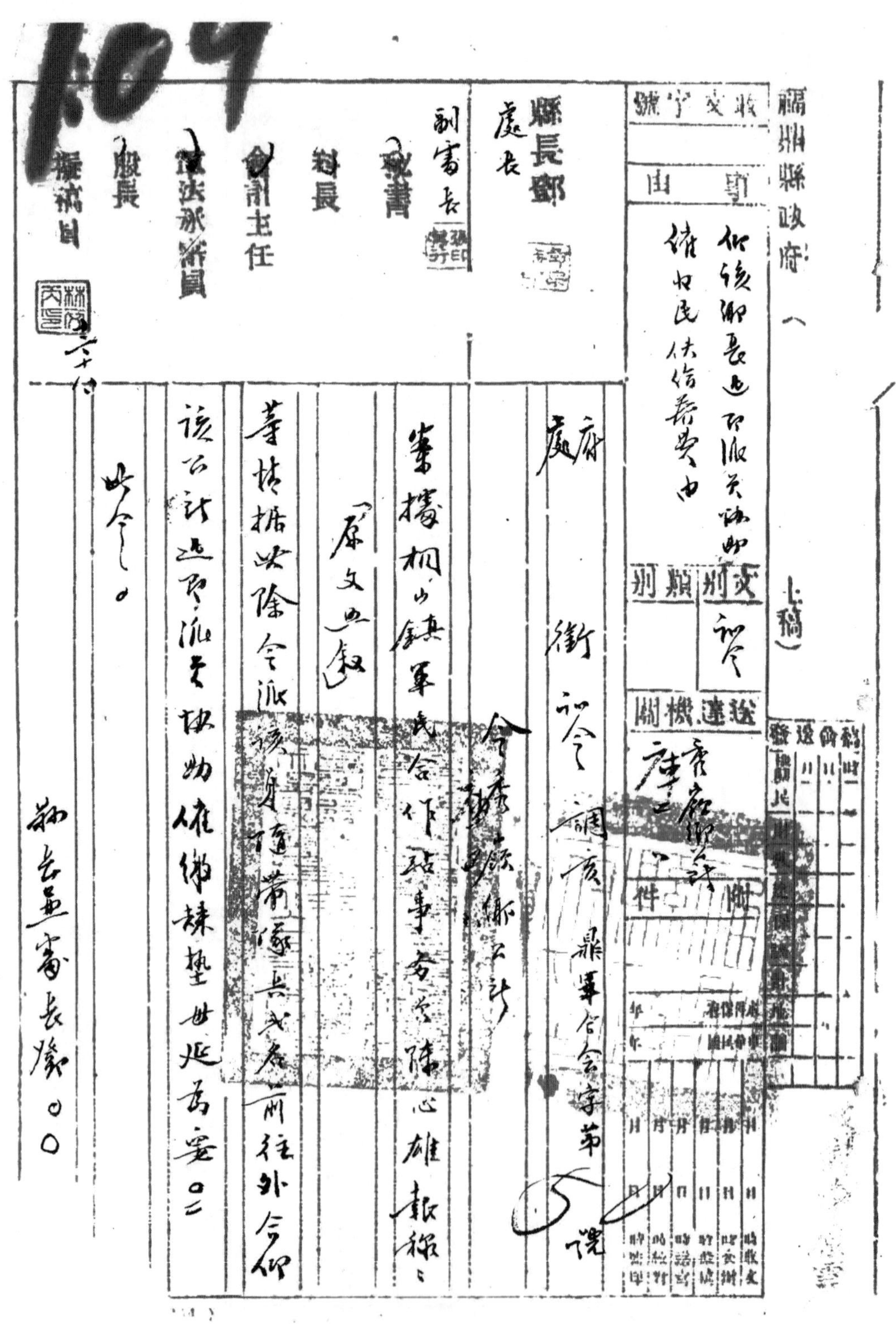

福鼎县政府、第三战区司令长官司令部福建省福鼎县军民合作站指导处关于令秀岭、库口乡长即派员协助催收民伕给养费的训令(1942 年 12 月)　G137-001-0008

財政部稅警第三総團第十一團第三營營本部用牋

接准

稅警第九团函開：以急趕運被服至棓市，請代派夫八十名函福安於廿日晨勁身挑運等由，准此，相應函請

貴站派夫八十名，準備於廿日晨赴福安河市

查照為荷

中華民國　年　月　日

财政部税警第三总团第十一团第三营关于请代派挑伕八十名的公函

（1943 年 1 月 18 日）　G137-001-0009

121

財政部税警第三總團第十一團第三營營本部用牋

第　頁

此致

福鼎軍民合作站

啟

中華民國卅二年元月十八日

財政部税警第三總團第十一團第三營副官室

财政部税警第三总团第十一团第三营关于请代派挑佚八十名的公函

（1943年1月18日） G137-001-0009

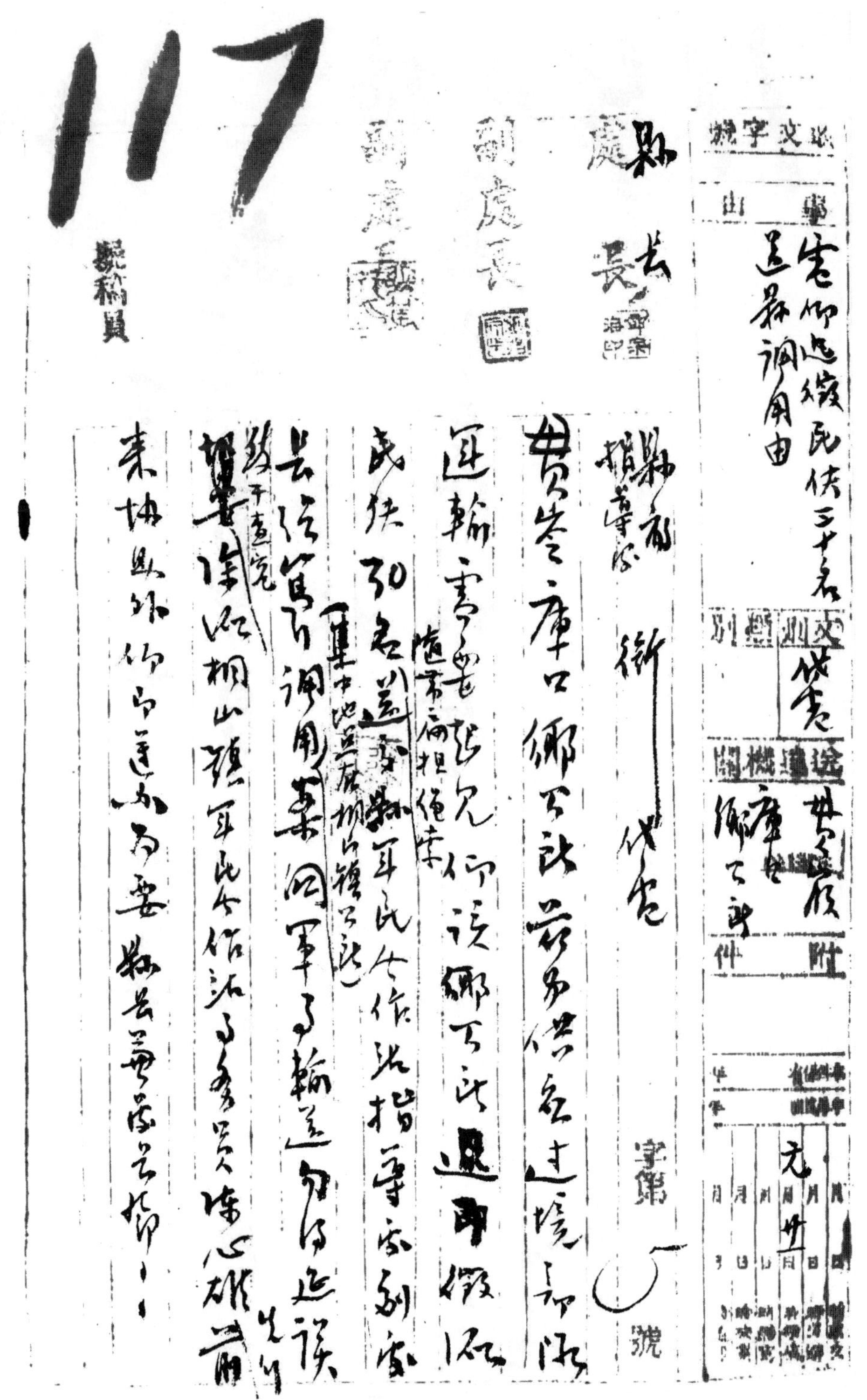

福鼎县政府、第三战区司令长官司令部福建省福鼎县军民合作站指导处关于贯岭、库口两乡迅征派民伕三十名送县调用的代电(1943 年 1 月 21 日)　G137-001-0009

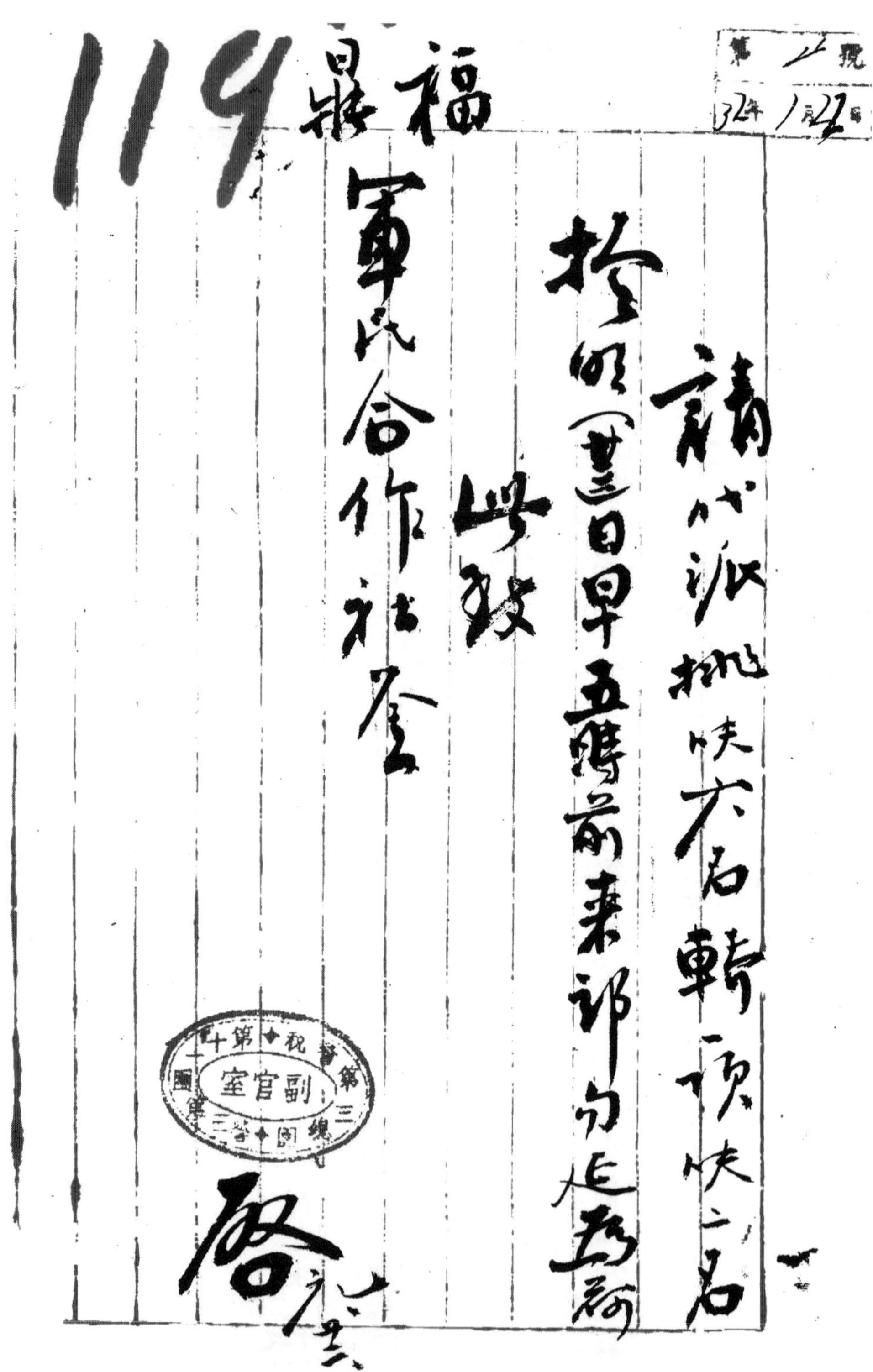

請代派挑伕六名轎一頂伕二名
於明(廿三)日早五時前來部為荷
此致
福鼎軍民合作社
啓

财政部税警第三总团第十一团第三营关于请代派挑伕六名、轿一顶的公函

（1943 年 1 月 22 日） G137-001-0009

事由：函請貴處設法代雇民伕八十五名、轎子弍頂由

軍政部第五補充兵訓練處第二團公函

書字第四一〇號

民國三十二年一月廿三日發

自景溪團部

逕啟者：本團擬于本月廿五日由福鼎撤開往柘洋，因有軍用品一批，擬隨隊運往，經煩貴處設法代雇民伕捌拾伍名、轎子弍頂，除派員前來面洽外，相應函達，希

军政部第五补充兵训练处第二团关于请福鼎县军民合作指导处代雇民伕八十五名、轿子二顶的公函

(1943 年 1 月 23 日)a 面　G137-001-0008

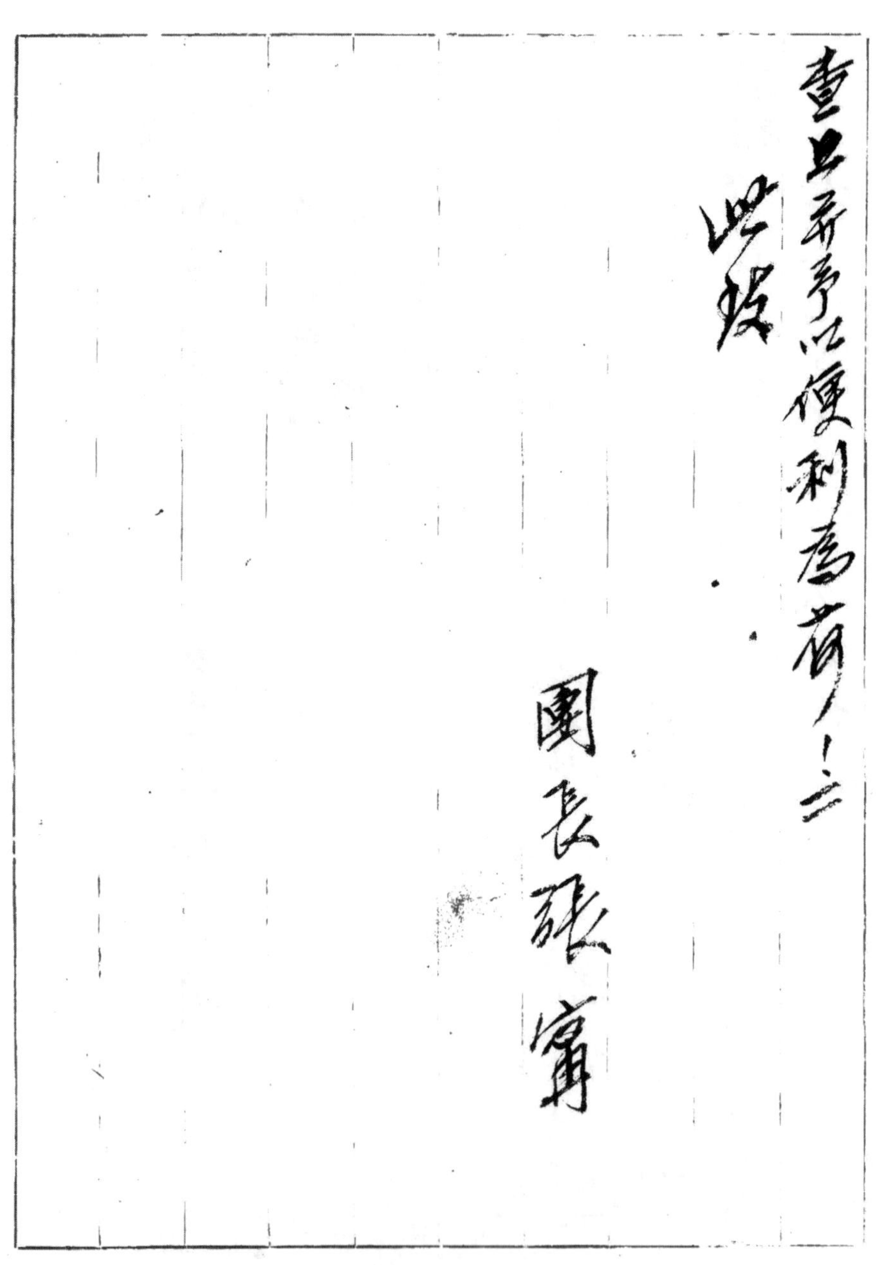

希予以便利為荷

此致

團長張寅

军政部第五补充兵训练处第二团关于请福鼎县军民合作指导处代雇民伕八十五名、轿子二顶的公函
(1943年1月23日)b面　G137-001-0008

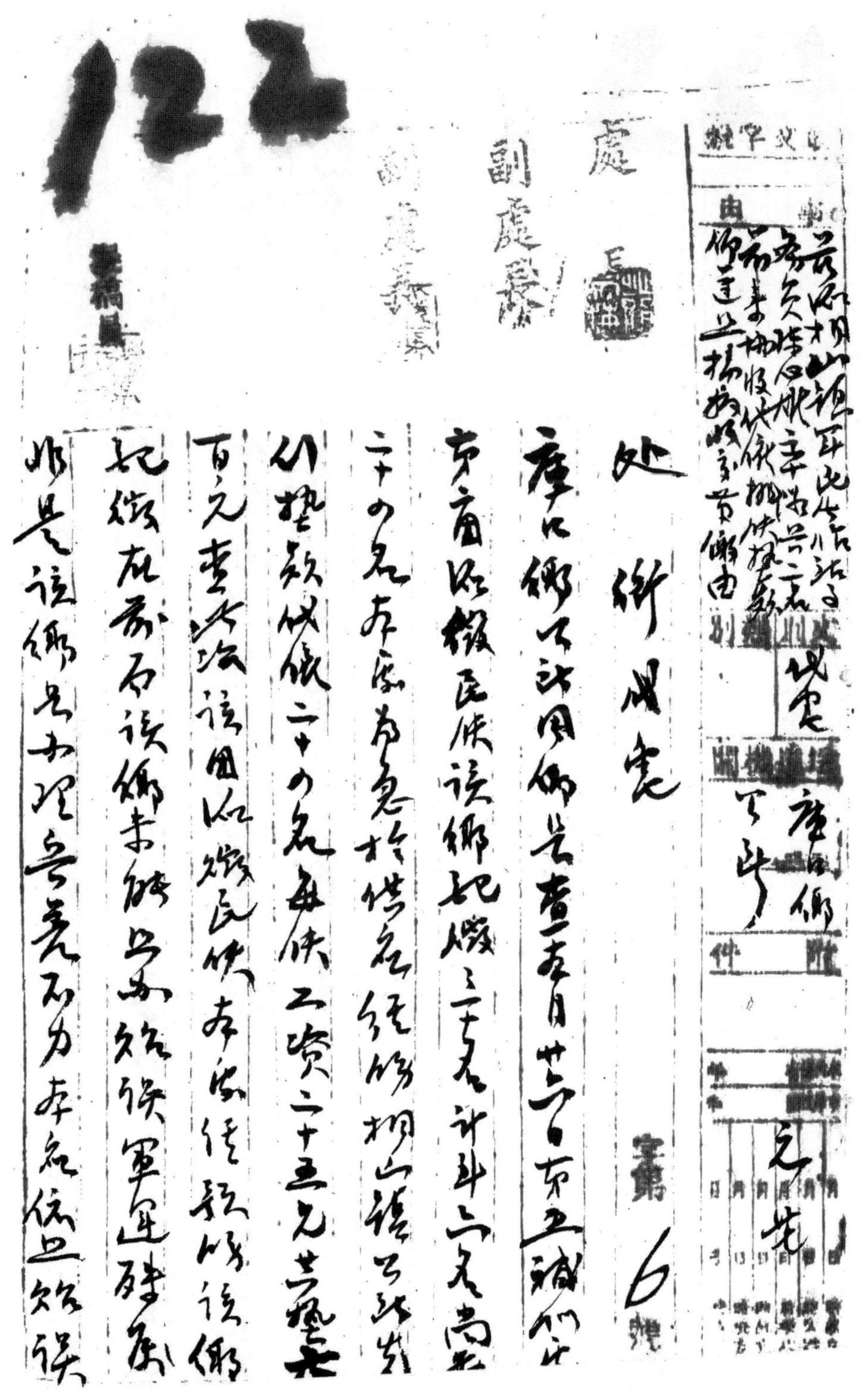

第三战区司令长官司令部福建省福鼎县军民合作站指导处关于派桐山镇军民合作站事务员陈心雄率队兵二名来库口乡协收代雇挑伕垫款的代电(1943 年 1 月 27 日)　G137-001-0009

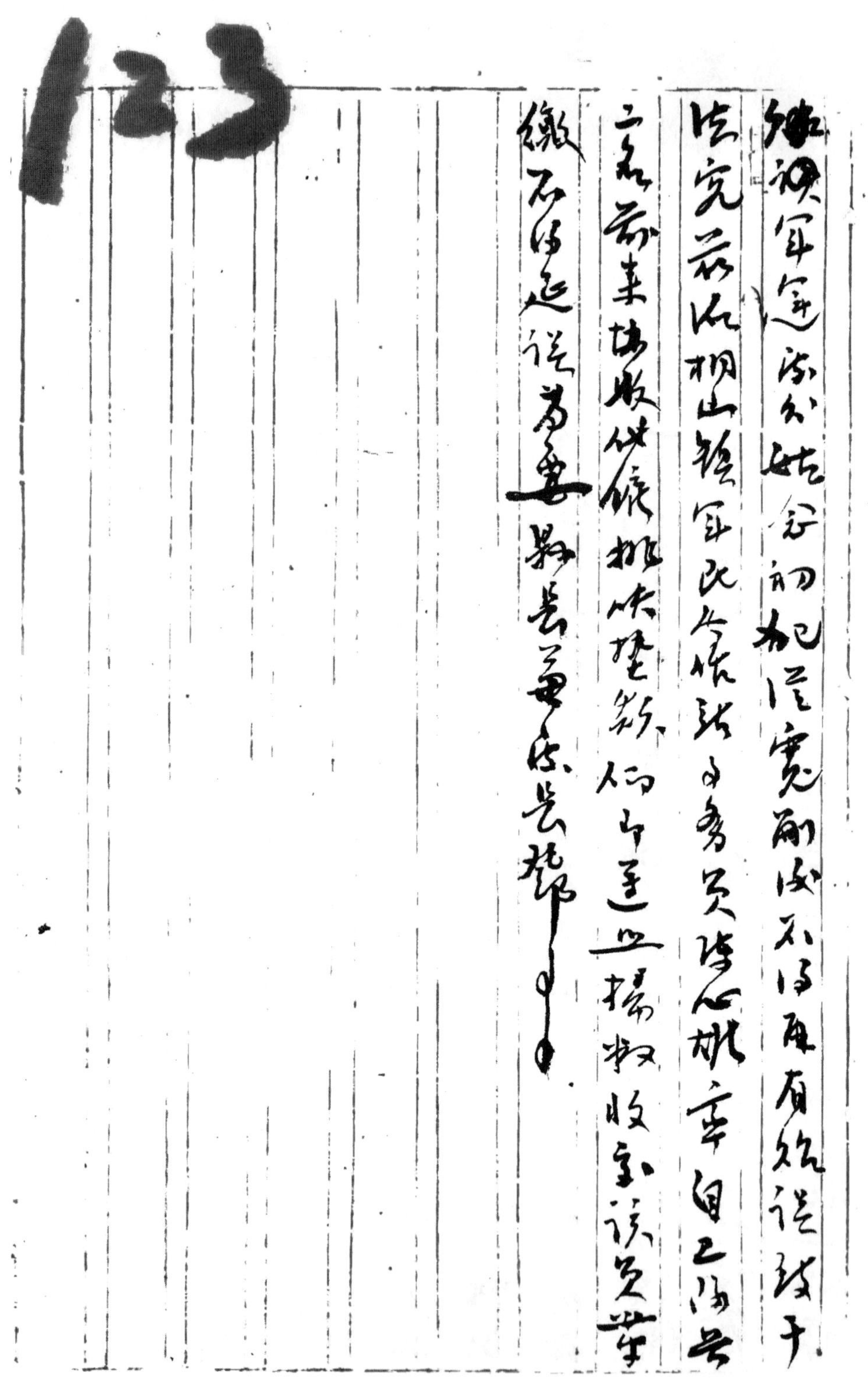

第三战区司令长官司令部福建省福鼎县军民合作站指导处关于派桐山镇军民合作站事务员陈心雄率队兵二名来库口乡协收代雇挑伕垫款的代电（1943 年 1 月 27 日）　G137-001-0009

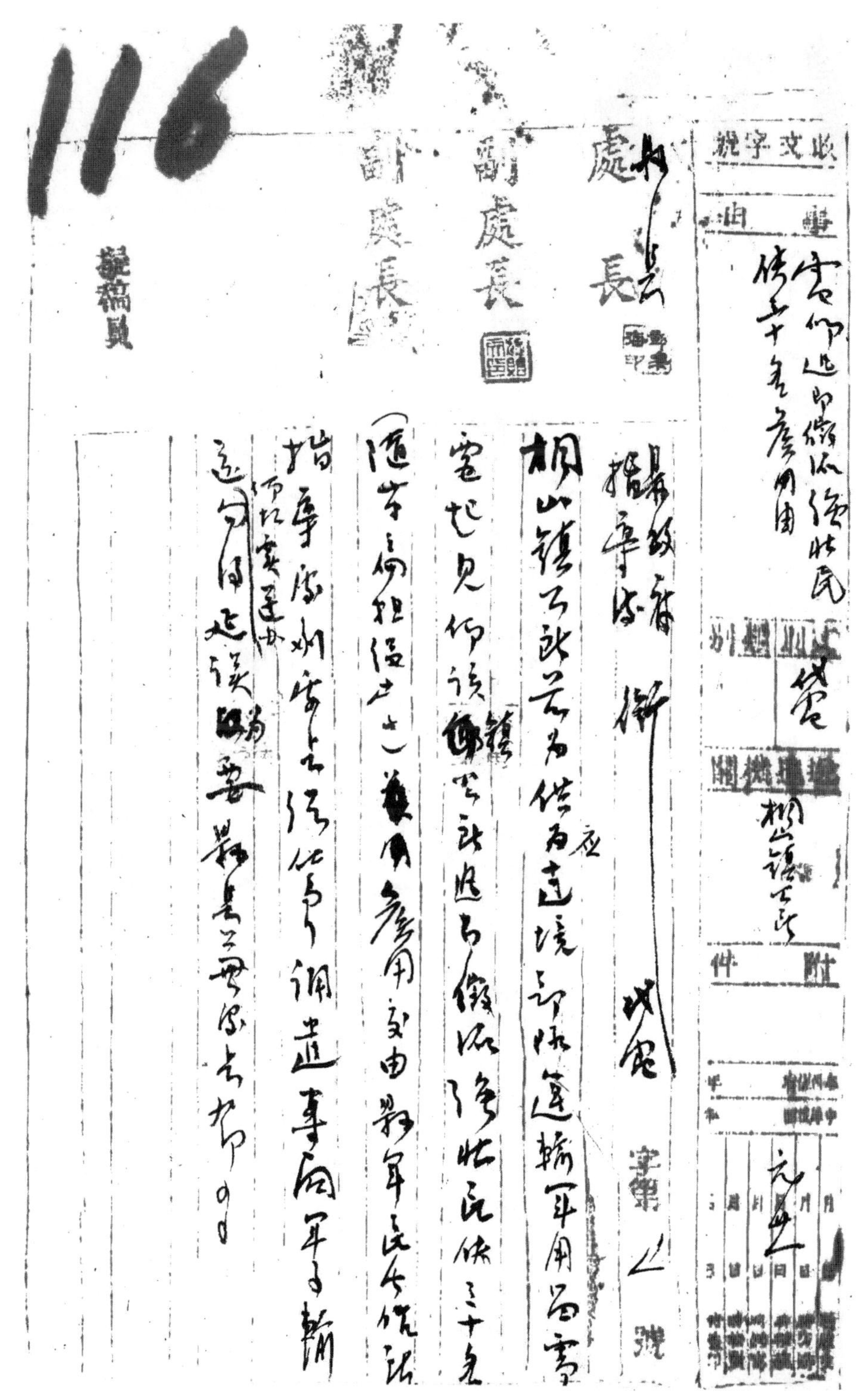

福鼎县政府、第三战区司令长官司令部福建省福鼎县军民合作站指导处关于令桐山镇迅即征派强壮民伕三十名候用的代电(1943 年 1 月 31 日)　G137-001-0008

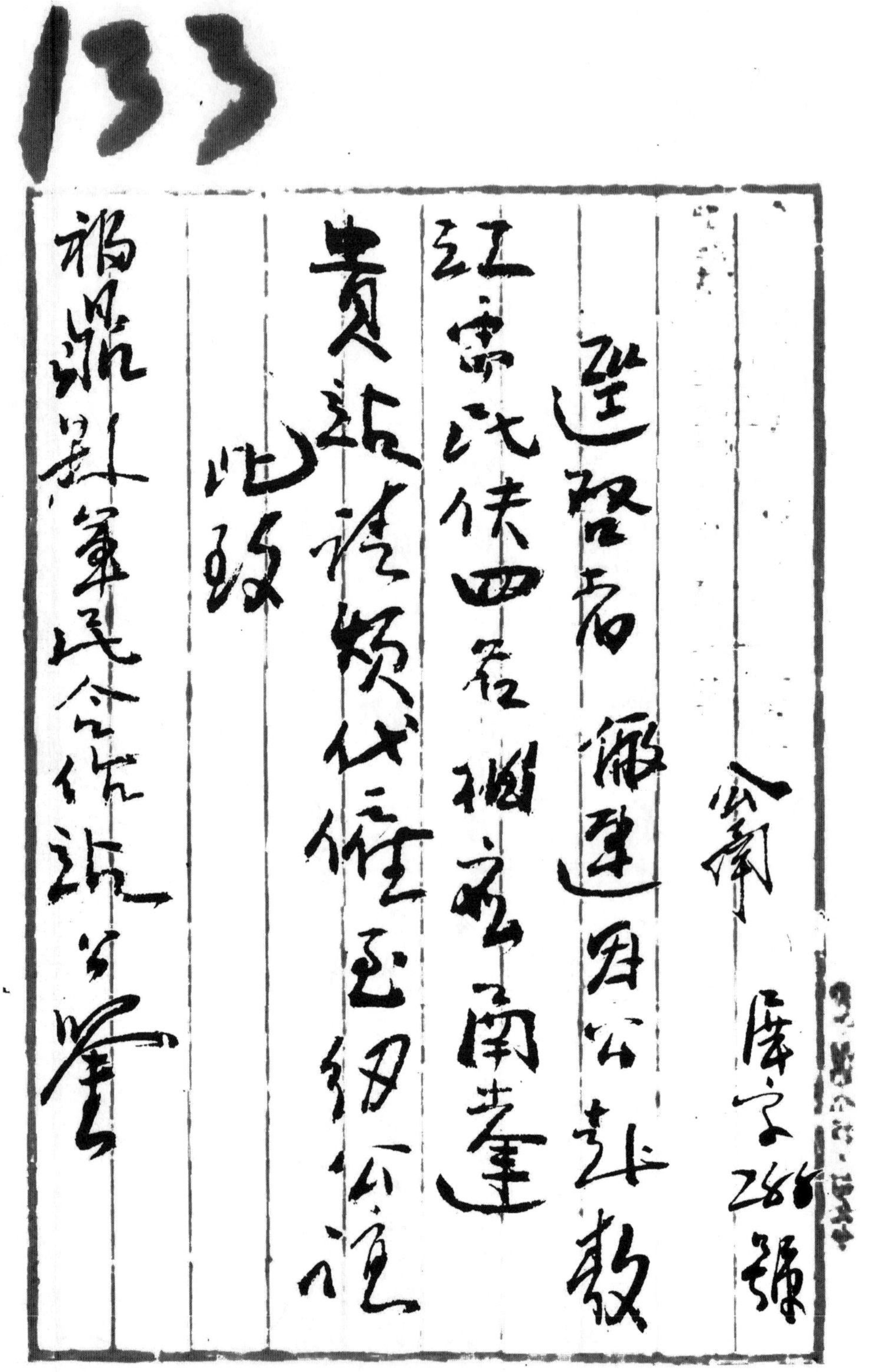

133

公函 库字286號

逕啓者 敝連因公赴救江需民伕四名擬懇南連[illegible]

貴鎮請煩代僱[illegible][illegible]紛公館

此致

福鼎縣[illegible][illegible]合作社公鑒

军政部第五补充兵训练处第三团第一营第一连关于请代雇民伕四名的公函

(1943 年 3 月 9 日)a 面 G137-001-0009

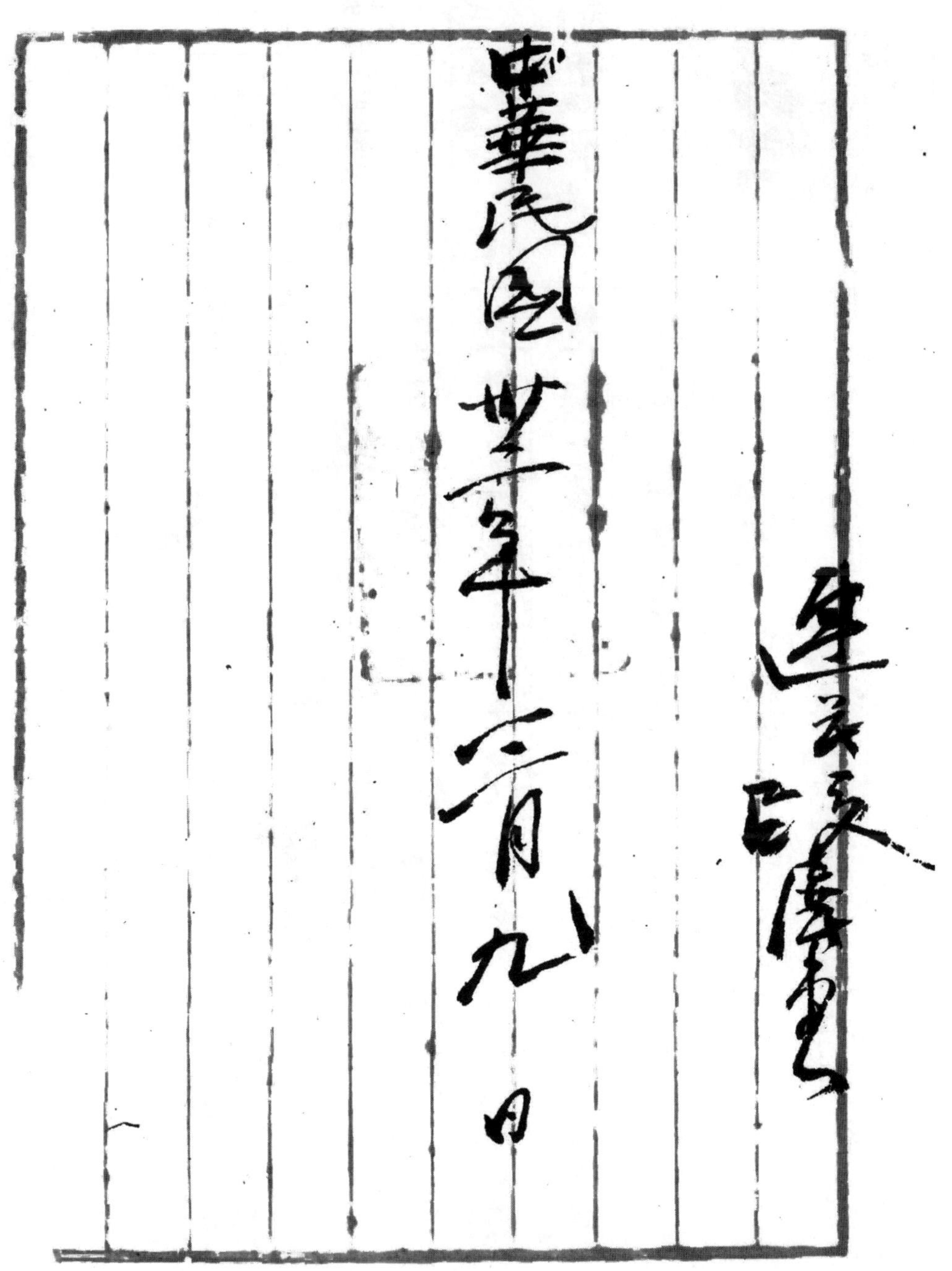
連長 [illegible]

中華民國卅二年三月九日

军政部第五补充兵训练处第三团第一营第一连关于请代雇民伕四名的公函
(1943 年 3 月 9 日)b 面　G137-001-0009

第三战区司令长官司令部福建省福鼎县军民合作站指导处关于令桐山镇、玉塘乡即派民伕来处的手令

（1943 年 3 月 18 日） G137-001-0009

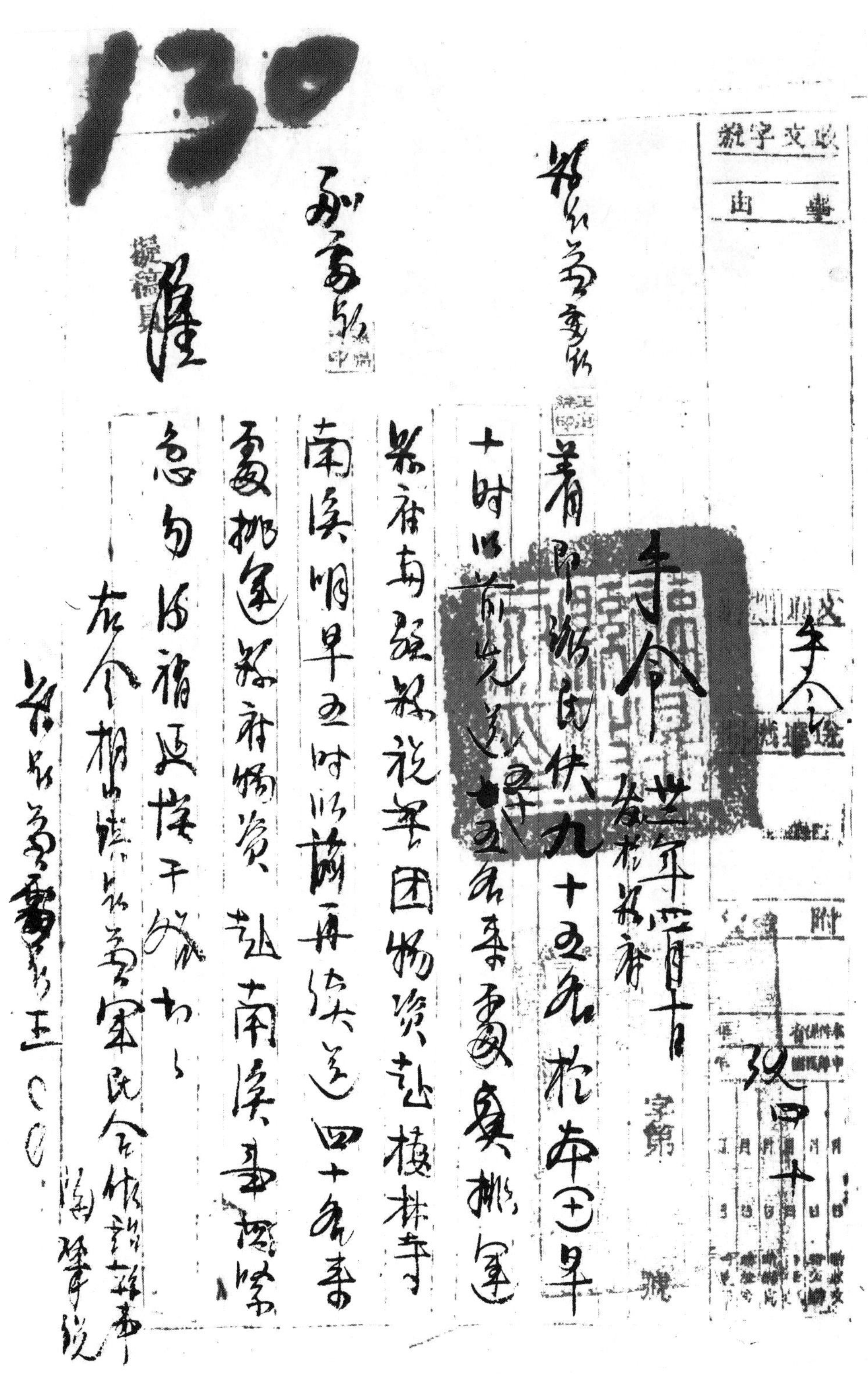

第三战区司令长官司令部福建省福鼎县军民合作站指导处关于令桐山镇军民合作站即派民伕九十五名来处的手令(1943 年 4 月 10 日)　G137-001-0009

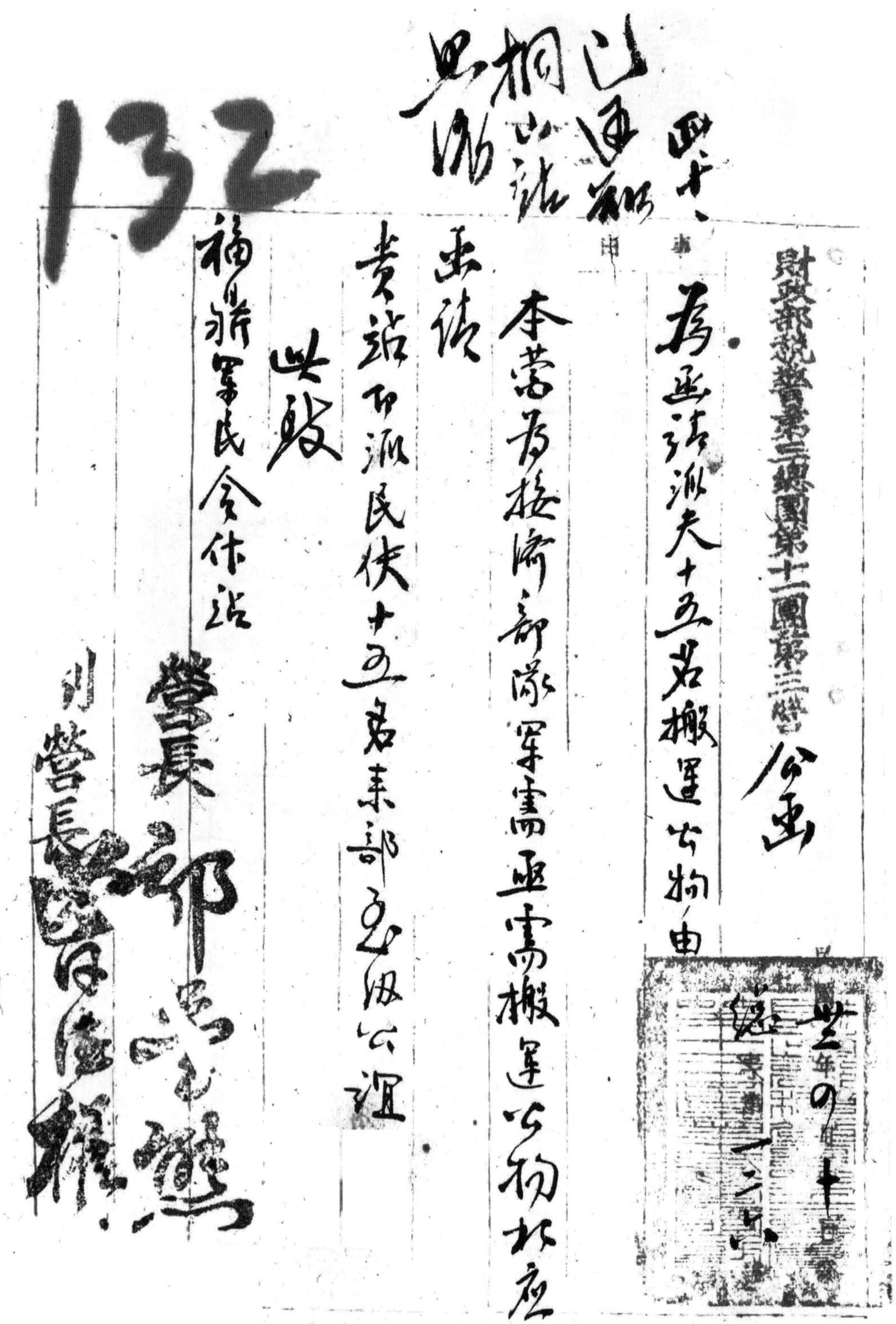

財政部稅警第三總團第十一團第三營 公函

事由 為函請派夫十五名搬運公物由

本營為接濟部隊軍需亟需搬運公物於[illegible]

函請

貴站即派民伕十五名來部[illegible]公誼

此致

福鼎軍民合作站

營長 鄭[illegible]

财政部税警第三总队第十一团第三营关于请派伕十五名搬运公物的公函

（1943 年 4 月 10 日） G137-001-0009

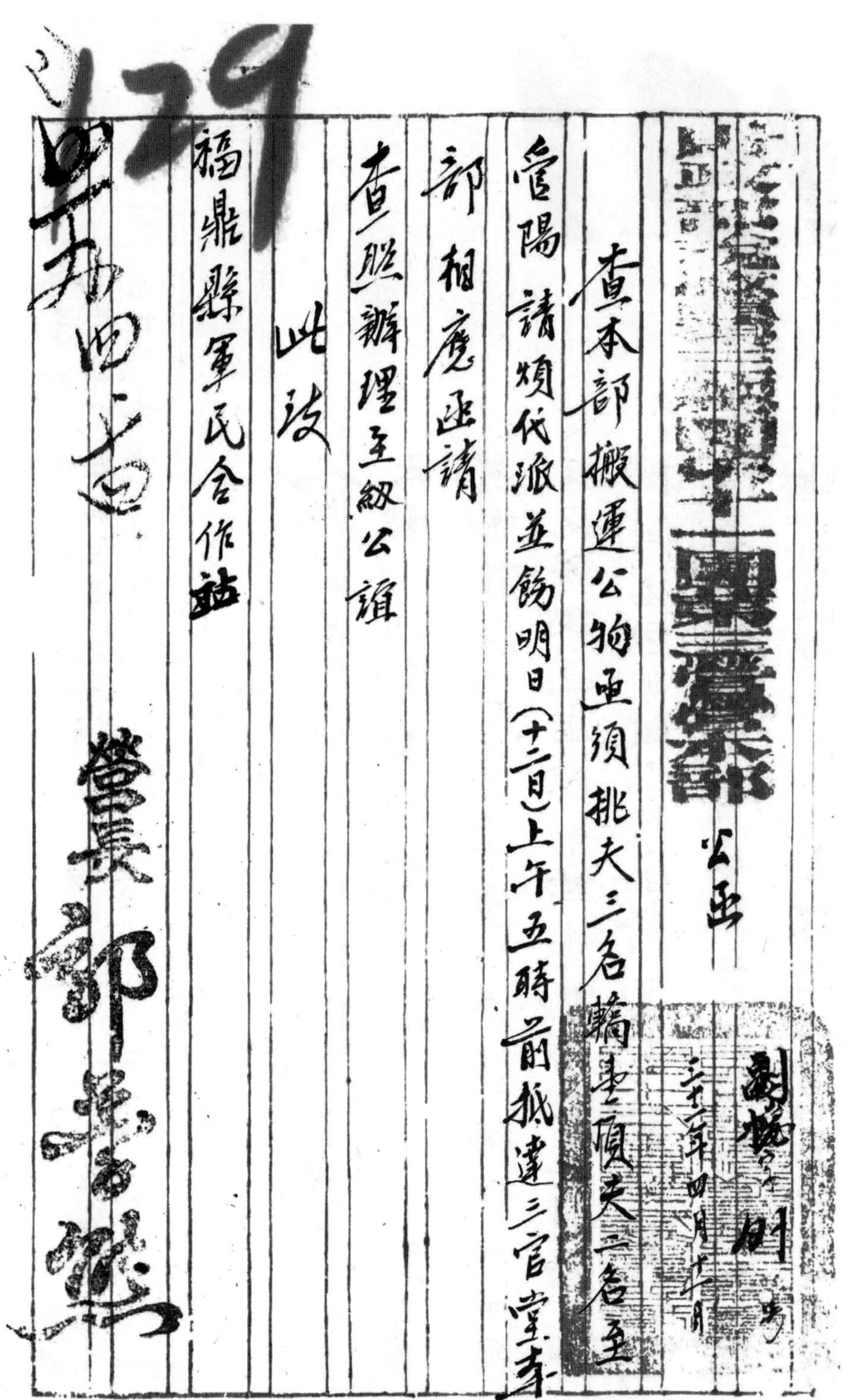

财政部税警第三总队第十一团第三营公函

查本部搬运公物亟须挑夫三名轎壹頂夫二名至
會陽請煩代派並飭明日（十二日）上午五時前抵達三官堂本
部相應函請
查照辦理至紉公誼
此致
福鼎縣軍民合作站

營長 鄧 □□

三十二年四月十一日

财政部税警第三总队第十一团第三营关于请代派挑伕三名、轿一顶的公函

（1943 年 4 月 11 日） G137-001-0009

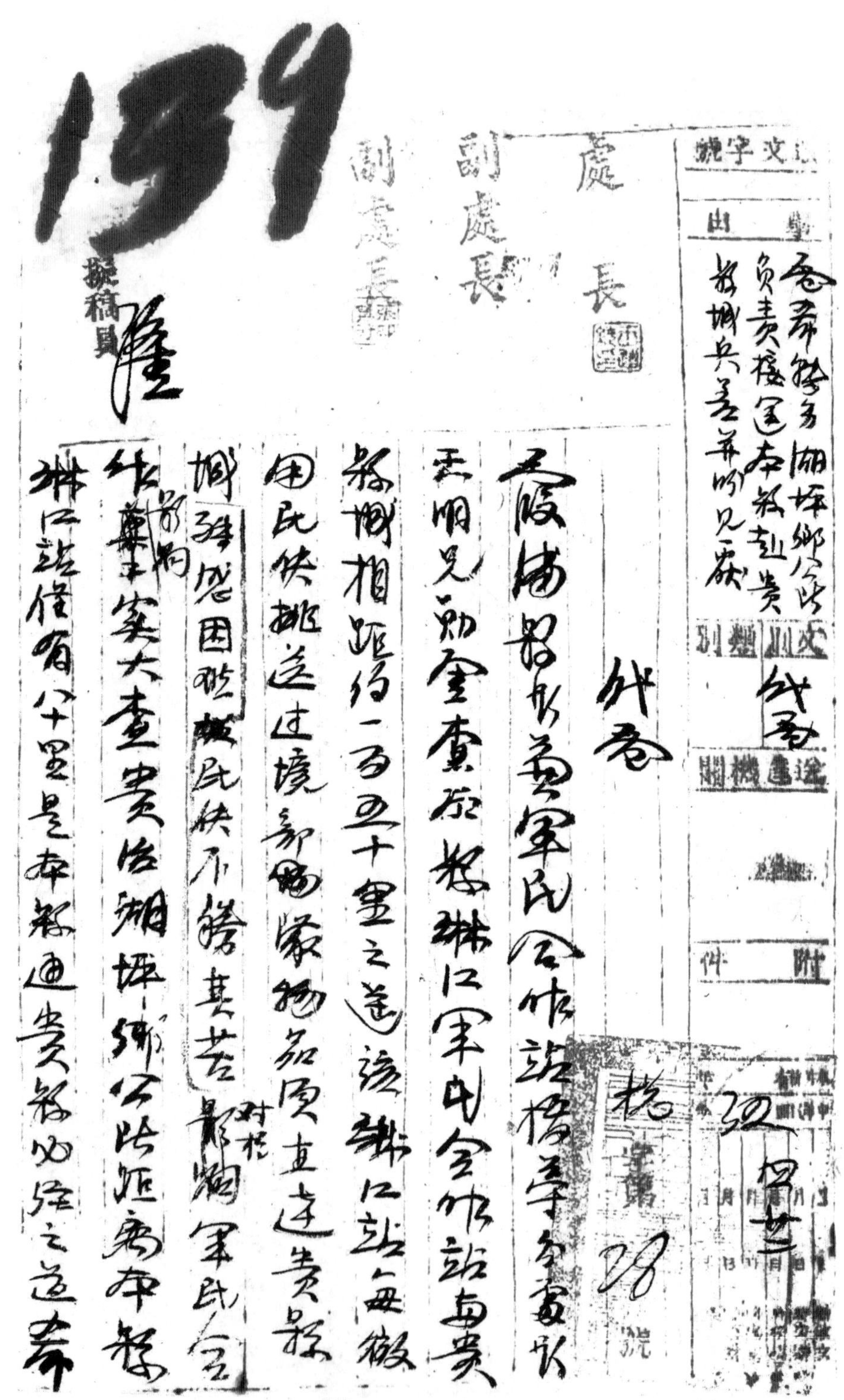

事由：为希转饬湖坪乡公所负责接运本县赴霞浦县城兵差并盼见复由

附件

代电

第三战区福建省福鼎县军民合作站指导分处关于希转饬湖坪乡公所负责接运本县赴霞浦县城兵差的代电(1943 年 4 月 24 日)　G137-001-0009

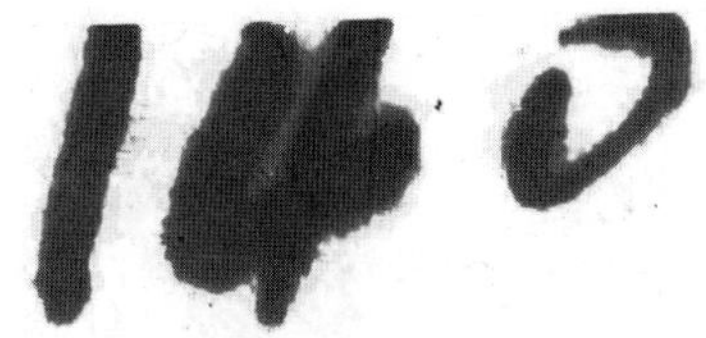

饬湖坪乡公所园军民合作站每本县洪口站切取连络随时

负责接转运至吴数坝以利军民合作工作并盼见覆为荷王益远佑

迥人拟甲

第三战区福建省福鼎县军民合作站指导分处关于希转饬湖坪乡公所负责接运本县赴霞浦县城兵差的代电(1943 年 4 月 24 日)　G137-001-0009

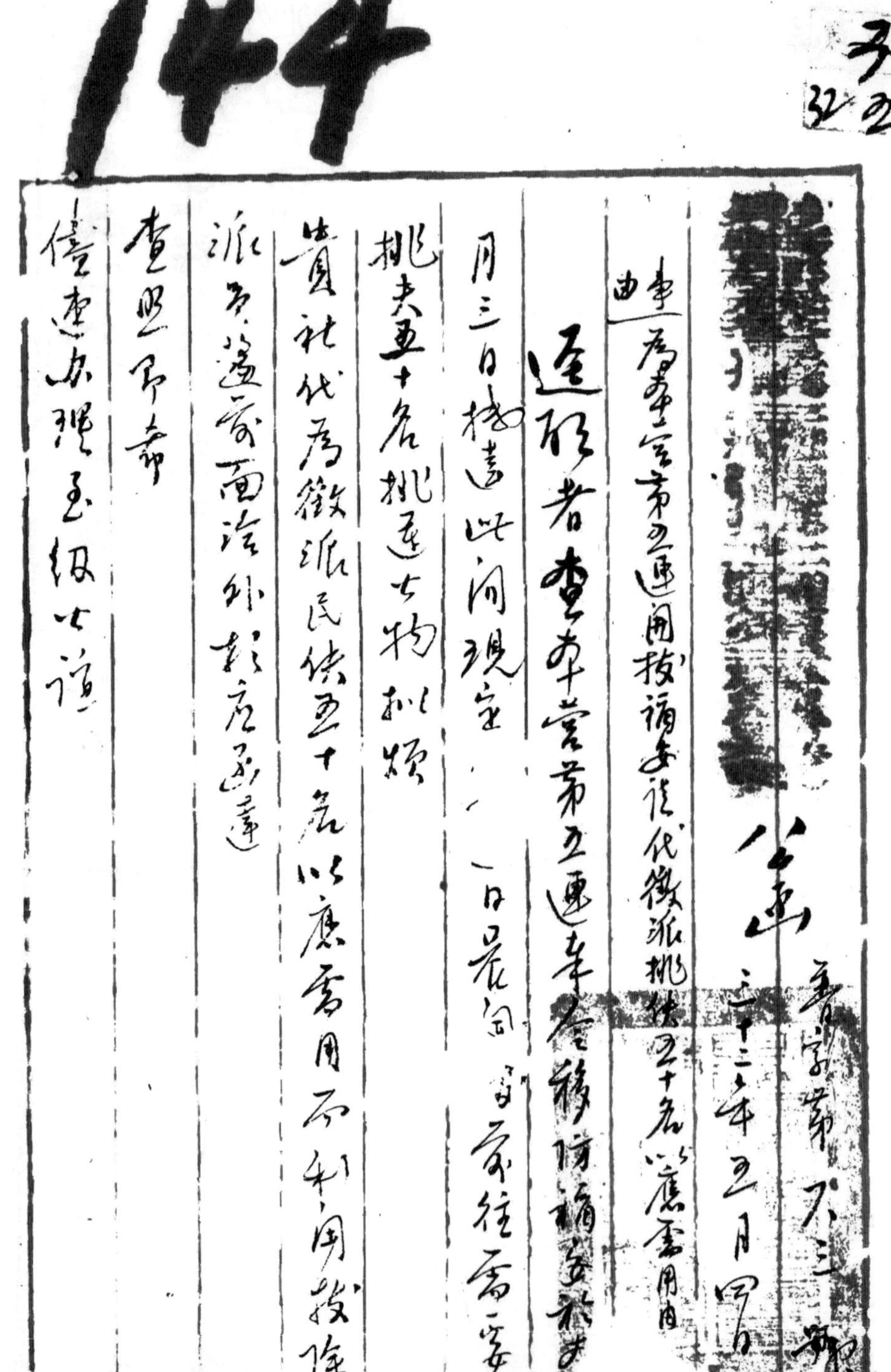

财政部税警第三总团第十一团第二营关于本营第五连开拔福安请代征派挑伕五十名的公函

(1943 年 5 月 4 日)a 面　G137-001-0009

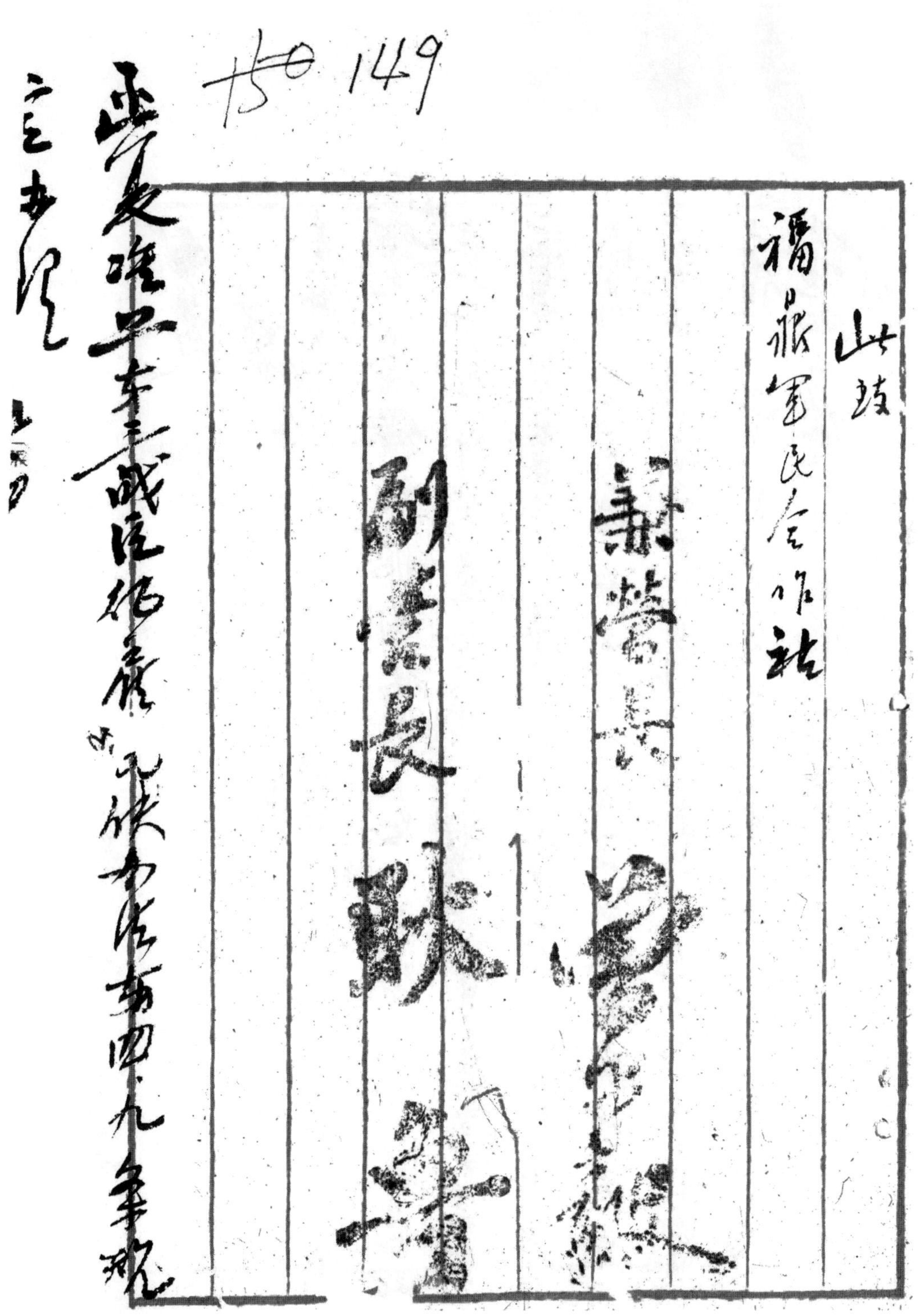
此致
福鼎军民合作站
站长
副站长

财政部税警第三总团第十一团第二营关于本营第五连开拔福安请代征派挑伕五十名的公函

(1943 年 5 月 4 日)b 面　G137-001-0009

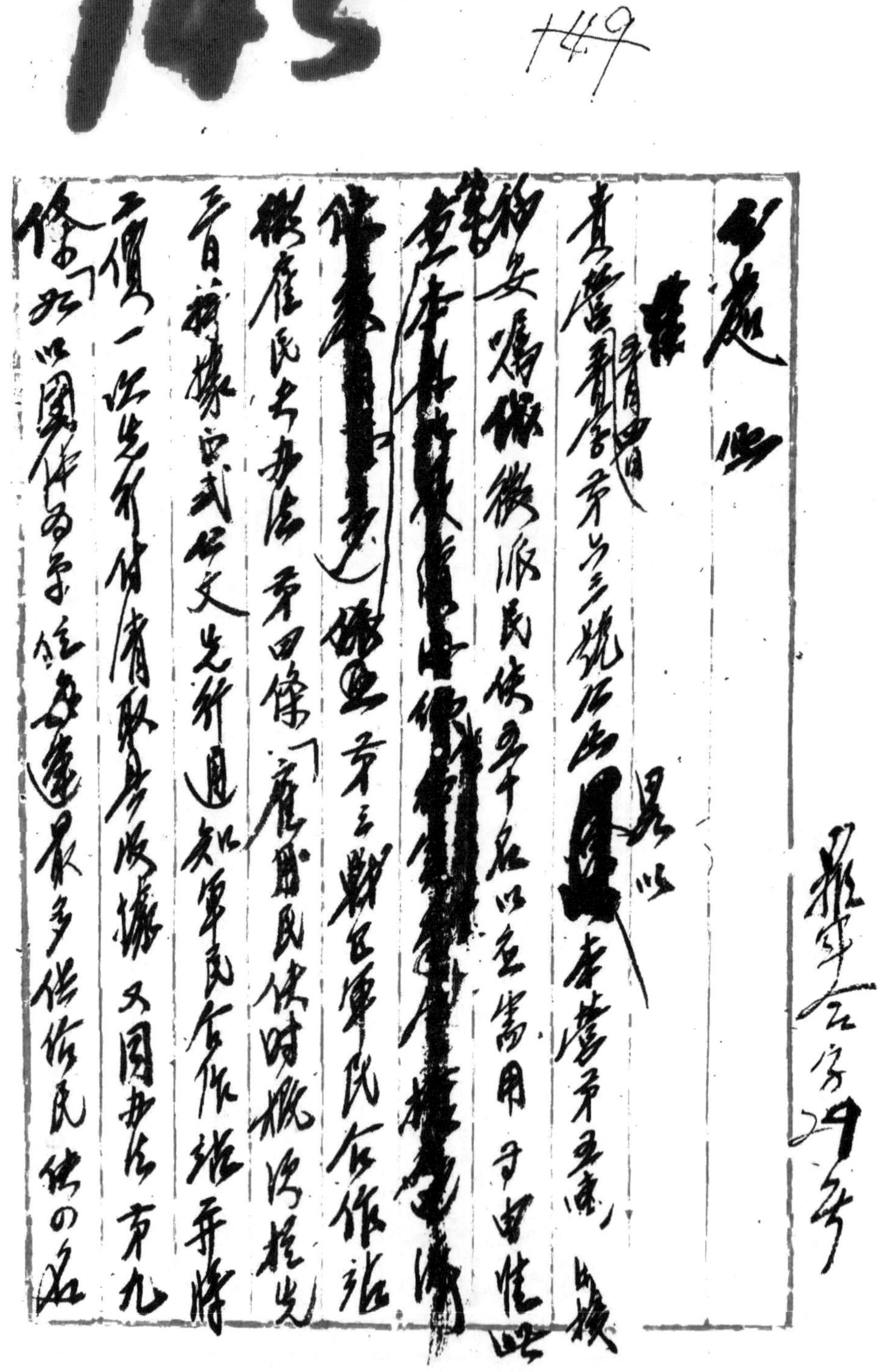

第三战区福建省福鼎县军民合作站指导分处关于查照第三战区军民合作站征雇民伕办法请减派民伕的公函(1943年5月4日)a面 G137-001-0009

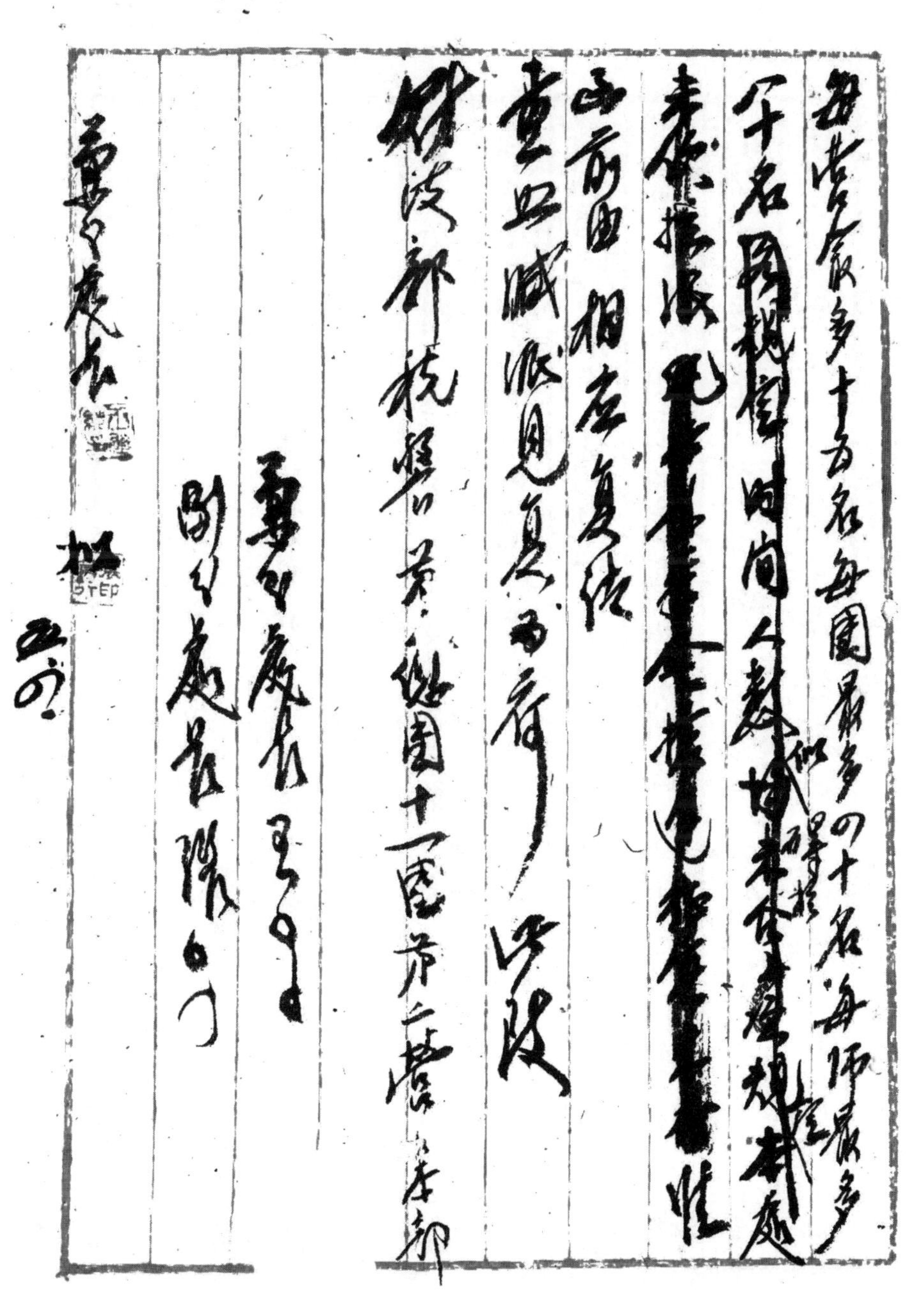

第三战区福建省福鼎县军民合作站指导分处关于查照第三战区军民合作站征雇民伕办法请减派民伕的公函(1943年5月4日)b面　G137-001-0009

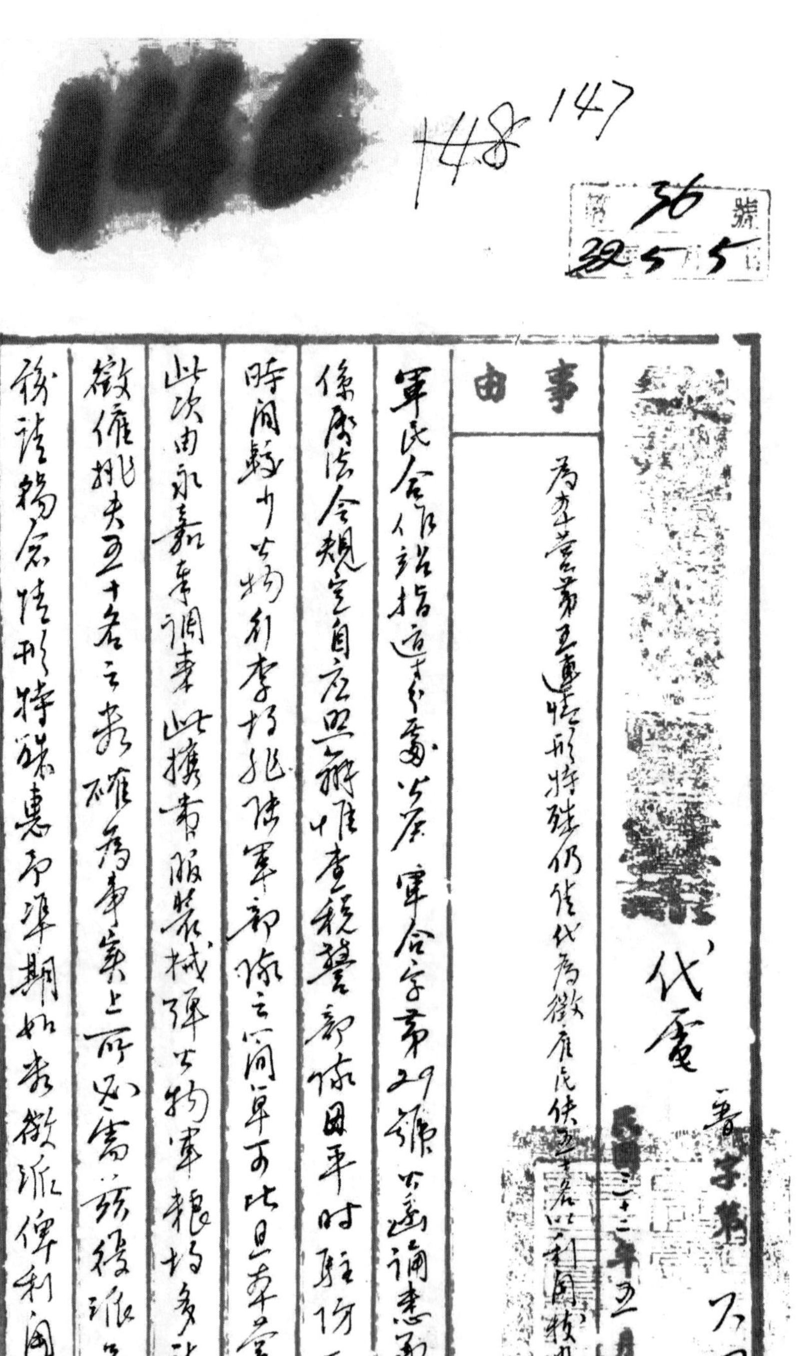

148 147

56
32 5 5

代電

事由：為本營第五連情形特殊仍請代為徵雇民伕五十名以利開拔由

字第 號
三十二年五月四日

軍民合作站指導員公鑒：軍合字第29號公函諭悉。承示各節係屬法令規定，自應照辦。惟查稅警部隊因平時駐防一地，移動時間較少，公物行李均非陸軍部隊之簡單可比，且本營第五連此次由永嘉奉調來此，携帶服裝、械彈、公物、軍糧均多，請代為徵僱挑夫五十名之數，確為事實上所必需，茲經派員前來接洽，務請鑒念情形特殊，惠予準期如數徵派，俾利開拔至所

财政部税警第三总团第十一团第二营关于本营第五连情形特殊仍请代为征雇挑伕五十名以利开拔的代电(1943 年 5 月 4 日)　G137-001-0009

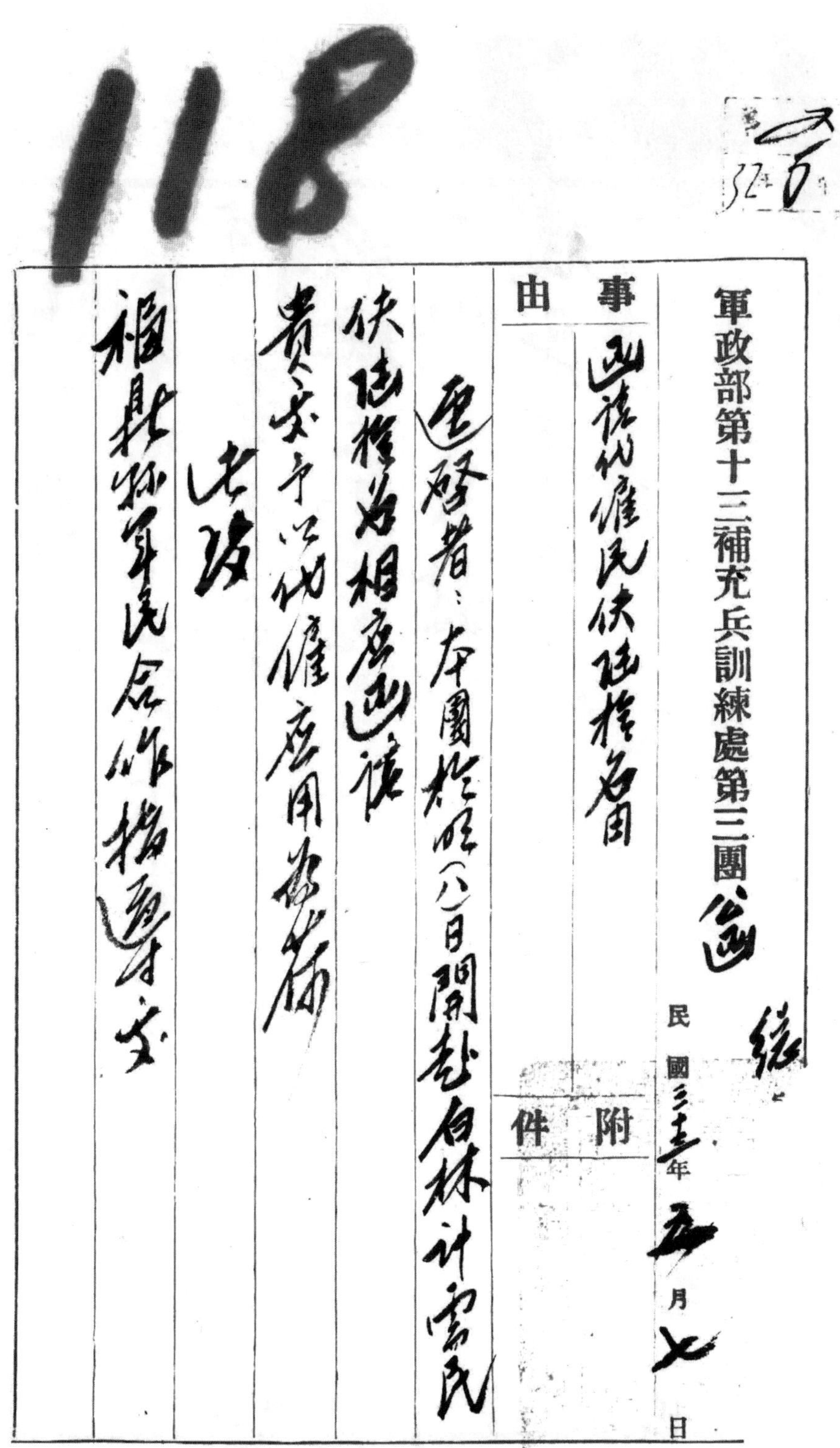

118

軍政部第十三補充兵訓練處第三團公函 總

事由：函請代僱民伕陸拾名由

附件

民國三十二年五月七日

逕啓者：本團於明(八)日開赴白林，計需民伕陸拾名，相應函請貴處予以代僱應用為荷。

此致

福鼎縣軍民合作指導處

军政部第十三补充兵训练处第三团关于请代雇民伕六十名的公函

(1943年5月7日) G137-001-0009

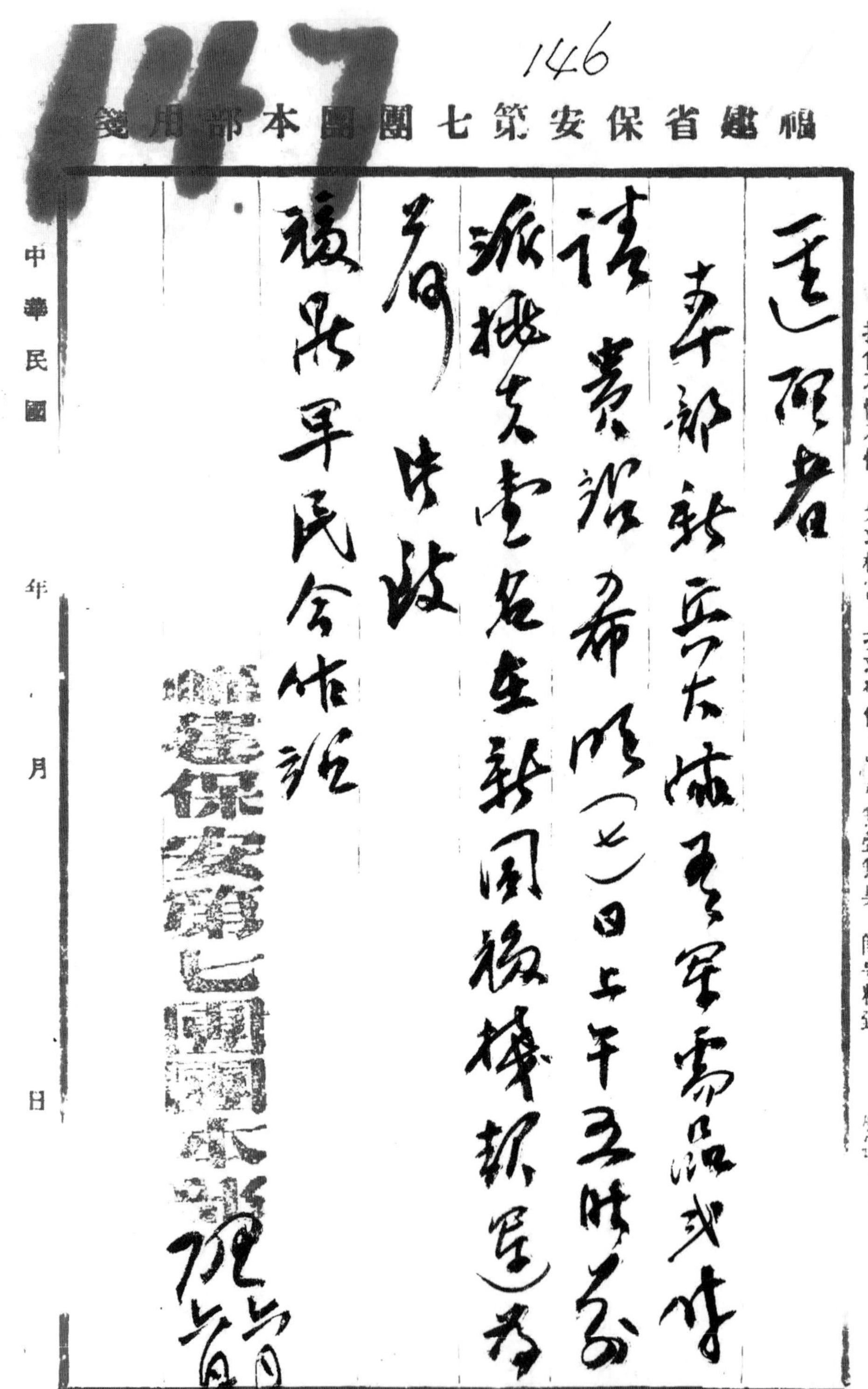

福建省保安第七團團本部用箋

逕啓者

本部新兵大隊需軍需品或件

請貴縣希明（七）日上午五時前

派挑夫壹名至新團協挑運）為

荷 此致

福鼎縣軍民合作站

中華民國 年 月 日

福建省保安第七团团本部关于请派挑伕一名的公函

（1943 年 6 月 6 日） G137-001-0009

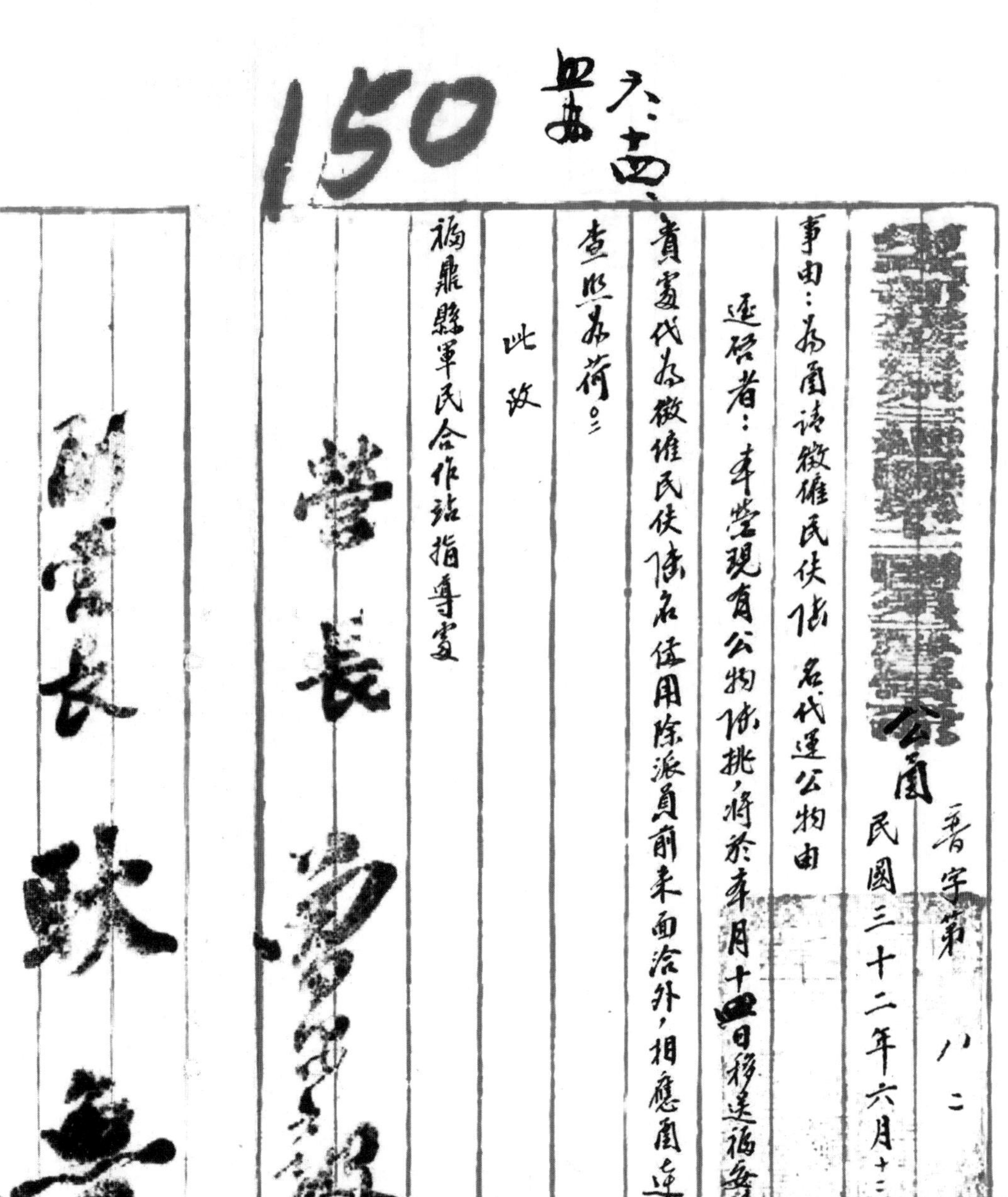
150 六、十四

（机关名称）公函　晋字第 八二

民国三十二年六月十三

事由：为函请征雇民伕陆名代运公物由

迳启者：本营现有公物陆挑，将于本月十四日移运福鼎，

贵处代为征雇民伕陆名备用，除派员前来面洽外，相应函达

查照为荷。

此致

福鼎县军民合作站指导处

营长　蒙

财政部税警第三总团第十一团第二营关于请征雇民伕六名代运公物的公函

（1943 年 6 月 13 日）　G137-001-0009

第三战区福建省福鼎县军民合作站指导分处关于据报贵属士兵擅在街上拉伕等情请查照转饬禁止的公函(1943 年 6 月 14 日)　G137-001-0009

一再为拉伕以致民众发生误会并纠纷，责保甲长办事棘窒，似此保甲长对于今后兵差实无法应付，影响军民合作殊大，乞函饬文处禁止并请其共合迳照 本三战区司令长官部规定雇用民伕应于事前三天先据正式公文通知军民合作站准备雇备以临时呼派，或拉用在街上拉伕情事，不但违背 司令长官之旨意，而保甲长亦难以遵命做到等语前来。查本处 贵部商雇挑伕六名，即于本早出发交付应用，本处站已尽职办到。据报前情，相应函请

贵营长查照，以后需用民伕请迳照 长官部规定于事前三天商嘱本处备案雇定，以免临时临时[illegible]，本处站恐难照办如命随时拨到，并请转饬贵营官兵不得拉用在街上强拉商旅行人之为拉伕，以免民众发生误会，影响军民合作之感情，以维公谊。此致

驻福鼎第二总团第十团二营营长曾

指导员兼[illegible] 王[illegible]

第三战区福建省福鼎县军民合作站指导分处关于据报贵属士兵擅在街上拉伕等情请查照转饬禁止的公函(1943 年 6 月 14 日)　G137-001-0009

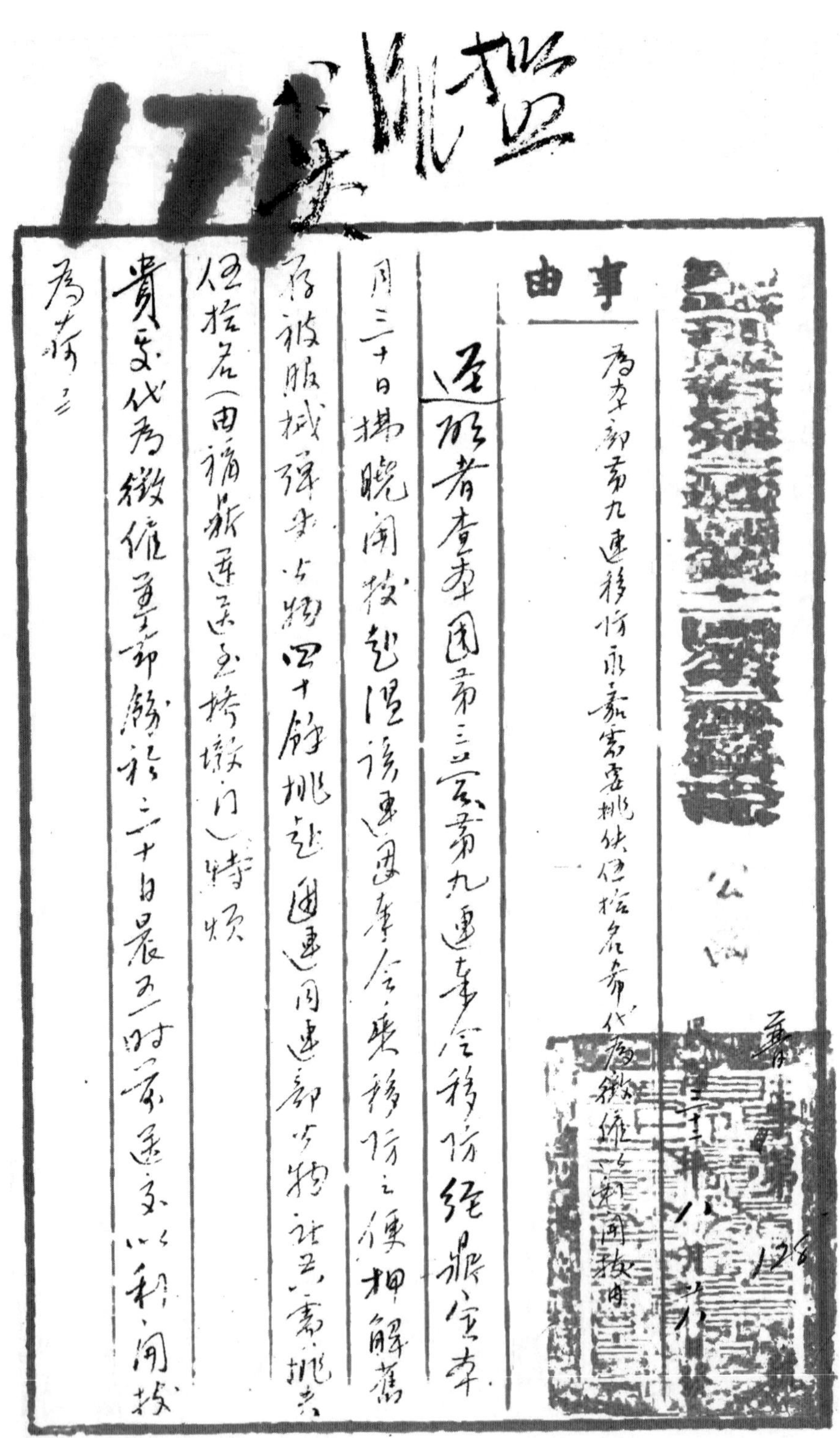

财政部税警第三总团第十一团第二营营本部关于本部第九连移防永嘉需要挑伕五十名希代为征雇的公函(1943 年 8 月 28 日)a 面　G137-001-0009

此致

财政部税警第三总团第十一团第二营营本部关于本部第九连移防永嘉需要挑伕五十名希代为征雇的公函(1943 年 8 月 28 日)b 面　G137-001-0009

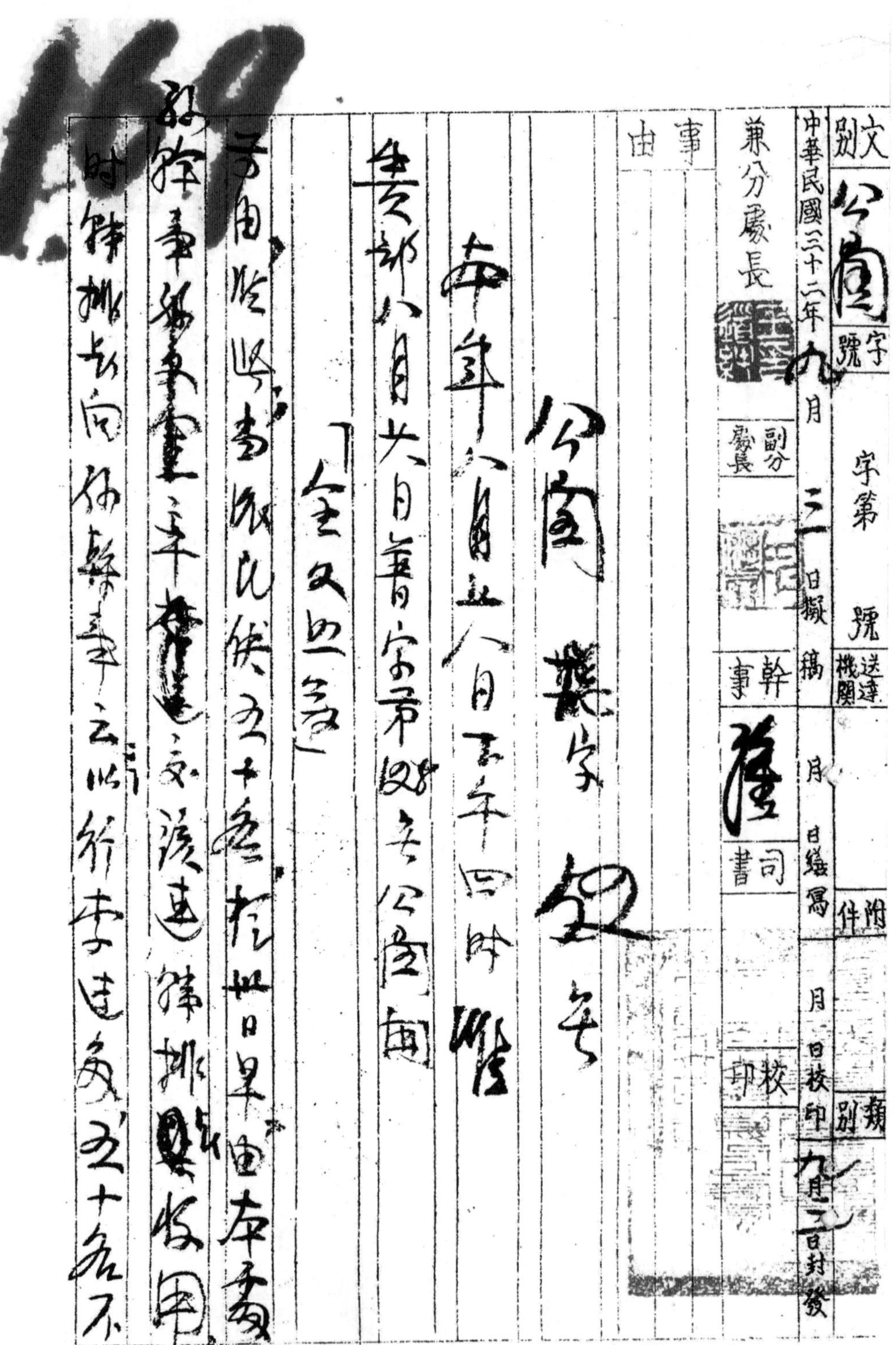

第三战区福建省福鼎县军民合作站指导分处关于贵部第九连欠伕费请代为追缴送下的公函

（1943 年 9 月 3 日）　G137-001-0009

170

敷应用。嗣再派二名，前往辞事，即见数派员，并备据请转拨发后伕费（每名九元，五十二名，计四百六十八元），未有照付，案经本处除列表报，将情函达

贵部，经前第三营谢营附照发之，今又未见发来，现各民伕纷纷来处，催领伕资，情形严重，惟有函由，烦请代为追缴送下转发，并盼见覆，为荷。

此致

财政部税警第三总团第十一团第二营营长曾

第三战区福建省福鼎县军民合作站指导分处关于贵部第九连欠伕费请代为追缴送下的公函

（1943年9月3日） G137-001-0009

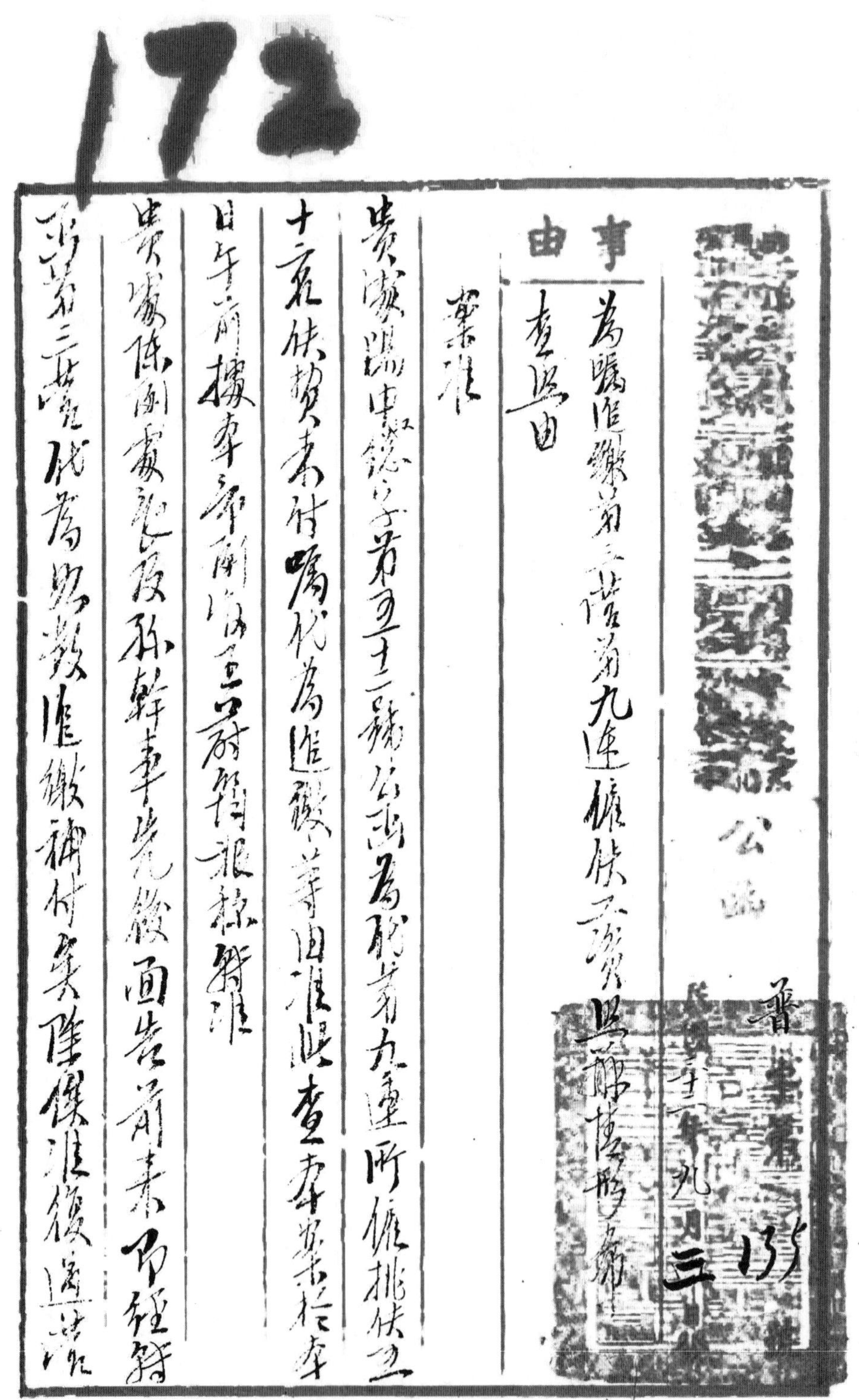

公函

事由：为嘱追缴第三营第九连雇伕工资照办情形由

财政部税警第三总团第十一团第二营关于受嘱追缴第三营第九连雇伕工资照办情形的公函

(1943年9月3日)a面 G137-001-0009

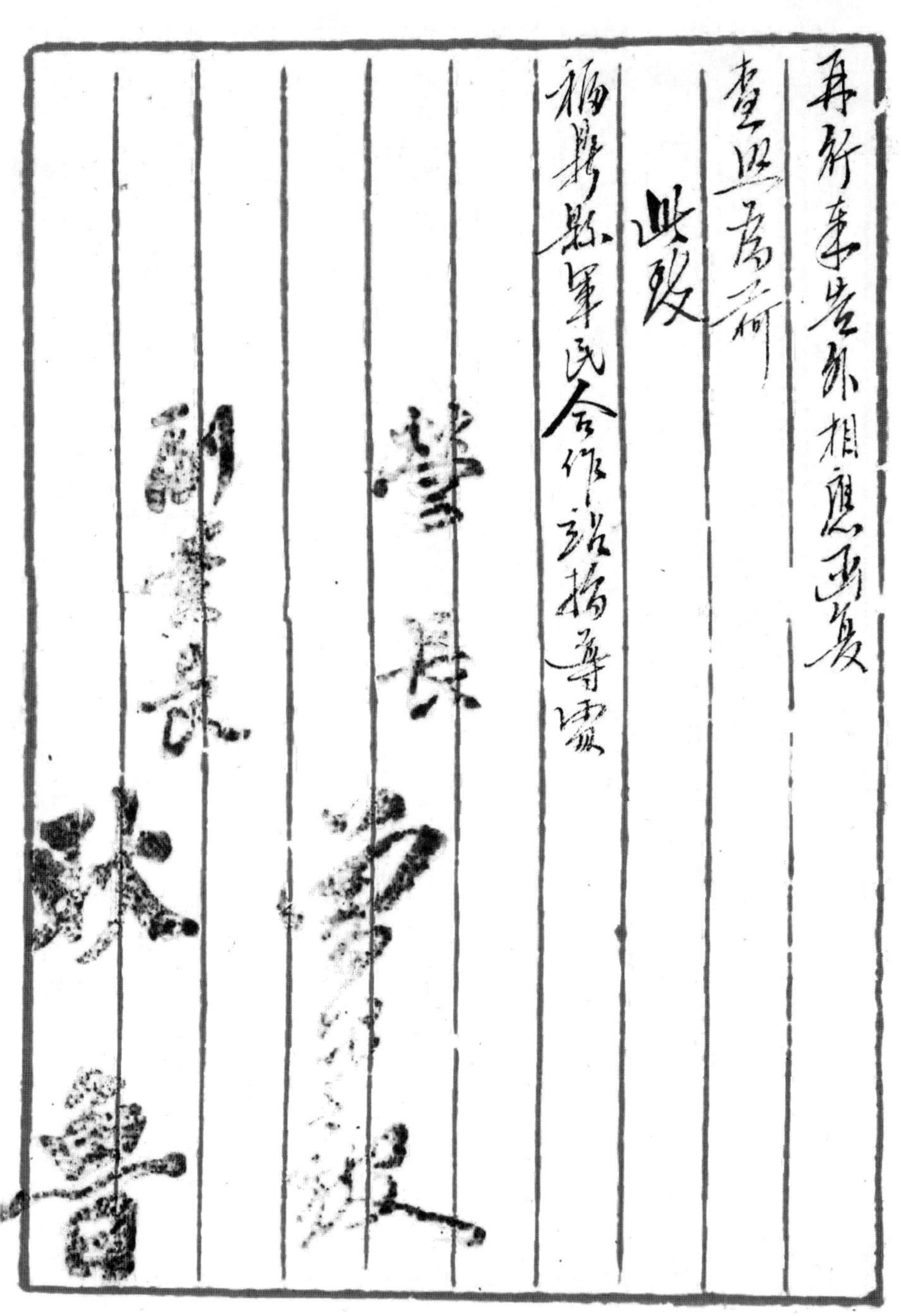

再行奉告外相应函复
查照为荷
此致
福鼎县军民合作站指导处
营长 [illegible]
副营长 林鲁

财政部税警第三总团第十一团第二营关于受嘱追缴第三营第九连雇伕工资照办情形的公函
（1943 年 9 月 3 日）b 面　G137-001-0009

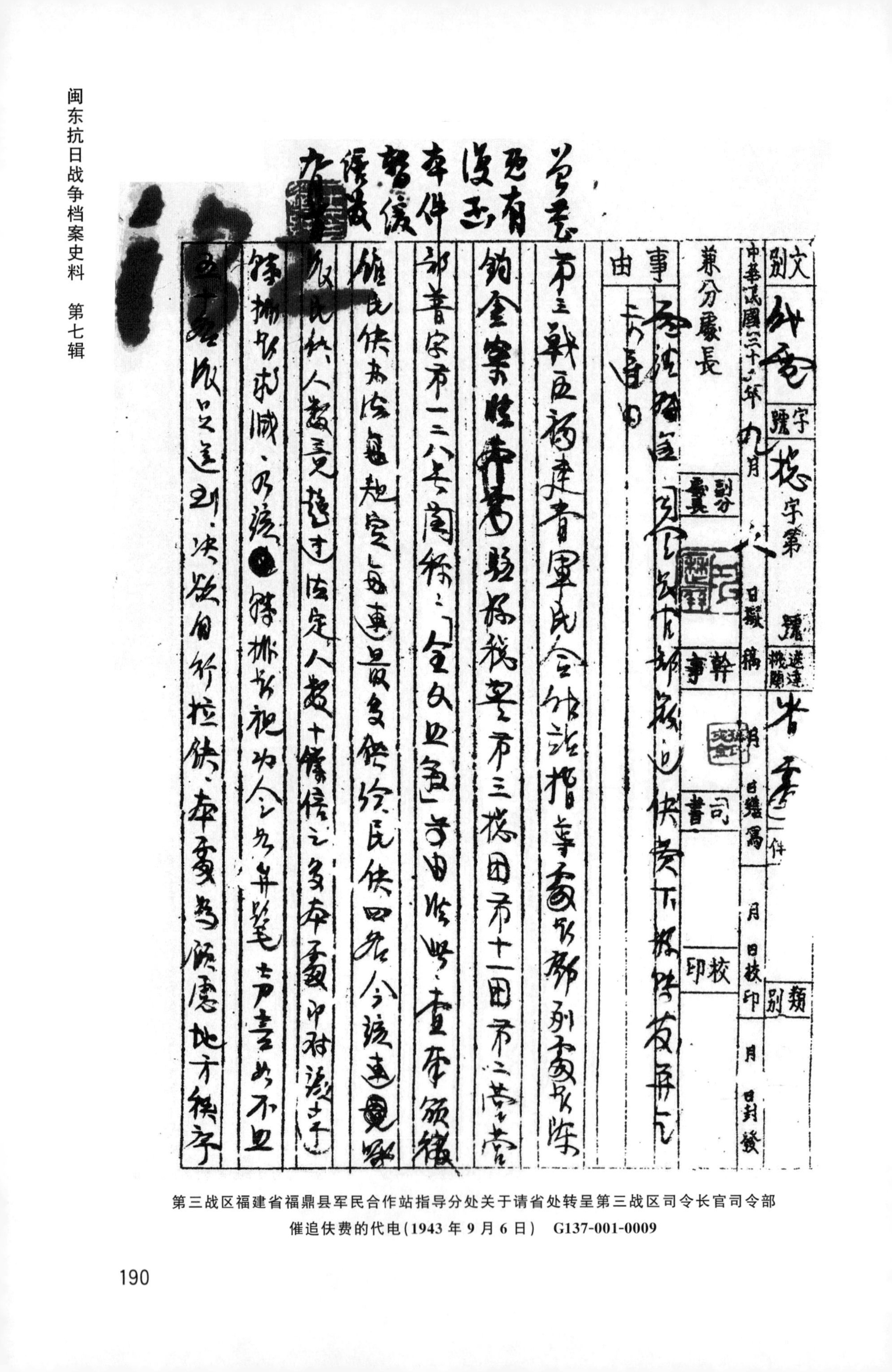

第三战区福建省福鼎县军民合作站指导分处关于请省处转呈第三战区司令长官司令部催追伕费的代电(1943年9月6日)　G137-001-0009

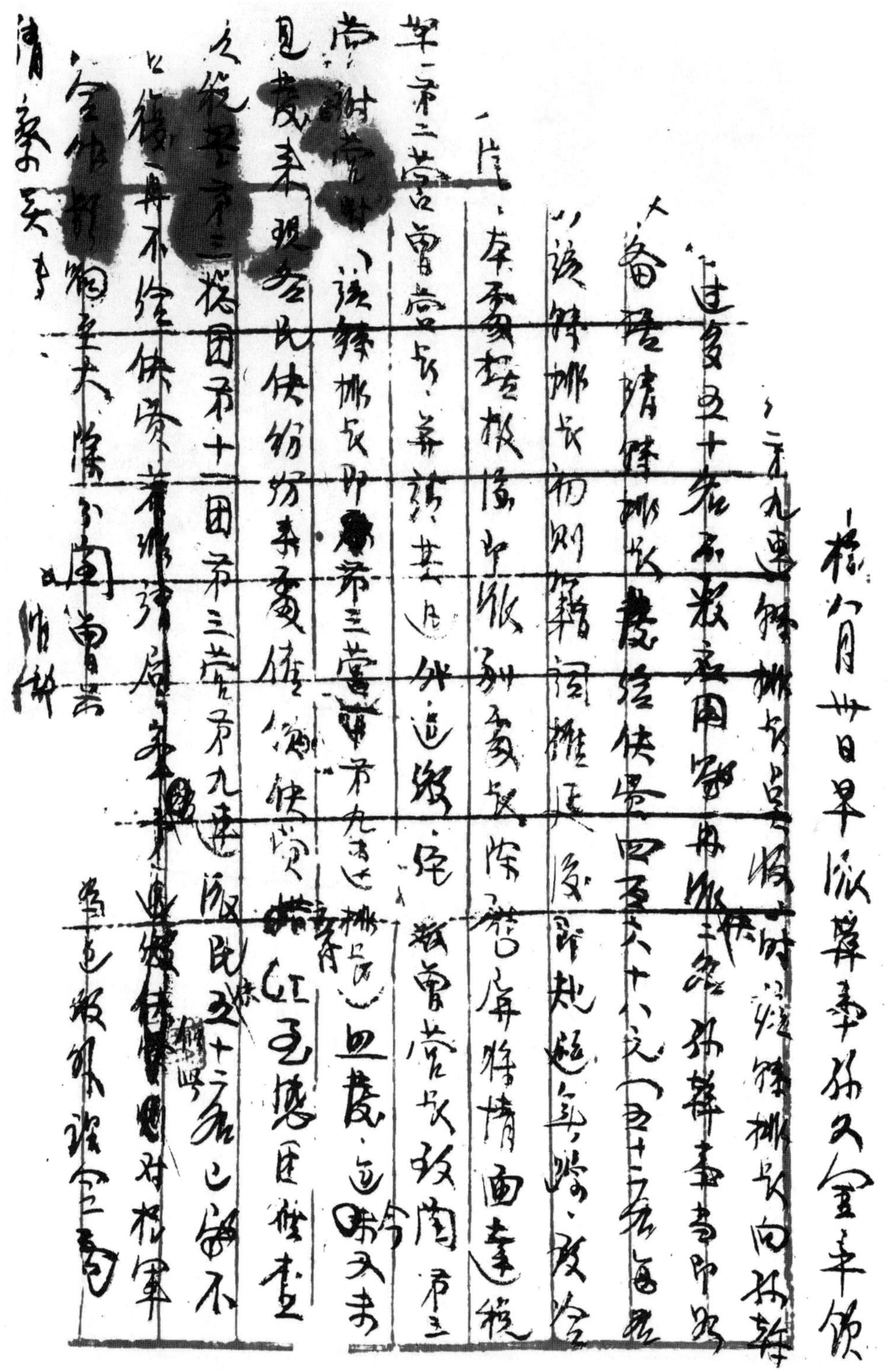

第三战区福建省福鼎县军民合作站指导分处关于请省处转呈第三战区司令长官司令部催追伕费的代电(1943 年 9 月 6 日)　G137-001-0009

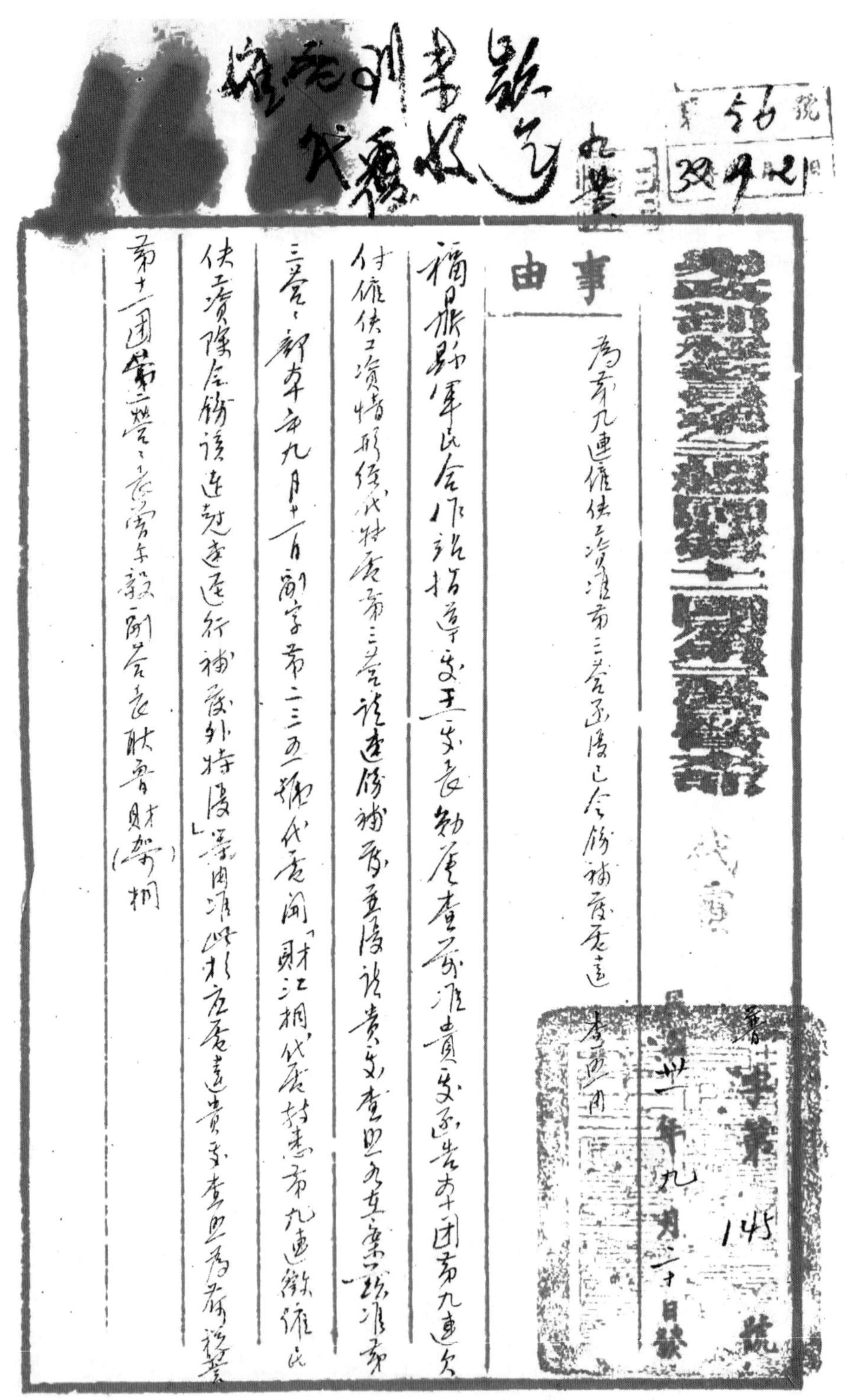

财政部税警第三总团第十一团第二营关于第九连雇伕工资准第三营函复已令饬补发请查照的代电

（1943 年 9 月 20 日） G137-001-0009

別：代電
字號：代電 總字第 號
中華民國三十二年九月廿二日擬稿 月 日繕寫 月 日校印 九月廿四日封印
送達機關：曾營長
兼分處長
副分處長
幹事：陳
司書
校印
附件
類別

事由：為據第九連應發伕費迄未收到請代催速付由

處衔代電
財政部税警第三總團第十二團第二營曾營長勛鑒：案據第一四五號代電敬悉，查該項伕費，本處迄尚未收到，仰請代催儘速付來，至紉公誼。福鼎分處處長王道純叩。總

第三战区福建省福鼎县军民合作站指导分处关于第九连应发伕费迄未收到请代催速付的代电

（1943 年 9 月 23 日） G137-001-0009

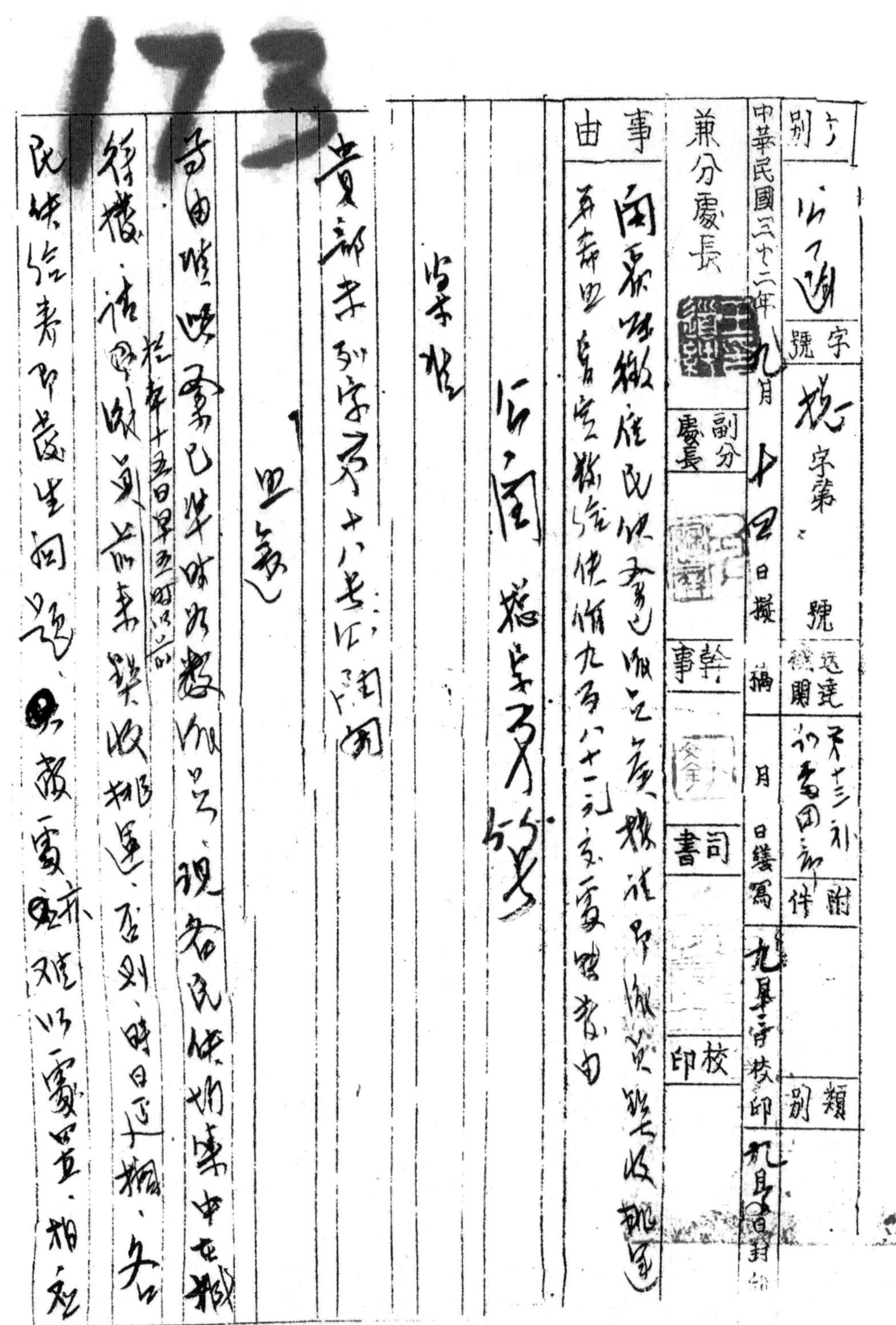

第三战区福建省福鼎县军民合作站指导分处致军政部第十三补训处第二团关于征雇民伕业已派员俟拨请即派员点收并希照规定发给伕价九百八十一元交处转发的公函(1943 年 9 月 14 日)　G137-001-0009

阁请
查照再依照　司令长官部令颁征雇民伕办法第一条
规定伕价每名每日六元回程三元计九元一百零九名共
应发伕价九百八十一元并希提前统交敝处转发实数以
公谊　此致
军政部第十三补训处第二团团长张

第三战区福建省福鼎县军民合作站指导分处致军政部第十三补训处第二团关于征雇民伕业已派员侯拨请即派员点收并希照规定发给伕价九百八十一元交处转发的公函(1943 年 9 月 14 日)　G137-001-0009

第三战区福建省福鼎县军民合作站指导分处关于着玉塘乡即征雇民伕二十名来处挑军用品至管阳的手令（1943 年 10 月 4 日）　G137-001-0009

别	训令
字号	字第 号
中华民国三十二年十月十二日拟稿	月 日缮写
月 日校印	[illegible] 日封印
兼分处长	
副分处长	
干事	
司书	
校印	
送达机关	安仁等乡镇
附件	
类别	
事由	令安仁等乡镇应与管浮琳江军民合作站共同负担供应民伕仰遵照并将奉文日期报查由

训令 字第 号

令管浮乡琳江镇军民合作站、安仁等乡镇

查管浮乡琳江镇地处交通要道，过境部队频繁，负担供应民伕至多，专以由[illegible]负担，[illegible]供应民伕恐难应付，[illegible]管浮乡琳江镇军民合作站[illegible]供应部队之民伕迅捷起见，应规定安仁等乡镇[illegible]与管浮乡琳江镇共同负担供应过境部队之民伕[illegible]

福鼎县政府、第三战区福建省福鼎县军民合作站指导分处关于安仁等乡镇应与管浮、琳江军民合作站共同负担供应民伕并将奉文日期报查的训令（1943 年 10 月 12 日） G137-001-0009

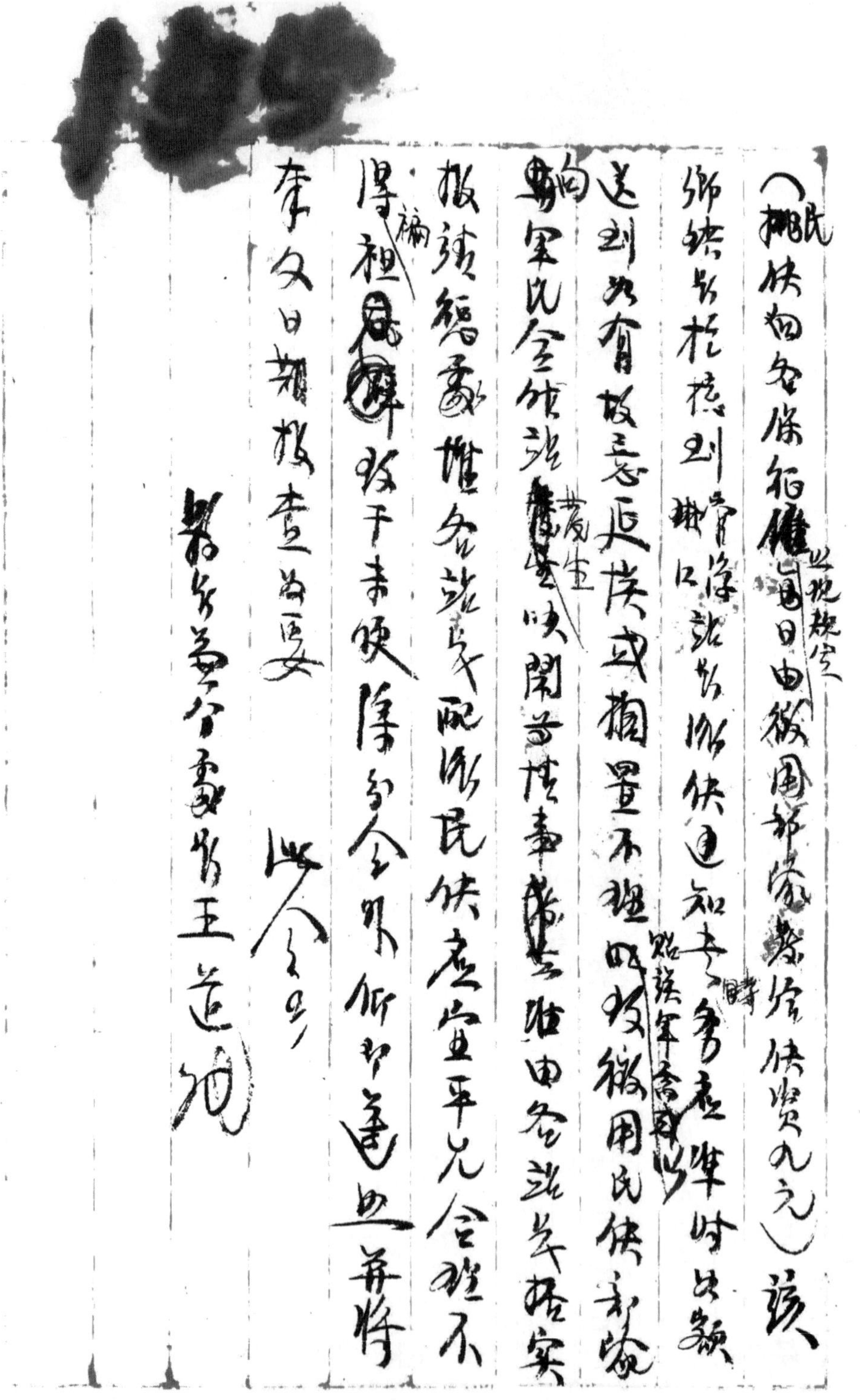

福鼎县政府、第三战区福建省福鼎县军民合作站指导分处关于安仁等乡镇应与管浮、琳江军民合作站共同负担供应民伕并将奉文日期报查的训令（1943年10月12日）　G137-001-0009

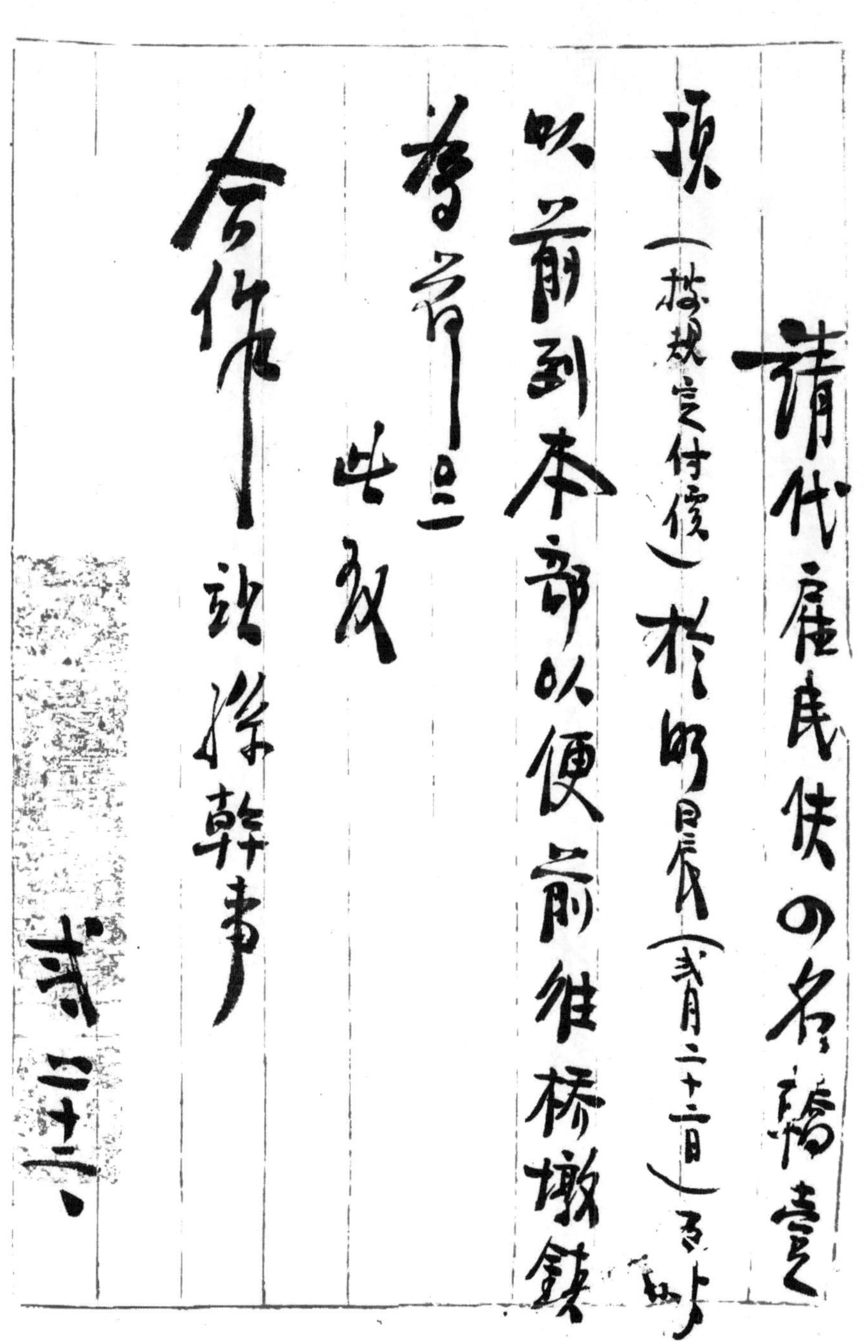
000162

请代雇民伕四名、轿壹顶（按规定付价）于明晨（贰月二十二日）五时以前到本部，以便前往桥墩镇为荷。

此致

合作社

谢保干事

贰 二十二

闽浙赣三省绥靖指挥部第十一督剿部关于请代雇民伕四名、轿一顶于二月二十二日晨到本部的便函

（1944 年 2 月 22 日） G133-003-0121

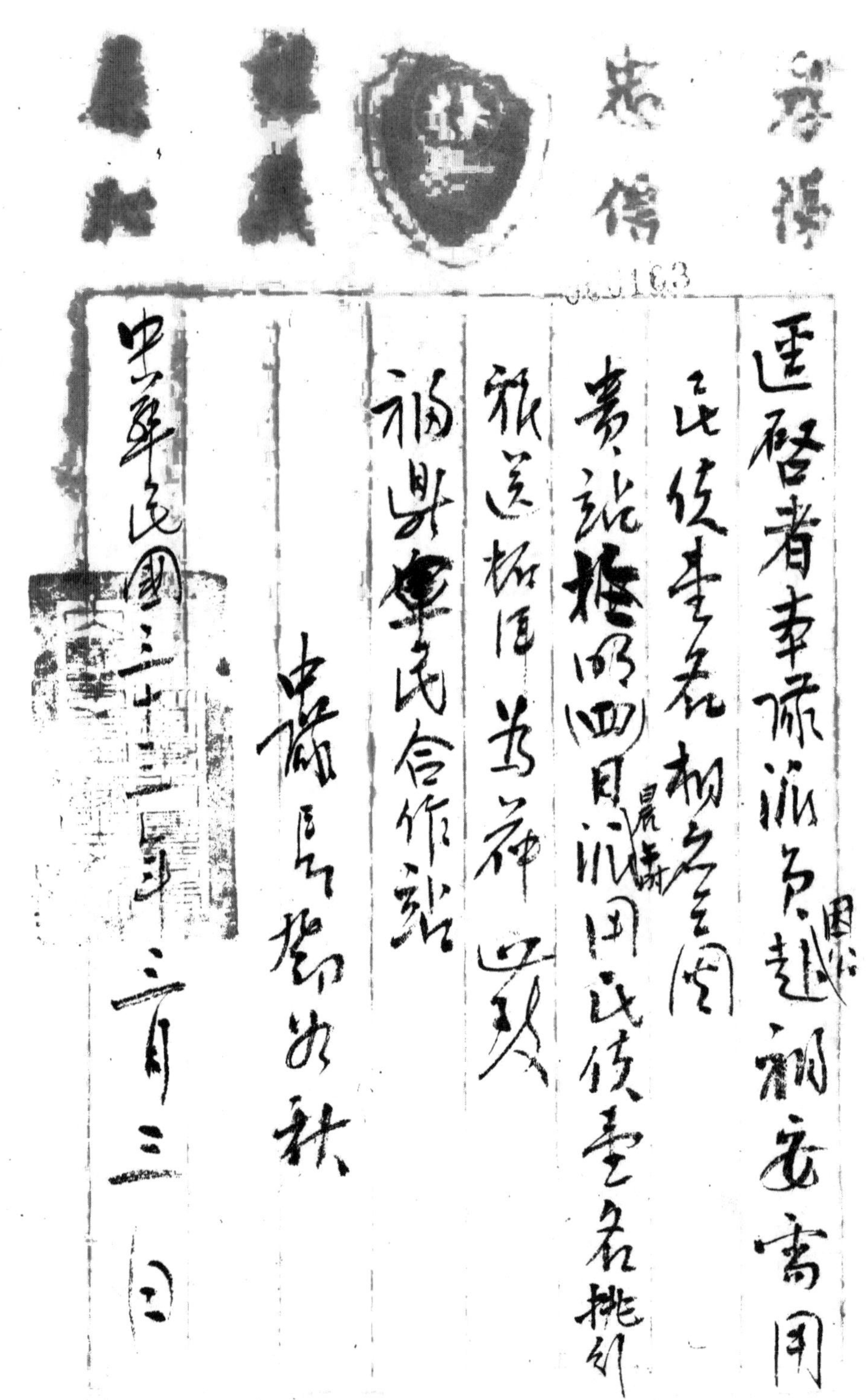

逕啟者本隊派員赴福安需用
民伕壹名相應函
貴站准明(四)日晨午派民伕壹名挑行
李送柘洋為禱 此致
福安縣軍民合作站
中隊長 鄭炳秋
中華民國三十三年三月三日

福建保安第八团第二大队第二中队关于请派民伕一名四日晨午时到本部的便函

（1944 年 3 月 3 日） G133-003-0121

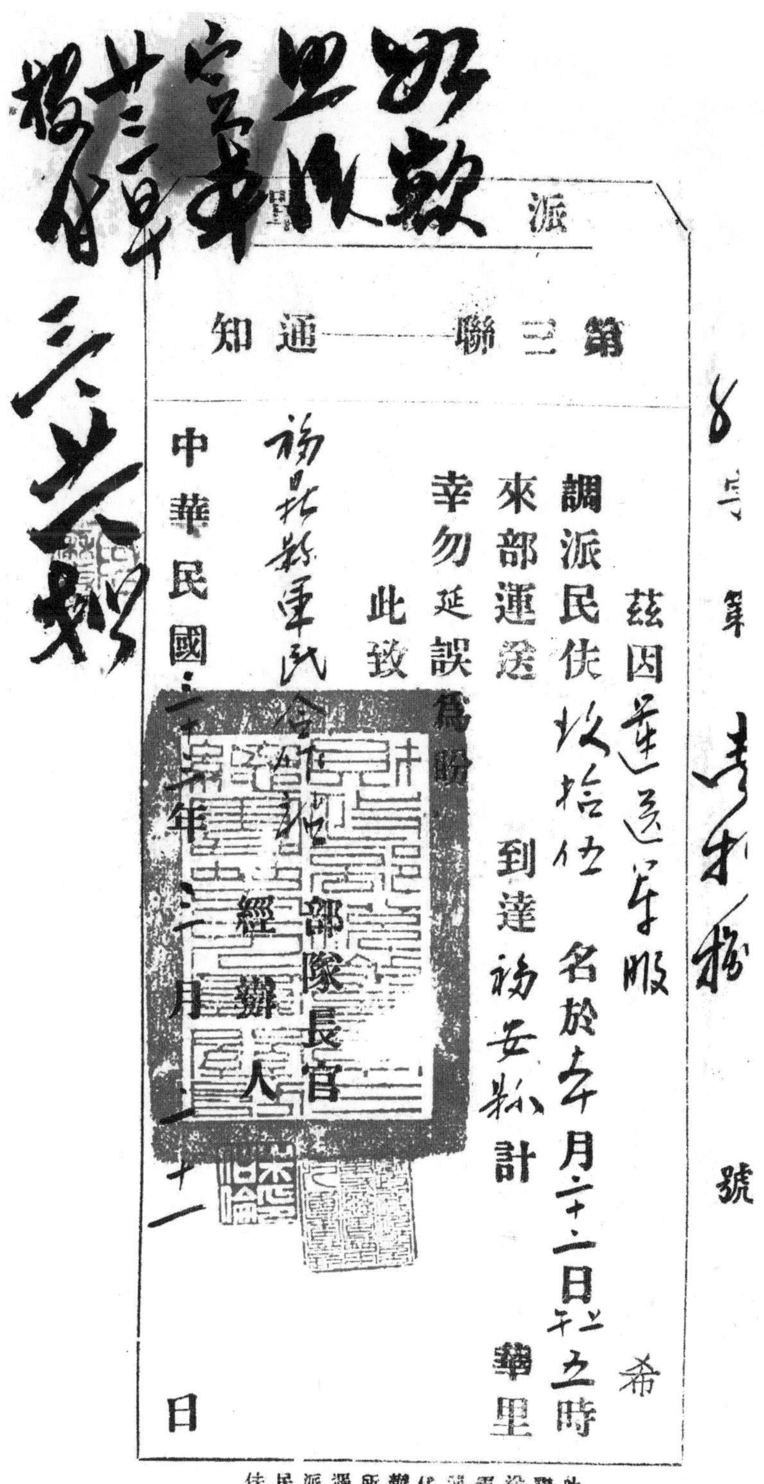

派

第三聯——通知

8 字第 稅 號

調派民伕 茲因運送軍服

玖拾伍 名於本月二十二日上午五時 希

來部運送 到達祁安縣計 華里

幸勿延誤為盼

此致

祁縣縣軍民合作站

部隊長官

經辦人

中華民國三十三年三月二十一日

此聯送軍運代辦所還派民伕

财政部税警第三总团第九团关于调派民伕九十五名运送军服的派伕单

（1944 年 3 月 21 日） G137-001-0009

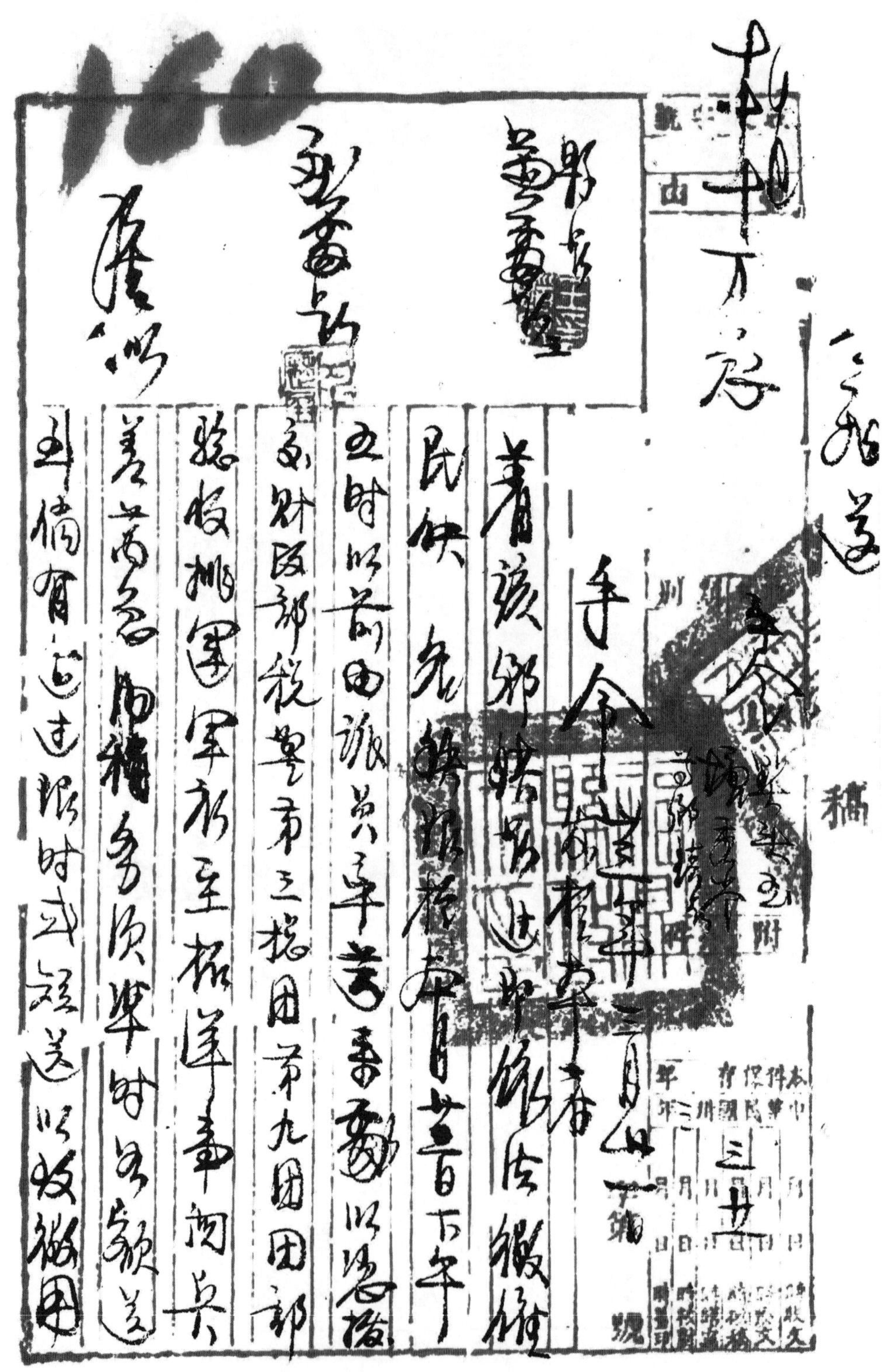

福鼎县政府、第三战区福建省福鼎县军民合作站指导分处关于着点头、贯岭、玉塘等乡镇迅即征雇民伕派员率送来处的手令(1944 年 3 月 21 日) G137-001-0009

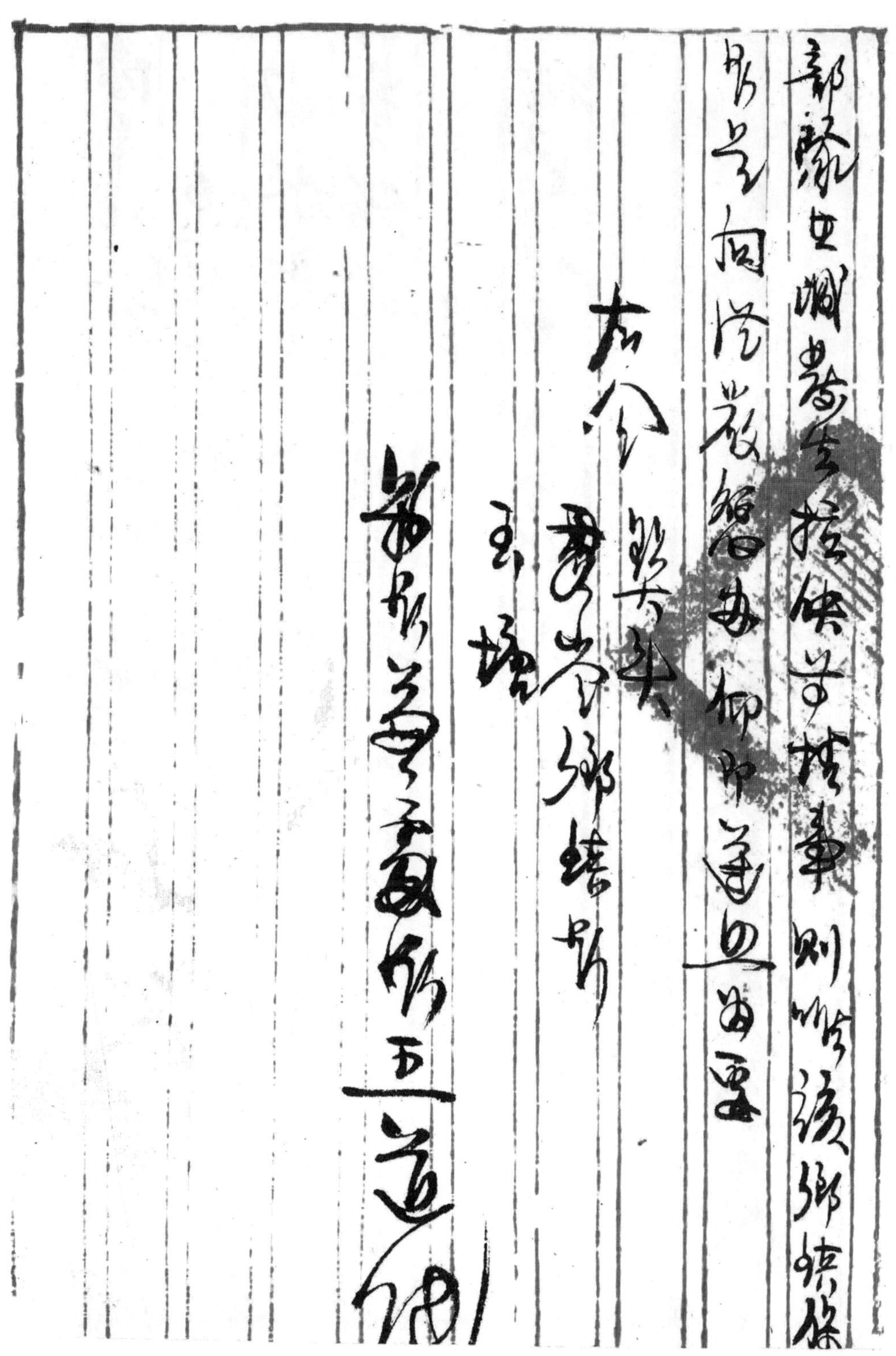

福鼎县政府、第三战区福建省福鼎县军民合作站指导分处关于着点头、贯岭、玉塘等乡镇迅即征雇民伕派员率送来处的手令(1944 年 3 月 21 日)　G137-001-0009

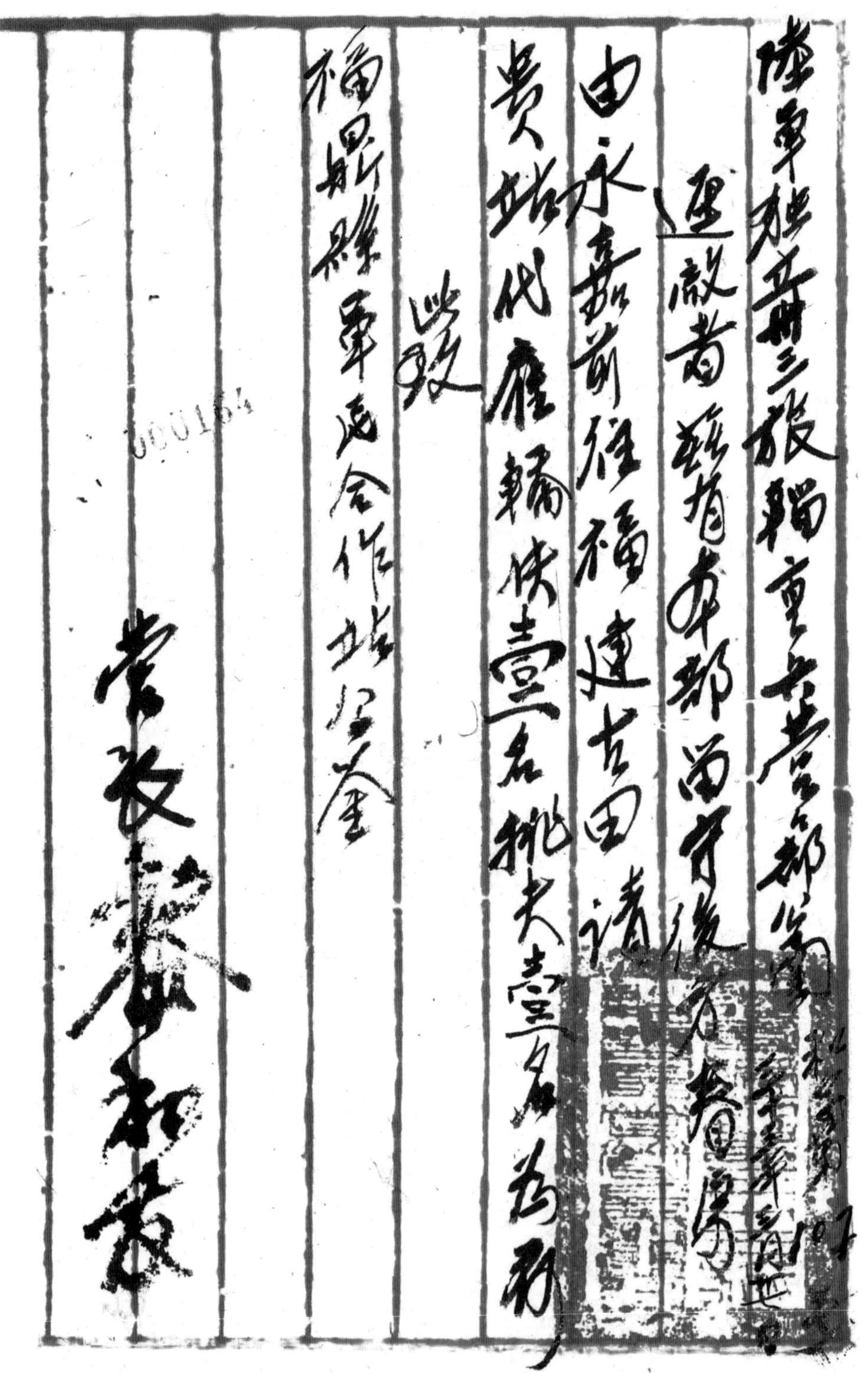
陆军独立卅三旅辎重兵营部公函 [illegible]字第107号 卅三年三月廿七日

迳启者：兹有本部留守后方[illegible][illegible]由永嘉前往福建古田，请

贵站代雇轿伕壹名、挑夫壹名为荷。

此致

福鼎县军民合作站站长

营长 [illegible]

陆军独立三十三旅辎重兵营部关于请代雇轿夫一名、挑夫一名的公函

（1944 年 3 月 27 日） G133-003-0121

第三戰區福建省福鼎縣金陽鄉軍民合作站呈

為擬向躲避征集運輸軍隊軍用品民伕征收代役金請

察備示遵由

查本站所屬各保除金溪、唐山、后溪三保以外，其餘各保因向少軍隊過境，所有居民對于軍民合作素未習慣，每遇本站代替過境軍隊配征運輸軍用品民伕時，輒存觀望倖免之心，躲避不前，雖加嚴催，亦常征集不到，以致本站對于過境軍隊飭征民伕常感萬分困難。緣本站專任員丁既少，辦公所員丁又有其他戰務，無法經常協助，而所屬各保復極星散，但軍隊征伕急如星火，刻不容緩，如在附近之金溪保征集供應，尚可勉強應付，倘欲征撥較遠各保之民伕，則為本站人力所未能，但事實又不能儘在金溪保征集，緣值此物價高漲之秋，民伕出外旅費開支既大，同時又欲停止生產工作，倘儘在金

第三战区福建省福鼎县金阳乡军民合作站关于拟向躲避征集运输军队军用品民伕征收代役金的呈文

(1944 年 4 月 3 日)a 面　G133-003-0121

保徵則金溪保居民負担難免過重其他各保不問此種負担揆諸情理寧
未能平允且其他各保民伕可以躲避征集免除此種負担金溪保民伕勢
必從而效尤軍民合作將致無法推行欲求補救之方惟有擬對躲避征集民
伕先由本站代僱他人撥交軍隊事後再向躲避征集民伕征收代役金歸還
被代僱民伕以資調劑各保負担為此理合呈請
察核准予備查并乞　示遵

謹呈

兼處長王

副處長陳

金陽鄉軍民合作站站長張之棟

金陽站應設管
陽鄉有原管陽附近三五保負責辦理一次
站管轄　四月三日

第三战区福建省福鼎县金阳乡军民合作站关于拟向躲避征集运输军队军用品民伕征收代役金的呈文

(1944年4月3日)b面　G133-003-0121

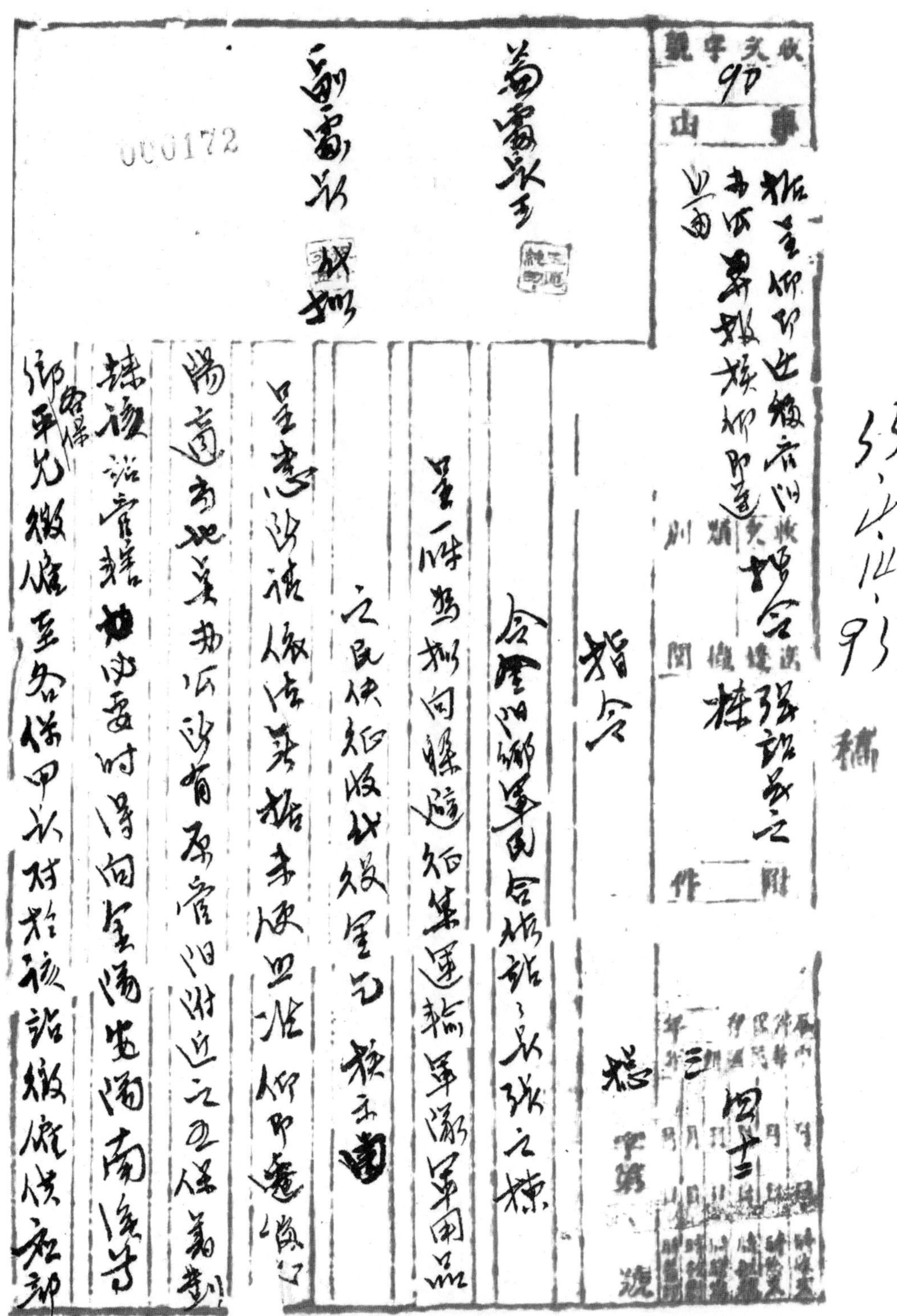

第三战区福建省福鼎县军民合作站指导分处关于所请征收代役金依法无据未便照准仰即迁移管阳办公并将办理情形具报的指令(1944 年 4 月 12 日)　G133-003-0121

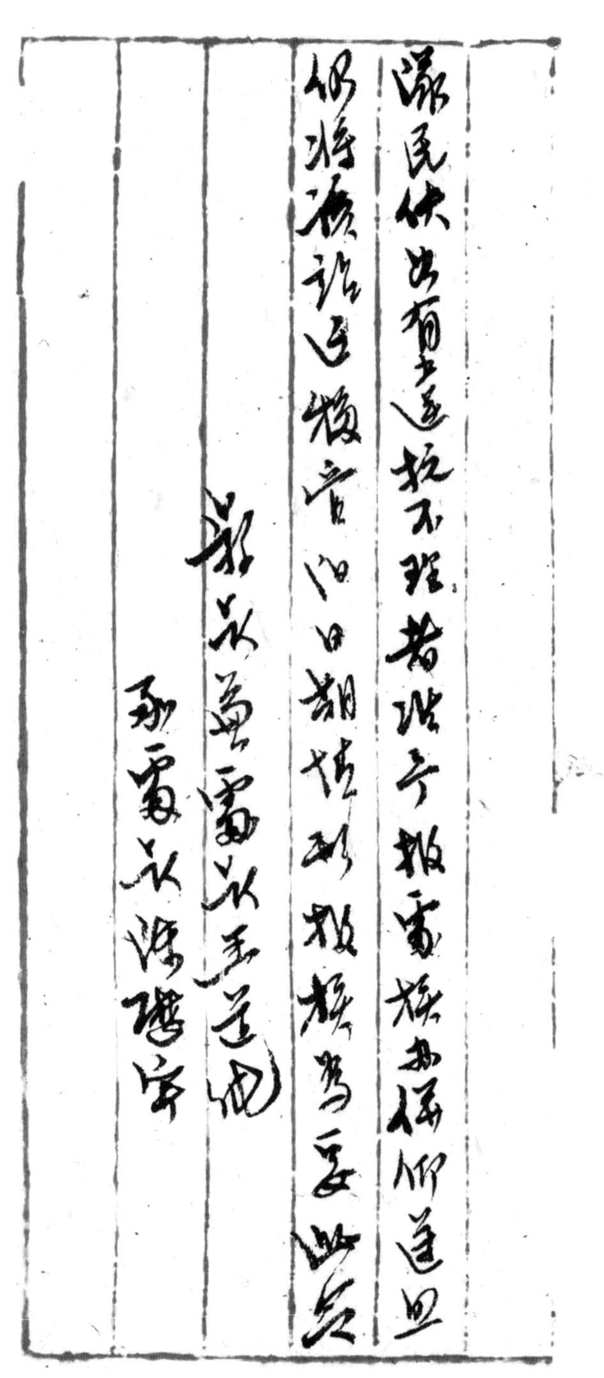

第三战区福建省福鼎县军民合作站指导分处关于所请征收代役金依法无据未便照准仰即迁移管阳办公并将办理情形具报的指令(1944 年 4 月 12 日) G133-003-0121

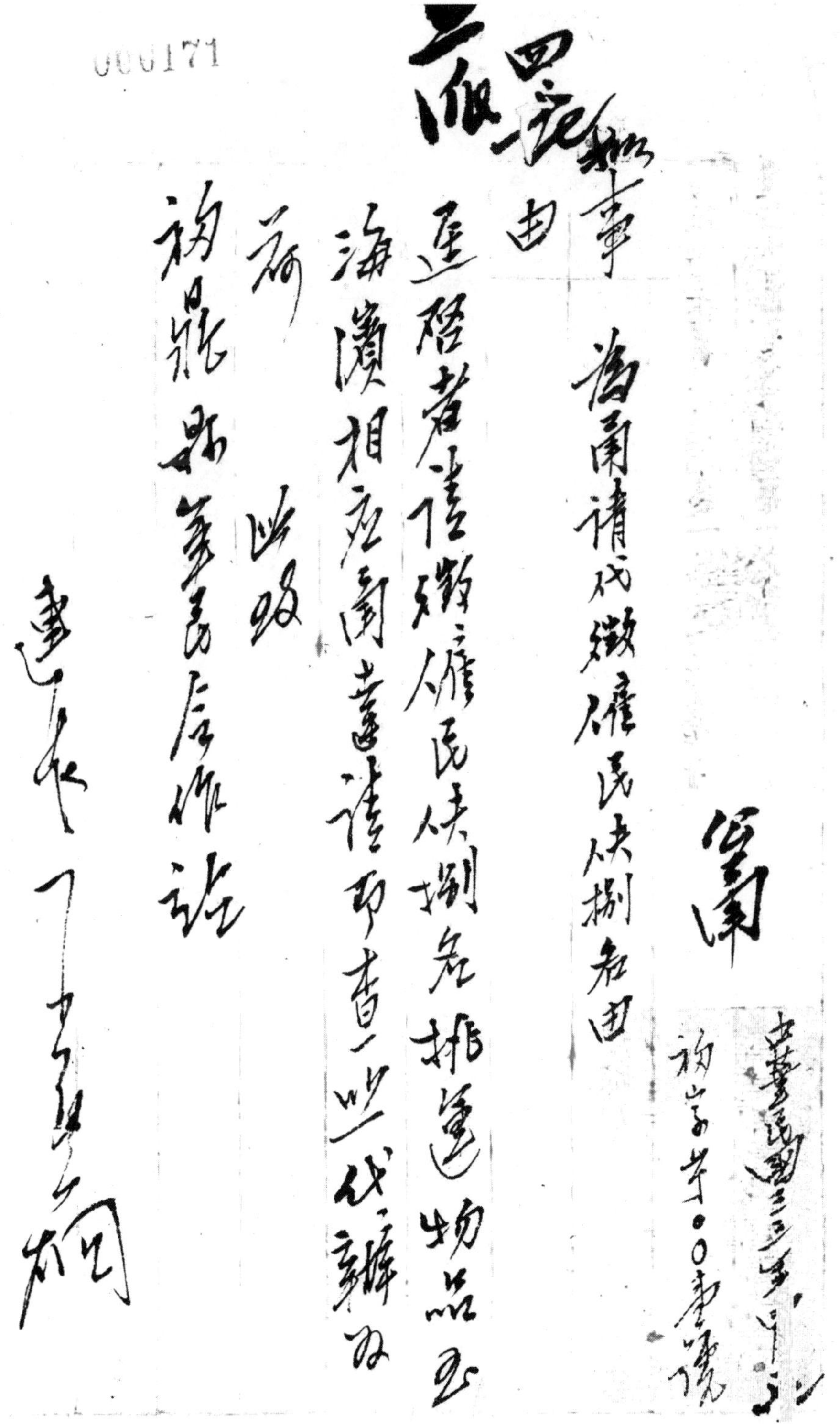

公函

事由：为函请代徵雇民伕捌名由

逕启者：请代徵雇民伕捌名排运物品至海滨，相应函达，请即查照代办为荷！此致

[illegible]

连长 丁[illegible]

中华民国三十三年四月十七日

财政部税警教导团第一营第三连连部关于请代征雇民伕八名的公函

（1944 年 4 月 17 日） G133-003-0121

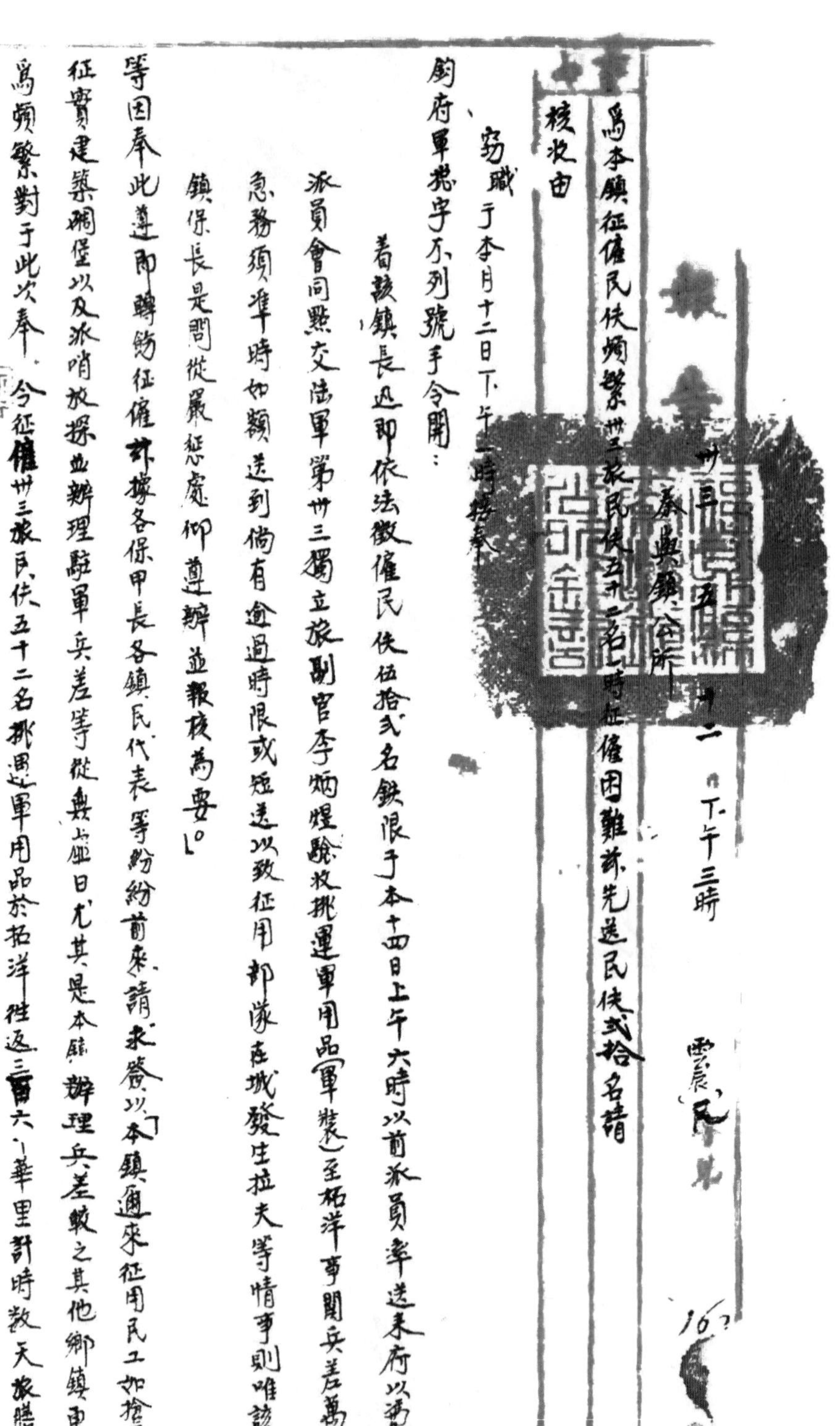

為本鎮征僱民伕頻繁卅三旅民伕五十二名一時征僱困難先送民伕貳拾名請

核收由

卅三　五　十二　下午三時

秦嶼鎮公所

竊職于本月十二日下午二時接奉

鈞府軍稅字不列號手令開：

着該鎮長迅即依法徵僱民伕伍拾弍名鉄限于本十四日上午六時以前派員率送来府以憑派員會同縣交涉軍第卅三獨立旅副官李炳煌驗收挑運軍用品(軍裝)至柘洋事關兵差萬急務須準時如額送到倘有逾過時限或短送以致征用部隊在城發生拉夫等情事則唯該鎮保長是問從嚴懲處仰遵辦並報核為要。

等因奉此遵即轉飭征僱並據各保甲長各鎮民代表等紛紛前來請求，以本鎮迴來征用民工如搶運征實建築碉堡以及派哨放探並辦理驛單兵差等從無虛日尤其是本縣辦理兵差較之其他鄉鎮更為頻繁對于此次奉令征僱卅三旅民伕五十二名挑運軍用品於柘洋往返三百六十華里計時數天旅膳

福鼎县秦屿镇公所关于本镇征雇民伕频繁三十三旅民伕五十二名一时征雇困难先送二十名的呈文

(1944 年 5 月 12 日)a 面　G137-001-0006

不堪顧秦嶼至縣城九十華里在途一日縣城回秦嶼在途又須一日似此情形殊感困難無法如數征僱非先征僱民伕二十名懇請察收轉府報到其餘叁拾貳名并乞轉呈　縣府就近征僱以蘇民困等語附民伕貳拾名前來查本鎮征僱民伕並無間日該保甲長代表等所陳各節確有見解似應可行理合據情連同民伕貳拾名隨文覆請

鈞長察核俯恤本鎮情形特殊准予就近征僱以蘇民困不勝切禱之至

謹呈

縣長王

附送民伕二十名。

秦嶼鎮鎮長陳行夏

福鼎县秦屿镇公所关于本镇征雇民伕频繁三十三旅民伕五十二名一时征雇困难先送二十名的呈文
(1944年5月12日)b面　G137-001-0006

簽呈　卅三年五月　於軍合處

竊查部隊徵雇民伕，挑運軍用品，急若星火，本處站員役，莫不提心吊膽，敬捷從事，以期做到準時如額應付，方免滞誤軍事行動，遭受部隊責辱。惟查各鄉鎮保，歷來對於奉飭徵雇民伕，往往未能準時如額送到，甚至於本處站撥交民伕之際，方藉詞求減豁免，而此次供應卅三旅之民伕，經蒙分令玉塘、溪城、秦嶼等鄉鎮徵送，乃各該鄉鎮長至時猶[illegible]負担過[illegible]，無法選雇為詞求免，本處站因配徵民伕之衆承鄉鎮長旨意平允，不敢增配過困，故對於鄉鎮長求減，無法予接受，而需伕之部隊，派隊搜捕，來處坐催，惡言相逼，情實可[illegible]

第三战区福建省福鼎县军民合作站指导分处孙文金关于请通令各乡镇长对于配征民伕应准时如额送到不得借词求减的签呈(1944 年 5 月)a 面　G137-001-0006

若非仰賴我
鈞長德威，本處站員役遭受部隊毆辱，不知幾回矣。查適齡壯
丁，有徵服伕役之義務，早經 司令長官部迴飭有案，茲為求
今後軍民合作，進行之順利計，擬請 通令各鄉鎮長對於配徵
民伕，應準時如額送到，不得藉詞求減，再對於此次未送
足之鄉鎮，併請 通令於下次需伕時，徵補足額，以符功令，
理合簽請
鑒核示遵。謹呈
縣長王

孫擢青

職孫文金謹印

第三战区福建省福鼎县军民合作站指导分处孙文金关于请通令各乡镇长对于配征民伕应准时如额送到不得借词求减的签呈(1944 年 5 月)b 面　G137-001-0006

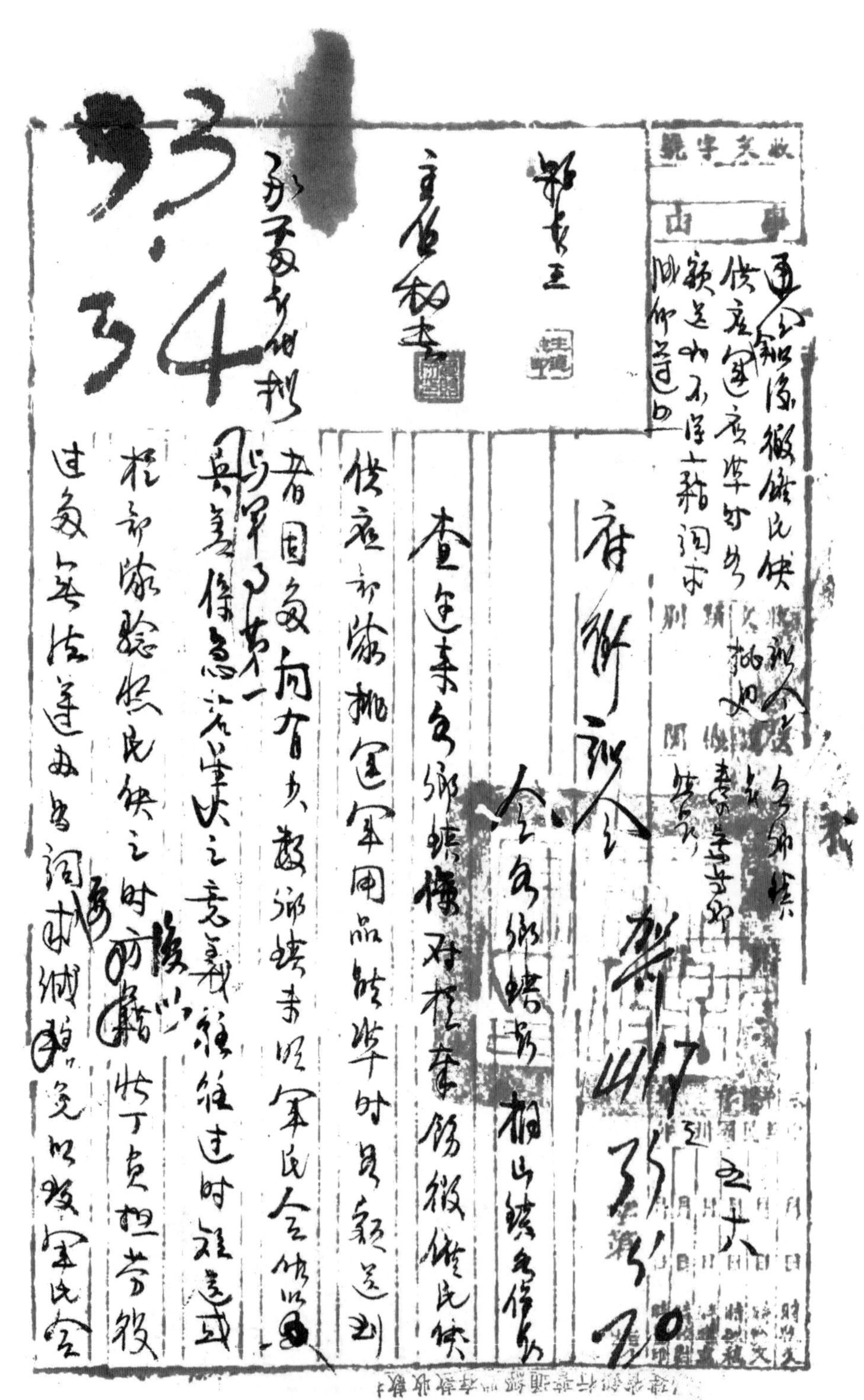

福鼎县政府关于征雇民伕供应军运应准时如额不得借词求减的训令

（1944 年 5 月 20 日）　G137-001-0006

福鼎县政府关于征雇民伕供应军运应准时如额不得借词求减的训令

(1944 年 5 月 20 日)a 面　G137-001-0006

福鼎县政府关于征雇民伕供应军运应准时如额不得借词求减给秦屿镇的批回

（1944 年 5 月 20 日）　G137-001-0006

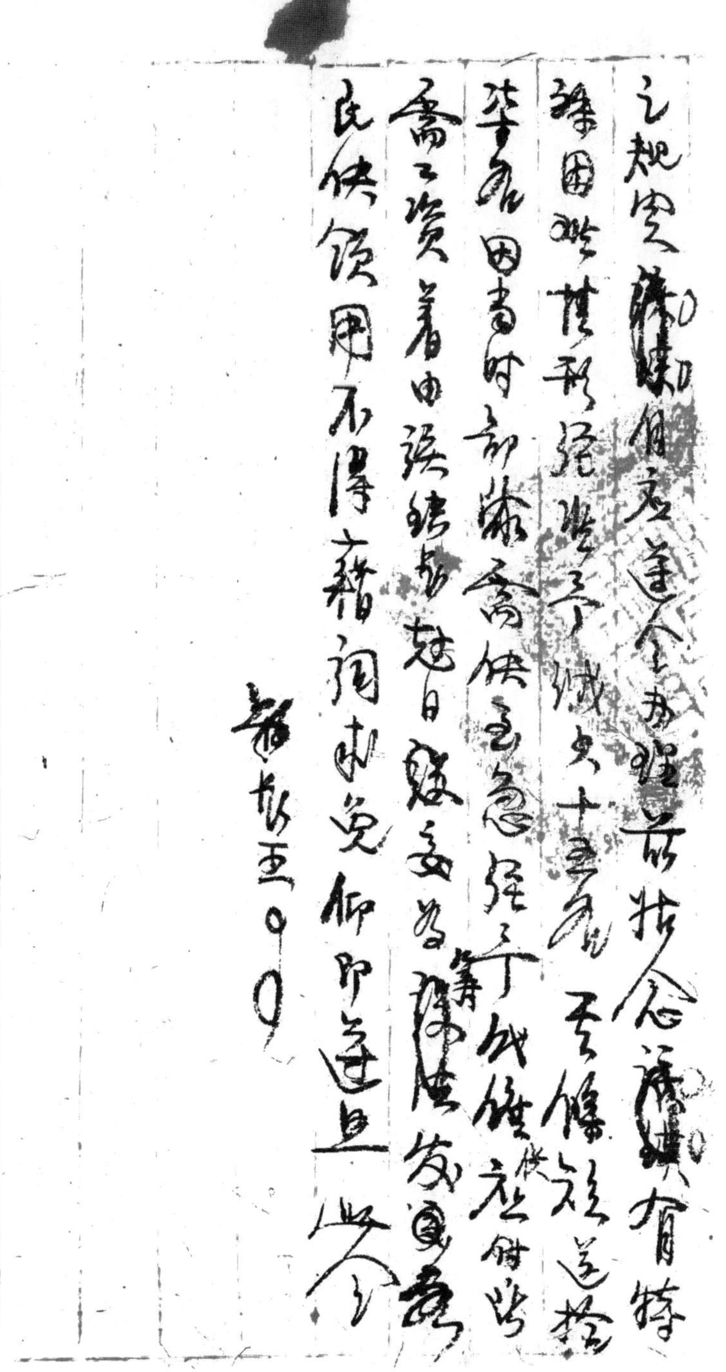

之规定[illegible]自应遵令办理，所称该镇有特殊困难[illegible]每人十二元[illegible]因当时部队需供应急，经[illegible]代雇民伕供给[illegible]需工资，着由该镇[illegible]自[illegible]筹发[illegible]民伕领用，不得藉词求免。仰即遵照。此令

县长 王〇〇

福鼎县政府关于征雇民伕供应军运应准时如额不得借词求减给秦屿镇的批回

（1944 年 5 月 20 日） G137-001-0006

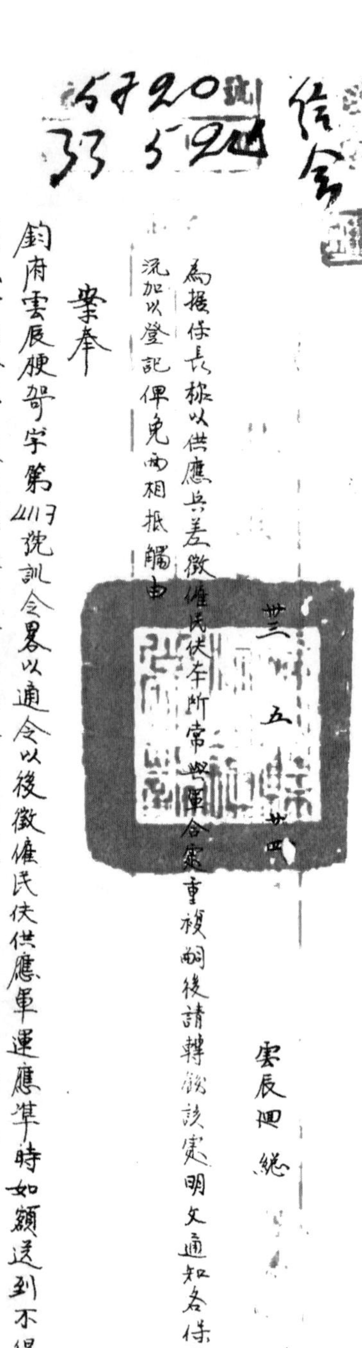

為按保長派以供應兵差徵僱民伕本所常與軍民合作處重複嗣後請轉飭該處明文通知各保並按保列表輪流加以登記俾免兩相抵觸由

卅三 五 廿四

雲辰四總

161

案奉

鈞府雲辰腴賀字第4113號訓令略以通令以後徵僱民伕供應軍運應準時如額送到不得藉詞求減仰遵照等因奉此自應遵辦惟查本鎮位落城區應付兵差事宜比較其他鄉鎮為多向係軍民合作處直接飭由各保徵僱本所未與其事而 鈞府各科室及所屬機關臨時派伕則又直接交本所轉飭各保準時如數供應雖據多數保長聲請合作處每以飭徵民伕未曾正式通知縱有便條亦未叙及事由且所派名額似有偏勞之嫌尤其指派民伕時與本所分派壯丁常多重複請為轉呈准予令飭軍民合作處嗣後對于一切兵差請用正式公文通知以便遵從至其所派民伕名額按保列表輪流加以登記以昭平允並各保所派名額遇特通知本所俾免徵派民伕時兩相抵觸難以應付等語前來理合具情轉懇

察核准予如請辦理實為公便

謹呈

縣長王

桐山鎮長曾世清

福鼎县桐山镇公所关于请令饬军民合作站指导分处嗣后征雇民伕供应兵差明文通知各保俾免抵触的呈文(1944 年 5 月 24 日) G137-001-0006

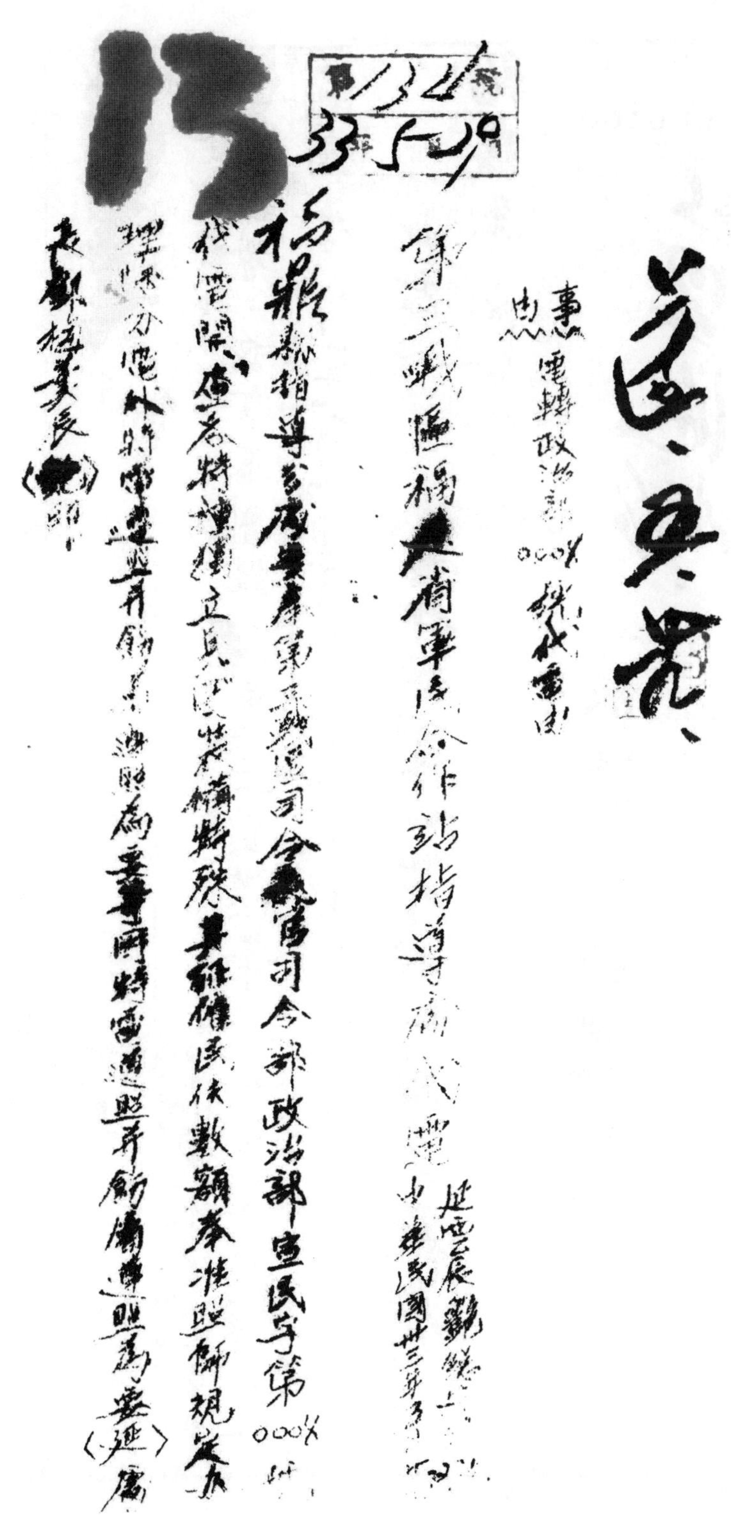

第三战区福建省军民合作站指导处转政治部0008号电关于特种独立兵团征雇民伕数额规定的代电

（1944年5月29日） G137-001-0006

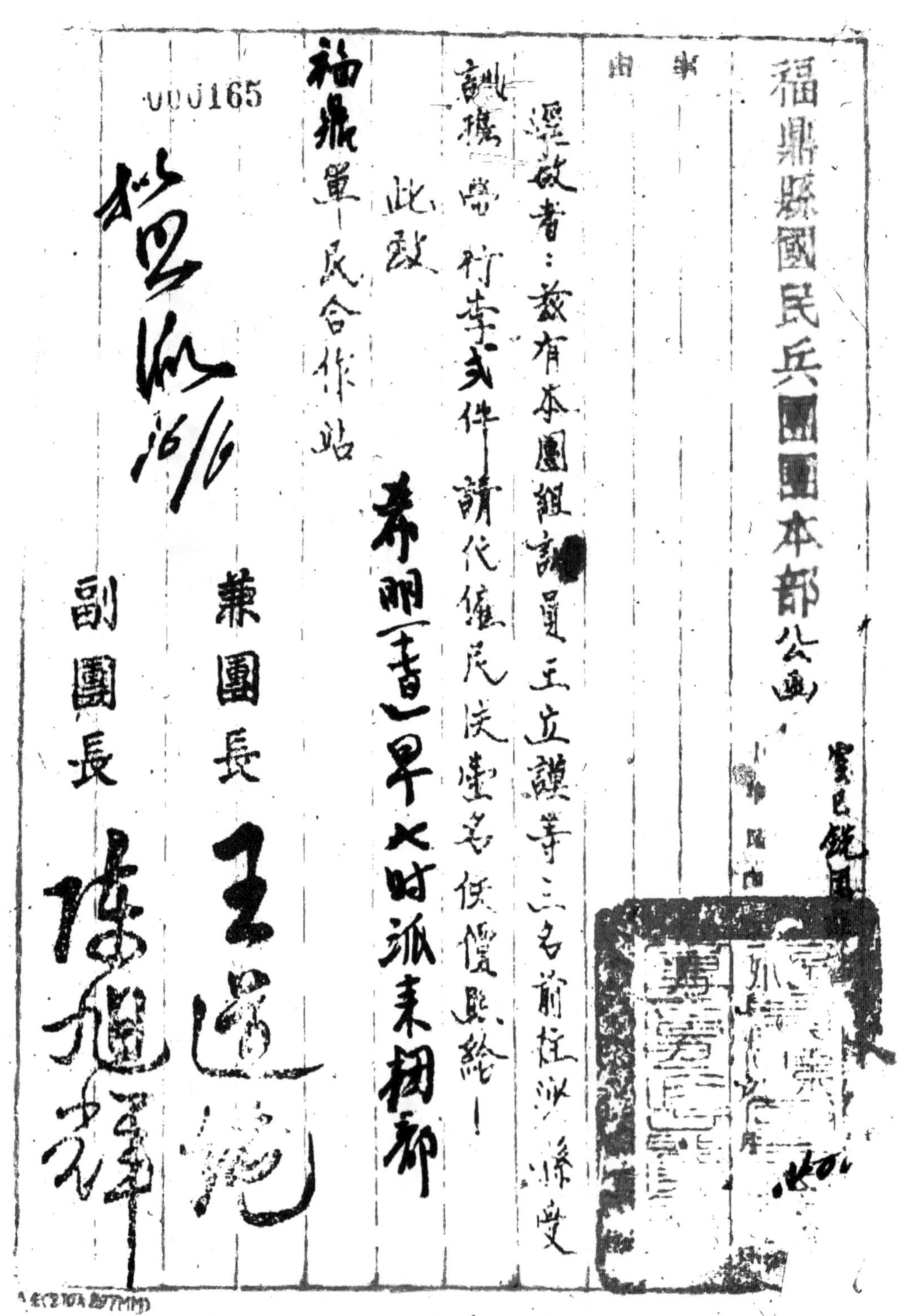
福鼎縣國民兵團團本部公函

事由

逕啟者：茲有本團組訓員王立謨等二名前往洪溪、條愛、鐵爐嶺村等弍件，請代僱民伕壹名，伕價照給！

此致

福鼎單民合作站

希明（青）早七时派来团部

兼團長　王

副團長　陳

擬照派　6/16

000165

福鼎县国民兵团团本部关于请代雇民伕一名明早七时来团部的公函

（1944 年 6 月 16 日）　G133-003-0121

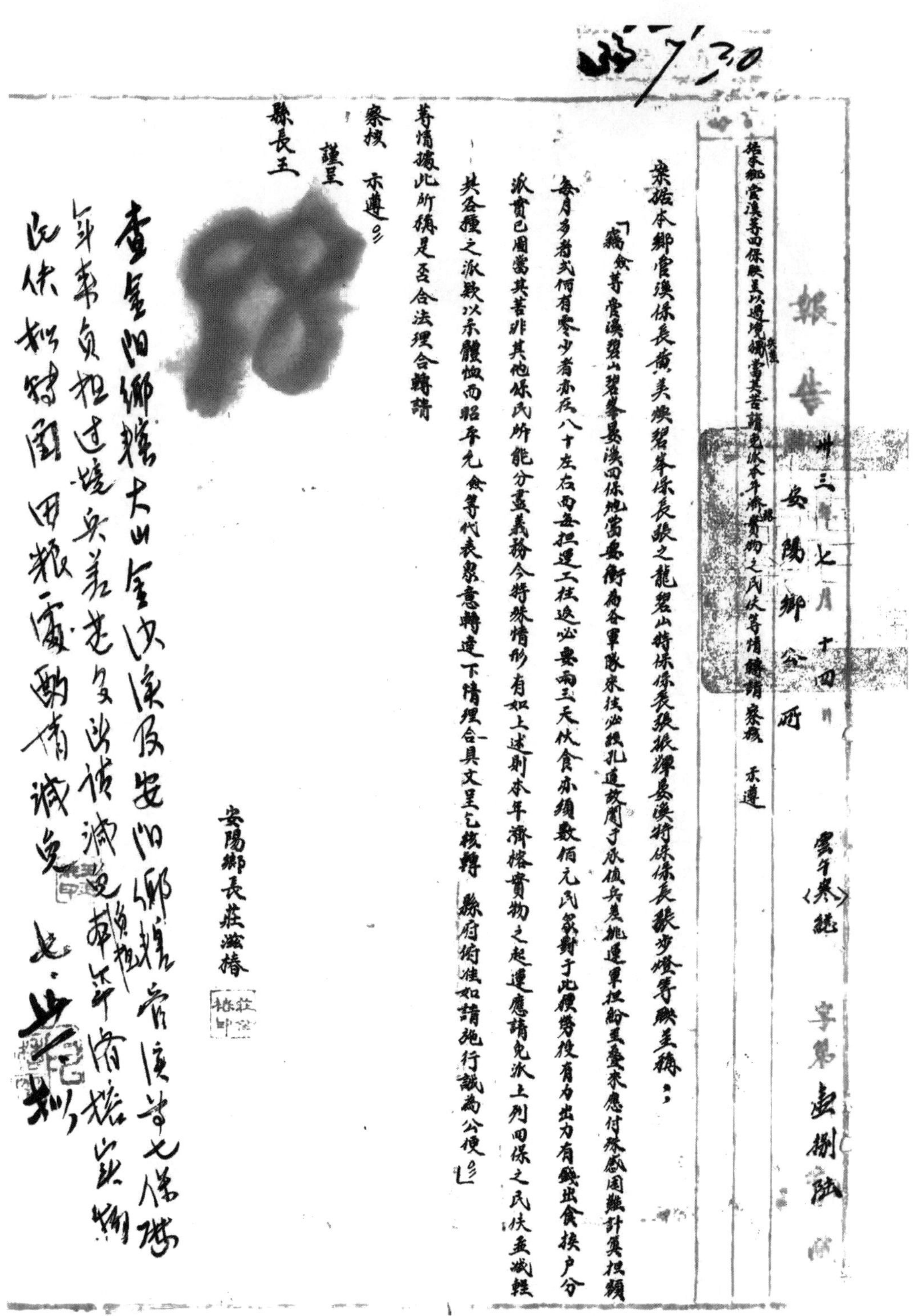

福鼎县安阳乡公所关于管溪等四保兵差独当其苦请免派本年济榕实物之民伕等情的公函

（1944 年 7 月 14 日） G137-001-0007

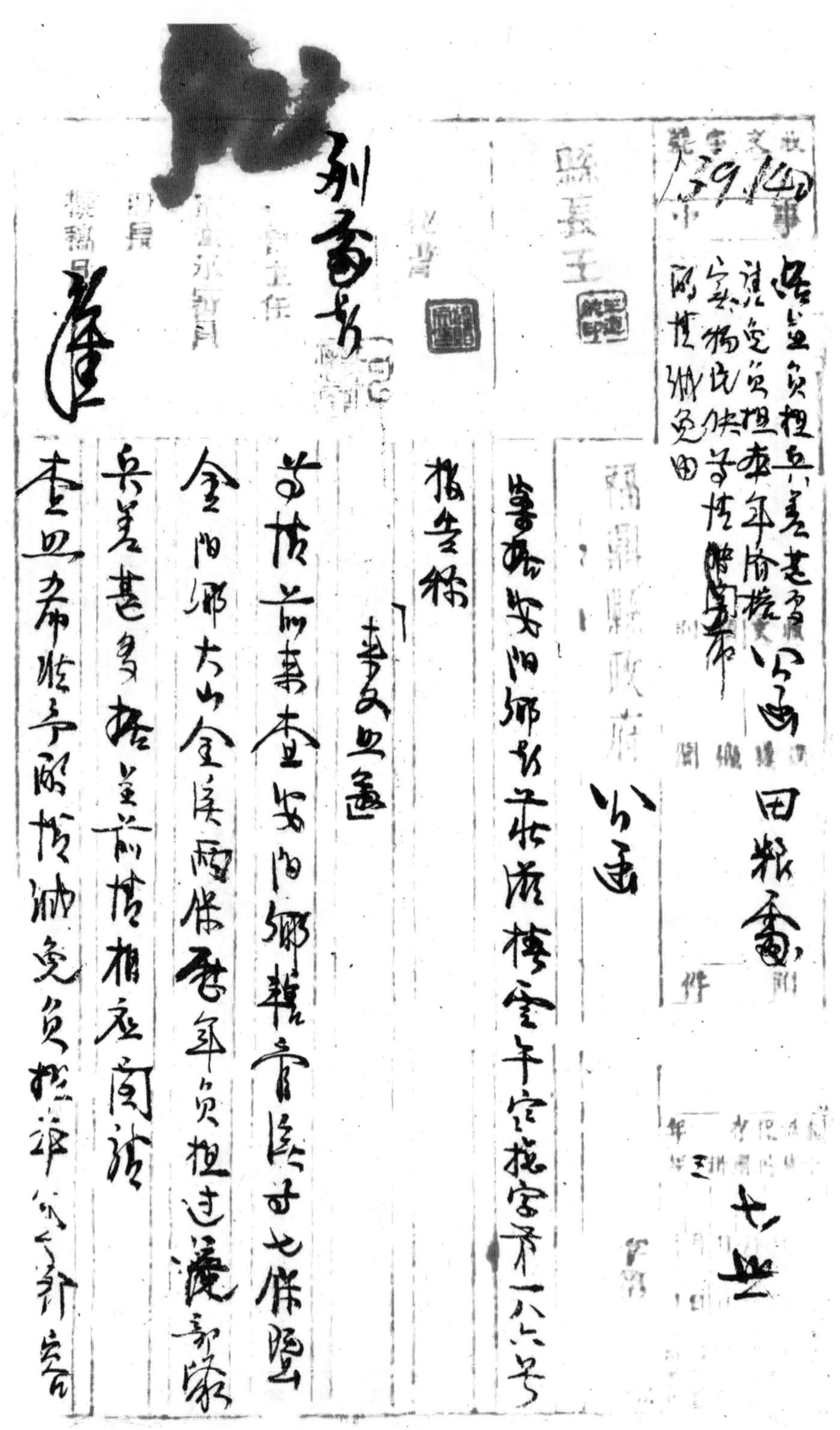

第三战区福建省福鼎县政府关于据呈负担兵差甚多请免负担本年济榕实物民伕等情希酌情减免的公函(1944 年 7 月 31 日) G137-001-0007

第1504号
33年9月22日

事由
呈送莱金油盐等代金计国币伍佰伍拾元请察收由

三十三年九月二十一
本所

窃本镇奉征民伕二名，适经第一次镇务会议议决以食米、莱金、盐油等项由各保长负责募收，纪录在卷，并经代表会通过团复在案。惟食米当此青黄不接之时，募收困难，拟暂将莱金并油盐代金等项计国币伍佰伍拾元即交曾班长炳寿解缴，至于食米严催各保长积极筹募，限于明（二十二）日缴所转送。为是理合将莱金并油盐等代金（弍個月）计国币伍佰伍拾元正随文送请

察收

谨呈

兼处长王

副处长陈

计呈送莱金油盐等国币伍佰伍拾元正

琳江镇镇长曾叔瓊

雲中馬衛

403

福鼎县琳江镇公所关于缴送民伕莱金油盐等代金五百五十元的呈文

（1944年9月21日） G137-001-0006

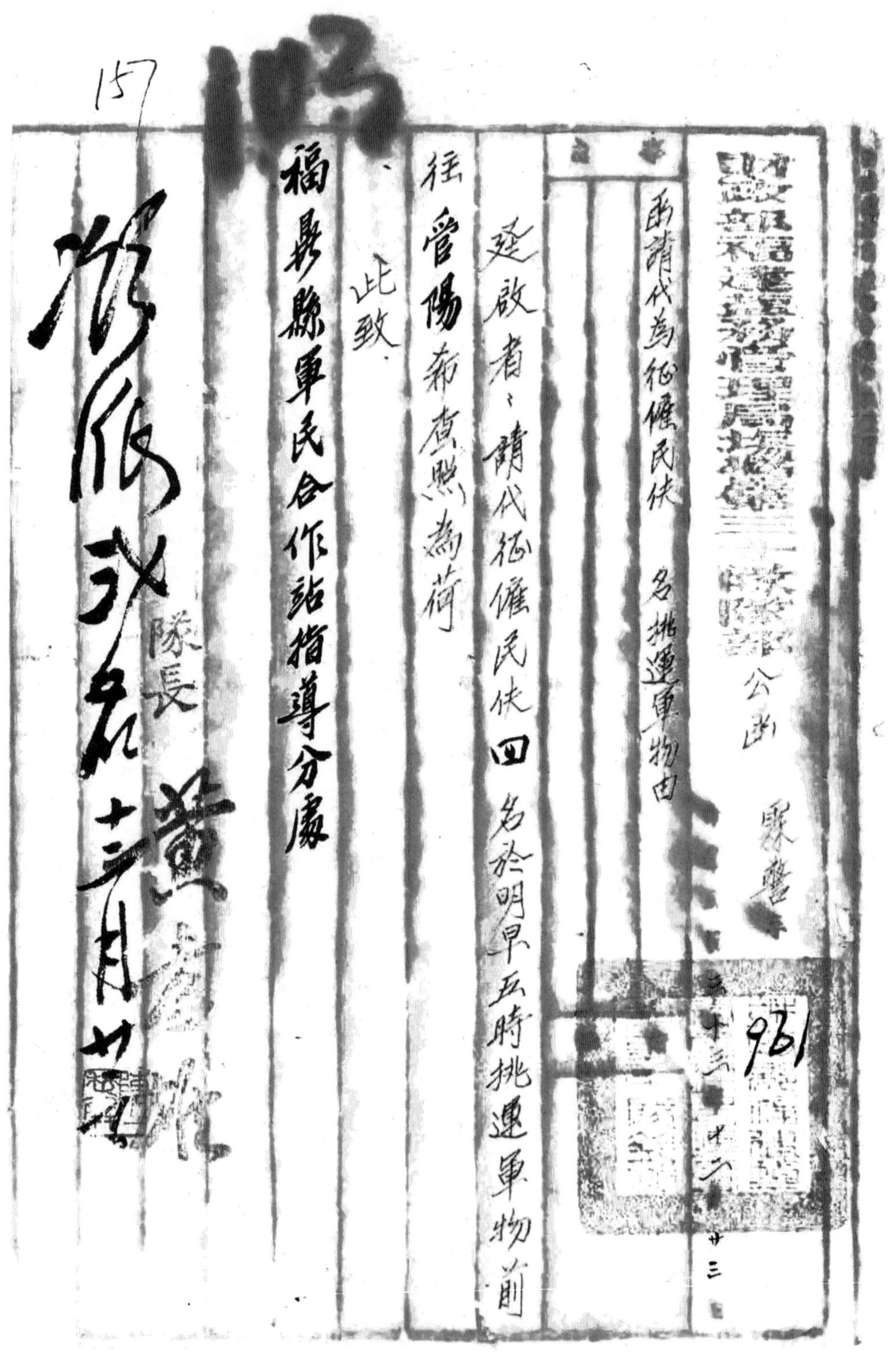

公函

函請代為征僱民伕 名挑運軍物由

逕啟者：請代征僱民伕四名於明早五時挑運軍物前往曾陽希查照為荷

此致

福鼎縣軍民合作站指導分處

隊長 黃

三十三 十二 廿二

財政部福建鹽務管理局鹽警第三十隊隊部关于请代征雇民伕四名挑运军物的公函

（1944 年 12 月 23 日） G137-001-0007

34.6.30收文（5217）

第三戰區福建省軍民合作站指導處代電　　中華民國三十四年六月十六日　騰巳銑指字第1197號

事由：為准轉省府四一〇八八號代電仰遵照由

福鼎縣軍民合作站指導分處鑒：案奉福建省政府騰辰寢府民丁永字四一〇八八號代電開：「[illegible]准[illegible]福建鹽務管理局代電以鹽工被派差役減少生產影響國課，賜飭沿海各縣從量免派等由，希令飭沿海各縣軍合分處酌量免派鹽工差役」等因，奉此，除分令外，特電遵照，嗣後對於鹽工應酌予免派為要。〈延〉第三戰區福建省軍民合作站指導處處長鄧梅羹巳〈銑〉總印

第三战区福建省军民合作站指导处关于转省政府41088号电：嗣后应酌予免派盐工差役的代电

（1945年6月16日）　G137-001-0007

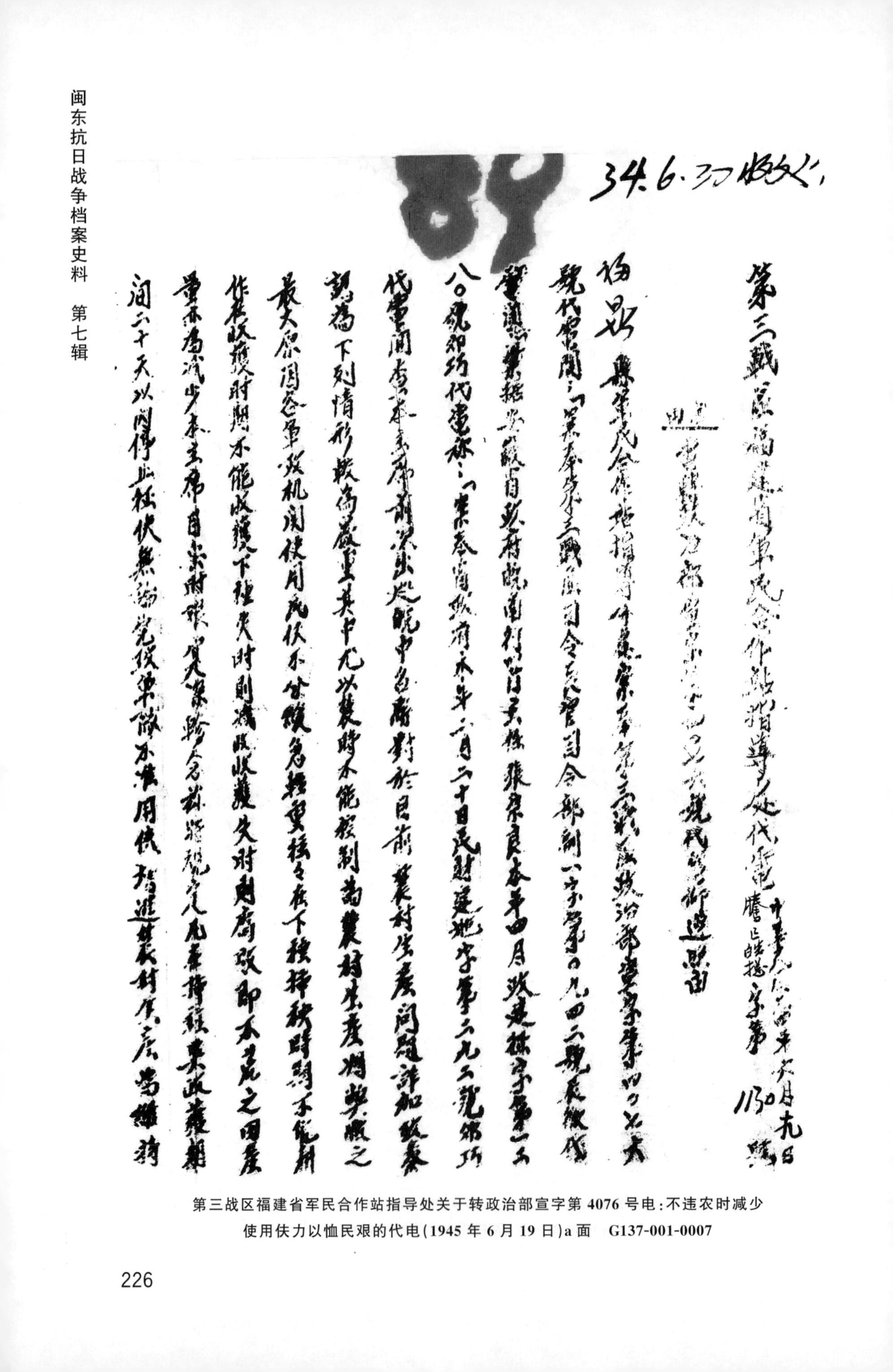

第三战区福建省军民合作站指导处关于转政治部宣字第4076号电:不违农时减少使用伕力以恤民艰的代电(1945年6月19日)a面 G137-001-0007

戰時軍糧民食之第一要政而不違農時珍惜民力又為增進農村生產之先
決條件本府年來一本斯旨以加強戰時經濟建設為施政總路線並督促各
縣劃分糧食增產督導區規定造產年度倡導生產合作舉辦墾荒墾荒
種大冬耕運動均為本省重要措施以發展地方經濟厚植抗戰實力保民養
民力求避免雜派浮費興利除弊保障農村生產藉以維持人民生計特以
茲務本主席有鑒及此除分令外仰該署督飭縣縣切實遵照並轉上
述各點遵辦情形隨時報核為要等因奉此查所屬情形大抵相似亟應
加以改善以裕生產除分電外謹電請轉飭所屬一体遵照辦等情除分電
戰區各機關部隊暨軍隊為此外希即轉飭竭力減少使用伕力以節民
艱為要〃等因除分行外特電遵照并飭屬一体遵照為要〃等因奉此
除分電外特電仰該分處遵照并飭屬一体遵照為要（迄）第三戰區福建
〃〃站指導處處長鄭梅溪巳（皓）總印

第三战区福建省军民合作站指导处关于转政治部宣字第 4076 号电：不违农时减少使用伕力以恤民艰的代电（1945 年 6 月 19 日）b 面　G137-001-0007

办理部队副食马干供应情形

(一)协助征购

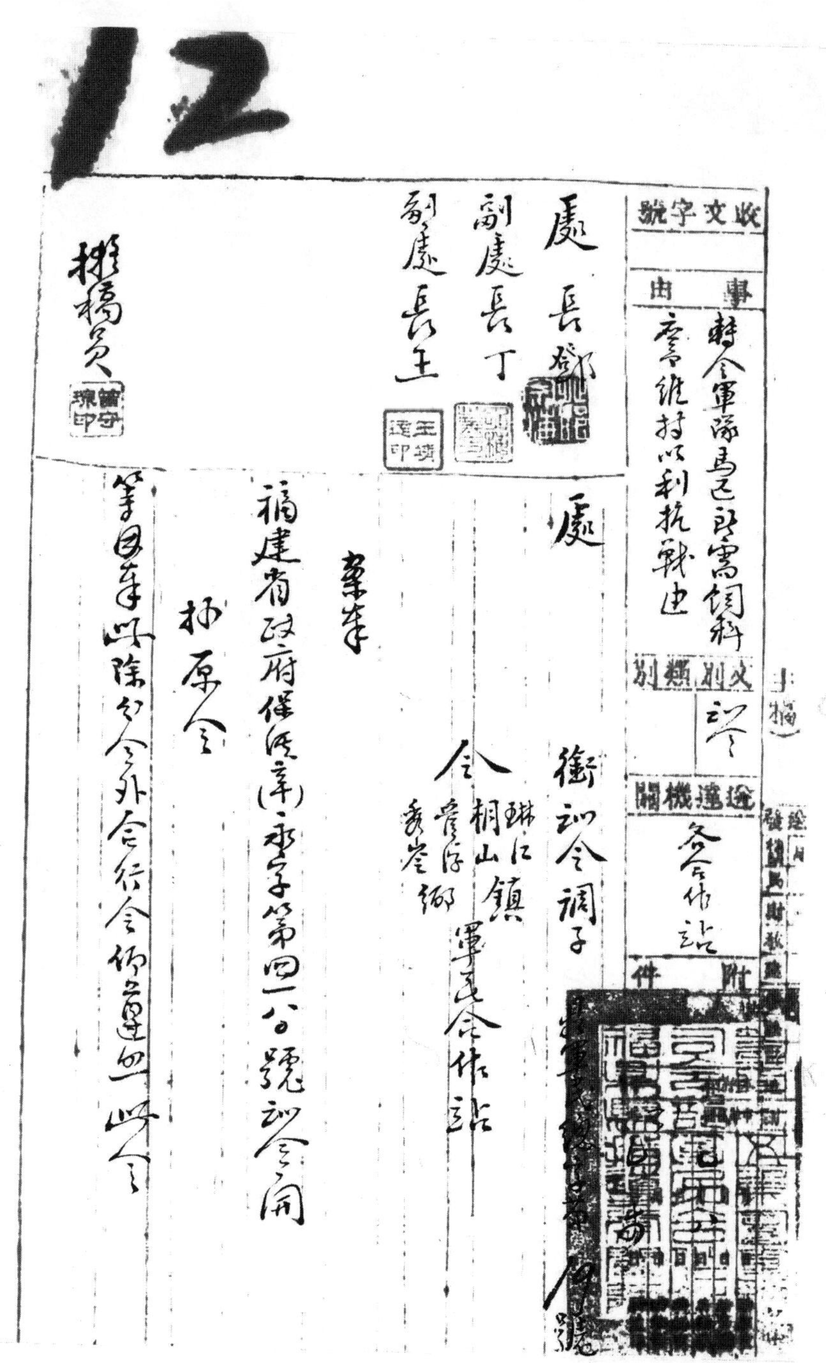

收文字號

事由：轉令軍隊馬匹所需飼料應予維持以利抗戰由

文別類別：訓令

送達機關：各合作站

附件

處長 鄧

副處長 丁

副處長 王

撰稿員

處銜訓令稿子

令 桐山鎮、磻溪、管陽鄉……軍民合作站

案奉

福建省政府保民（卅）丙字第四一八號訓令開：

抄原令

等因奉此，除分令外，合行令仰遵照為要。此令。

第二十五集团军总司令部军民合作站福鼎县指导处关于军队马匹所需饲料应予维持以利抗战的训令

(1942 年 1 月 14 日) G137-001-0008

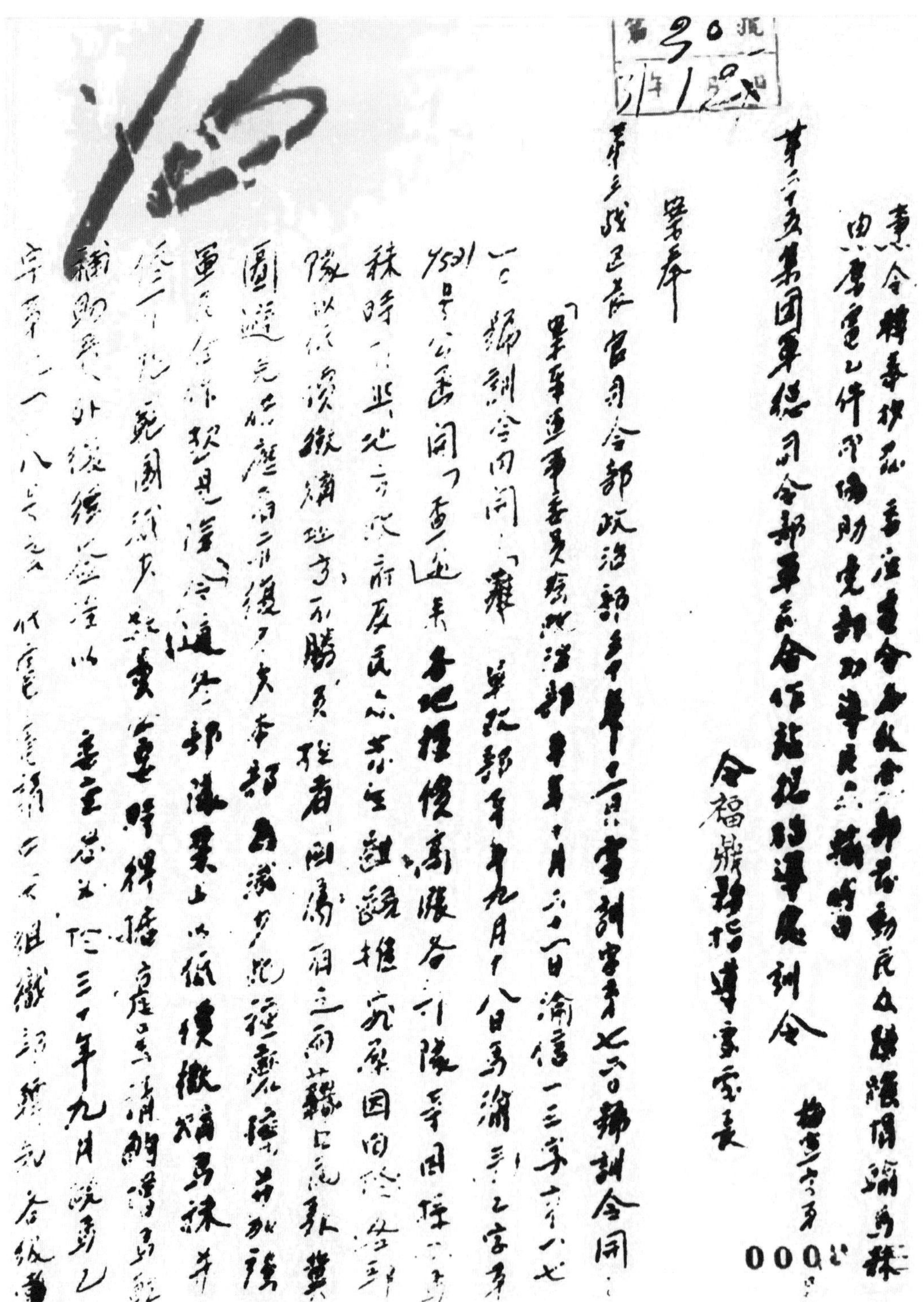

第二十五集团军总司令部军民合作站总指导处关于抄发委座电令各级党部发动民众踊跃捐输马秣仰饬所属协助党部劝导输将的训令(1942 年 1 月)a 面 G137-001-0008

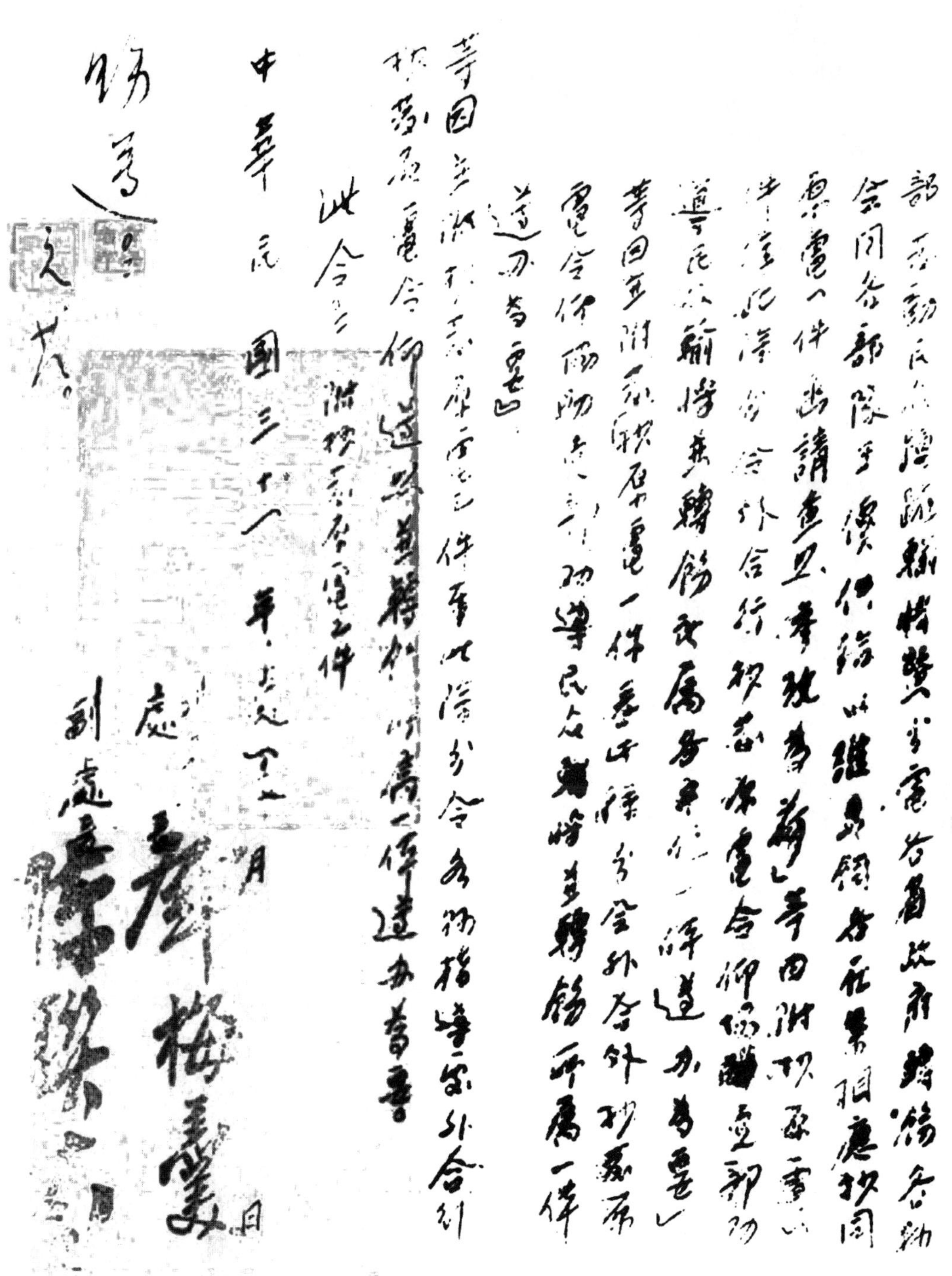

第二十五集团军总司令部军民合作站总指导处关于抄发委座电令各级党部发动民众踊跃捐输马秣仰饬所属协助党部劝导输将的训令(1942 年 1 月)b 面　G137-001-0008

抄發原電

各省政府

中央組織部公鑒：查[illegible]軍隊[illegible]因係抗戰實力[illegible]

因[illegible]高[illegible]是例[illegible]日增[illegible]缺乏補充困[illegible]

之[illegible]實[illegible]危[illegible]各地[illegible]

價[illegible]形[illegible]補助費以利[illegible]推[illegible]價高漲[illegible]

常[illegible]之增[illegible]勢成[illegible]平衡而無限制之增加[illegible]

國家財力所許可為今之計唯有仰賴地方政府[illegible]

給[illegible]難[illegible]及[illegible]人[illegible]

非[illegible]開導民眾踴躍輸將[illegible]

為[illegible]事抵制有[illegible]

第[illegible]軍民之間因為[illegible]可[illegible]

公[illegible]解決并竟十[illegible]大[illegible]事[illegible]

請[illegible]一面呈[illegible]

籌[illegible]動基於國防之要求中央有整個之計

附件：第二十五集团军总司令部军民合作站总指导处抄发军事委员会原电（1940年9月8日）a面 G137-001-0008

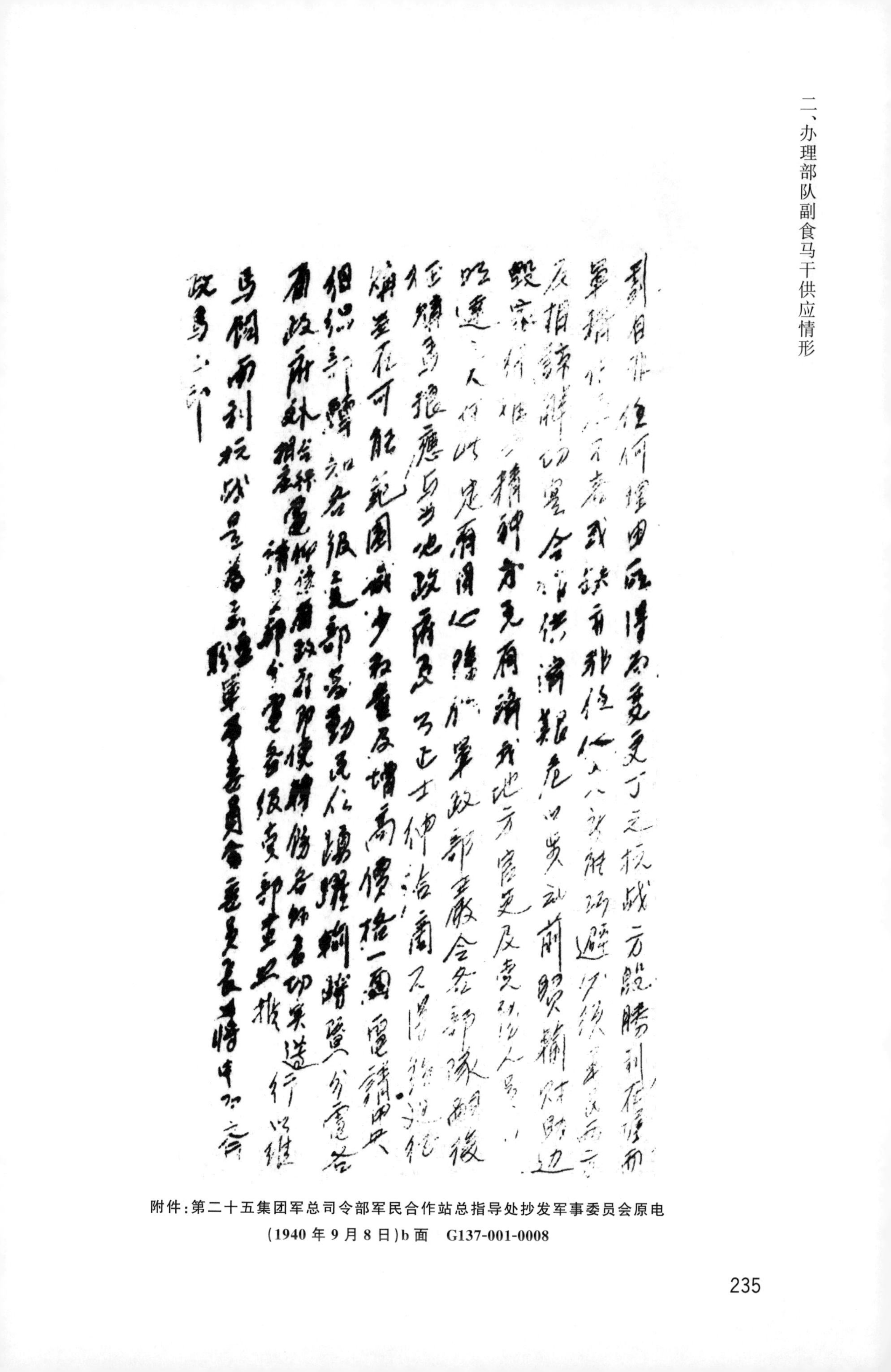

附件：第二十五集团军总司令部军民合作站总指导处抄发军事委员会原电（1940 年 9 月 8 日）b 面　G137-001-0008

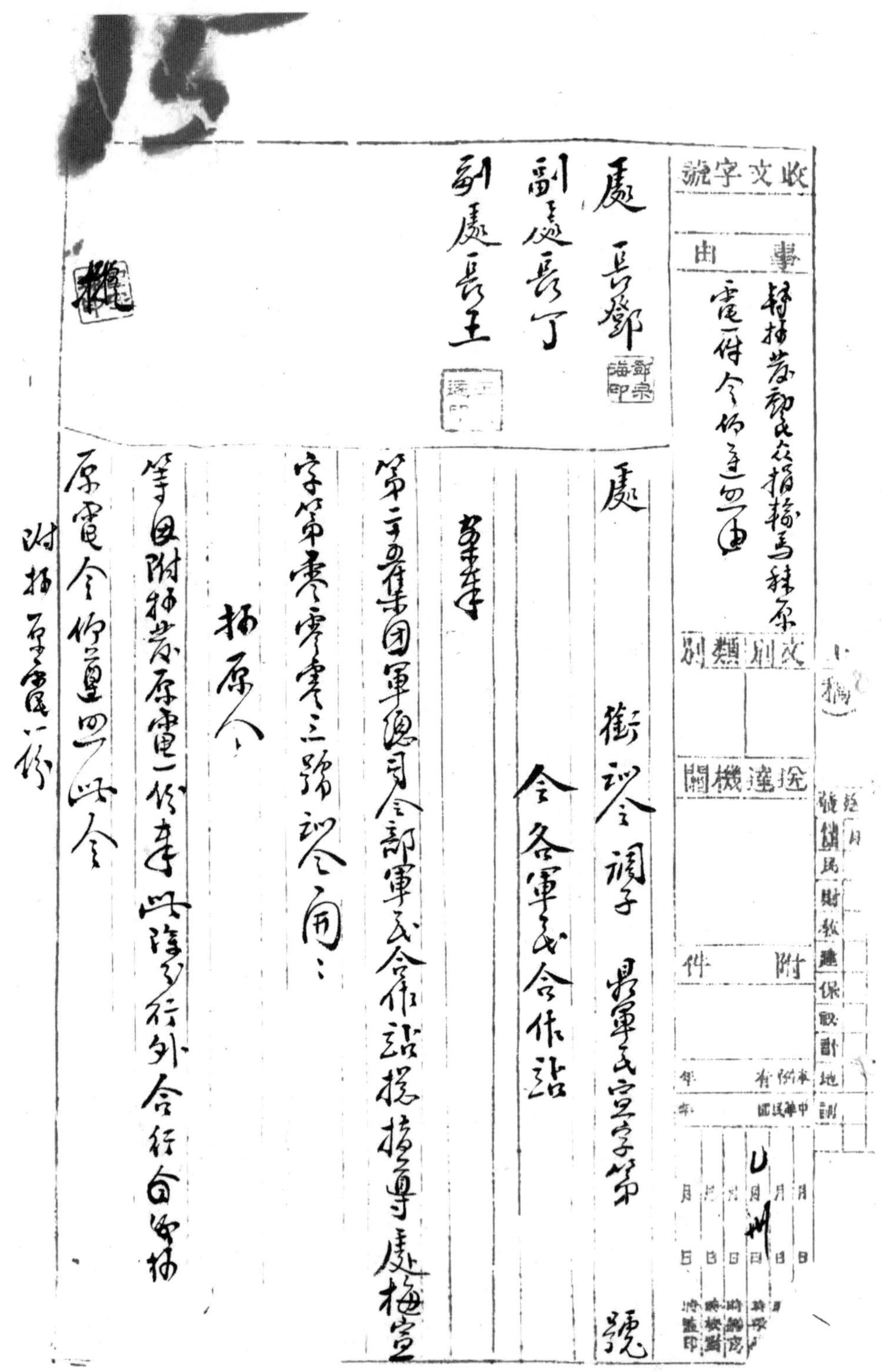

第二十五集团军总司令部军民合作站福鼎县指导处关于转抄发动民众捐输马秣的训令

（1942 年 1 月 30 日） G137-001-0008

福鼎縣政府公函 調字第 號

事由

案准

貴處調寅删鼎軍民總字第(64)號公函，略以琳江鎮軍民合作站總幹事張鍾靈所墊付第三十三師部隊食米七百市斤，擬請由田賦征實項下撥抵，該損失單米款目究以何項撥支，相應函請查照等由，准此，查田賦征實非經奉准不得移用，至過境接兵部隊食米一節，遵照規定軍隊購米應向縣政府請求代購，查三十三師在本縣過境者均有購米証，沿途食米仍希檢據逕送該主管官交涉，嗣後務宜取得現款代購，該准前由，相應函復

查照！為荷

此致

福鼎县政府关于田赋征实非经奉准不得移用沿途食米希检据径送该主管官交涉的复函

（1942 年 3 月 31 日） G133-003-0121

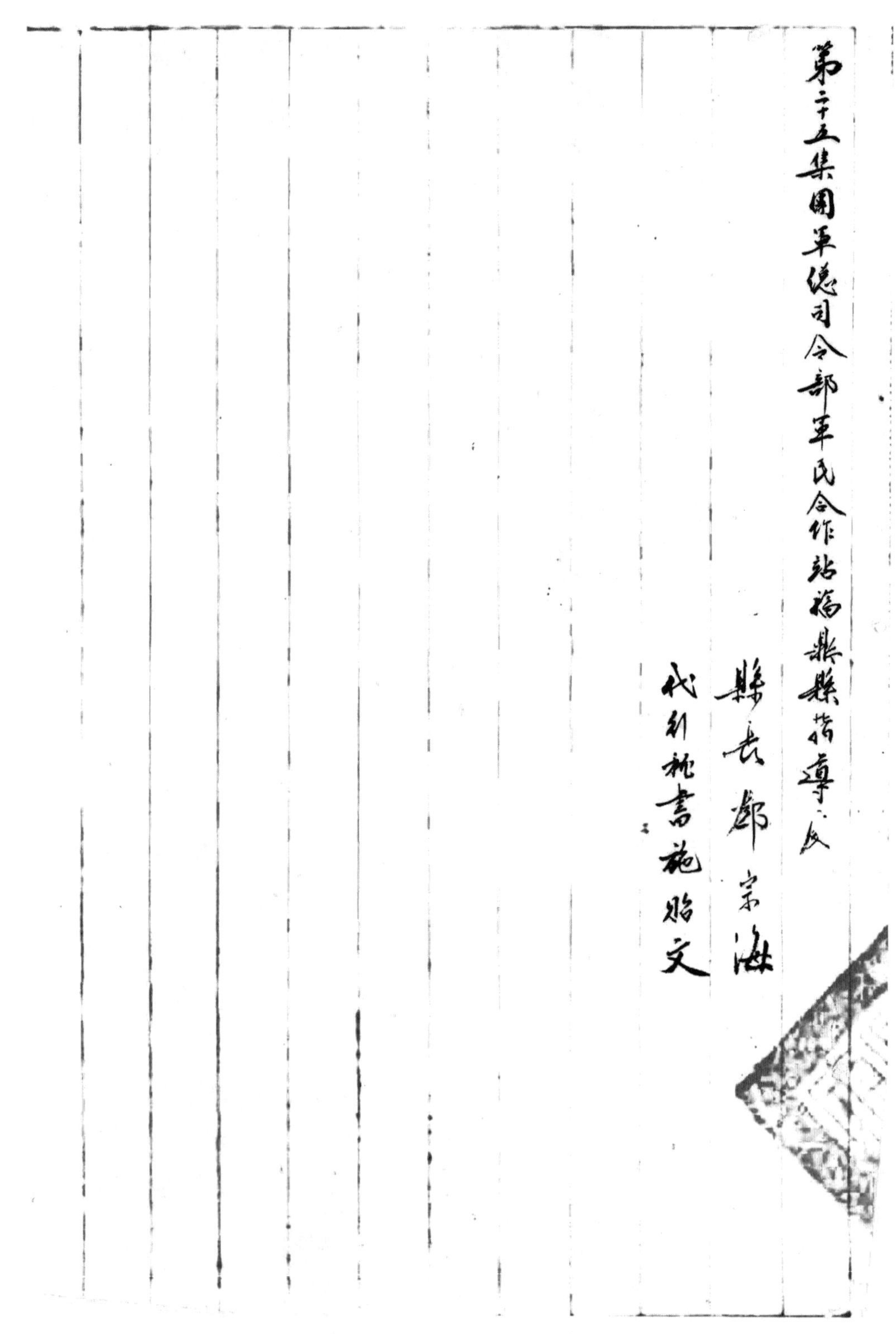
第二十五集团军总司令部军民合作站福鼎县指导员
县长郑宗海
代行秘书施贻文

福鼎县政府关于田赋征实非经奉准不得移用沿途食米希检据径送该主管官交涉的复函
（1942 年 3 月 31 日）　G133-003-0121

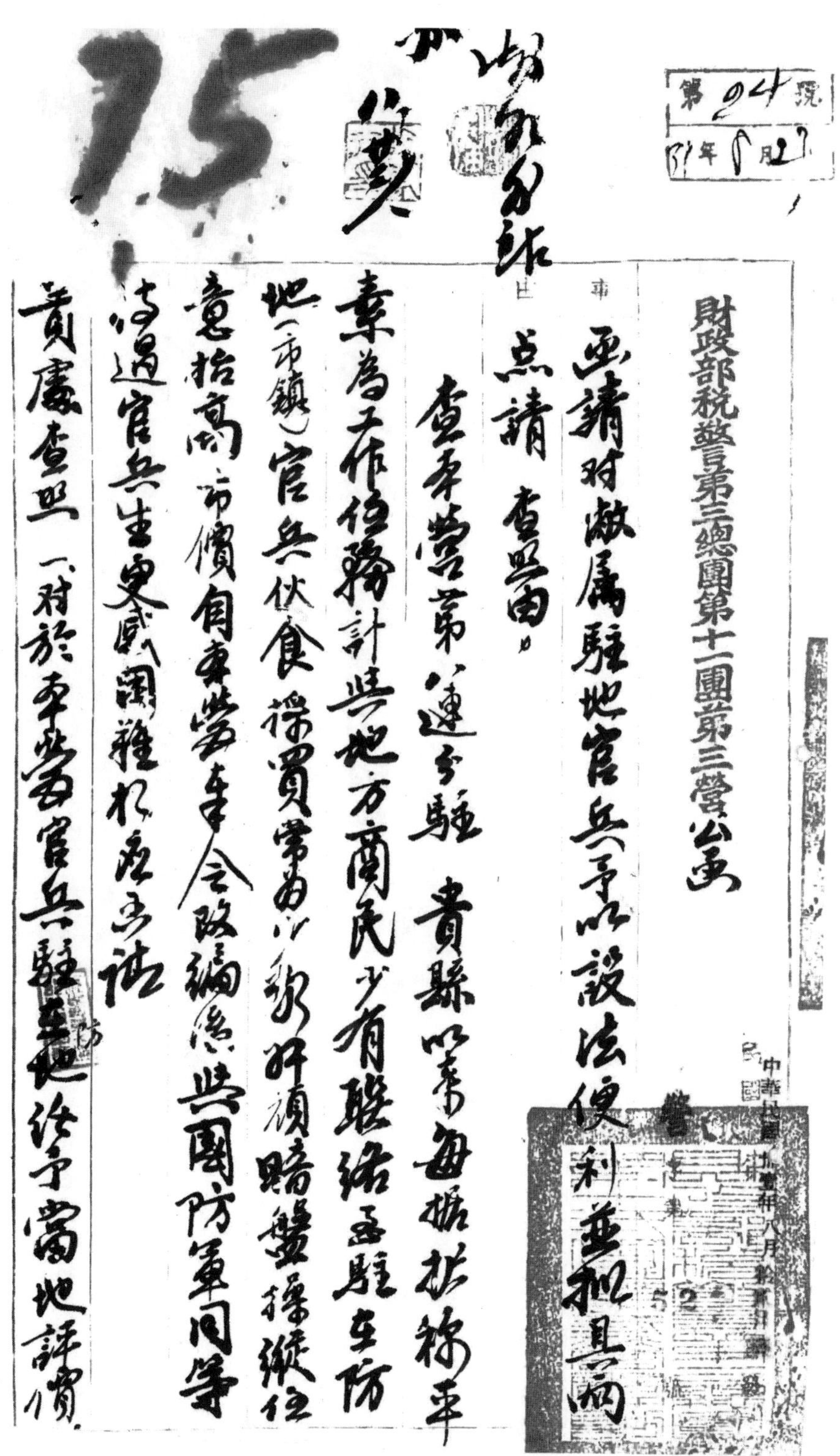

财政部税警第三总团第十一团第三营公函

函请对敝属驻地官兵予以设法便利并拟具两点请 查照由

查本营第八连分驻 贵县以常每据报称本营为工作任务计与地方商民少有联络丞驻在防地（市镇）官兵伙食采买常为以家秤须赔数采办任意抬高市价自本营奉令改编为兴国防军同等待遇官兵生活更感困难极应亟请

贵处查照 一、对于本营官兵驻在地给予当地评价

财政部税警第三总队第十一团第三营关于请对敝属驻地官兵予以设法便利并拟具两点以利防务的公函（1942年8月12日） G137-001-0008

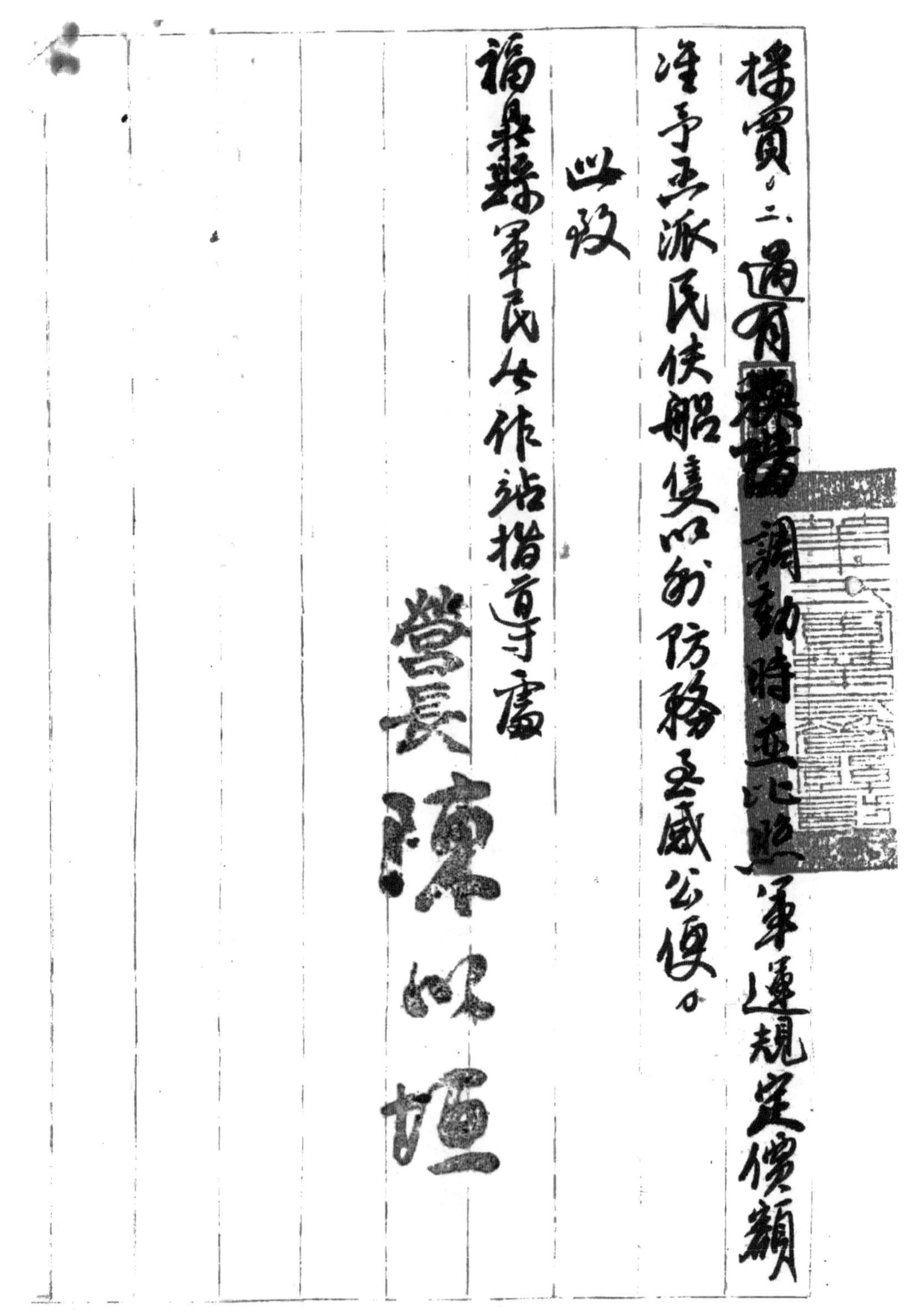
採買。二、遇有[illegible]調動時，並比照軍運規定償額，准予征派民伕船隻，以利防務，至感公便。

此致

福鼎縣軍民合作站指導處

營長 陳以恒

财政部税警第三总队第十一团第三营关于请对敝属驻地官兵予以设法便利并拟具两点以利防务的公函(1942 年 8 月 12 日)　G137-001-0008

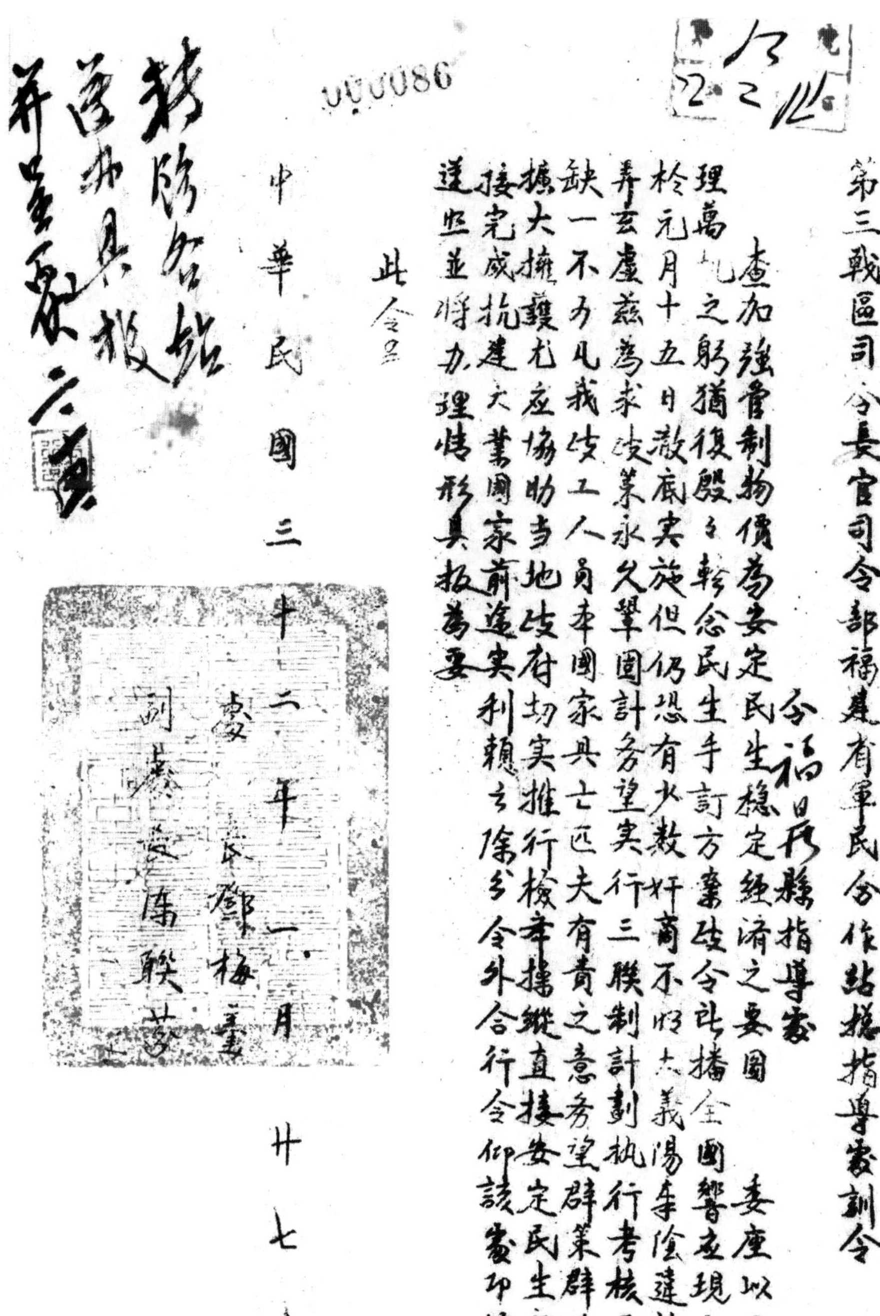

第三戰區司令長官司令部福建省軍民合作站總指導處訓令

令福鼎縣指導處

查加強管制物價爲安定民生穩定經濟之要圖委座以日理萬機之躬猶復殷殷軫念民生手訂方案頒令昭播全國響應現已於元月十五日澈底實施但仍恐有少數奸商不明大義陽奉陰違故弄玄虛藉爲求售企業永久鞏固計務望實行三聯制計劃執行考核三者缺一不可凡我黨政工人員本國家興亡匹夫有責之意務望群策群力擴大擁護尤應協助當地黨府切實推行檢舉操縱直接安定民生間接完成抗建大業國家前途實利賴之除分令外合行令仰該處即便遵照並將辦理情形具報爲要

此令

中華民國三十二年一月廿七日

處長 鄭梅董

副處長 陳聯芬

第三战区司令长官司令部福建省军民合作站总指导处关于加强管制物价检举操纵并将办理情形具报的训令(1943 年 1 月 27 日)　G133-003-0120

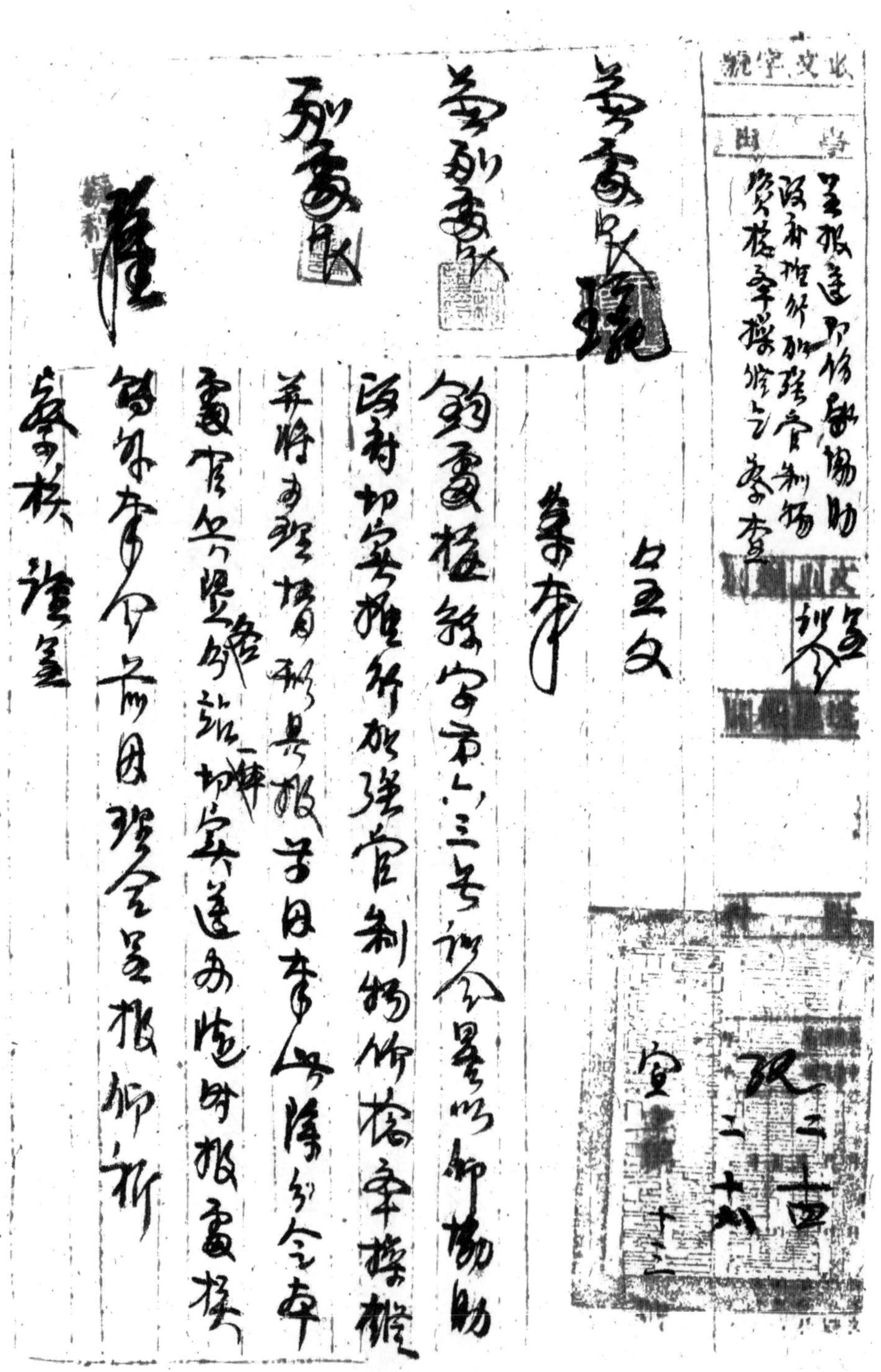

第三战区司令长官司令部福建省福鼎县军民合作站指导处关于遵令饬属协助政府推行加强管制物价检举操纵的呈文(1943 年 2 月 18 日)　G133-003-0120

第三战区司令长官司令部福建省福鼎县军民合作站指导处关于遵令饬属协助政府推行加强管制物价检举操纵的呈文(1943 年 2 月 18 日)a 面　G133-003-0120

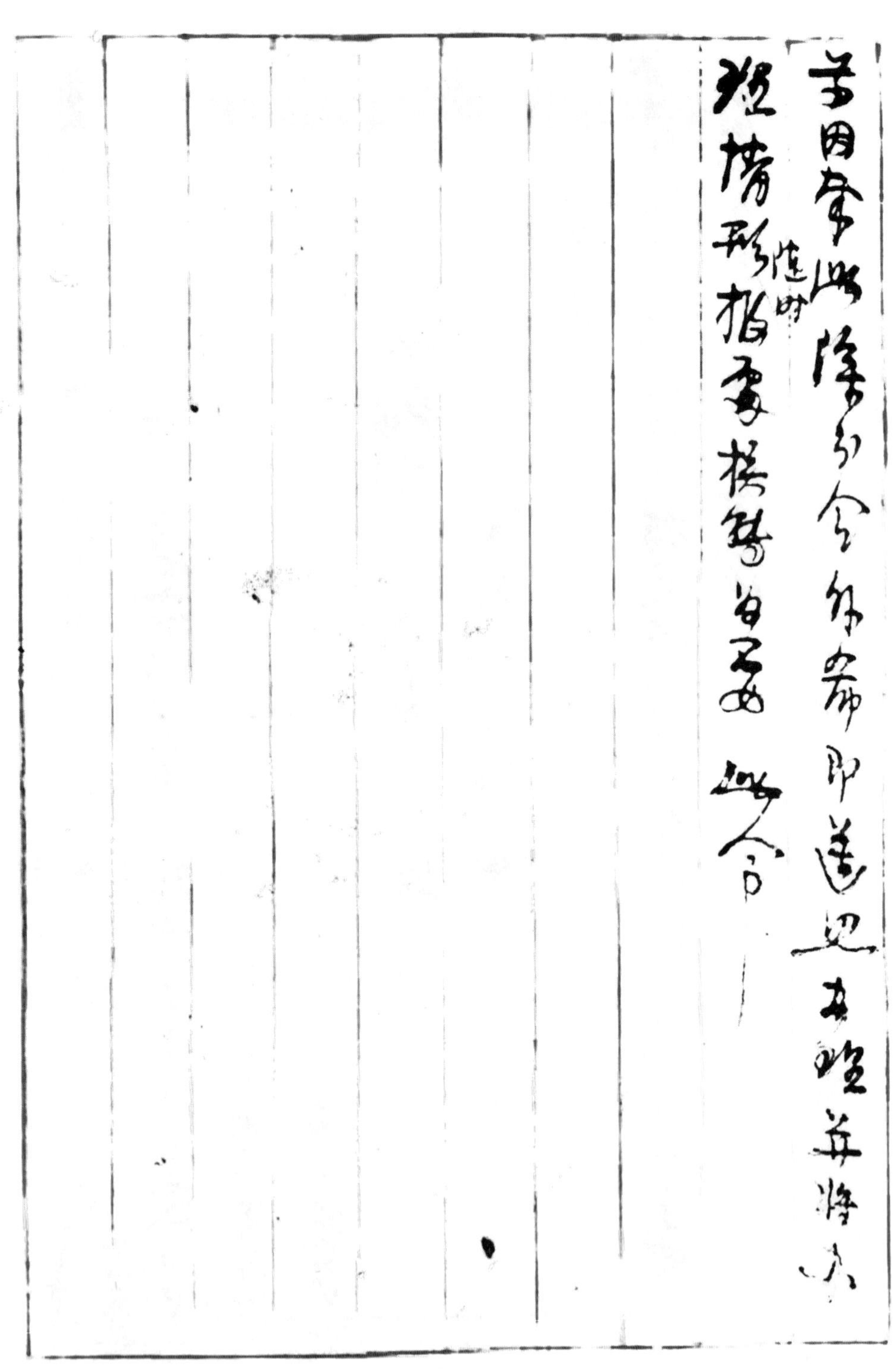

第三战区司令长官司令部福建省福鼎县军民合作站指导处关于遵令饬属协助政府推行加强管制物价检举操纵的呈文(1943 年 2 月 18 日)b 面 G133-003-0120

外轄事 知照

福建省合作社物品供
銷處福鼎縣供銷分處監理委員會代電 陽六次 監處字第 號
平民合作社消費合作社鑒查本省府電飭加緊節約每星期准
宰毛豬一次餘日一律禁屠等因自應遵辦茲擬自本周起每逢星期
日本分處飭工在[illegible]宰毛豬供應各機關消費合作社及
民衆每斤[illegible]天氣[illegible]熱肉類易壞非先期預約誠恐供應困
難特定以後[illegible]各機關合作社先買購肉證期間至星期日上
午憑證領肉[illegible]不[illegible]請[illegible]星期日已屆各社如有需
請於明日星期[illegible]列单加蓋除戳飭[illegible]處以憑辦理除分電暨佈告民
衆周知外特電查照縣長兼主任王道純監發

福建省合作社物品供销处福鼎县供销分处监理委员会关于各机关合作社先买购肉证周日凭证领肉的代电(1943 年 6 月 10 日) G137-001-0003

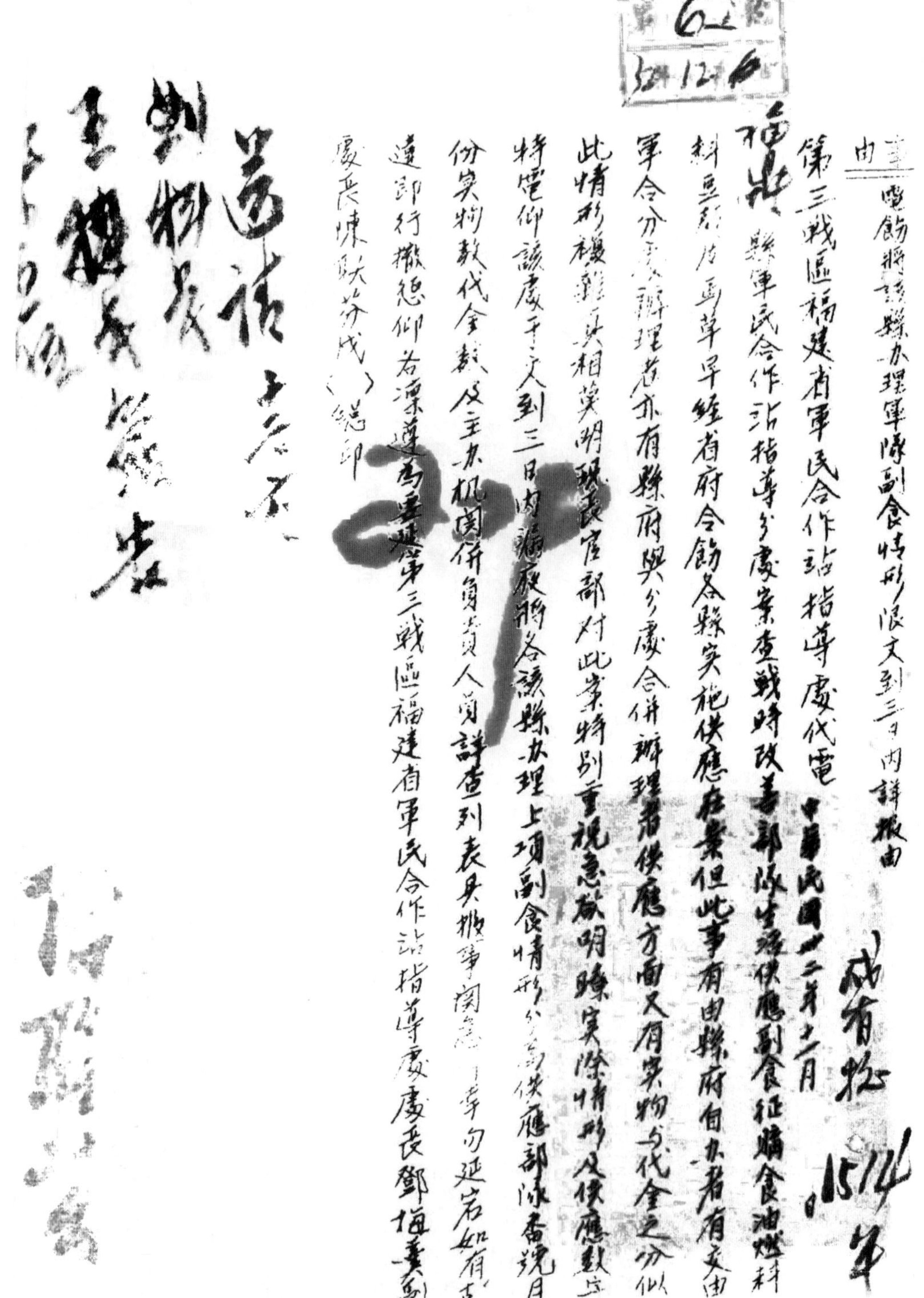

第三战区福建省军民合作站指导处关于限期将该县办理军队副食情形详报的代电

（1943 年 11 月 25 日）　G137-001-0002

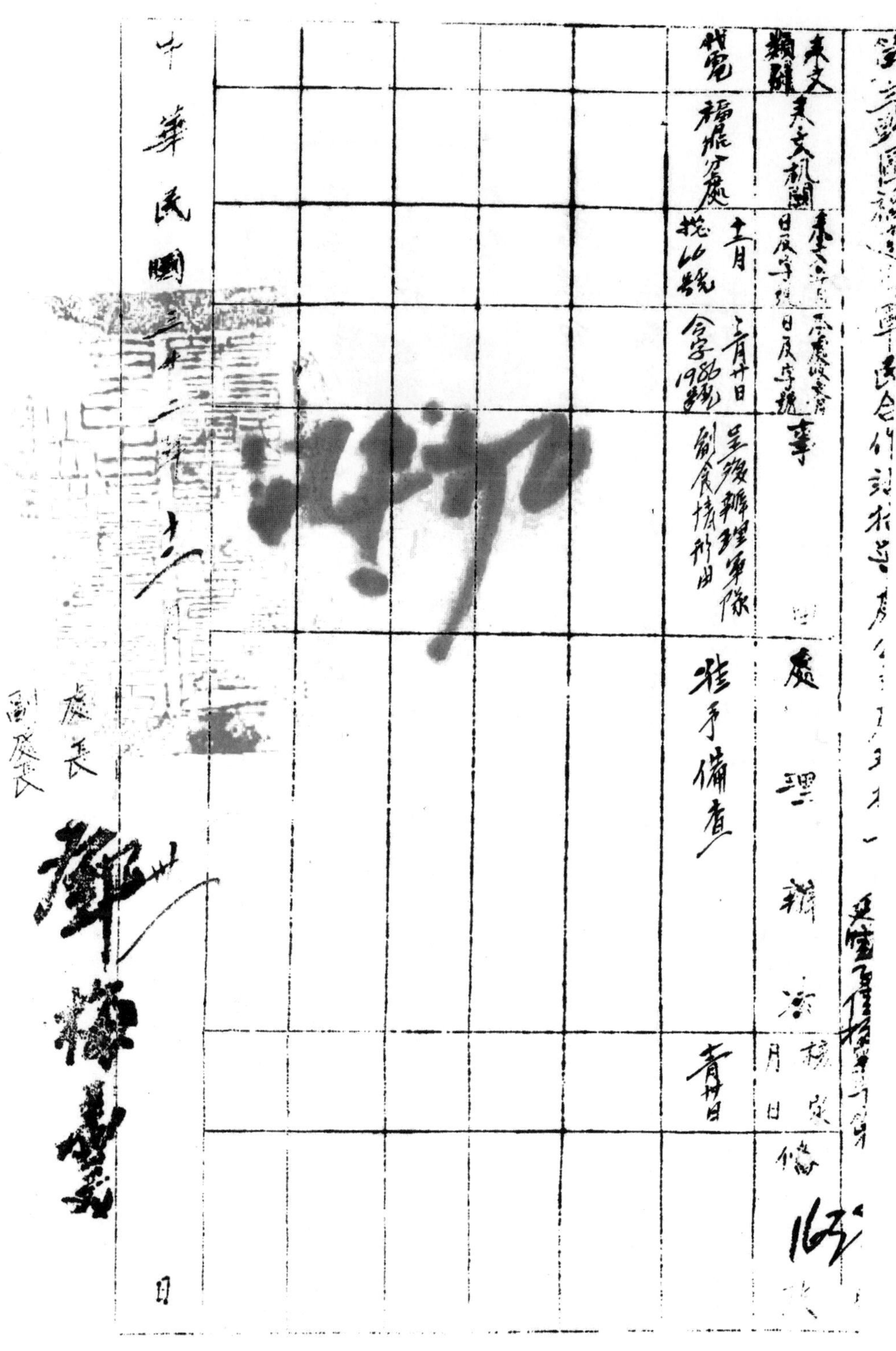

第三战区福建省军民合作站指导处公文摘要表：福鼎县分处办理军队副食情形的呈文准予备查

（1943年12月31日） G137-001-0005

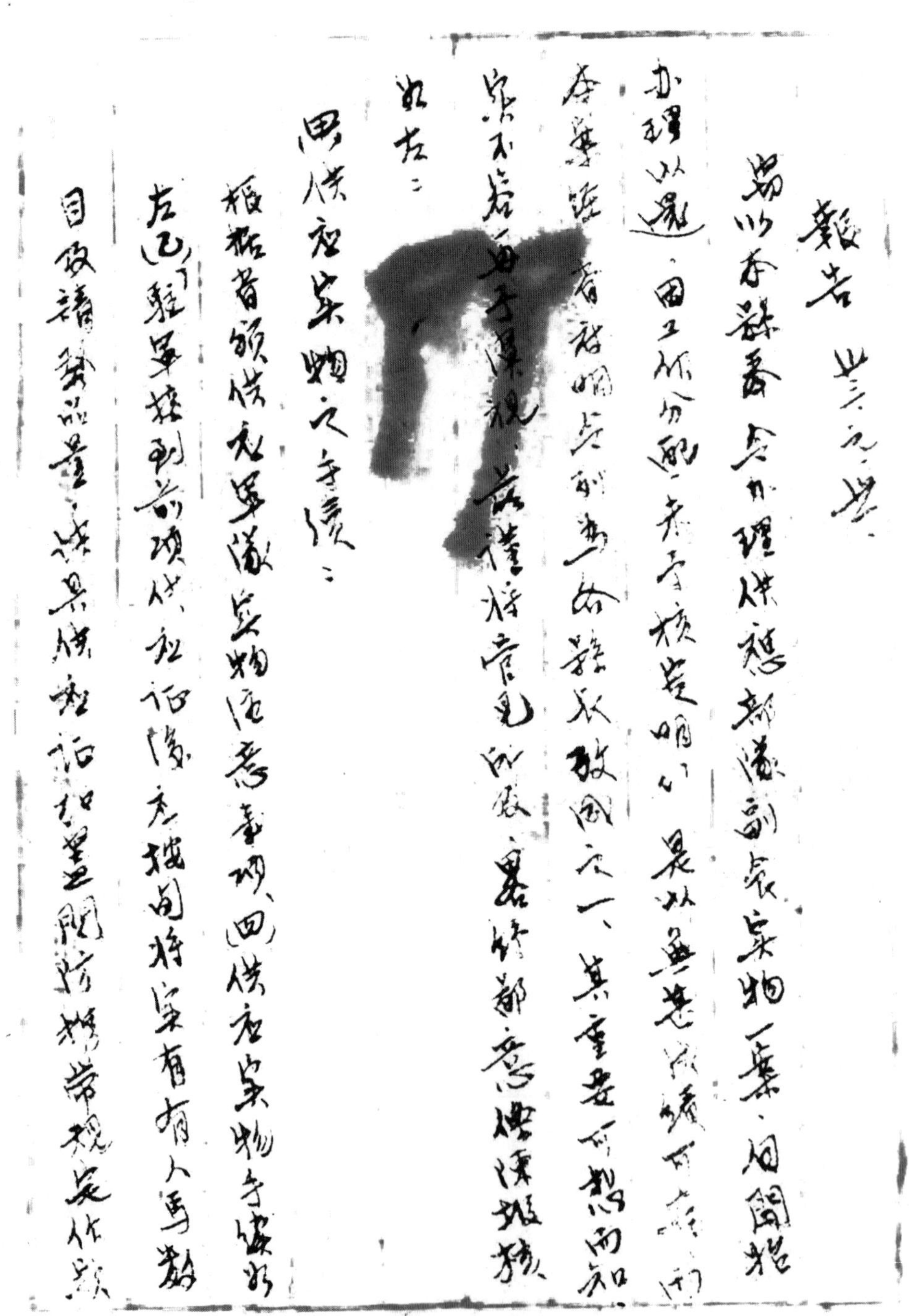
報告　卅三、元、卅
窃以本縣奉令办理供應部隊副食實物一案，因關於
办理以還，由工作分配未予核定明了，是以無甚成績可言，
本處除奉發明文副本與各縣長致函交一、其重要可想而知，
實不容再予漠視，茲謹將管見所及，略述鄙意，俾供採擇
如左：
（一）供應實物之手續：
根據首領供應部隊實物注意事項（四）供應實物手續第
（乙）駐軍接到前項供應証後，未核對將實有人馬數
目按請發品量，該具供應証知照關防，按常規送作[illegible]

第三战区福建省福鼎县军民合作站指导分处副处长陈历屏关于办理供应部队副食实物工作的报告（1944年1月31日）a面　G137-001-0001

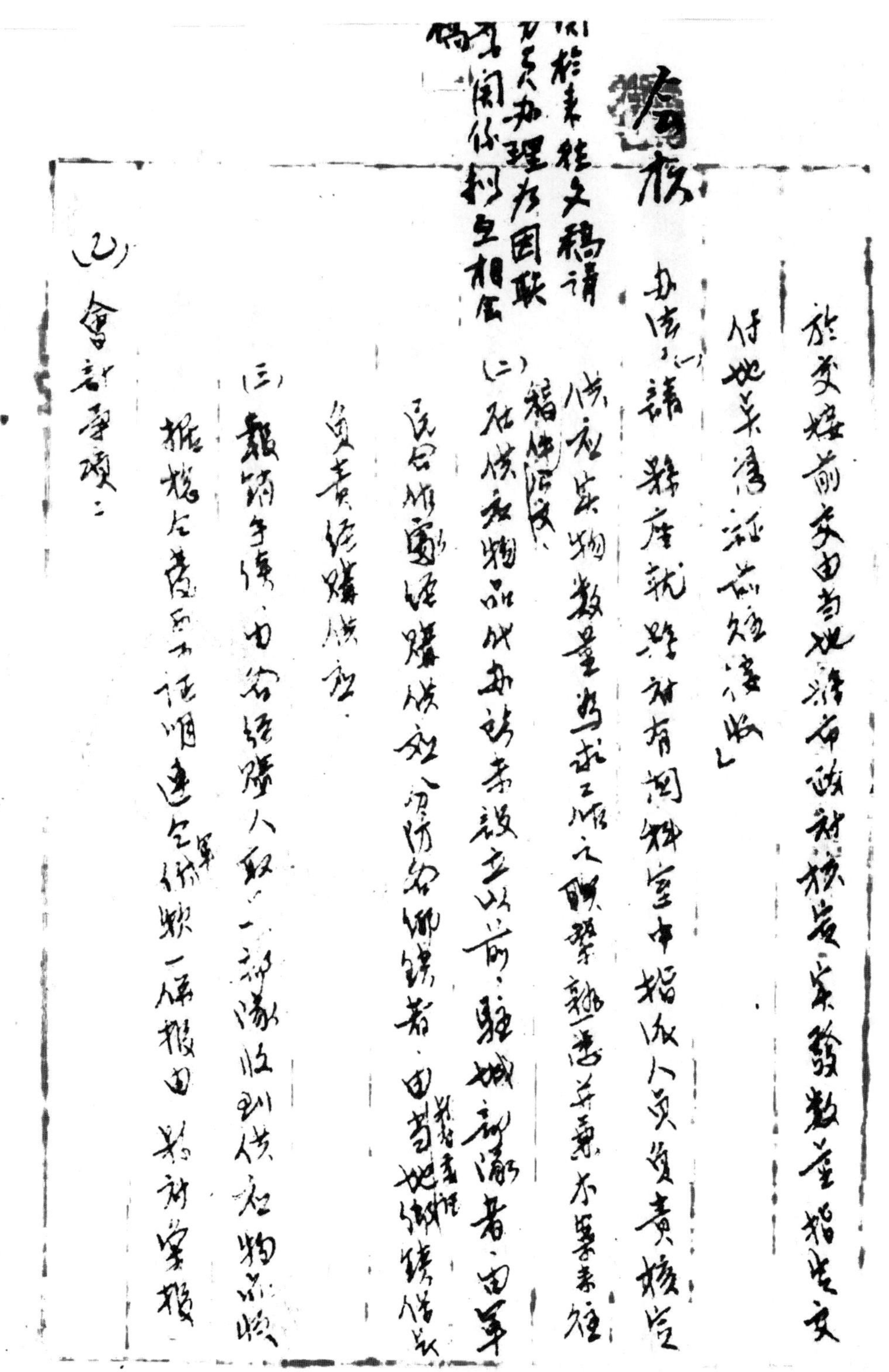

第三战区福建省福鼎县军民合作站指导分处副处长陈历屏关于办理供应部队副食实物工作的报告
（1944 年 1 月 31 日）b 面　G137-001-0001

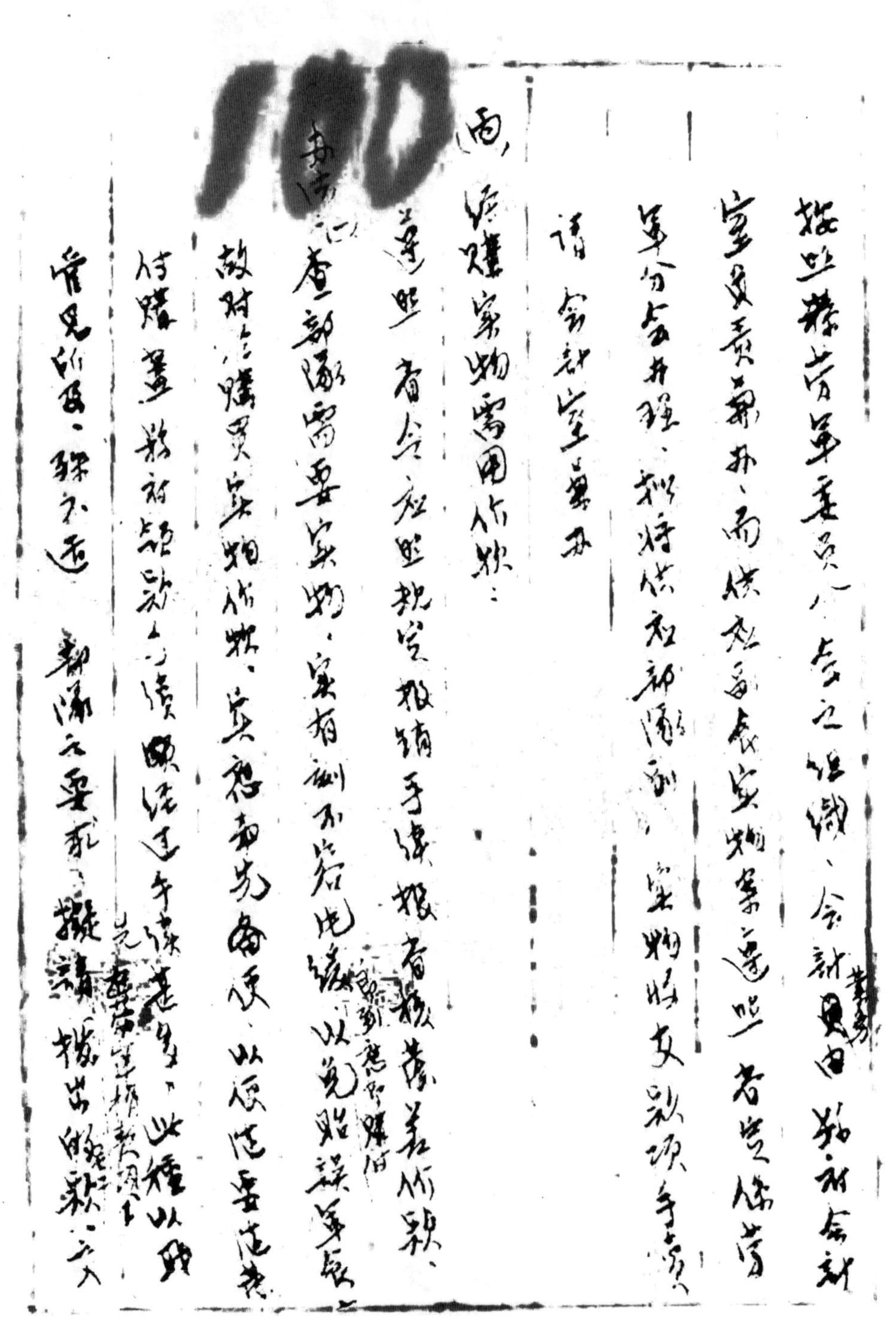

第三战区福建省福鼎县军民合作站指导分处副处长陈历屏关于办理供应部队副食实物工作的报告

(1944年1月31日)a面 G137-001-0001

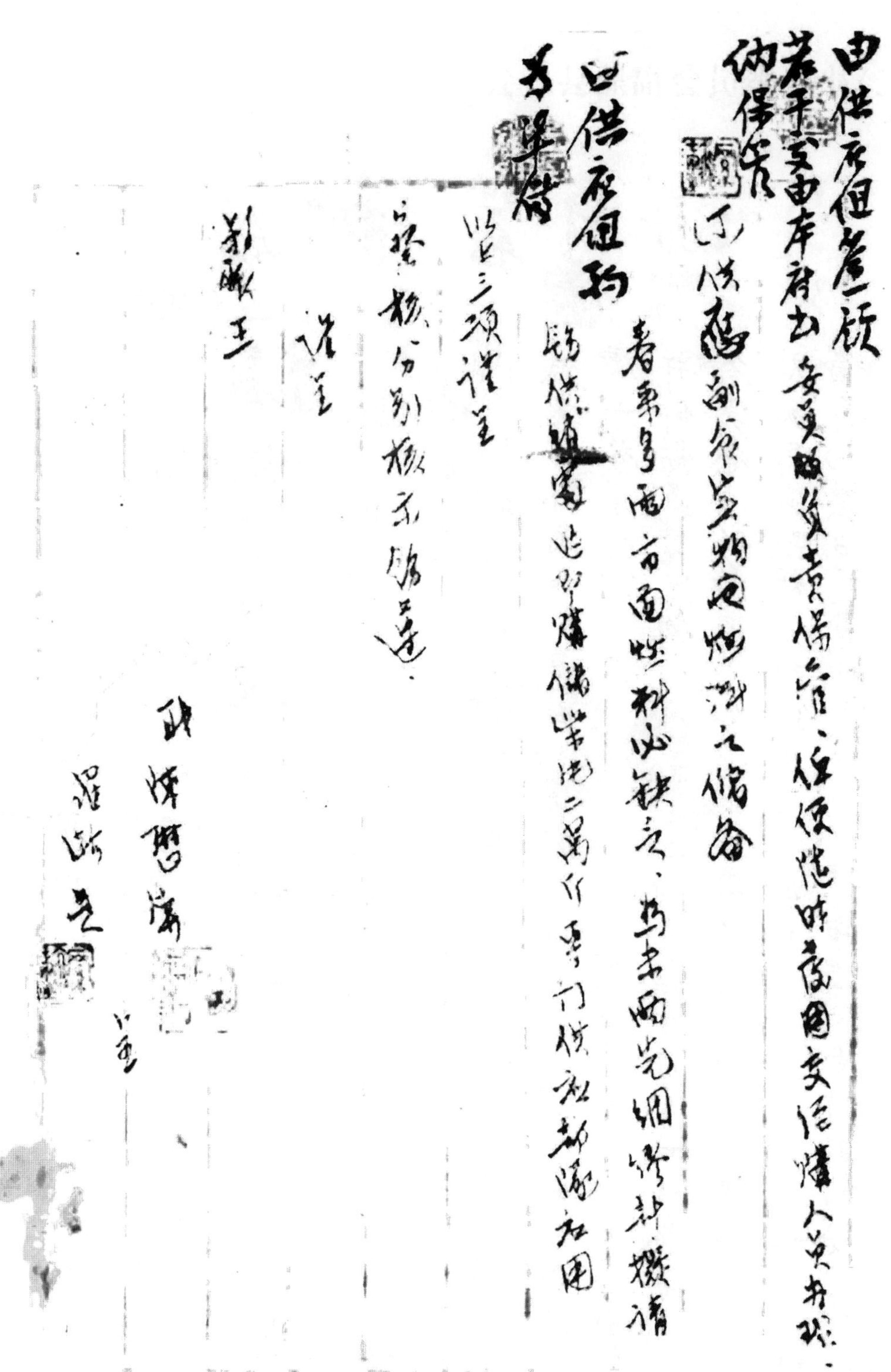

由供应组负责
若干交由本府出面负责保管，俾便随时派用交给人员办理。
纳保管
（丁）供应副食品物资之储备
[illegible]市面燃料必缺乏，将来[illegible]拟请
由供应组[illegible]
[illegible]供销处[illegible]储备[illegible]二万斤专门供应部队在[illegible]
以上三项谨呈
鉴核分别核示祗遵
谨呈
副座王
陈历屏
[illegible]

第三战区福建省福鼎县军民合作站指导分处副处长陈历屏关于办理供应部队副食实物工作的报告（1944年1月31日）b面 G137-001-0001

(二)补给委员会福鼎县分会

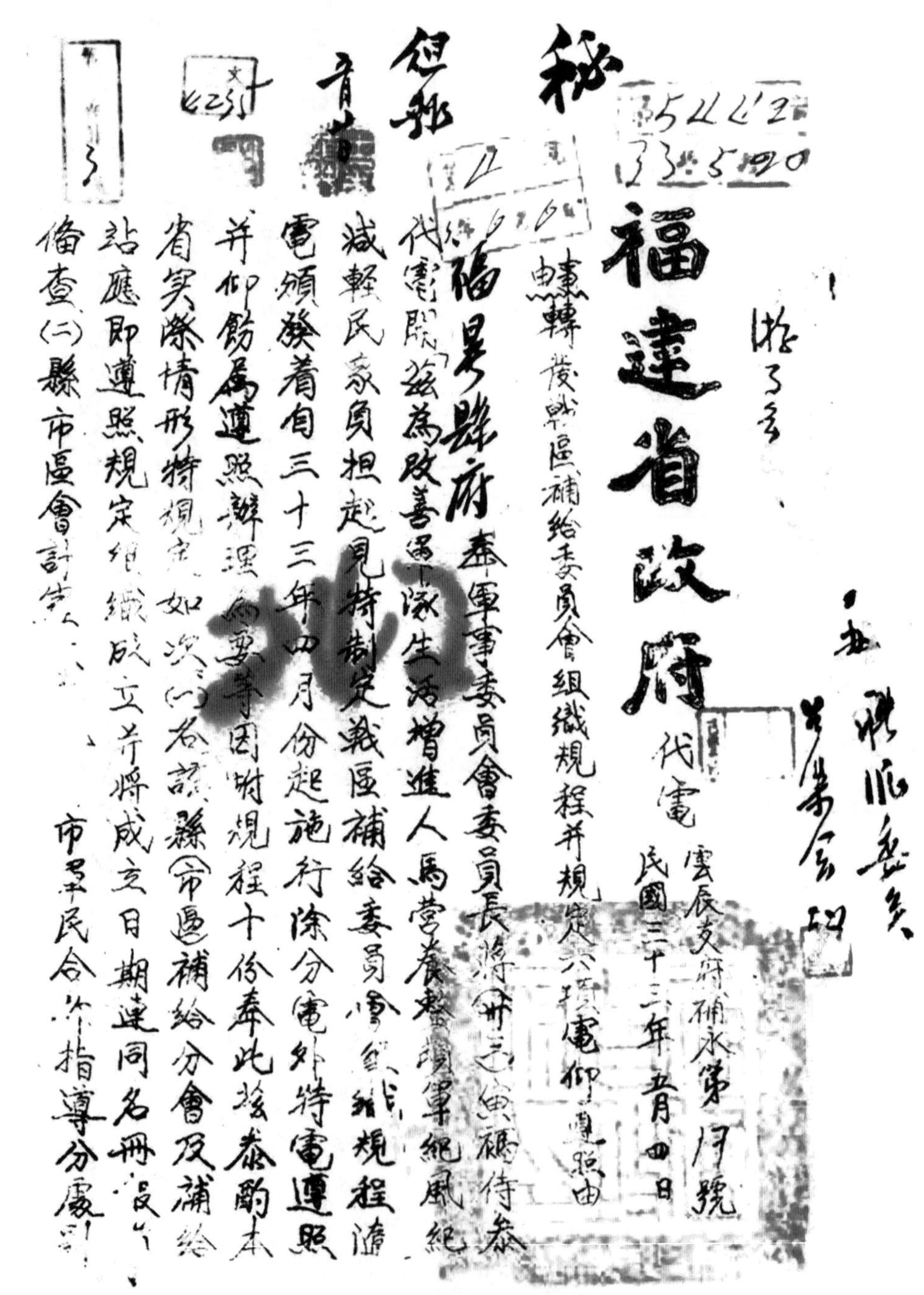

福建省政府关于转发战区补给委员会组织规程并规定六项仰遵办具报的代电

(1944年5月4日)a面 G137-001-0004

處長得為縣市區副　之分會印信准、目
刊關為任級別、防、次、　縣（市區）分
[illegible]關防」、補給站印信由縣、　刊[illegible]長一寸五公分、寬三
公分、文曰「福建省補給委員會　縣分會第幾補給站之
將啟用日期連同印模報省報查、（四）各補給分會得設兩股
分辦補給會計業務、補給股長由該縣軍民合作指導分
處副處長兼任、不設指導分處之縣區由國民兵團副團長
兼任、會計股長由縣會計室主任兼任、（五）分處必需人員均
就指導分處或國民兵團及會計室職員中調兼、（六）各補給
分會補給站不另支報經常費、必需費用由縣負擔、上六項
除分電外、茲抄發上項規程兩份、仰即遵辦具報。劉建緒府
補秘（　）印　附規程兩份

福建省政府关于转发战区补给委员会组织规程并规定六项仰遵办具报的代电

（1944年5月4日）b面　G137-001-0004

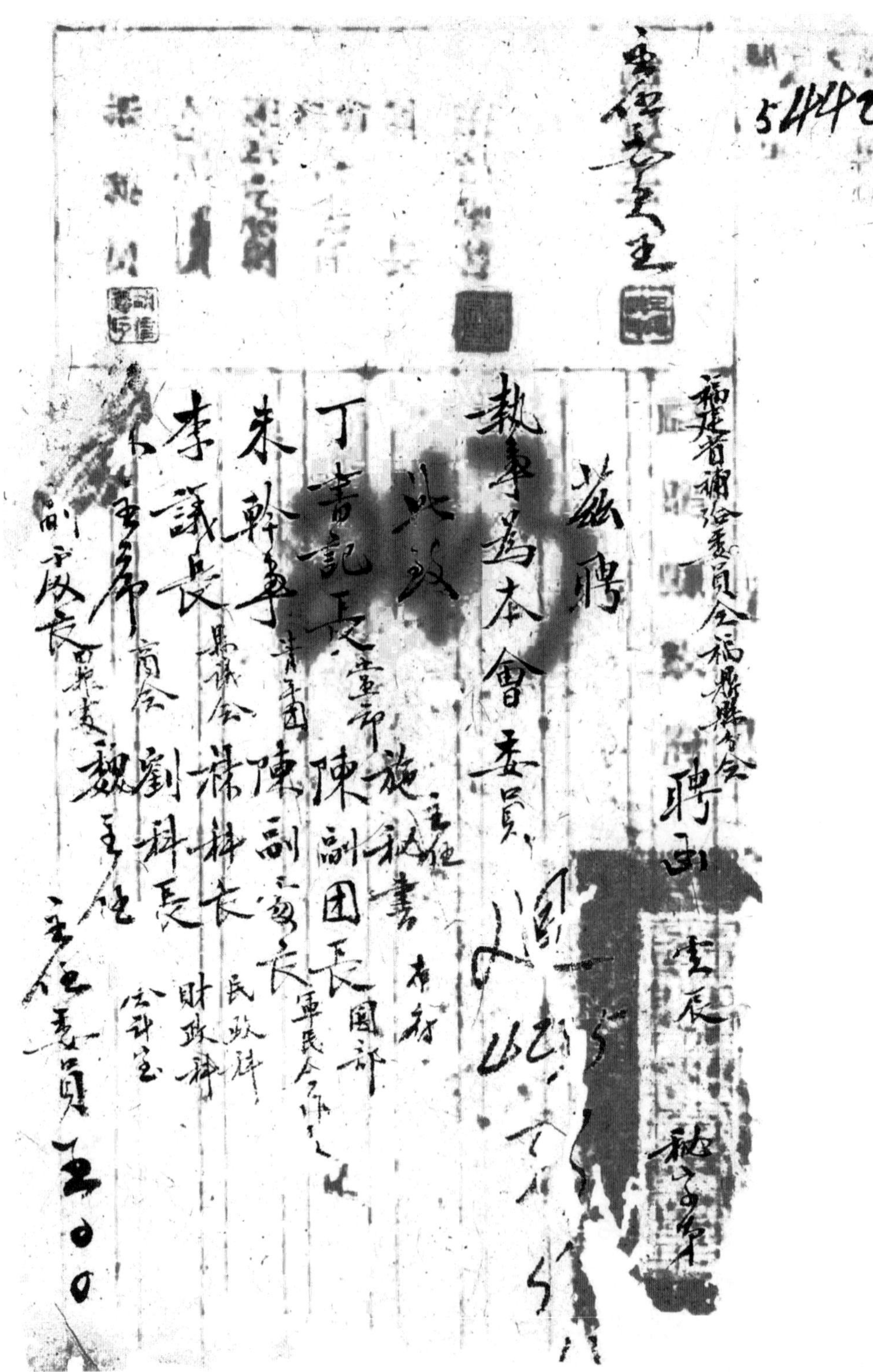

福建省补给委员会福鼎县分会关于聘丁梅熏、陈历屏等十一人为本会委员的聘函

（1944 年 5 月 24 日） G137-001-0004

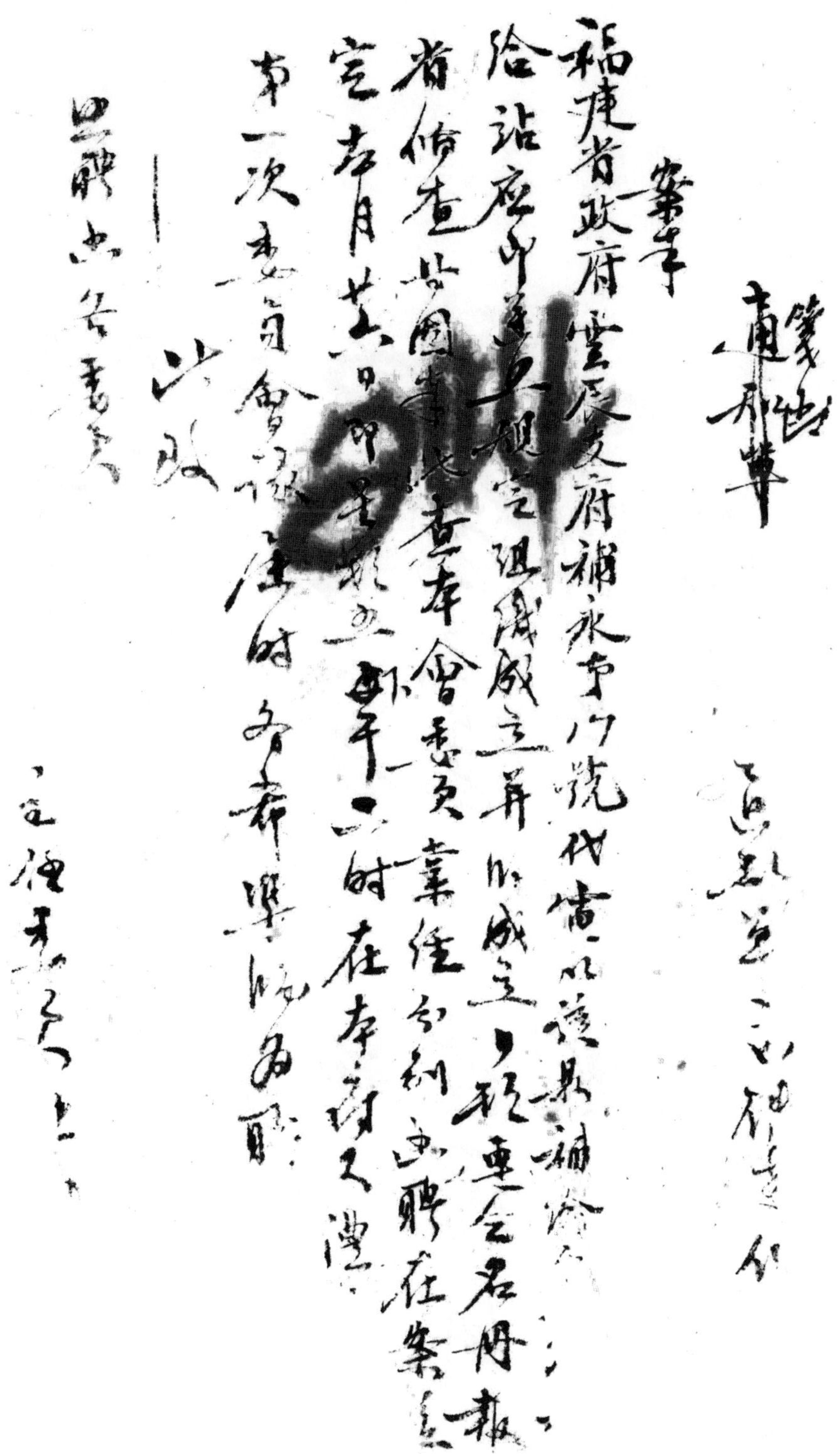

福建省补给委员会福鼎县分会关于通知本月二十六日召开第一次委员会议的笺函

（1944 年 5 月 25 日） G137-001-0004

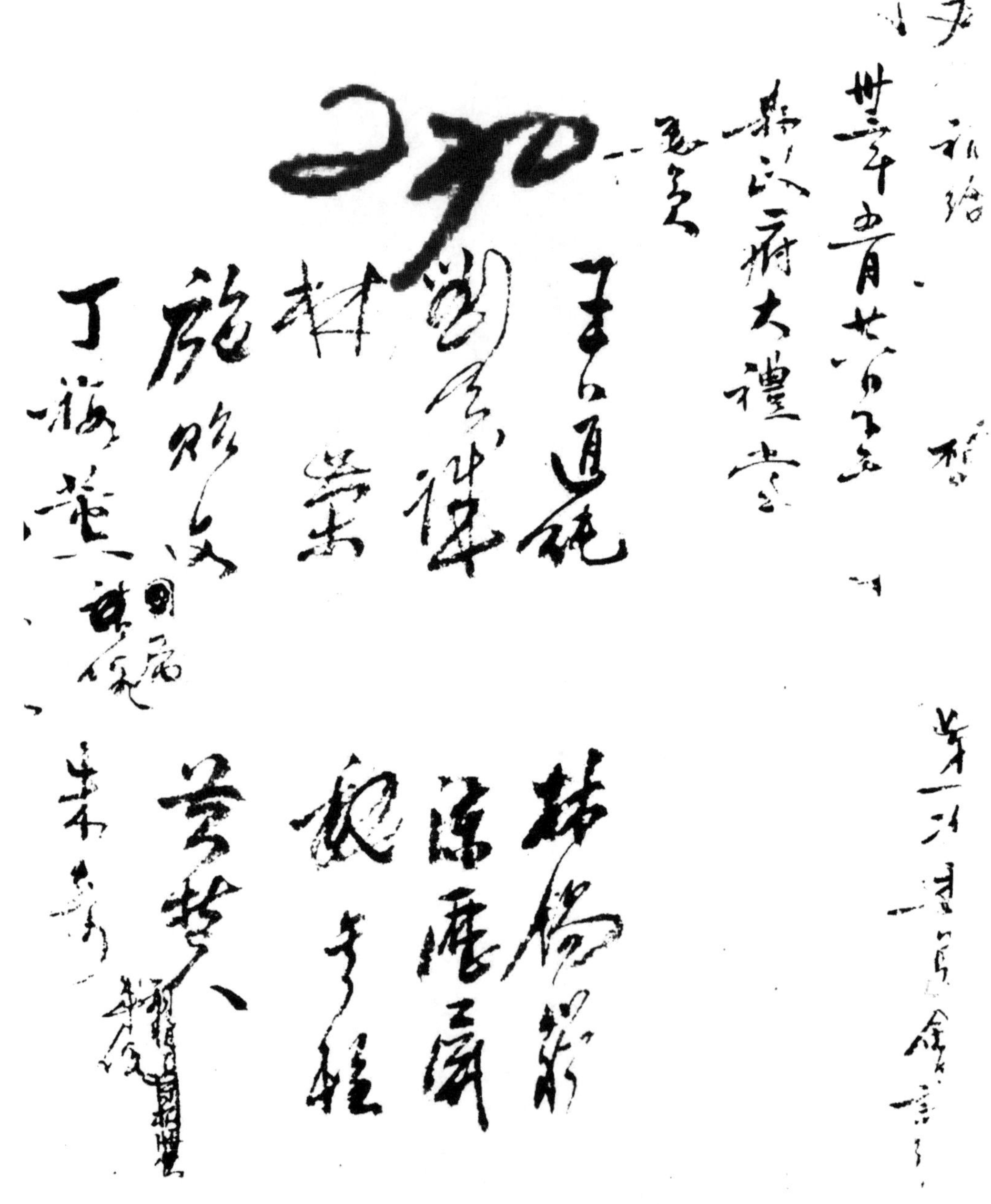

福建省补给委员会福鼎县分会召开第一次委员会议记录

(1944 年 5 月 26 日)a 面　G137-001-0003

[illegible]

主席：吴[illegible]县长

行礼如仪

主席报告本会组织补给会情形

讨论事项

一、本会设秘书一人，应如何规定由县府[illegible]科[illegible]

[illegible]

议决：[illegible]

[illegible]

福建省补给委员会福鼎县分会召开第一次委员会议记录

(1944年5月26日)b面　G137-001-0003

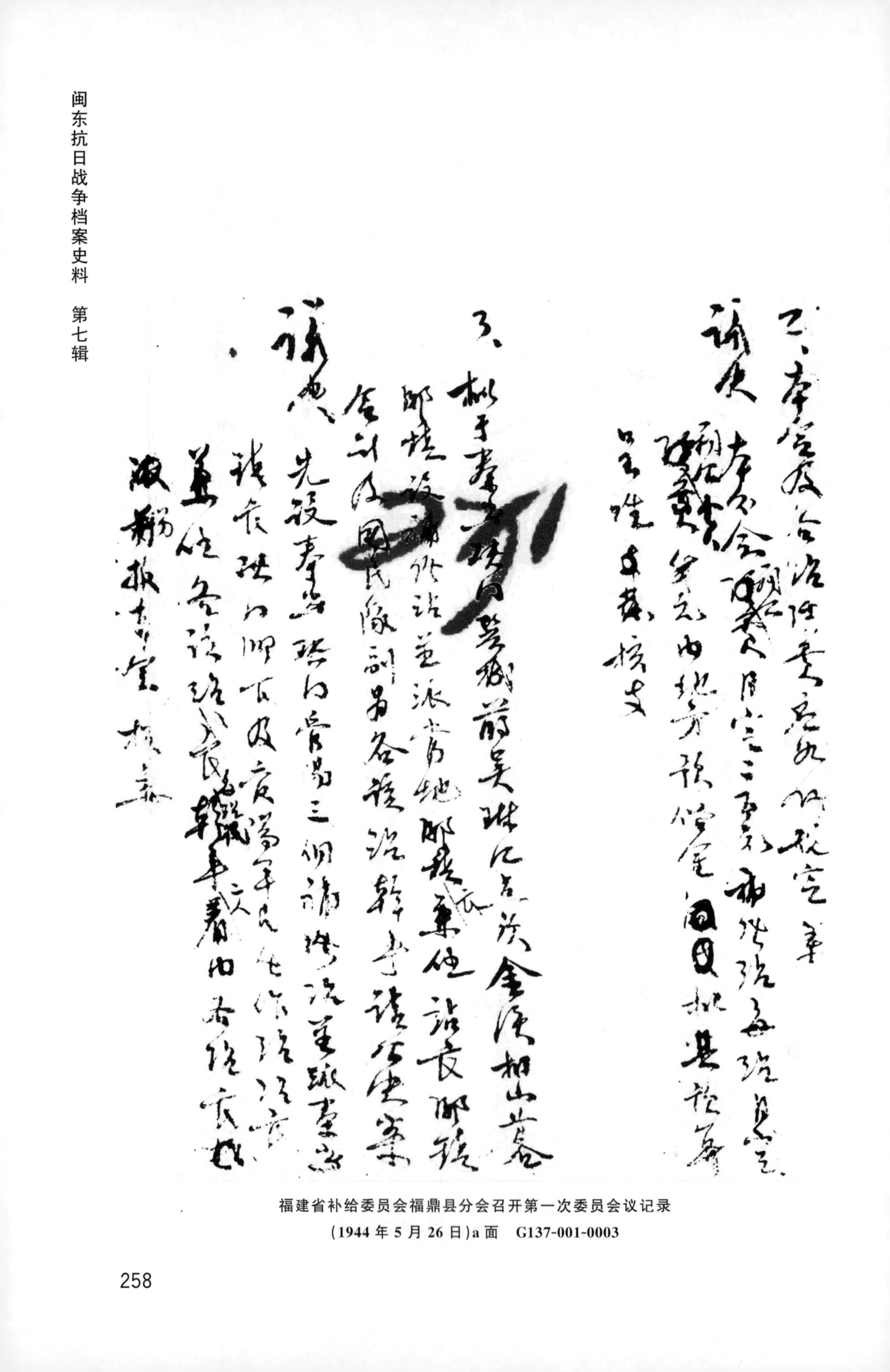

福建省补给委员会福鼎县分会召开第一次委员会议记录

(1944 年 5 月 26 日)a 面 G137-001-0003

福建省补给委员会福鼎县分会召开第一次委员会议记录

(1944 年 5 月 26 日)b 面　G137-001-0003

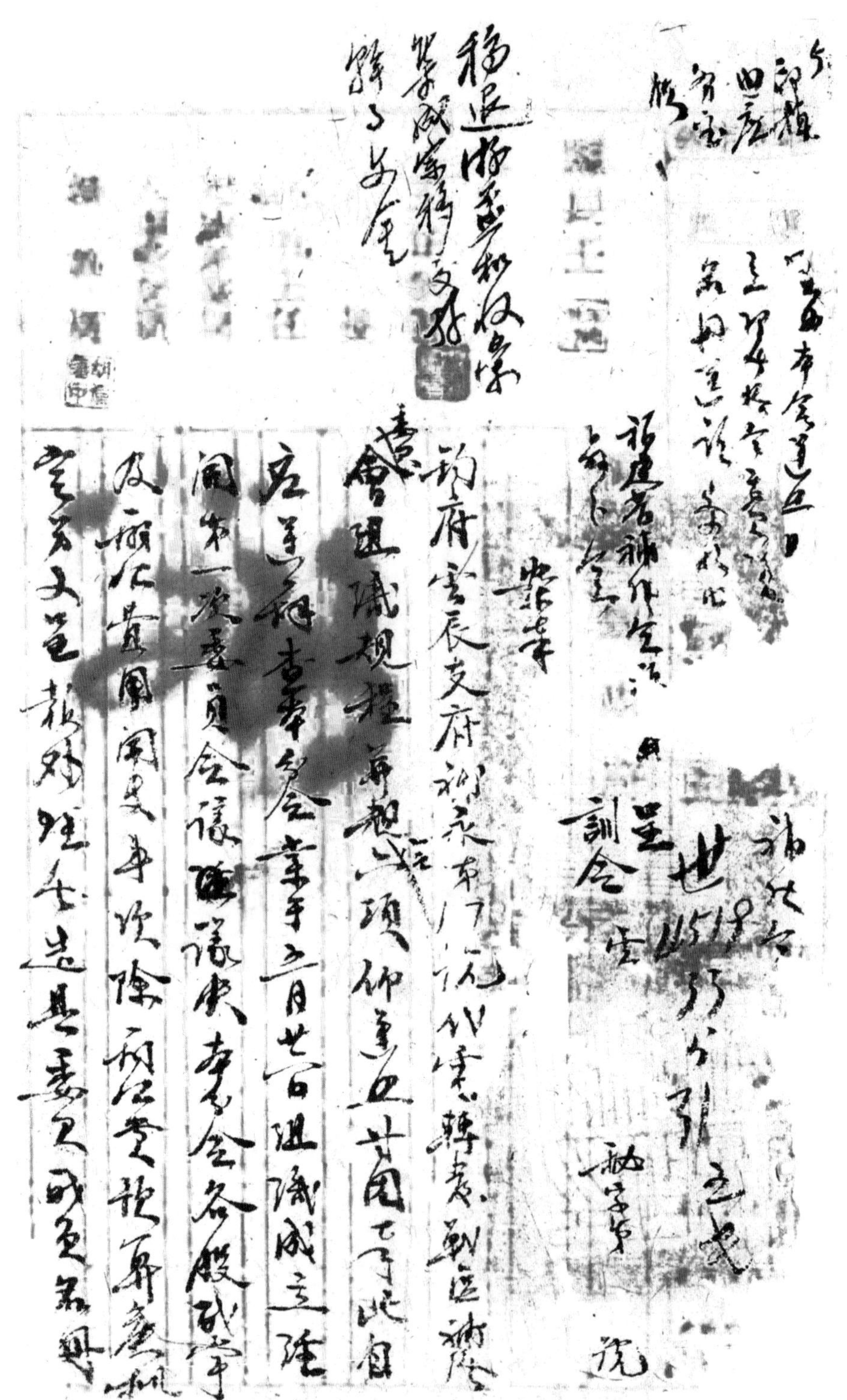

福建省补给委员会福鼎县分会关于本会五月二十六日成立并报送委员、成员名册的呈文

（1944年5月31日） G137-001-0004

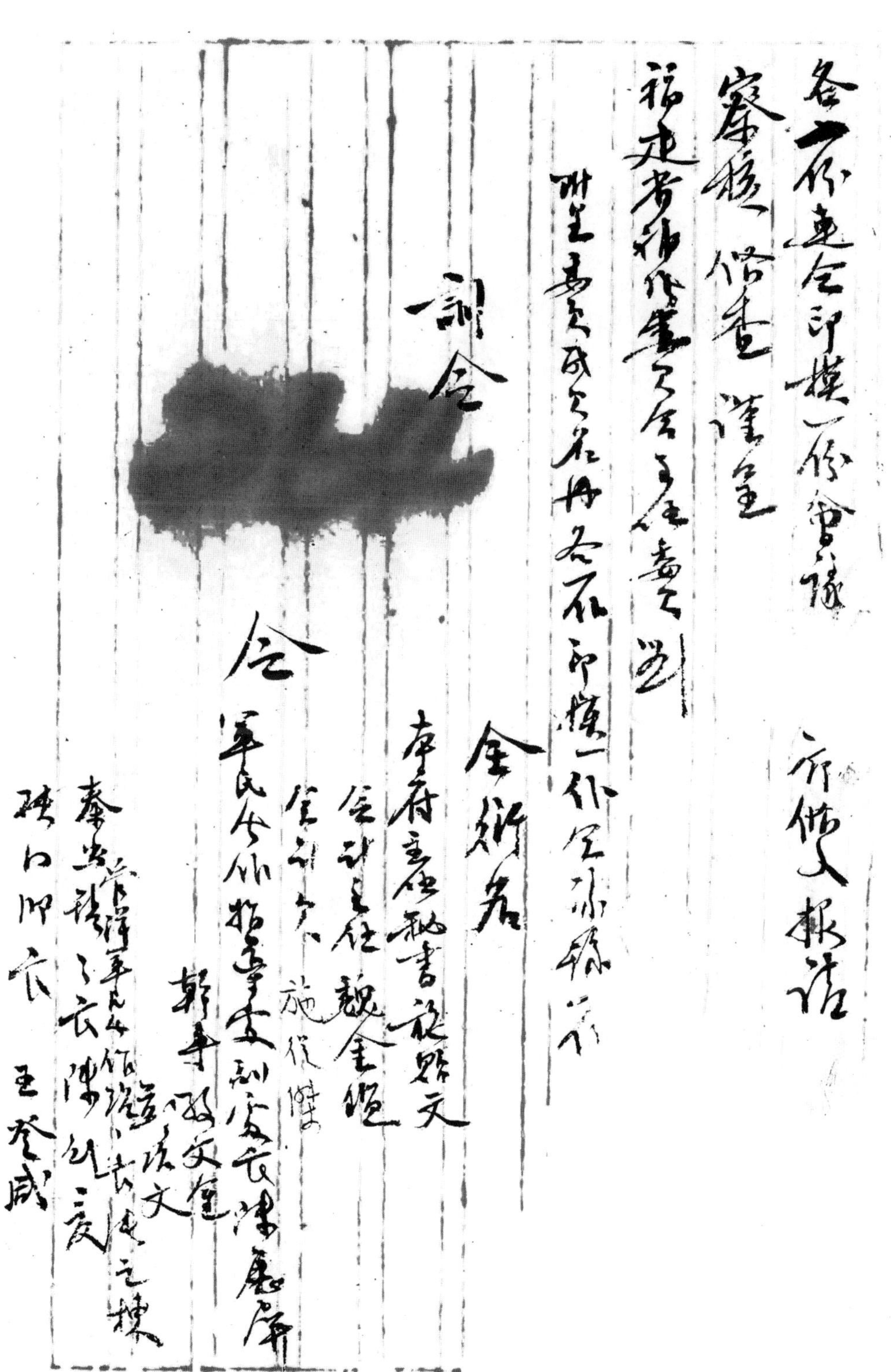

府備文報請
察核備查。謹呈
福建省補給委員會主任委員劉
附呈委員成員名冊各一份
訓令
全銜名
本府主任秘書
會計主任
令
軍民合作指導員副隊長陳鳳屏
幹事

福建省补给委员会福鼎县分会关于本会五月二十六日成立并报送委员、成员名册的呈文

（1944 年 5 月 31 日） G137-001-0004

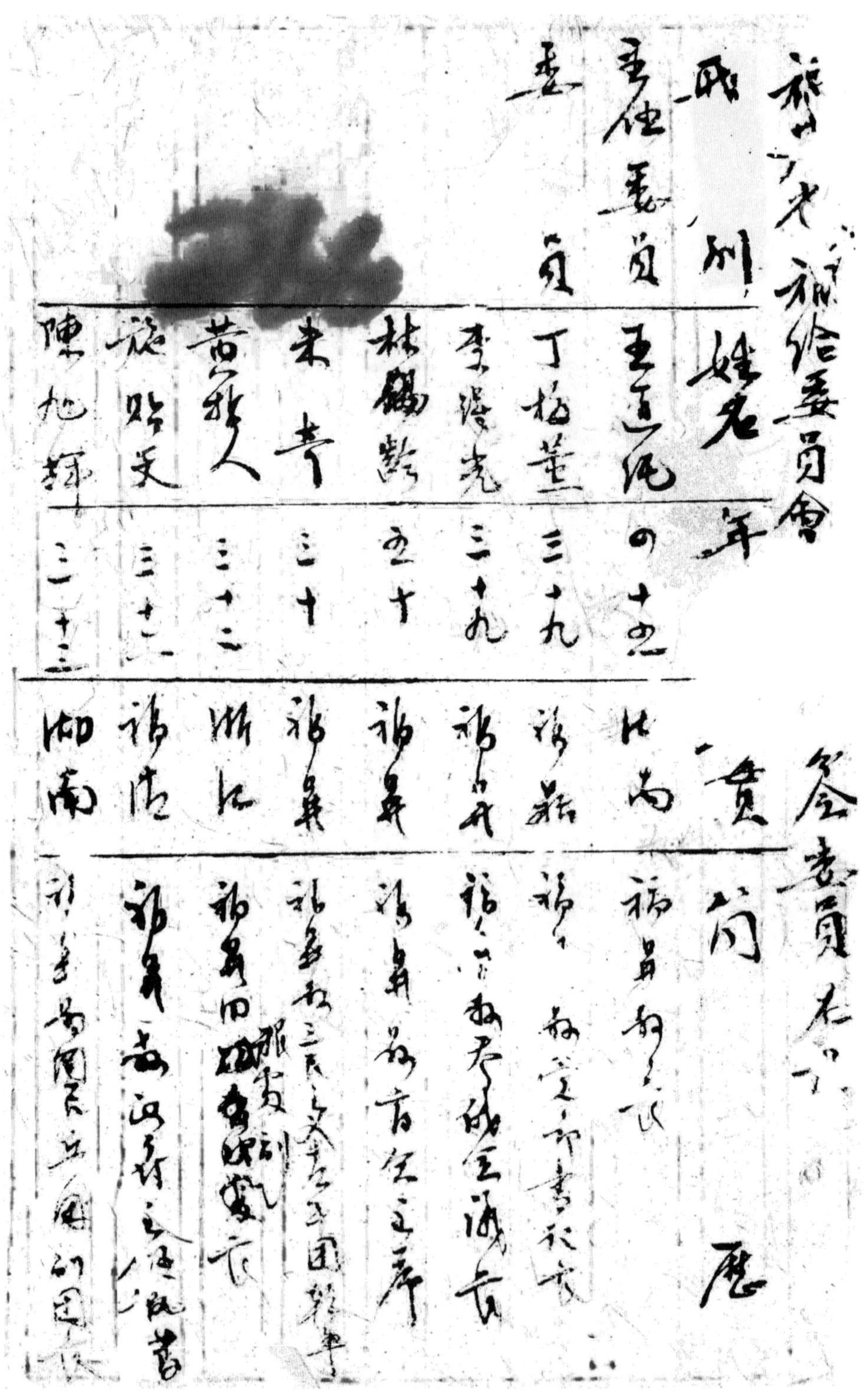

附件：福建省补给委员会福鼎县分会委员名册

（1944 年 5 月 31 日） G137-001-0004

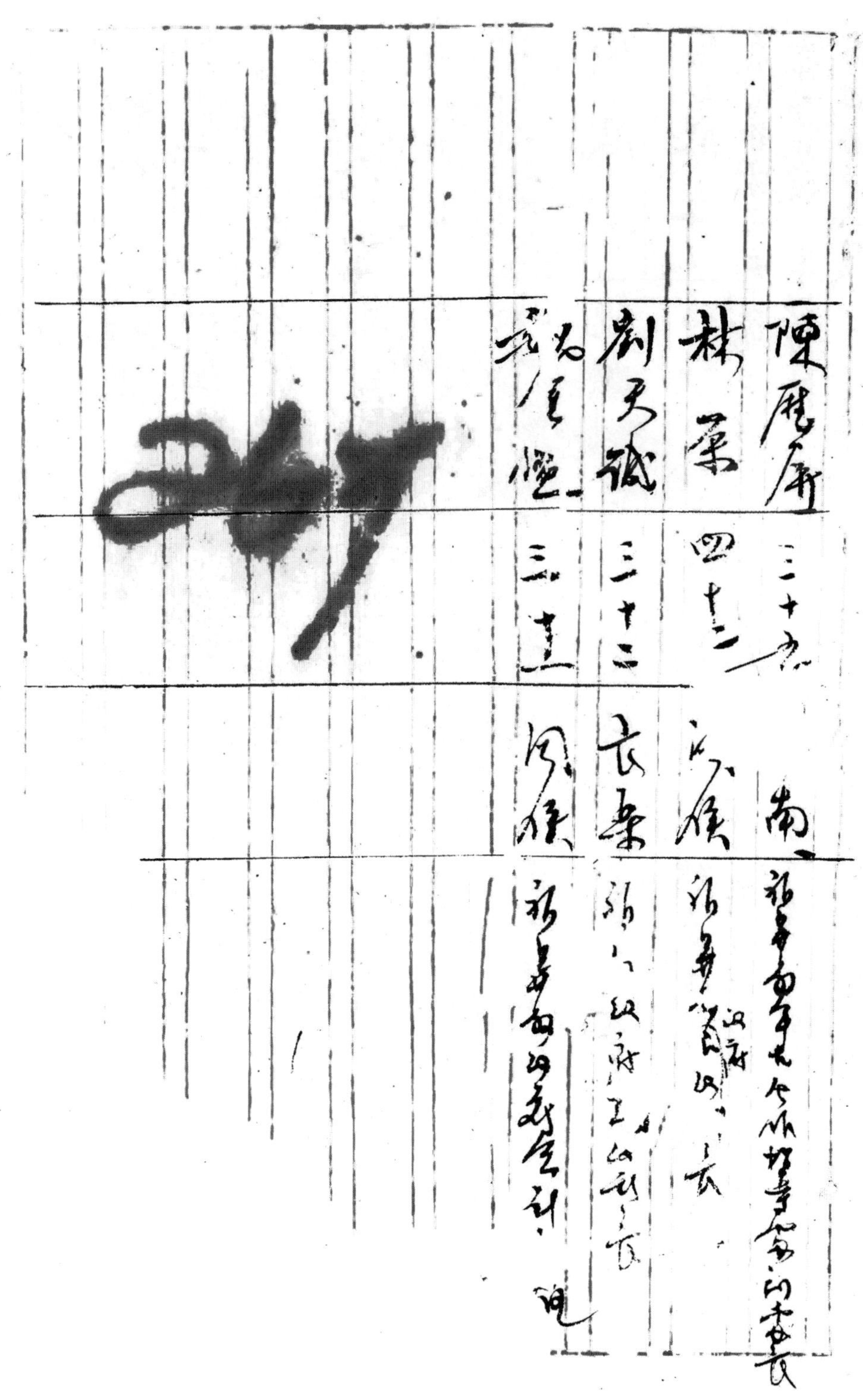

陳[illegible]	三十六	[illegible]	福鼎[illegible]
林[illegible]	四十二	[illegible]	福鼎[illegible]
劉天識	三十二	[illegible]	[illegible]
[illegible]	三十五	[illegible]	福鼎[illegible]

附件：福建省补给委员会福鼎县分会委员名册

（1944 年 5 月 31 日） G137-001-0004

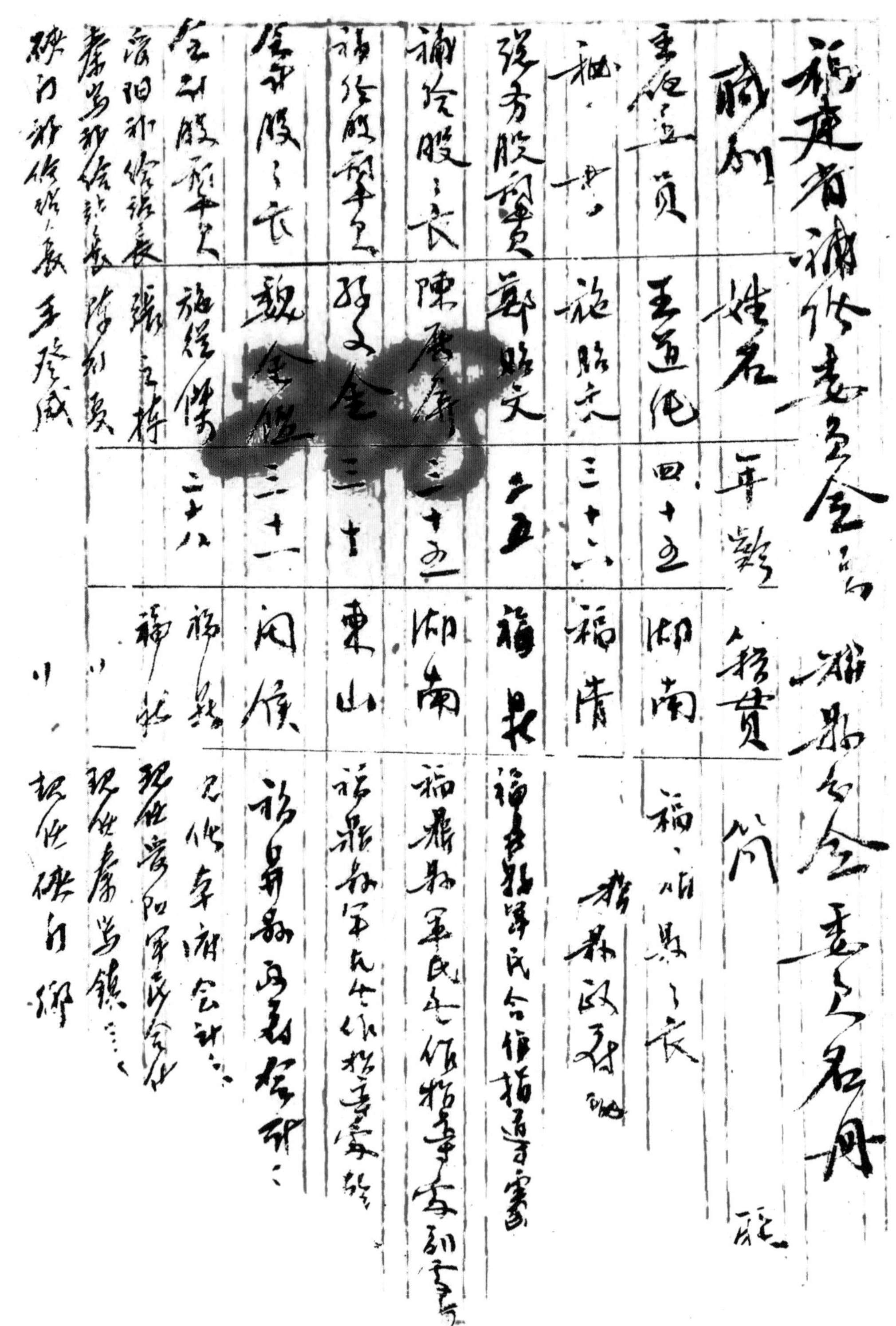

福建省补给委员会福鼎县分会委员名册

职别	姓名	年龄	籍贯	简历
主任委员	王道纯	四十五	湖南	福鼎县县长
秘书	施昭文	三十六	福清	福建省财政厅[illegible]
[illegible]股干事	郑[illegible]	二十五	福[illegible]	福安县军民合作指导处[illegible]
补给股股长	陈[illegible]	二十[illegible]	湖南	福鼎县军民合作指导处副主任
补给股干事	孙文金	三十	东山	福鼎县军民合作指导处[illegible]
会计股股长	魏[illegible]	三十一	闽侯	福鼎县政府会计[illegible]
会计股干事	施经杰	二十八	福鼎	兼代本会会计
沙埕补给站长	张[illegible]		福鼎	现任沙埕军民合作[illegible]
秦屿补给站长	陈[illegible]		〃	现任秦屿镇[illegible]
硖门补给站长	[illegible]成		〃	现任硖门乡[illegible]

附件：福建省补给委员会福鼎县分会委员名册

（1944 年 5 月 31 日） G137-001-0004

事由：為各級軍合機構協辦補給應列為中心工作並規定迅造送名冊由

第三戰區司令長官司令部政治部代電　發字第　號

福鼎縣軍民合作指導分處長鑒：查戰區補給委員會成立會議關於討論事項業務部份第六項決定：各級軍民合作機構協辦補給業務應列為中心工作，此項業務並直接受戰區補給委員會之指揮監督等由，令仰遵照，並規定迅造送四月份各縣分處正副分處長以上文官名冊二份，以便存轉；自四月份以後對縣分處正副處長之异動應分報該會，又該會駐地在鉛山五都，除分電外，檢同名冊格式一份，令仰遵照辦理為要。主任鄧文儀辰皓寅

第三战区司令长官司令部政治部关于各级军合机构协办补给应列为中心工作并规定迅造送名册的代电（1944年5月19日）　G133-003-0122

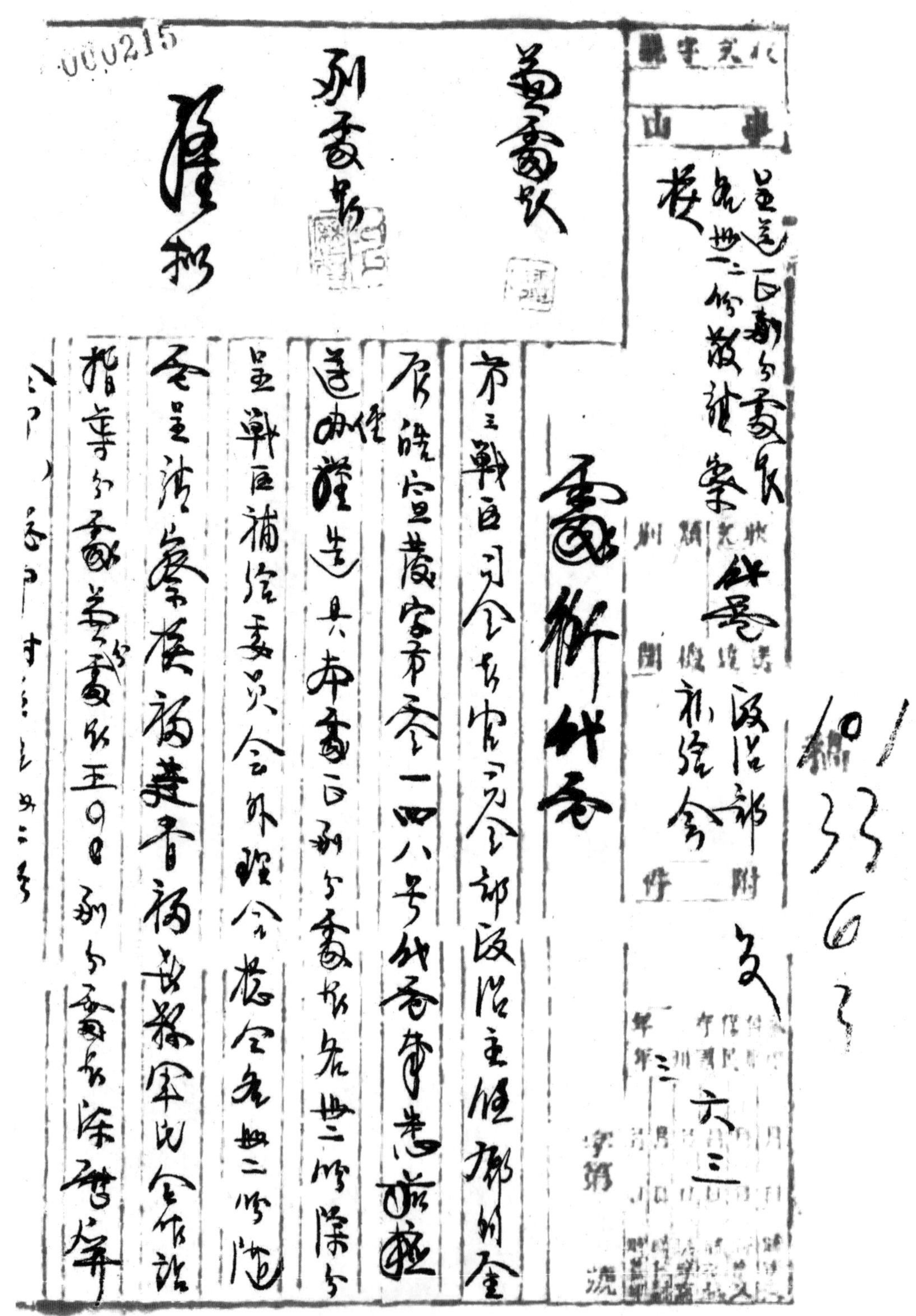

第三战区福建省福鼎县军民合作站指导分处关于呈送正副分处长名册的代电

（1944 年 6 月 3 日）　G133-003-0122

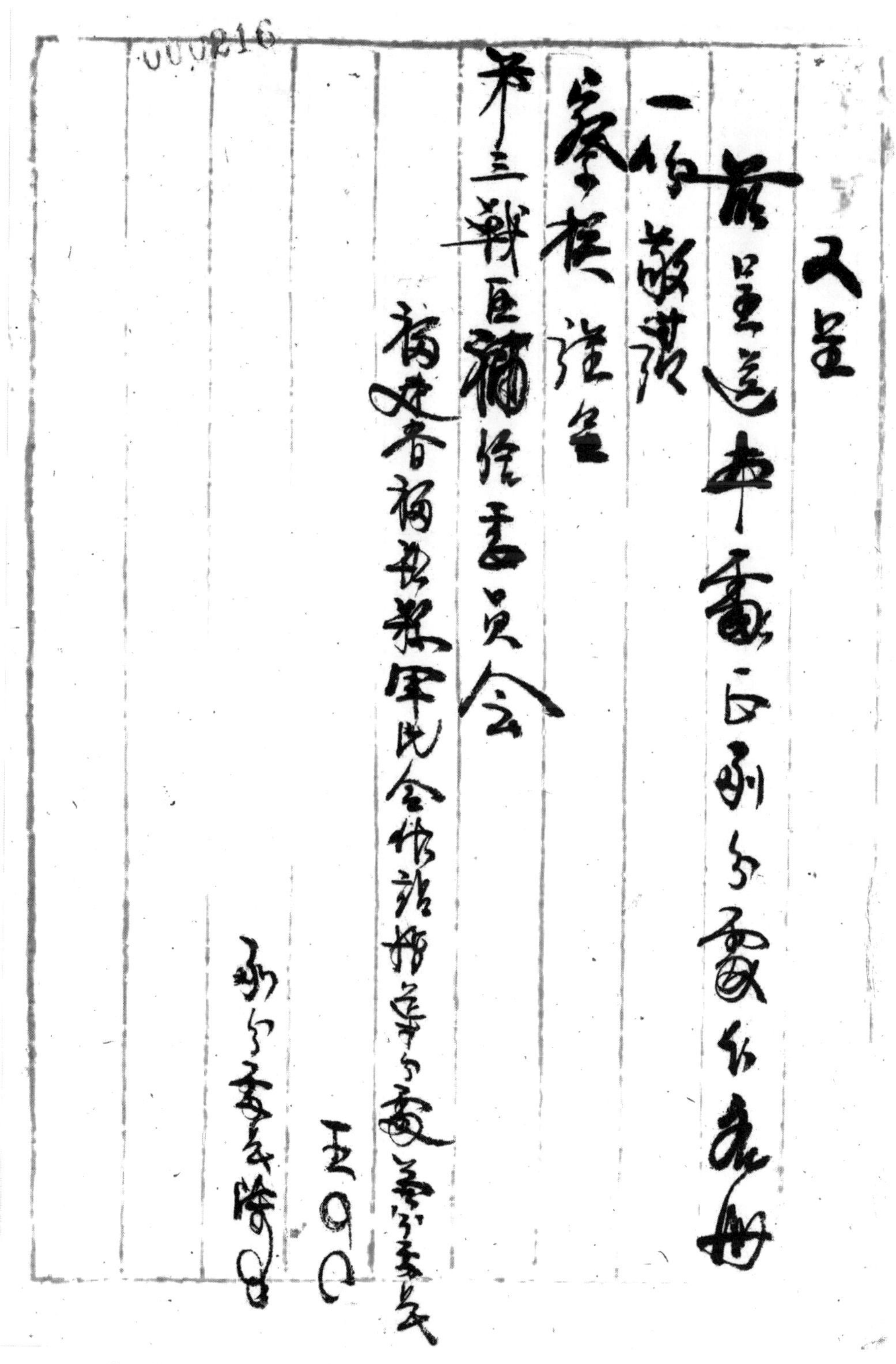
000216

又呈

呈送本处正副分处长名册

一份敬请

鉴核谨呈

第三战区福经委员会

福建省福鼎县军民合作站指导分处处长

五〇〇

副分处长陈[illegible]

第三战区福建省福鼎县军民合作站指导分处关于呈送正副分处长名册的代电

（1944 年 6 月 3 日） G133-003-0122

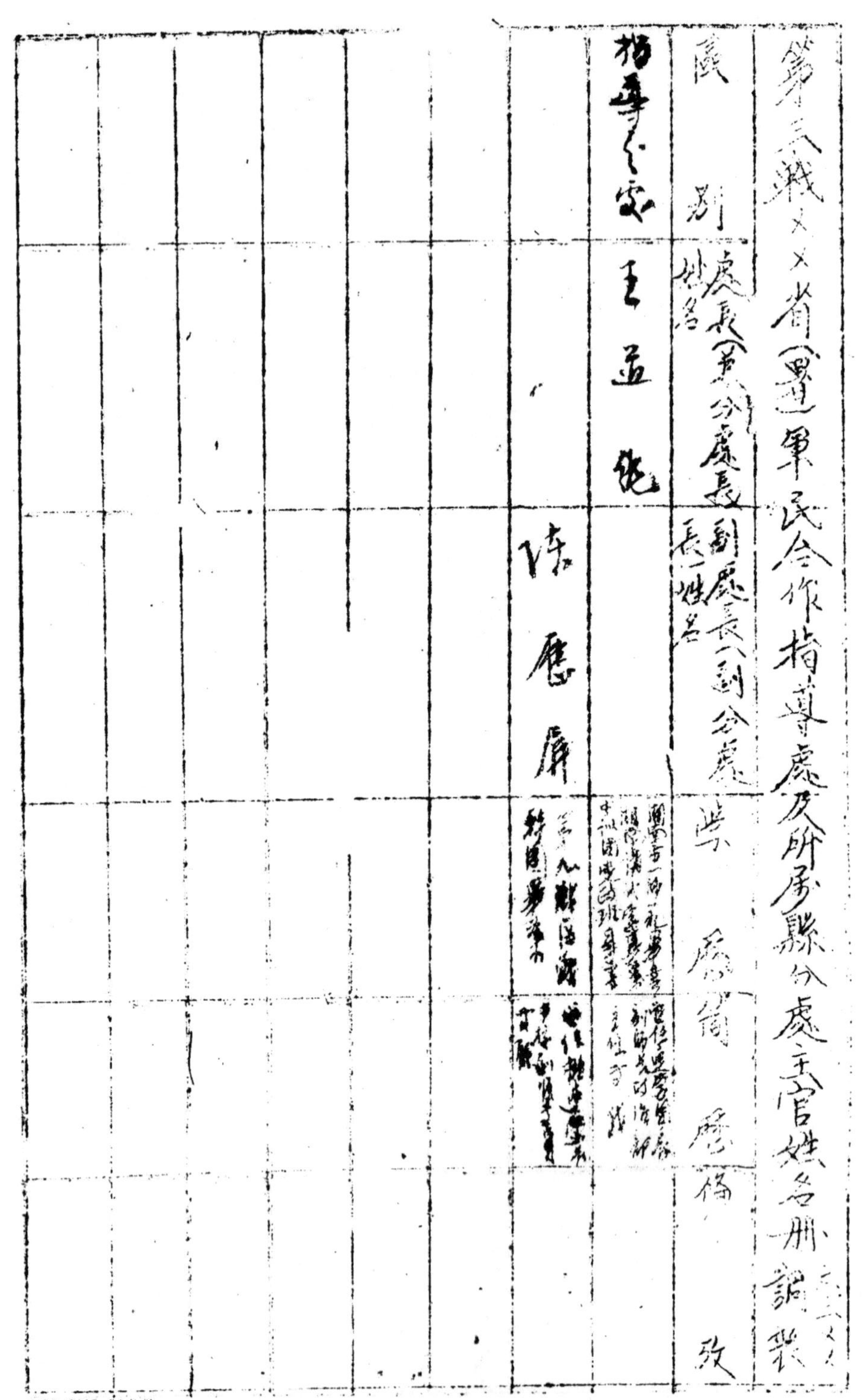
第三戰區××省（署）軍民合作指導處及所屬縣分處主官姓名冊

第三战区福建省军民合作站指导处及所属福鼎县分处主官姓名册

（1944 年 6 月 3 日）　G133-003-0122

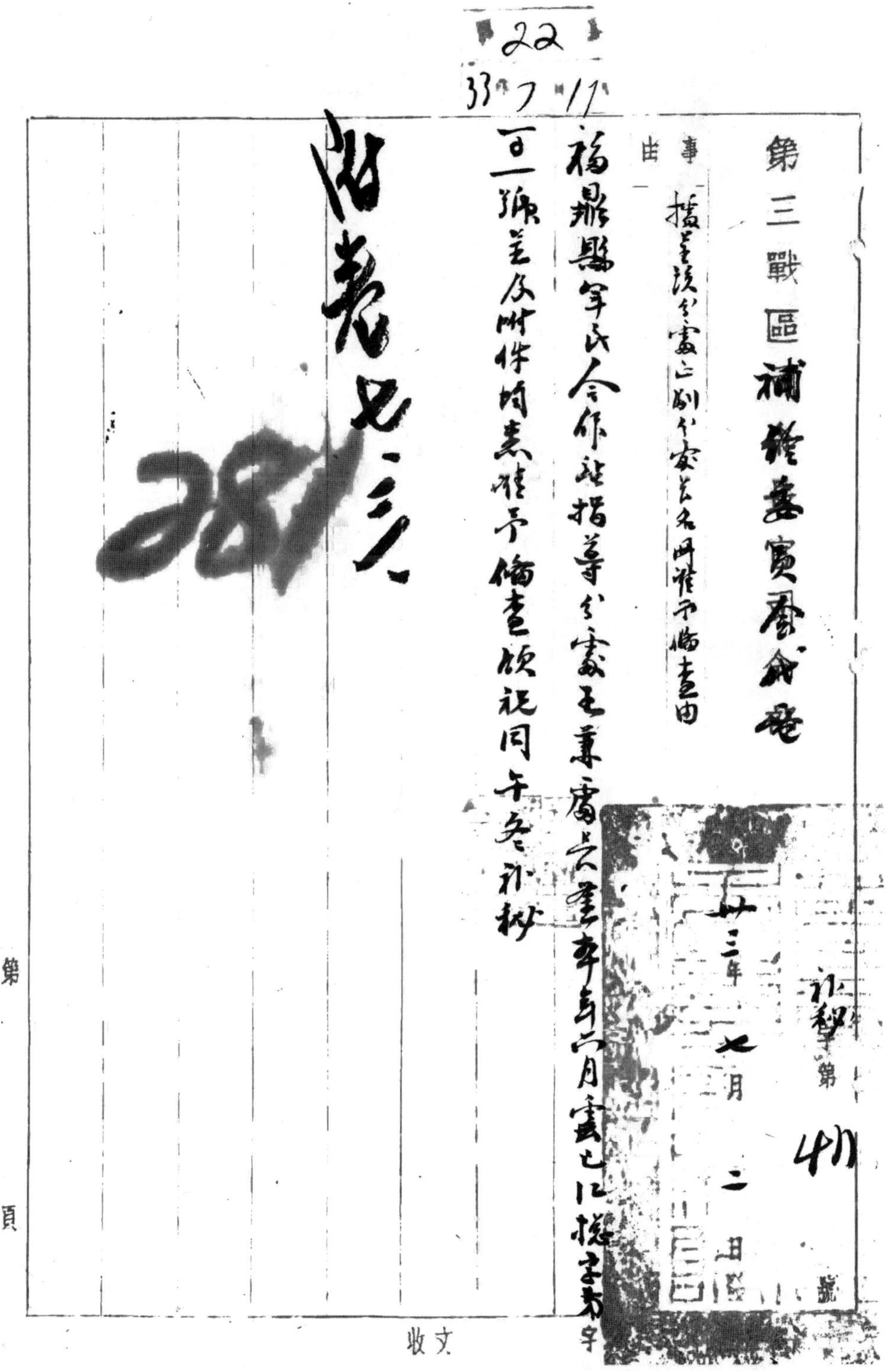
第三戰區補給委員會代電

事由 據呈該分處正副分處長名冊准予備查由

福鼎縣軍民合作站指導分處王兼處長鑒本年六月[illegible]巳江總字第五一號呈及附件均悉准予備查仰知照同午冬補秘

卅三年七月二日

補秘字第411號

第　頁

收文

第三战区补给委员会关于福鼎县军民合作站指导分处正副分处长名册准予备查的代电

（1944 年 7 月 2 日） G137-001-0003

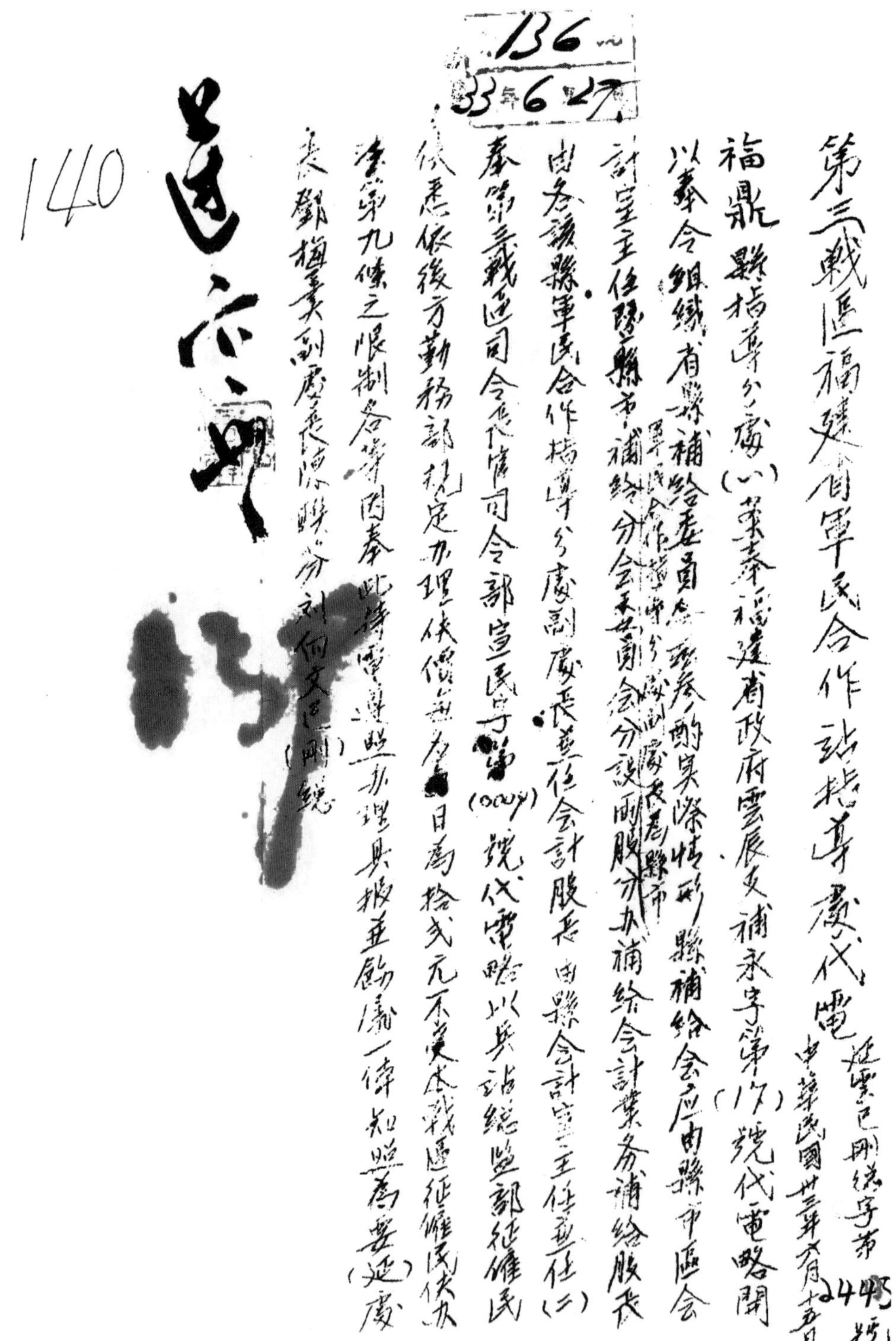

第三战区福建省军民合作站指导处关于奉省政府云辰支补永第十七号电组织省县补给委员会及奉第三战区司令长官司令部宣民字第九号电征雇民伕伕价为每日十二元的代电

（1944 年 6 月 15 日）　G137-001-0002

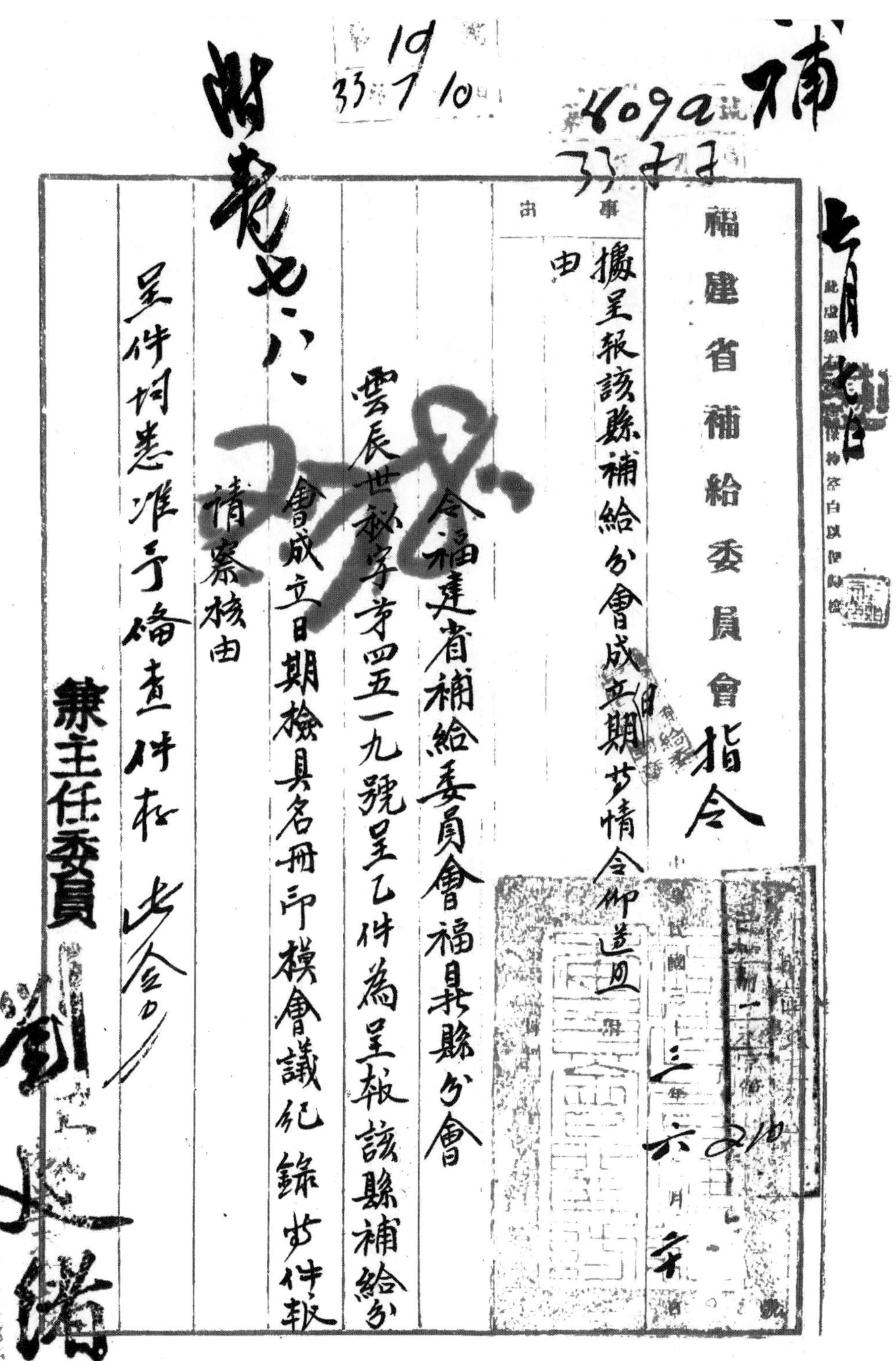

福建省補給委員會指令

事由：據呈報該縣補給分會成立日期等情令仰遵照

令福建省補給委員會福鼎縣分會

雲長世秘字第四五一九號呈乙件爲呈報該縣補給分會成立日期檢具名冊印模會議紀錄等件報請察核由

呈件均悉准予備查件存此令

兼主任委員 劉建緒

福建省补给委员会关于福建省补给委员会福鼎县分会成立日期检具名册印模会议记录等准予备查的指令(1944 年 6 月 20 日)　G137-001-0003

(三)副食征购与马干实物补给

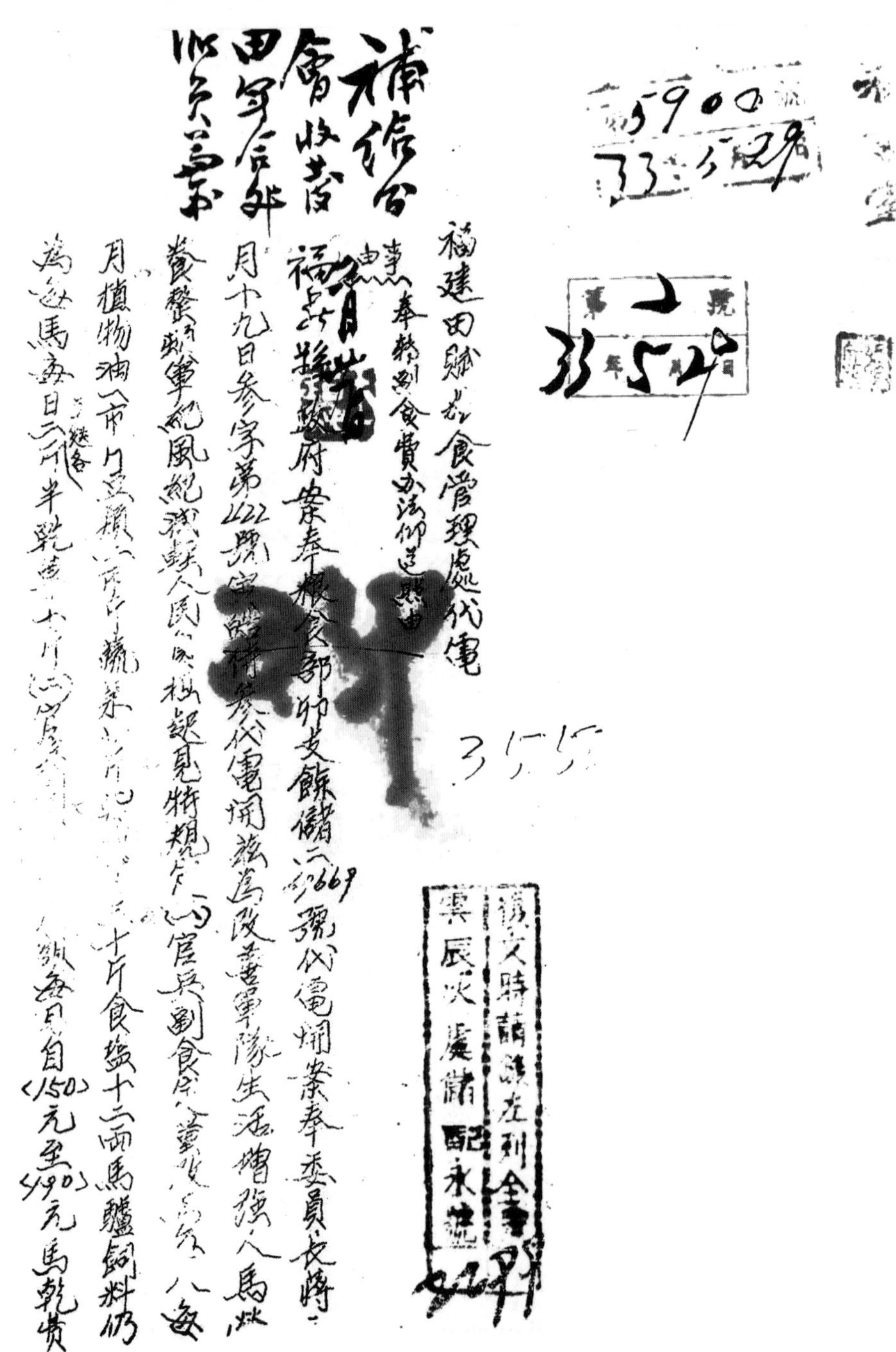

福建田赋粮食管理处关于奉转副食费办法的代电

(1944年5月10日)a面 G137-001-0003

自(550)元至(4200)元按照該省原物價改訂[illegible]由軍政部分省核定(之)副食中之蔬菜費一律(45)元馬乾(每匹)草費[illegible]額五分之一按月隨同經費發給該各部隊學校自行經理其餘各項除[illegible]已公給外由軍政部按照上額及公有人馬數按月撥交省(市)政府統籌轉飭各地方征購實物交付應各軍事機關仍自行經理(以)各[illegible]省及重慶市設補給委員[illegible]設補給分會縣以下設補給站由各級[illegible]政軍及民意機關地方[illegible]組織各級民補給委員會以[illegible]長官為主任委員各省市補給委員會以省[illegible]席或市長分會以縣長為主任委員補給站長由縣長派充詳細組織規程及施行細則另行頒發以上各項統自三十三年四月一日起實施但以[illegible]獨立部隊及[illegible]費經理部隊機關學校為限除分行外仰即遵照辦理等因奉此除分電外合行電仰遵照等因自應遵照除分電外合行電仰遵照福建田賦粮食管理處

永儲酬印

福建田赋粮食管理处关于奉转副食费办法的代电

(1944年5月10日)b面　G137-001-0003

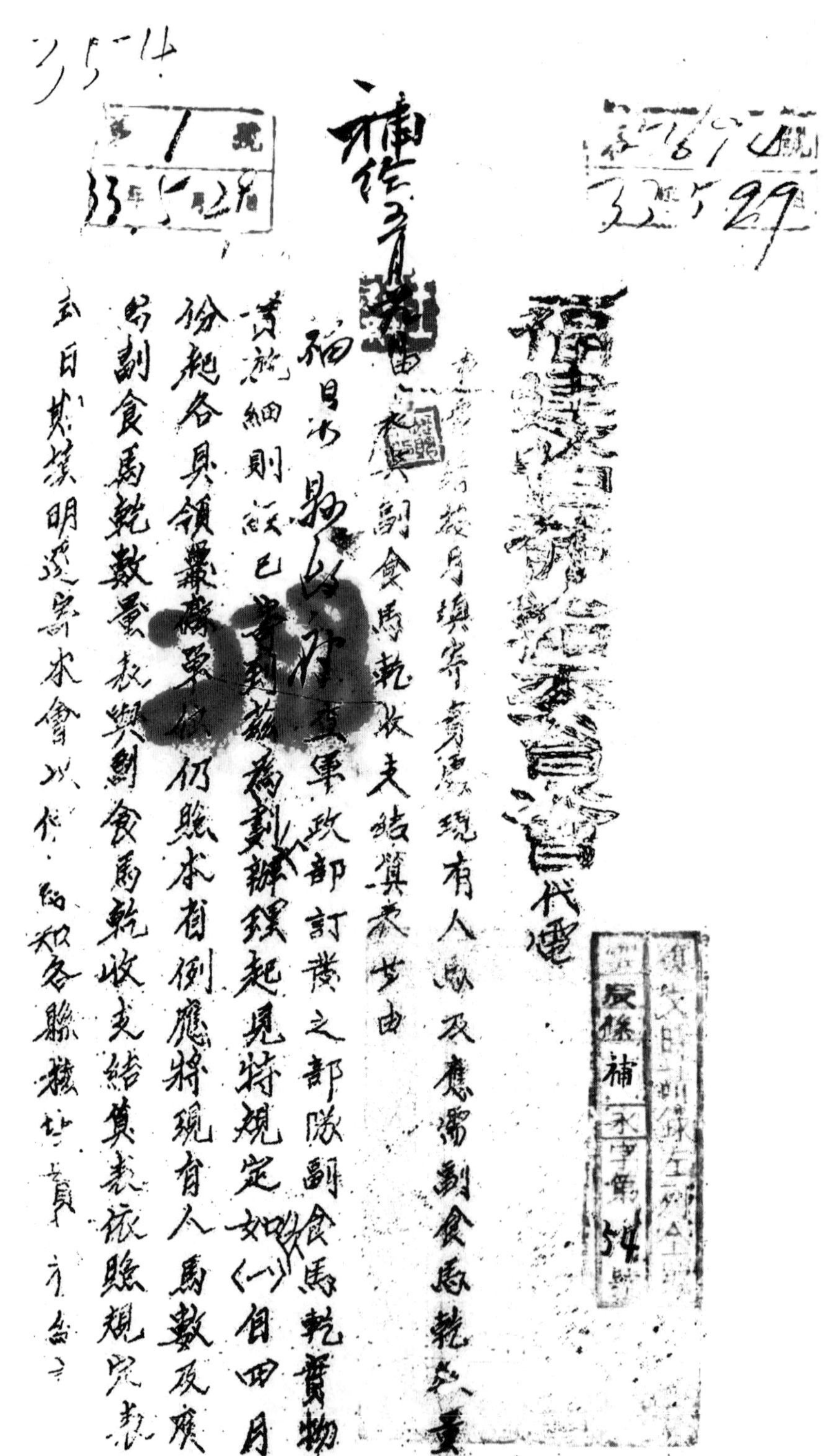
福建省補給委員會代電

事由：為按月填寄貴處現有人馬及應需副食馬乾數量表與副食馬乾收支結算表由

福建省补给委员会关于按月填寄贵处现有人马及应需副食马干数量表与副食马干收支结算表的代电

(1944 年 5 月 17 日)a 面　G137-001-0003

飭核結（二）過境及該項新兵部隊[illegible]途往返所需副食[illegible]仍請用電報先行通知本会以便[illegible]供食該分会[illegible]發給[illegible]補給通知證以資銜接（三）上項[illegible]根據各部隊不能如期填[illegible]以前新兵部隊未經事前[illegible]以本會因而[illegible]應由部隊自行負責（五）各部隊如係有戰區長官部所發之實物徵購證即請通令繳回自六月份起適用原致部規定辦法以符規定以上三項[illegible]福建省補給委員會永補（　）印

福建省补给委员会关于按月填寄贵处现有人马及应需副食马干数量表与副食马干收支结算表的代电

(1944年5月17日)b面　G137-001-0003

速辦

補 6220

福建省補給委員會代電　雲辰皓補永字第六〇號

爲轉發修正實施細則並規定三項仰遵照由

福鼎縣政府准軍政部（卅）需蓋（3310）號代電開：案

奉委座（卅）卯有政需蓋代電開查改善軍隊生活增進人馬

營養業經制訂戰區補給委員會組織規程通飭自四月一

日起施行在案茲規定各部隊暨軍事學校官兵所需副食

內之食油鹽類燃料及馬乾內之料豆麩皮價款着由財政

部遵行撥交各補給機構辦理供應特電遵照并仰飭屬遵照

辦理爲要等因查副食馬乾價款撥發方式既已變更所有

原定實施細則自應加以修正除分電外茲特檢同修正細

則壹份電達查照飭屬遵照辦理爲荷等由附修正細則壹

福建省补给委员会关于转发修正实施细则并规定三项的代电

（1944年5月19日）a面　G137-001-0004

佰份准此茲規定如次(一)各該縣市應補給計劃務遵上項
修正細則第十三條之規定辦理并應於每月二十日以前
分別國軍及省保安部隊人馬數目專電報會同時支即補
呈計劃表如月中部隊若有異動或無部隊駐縣時均應隨
時并按月以電報報會核備(二)各部隊各月份現有人馬及
應需副食馬乾數量表與副食馬乾收支結算表仍照本會
委長篠補永一字五四號代電規定由省統籌核轉(三)報銷
手續仰候詳細規定飭遵上三項除分電外茲隨電檢發上
項修正細則一份電仰遵照并自六月份起實施為要劉建緒
永補一(　)印附修正細則一份

福建省补给委员会关于转发修正实施细则并规定三项的代电

(1944年5月19日)b面　G137-001-0004

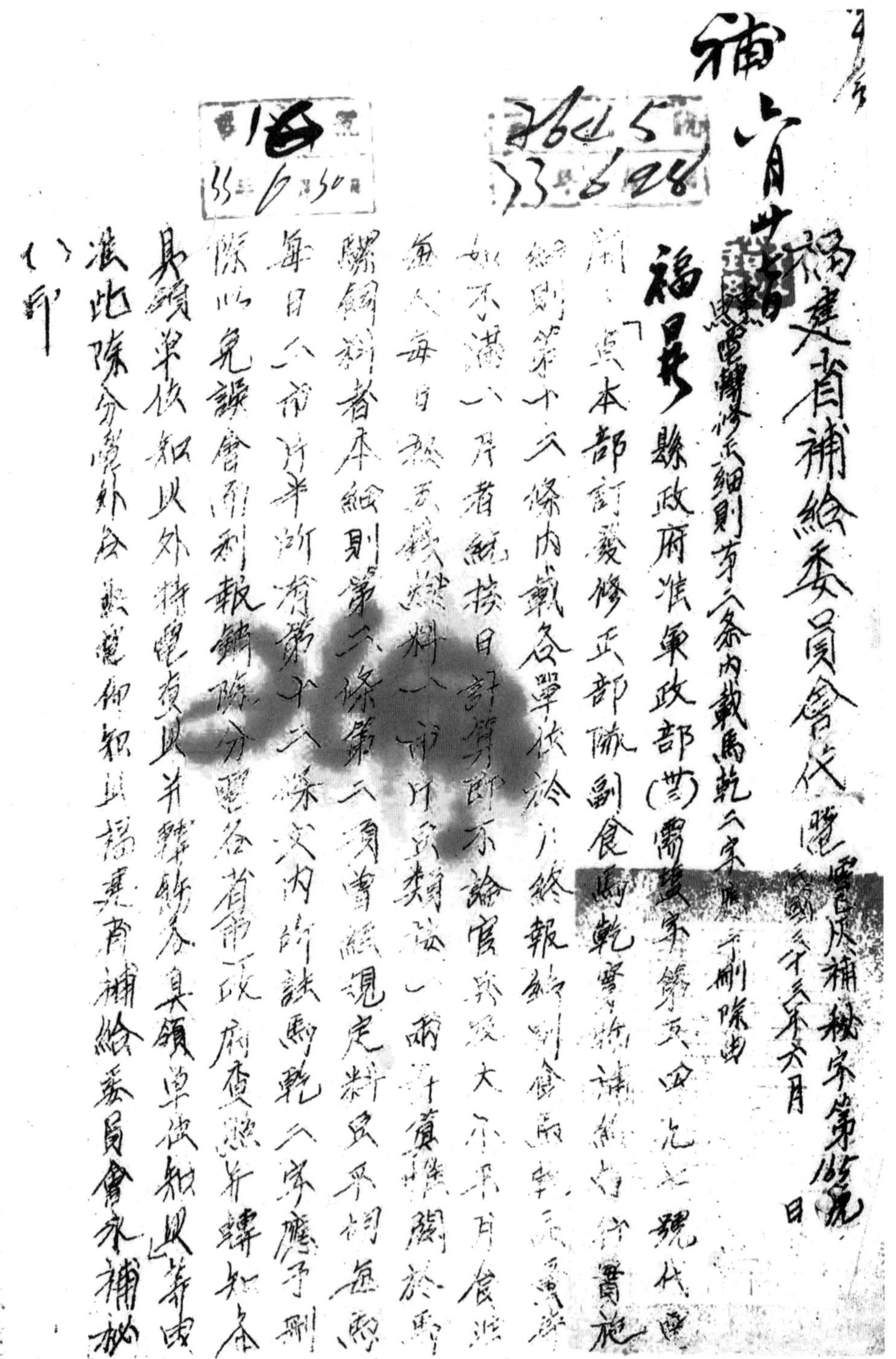

福建省補給委員會代電　（卅三）補秘字第　　號

中華民國三十三年六月　　日

為電轉修正細則第二條內載馬乾二字應予刪除由

福安縣政府：准軍政部（卅三）需壇字第　　號代電

開：「查本部訂發修正部隊副食馬乾實物補給暫行實施細則第十六條內載各單位[illegible]如不滿一月者[illegible]按日計算，即不論官兵[illegible]每人每日[illegible]燃料[illegible]關於燃料者本細則第二條第二項業經規定[illegible]每日八兩[illegible]第十六條文內所誤馬乾二字應予刪除，以免誤會而利報銷。除分電各省市政府查照并轉知各具領單位依照[illegible]以外，特電查照并轉飭各具領單位[illegible]」等由，准此，除分[illegible]外，合亟電仰知照為要。福建省補給委員會永補秘（卯）印

福建省补给委员会关于转发修正细则第二条内载马干二字应予删除的代电

（1944 年 6 月 10 日）　G137-001-0004

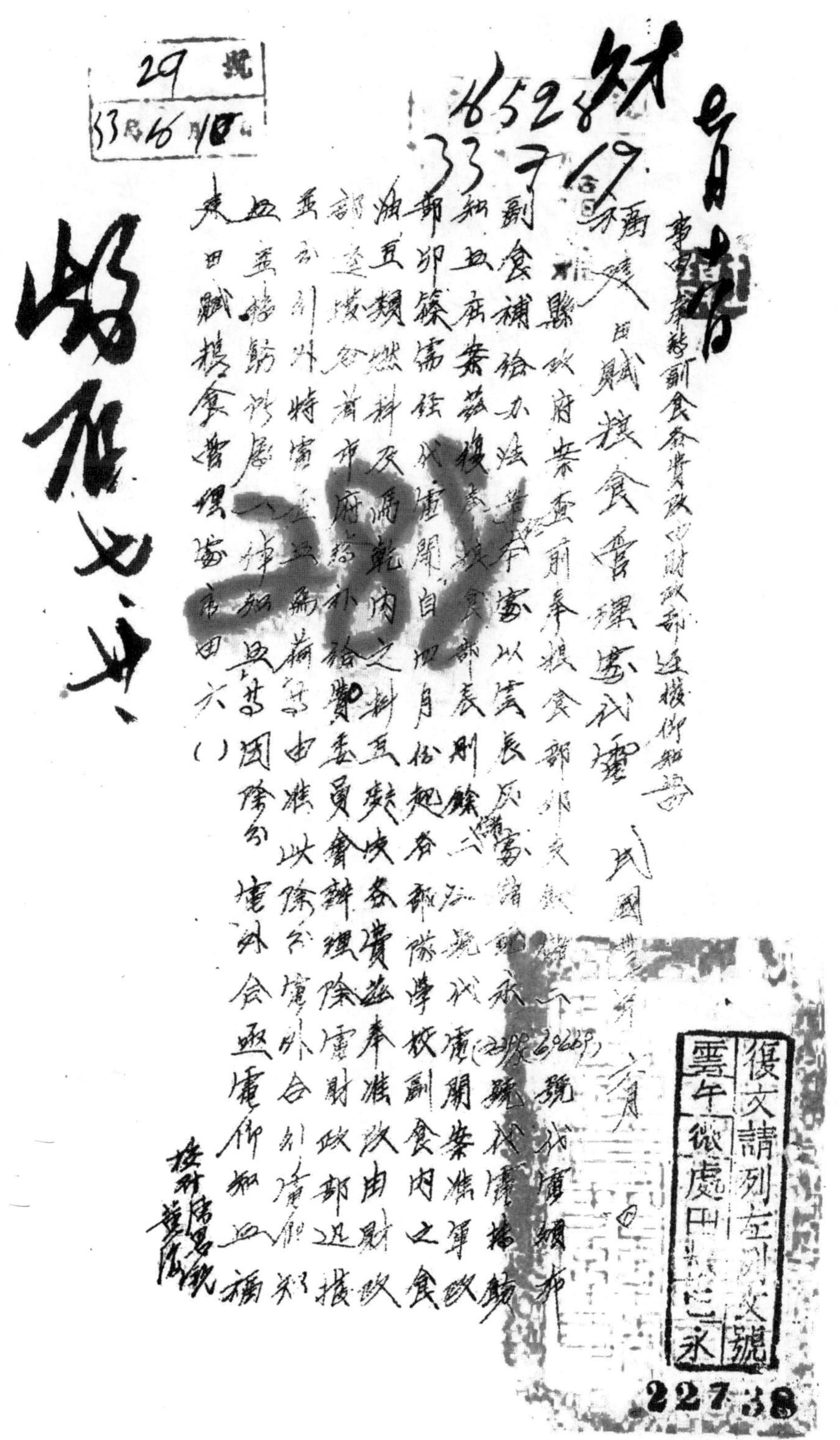

福建田赋粮食管理处关于副食费改由财政部径拨的代电

（1944 年 7 月 5 日） G137-001-0003

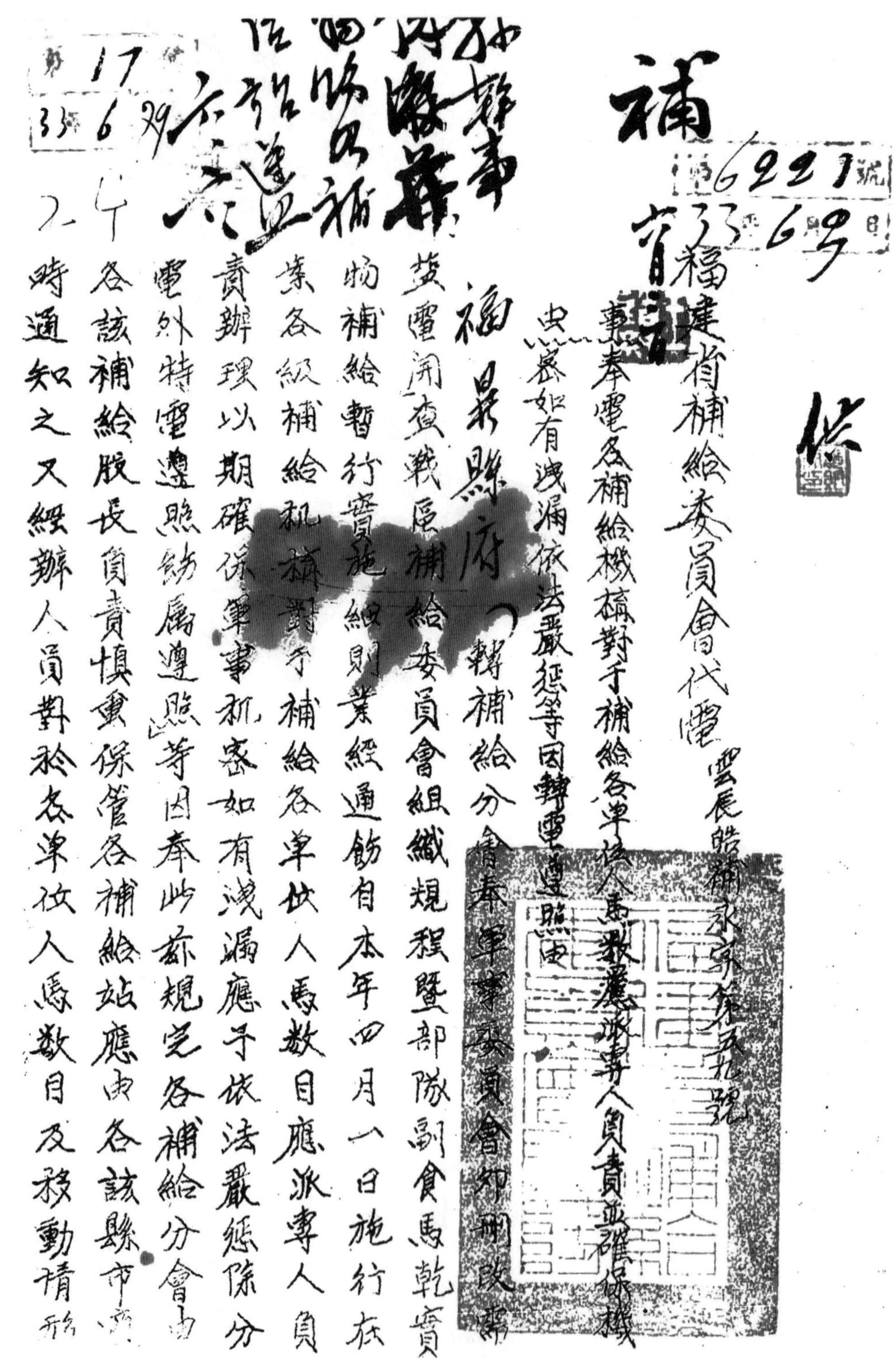

福建省補給委員會代電 雲長皓補永字第五九號

事奉電各補給機構對于補給各單位人馬數悉派專人負責並確保機密如有洩漏依法嚴懲等因轉電遵照由

福安縣府（轉補給分會）奉軍事委員會卯刪改電

茲電開查戰區補給委員會組織規程暨部隊副食馬乾實物補給暫行實施細則業經通飭自本年四月一日施行在案各級補給機構對于補給各單位人馬數目應派專人負責辦理以期確保軍事機密如有洩漏應予依法嚴懲除分電外特電遵照飭屬遵照等因奉此茲規定各補給分會由各該補給股長負責慎重保管各補給站應由各該縣市府

時通知之又經辦人員對於各單位人馬數目及移動情形

福建省补给委员会关于各补给机构对于补给各单位人马数悉派专人负责并确保机密如有泄露依法严惩的代电（1944 年 5 月 19 日）a 面　G137-001-0003

應絕對嚴守秘密除公電外特電遵照并飭屬遵照為要福

建省補給委員會永補八〈〉印

監印王建邦

福建省补给委员会关于各补给机构对于补给各单位人马数悉派专人负责并确保机密如有泄露依法严惩的代电(1944年5月19日)b面　G137-001-0003

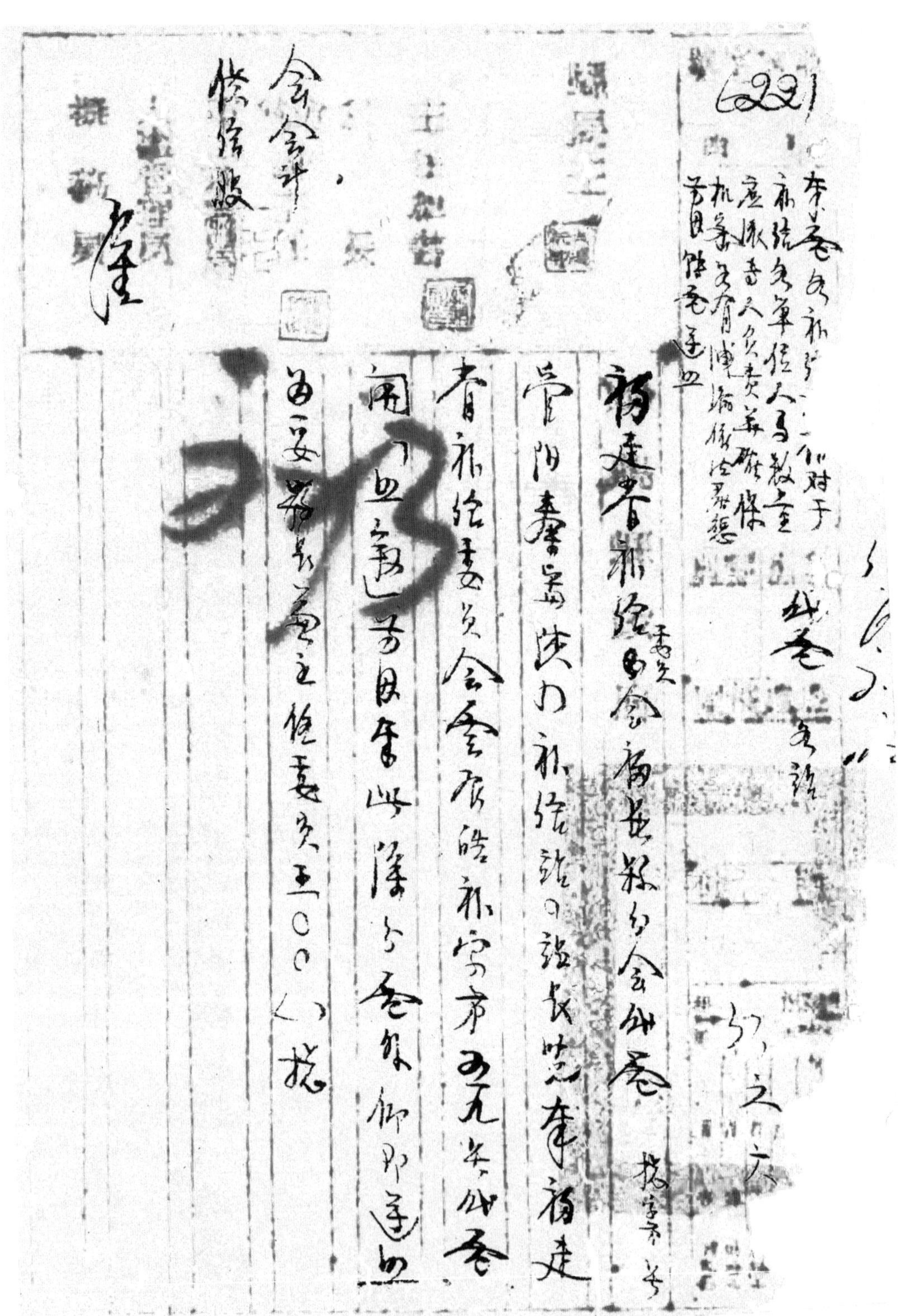

福建省补给委员会福鼎县分会关于各补给站对于补给各单位人马数量应派专人负责并确保机密如有泄露依法严惩的代电（1944 年 6 月 6 日） G137-001-0003

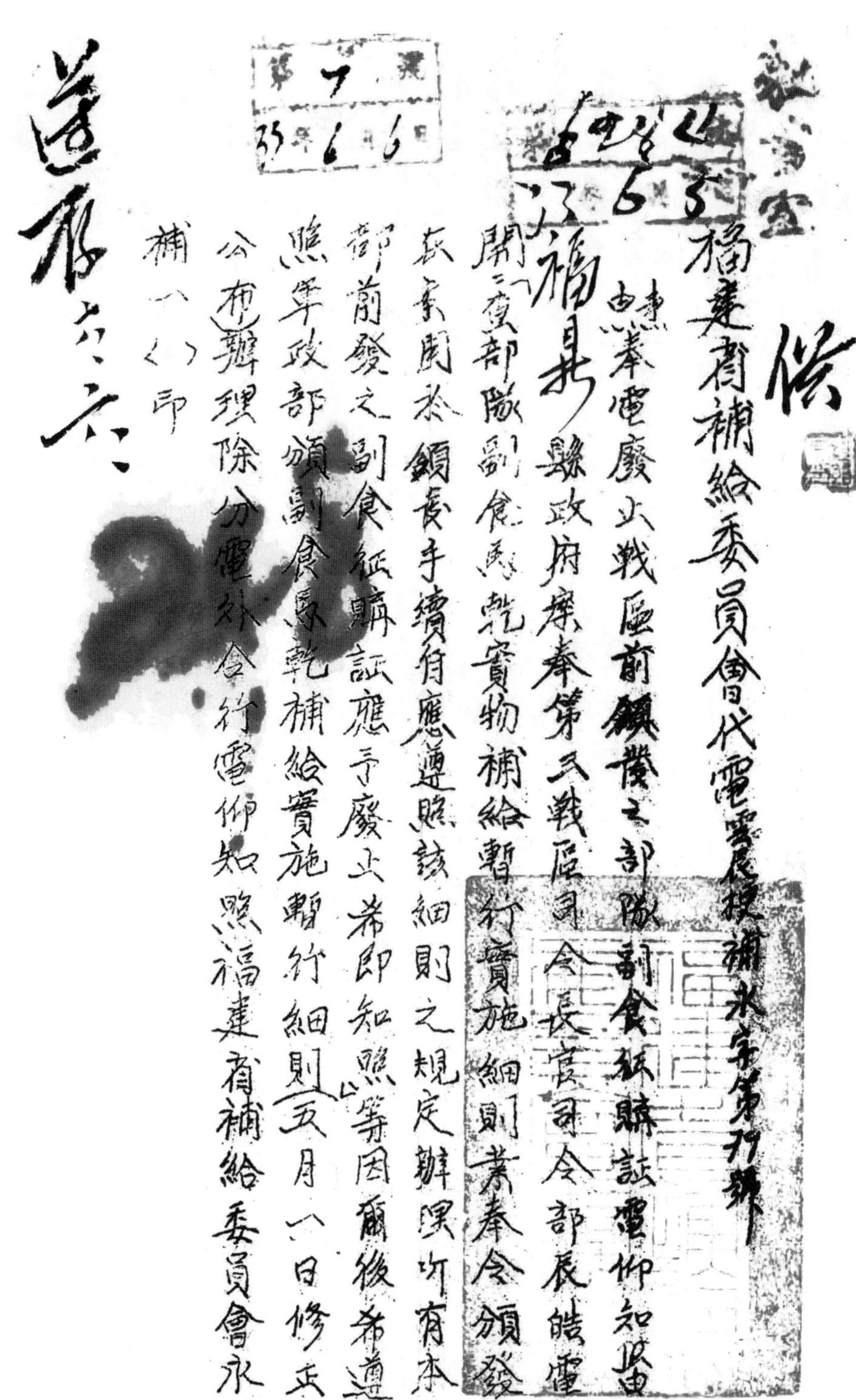

福建省補給委員會代電 [illegible]補永字第[illegible]號

由：奉電廢止戰區前頒發之部隊副食征購證電仰知照由

[illegible]縣長：

縣政府案奉第三戰區司令長官司令部辰皓電開：查部隊副食馬乾實物補給暫行實施細則業奉令頒發在案，關於領發手續自應遵照該細則之規定辦理，所有本部前發之副食征購證應予廢止，希即知照等因。爾後希遵照軍政部頒副食馬乾補給實施暫行細則（五月一日修正）公布辦理。除分電外，合行電仰知照。

福建省補給委員會永

王建邦

福建省补给委员会关于奉电废止战区前颁发之部队副食征购证的代电

（1944 年 5 月 23 日） G137-001-0004

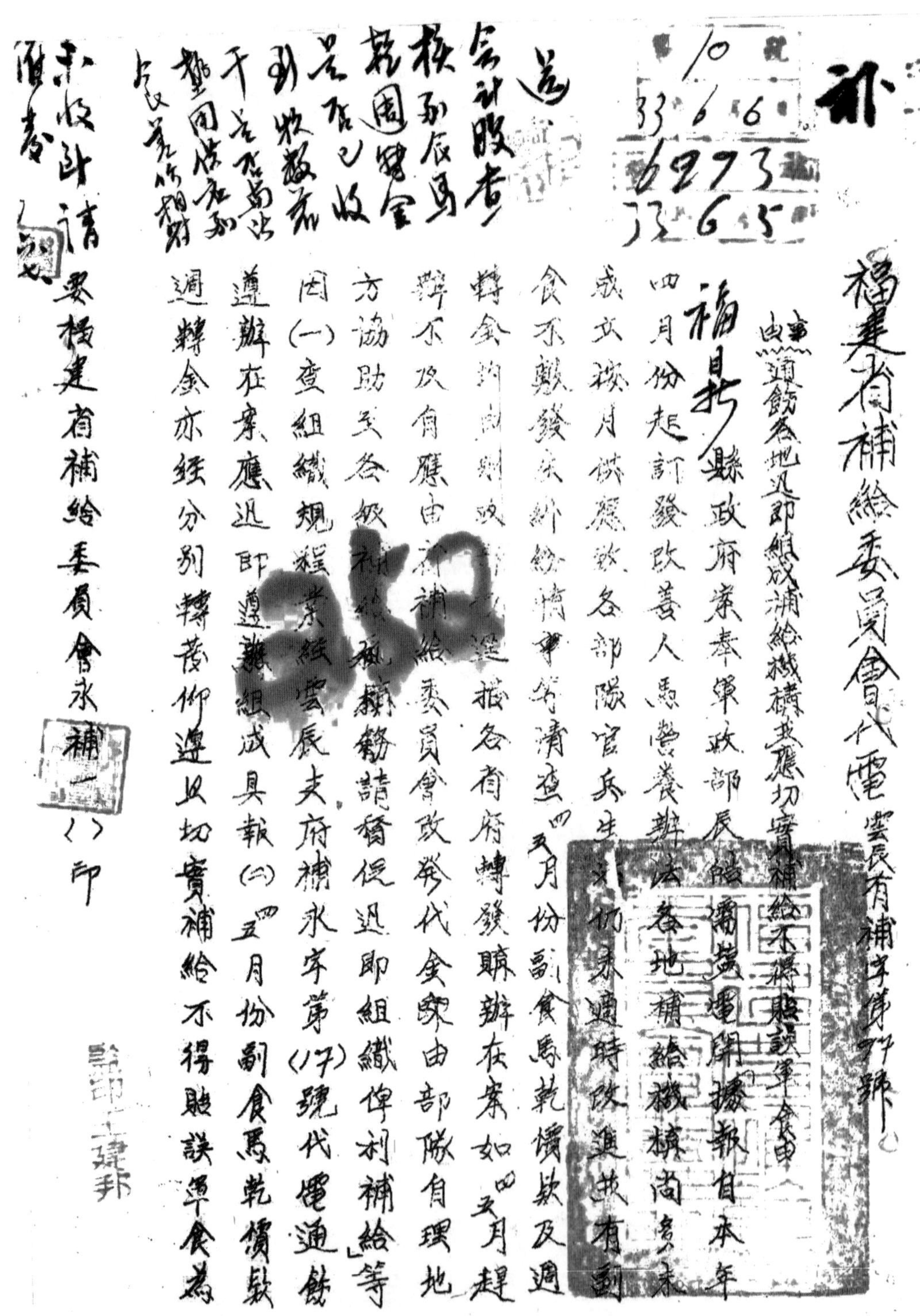

福建省补给委员会关于通饬各地迅即组成补给机构并应切实补给不得贻误军食的代电

（1944 年 5 月 25 日）　G137-001-0004

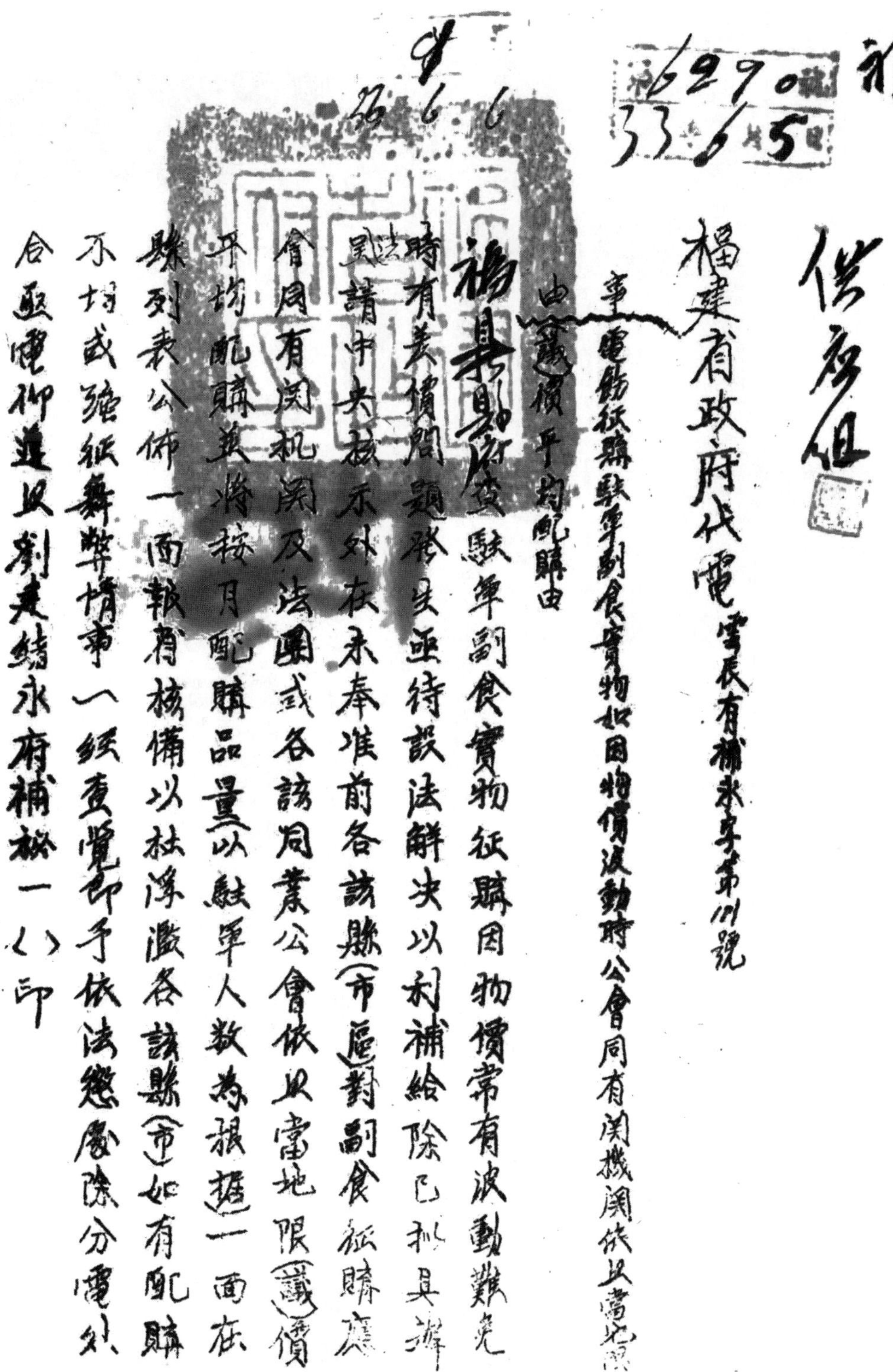
補 供應組

福建省政府代電 寅長有補永字第111號

事由：電飭征購駐軍副食實物如因物價波動時公會同有關機關依照當地限（議）價平均配購由

福清縣政府：查駐軍副食實物征購因物價常有波動難免
時有差價問題發生亟待設法解決以利補給除已擬具辦
法呈請中央核示外在未奉准前各該縣（市區）對副食征購應
會同有關機關及法團或各該同業公會依照當地限（議）價
平均配購並將按月配購品量以駐軍人數為限據一面在
縣列表公佈一面報府核備以杜浮濫各該縣（市）如有配購
不均或強征舞弊情事一經查覺即予依法懲處除分電外、
合亟電仰遵照 劉建緒 永府補秘一〈〉印

福建省政府关于征购驻军副食实物如因物价波动时公会同有关机构依照当地限(议)价平均配购的代电(1944年5月25日) G137-001-0004

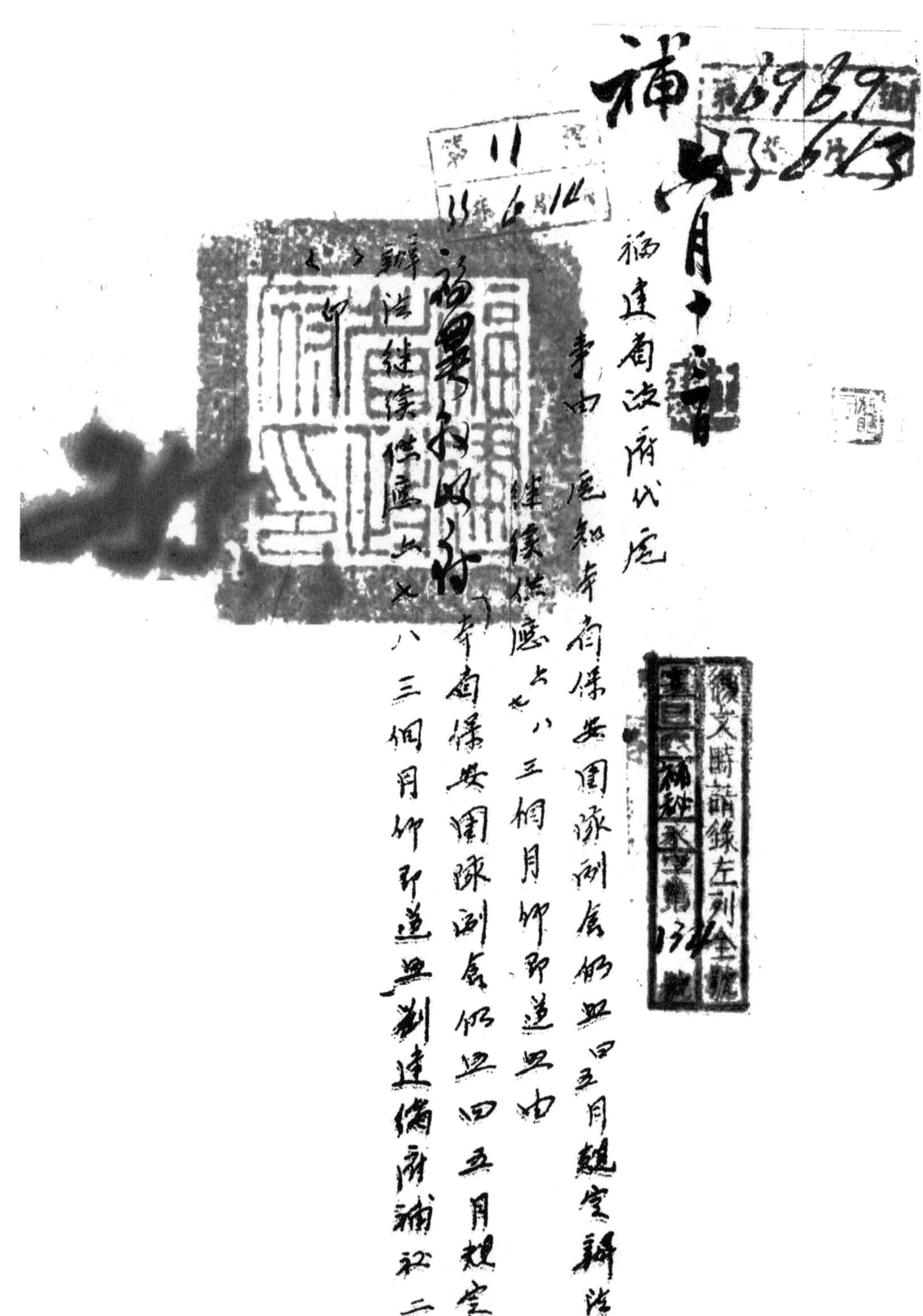

福建省政府关于本省保安团队副食仍照四五月规定办法继续供应六七八月份的代电

（1944 年 6 月 4 日）　G137-001-0004

福建省補給委員福鼎縣分會第二次委員會議紀錄

時間：卅三年六月十四日下午二時

地點：本會會議室

出席：王道純　陳應屏　[illegible]　施煥文　魏希經

主席：

行禮如儀、

甲、報告事項

主席報告：

福建省补给委员会福鼎县分会六月十四日召开第二次委员会议记录

(1944 年 6 月 14 日)a 面　G137-001-0004

六、讨论事项

一、本会借兑各部队副食马乾经费应如何筹垫拨付

议决：由省补给会通知由当地县府暂筹款暂借垫付

七、关于补给副食马乾价款当会先汇出垫，应如何筹垫案

议决：〈一〉向当地商会暂借当地救济款五万元以为周转之需并报省备案（依照省补给委员会函后有补字第　号转令代电）

〈二〉价款应切实依照规定手续办理，呈请核转政部按照规定发给征……

福建省补给委员会福鼎县分会六月十四日召开第二次委员会议记录

(1944年6月14日)b面　G137-001-0004

询及省补给委员会通知要开应拨
月报销另有错误致难核销
归经办人负责
五、関于补给会补给股办公及供应费案
议决：（一）通知省应存省银行供应股拨交陈
需要随时開支实呈用为主任委员
会计股长供应股长三人同印鉴领用

福建省补给委员会福鼎县分会六月十四日召开第二次委员会议记录
(1944 年 6 月 14 日)a 面　G137-001-0004

(二)、供应服供应军队之后即将部队[illegible]记及所缴物品等概交会补服造具报销

王道纯

福建省补给委员会福鼎县分会六月十四日召开第二次委员会议记录

(1944年6月14日)b面 G137-001-0004

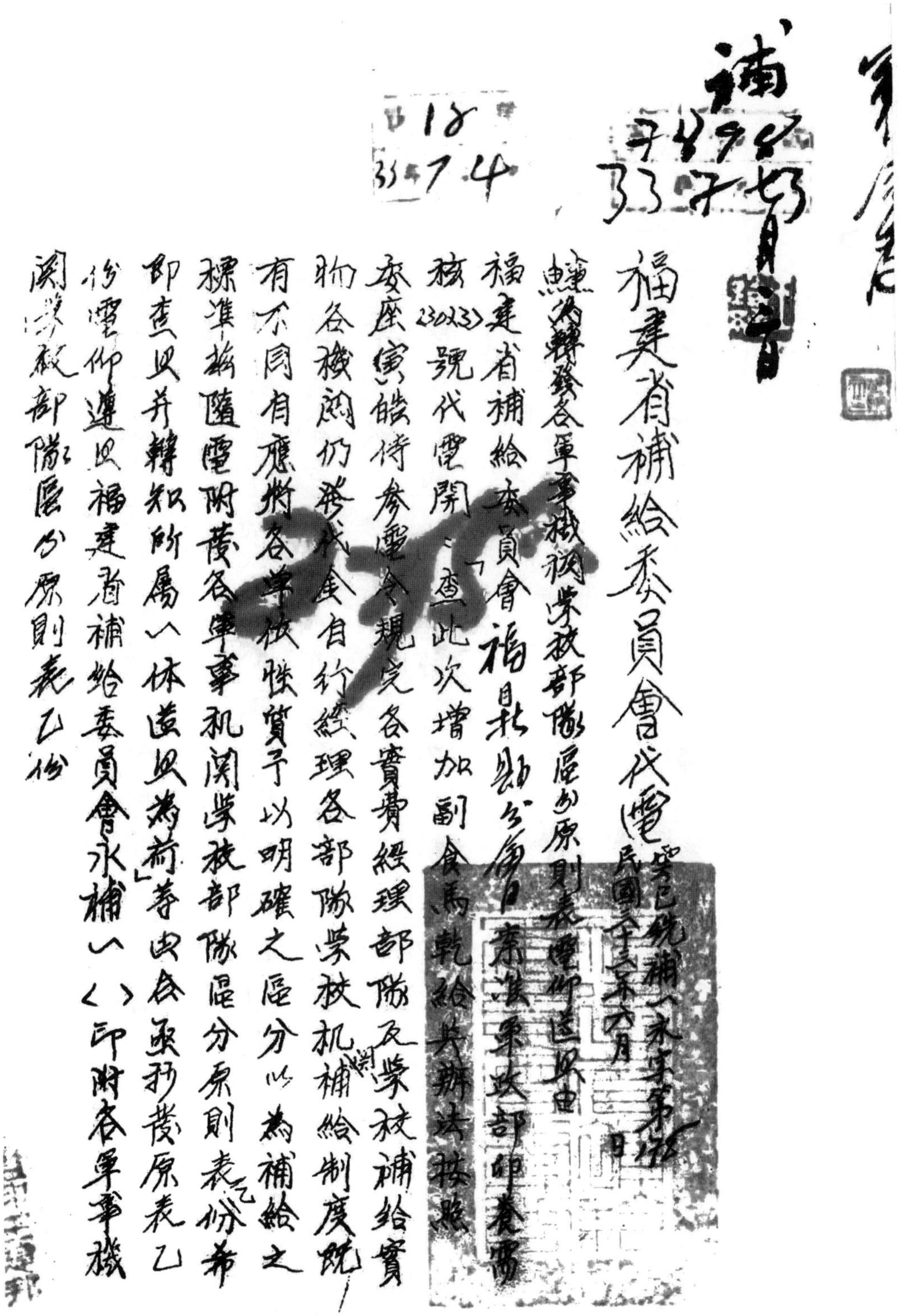

福建省補給委員會代電　寅巳銑補（永字第　號）民國三十三年六月　日

事由：為轉發各軍事機關學校部隊區分原則表電仰遵照由

福建省補給委員會福鼎縣公署：案准軍政部印發需核（30233）號代電開：「查此次增加副食馬乾給與辦法，按照委座寅皓侍參電令規定，各實費經理部隊及學校補給實物，各機關仍發代金，自行經理。各部隊學校機關補給制度既有不同，自應將各學校性質予以明確之區分，以為補給之標準。茲隨電附發各軍事機關學校部隊區分原則表乙份，希即查照並轉知所屬一體遵照為荷」等由，合亟抄發原表乙份，電仰遵照。福建省補給委員會永補（　）印。附各軍事機關學校部隊區分原則表乙份

福建省补给委员会关于转发各军事机关学校部队区分原则表饬属一体遵照的代电

（1944年6月16日）　G137-001-0003

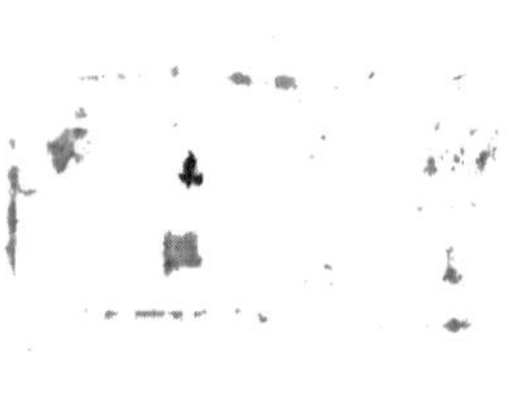

各軍事機關學校部隊區分原則表乙份

一、機關

1、軍委會所屬各部會廳及所屬而非部隊性質者

2、綏靖公署行轅及所屬而非部隊性質者

3、軍管區

4、戰地軍風紀巡察團戰地服務團

5、測量隊站

6、汽艇管理所

7、海軍總司令部

8、機關所屬單位有部隊編制者為部隊其有編制之訓練機構為教育機關

二、學校

1、各軍事教育機關及訓練班團所

附件：各军事机关学校部队区分原则表（1944年6月16日）a面　G137-001-0003

2.本部軍樂團視為教育機關

三、部隊

1.戰區長官部昆明行營及所屬集團軍總司令部軍部

各師獨立旅團營

2.砲兵通信指揮部

3.防守警備戒嚴江防防空各司令部

4.憲兵司令部衛戍司令部各暨其所屬

5.各特種部隊及教導總隊教導團等

6.各師管區及補訓處

7.邊區綏靖各總司令部

8.軍政總隊電話大隊

9.征兵事務所[illegible]檢查所

10.運送新兵集訓營

附件:各军事机关学校部队区分原则表(1944 年 6 月 16 日)b 面　G137-001-0003

11、俘虜集中營

12、榮譽軍人總管理處及軍醫署所屬之具部隊性質者為部隊其各殘教院休養院陸軍医院後方医院為發其給養均一律按部隊例發給實物

13、海軍陸戰隊及各汽艇艇隊

14、凡部隊建制內之一切學校及配屬於部隊之學校均一律視為部隊

15、凡具正式軍隊編制者為部隊

16、各軍人監獄囚犯副食准按部隊例發給實物

附件：各军事机关学校部队区分原则表（1944年6月16日）　G137-001-0003

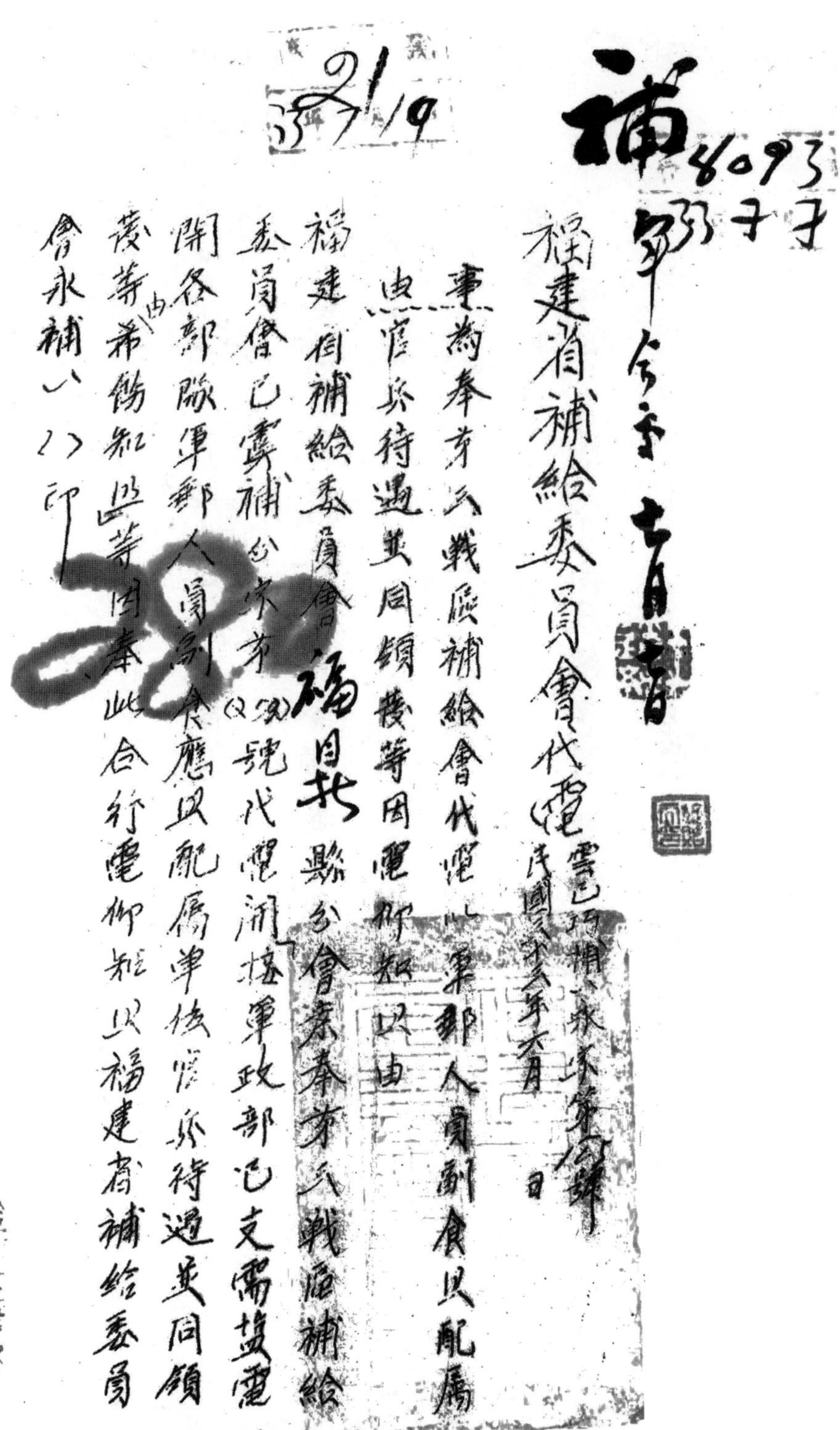

福建省补给委员会关于奉第三战区补给会电以军邮人员副食照配属官兵待遇并同领发的代电

（1944 年 6 月 18 日） G137-001-0003

福鼎縣政府公函

雲經字第　號

中華民國卅三年六月　日

茲檢送本縣六月份各類物品限議價一覽表一份，函請查照，為荷！

此致

縣筆民合作指導處

附送：本縣六月份各類物品限議價一覽表一份

縣長　王道純

福鼎县政府关于检送本县六月份各类物品限价一览表的公函

（1944 年 6 月 20 日）　G133-003-0123

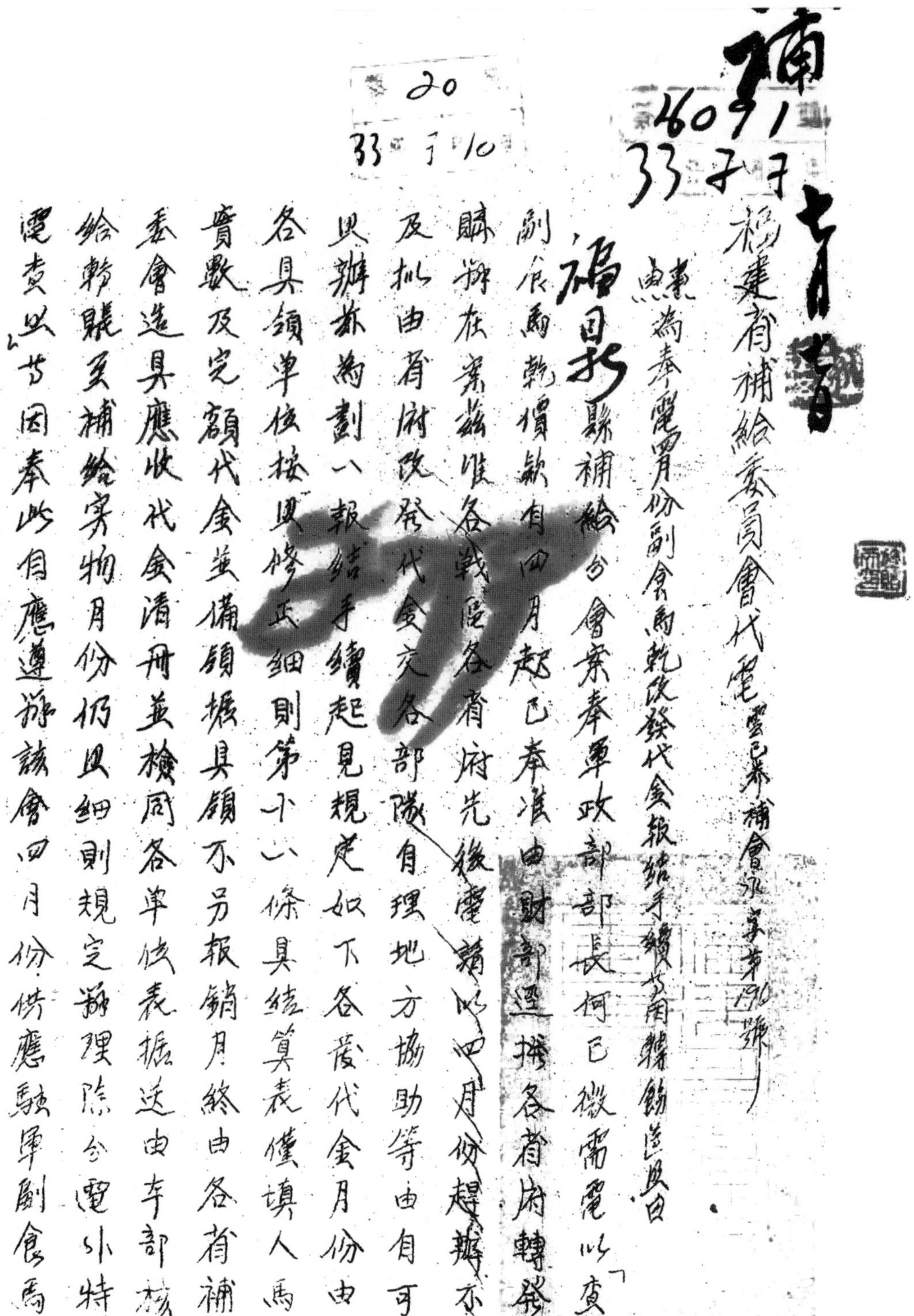

福建省補給委員會代電 巳養補會永字第1796號

事由：為奉電四月份副食馬乾改發代金報結手續希轉飭遵照由

福州縣補給分會案奉軍政部部長何巳微需電以查

副食馬乾價款自四月起已奉准由財部逕撥各省府轉發

歸併在案茲准各戰區各省府先後電請以四月份起辦示

及擬由省府改發代金交各部隊自理地方協助等由自可

照辦茲為劃一報結手續起見規定如下各發代金月份由

各具領單位按照修正細則第十六條具結算表僅填人馬

實數及定額代金並備領據具領不另報銷月終由各省補

委會造具應收代金清冊並檢同各單位表據送由本部核

給轉賬至補給實物月份仍照細則規定辦理除分電外特

電希知照等因奉此自應遵辦該會四月份供應駐軍副食馬

福建省补给委员会关于四月份副食马干改发代金报结手续的代电

(1944年6月22日)a面　G137-001-0003

乾如已折應實物者仍按修正細則規定檢據呈核如係改發代金則應以原電規定具結算表備填人馬實數及定額代金數備領據呈憑核辦除分電外合亟電仰遵照福建省補給委員會永補八印

福建省补给委员会关于四月份副食马干改发代金报结手续的代电

(1944年6月22日)b面 G137-001-0003

福建省補給委員會代電　雲巳感補八永字第245號

民國三十三年六月　日

事由：為奉令切實供應接兵部隊副食電仰遵照由

福建省補給委員會福安縣分會鑒：奉第三戰區補給委員會巳篠補分字第290號代電開：「查四五六月份副食費業由財政部選撥各省府轉各縣補給分會代辦實物，嗣後各縣對於過境部隊副食不得藉口以款未滙到拒絕供應。至常有部隊過境之縣份應飭酌量預備八個月以上之實物，以便接時供應。希即轉飭切實遵照」等因，除分令外，合行電仰遵照。省補給會永補八（）印

各補給站切實遵辦　七、廿六

福建省补给委员会关于奉令切实供应接兵部队副食的代电

（1944年6月27日）　G137-001-0003

126

報告　卅三年七月六日

案奉

福鼎田賦粮食管理處雲辰真田丁鼎字第一〇九二號指令本站准縣政府案移三十二年九月廿六日琳江鎮公所簽呈一件為墊撥海軍練營所借糙米弍佰壹拾捌市斤請發還由内開：「簽呈暨附件均悉。查該項軍粮准第三戰區兵站總監部南平辦事處電囑由軍粮項下（配額）償撥六百餘斤業經照數給領報銷在案。該營向該鎮借撥食米時逾八月本處無法償撥所請未便照准。」等因。奉此。查是項軍米係海軍練營卅二年九月廿四日來函准借九月廿六日即行呈請核發在案。誰知粮管處延及本（卅三）年五月十八日始有指令反責光逾時呈報，無法照撥等因。似此情形既有証明之事實，又無逾時之呈報，若要光負責賠

福鼎县琳江镇卸任兼站长张之光关于琳江镇公所垫拨海军训练营所借糙米呈请核发情形的报告(附公函)(1944年7月6日)a面　G137-001-0002

償未免太難爲情，丁茲移交急待結束，理合將原函一件報請

參核，准予轉函迅請照撥如數發還，以清手續而完移接，實爲公便。

謹呈

兼處長王

副處長陳

附公函壹件

卸任琳江站兼站長張之光

福鼎县琳江镇卸任兼站长张之光关于琳江镇公所垫拨海军训练营所借糙米呈请核发情形的报告(附公函)(1944年7月6日)b面　G137-001-0002

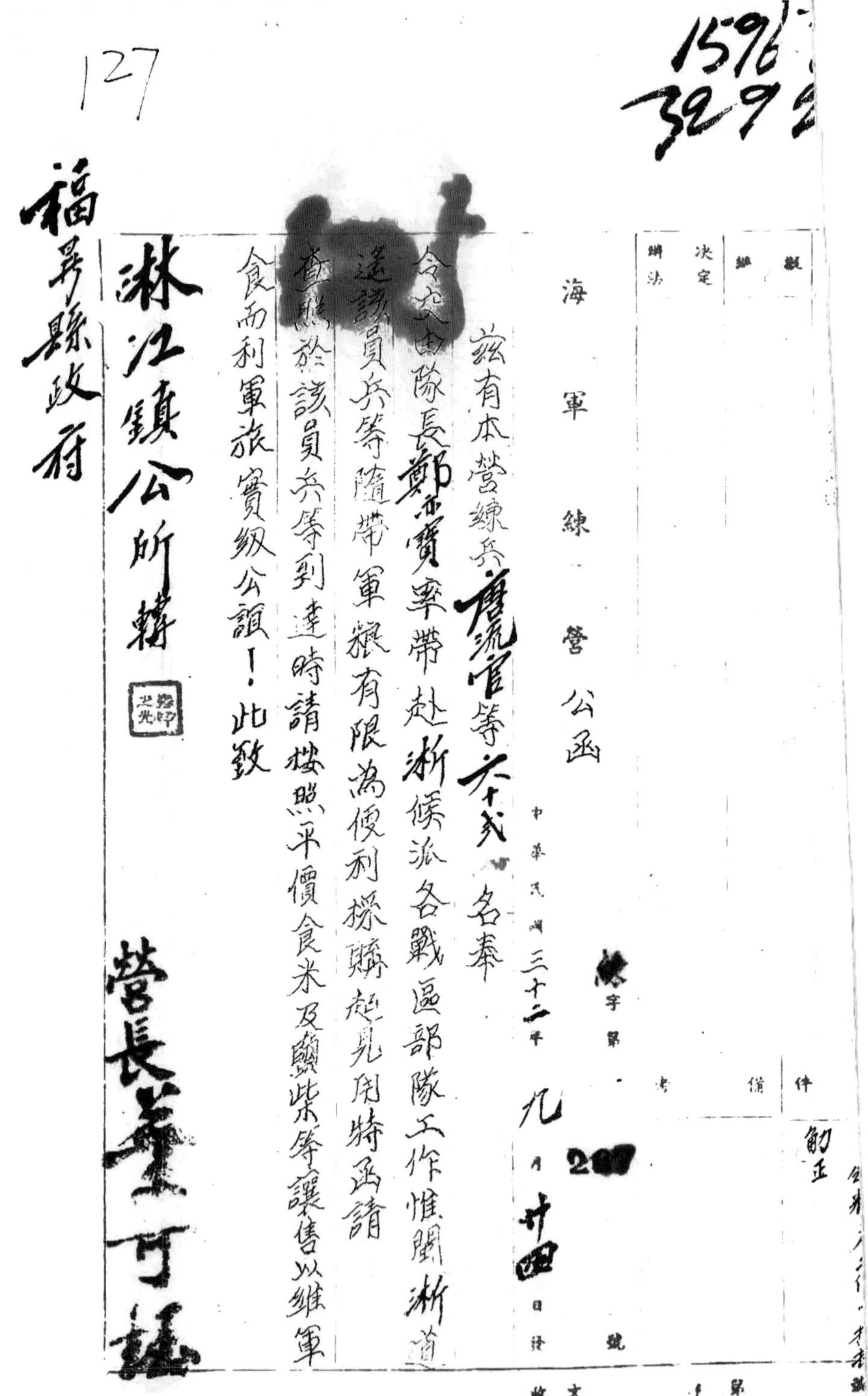

127

1596
329

海軍練營公函

茲有本營練兵盧流官等六十弍名奉
令交由隊長鄭亦寶率帶赴淋俟派各戰區部隊工作惟閩淋道
遠該員兵等隨帶軍糧有限為便利採購起見用特函請
查照於該員兵等到達時請按照平價食米及鹽柴等讓售以維軍
食而利軍旅實紉公誼！此致

淋江鎮公所轄
福昇縣政府

營長葉可□

中華民國三十二年九月廿四日　　字第287號

附件：海军训练营关于请琳江镇公所按照平价食米盐柴让售以维军食的公函

（1943 年 9 月 24 日）　G137-001-0002

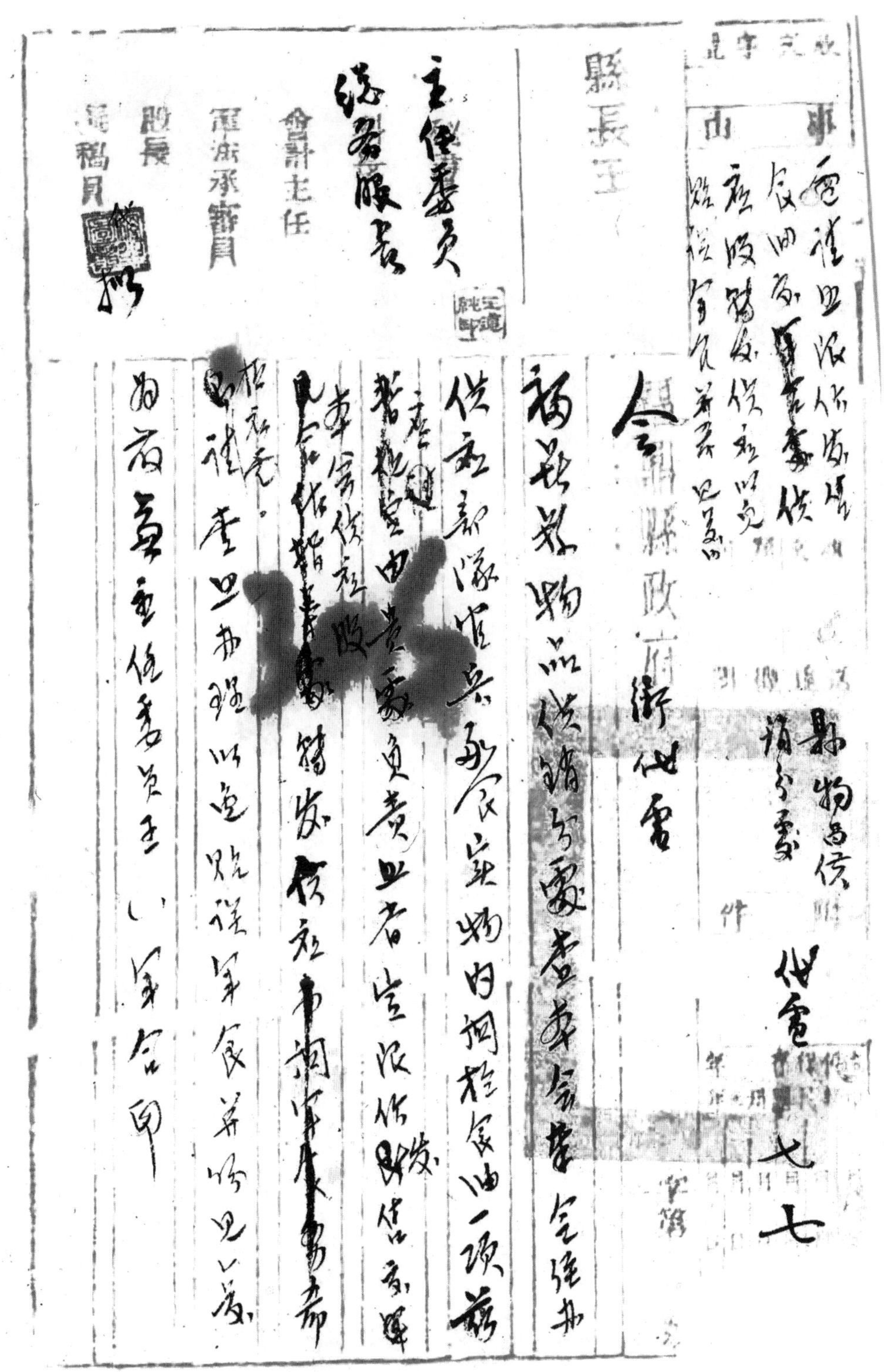

福建省补给委员会福鼎县分会关于请福鼎县物品供销分处照限价发售食油交供应股转发供应以免贻误军食并希见复的代电（1944 年 7 月 7 日） G137-001-0003

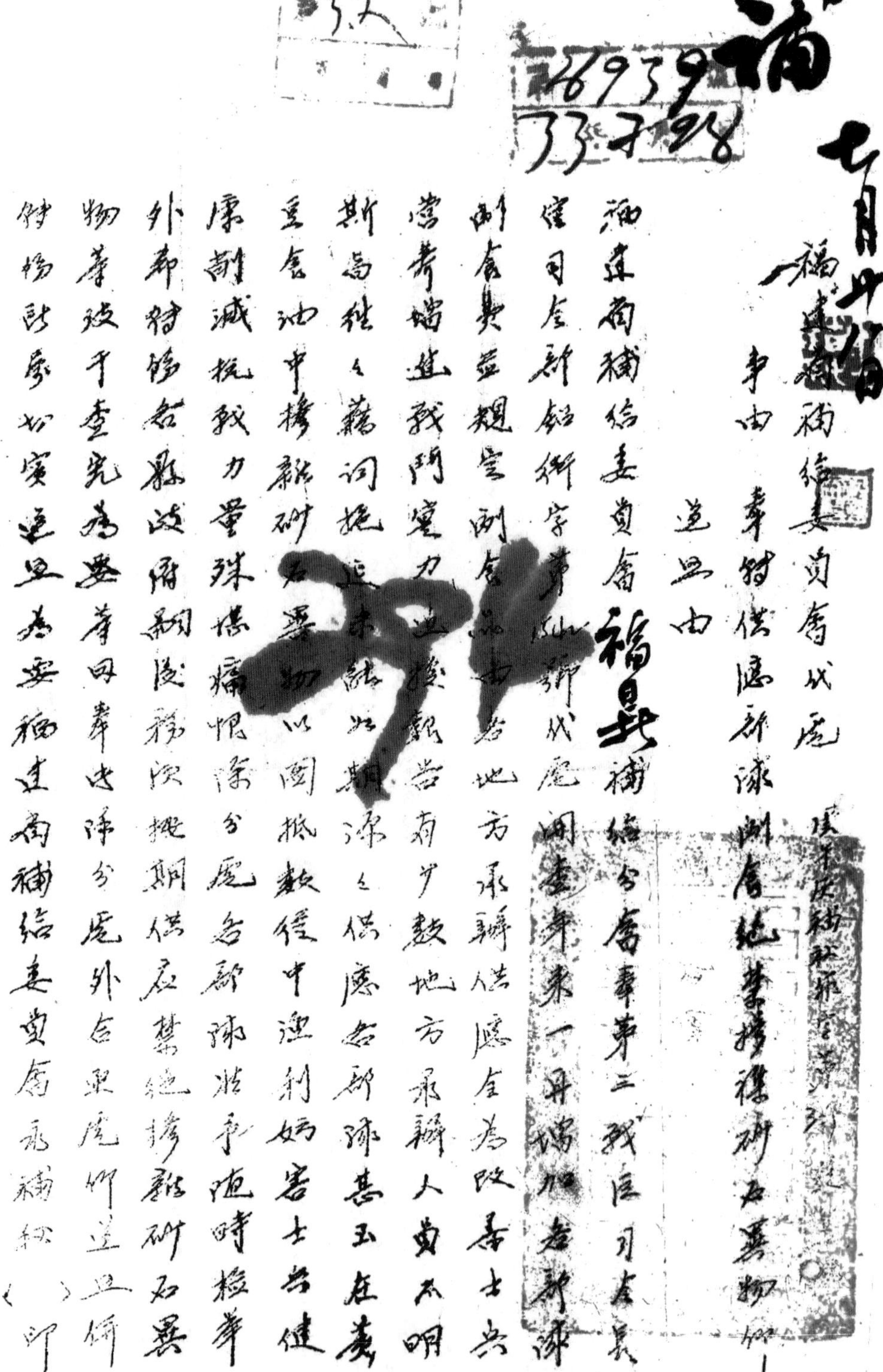

福建省补给委员会关于供应部队副食绝禁掺杂砂石异物的代电

（1944年7月10日） G137-001-0003

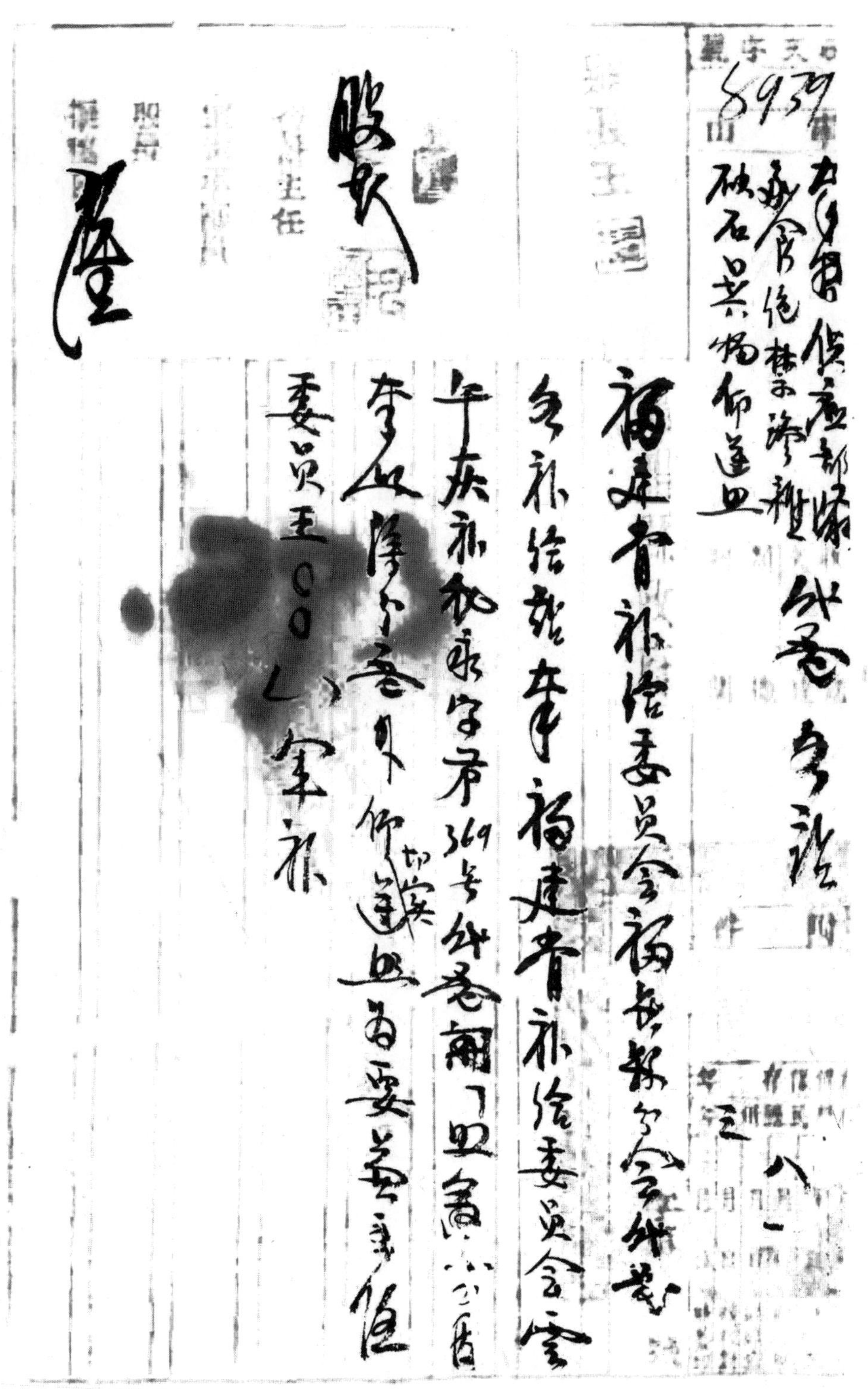

福建省补给委员会福鼎县分会关于奉电供应部队副食绝禁掺杂砂石异物的代电

（1944 年 8 月 1 日） G137-001-0003

福建省政府关于战区补给委员会颁订部队副食马干实物补给暂行实施细则　行政院三十一年所颁战时改善军队生活征购食油燃料料豆麸皮与草料办法应予废止的训令(1944 年 7 月 13 日)　G137-001-0003

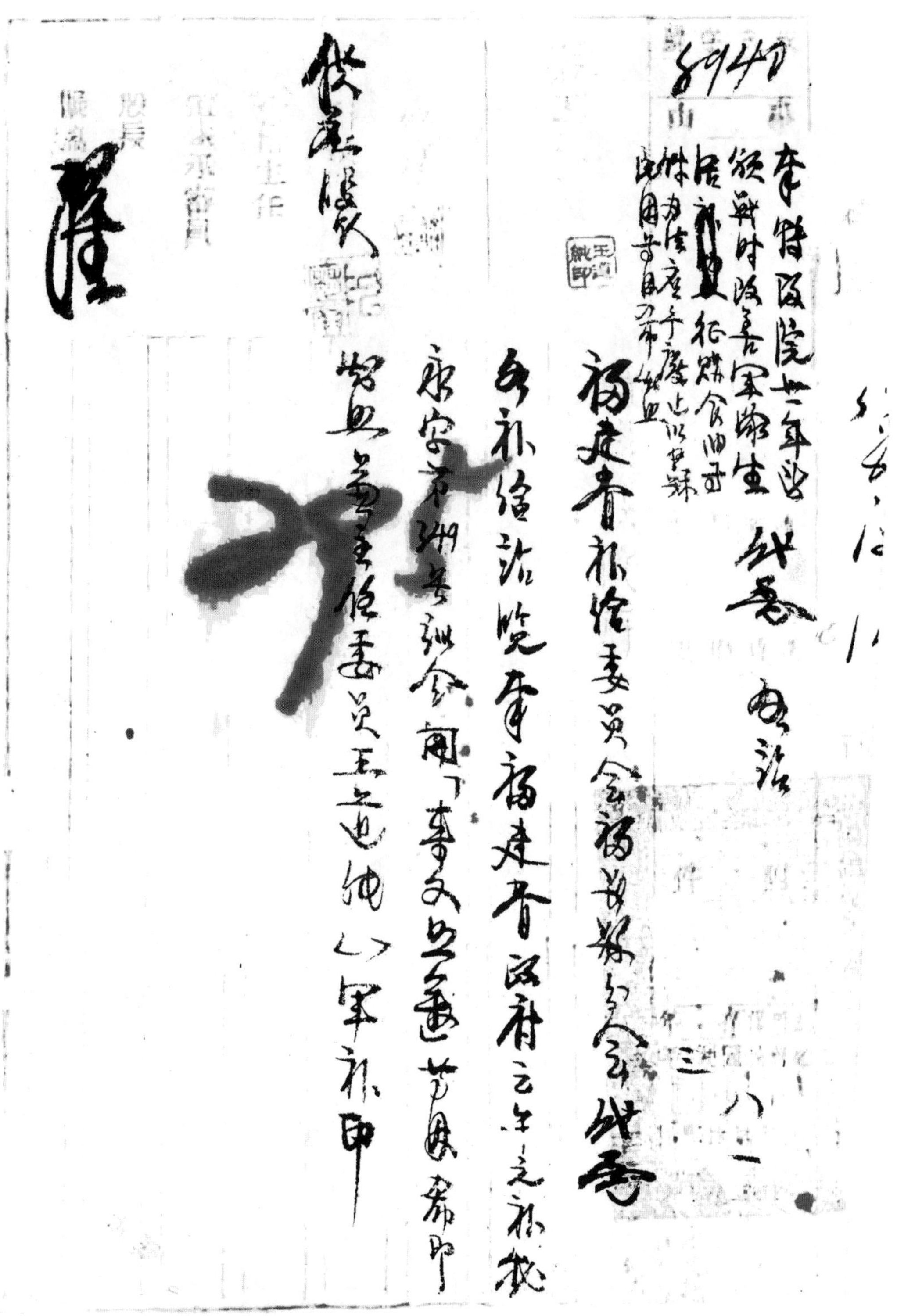

福建省补给委员会福鼎县分会关于奉转行政院三十一年所颁战时改善军队生活征购食油燃料料豆麸皮与草料办法应予废止的代电(1944年8月1日)　G137-001-0003

福建田賦糧食管理處儲運處代電

事奉令以嗣後國軍副食馬干係由補給委員會下之補給站供給實物並附

由特電知照由

下

福鼎縣政府奉福建田賦糧食管理處雲申銑處田糧巳永3006號訓令「案奉糧食部三十三年六月十七日六餘儲字第〤五九七九號訓令開「案奉行政院三十三年五月三十一日義貳字第壹弍弍七四號訓令內開「據軍政部呈以國軍副食馬乾已奉准在食鹽項下附優待國軍副食費每什十元並由軍事委員会頒布戰區補給委員會組織規程該部又依据上項規程訂頒部隊副食馬干實物

福建田赋粮食管理处关于嗣后国军副食马干系由补给委员会下之补给站供给实物的代电（1944年9月25日）a面 G137-001-0003

補給暫行實施細則嗣後國軍副食馬乾係由補給委員會下之補給站供給實物本院三十一年所頒戰時改善軍隊生活徵購食油燃料料豆麩皮馬草辦法請予廢止以蘇民困等情到院應准照辦除分行外合行令仰知照並轉飭所屬知照此令等因奉此除分行外合行令仰知照並飭屬知照此令等因奉此除分令外合行令仰知照此令等因奉此除分電外特電查照福建田賦粮食管理處儲運處永乩（ ）印

校對 陳体隆
監印 賴啟初

福建田赋粮食管理处关于嗣后国军副食马干系由补给委员会下之补给站供给实物的代电
(1944 年 9 月 25 日)b 面　G137-001-0003

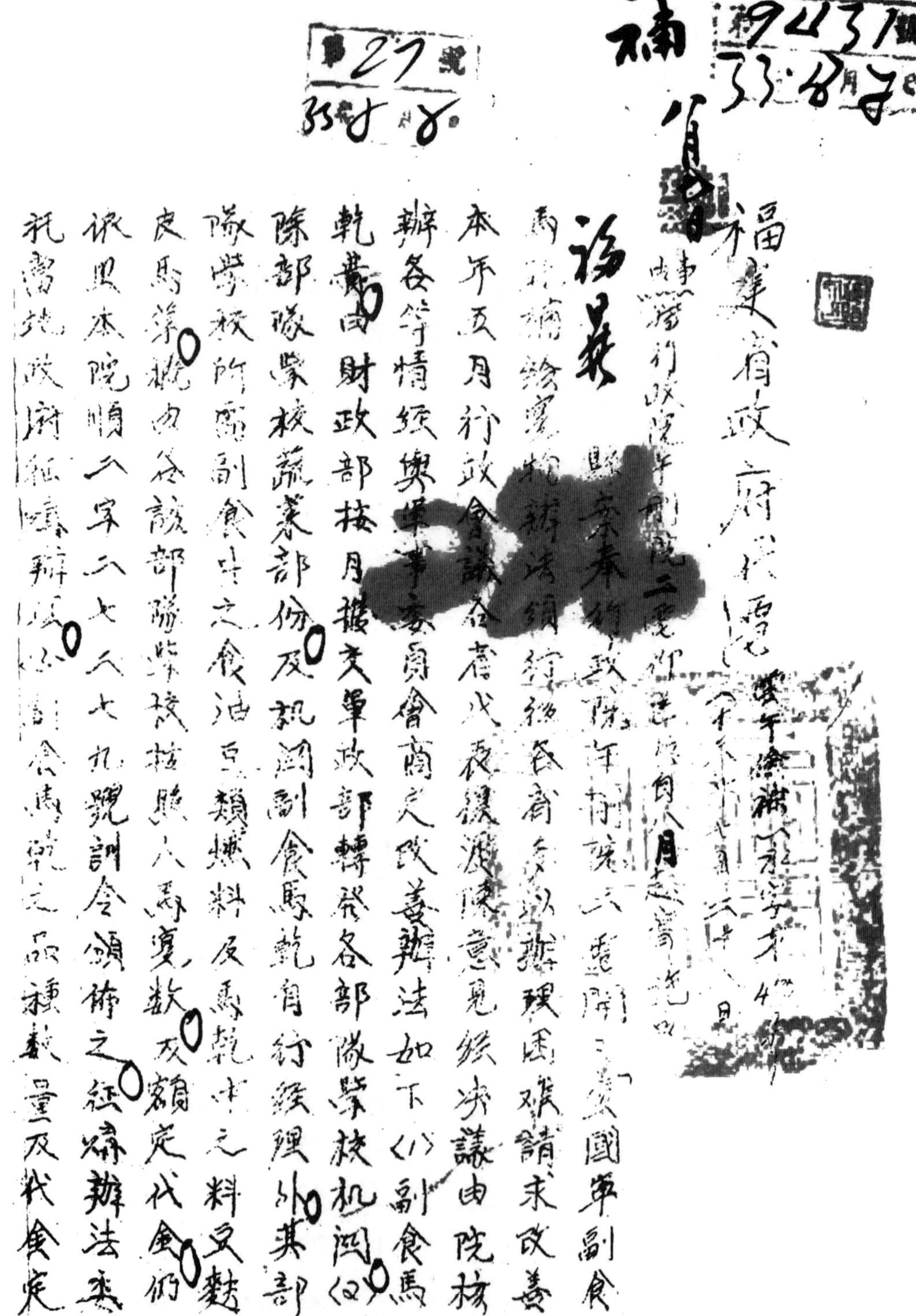

福建省政府代電

事由：為轉行政院午刪院二電　國軍副食馬干補給改善辦法自八月起實施

縣[illegible]案奉行政院午刪院二電開「國軍副食
馬乾補給委托辦法[illegible]各省分別辦理困難請求改善
本年五月行政會議合商代表[illegible]意見經決議由院核
辦各等情經與軍事委員會商定改善辦法如下（1）副食馬
乾費由財政部按月撥交軍政部轉發各部隊學校機關（2）
除部隊學校蔬菜部份及機關副食馬乾自行經理外其部
隊學校所需副食中之食油豆類燃料及馬乾中之料豆麩
皮馬草概由各該部隊學校按照人馬實數及額定代金仍
依照本院順八字二八七八七九號訓令頒佈之征購辦法委
托當地政府征購辦理[illegible]副食馬乾之品種數量及代金定

福建省政府关于转行政院午删院二电　国军副食马干补给改善办法自八月起实施的代电

(1944 年 7 月 28 日)a 面　G137-001-0003

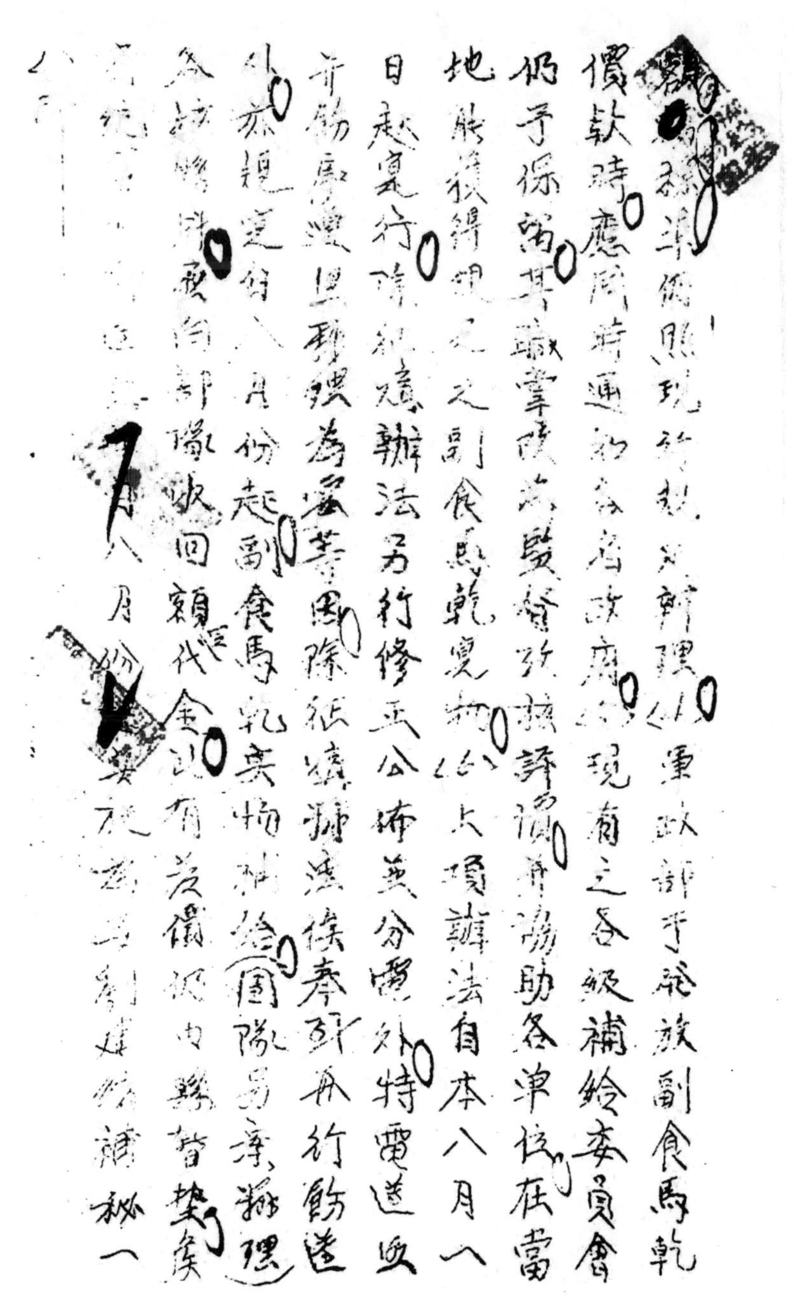

福建省政府关于转行政院午删院二电　国军副食马干补给改善办法自八月起实施的代电

(1944年7月28日)b面　G137-001-0003

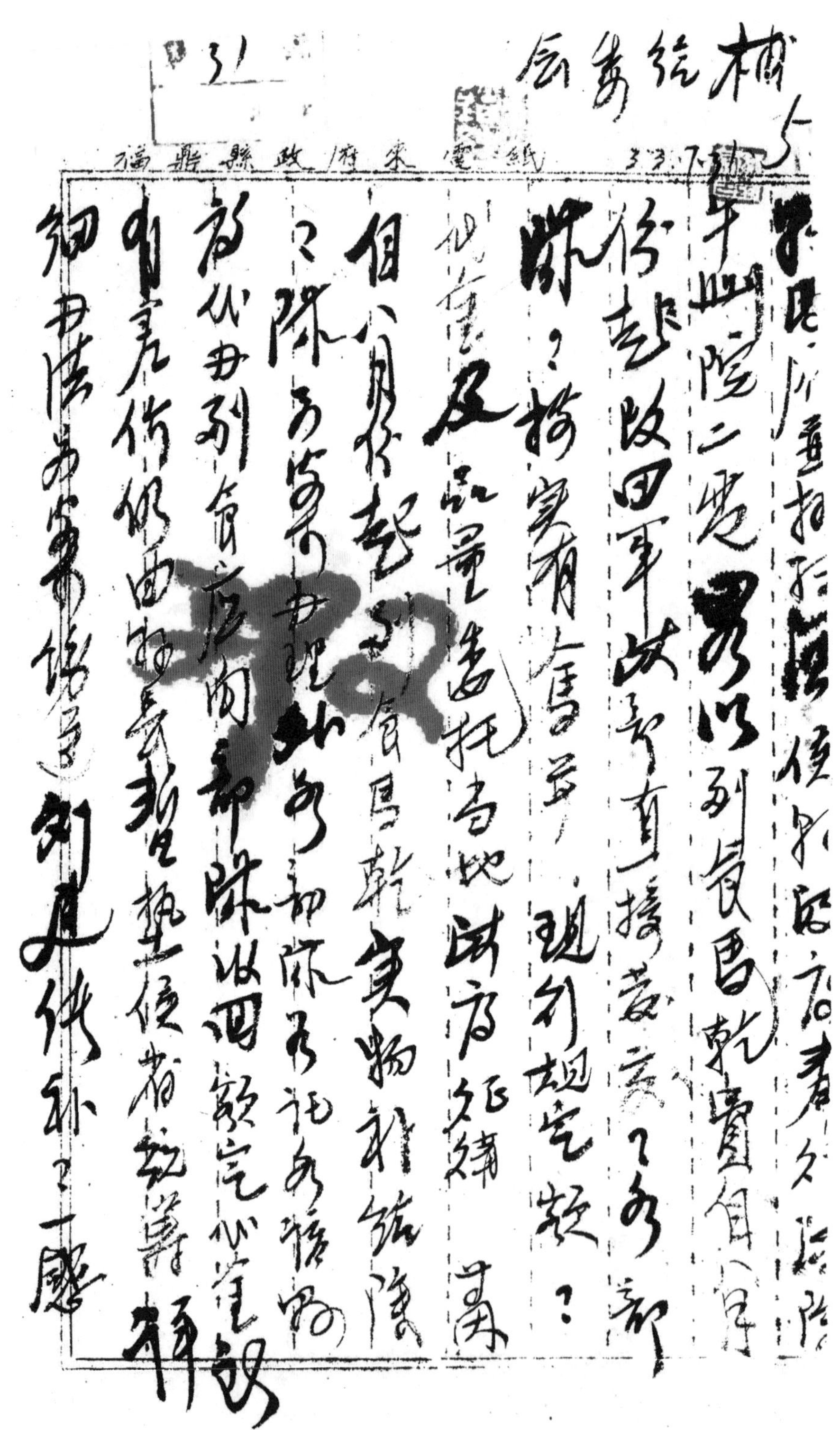

福鼎縣政府來電紙

福建省补给委员会福鼎县分会译福建省补给委员会关于自八月份起供应部队副食应直接收回额定代金差价由县暂垫候省统筹的电文(1944 年 7 月 31 日)　G137-001-0003

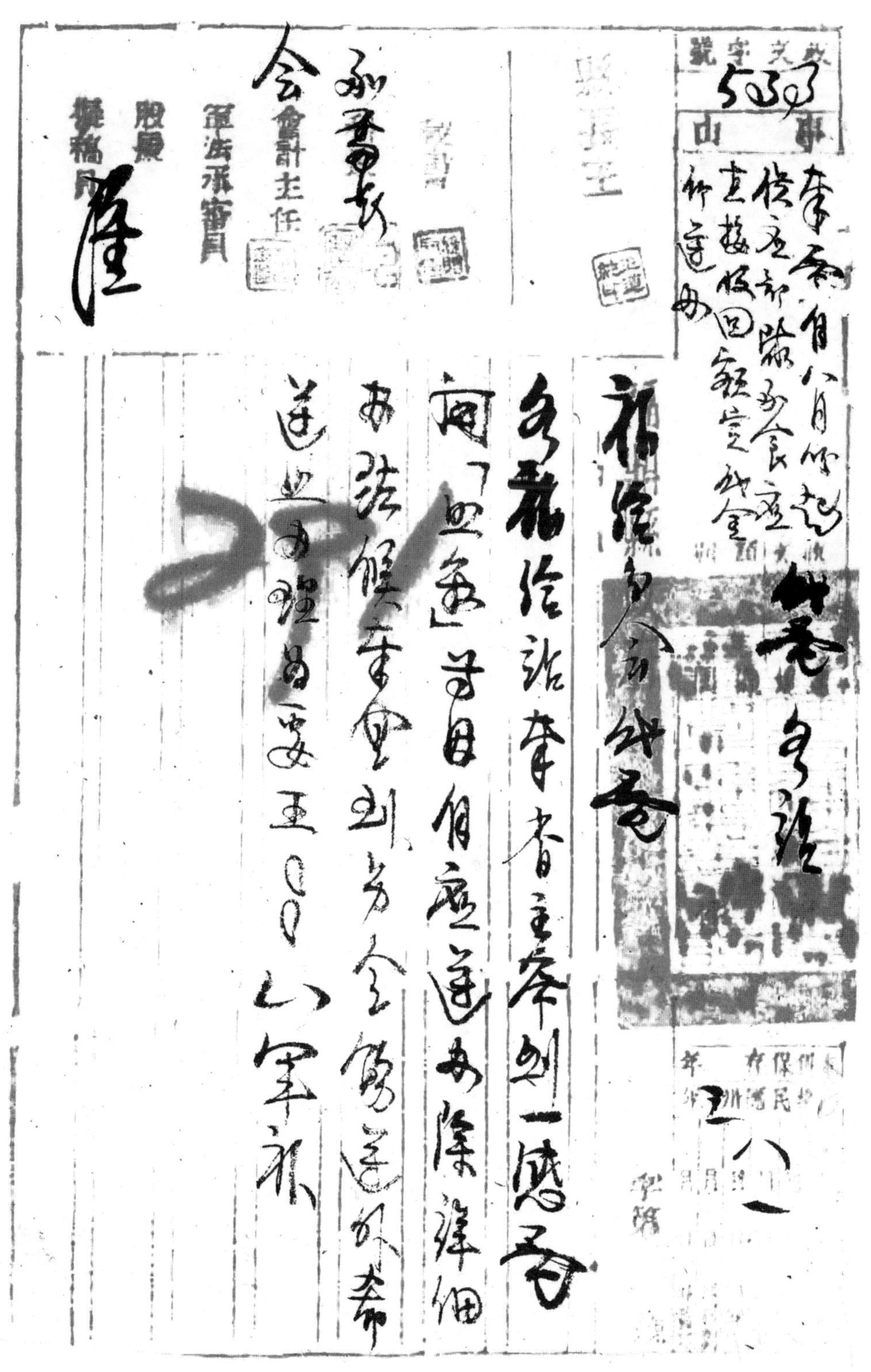

福建省补给委员会福鼎县分会关于奉电自八月份起供应部队副食应直接收回额定代金的代电

（1944 年 8 月 1 日）　G137-001-0003

第44號
33年9月21日

福建省補給委員會代電 補給字第745號
民國三十三年九月五日

事為轉戰區補委會據安徽補會電報八月份補給辦法變更由
更馬草亦應繳價由補分會統籌代購特電遵照由

福自縣補給分會案奉第三戰區補給委員會補給字第491號代電開：「案據安徽省政府補未綫電稱查馬乾中之馬草一項原由中央直接發款交部隊自理現補給辦法已有變更自八月份起一律向補給機關繳價買物所有馬草一項亦應繳價由補給分會統籌代購差由縣負担以免嗣後各部隊再向民間採購發生糾紛除分電外謹電呈察等情除復應予照辦并分電各省補給委員會暨

福建省补给委员会关于本省自八月份补给办法变更为马草代金应全部交县由补给分会统筹代购的代电(1944 年 9 月 5 日)a 面　G137-001-0003

各部隊學校机関外希即遵照等因茲規定本省自八月份起实行但不能國軍及團隊均應按每馬每月收回代金六五零元辦理(即原由部隊自購之馬草費(三八)元亦均交縣代辦)除分電外特電遵照省補委會秘一()印

福建省补给委员会关于本省自八月份补给办法变更为马草代金应全部交县由补给分会统筹代购的代电(1944年9月5日)b面　G137-001-0003

福建田賦糧食管理處代電

事由：奉電國軍副食馬乾補給實物改善辦法轉仰遵照由

福鼎縣政府：案奉糧食部除儲二字第77233號代電開：案奉行政院蔣院長義嘉字第五八一號[illegible]院二條代電開：查國軍副食馬乾補給實物辦法頒行後[illegible]辦理困難，請求改善。本年五月行政會議各省代[illegible]議由院核辦等情，經與軍委會商定[illegible]辦法如下：（一）副食馬乾費由財政部按月於上月二十日前撥交[illegible]部隊學校機關。（二）除部隊學校蔬菜部份及機關副食馬乾自行[illegible]外，其部隊學校所需副食中之食油豆類燃料及馬乾中之料豆麥皮馬草概由各

福建田赋粮食管理处关于奉行政院午删院二电：国军副食马干补给实物改善办法八月一日起实施的代电（1944年9月20日）a面　G137-001-0003

該部隊學校按照人馬实數及額定代金仍依照本院以前順式字二七二七九號訓令頒佈之征購辦法委託當地政府征購辦理（三）副食馬乾之品種數量及代金定額標準仍照現行規定辦理（四）軍政部於發放副食馬乾價款時應同時通知各省政府（五）現有之各級補給委員會仍予保留其職掌改為監督考核評價并協助各單位在當地能獲得規定之副食馬乾实物（六）上項辦法自本年八月一日起实行除征購辦法另行修正公佈并分電外特電遵照并飭屬遵照辦理為要等因奉此除分行外合行電仰遵照并飭屬知照為要等因奉此除分電外合行電仰知照為要福建田賦粮食管理處永[illegible]巳、乙印

福建田赋粮食管理处关于奉行政院午删院二电：国军副食马干补给实物改善办法八月一日起实施的代电（1944年9月20日）b面　G137-001-0003

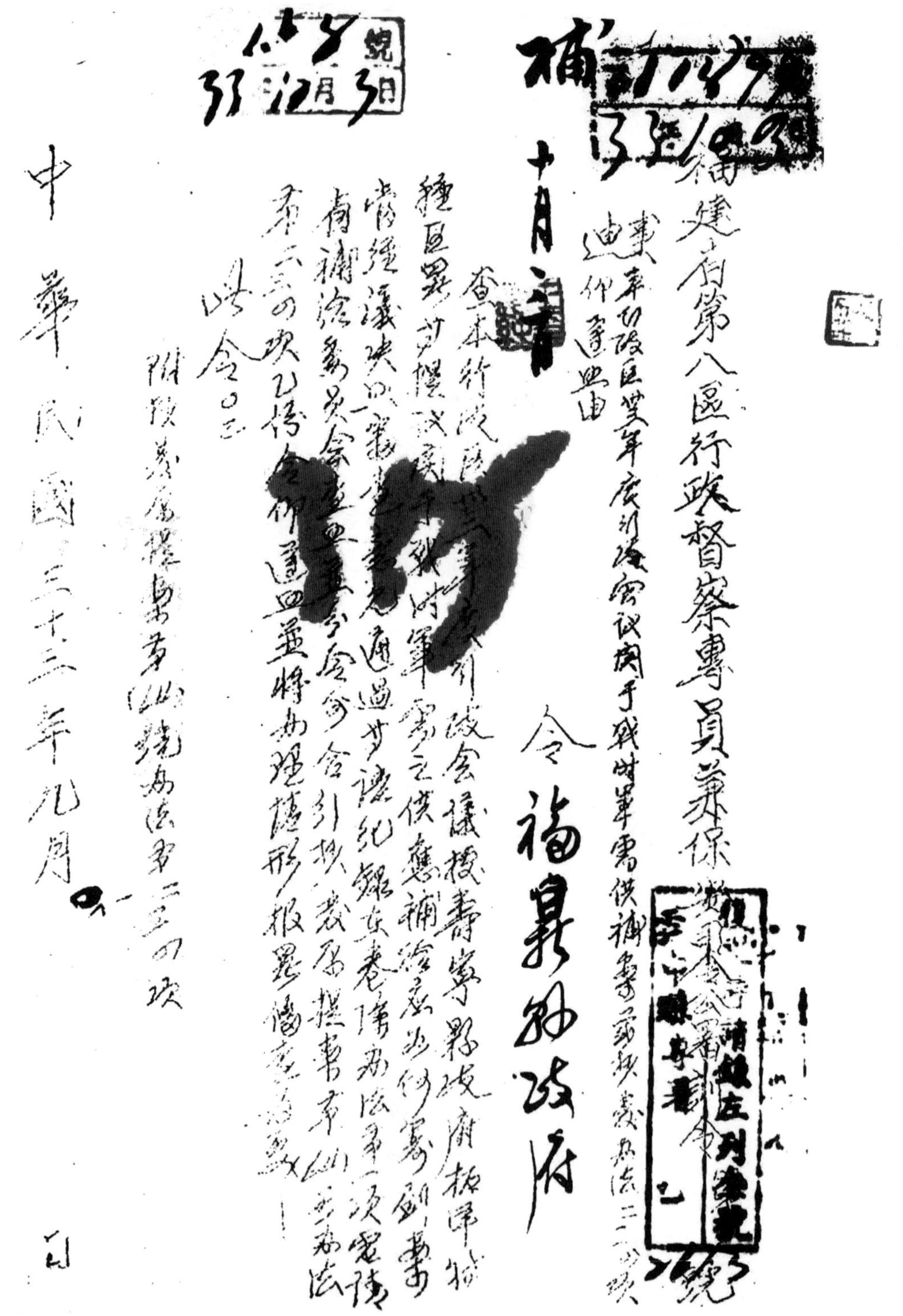

福建省第八区行政督察专员兼保安司令公署训令

事由：奉行政区卅三年度行政会议关于战时军需供补案兹抄发办法二三四项仰遵照由

令福鼎县政府

[illegible]

附抄发原提案第四号办法第二三四项

中华民国三十三年九月　日

福建省第八区行政督察专员兼保安司令公署关于本行政区三十三年度行政会议关于战时军需供补案兹抄发办法二三四项仰遵办的训令(1944 年 9 月 29 日)a 面　G137-001-0003

专员兼司令 陈联芬

代行副司令 蒋国秩

原提案第(四)号办法：

三、各县区应先估计各项供应副食马干实物数量暨集中地点所由乡镇分配各级乡镇保甲应负担数量并限期运缴指定之征补给站点保管，各县实物补给会同各市价议定以征代募价格按征代金由会统筹採储备用，各地补给站所不敷之数由省府拨款补助

四、实物运输由补给站运输队调拨一部分驻各补给站沿线为之转发所令转运以免损失

五、各部队之供应除携有供给证者照当地补给办法办理外，无供应证者换发供给证后再行照章换补

福建省第八区行政督察专员兼保安司令公署关于本行政区三十三年度行政会议关于战时军需供补案兹抄发办法二三四项仰遵办的训令(1944 年 9 月 29 日)b 面 G137-001-0003

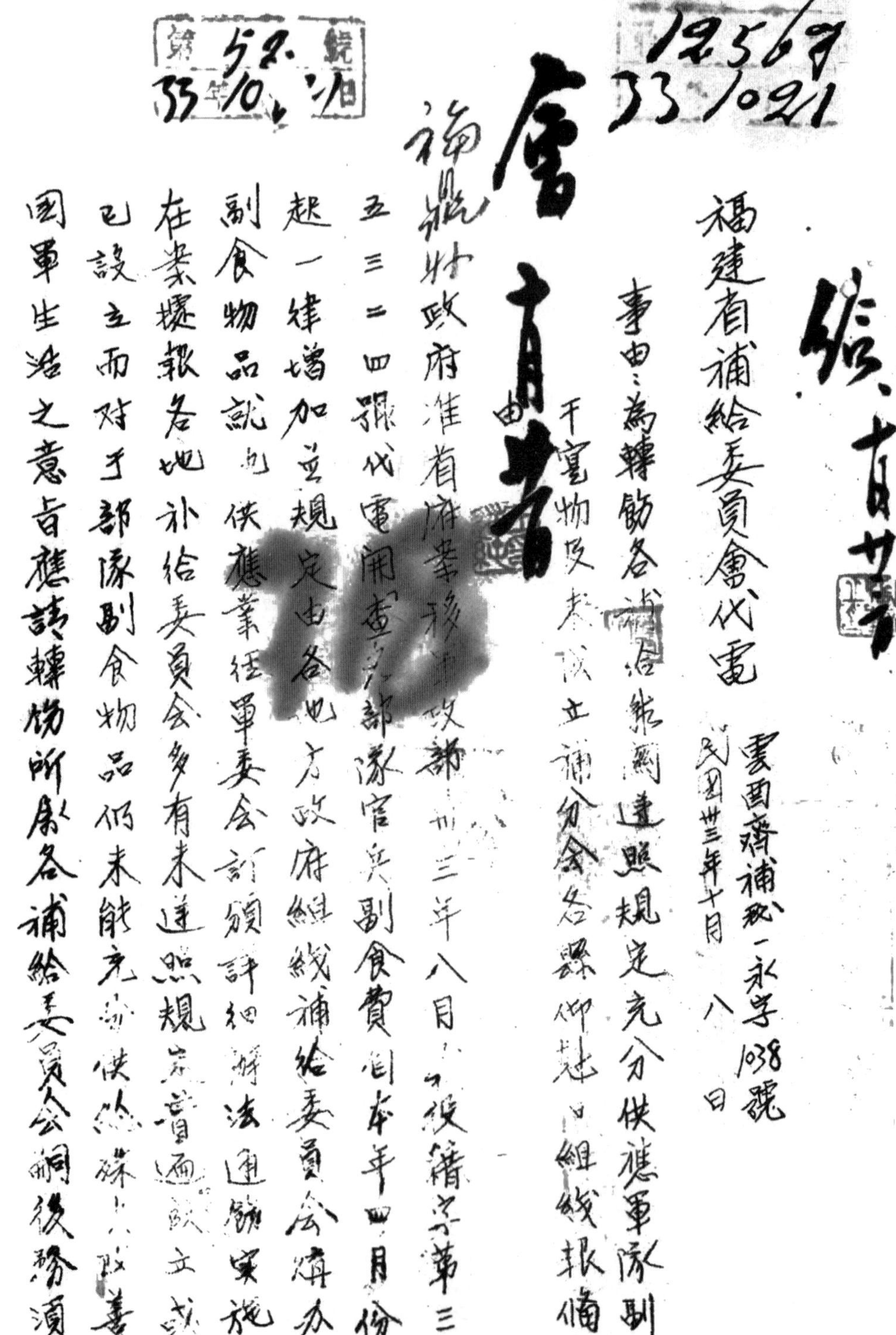

福建省補給委員會代電

事由：為轉飭各補給機關遵照規定充分供應軍隊副食馬干實物及未成立補給分會各縣迅即組織報備

雲西齋補秘一永字1038號

民國卅三年十月 八 日

福建省政府准省府秦移函政部卅三年八月役籍字第三五三二四號代電開查各部隊官兵副食費自本年四月份起一律增加並規定由各地方政府組織補給委員會辦理副食物品就地供應業經軍委會訂頒詳細辦法通飭實施在案據報各地補給委員會多有未遵照規定實施已設立而對于部隊副食物品仍未能充分供給殊非改善國軍生活之意旨應請轉飭所屬各補給委員會嗣後務須

福建省补给委员会关于转饬各补给机关遵照规定充分供应军队副食马干实物及未成立补给分会各县克日组织报备的代电(1944 年 10 月 8 日)a 面　G137-001-0003

切实遵照规定办理以重功令至尚未组织者应责令迅予成立在补委会未组设以前应由部队将副食马干代款迳自交由该管负责地方政府代为征购实物除分电外相应电请查照办理为荷」等由去电遵照并希切实负责补给其未成立补给分会之平潭、顺昌、闽清、[illegible][illegible]、华安、柘洋、寿宁各县区并应遵照省政府寅辰支府补永字第十七号代电所示六项克日组织成立报会核备为要省补委会酉齐印

福建省补给委员会关于转饬各补给机关遵照规定充分供应军队副食马干实物及未成立补给分会各县克日组织报备的代电(1944年10月8日)b面　G137-001-0003

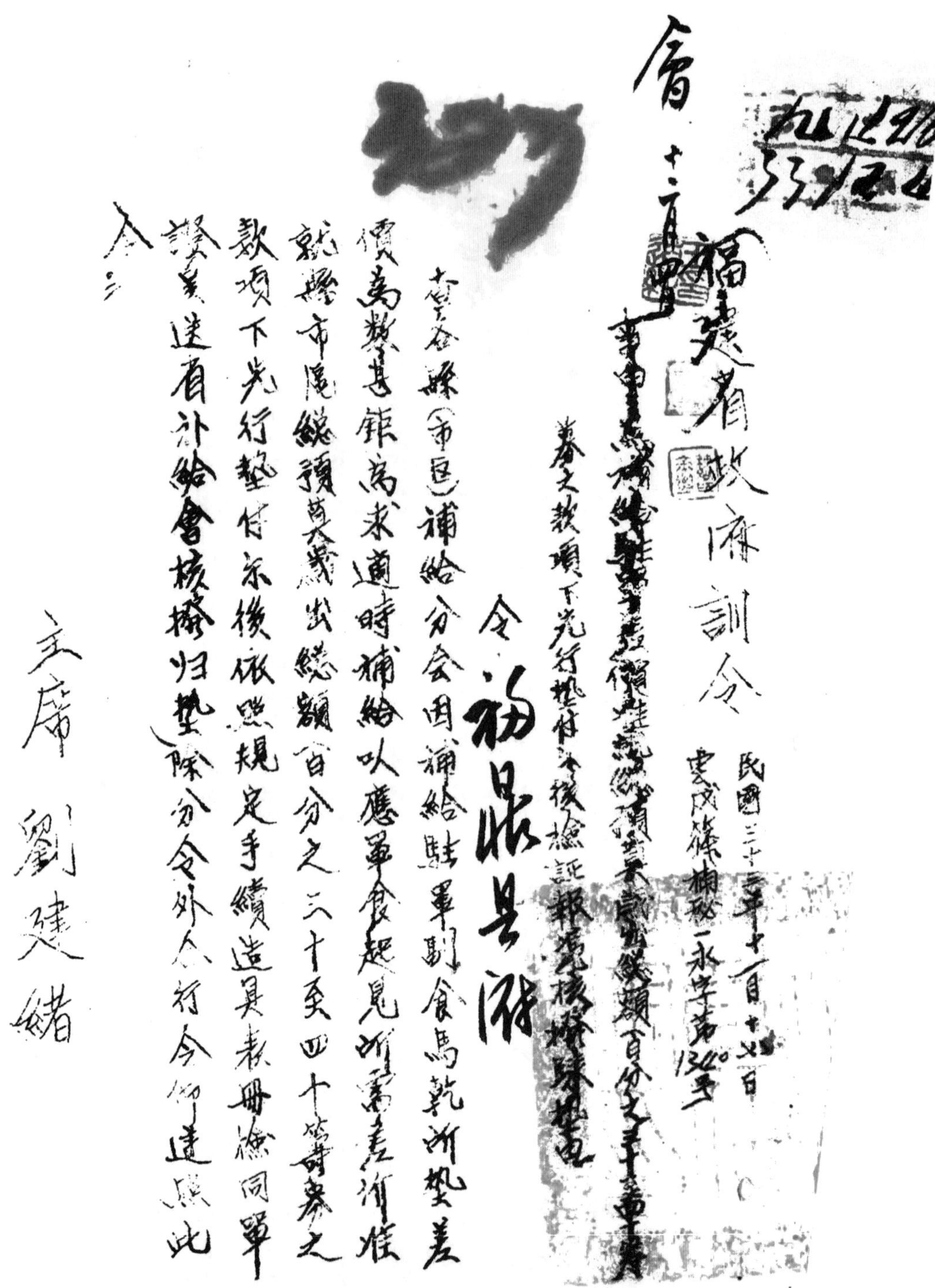

福建省政府训令

民国三十三年十一月十七日

令福鼎县政府

查各县(市区)補給分会因補給駐軍副食馬乾所墊差價為數甚鉅，為求適時補給以應軍食起見，所需差價准就縣市區總預算歲出總額百分之三十至四十筹募之款項下先行墊付，尔後依照規定手續造具表冊檢同單據送省補給會核轉歸墊。除分令外，合行令仰遵照，此令。

主席 劉建緒

福建省政府关于各县补给驻军副食马干差价准从总预算岁出总额百分之三十至四十筹募款项下垫付，尔后造册检证报核归垫的训令(1944 年 11 月 17 日) G137-001-0003

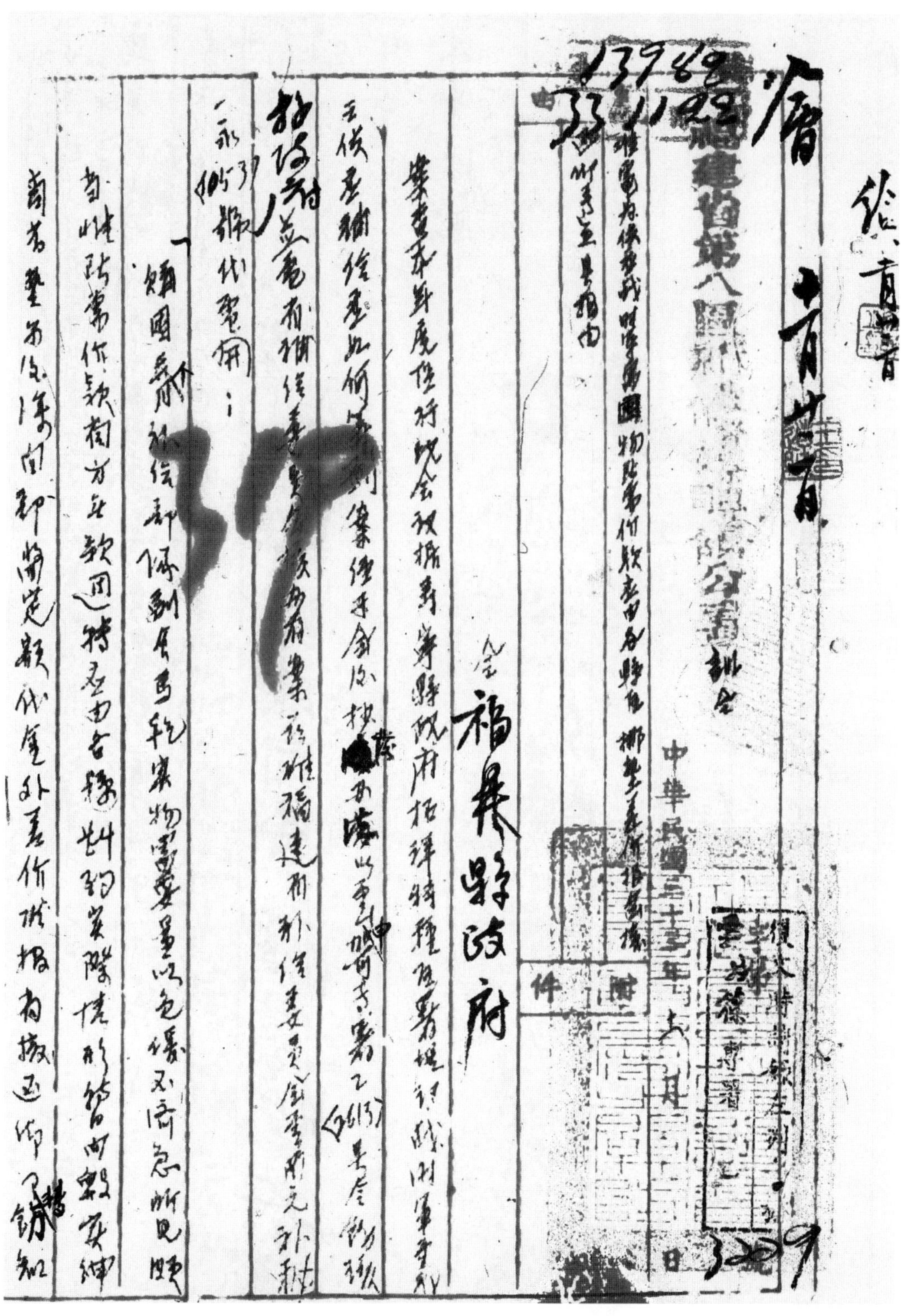

福建省第八區行政督察專員兼保安司令公署訓令

中華民國三十三年十一月 日

附件

福建省第八区行政督察专员兼保安司令公署关于供应战时军需囤物所需价款应由各县区挪垫差价报会拨还仰遵照具报的训令（1944 年 11 月 17 日） G137-001-0003

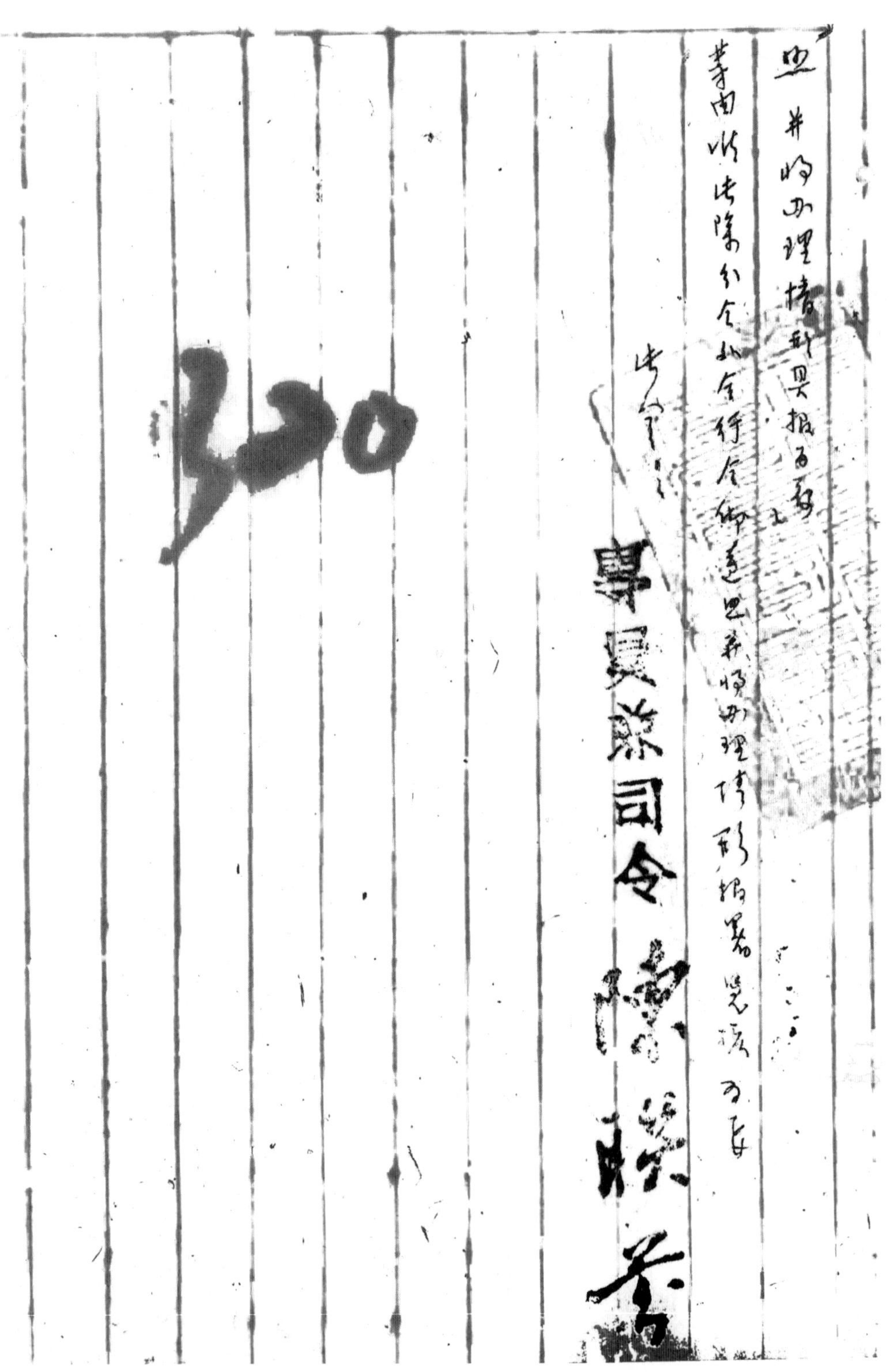

福建省第八区行政督察专员兼保安司令公署关于供应战时军需囤物所需价款应由各县区挪垫差价报会拨还仰遵照具报的训令(1944 年 11 月 17 日) G137-001-0003

福建省補給委員會代電　民國三十三年九月十二日

事由：為規定自八月份起結報手續由

福鼎縣補給分會：查副食馬乾補給自八月份起奉令改制，業經省府以雲午儉補一永1450號代電各該分會遵辦在案。惟征購各項表証尚未奉到，本會為求便于報銷起見，在新訂表証未頒發以前，保安團隊、防空隊哨仍應沿用省頒實物供應証外，各駐軍仍得沿用收支結算表，過境部隊仍照副食馬乾沿途發領証，併分電外，仰即知照。省補委會秘一（八）印

福建省补给委员会关于规定自八月份起结报手续的代电

（1944 年 9 月 12 日）　G137-001-0003

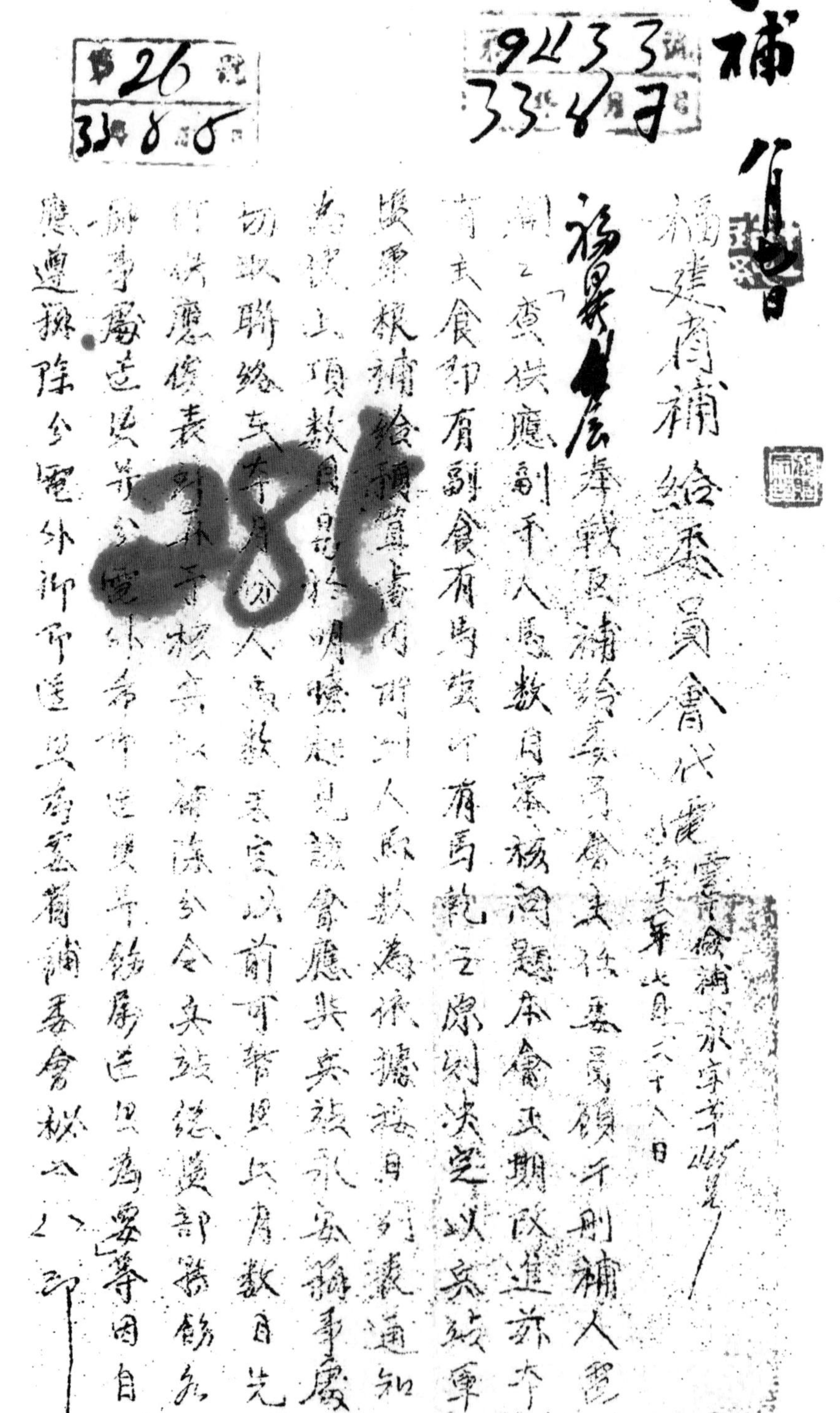

福建省补给委员会关于七月份可暂照上月人马数目先行供应副食马干俟表到再予核实扣补的代电

（1944 年 7 月 28 日）　G137-001-0003

福建省补给委员会代电 （三三）永字第5□号

福州、永安各分会查本会以与各分会来往电报繁为资节省起见，拟自即日起规定本会及各分会来往电报首尾衔名一律以给字电码（号码）挂号代替，除本会业经向永安电局付费交涉妥当尔后向本会来电电首可写（号码）永安便可拍到，电尾以给字电码加括弧如（号码）便足代表在衔外，仰该分会速即备具挂号费向该县电局交涉挂号并电复备查，以便本会拍电到县时电局知所送达为要。省补给委三未（ ）

福建省补给委员会关于自即日起本会及各分会来往电报首尾衔名一律以给字电码挂号代替仰各分会速即将该分会挂号电复备查的代电（1944 年 8 月 7 日） G137-001-0003

福建省补给委员会关于骆驼于六七八等月放青时干费减半发给马骡等仍照定量发足的代电

（1944 年 8 月 28 日）　G137-001-0003

事由：為改定各縣（市）（區）警察局長警士兵等副食費支給標準電仰遵照由

福建省政府代電　雲未灰府財乙永145號

各區行政督察專員公署、各縣市區政府：查本年度各縣（市）（區）國民兵團（隊）鄉鎮隊後備隊自衛隊駐縣無線電台軍民合作指導分處軍民合作站及警察局長警士兵等副食費准自本年七月份起按照規定編制人數每人每月發給壹百弍拾元所需增發經費應就各該團隊警局縮編剩餘經費項下開支如有不敷務須切實整理稅捐增籌財源報請追加除分電外合行電仰遵照。省政府永財乙 印

福建省政府关于自七月份起各县（市区）国民兵团后备队自卫队驻县无线电台军民合作处站及警察局官兵副食费支给标准的代电（1944 年 8 月 10 日）　G137-001-0005

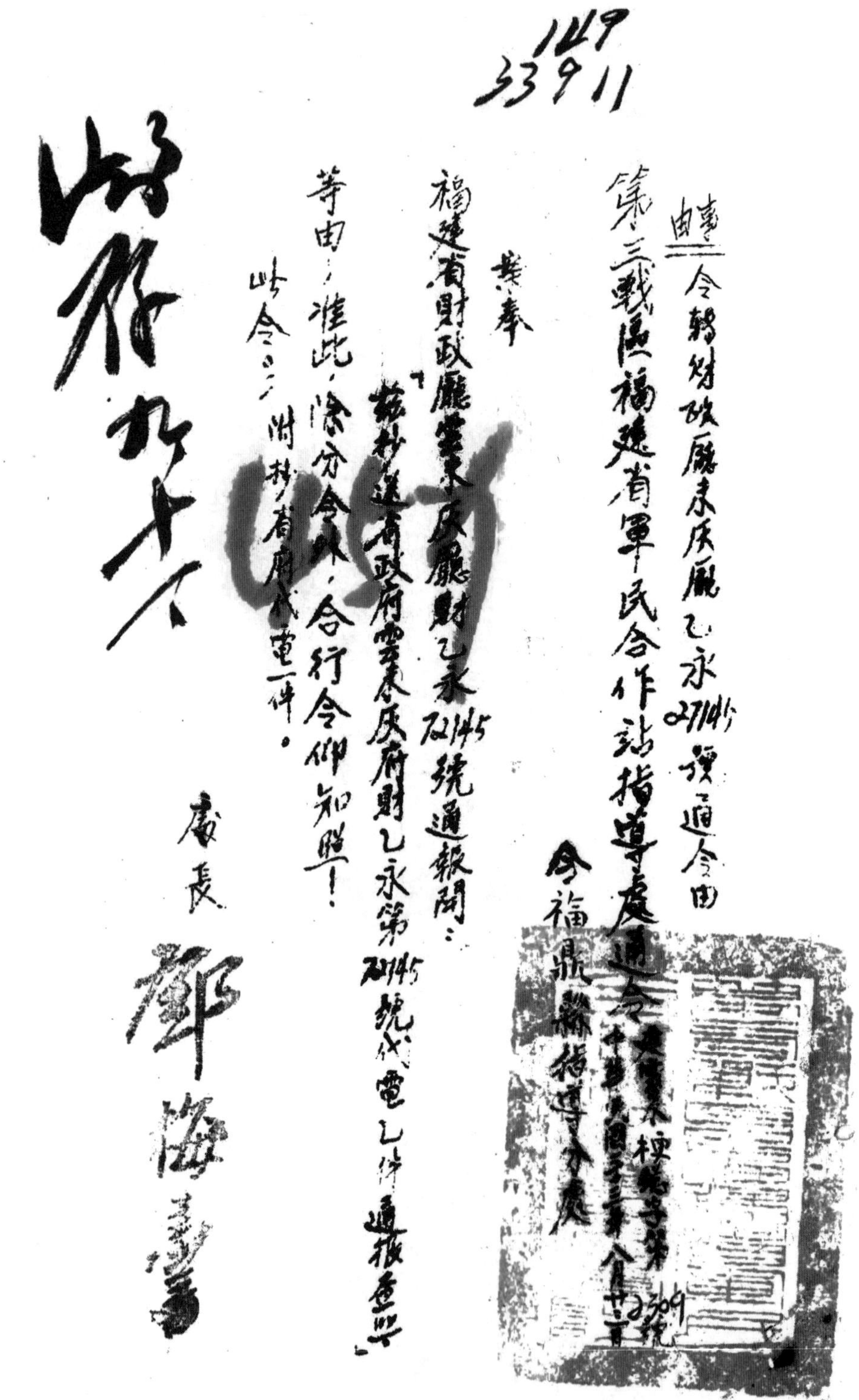

事由：令轉財政廳未灰電乙永72145號通令由

第三戰區福建省軍民合作站指導處通令 中華民國三十三年八月廿三日 第2309號

令福鼎縣指導分處

案奉

福建省財政廳未灰廳財乙永72145號通報開：

「抄發省政府未灰府財乙永第72145號代電乙件，通報查照」

等由，准此，除分令外，合行令仰知照！

此令。附抄省府代電一件。

處長 鄭海

第三战区福建省军民合作站指导处关于转发福建省财政厅未灰电府乙永 72145 号代电通报官兵副食支给标准的通令(1944 年 8 月 23 日)　G137-001-0005

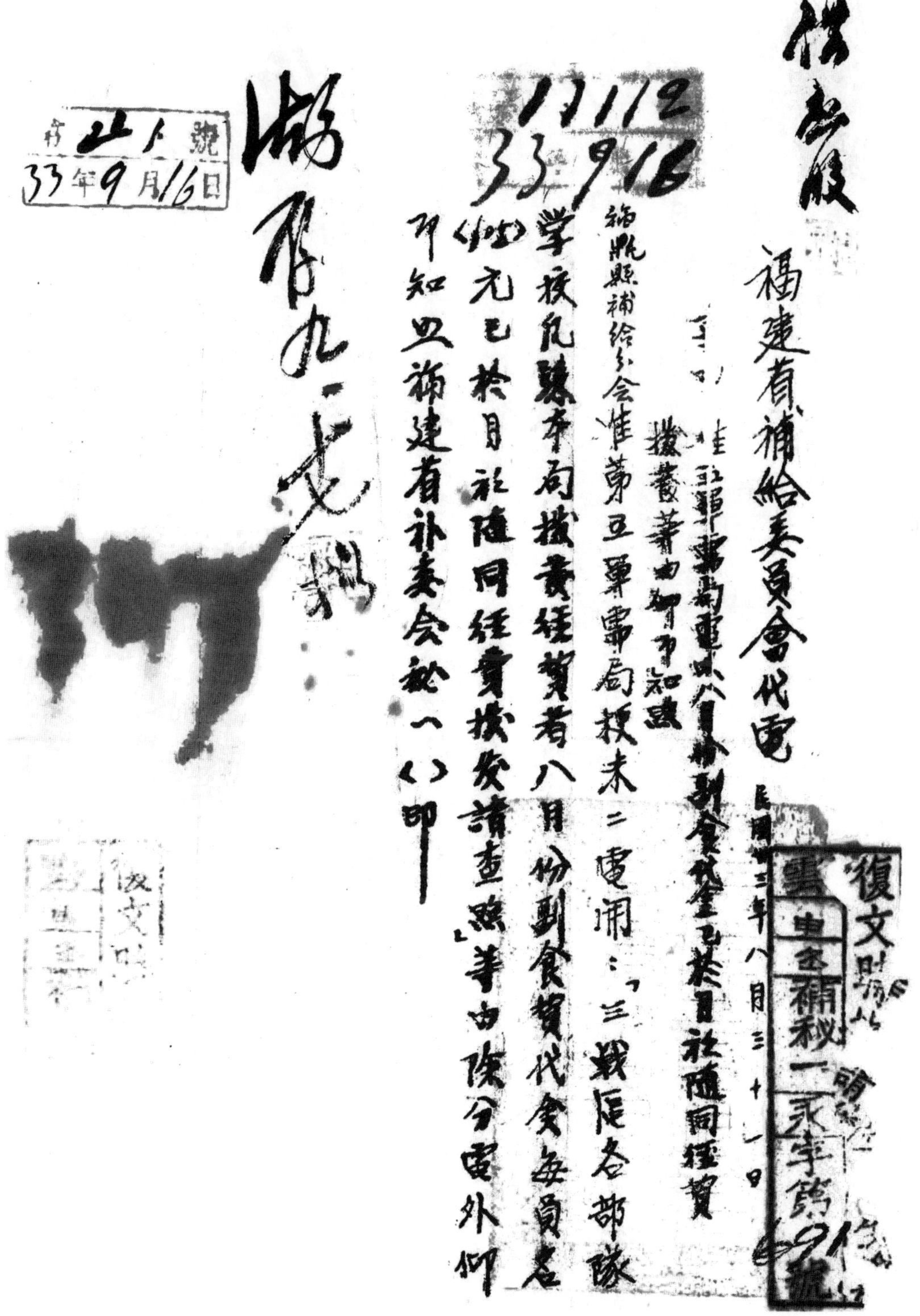
供发

福建省补给委员会代电

撥發著由知照

福鼎县补给分会准第五军需局电以八月份副食代金已于月初随同经费拨发请查照等由除分电外仰即知照 福建省补委会秘一（　）印

福建省补给委员会关于准第五军需局电以八月份副食代金已于月初随同经费拨发的代电

（1944 年 9 月 2 日） G137-001-0003

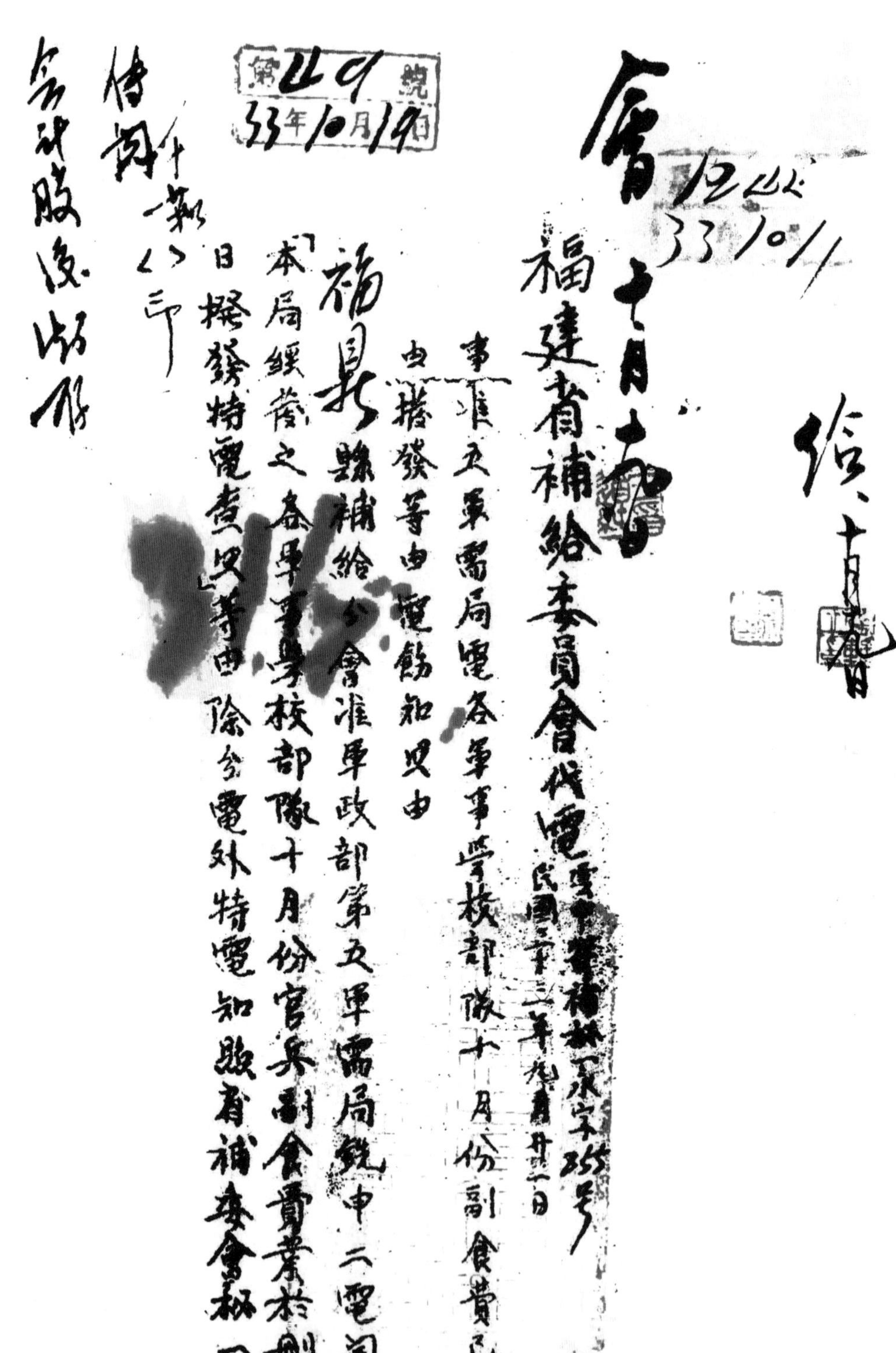

福建省補給委員會代電　軍需補林（下）字255号　民國三十三年九月廿一日

事：准五軍需局電各軍事學校部隊十月份副食費已

由：撥發等由電飭知照由

福鼎縣補給分會准軍政部第五軍需局銑申二電開「本局經發之各軍事學校部隊十月份官兵副食費業於刪日撥發，特電查照」等由。除分電外，特電知照。省補委會林一

福建省补给委员会关于准第五军需局电各军事学校部队十月份副食费已拨发的代电

（1944 年 9 月 21 日）　G137-001-0003

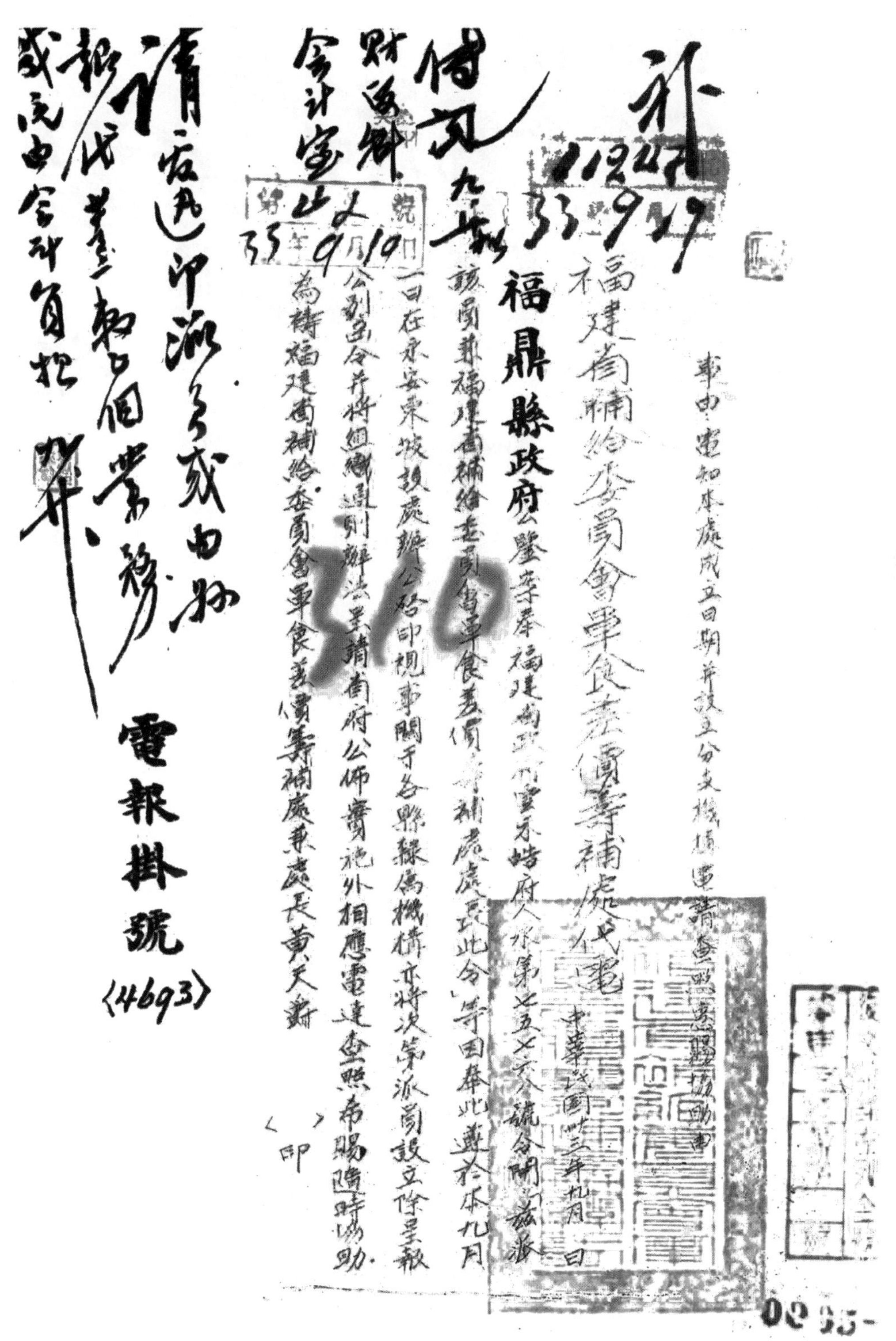
事由：電知本處成立日期并設立分支機構電請查照惠賜協助由

福建省補給委員會軍食差價籌補處代電

福鼎縣政府公鑒：奉 福建省政府電示略開：「府人字第七五七六號令開：茲派該員兼福建省補給委員會軍食差價籌補處處長。此令。」等因，奉此，遵於本九月一日在永安東坡設處辦公，啓印視事。關于各縣縣為機構，亦將次第派員設立，除呈報公署呈令并將組織通則辦法呈請省府公佈實施外，相應電達查照，希賜隨時協助為禱。福建省補給委員會軍食差價籌補處處長黃天爵〈印〉

中華民國卅三年九月 日

電報掛號〈4693〉

福建省补给委员会军食差价筹补处关于本处于九月一日在永安成立并设立分支机构希赐协助的代电

（1944 年 9 月 4 日） G137-001-0003

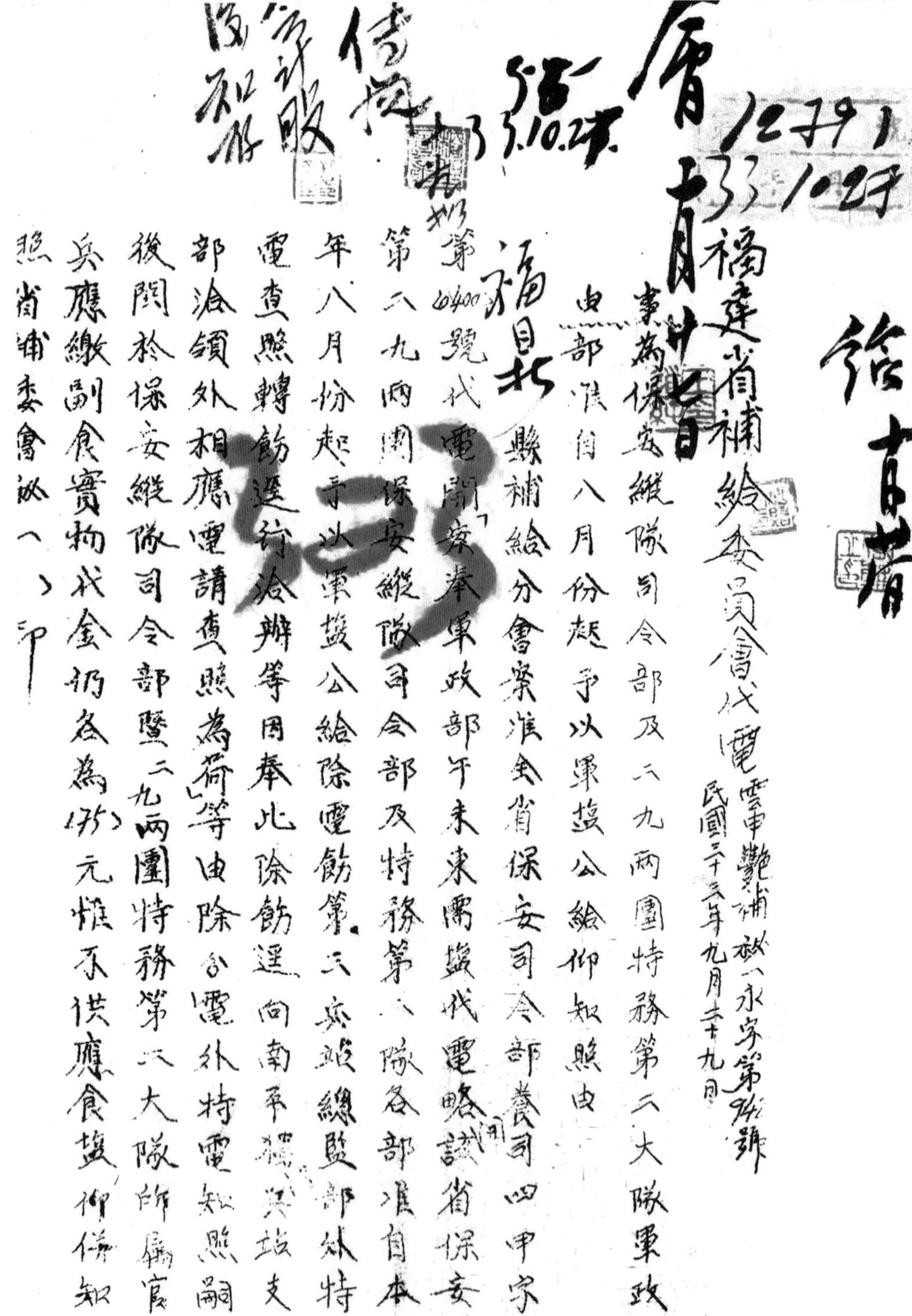

福建省补给委员会关于保安总队司令部及二九两团特务第二大队军政部准自八月份起予以军盐公给的代电(1944 年 9 月 29 日) G137-001-0003

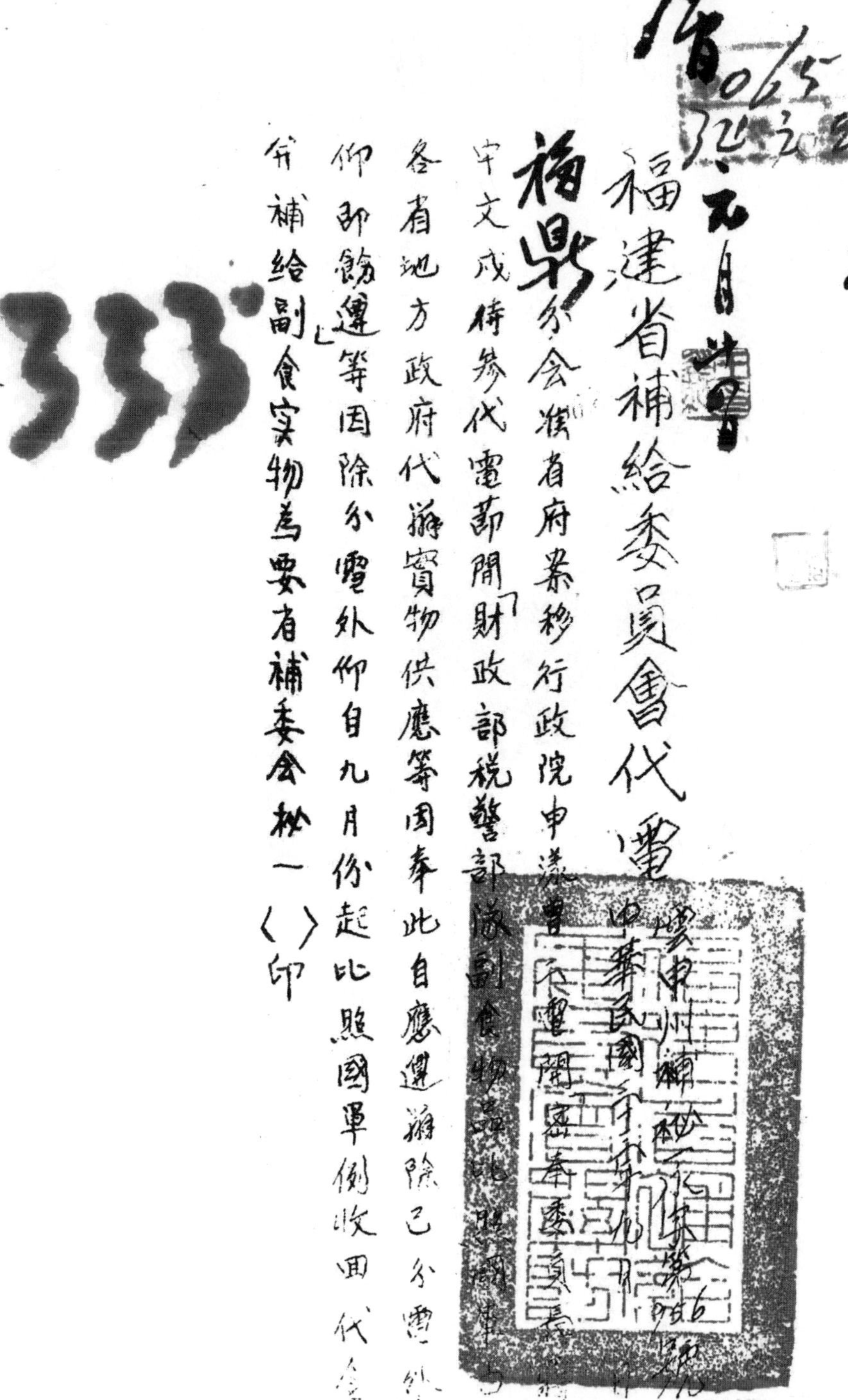
福建省補給委員會代電

福鼎分会鉴：省府案移行政院申漾曾[illegible]代電開密奉委員長[illegible]宇文戌侍参代電節開財政部税警部隊副食物品比照國軍[illegible]各省地方政府代辦實物供應等因奉此自應遵辦除已分電外仰即飭遵等因除分電外仰自九月份起比照國軍例收回代金并補給副食實物為要省補委会秘一（）印

中華民國三十三年九月[illegible]

福建省补给委员会关于自九月份起财政部税警部队比照国军例收回代金并补给副食实物的代电

（1944 年 9 月 30 日） G137-001-0003

343　第1711号
55年10月17日

事由：規定電文加碼辦法仰遵照由

第三戰區福建省軍民合作站指導處通令　通總字第2563號
中華民國卅三年十月五日

令福鼎縣站主任

本處為與各縣分處往來重要電文保持機密起見，特將普通明碼數字每字均另加3621數合併譯發，定名為「戌」密，其方式為：

例一、公字明碼為0361，在明碼上加3621即成為3982，變為公字戌密，餘類推。

例二、逢十不進：如軍字明碼係6511，在明碼上加3621即成為9132，變為軍字戌密；如國字明碼係6788，加3621即成為9309，變為國字戌密，餘類推。

例三、發加收減：發電時先譯成明碼，再從明碼上加3621變為該字

第三战区福建省军民合作站指导处关于规定电文加码办法的通令

(1944年10月5日)a面　G137-001-0004

密碼。收電時將密碼上截去3621後再譯明碼便是。

希將是項「戒」密電文办法除分令外仰各分處遵照密存備用嗣後如有

重要電文應仰依照指發以示机密並將收到日期及遵办情形具报為要

此令。

處長 龔

王屯 拟

一、明碼電报本以胡辦

本縣交各縣本所用

二、本處原案頒發規定辦法實須確甚於、範圍、交

通部電報內指出、電報之辦法周密、可不由

縣縣無線電台收發之電報並無特電件安當通知

第三战区福建省军民合作站指导处关于规定电文加码办法的通令

(1944年10月5日)b面　G137-001-0004

呈文

钧处三酉微技字第二五六三号通令规定台文加码办法仰遵照并将收到日期以及遵办情形具报为要等因奉此自应遵办惟本分处办公费每月仅领国币五十九元，以后如遇有机密事件拍发若由交通部电报局拍发电报费实无法开支可否由驻县无线电台负责收发之处，奉令前因理合将奉文日期及请示缘由备文呈请

鉴核是否准予转饬驻县无线电台收发电报

谨转福建全省保安司令部通令知照祗遵

第三战区福建省福鼎县军民合作站指导分处关于发电经费困难可否由驻县无线电台负责收发的呈文

(1944年10月20日)a面　G137-001-0004

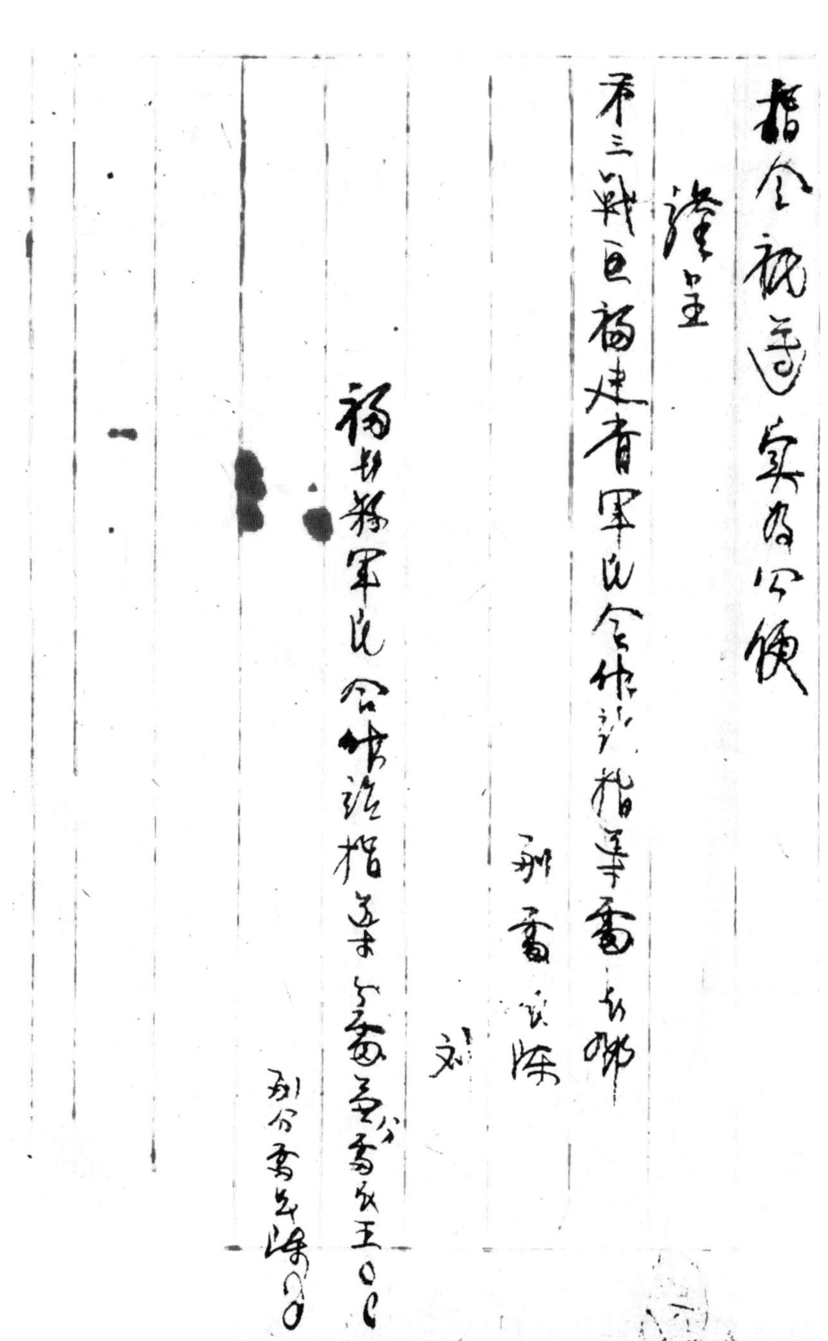
指令祇遵实为公便
谨呈
第三战区福建省军民合作站指导处处长邓
副处长陈
刘
福鼎县军民合作站指导分处主任分处长王○○
副分处长陈○○

第三战区福建省福鼎县军民合作站指导分处关于发电经费困难可否由驻县无线电台负责收发的呈文
(1944年10月20日)b面　G137-001-0004

344

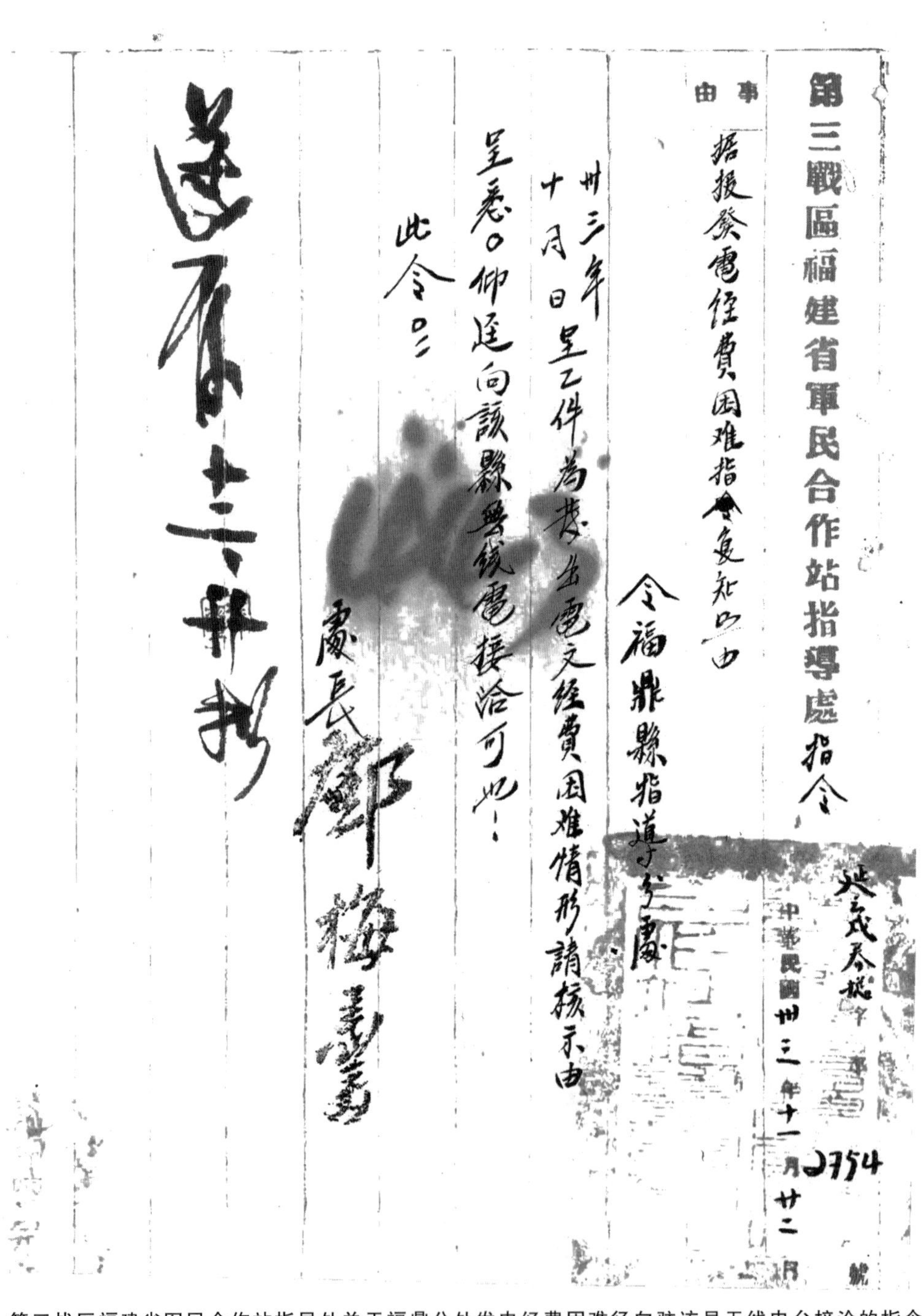

第三戰區福建省軍民合作站指導處指令

中華民國卅三年十一月廿二日 2754 號

事由：據报發電經費困难指令遵知照由

令福鼎縣指導分處

卅三年十月日呈乙件為恭呈電文經費困難情形請核示由

呈悉。仰逕向該縣無線電接洽可也！

此令。

處長 鄭梅

第三战区福建省军民合作站指导处关于福鼎分处发电经费困难径向驻该县无线电台接洽的指令

（1944 年 11 月 22 日）　G137-001-0004

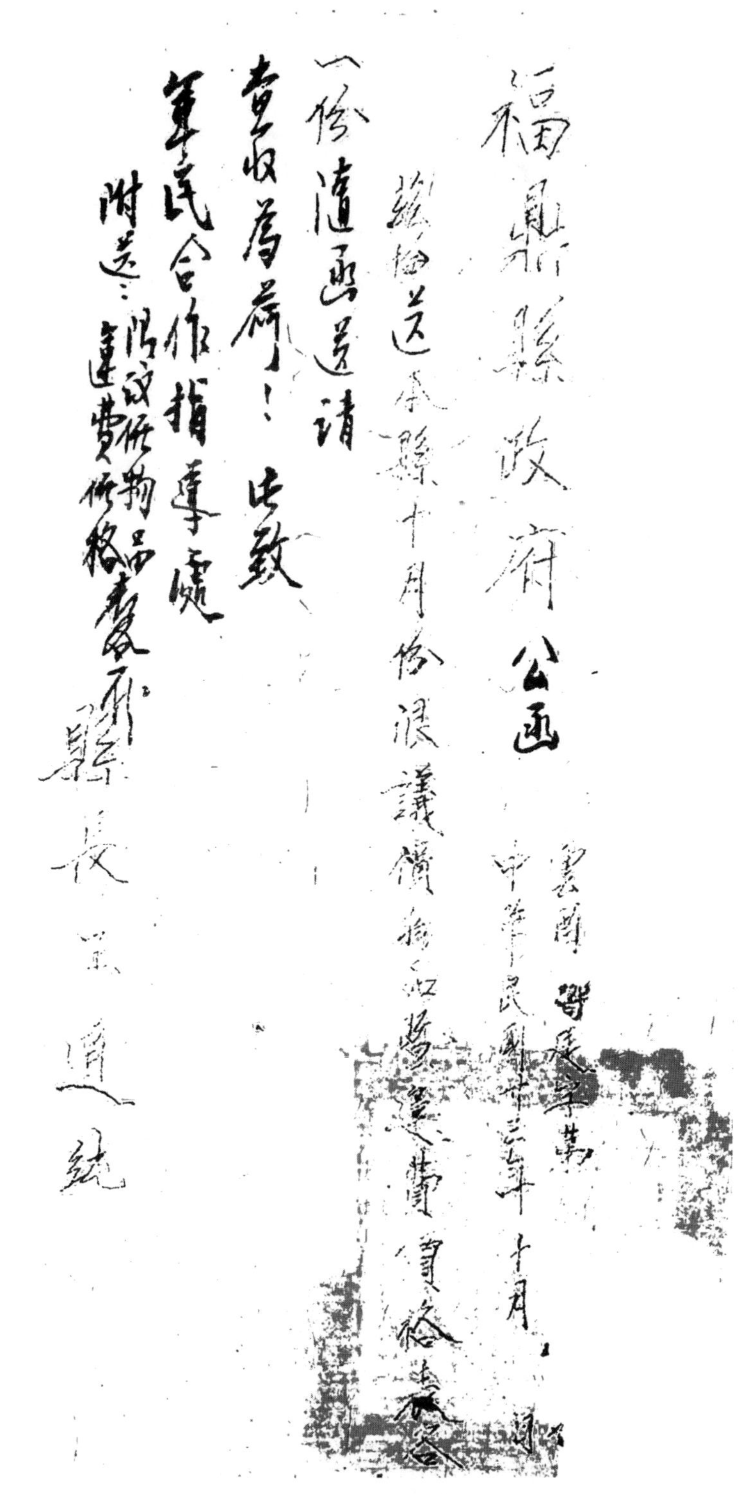

福鼎縣政府公函

[illegible]字第　號

茲檢送本縣十月份限議價物品暨運費價格表一份隨函送請

查收爲荷！此致

軍民合作指導處

附送：限議價物品表、運費價格表

縣長 [illegible]

中華民國卅三年十月 [illegible] 日

福鼎县政府关于检送本县十月份限议价物品及运费价格表的公函

（1944 年 10 月 20 日）　G133-003-0123

福鼎縣十月份各種工資評定價格一覽表

工資名稱	單位	評定價格	備攷
木工	每日	七五〇〇	
土工	〃	六五〇〇	
石工	〃	六五〇〇	
印刷工	〃	六五〇〇	
棕油工	每行每人	六五〇〇	
小工	每日	四五〇〇	

	工資名稱	單位	評定價格	
理髮	文裝	每次	一六〇〇	
	武裝	〃	一四〇〇	
	女裝	〃	一六〇〇	
	剃光	〃	一二〇〇	
	修容	〃	八〇〇	
縫紉	中山裝	每套	一八〇〇〇	
	中式衫褲	〃	一三〇〇〇	
	襯衫	每件	五〇〇〇	
	女旗袍	〃	七〇〇〇	
	大衣	〃	一八〇〇〇	

附件：福鼎县三十三年十月份各种工资评定价格一览表

（1944年10月20日）　G133-003-0123

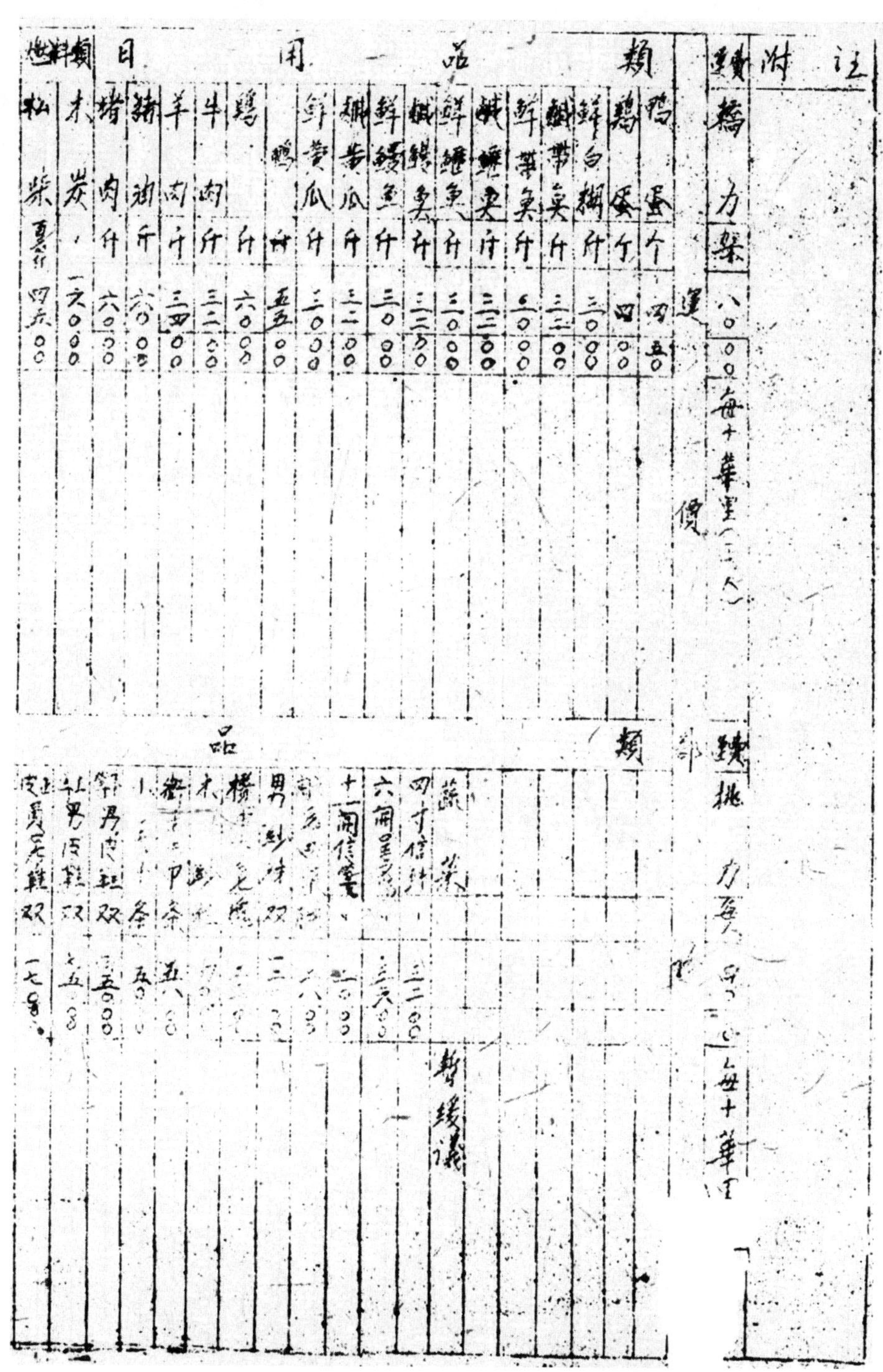

附件:福鼎县三十三年十月份限议价物品及运费价格一览表

(1944年10月20日)a面 G133-003-0123

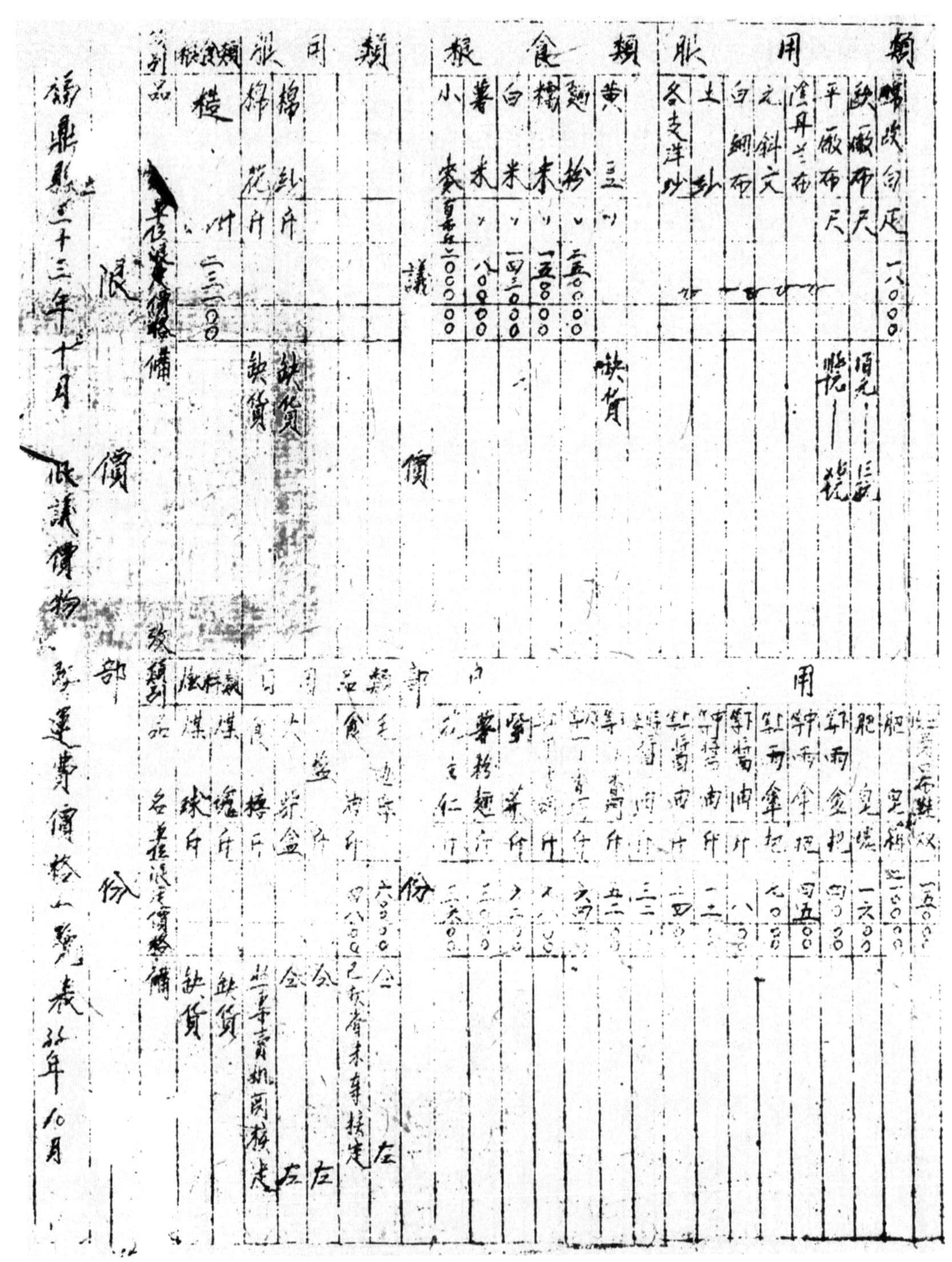

福鼎縣三十三年十月份限議價物品及運費價格一覽表 卅年10月

類別	品名	單位	限議價格	備考
服用類	嗶嘰改良	疋	一八〇〇〇	
	改廠布	尺		佰元—三百
	平廠布	尺		[illegible]
	陰丹士林			
	元斜文			
	白細布			
	土紗			
	各支洋紗			
食糧類	黃豆	〃		缺貨
	麵粉	〃	二五〇〇〇	
	糯米	〃	一五〇〇〇	
	白米	〃	一四三〇〇	
	薯米	〃	八〇〇〇	
	小麥	每百斤	二〇〇〇〇	
服用類	棉紗	斤		缺貨
	棉花	斤		缺貨
燃料類	柴	卅斤	二三〇〇	

類別	品名	單位	限議價格	備考
日用品類	[illegible]	双	一五〇〇	
	肥皂	[illegible]	二一〇〇〇	
	肥皂	[illegible]	一六〇〇	
	雨傘	把	四〇〇	
	雨傘	把	四五〇	
	雨傘	把	七〇〇	
	醬油	斤	八〇	
	醬油	斤	一二〇	
	醬油	斤	一四〇	
	[illegible]	斤	三三	
	[illegible]	斤	五二	
	[illegible]	斤	六五	
	[illegible]	斤	[illegible]	
	[illegible]	斤	[illegible]	
	薯粉麵	斤	[illegible]	
	花生仁	斤	二六〇	
	毛邊紙	[illegible]	六〇〇〇〇	公
	食油	斤	四八〇〇	已電省未奉核定
	火柴	盒		仝
	食鹽	斤		仝
	食糖	斤		卅年十一月奉准核定
燃料類	煤油	斤		缺貨
	煤球	斤		缺貨

附件：福鼎县三十三年十月份限议价物品及运费价格一览表

(1944年10月20日)b面　G133-003-0123

294

補給副食馬乾實物及列報差價應用法令

一、戰時國軍副食馬乾徵購辦法

二、修正戰時國軍副食馬乾徵購辦法福建省補充辦法

三、副食馬乾定量表

四、三十三年八至十二月份適用福建省國軍副食馬乾價表

五、三十四年一月份起適用福建省國軍副食馬乾價表

六、三十三年八九月份供給食鹽保安團隊哨副食價表

七、三十三年四月份起適用（至今仍適用）保安團隊暨防空隊哨副食馬乾價表

省政府云酉感补秘一永字第一一五七号代电：补给副食马干实物及列报差价应用法令

（1944年10月27日） G137-001-0004

委府電酉感補秘一永字第一二五七号代電

戰時國軍副食馬乾征購办法

第一條　依照改善办法第二條之規定者改善軍隊生活增進人馬營養整頓軍紀風紀加强抗戰力量起見对于各部隊及軍事学校均需副食中之食油豆類燃料暨馬乾中之料豆麩皮馬草得依本辦法之規定征購之

第二條　征購前條所列之实物其定量为左列之規定：

甲、关于官兵副食物者：

一、食油（植物油）每人每月一市斤

二、豆類（黄豆蠶豆豌豆等）每人每月二市斤

為當地缺乏豆類時得以肉類蛋類等代替之

三、燃料（煤或木柴）每人每月三十市斤

如當地缺乏煤或木柴時得以其他燃料代替之

一

战时国军副食马干征购办法(1944年3月)a面　G137-001-0004

征購前項実物為不滿一個月者應按日計算併應[illegible]不論大小平月食油每人每日按五錢豆類蔬菜一市兩燃料按一市斤計算之

乙、關于馬騾(黑豆黃豆蠶豆豌豆豇豆小豆綠豆等)平均每馬每日二市斤半

一、如當地缺乏豆類時得以小米糙米大麥燕麥二市斤半或高粱包谷三市斤代替之

二、麩皮平均每馬每日二市斤半

如當地缺乏麩皮時得以豆類或小米糙米大麥燕麥一市斤半或高粱包谷二市斤代替之

三、馬草平均每馬每日十市斤

駱駝飼養定量照馬騾增加二分之一(即日給料豆麩皮各三斤十二兩草十五斤)六七八各月份放青時減半發給

毛驢飼養之量照馬騾減半發給(即日給料豆麩皮各一市斤四兩草五市斤)

战时国军副食马干征购办法(1944年3月)b面　G137-001-0004

296

381

第三條　副食馬乾費之代金定額區分如左：

一、關于副食費者：

甲種每人月支一九〇元

乙種每人月支一七〇元

丙種每人月支一五〇元

上項副食費內之蔬菜部份一律規定為四十五元其餘金額食肉佔四分之二豆類及燃料各佔四分之一

二、關于馬乾費者：

甲種每馬月支一、二〇〇元

乙種每馬月支一、〇〇〇元

丙種每馬月支八五〇元

丁種每馬月支七五〇元

戊種每馬月支六五〇元

二

战时国军副食马干征购办法(1944 年 3 月)a 面　G137-001-0004

己種每馬月支五五〇元

上項馬乾費馬草佔五分之一豆麩合佔五分之四

駱駝給與定額照馬騾增加二分之一六七八各月份放青時减半

發給

毛驢給與定額照馬騾核發二分之一

上項各種副食馬乾費代金定額適用者遇酌改為須調整

時由軍政部規定通知各省（市）政府查照

第四條 副食馬乾費由軍政部按照規定列入各單位預算內隨同餉費

發給由各該單位併入經常費預算內核銷之

第五條 副食馬乾實物之征購以實數經理部隊之軍及獨立師旅團營

隊（連）為單位其分駐各地時分割單位亦得單獨向所在地縣

政府請求征購

軍事學校比照前項規定辦理之但要併經理部隊（為游擊隊）

战时国军副食马干征购办法（1944 年 3 月）b 面　G137-001-0004

382

第六條　部隊（子）副食馬乾應自行經理不適用本辦法之規定
各部隊学校向物市政府征購副食馬乾實物時應于上月二十日
以前填具實有人馬數目及應需副干數量表（如格式一）送覺領
証（如格式二）上項表証統由各单位主官及軍需政工主管人員共
同負責簽名蓋章并依照規定副食馬乾代金定額即時付款
不得欠付少付同時物市政府并應即時出具收款收据（如格式三）
交由各单位存查用昭信實

第七條　奉令移動及奉令接送新兵（或奉令接餉馬騾）部隊得比照前
項規定辦理并由各縣政府填發鄉鎮征購通知証（如格式四）
交由該部隊持向沿途（鄉）政府衙接征購以昭覈實
各縣征購副食馬乾實物之價格由省政府会同省補給委員会
分區議定公佈之并于每六個月重定一次并由省政府統籌辦理

战时国军副食马干征购办法（1944年3月）a面　G137-001-0004

297

第八條 各部隊学校向當地縣市政府征購副食馬乾實物應行自運并不得列報運費

三

第九條 各部隊学校為負責人私冒領或將所領實物變賣企圖牟利或不按規定張征購案以及各地方政府經辦人員從中舞弊或洩漏部隊学校人馬數目及移動情形等軍事機密者均以軍法論處

第十條 本办法自三十三年八月一日起施行

战时国军副食马干征购办法(1944 年 3 月)b 面　G137-001-0004

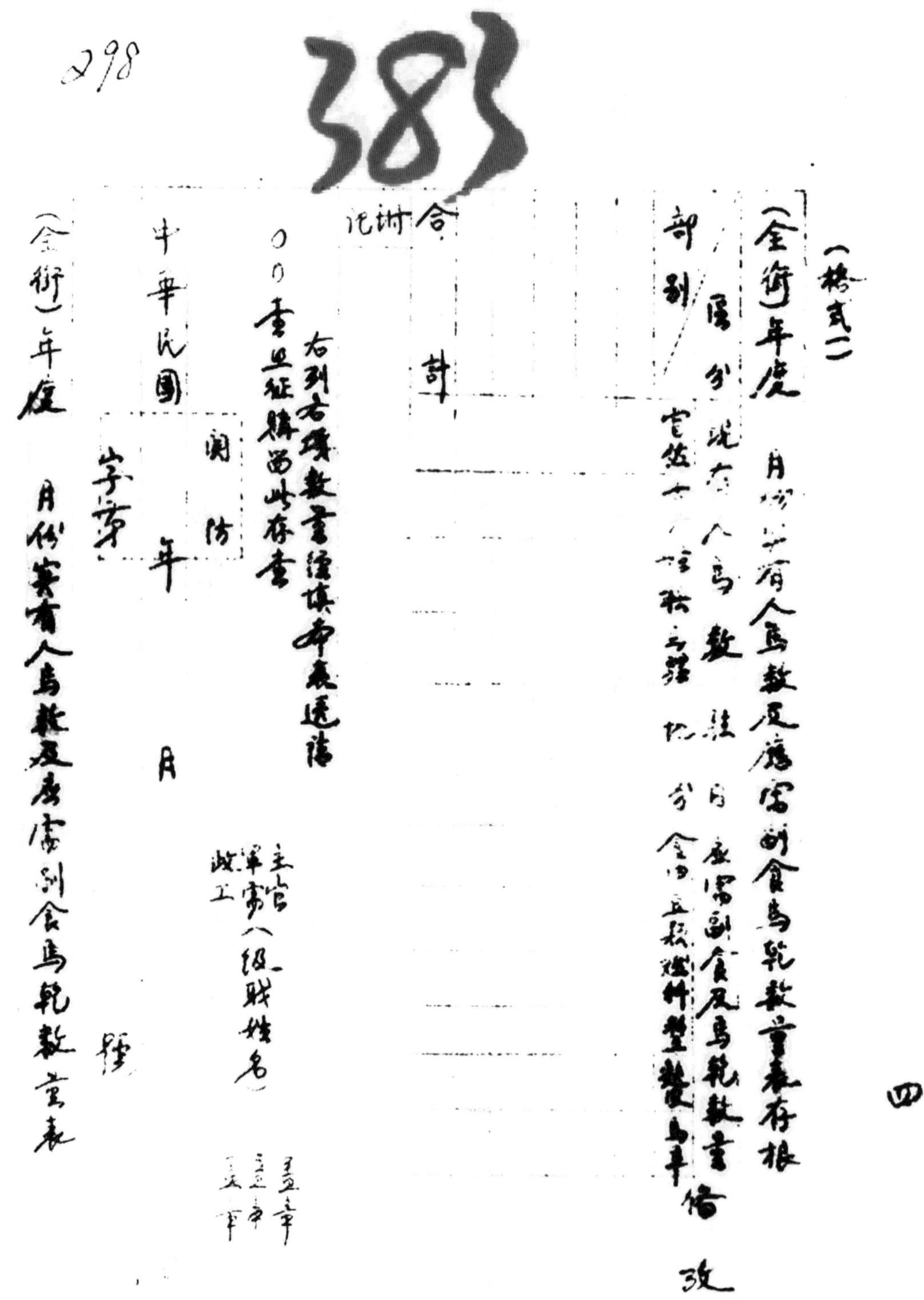

(格式二)

(全衔)年度　月份实有人马数及应需副食马干数量表存根

部别　区分　现有人马数　驻地　应需副食及马干数量　备考

合计

右列各项数量经填本表送请

○○专员征购留此存查

闽防

中华民国　年　月

(全衔)年度　月份实有人马数及应需副食马干数量表

主官（军衔级职姓名）

附格式一　(全衔)××年度×月份实有人马数及应需副食马干数量表存根

(1944年3月)a面　G137-001-0004

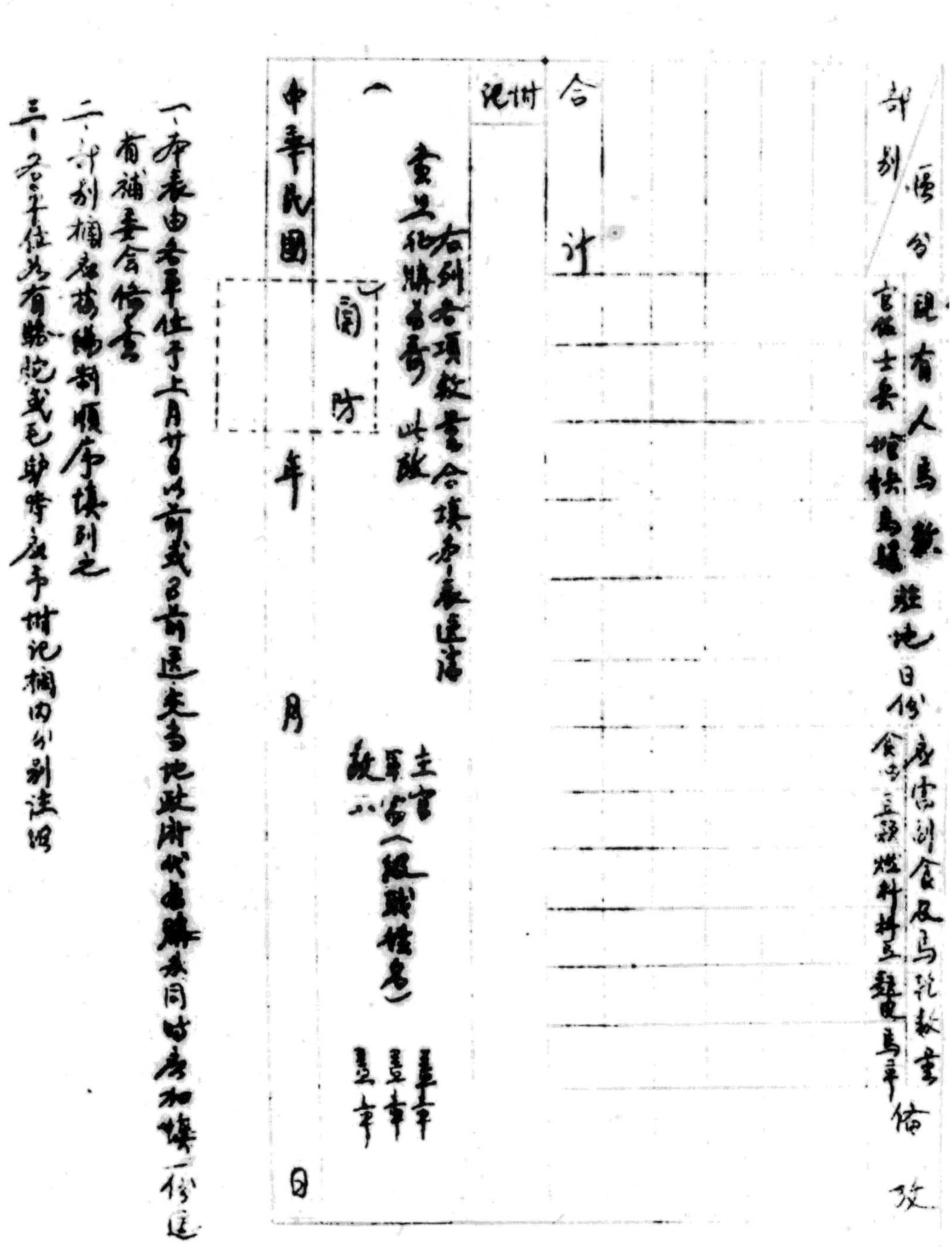

部别 区分 现有人马数 驻地 日份 应需副食及马乾数量 备考

官佐士兵 [illegible]马骡 食物 主副燃料 料草 马干

合计

附记

右列各项数量合填存根送请

贵[illegible]化县县长

此致

主官
军需（级职姓名）
敬

盖章 盖章 盖章

一 关防

中华民国 年 月 日

一、本表由各单位于上月廿日以前或三日前送交当地政府代由县长同时层加填一份送
有补委会备查
二、部别栏应按编制顺序填列之
三、各单位如有骡驼或毛驴等应于附记栏内分别注明

附格式一 （全衔）××年度×月份实有人马数及应需副食马干数量表存根
（1944年3月）b面 G137-001-0004

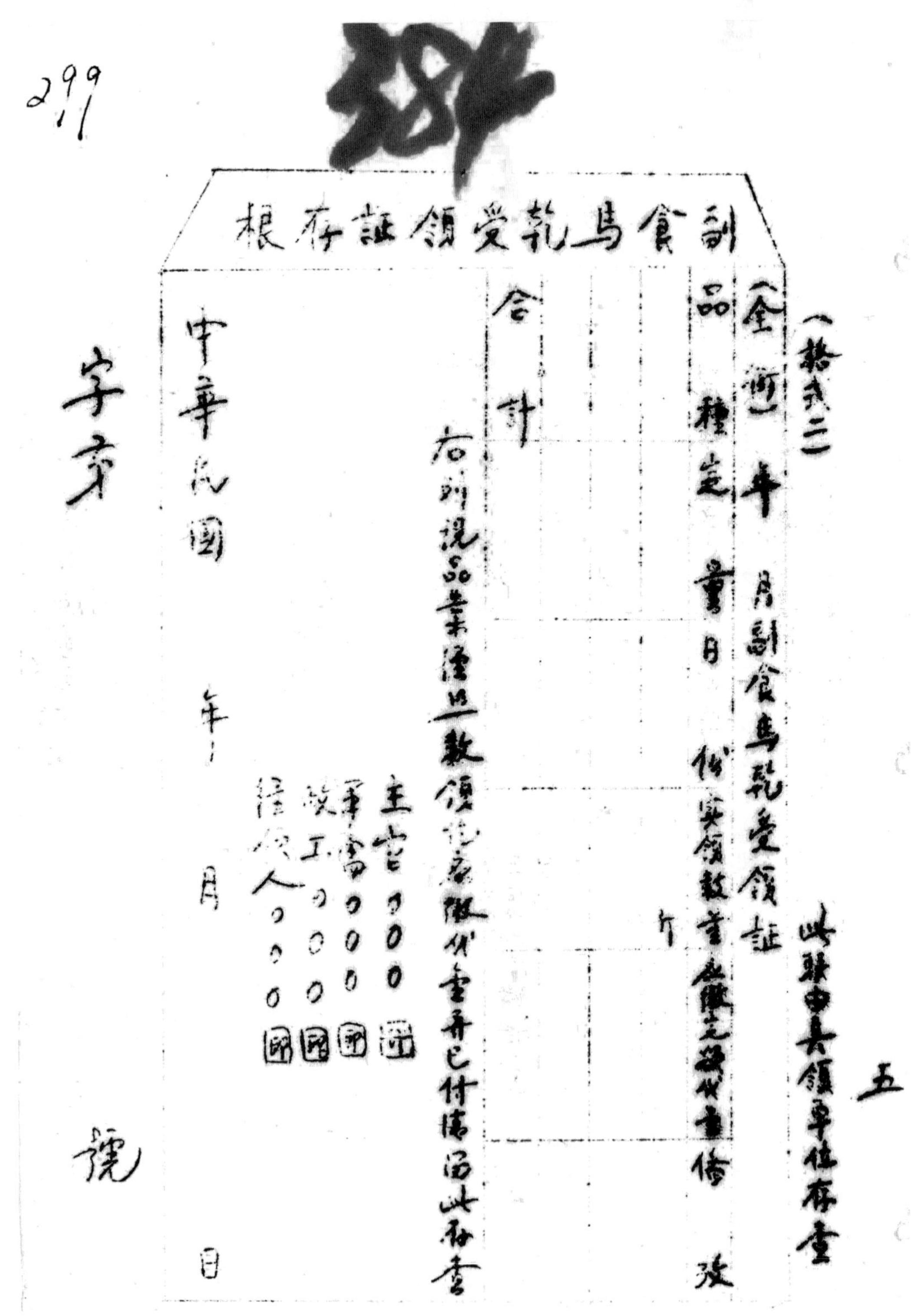
副食馬乾受領証存根

（格式二）

（全衔）　年　月副食馬乾受領証

品種　定量　月　份實領數　應徵之代金價　改

合計

右列現品業經照數領訖應繳代金並已付清留此存查

主官〇〇〇
軍需〇〇〇
獸工〇〇〇
經收人〇〇〇

中華民國　年　月　日

此联由各領單位存查　五

附格式二　副食马干受领证及存根(1944 年 3 月)a 面　G137-001-0004

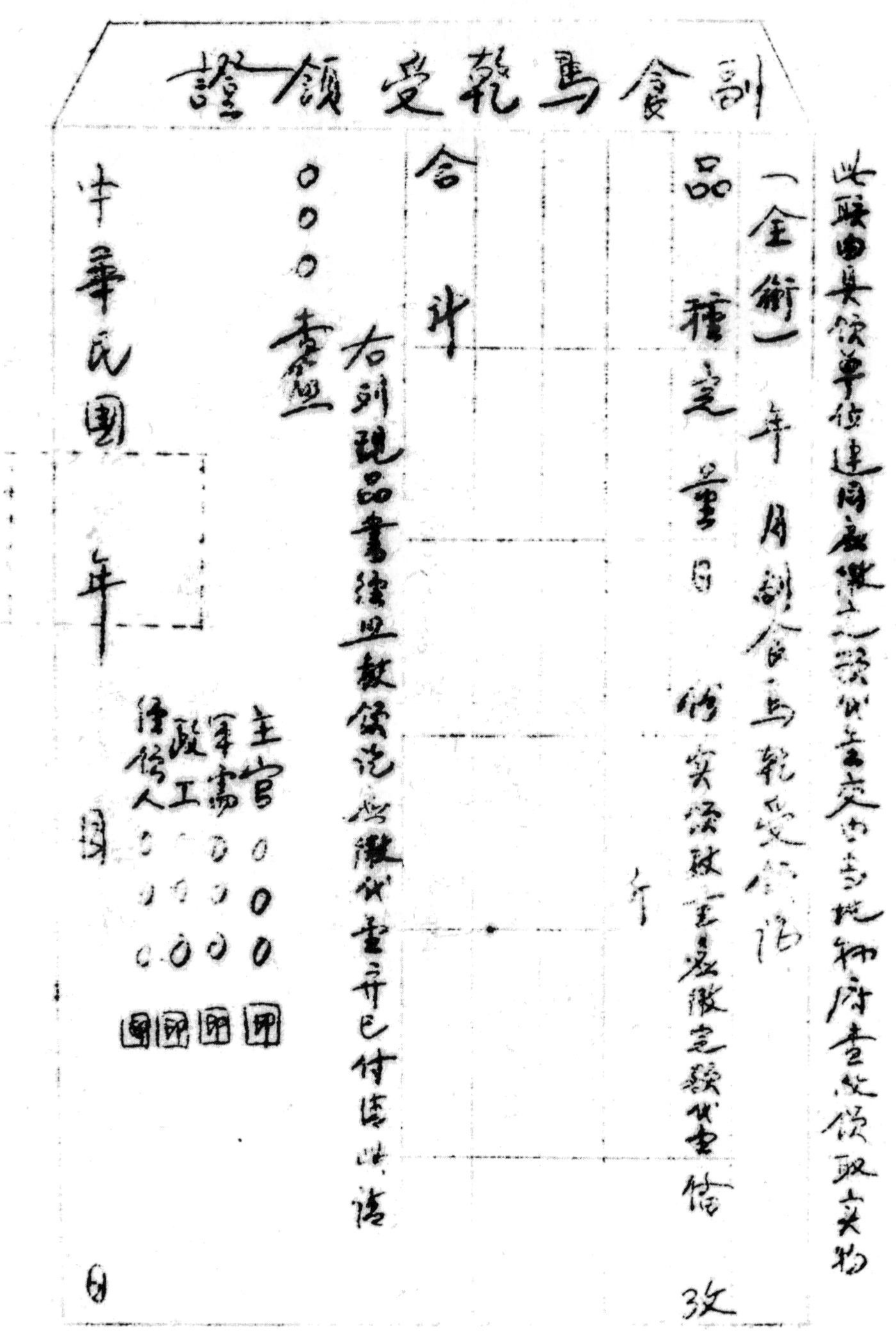

副食馬乾受領證

此聯由具領單位連同應繳之一聯代金交由當地物府查收領取實物

（全銜）年 月副食馬乾受領證

品種 定量 日 份 實領數量 應繳定額代金價 改

合計

右列現品業經照數領訖應繳代金并已付清此證

○○○壹盤

主官○○○印
軍需○○○印
政工○○○印
經領人○○○印

中華民國 年 月 日

附格式二　副食马干受领证及存根（1944 年 3 月）b 面　G137-001-0004

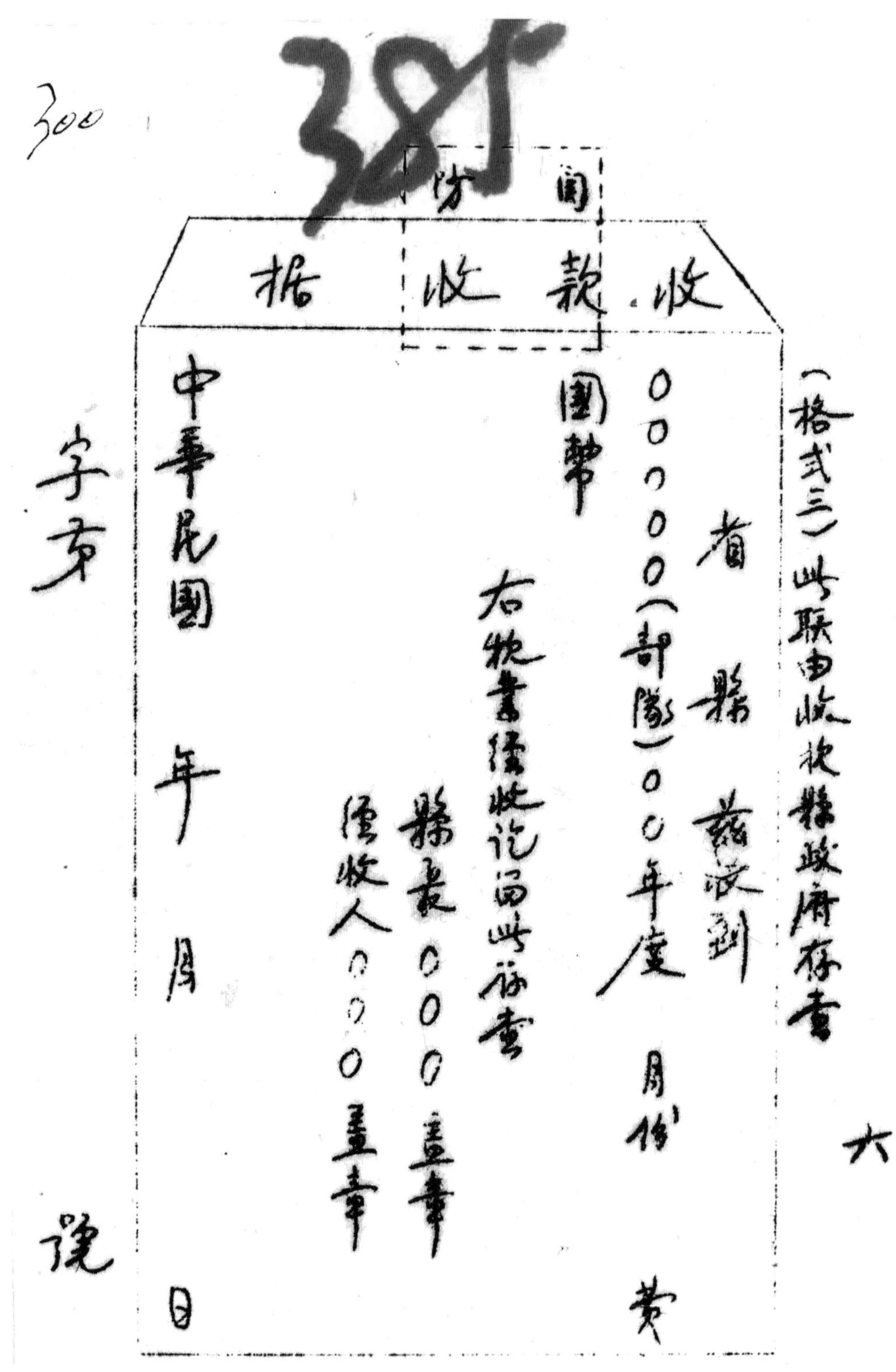

300

385

闽防

收款收據

（格式三）此联由收款縣政府存查

六

省 縣 茲收到

〇〇〇〇〇（部隊）〇〇年度 月份

費

國幣

右款業經收訖留此存查

縣長〇〇〇蓋章

經收人〇〇〇蓋章

中華民國 年 月 日

字第 號

附格式三 收款收据（由收款县政府存查联、由收款县政府填交具领副食马干单位存查）

（1944 年 3 月）a 面 G137-001-0004

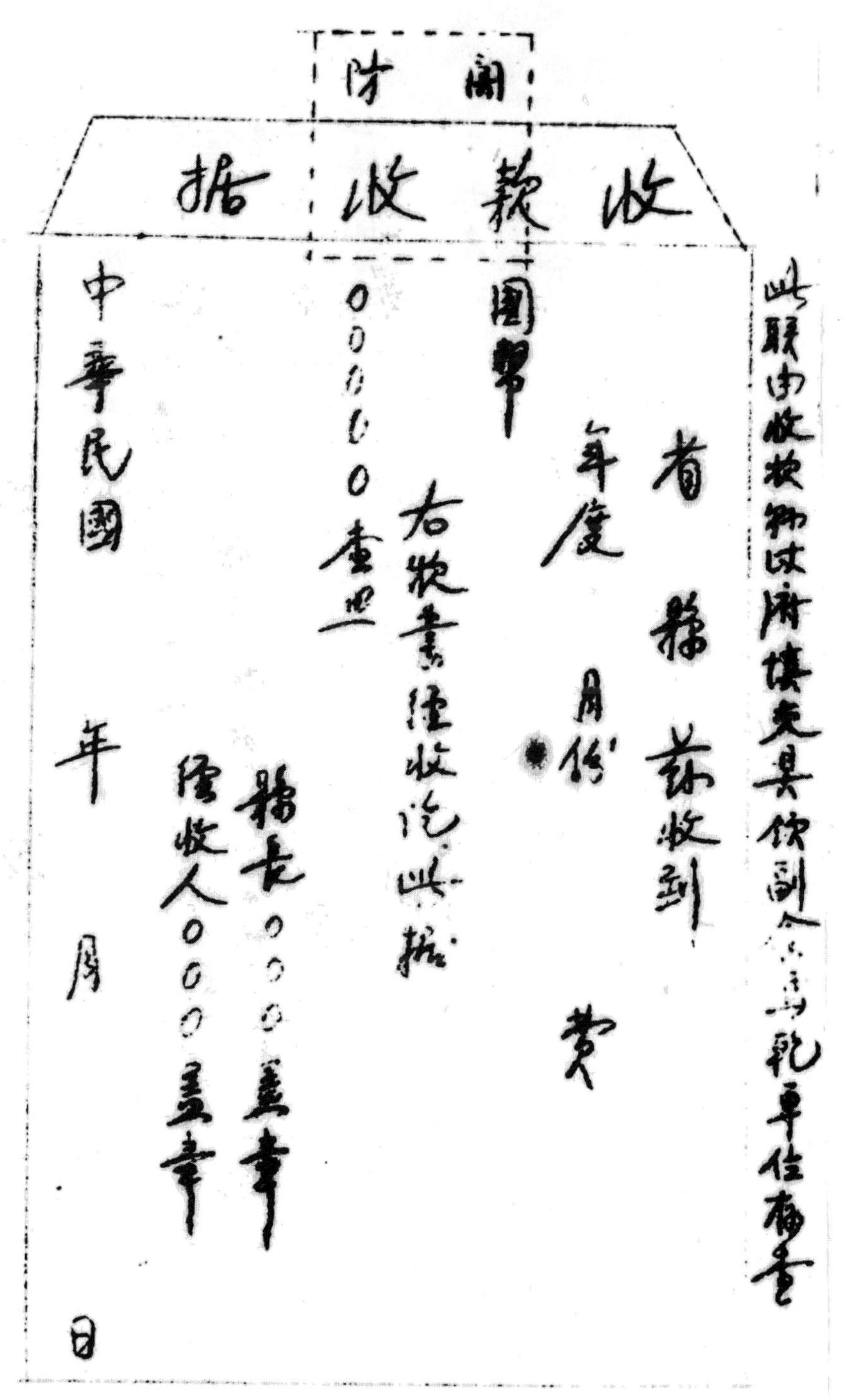

附開

收款收據

此聯由收款縣府填交具領副食馬乾單位存查

省 縣 蘇收到

團部 年度 月份 費

〇〇〇〇〇壹[illegible]

右款業經收訖此據

縣長〇〇〇蓋章

經收人〇〇〇蓋章

中華民國 年 月 日

附格式三 收款收据(由收款县政府存查联、由收款县政府填交具领副食马干单位存查)

(1944年3月)b面 G137-001-0004

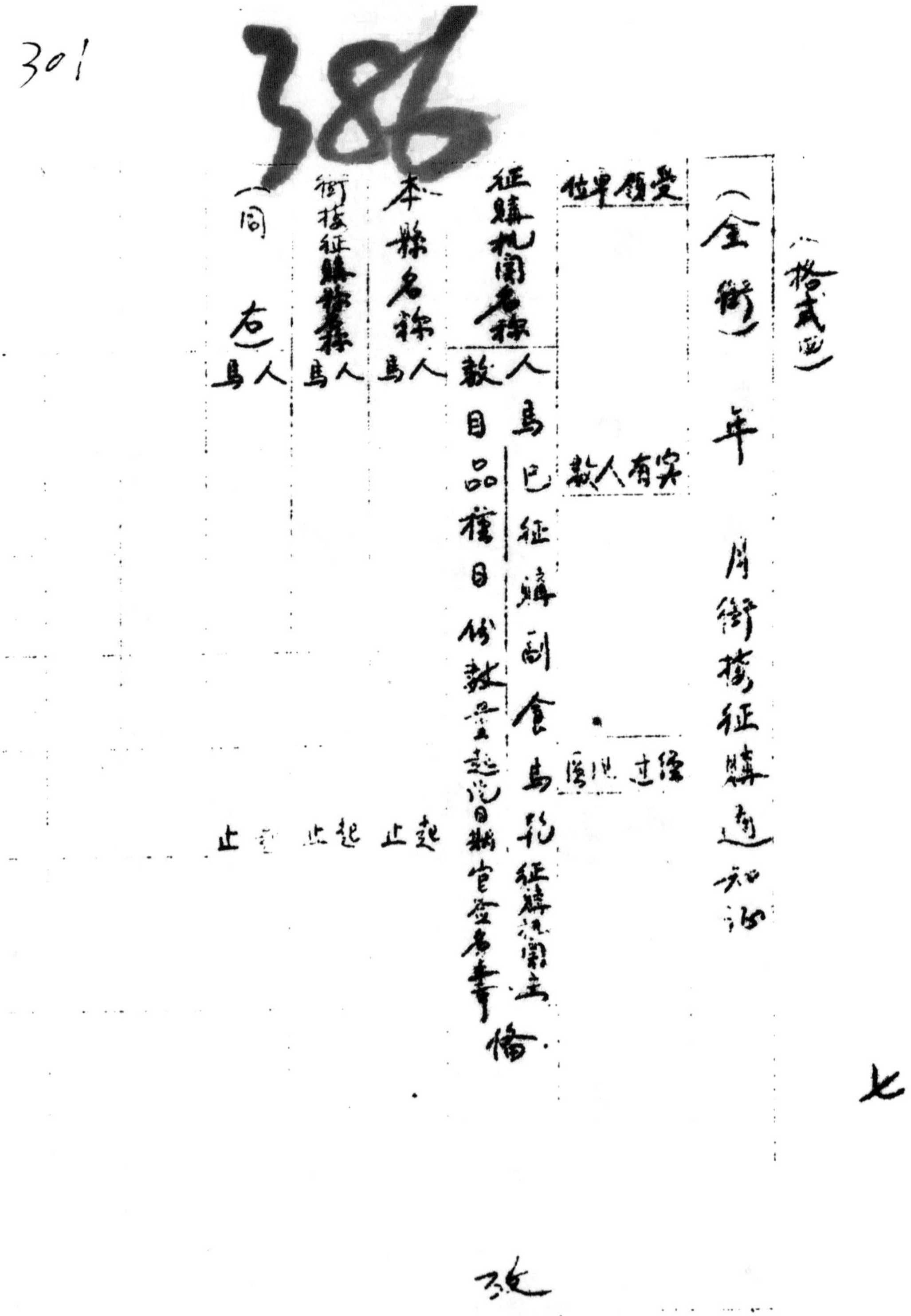

301

386

（格式四）

（全衔）　年　月衔接征购通知证

受领单位

实有人数

征购机关名称

人数

马匹已征购副食马料征购机关主管

数目品种日份数量起讫日期官签名盖章

伦

经过路线

本县名称　人　马　起　止

衔接征购县名称　人　马　起　止

（同右）　人　马　起　止

七

政

附格式四　（全衔）××年×月衔接征购通知证

（1944年3月）a面　G137-001-0004

說明

一、部隊移動如係分批出發者應即分別填發

二、填發本證之縣政府應付人馬數目並核副食馬乾各欄詳細填記

並加蓋戳記及簽名蓋章

三、移動部隊到達目的地時應將本證交由駐在縣政府存查

四、騎兵（帶馬）部隊準此辦理

附格式四　（全衔）××年×月衔接征购通知证

（1944年3月）b面　G137-001-0004

修正战时国军副食马干征购办法福建省补充办法

第一条 本补充办法依照 行政院颁发之修正战时国军副食马乾征购办法（以下简称征购办法）并参酌本省实际情形订定之

第二条 本补充办法除适用国军外省级团队防空哨及经省核准征购之对象均得适用之

凡经省核准指定征购之各单位除列有规定外其余手续均比照国军办理

第三条 省级保安团队及防空队哨所需副食马干实物除依照征购办法第二条之规定品量办理外每人每月再加给食盐拾式两（惟保安继队及特务第一二四八九各团特务第二大队已发军盐公给不发食盐）

第四条 副食马干费之代金完额区分如左：

甲、关于副食费者

修正战时国军副食马干征购办法福建省补充办法

(1944 年 5 月)a 面　G137-001-0004

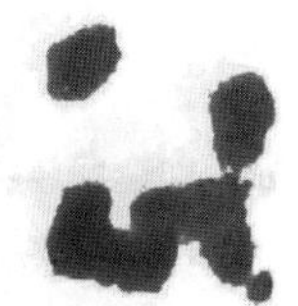

一、本省境内之國軍學校經軍政部核定為兩種（每人月支一五〇元）

上項副食費內蔬菜部份一律規定為四十五元由各部隊學校自行經理地方不代征購其餘一〇五元食油佔四分之一計五十二元五角豆類及燃料各佔四分之一各為廿六元二角五分

二、省級保安團隊防空隊哨等　行政院核定預算每人月支一三〇元

上項副食費除蔬菜部份一律規定為四十五元由各該團隊哨自行經理地方不代征購外其餘七十五元省保安總隊及警察第一二四八九各團特務第二大隊食油佔四分之二計三十七元五角豆類及燃料各佔四分之一各為十八元七角五分其餘團隊哨食油佔五分之二計三十元食鹽豆類燃料各佔五分之一各為十五元

修正战时国军副食马干征购办法福建省补充办法
（1944 年 5 月）b 面　G137-001-0004

303

乙、关于马乾费者

一、本省境内之国军学校、军政部核定为戊种（每马月支六五〇元）

二、省级保安团队马乾费应与国军同一办理（每马每月交付六五〇元）防空队哨依编制无马匹

上项马乾费□马草占五分之一计一三〇元，料豆麸皮各占五分之二，各为一六〇元

第五条

各部队学校及省级团队哨征购副食马乾实物除应照征购办法第六条之规定办理外，其实有人马数及应需副食马干数量表（以下简称人马副干数量表）应加填一份于上月廿日以前（但师管区得于本月终填送）迳送本省补给委员会备查以防人马数目如有增减或部队移动补给地点因而变更已由原送表者填不前时仍须随时以电报或代电迳报本省补给委员会勘正以资

修正战时国军副食马干征购办法福建省补充办法

(1944年5月)a面　G137-001-0004

報核如大部隊（團以上）移防調動時則須先期以電報通知俾資
準備
惟各部隊實有人馬副干數字應依照所領軍糧軍需人馬數目
兩相吻合不得差異如月終結算各縣報請各部征購實物人
馬數總和與戰區核定之人馬數不符時其超領或重領部份概
由各該部隊最高單位負責

第六條　各具領單位應填具受領副食馬干收據（附式一以下簡稱收據）
隨同副食馬干受領証（以下簡稱受領証）壹併送交縣（市區）補
給分會作為列報差額價款憑証
受領証及收據應由部隊最高單位製發並加蓋印信官章私
章[illegible]并務專[illegible]使用以昭慎重

第七條　各縣（市區）補給分會征購副食馬乾價款除向各受領單位收回
副食馬干定額代金外所墊差額由省統籌撥付各分會、處于

修正战时国军副食马干征购办法福建省补充办法

(1944 年 5 月)b 面　G137-001-0004

304

次月底日以前将上月征购副食马干差额价款填具计算表(附式二)领款收据(附式三)连同各单位计送之收核证征购实物原始凭证(商号发票收据等)一同会单价证明书呈送省补给委员会审核拨款归垫

前项差额价款列报表据单证国军与省级团队应分别填送不得混淆

第八条　受领证据核证应分月填具凡不同一月份者不得合填书证

第九条　各分会列报差额价款以按月结报为原则如同一月份未能汇报全时其中陆续已完部队应先列报不完者应于下月内将该单位番号及延缓结报原因申叙明白

第十条　本年八九十月份在征购办法未奉颁前得依照本省补委会寅删总执(承字第七六四号)代电规定国军沿用副(食)马干收支结算表送核部队沿用副食马干沿途受领证省级团队暂准适用省颁驻军

3

修正战时国军副食马干征购办法福建省补充办法

(1944年5月)a面　G137-001-0004

實物供應證列抵差額價款得檢同收支結算表沿途覓領證或供應證呈核（抵核證得免造）其餘表格單證仍依本補充辦法第七條規定辦理

第十一條　各項表證人馬數欄人馬數之計算應按實有數目填列其中補給日數如有不同時應於備考欄內詳細注明補給全月若干人自某日起至某日止補給幾天若干人（例如某部隊實有官兵人數補給全月者九十六人携領新兵自十七日至卅日補給十四天者九人自廿三日至卅日補給八天者十五人其實有人數應填一二〇人不得以人數乘日數之積三、一二六人作為實有人數填列）

第十二條　陸軍醫院傷運站榮譽軍人教養院及後方部隊等官兵進出頻繁其人數之計算由各單位填具人馬進出統計表（冊式四）隨送查核

第十三條　實物價款之計算以數量為基數（即以數量乘單價）定之款代金之計算以實有人馬數為基數（即以人馬數乘副食或馬乾費）

修正战时国军副食马干征购办法福建省补充办法
(1944年5月)b面　G137-001-0004

第十四條　各縣(市區)補給分会征購副食馬乾實物得照市價採購如當地無法購到時應事先將品類數量及採購地点報省核定以憑省補給委員会填發採購證明文件

第十五條　各部隊如不照規定手續徵購各補給機関得拒絕補給各補給機関如不照規定办理請墊差價不予核銷为要

第十六條　本補充办法自六月一日起施行

修正战时国军副食马干征购办法福建省补充办法

(1944年5月)　G137-001-0004

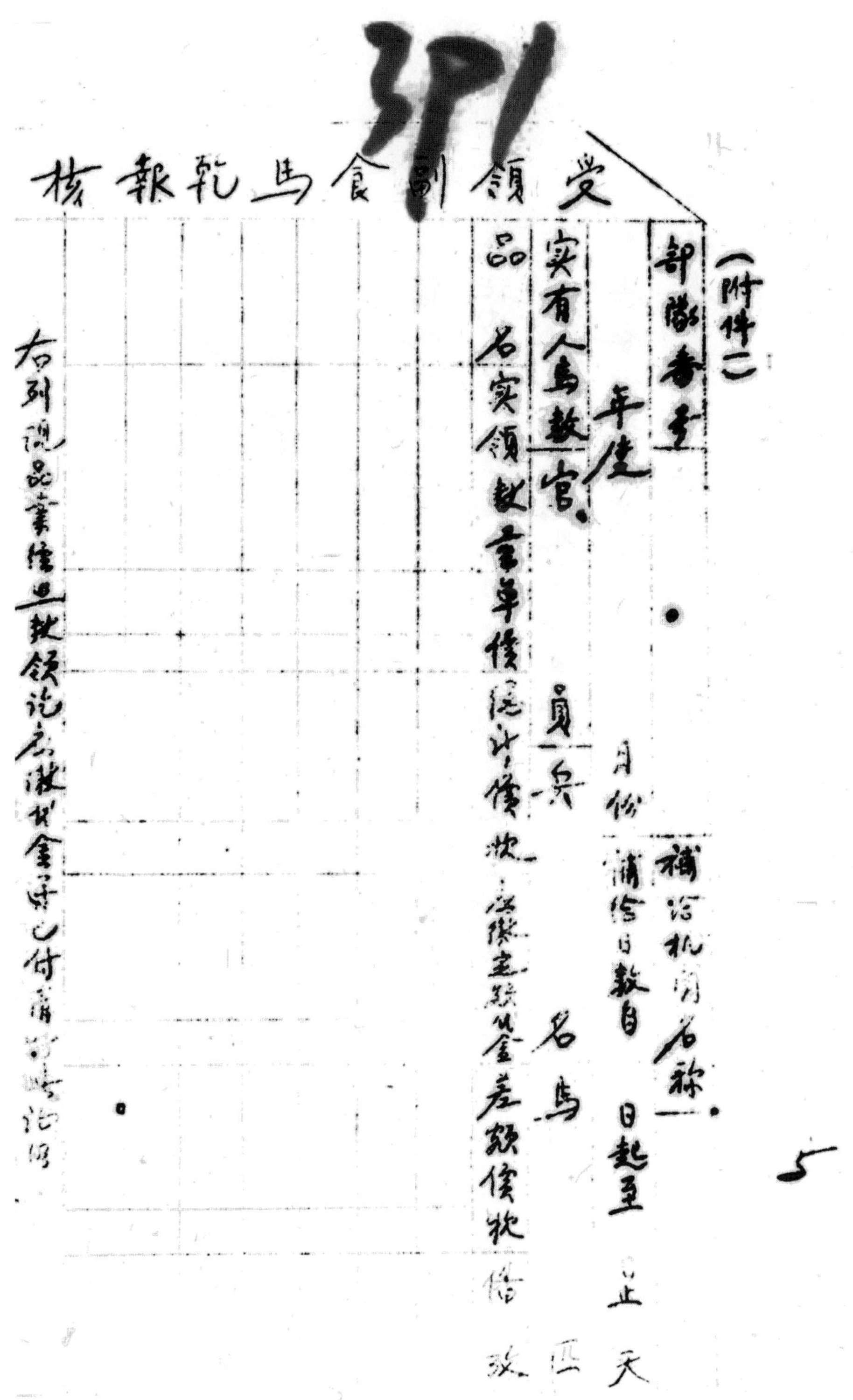

附格式一　受领副食马干报核证(1944 年 5 月)a 面　G137-001-0004

證

中華民國 年 月 日填

主管 主計 軍需 證明人

縣（市）政府主任委員
補給股長
會計股長
證明人

填證說明

1、本證由具領單位填一式隨同副食馬乾領證交由當地縣（市）補給機構造呈首補給金額由差價撥造證

2、證內除「單價」「總計價款」「差額價款」三欄應由縣（市區）補給機構填載外其餘各欄及年月日應由具領單位翔實填列不可缺漏

3、本表格式大小仿此

4、本證由縣府登賬作為根據不另加存根

附格式一　受领副食马干报核证(1944 年 5 月)b 面　G137-001-0004

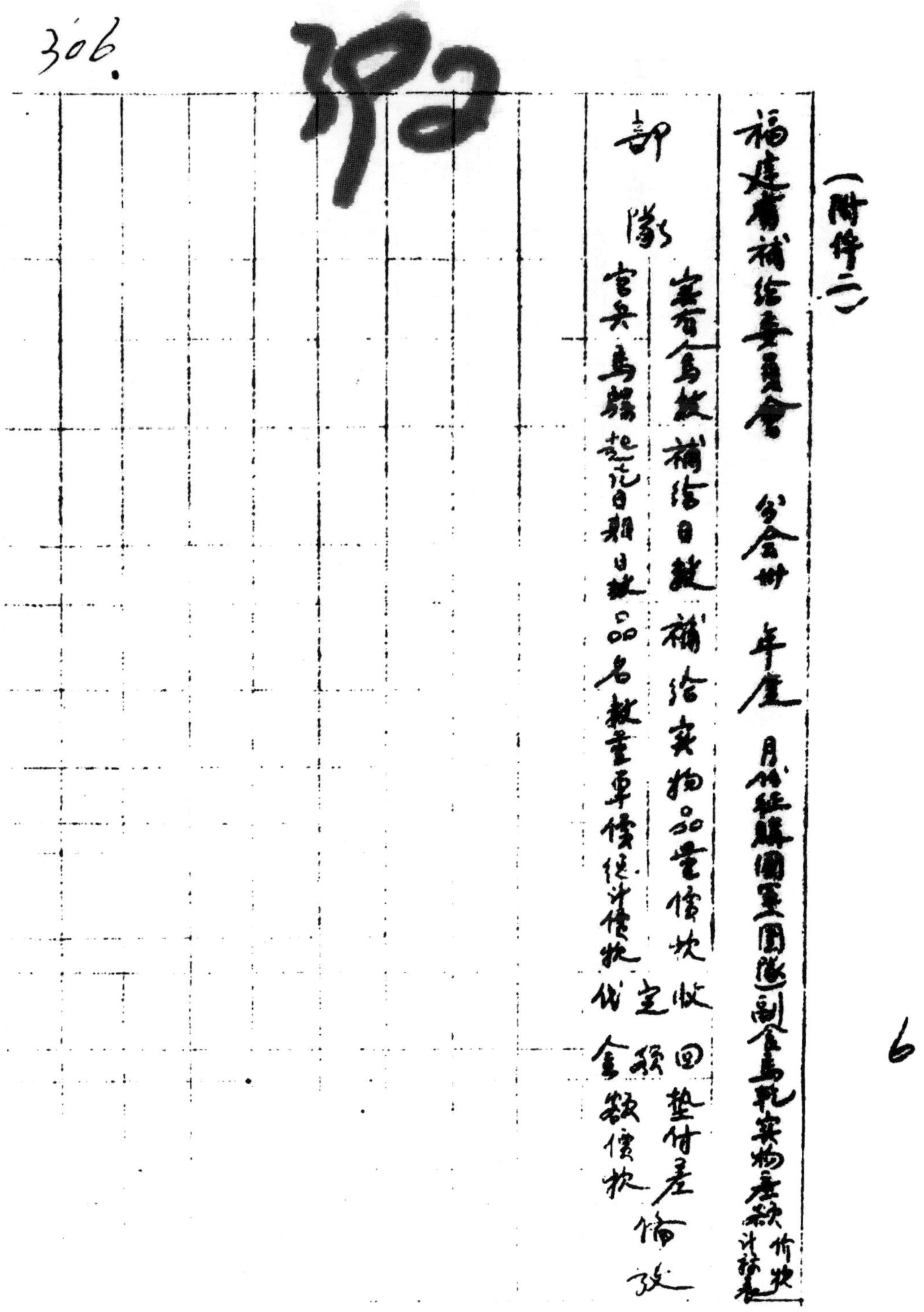

附格式二　福建省补给委员会××分会三十×年度×月份征购国军团队副食马干实物差额价款计算表（1944年5月）a面　G137-001-0004

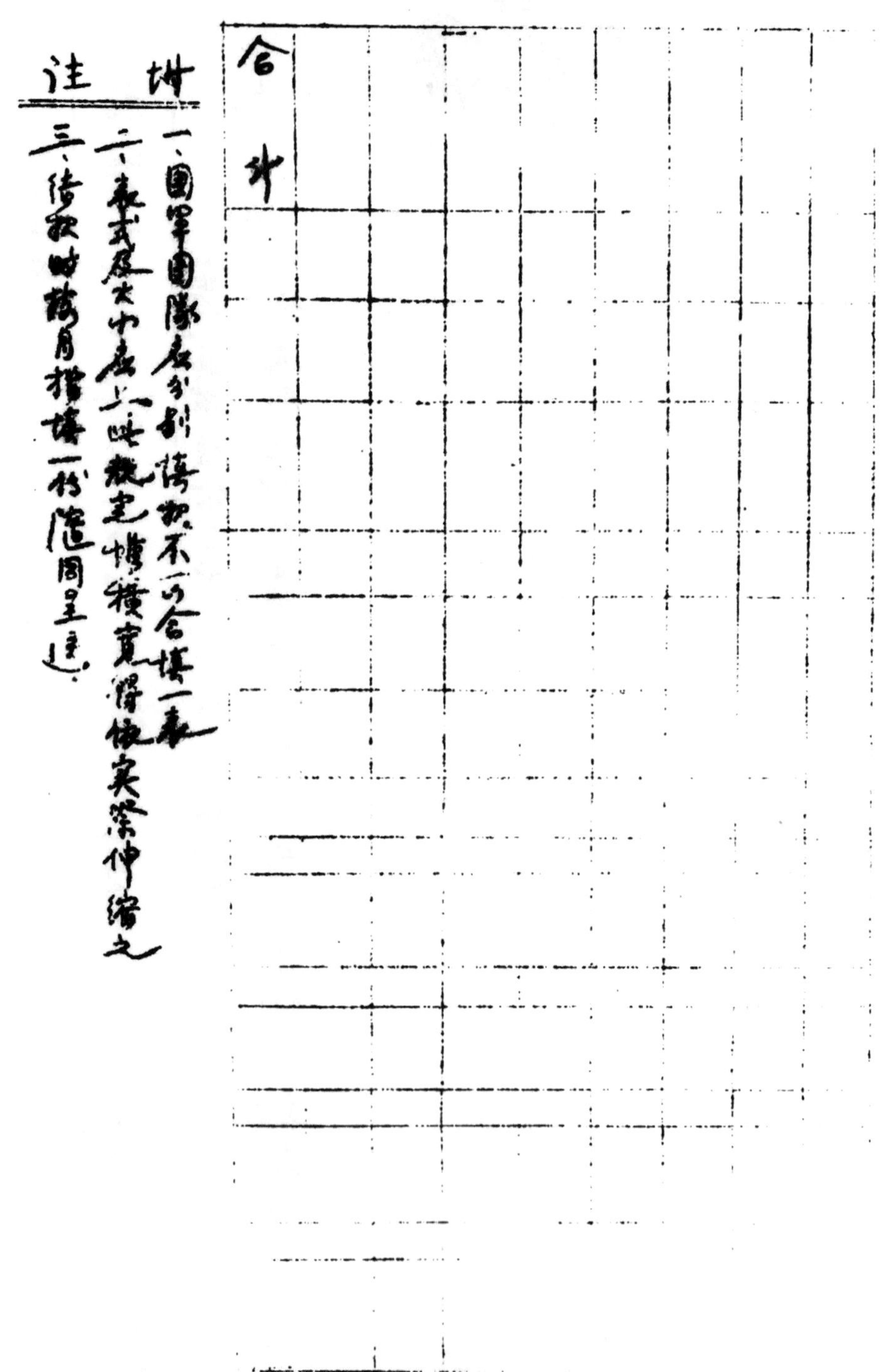

合计

注

一、国军团队应分别填报，不可合填一表

二、表式及大小应照上项规定，惟横宽得依实际伸缩之

三、填报时须用楷书一律随同呈送。

附格式二　福建省补给委员会××分会三十×年度×月份征购国军团队副食马干实物差额价款计算表（1944年5月）b面　G137-001-0004

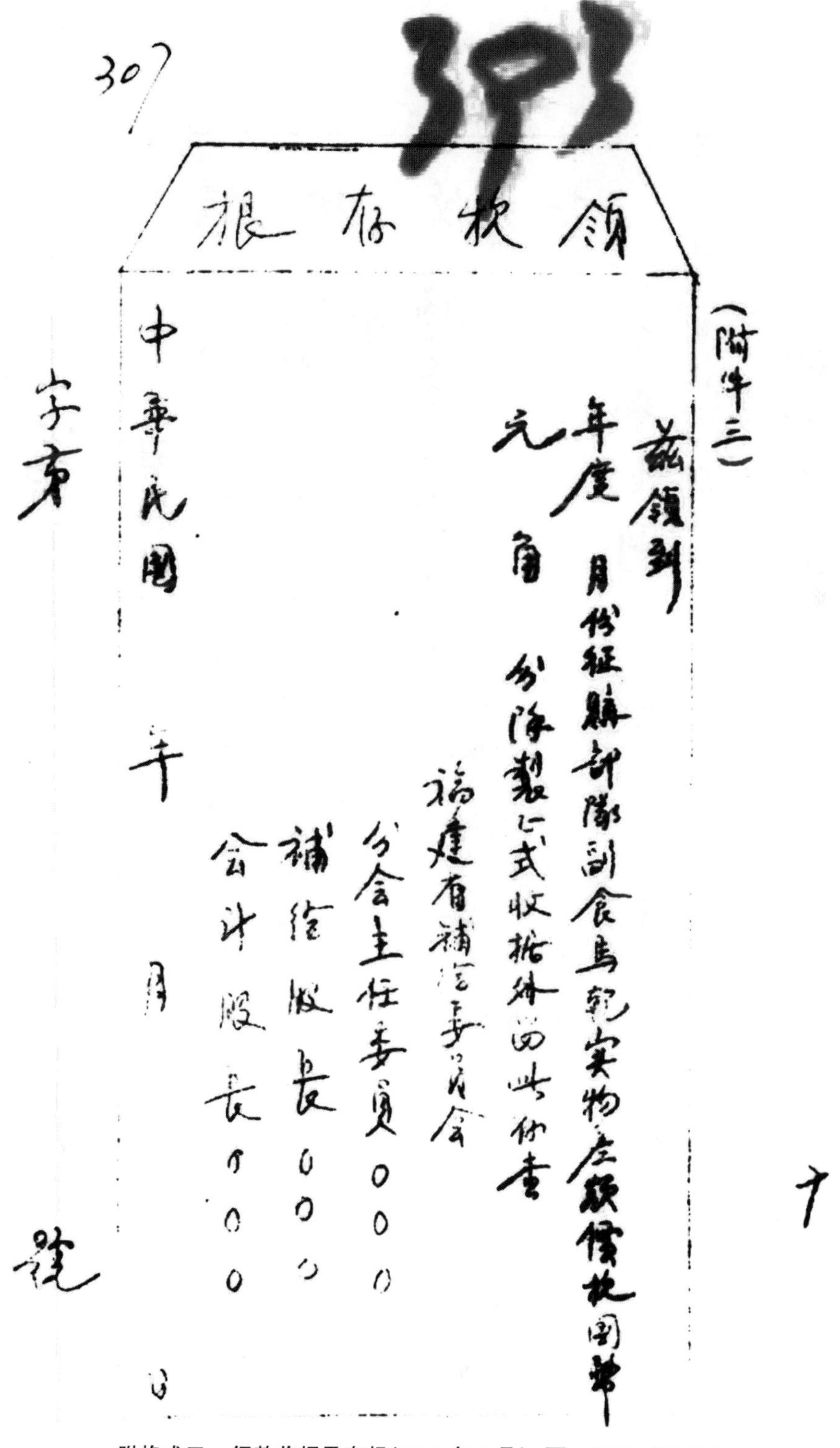
307 393

领款存根

（附件三）

兹领到　年度　月份征购部队副食马乾实物应发价款国币　元　角　分除掣正式收据外留此存查

福建省补给委员会

分会主任委员〇〇〇

补给股长〇〇〇

会计股长〇〇〇

中华民国　年　月　日

字第　号

附格式三　领款收据及存根(1944年5月)a面　G137-001-0004

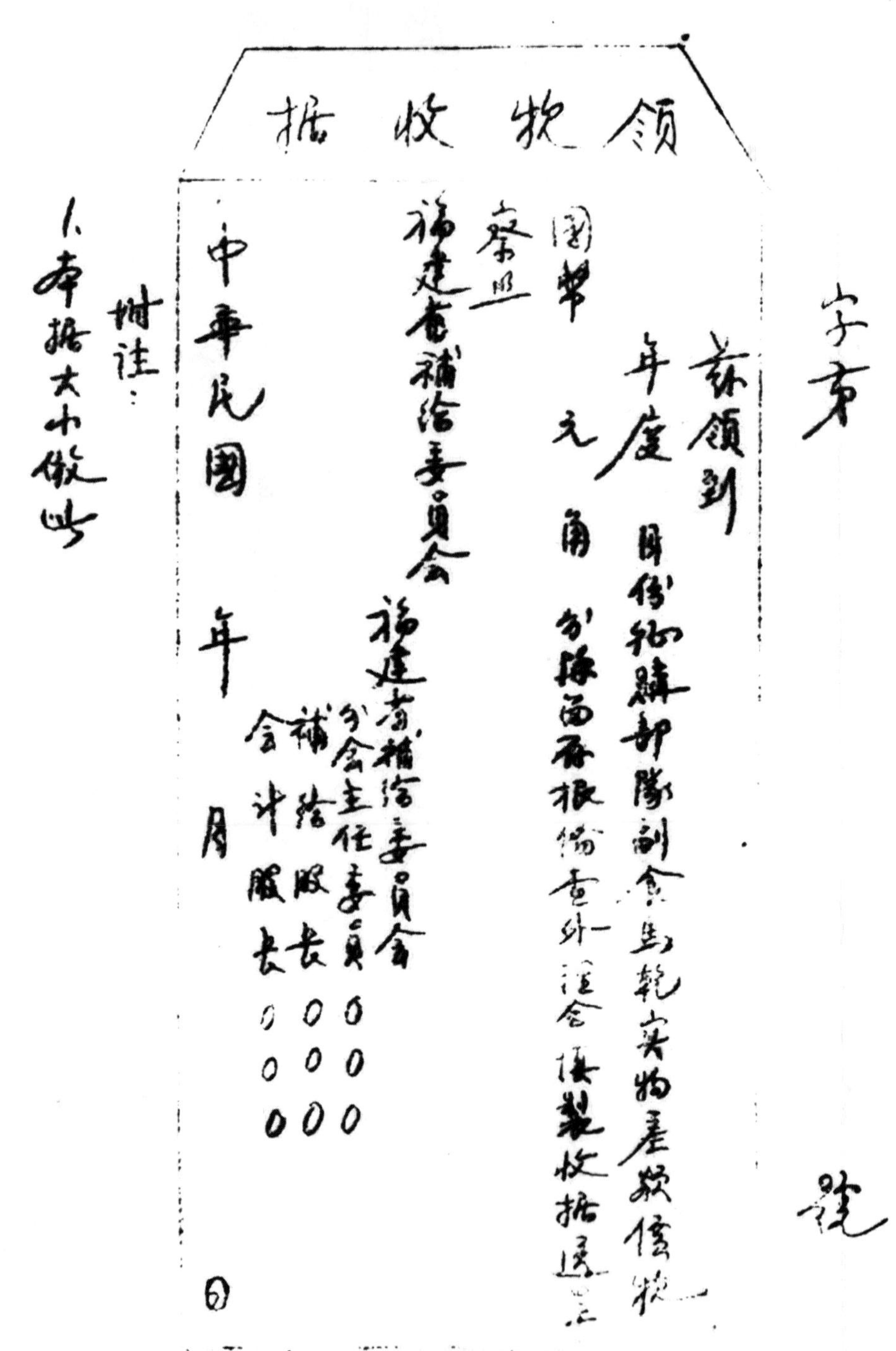
领款收据
字第　号
兹领到
年度　月份秘肆部队副食马乾实物差额价款
国币　元　角　分除面存根备查外，理合具据收据送上
察照
福建省补给委员会
福建省补给委员会
分会主任委员〇〇〇
补给股长〇〇〇
会计股长〇〇〇
中华民国　年　月　日
附注：
1.本据大小仿此

附格式三　领款收据及存根(1944年5月)b面　G137-001-0004

日期	原有人數	本日增減	實有人數	備攷
一日				
二日				
三日				
四日				
五日				
六日				
七日				
八日				
九日				
十日				
十一日				
十二日				
十三日				
十四日				
十五日				
十六日				
十七日				
十八日				
十九日				
二十日				
廿一日				
廿二日				
廿三日				
廿四日				
廿五日				
廿六日				
廿七日				
廿八日				
廿九日				
卅日				
卅一日				

主官　　軍需主管　　政工　　經領人

中華民國　　年　　月　　日填具

說明：
1. 官兵進出頻繁應填具本表隨送查核大小做此
2. 本表應蓋関防及主管軍需政工具領人私章

附格式四　人马进出统计表(1944年5月)　G137-001-0004

309

副食马乾定量表

副食			马乾			附注
物品名称	每人定量 每月	每日	物品名称	每马定量 每月	每日	(1)国军不发食盐
食油	1斤	5钱	料豆	75斤	2斤8两	(2)保安团队、防空队哨队、保安警察队及特务第二四九五团、特务第二大队[illegible]公给不发食盐外，其他团队哨卅三年八九两月核定并加给公盐
豆类	2斤	1两	麸皮	75斤	2斤8两	(3)缺油时得以猪油1斤或猪肉1斤8两代替 (4)缺豆时得以肉类或鱼类代替
燃料	30斤	1斤	马草	300斤	10斤	(5)缺煤或木柴时得以其他燃料代替 (6)料豆缺乏时得以小米、糙米、大麦、燕麦2斤半或高粱包谷2斤代替
食盐	12两	4钱				(7)麸皮缺乏时得以豆饼或小米、糙米、大麦、燕麦斤半或高粱包谷2斤代替 (8)防空队哨每马匹

副食马干定量表(1944 年 5 月)a 面　G137-001-0004

福建省国军副食马乾费表（卅三年八月至十二月适用）

副	食	费	马	乾	费	附注
每人每月数额		每人每日数额	每马每月数额		每马每日数额	
总数	105元	3.50元	总数	650元	21.666元	
食油	估½=52.50元	1.75元	料豆	估⅖=260元	8.666元	
豆类	估¼=26.25元	.875元	麸皮	估⅖=260元	8.666元	
燃料	估¼=26.25元	.875元	马草	估⅕=130元	4.333元	

福建省国军副食马干费表（三十三年八月至十二月适用）

（1944年5月）b面　G137-001-0004

福建省国军副食马乾费表(卅四年一月起适用)

副食费			马乾费			附注
每人每月数额		每人每日数额	每马每月数额		每马每日数额	
总数	210元	7元	总数	1000元	33.333元	
食油	估2/3=140元	4.666元	料豆	估2/5=400元	13.333元	
豆类	估1/6=35元	1.167元	麸皮	估2/5=400元	13.333元	
燃料	估1/6=35元	1.167元	马草	估1/5=200元	6.667元	

福建省国军副食马干费表(三十四年一月起适用)

(1944 年 5 月)a 面　G137-001-0004

卅三年八九月份保安团防空队哨副食费表

（除指保安纵队及战斗第二、四、八、九各团防空第二大队外其余各团队哨适用）

	每人每月款额	每人每日款额	附记
菜款	75元	2.50元	(1) 马乾费与国军同一办理每马每月650元，各物价估百分率参照国军副食马乾费表
食油	1½=30元	1元	
豆类	1½=15元	.50元	(2) 防空队哨无马匹
燃料	1½=15元	.50元	
食盐	1½=15元	.50元	

三十三年八九月份保安团防空队哨副食表

（1944年5月）b面　G137-001-0004

卅三年四月份起適用保安團隊暨防空隊哨副食馬乾費表（至今仍適用）

副食費			馬乾費			附註
每人每月數額		每人每日數額	每馬每月數額		每馬每日數額	(1)防空隊哨無馬匹
總數	75元	2.50元	總數	650元	21.665元	(2)保安團隊馬乾費與國軍
食油	75/2=37.50元	1.25元	料豆	65 2/5=260元	8.666元	同一辦理卅四年六月為1,000元
豆類	75/4=18.75元	.625元	麩皮	65 2/5=260元	8.666元	
燃料	75/4=18.75元	.625元	馬草	65 1/5=130元	4.333元	

三十三年四月份起适用保安团队防空队哨副食马干费表（至今仍适用）

（1944年5月）　G137-001-0004

报告　卅三年十一月二日　于本班

案奉

福建省保安通信总队长胡酉感需电开：「各队班准第四科算以驻县无线电队班官兵副食费已自七月份起每人月支一百二十元，实物供应应由各该队班自行经理，省府已电饬在案，等由希知照」等因；奉此，查本班官兵副食费及实物供应迄今尚未具领，不已报请

察核，准予依照省令自本年七月份起分别发给，以济军食，并乞

示遵！

福建省保安处第六十七电台班甘曦关于本班官兵副食费及实物供应迄今尚未具领请准予依照省令自七月份起分别发给以济军食的报告(1944年11月2日)　G137-001-0003

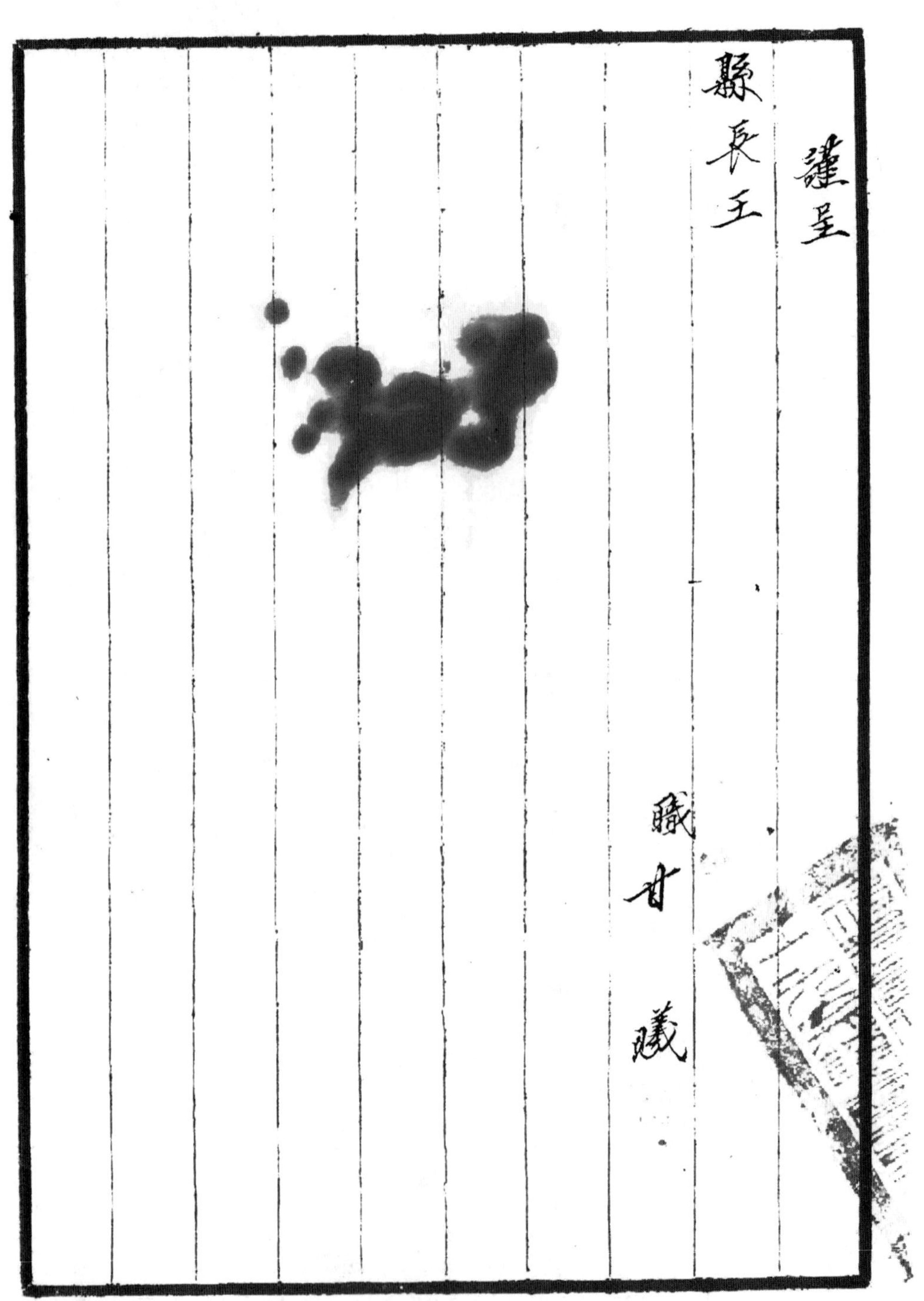
謹呈
縣長王
職甘曦

福建省保安处第六十七电台班甘曦关于本班官兵副食费及实物供应迄今尚未具领请准予依照省令自七月份起分别发给以济军食的报告(1944年11月2日)　G137-001-0003

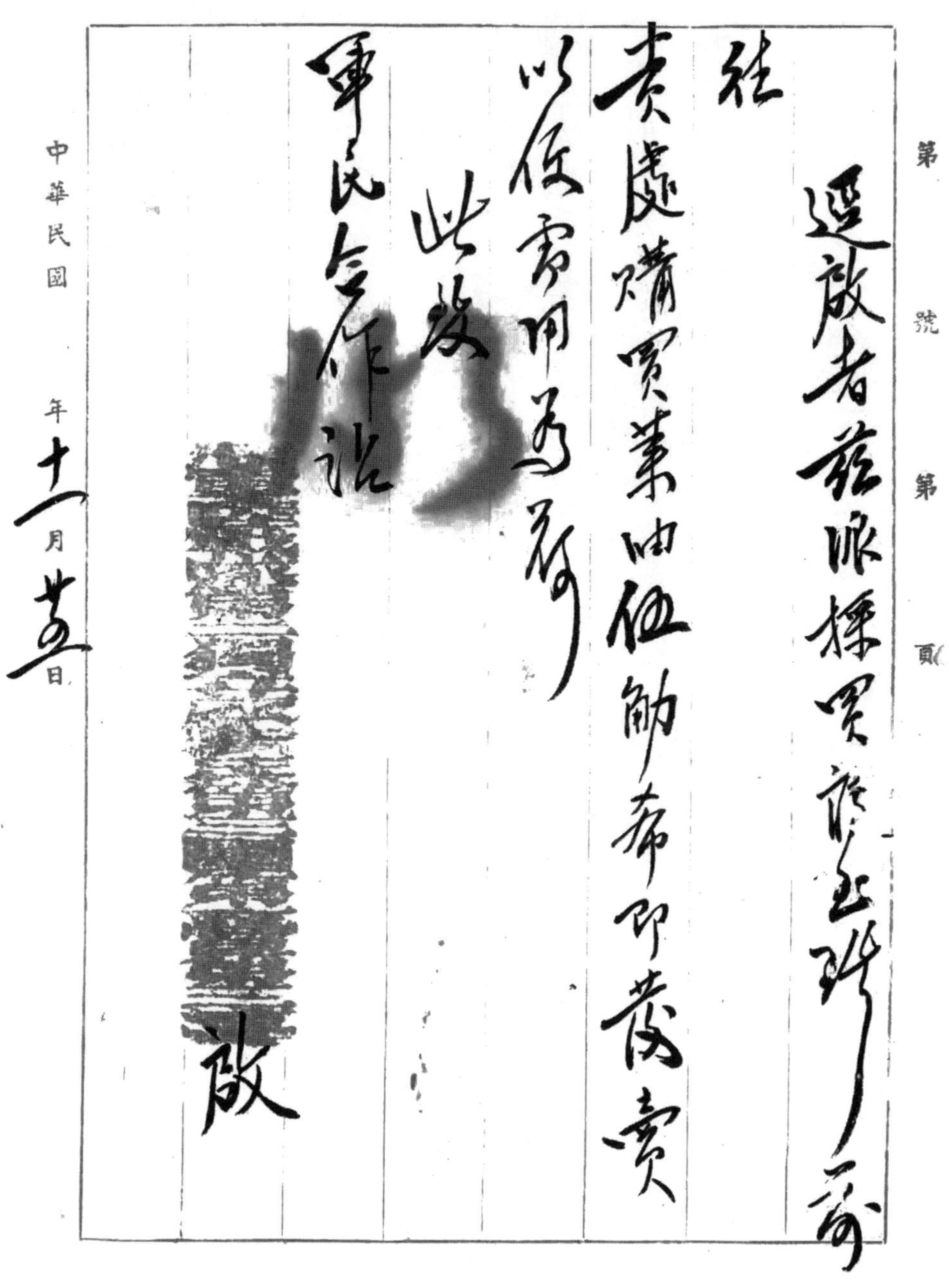
155

第　號　第　頁

逕啟者茲派採買蔡鈺珍前往
貴處購買菜油伍觔希即發賣
以便需用為荷
此致
軍民合作社
啟

中華民國　年十一月廿五日

海军陆战队第二独立旅步兵第三团第一营关于派员前往购买菜油的公函

（1944 年 11 月 25 日）　G137-001-0002

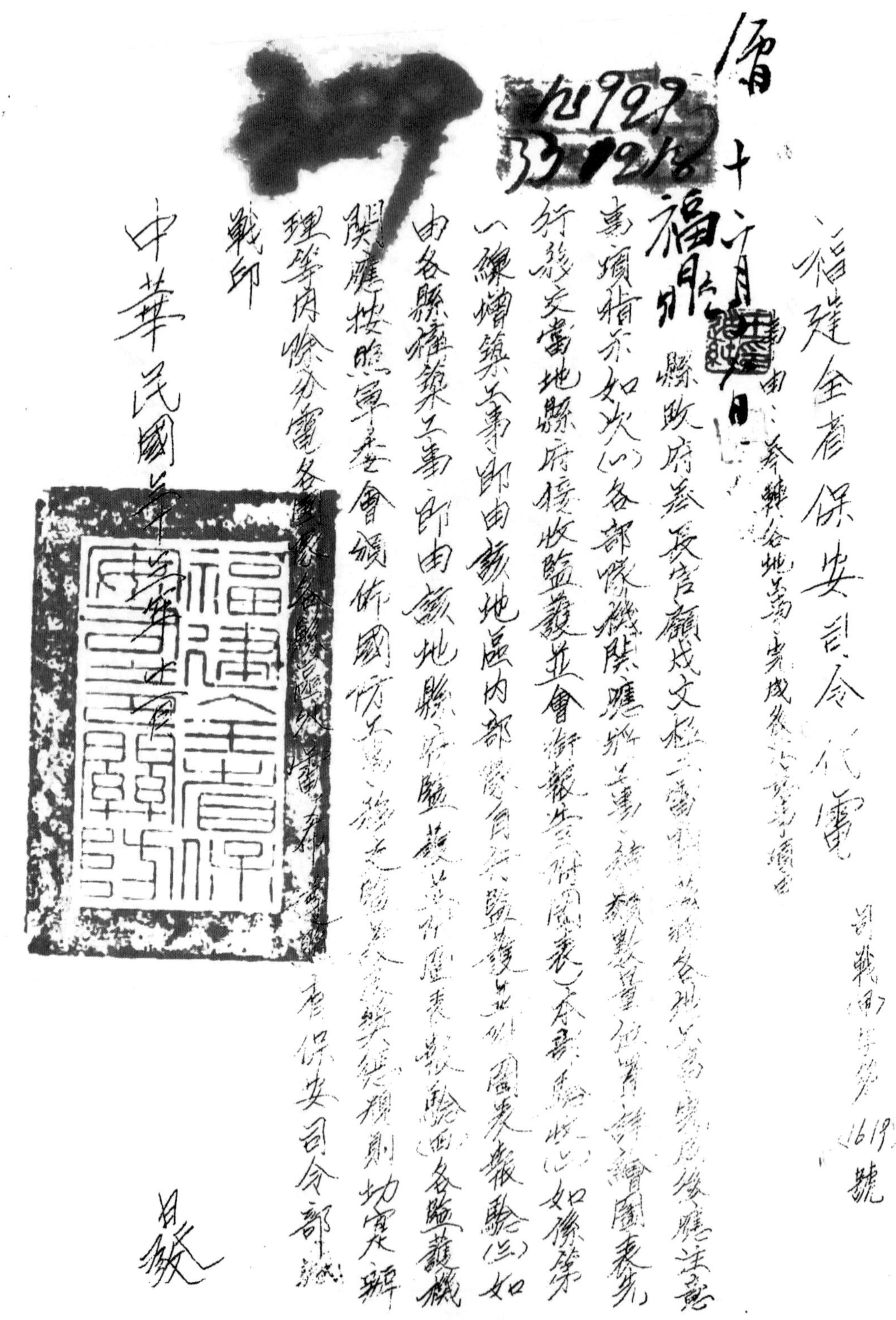

福建全省保安司令代電　司戰(四)字第1619號

事由：[illegible]各地工事完成[illegible]

福州十一月[illegible]日

縣政府[illegible]各地工事完成後應注意事項指示如次(一)各部隊機關應將工事種類數量位置詳繪圖表呈行營交當地縣府接收監護並會銜報告(附圖表)本部[illegible](二)如係第一線增築工事即由該地區內部隊負責監護並將圖表報[illegible](三)如由各縣構築工事即由該地縣府監護並將圖表報[illegible](四)各監護機關應按照軍委會頒佈國防工事[illegible]辦理等因除分電各[illegible]外[illegible]省保安司令部[illegible]戰印

中華民國[illegible]年[illegible]日發

福建全省保安司令关于各地工事完成后注意事项的代电

（1944 年 11 月 27 日）　G137-001-0003

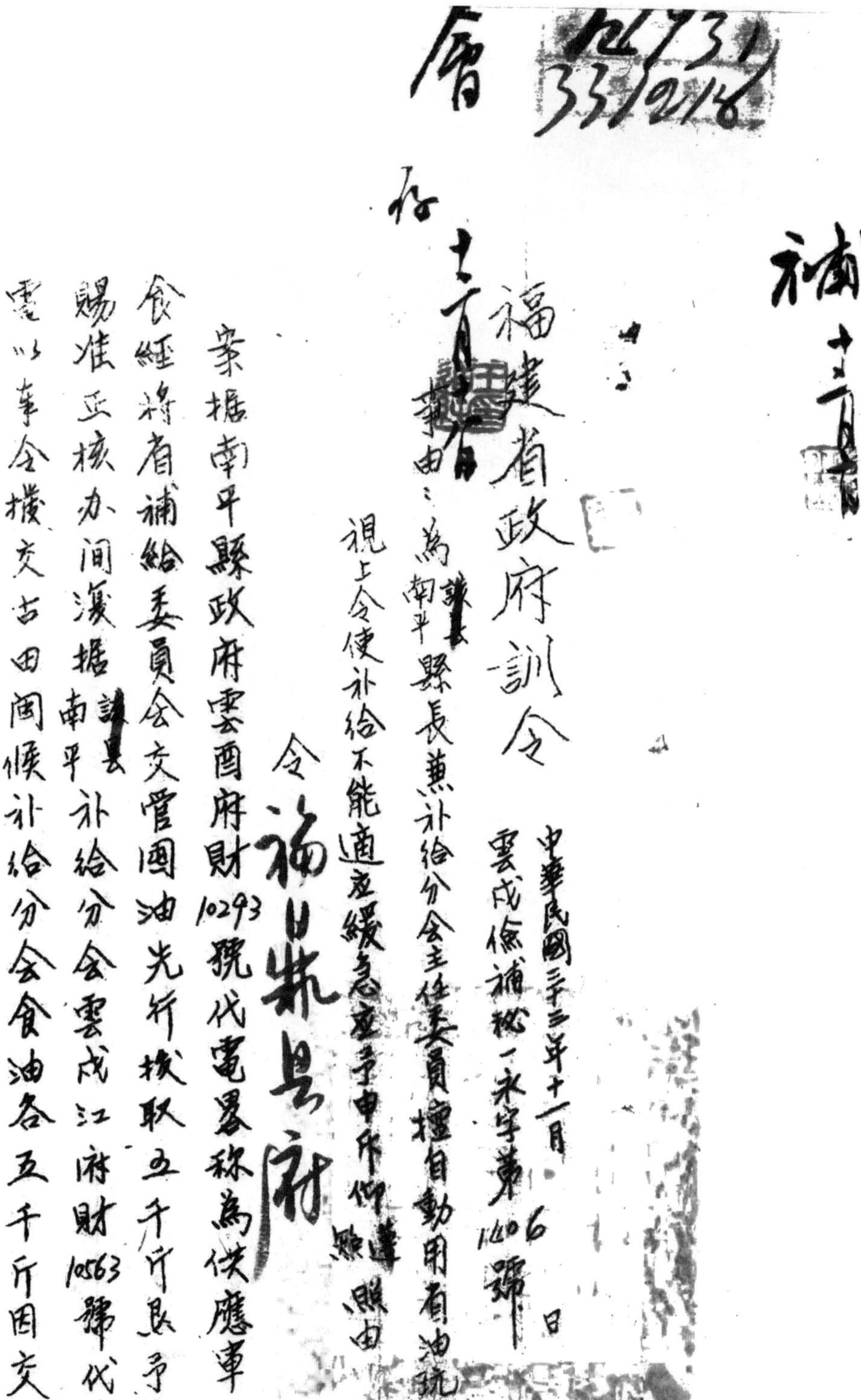

補 十二月

福建省政府訓令

事由：為南平縣長兼補給分會主任委員擅自動用省油玩視上令使補給不能適應緩急應予申斥仰遵照由

中華民國三十三年十一月　日
雲戌儉補秘一永字第1406號

令福鼎县府

案據南平縣政府雲酉府財10293號代電略称為供應軍食經將省補給委員会交管國油先行撥取五千斤足予賜准並核办間復據南平補給分会雲戌江府財10563號代電以奉令撥交古田閩候補給分会食油各五千斤因交

福建省政府关于南平县长兼补给分会主任委员擅自动用省油玩视上令使补给不能适应缓急应予申斥的训令(1944 年 11 月 28 日)a 面　G137-001-0003

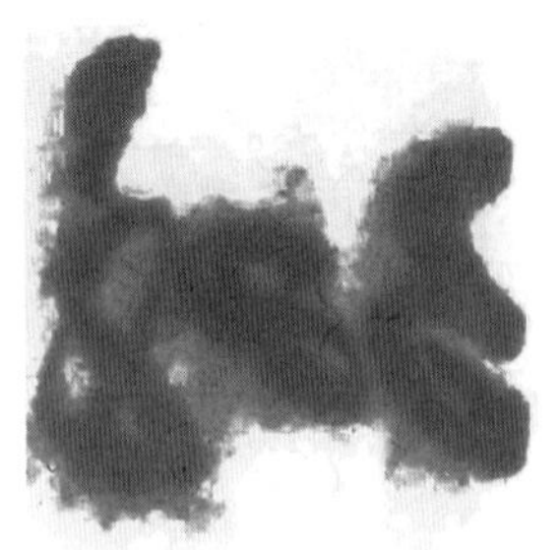

管國油已陸續由本分会供應現存無多除各撥交弍仟五百觔外县予再撥各等情据此查省补给委員会交管南平國油原為備必要時供应軍食之需自应由省补给委員会統籌劃撥该县未経呈准竟擅自動用并扣发省补委会指撥古田林森県軍油似此情形不惟玩視上令抑且妨碍补给殊屬不合該県长兼主任委員萬心權应予申斥除分令暨由省补委会飭將指撥軍油照数撥足外合行令仰知照此令。

主席兼主任委員劉建緒

福建省政府关于南平县长兼补给分会主任委员擅自动用省油玩视上令使补给不能适应缓急应予申斥的训令(1944 年 11 月 28 日)b 面　G137-001-0003

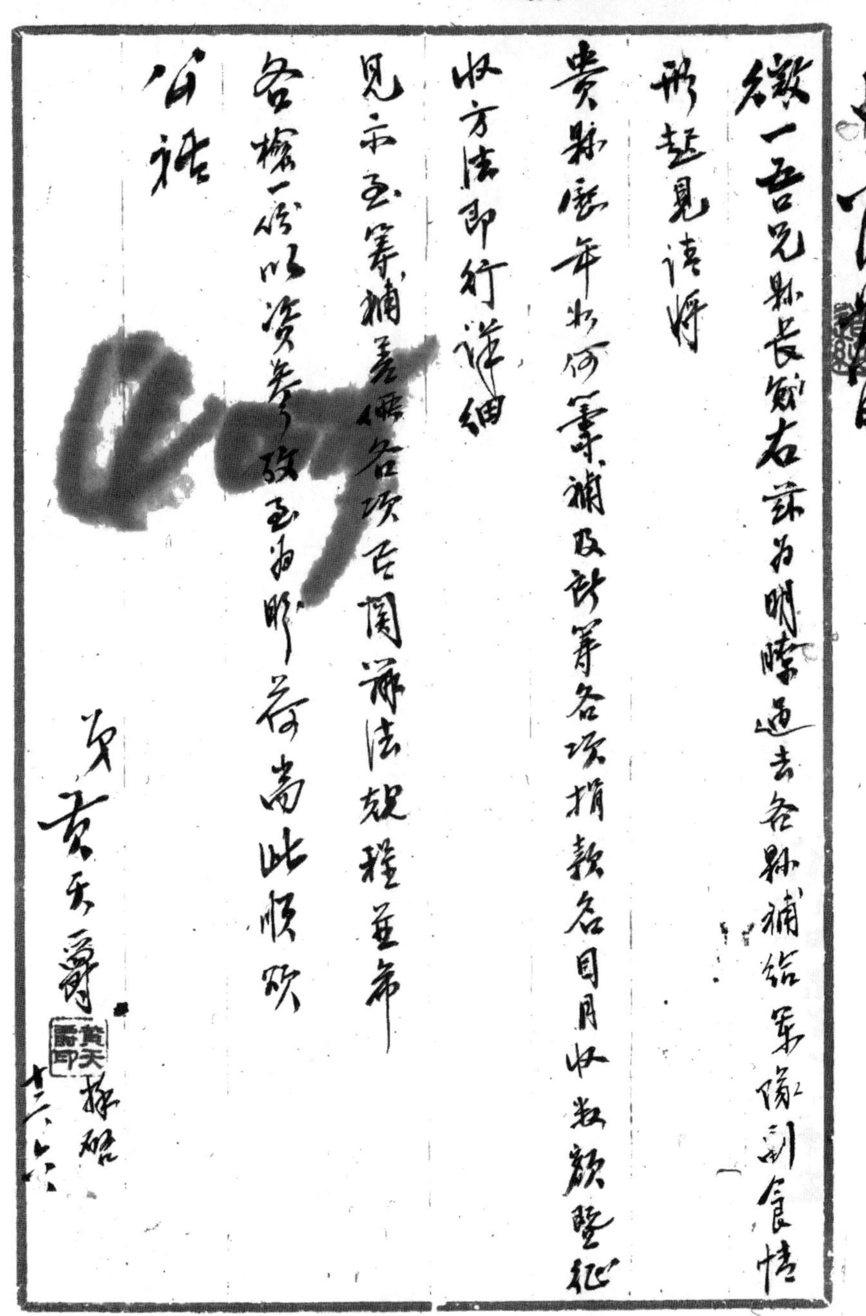
3321

福建省補給委員會軍食差價籌補處用箋

徵一吾兄縣長勛右：茲為明瞭過去各縣補給軍隊副食情形起見，請將貴縣歷年如何籌補及所籌各項捐款名目月收數額暨徵收方法即行詳細見示，至籌補差價各項應用辦法規程並希賜檢一份以資參攷，至為感荷，耑此順頌

公祺

弟 黄天爵 拜啟 十二、六

福建省补给委员会军食差价筹补处关于贵县历年如何筹补及所筹各项捐款名目月收数额暨征收方法详细见示的公函(1944 年 12 月 6 日) G137-001-0004

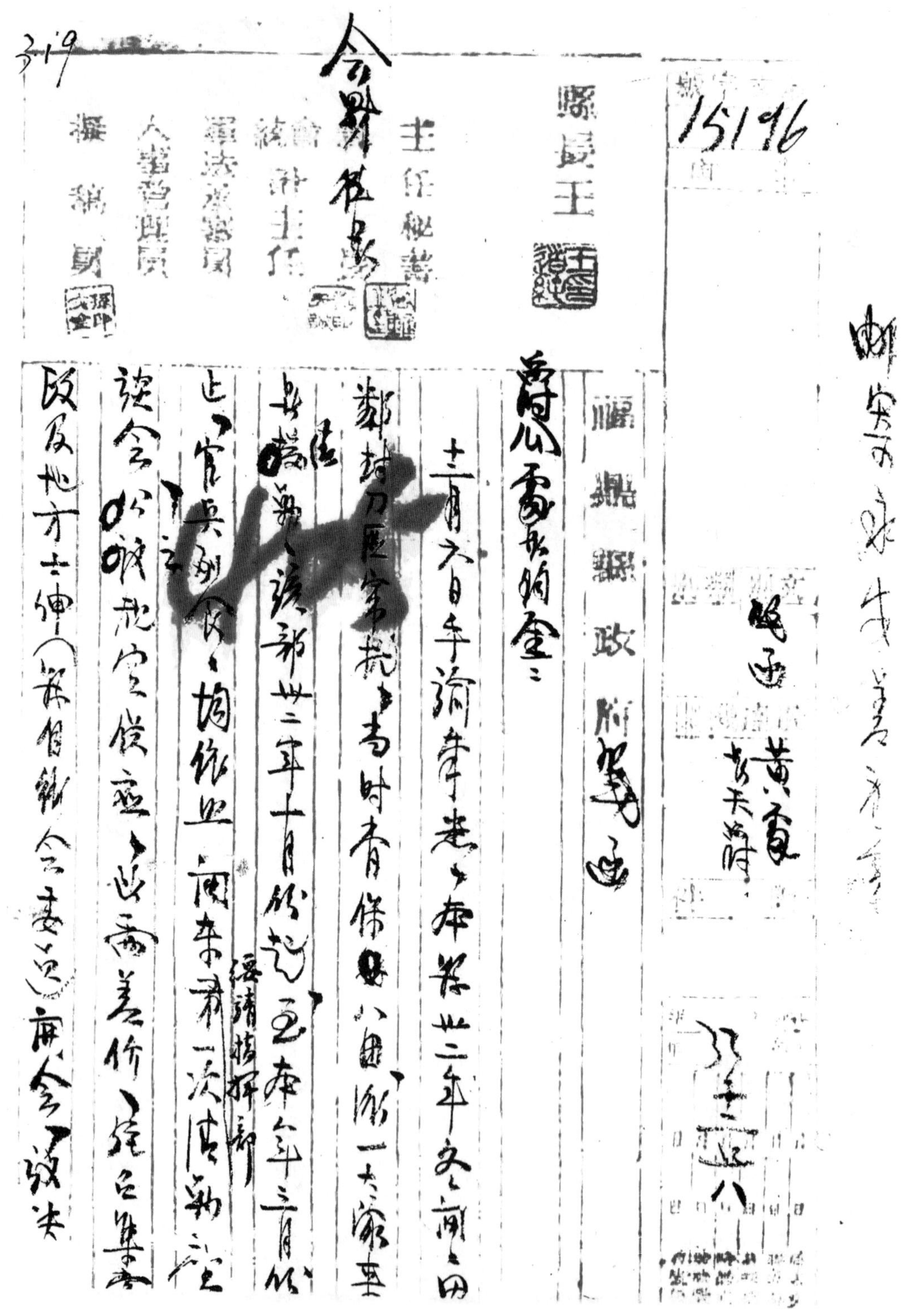

福鼎县政府关于本县三十三年增募劳军捐款及使用情形的复函

（1944 年 12 月 28 日）　G137-001-0004

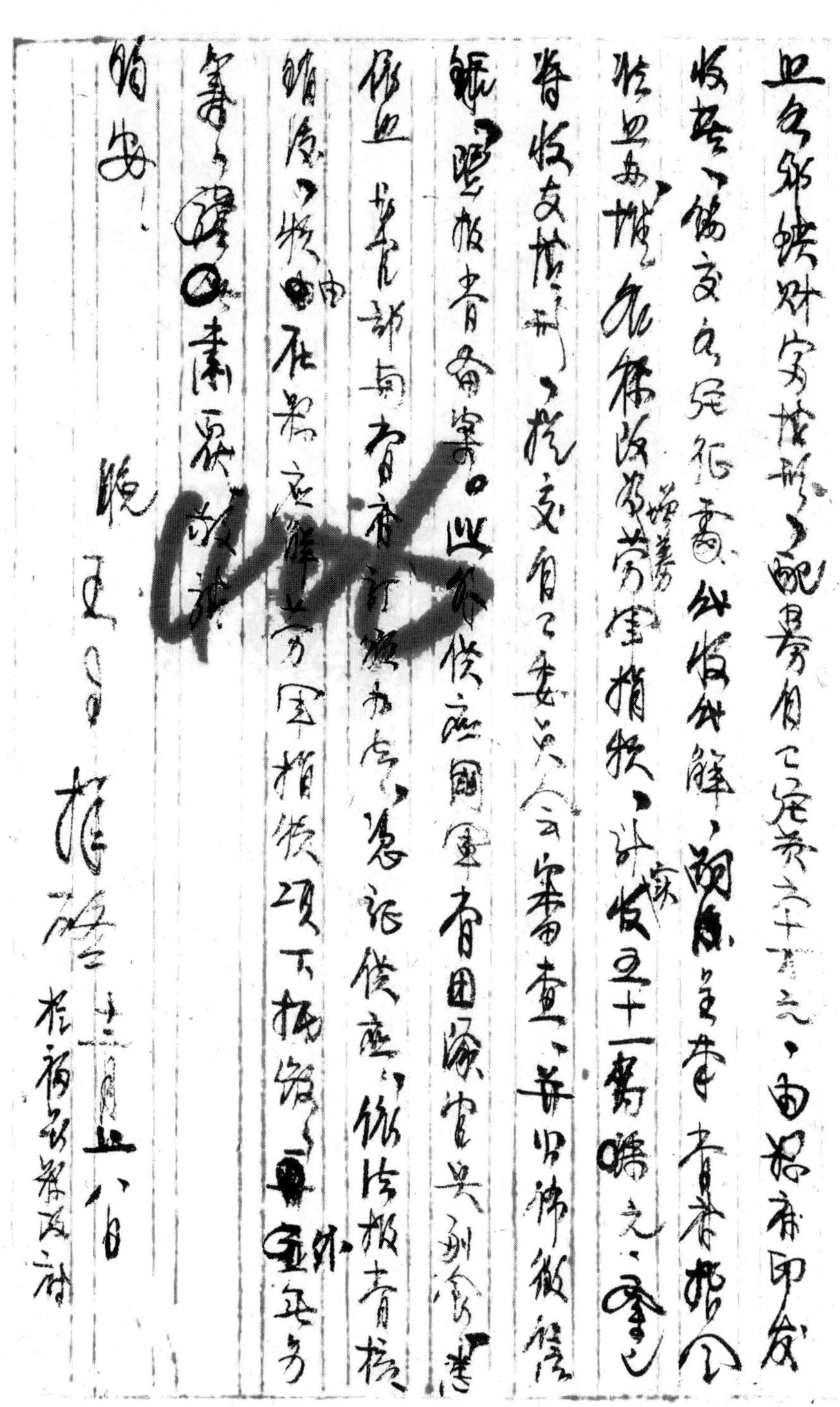

福鼎县政府关于本县三十三年增募劳军捐款及使用情形的复函

（1944年12月28日） G137-001-0004

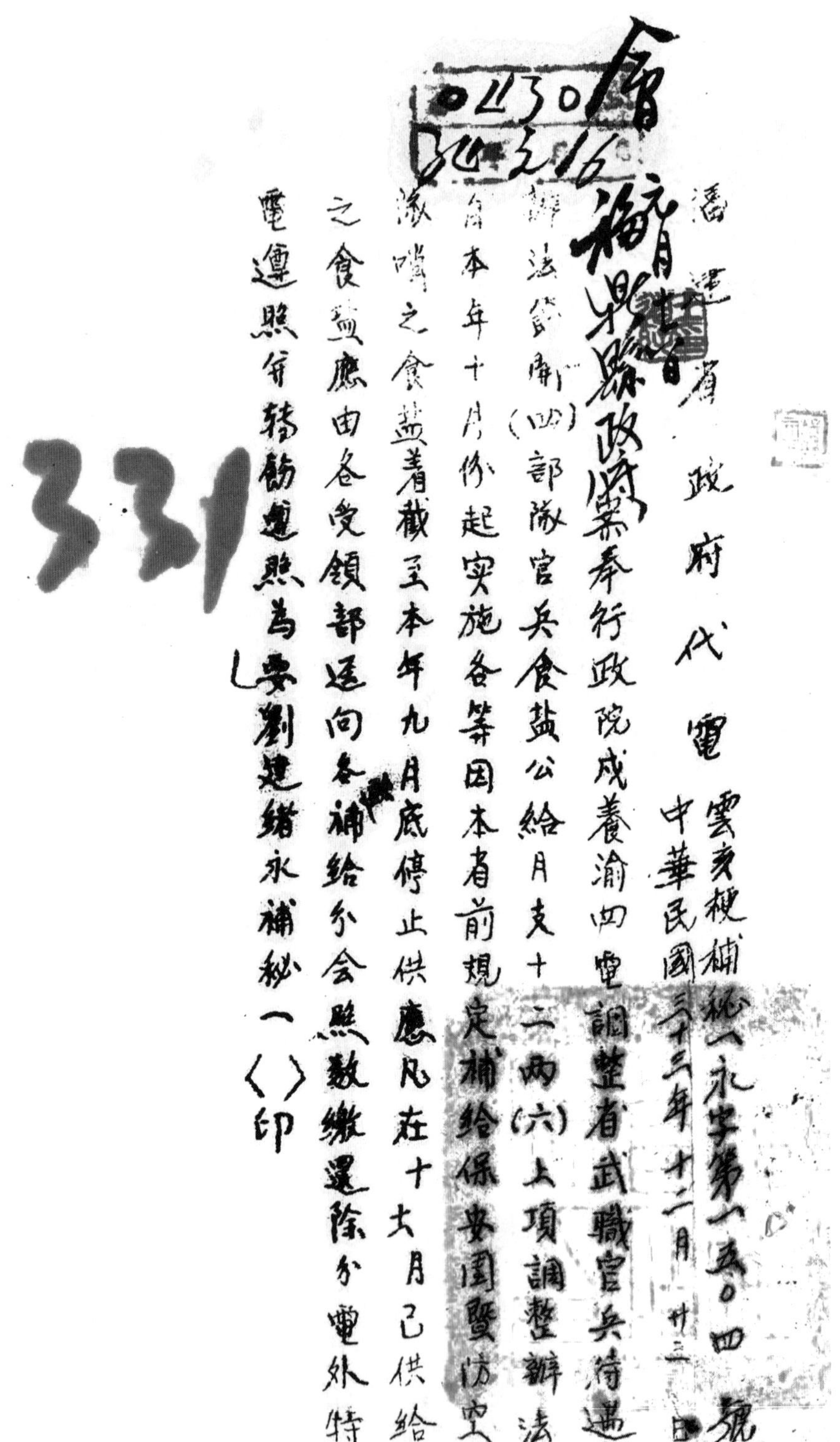

福建省政府代電 雲亥梗補秘一永字第一五〇四號

中華民國三十三年十二月廿三日

福鼎縣政府案奉行政院戌養渝四電調整省武職官兵待遇辦法節(四)部隊官兵食鹽公給月支十二兩(六)上項調整辦法自本年十月份起實施各節因本省前規定補給保安團暨防空隊哨之食鹽着截至本年九月底停止供應凡在十月已供給之食鹽應由各受領部隊向各補給分会照數繳還除分電外特電遵照并轉飭遵照為要劉建緒永補秘一〈〉印

福建省政府关于据行政院调整省武职官兵待遇办法自本年十月份起保安团及防空队哨停止供应食盐的代电(1944年12月23日) G137-001-0003

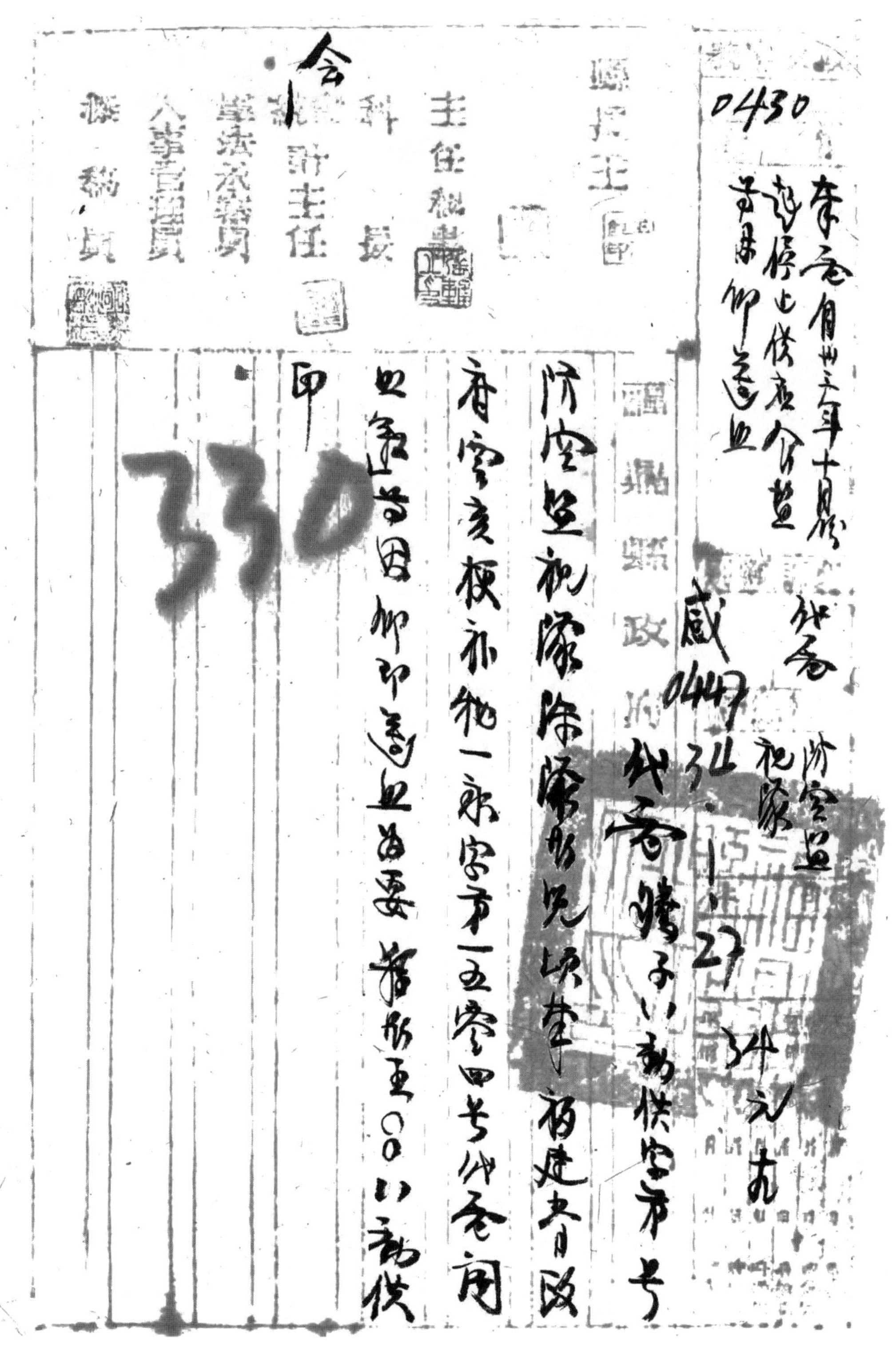

福鼎县政府关于奉省府电自三十三年十月份起停止供应食盐的代电

（1945 年 1 月 27 日） G137-001-0003

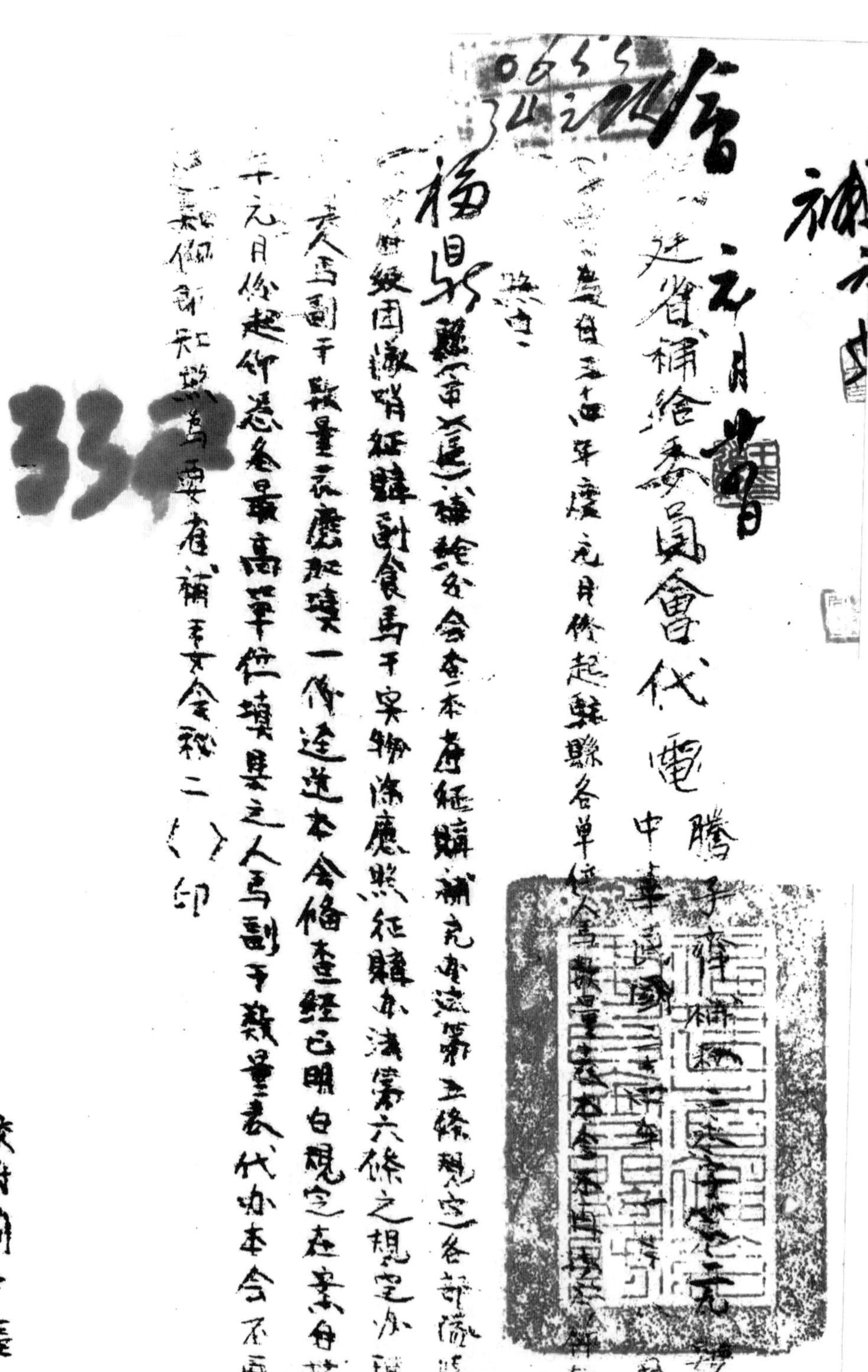

福建省補給委員會代電

福　縣縣（市）長、補給分會：查本省經臨補充辦法第五條規定各部隊學校機關團體經臨副食馬干實物除應照經臨辦法第六條之規定辦理外並應將人馬副干數量表一份送達本會備查經已明白規定在案自三十四年元月份起仰逕各最高單位填具之人馬副干數量表本會不再轉發……知照為要。

省補給委員會秘二（子）印

校對劉中權

福建省补给委员会关于自三十四年度元月份起本会不再转发驻县各单位人马数量表的代电

（1945 年 1 月 8 日）　G137-001-0003

福建省補給委員會代電

事由：為轉知各省駐軍副干確數應於每月二十日以前通知各省市補委會通飭部隊學校遵照征購規定洽辦由

中華民國卅四年一月十日

福×縣補給分會：案准司令長官部書卅三寅（48）號代電開：「案准軍政部[illegible]副食馬乾補給自八月份起按新規定辦理，經行政院[illegible]飭遵辦在案。茲為促各省市明瞭駐軍人馬確數起見，各省境內之[illegible]數應該於每月二十日以前就近通知各省市補委會，通飭各部隊學校應切實遵照征購規定，向當地縣市政府洽辦，不得向民間強征強購，以免[illegible]等情；事除分電外，特電查照辦理」等因。除分電外，特電知照辦理為要。等因，除分電外，仰即知照為要。省補給委員會秘二（　）印

福建省补给委员会关于转知各省驻军副干确数应于每月二十日以前通知各省市补委会通饬各部队学校遵照征购规定洽办的代电（1945 年 1 月 10 日）　G137-001-0003

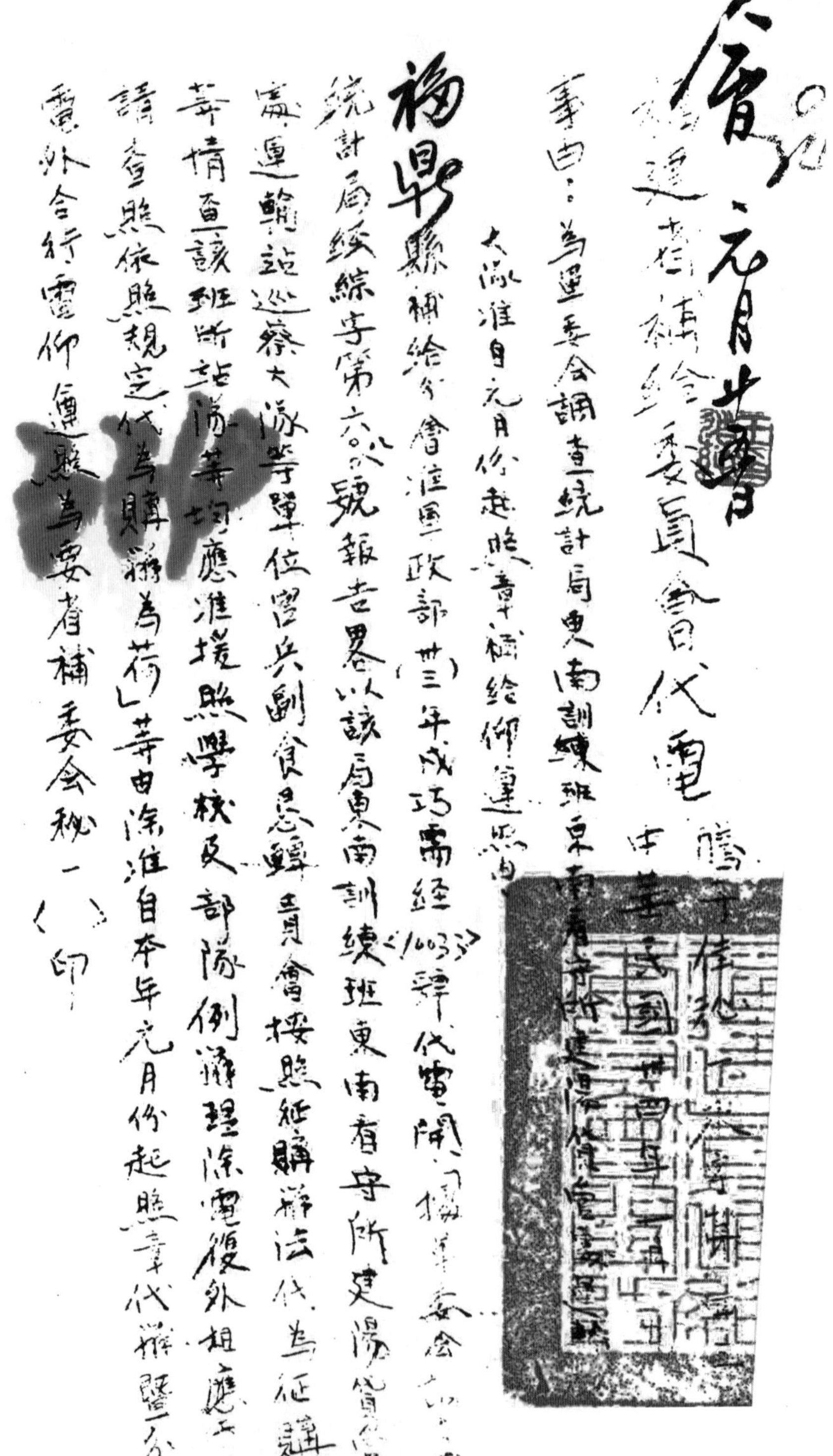

福建省補給委員會代電

事由：為軍委會調查統計局東南訓練班東南看守所建陽貨管處運輸大隊准自元月份起照章補給仰遵照由

福鼎縣補給分會：准軍政部卅三年戌巧需經〈1003〉辞代電開：「據軍委會調查統計局經綜字第六八〇號報告略以該局東南訓練班東南看守所建陽貨管處運輸站巡察大隊等單位官兵副食悉歸貴會按照征購辦法代為征購等情，查該班所站隊等均應准援照學校及部隊例辦理，除電復外，相應函請查照依照規定代為購辦為荷」等由，除准自本年元月份起照章代辦暨分電外，合行電仰遵照為要。省補委會秘一（）印

中華民國卅四年一月九日

福建省补给委员会关于军委会调查统计局东南训练班东南看守所建阳货管处运输大队准自元月份起照学校及部队例办理补给的代电（1945 年 1 月 9 日）　G137-001-0003

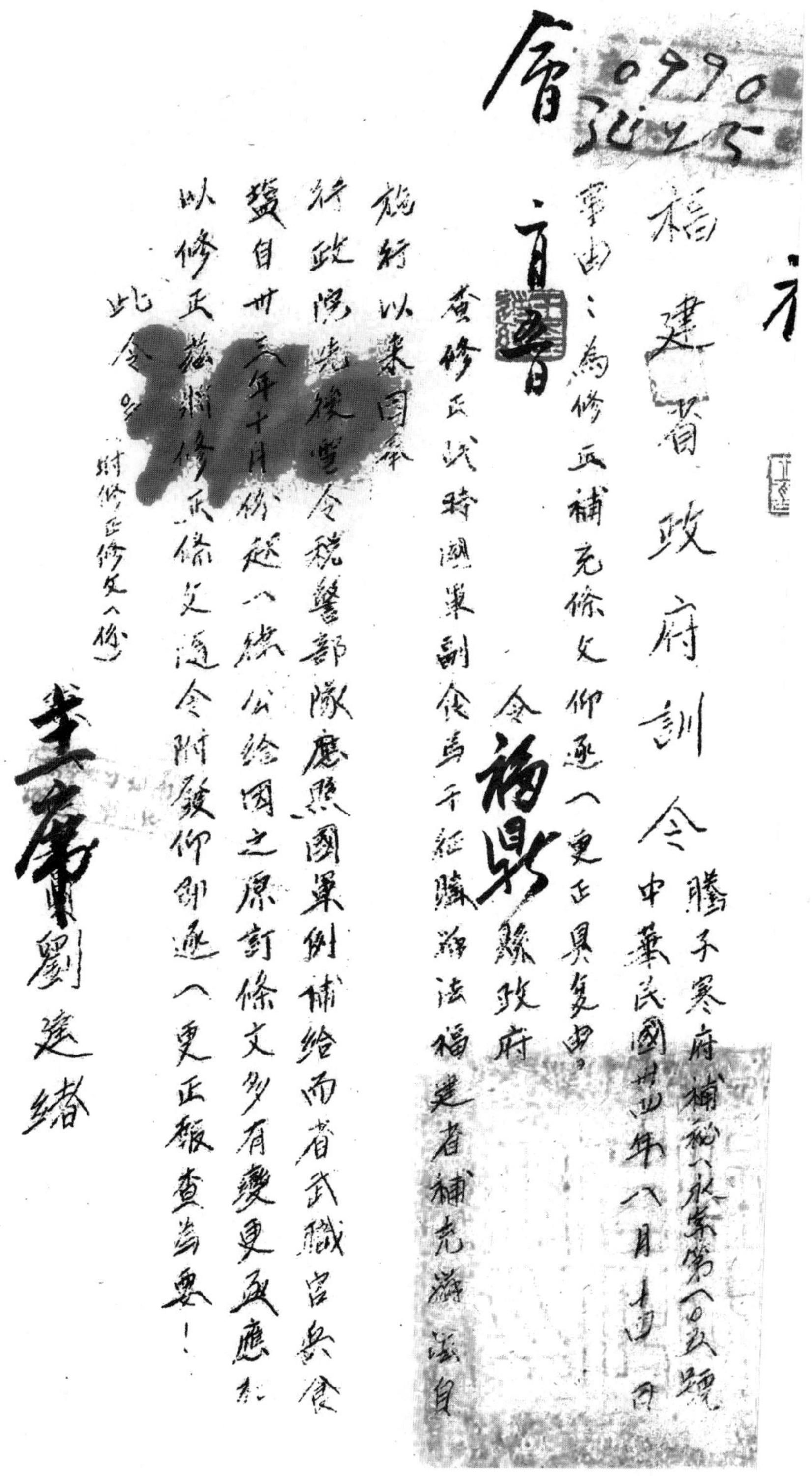

福建省政府訓令

府補秘八秋字第〇五號

中華民國卅四年一月十四日

事由：為修正補充條文仰遂一更正具复由。

令福鼎縣政府

查修正戰時國軍副食馬干征購辦法福建省補充辦法自

施行以來，因奉

行政院先後電令稅警部隊應照國軍例補給，而省武職官兵食

鹽自卅三年十月份起一律公給，因之原訂條文多有變更，及應於

以修正。茲將修正條文隨令附發，仰即遂一更正報查為要！

此令。

附修正條文一份

主席 劉建緒

福建省政府关于战时国军副食马干征购办法福建省补充办法修正条文仰逐一更正具复的训令

(1945 年 1 月 14 日)a 面　G137-001-0003

戰時國軍副食馬乾征購辦法福建省補充辦法修正條文

第三條：省級保安團隊及防空隊哨所需副食馬干實物品量均依照征購辦法第二條規定辦理。

第四條：副食馬乾費之代金定額應分如左：

甲、關於副食費者、

一、全文照舊、

二、省級保安團隊防空隊哨奉　行政院核定額為每人月支一二〇元

上項副食費除菜部份一律現定為四十五元由各該團隊哨自行辦理地方不代征購外其餘七十五元食油佔四分之二計三十七元五角豆類及燃料各佔四份之一各為十八元七角五分（以下刪除）

乙、全文照舊、

战时国军副食马干征购办法福建省补充办法修正条文

（1945年1月14日）b面　G137-001-0003

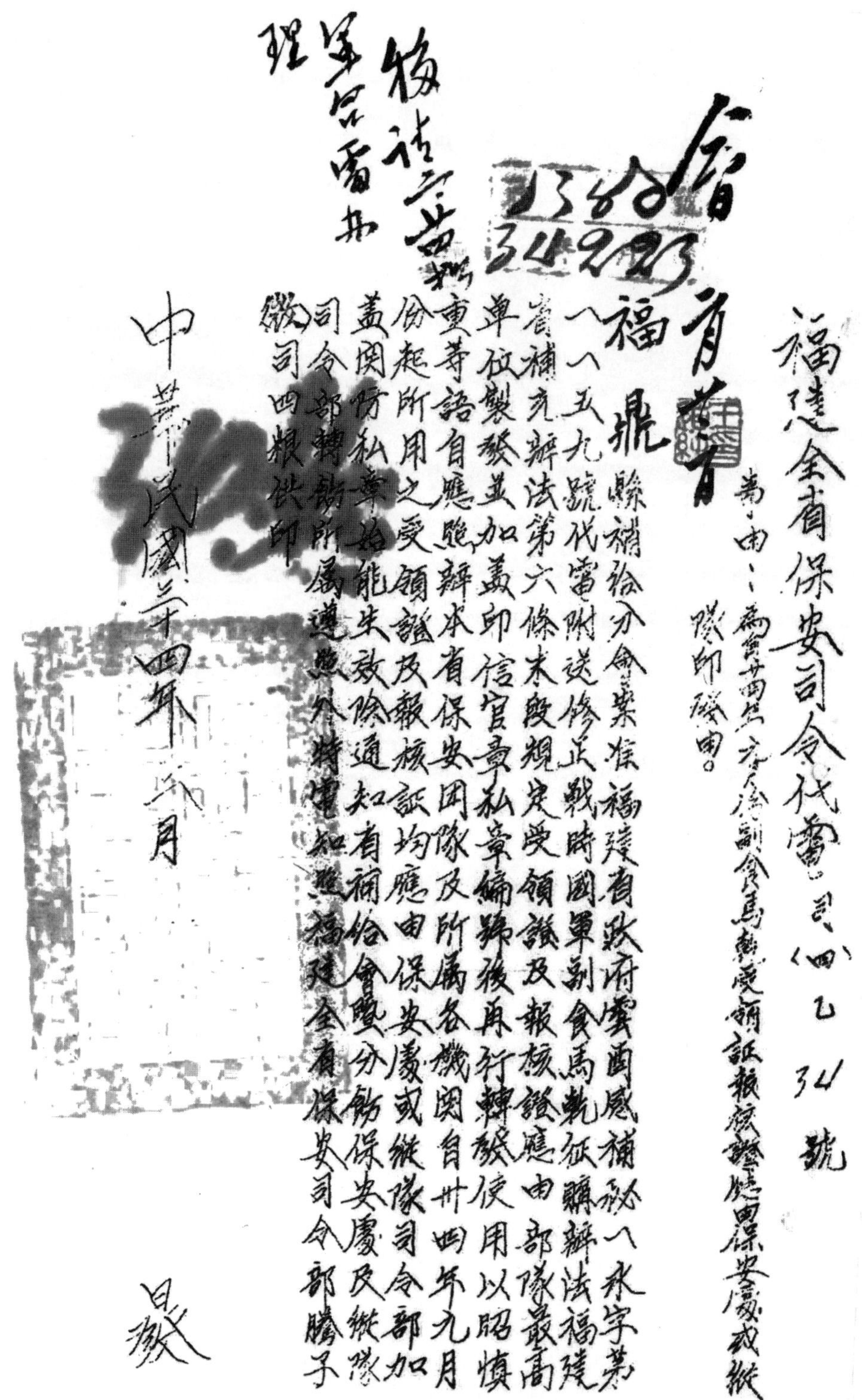

福建全省保安司令代电（四）乙34號

事由：為自卅四年元月份副食馬乾受領証報核證應由保安處或縱隊印發由。

福鼎縣補給分會案准福建省政府（卅三）戌感補秘（一）永字第八八五九號代電附送修正戰時國軍副食馬乾徵購辦法福建省補充辦法第六條末段規定受領證及報核證應由部隊最高單位製發並加蓋印信官章私章編號後再行轉發使用以昭慎重等語自應照辦本省保安團隊及所屬各機關自卅四年九月份起所用之受領證及報核證均應由保安處或縱隊司令部加蓋關防私章始能生效除通知省補給會暨分飭保安處及縱隊司令部轉飭所屬遵照外特電知照福建全省保安司令部䲶子微司四根供印

中華民國三十四年一月

福建全省保安司令部关于自三十四年元月份副食马干受领证报核证应由保安处或总队印发的代电

（1945年1月5日） G137-001-0003

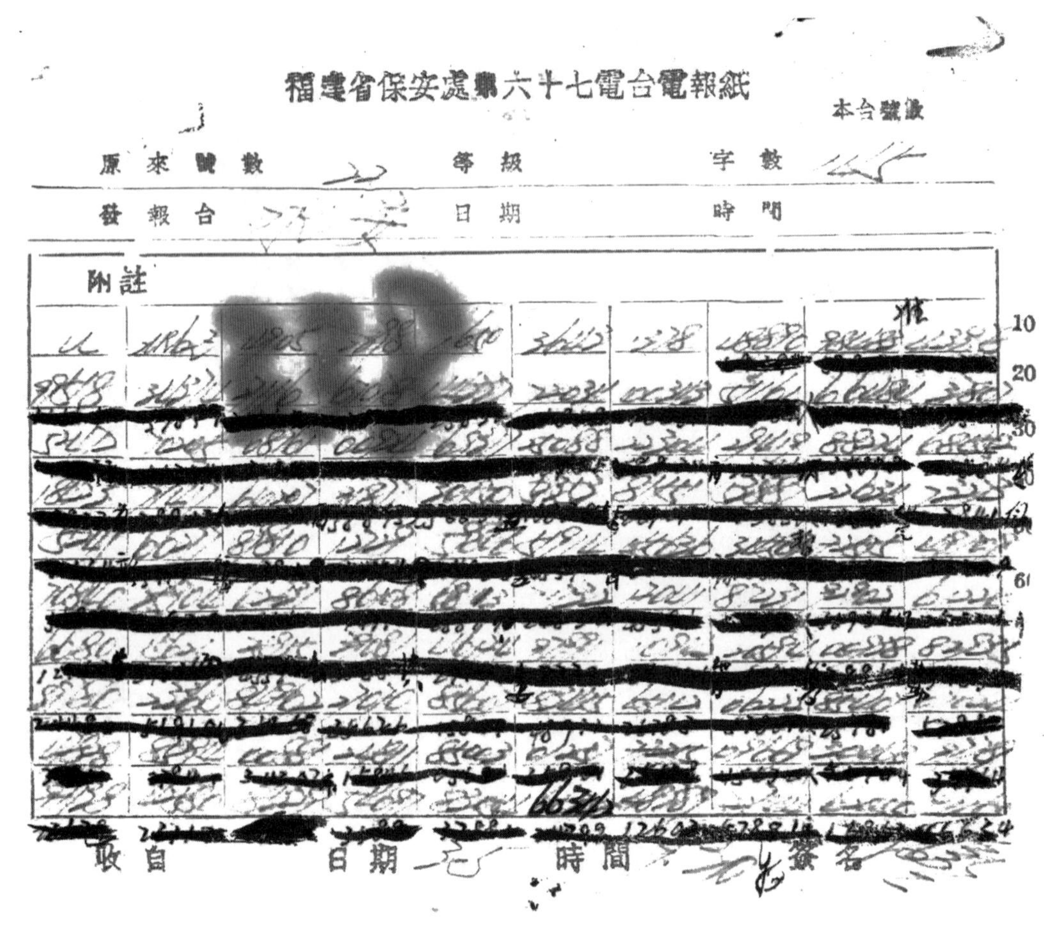

福建省保安處第六十七電台電報紙

本台號數

原來號數 等級 字數

發報台 日期 時間

附註

收自 日期 時間 簽名

福建省保安处第六十七电台班收报稿(1945 年 1 月 31 日) G137-001-0003

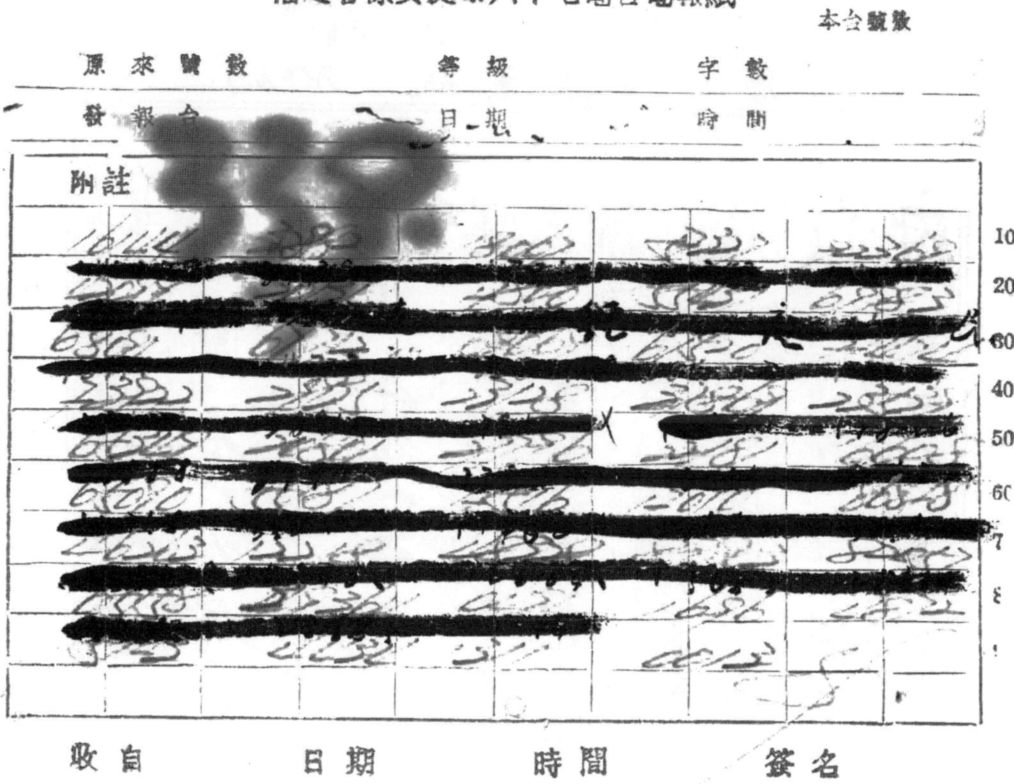
福建省保安處第六十七電台電報紙

本台號數

原來號數　　等級　　字數

發報台　　日期　　時間

附註

10
20
30
40
50
60
70
80
90

收自　　日期　　時間　　簽名

福建省保安处第六十七电台班收报稿(1945 年 1 月 31 日)　G137-001-0003

福鼎縣政府來電紙

財政部准軍政部陳部長子篠
代電開查副食馬乾費奉委座自本年
元月份起增加為每人一百元並電達在
案茲規定自二月份起確實協副食部
份暫停施行以后各部隊所需副食[illegible]
以類宜副食費委託地方政府協助平價
代購或視當地物價及物價情形自
行斟酌採購馬乾飼料仍照舊辦理
除分電外特電查照並希轉知各地方政
府切實協助曉諭商民踴躍供應不

福鼎县政府译福建省补给委员会关于各地方政府应切实协助驻军平价采购副食马干的电文

（1945 年 1 月 31 日） G137-001-0003

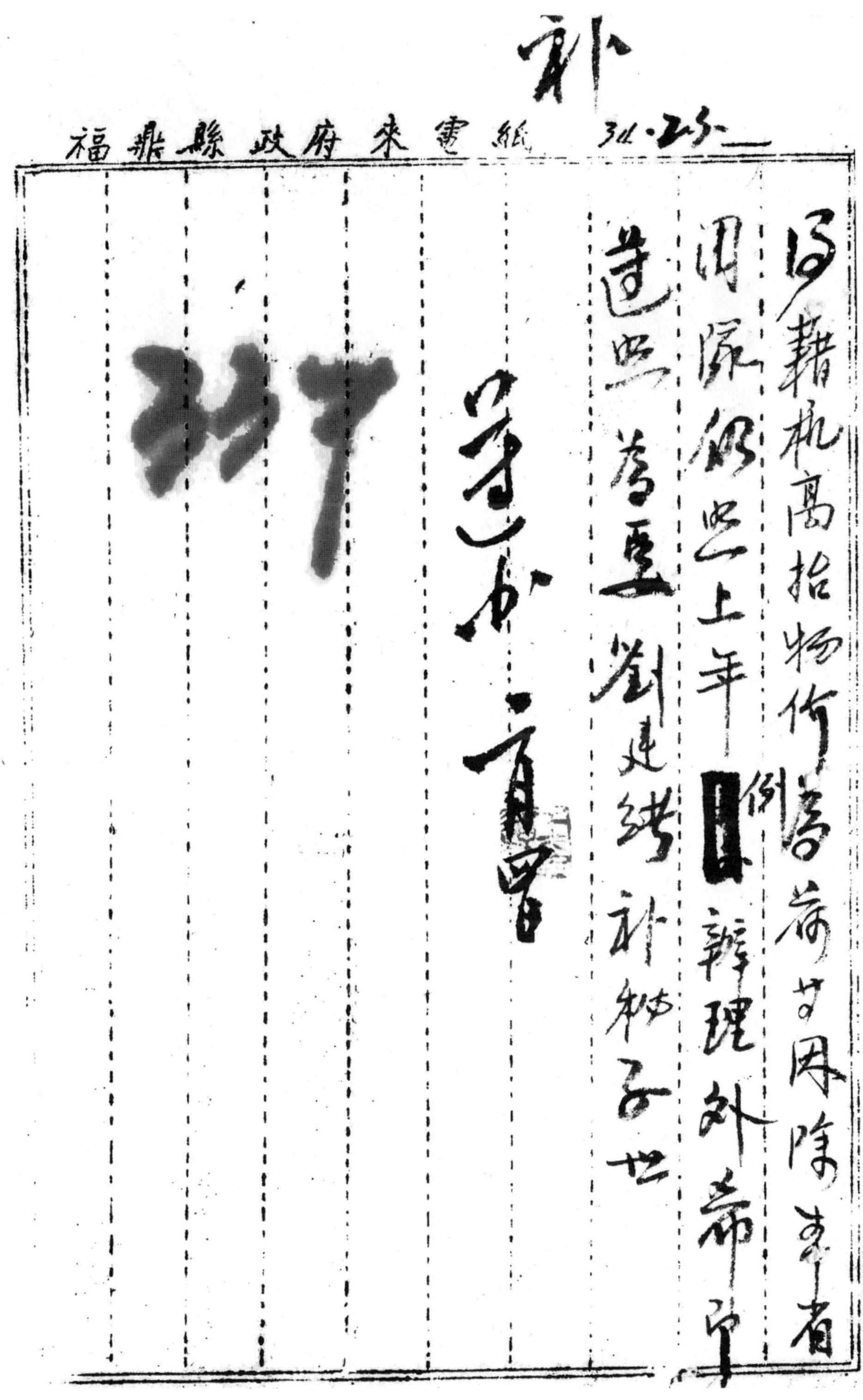

福鼎縣政府來電紙

福鼎县政府译福建省补给委员会关于各地方政府应切实协助驻军平价采购副食马干的电文

（1945 年 1 月 31 日） G137-001-0003

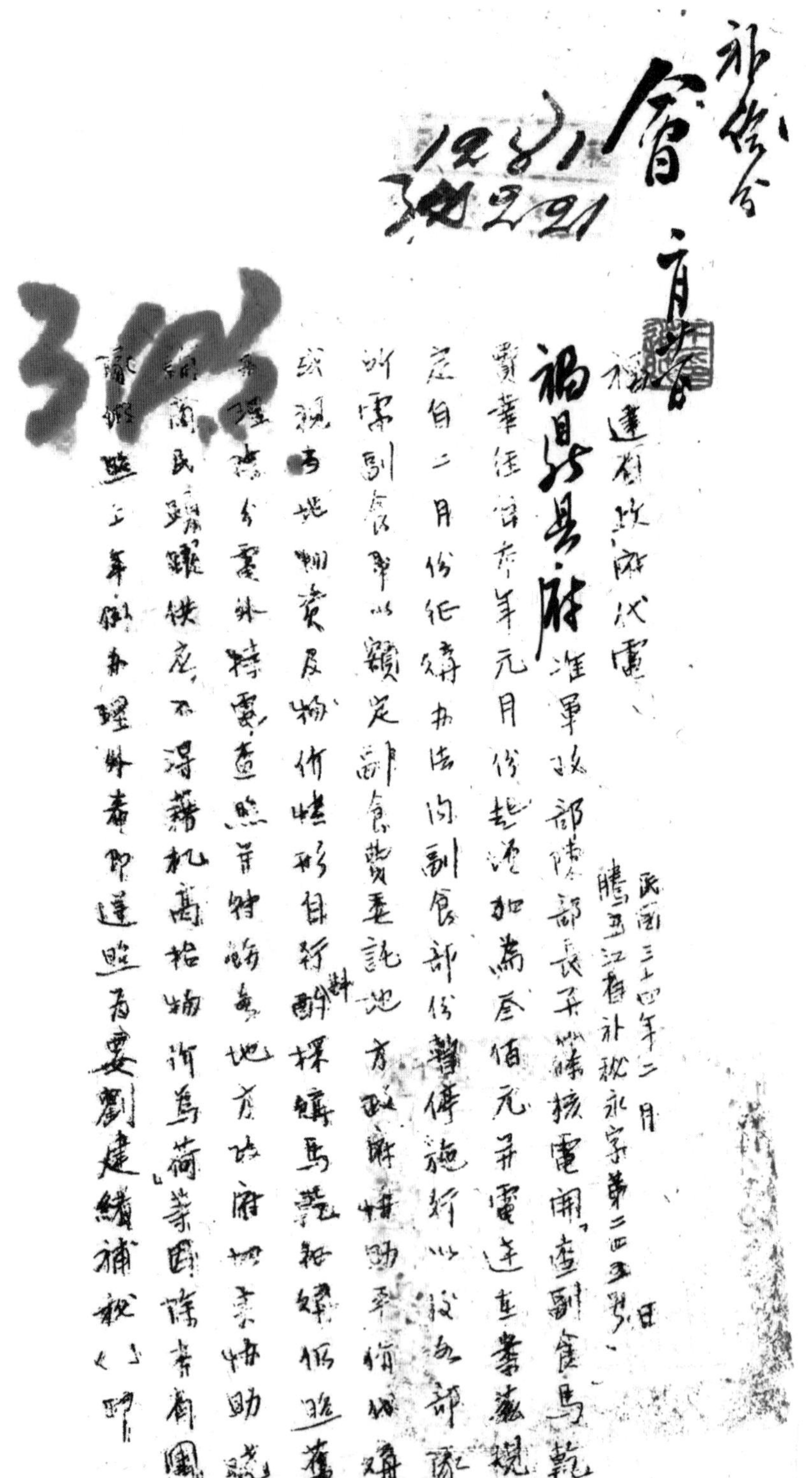

福建省政府代電

福鼎縣府：准軍政部陳部長丑篠核電開：查副食馬乾費業經併本年元月份起逕加為叁佰元，并電達在案。茲規定自二月份征籌辦法內副食部份暫停施行，以後各部隊所需副食以規定副食費委託地方政府協助平價採購，或就當地物資及物價情形自行酌採購，馬乾餘仍照舊辦理。除分電外，特電查照，并飭各地方政府切實協助駐軍，商民踴躍供應，不得藉机高抬物價為荷。等因。除分電各團隊外，合行電仰遵照上年辦法辦理具報為要。劉建緒補秋丑江印

民國三十四年二月 日
騰五江府補秋永字第二四五號

福建省政府关于转饬各地方政府应切实协助驻军平价采购副食马干的代电

（1945 年 2 月 3 日） G137-001-0003

福建省第八區行政督察專員兼保安司令公署 訓令

事由：奉轉電各地方政府應切實協助駐軍平價採購副食配備仰遵照

令福清縣政府

案奉

福建省軍食差價補給委員會補秘子丑電開：「准軍政部陳部長子篠核電開：查副食馬乾費業經自本年元月份起增加為300元並電達在案，茲規定自二月份征購辦法內副食部份暫時停發，以後各部隊所需副食配備以規定副食費呈託地方政府協助平價代購或視當地物資及市價情形自行斟酌採購，馬乾征購仍照舊辦理，除分電外，特電查照，希轉飭各地方政府切實協助，曉諭商民踴躍供應，並不得藉機高抬物價為荷等情，除本省團隊人數照上年例辦理外，希即遵照為要。」等因，奉此，除分令外，合行令仰遵照為要！

中華民國三十四年二月 日

福建省第八区行政督察专员兼保安司令公署关于奉省军食差价补给委员会电各地方政府应切实协助驻军平价采购副食配备的训令(1945 年 2 月 14 日)　G137-001-0003

福建省第八区行政督察专员兼保安司令公署关于奉省军食差价补给委员会电各地方政府应切实协助驻军平价采购副食配备的训令(1945年2月14日)　G137-001-0003

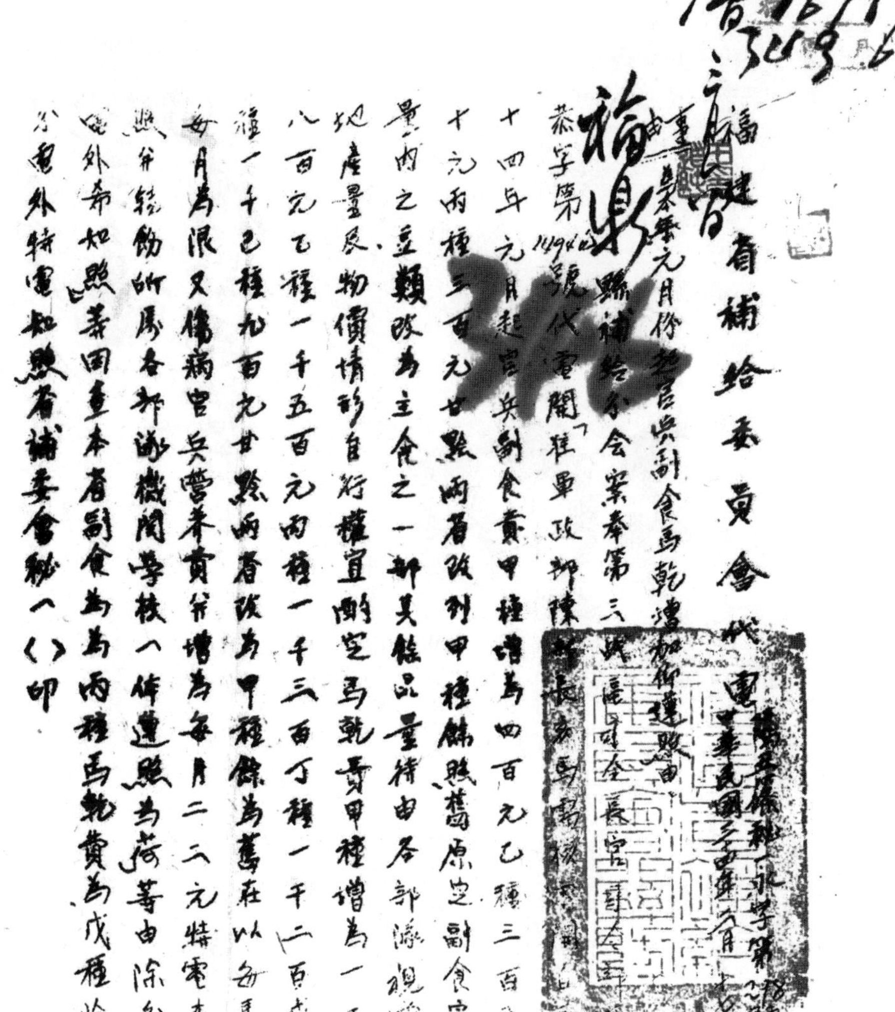

福建省补给委员会关于自本年元月份起官兵副食马干增加的代电

（1945 年 2 月 17 日） G137-001-0003

福建省政府关于保安团队防空哨队副食品量代金仍照旧供应的快邮代电

（1945 年 3 月 10 日） G137-001-0003

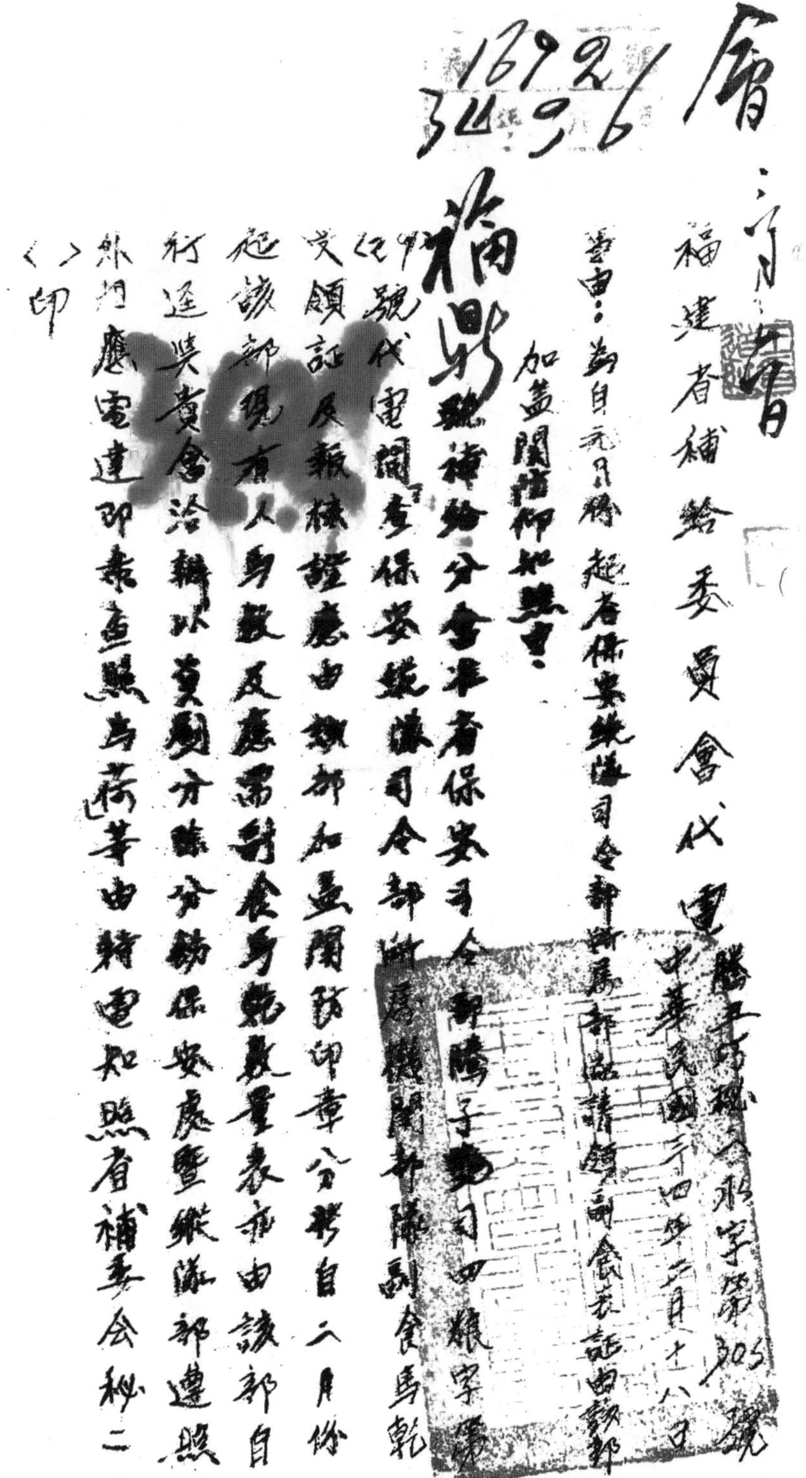

福建省補給委員會代電 [illegible]秘二形字第305號

中華民國卅四年二月十八日

事由：為自元月份起省保安總隊司令部所屬部隊請領副食表證由該部加蓋關防仰知照由

福州綏靖分會：准省保安司令部騰子[illegible]司四糧字第[illegible]號代電開："查保安總隊司令部所屬部隊副食馬乾支領證及報核證憑由該部加蓋關防印章，分發自二月份起。該部現有人員數及應需副食馬乾數量表亦由該部自行逕送貴會洽辦，以資劃分。"等情，除分飭保安處暨總隊部遵照外，相應電達，即希查照為荷等由。特電知照。省補委會秘二（ ）印

福建省补给委员会关于自元月份起省保安总队司令部所属部队请领副食表证由该部加盖关防的代电

（1945 年 2 月 18 日）　G137-001-0003

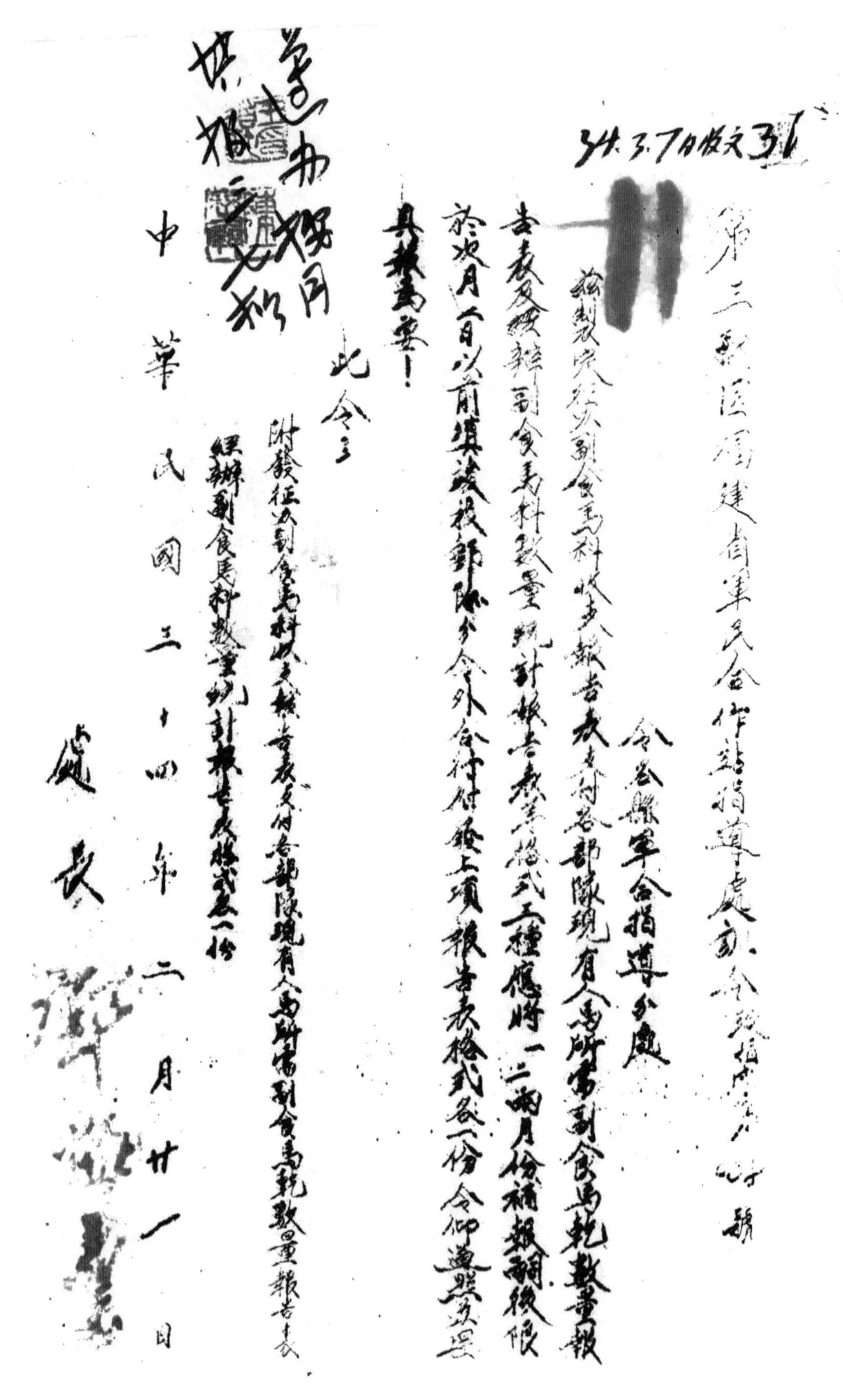

34.3.7日收文31

第三戰區福建省軍民合作站指導處訓令 合站指字第 號

令各縣軍合指導分處

茲制發征辦副食馬料收支報告表、各部隊現有人馬所需副食馬耗數量報告表及征辦副食馬料數量統計報告表等格式三種，應將一二兩月份補報，嗣後限於次月十日以前填送報部隊外，合行附發上項報告表格式各一份，令仰遵照辦理具報為要！

此令。

附發征辦副食馬料收支報告表、各部隊現有人馬所需副食馬耗數量報告表、征辦副食馬料數量統計報告表格式各一份

中華民國三十四年二月廿一日

處長

第三战区福建省军民合作站指导处关于制发征办副食马料收支、数量统计等报告表并将一二月份补报嗣后按月填报的训令(1945 年 2 月 21 日)a 面　G137-001-0006

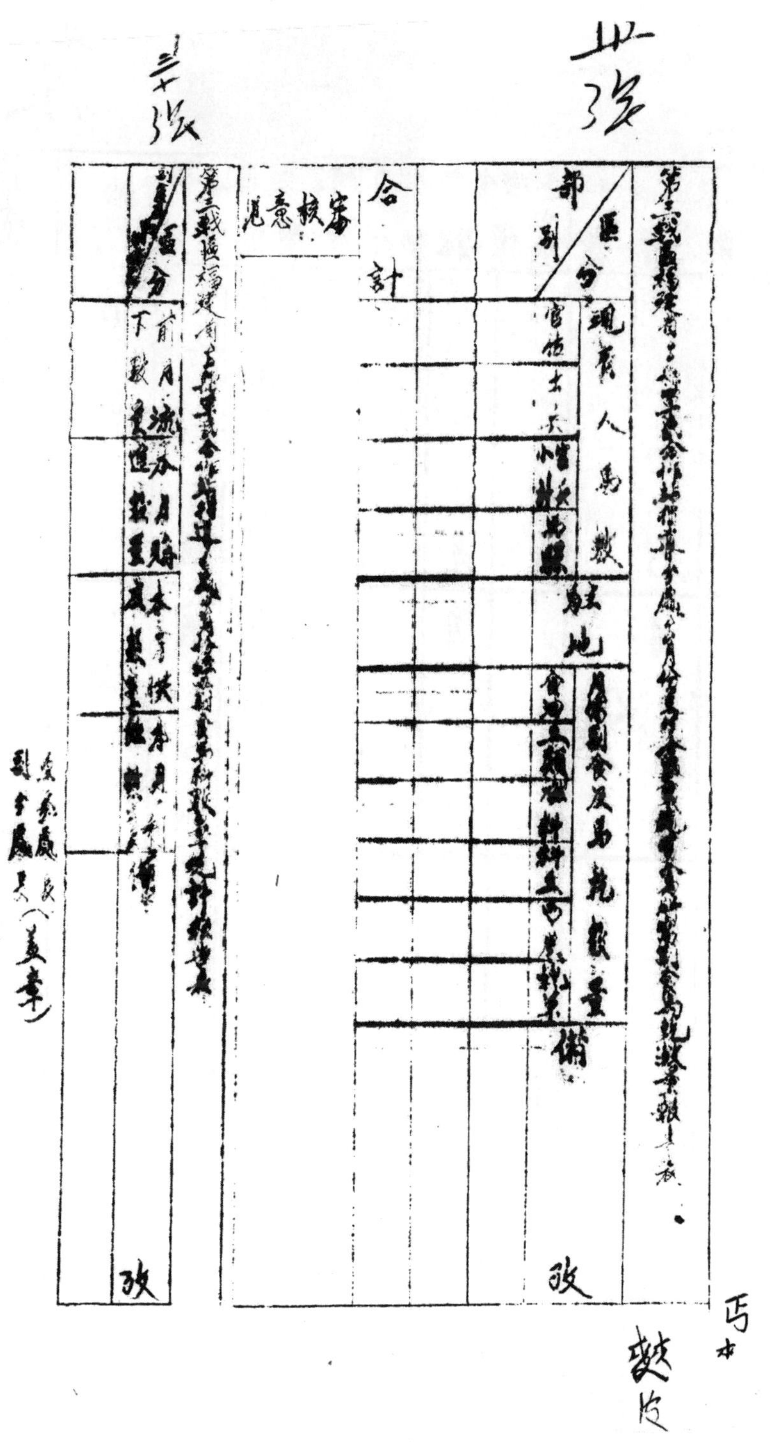

附件:第三战区福建省××县军民合作站指导分处×月份支付各部队现有人马所需副食马干数量报告表(1945年2月21日)b面　G137-001-0006

附件:第三战区福建省××县军民合作站指导分处×月份经办副食马料数量统计报告表(1945年2月21日)b面　G137-001-0006

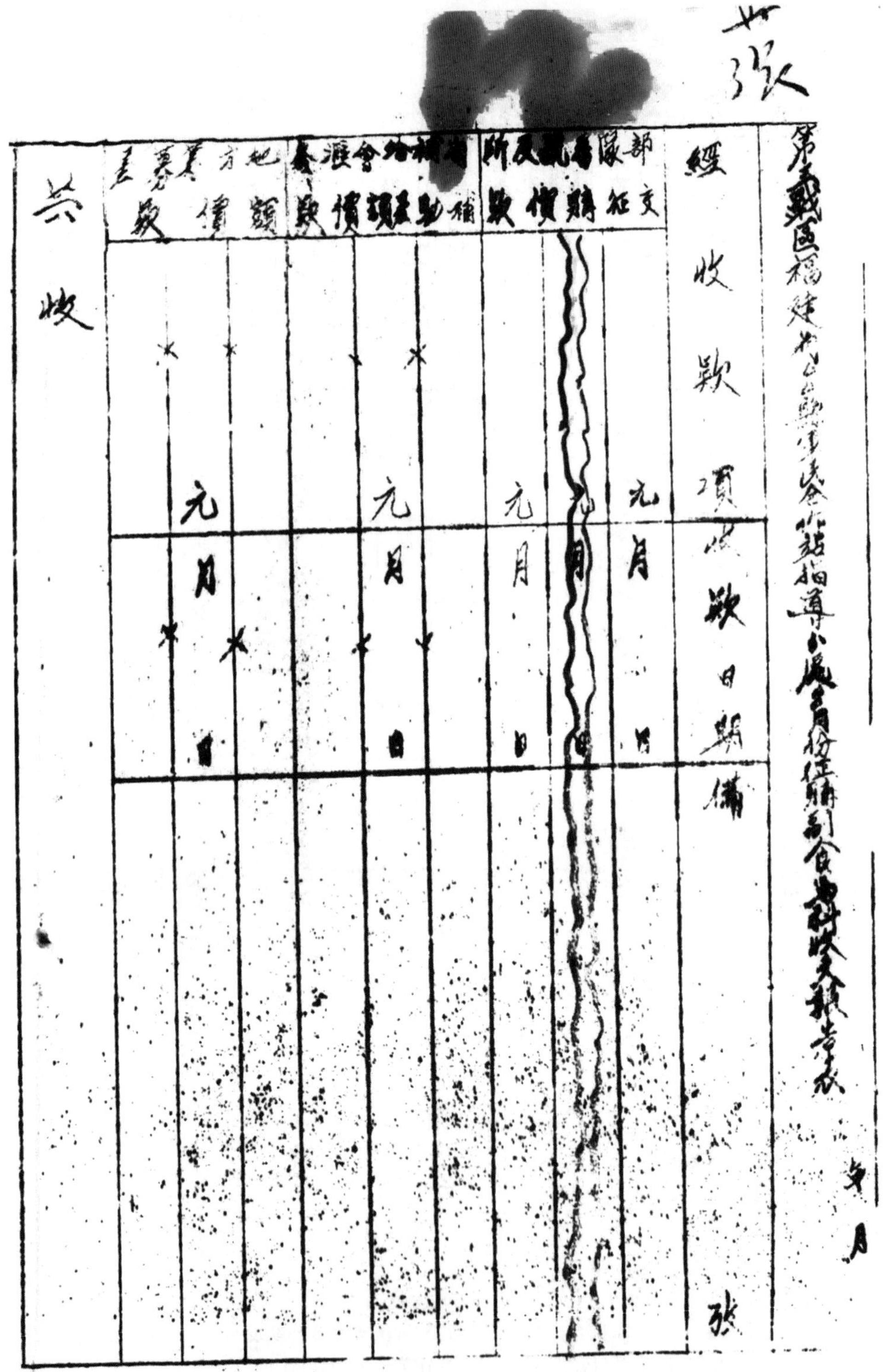

第三戰區福建省××縣軍民合作站指導分處×月份征購副食馬料收支報告表

年 月

張

經收款項 收款日期 備考

共收

九月 日

九月 日

九月 日

九月 日

附件:第三战区福建省××县军民合作站指导分处×月份征购副食马料收支报告表

(1945年2月21日)a面 G137-001-0006

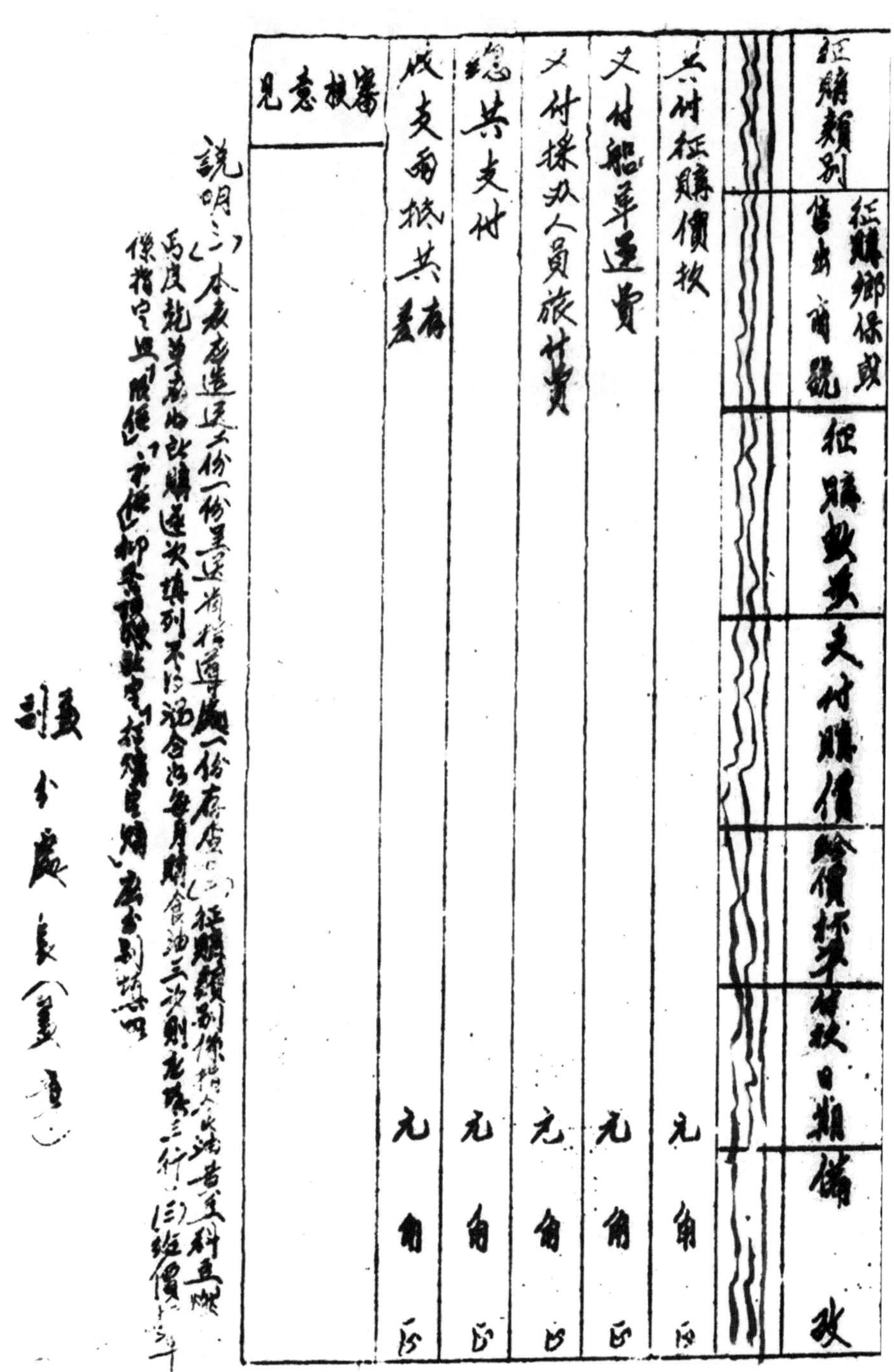

附件：第三战区福建省××县军民合作站指导分处×月份征购副食马料收支报告表

(1945年2月21日)b面　G137-001-0006

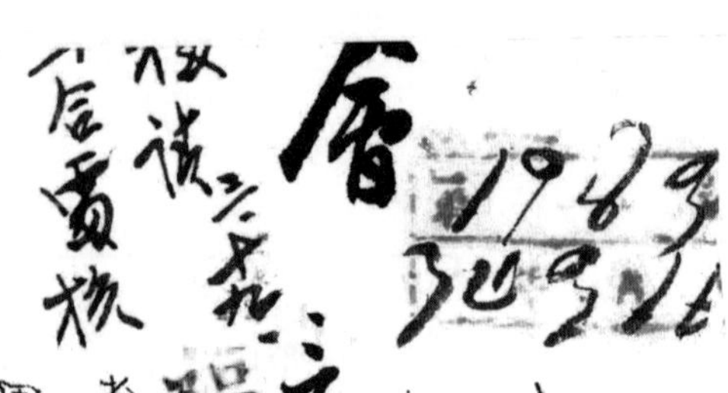

福建省政府代電

事由：電飭協助當地縣征委會充分準備辦理志願軍所需給養物品由

騰寅東會撥1179號

中華民國卅四年三月　日

縣政府查各縣（區）志願軍規定集中編組日期前經省征委會電飭各縣征委會遵照在案該縣所有集中志願軍及他縣經過志願軍所需主要給養品如食米猪肉蔬菜油鹽豆腐食糖醬油柴火等項應由該縣長切實協助當地縣征委會充分準備以便縣征委會備款購用萬勿疏忽除分電外合行電仰遵照為要省政府征總（　）印

福建省政府关于饬各县政府协助当地征委会充分准备办理志愿军所需给养物品的代电

（1945年3月1日）　G137-001-0003

274

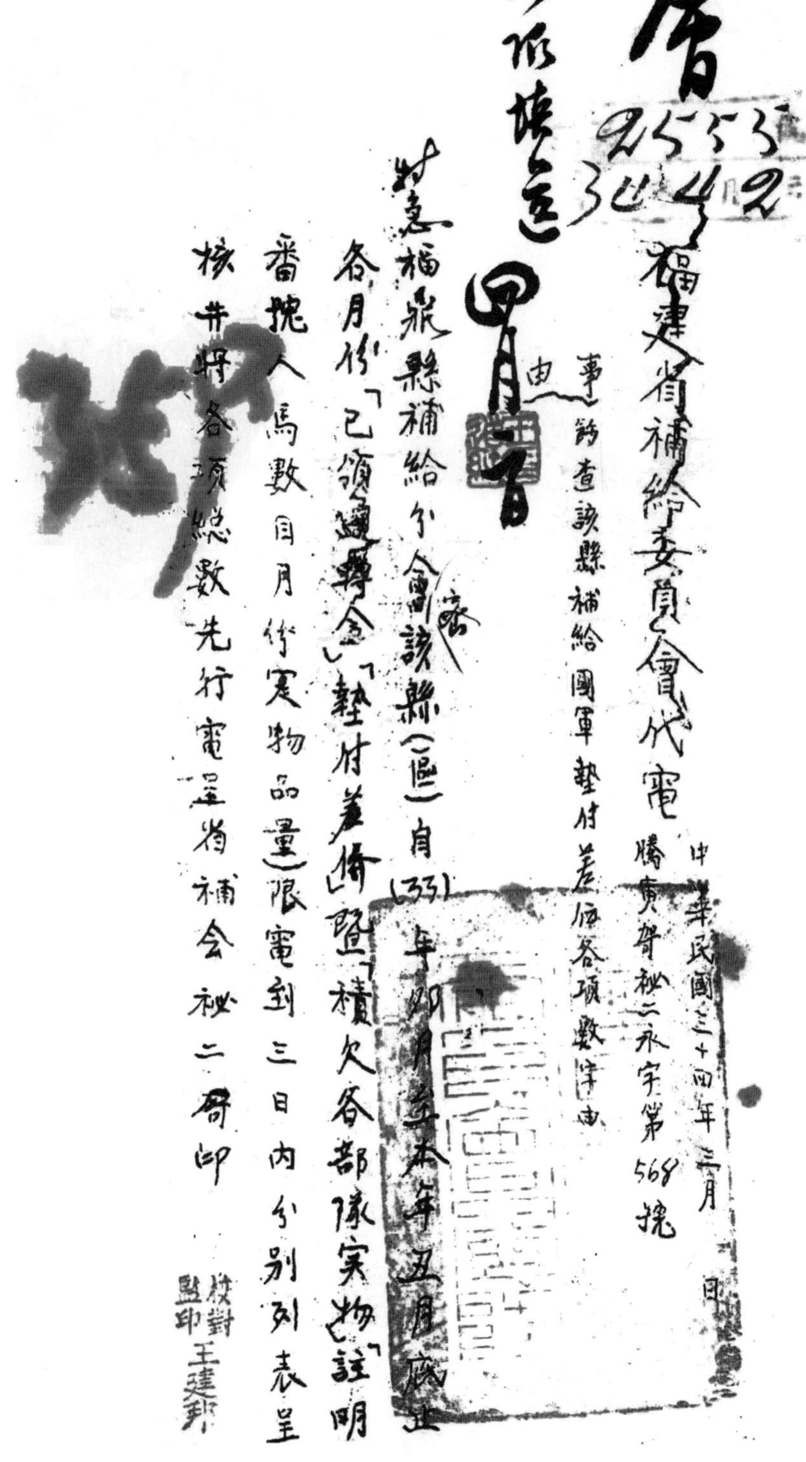

福建省補給委員會代電

中華民國三十四年三月　日

腾寅哿秘二永字第568號

事由：飭查該縣補給國軍墊付差價各項數字由

飭急福鼎縣補給分會該縣(區)自(33)年四月起本年五月底止各月份「已領遵奉令」「墊付差價暨」「積欠各部隊實物」註明番號人馬數目月份實物品量限電到三日內分別列表呈核並將各項總數先行電呈省補会秘二哿印

校對 王建邦
監印

福建省补给委员会关于饬查该县补给国军垫付差价各项数字的代电

（1945 年 3 月 20 日）　G137-001-0004

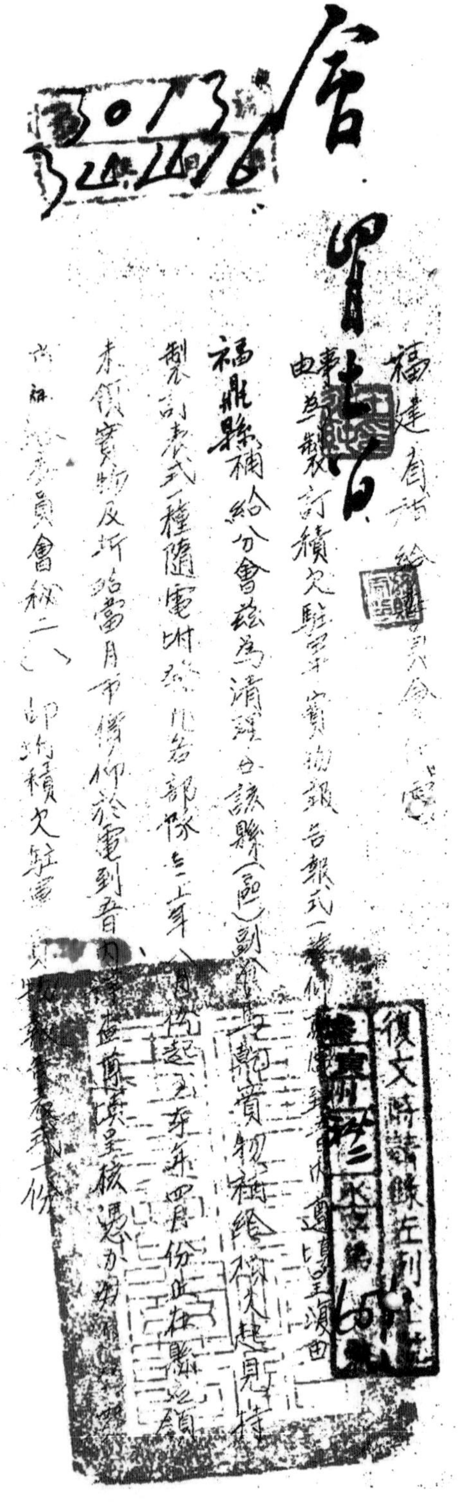

福建省補給委員會代電

事由：為製訂積欠駐軍實物報告報式一種仰於電到五日內遵照填呈復由

福鼎縣補給分會：茲為清理各該縣（區）[illegible]積欠駐軍實物補給，特規定製訂表式一種隨電附發，凡各部隊自三十二年[illegible]月份起至卅四年四月份止在縣所領未領實物及折發當月市價，仰於電到五日內[illegible]填呈核憑為要。[illegible]委員會秘二（卯）[illegible] 附積欠駐軍[illegible]表式一份

復文時請錄左列[illegible]

校對
監印 王建邦

福建省补给委员会关于制订积欠驻军实物报告报式一种并于电到五日内遵填呈复的代电

（1945年3月30日） G137-001-0004

276

361

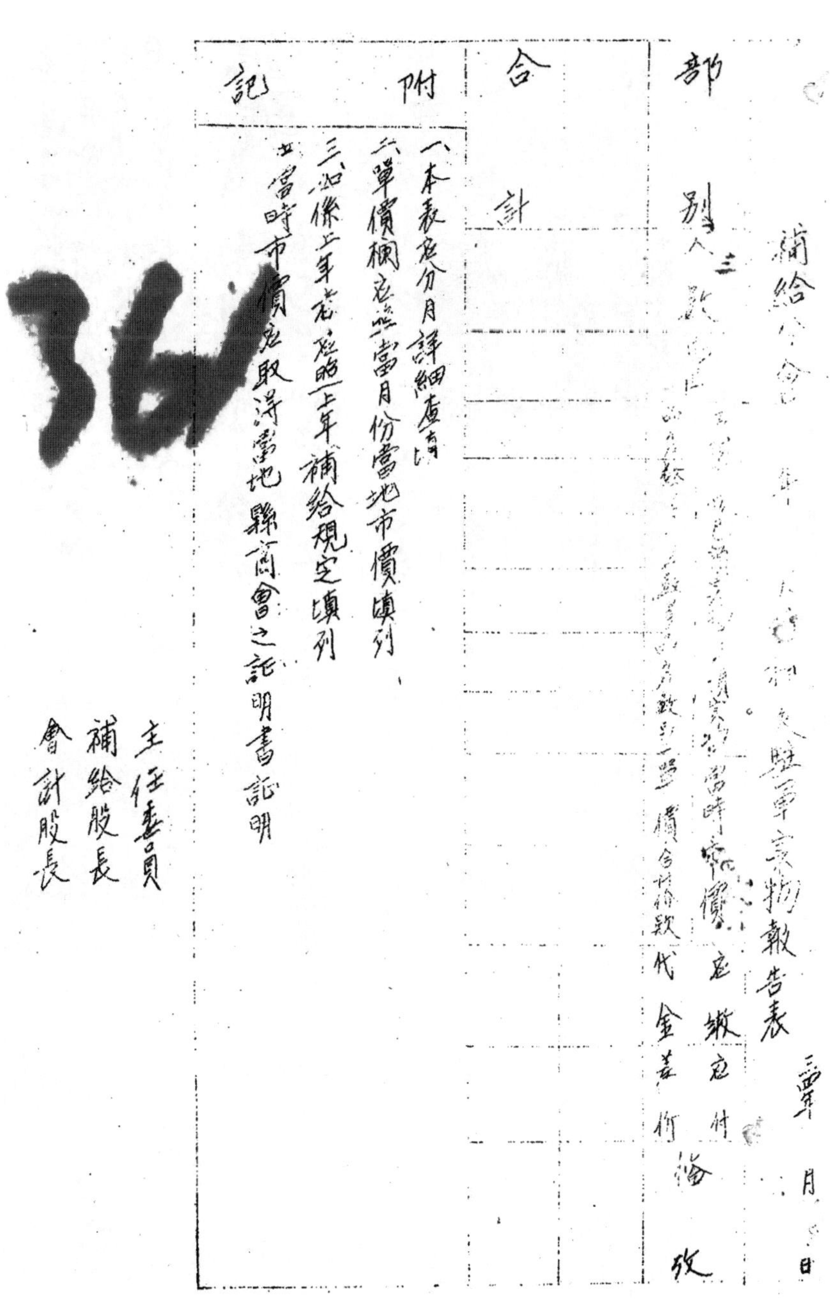

補給分會　年　月份積欠駐軍實物報告表　三十四年　月　日

部別	人數	當時市價	應繳應付	代金差價	備考
合計					

附記：
一、本表應分月詳細填寫
二、單價欄應照當月份當地市價填列
三、如係上年應照上年補給規定填列
四、當時市價應取得當地縣商會之証明書証明

主任委員
補給股長
會計股長

附件：××补给分会×年×月份积欠驻军实物报告表　三十四年×月×日

（1945 年 3 月 30 日）　G137-001-0004

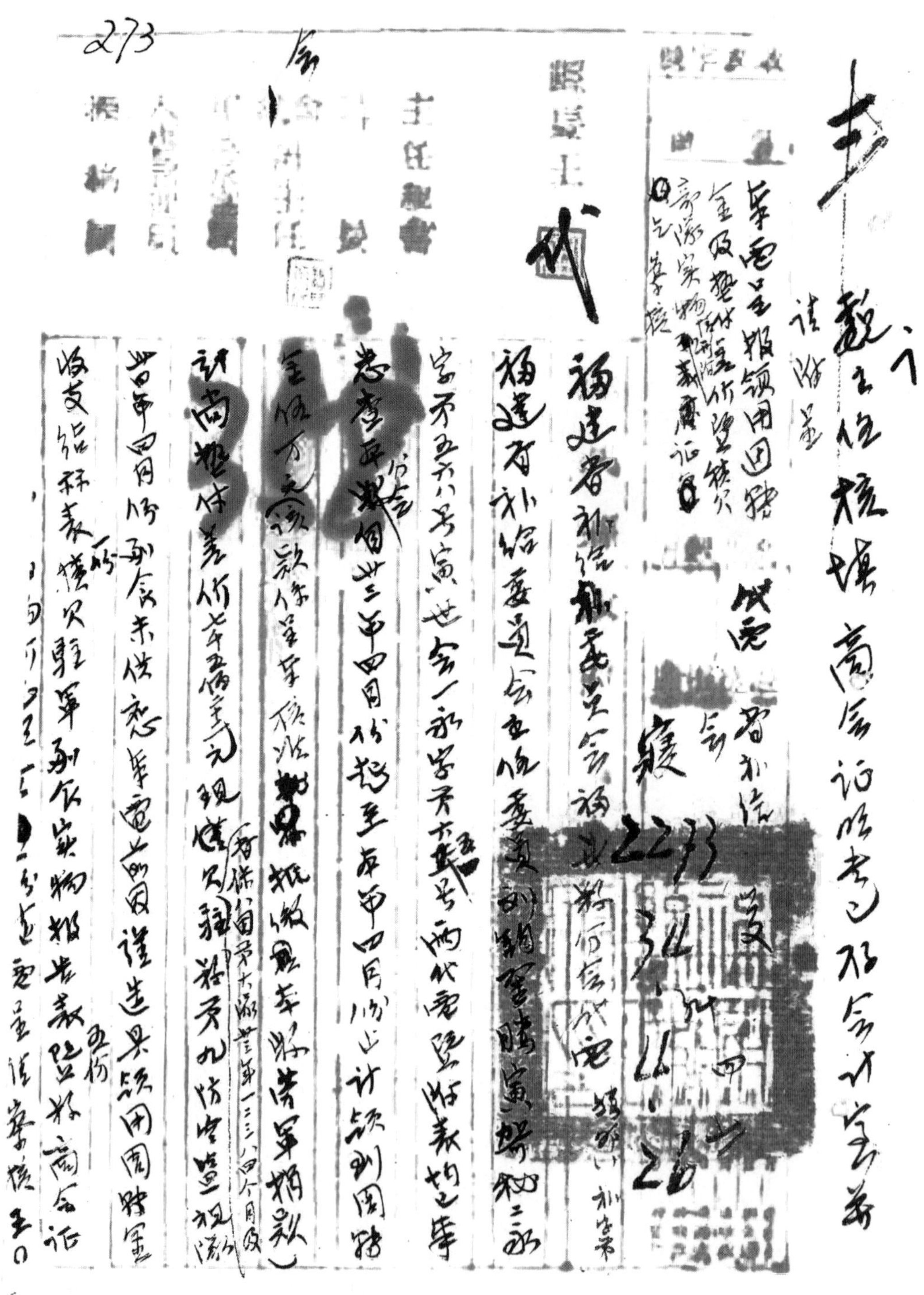

福建省补给委员会福鼎县分会关于报送领用周转金及垫付差价暨积欠部队实物情形附表证的代电

（1945 年 4 月 26 日）　G137-001-0004

278

福鼎縣補給分會領用週轉金收結算表

(甲)收入部門

週轉金來源	款数
奉准抵繳本縣勞軍捐款	五〇〇〇〇〇
合計	五〇〇〇〇〇

(乙)支付部門

支付月份 年	月	領用部隊番號	款數	發給差價數
33	4	福建省第九防空隊	六五二	
〃	〃	福建保安第八團第六隊	四八七一	
33	5	福建省第九防空隊	六五二	

附件:福鼎县补给分会领用周转金收结算表

(1945年4月26日)a面　G137-001-0004

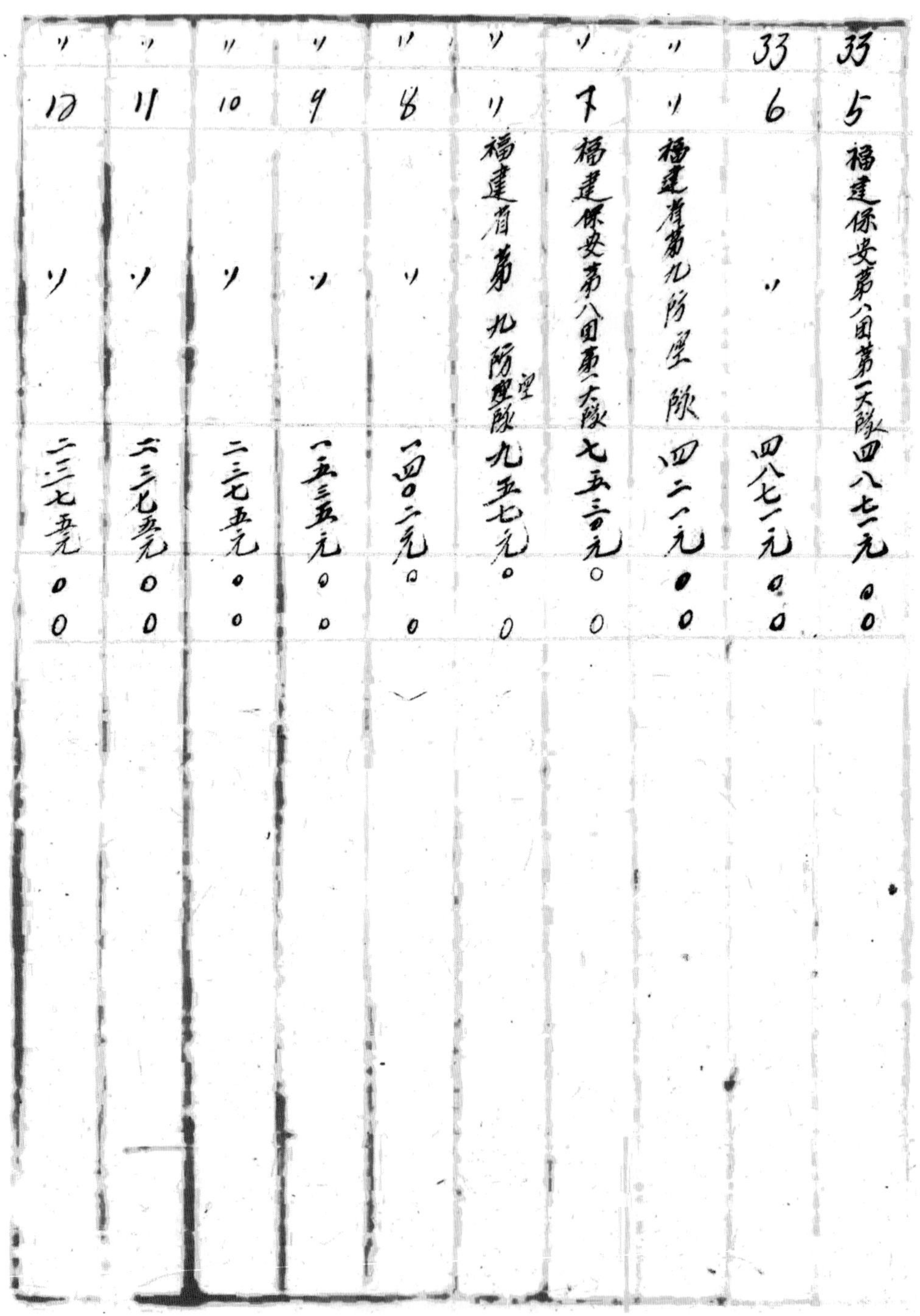

33	5	福建保安第八团第一大队	四八七一元	00
33	6	〃	四八七一元	00
〃	〃	福建省第九防空队	四二一元	00
〃	7	福建保安第八团第一大队	七五三元	00
〃	〃	福建省第九防空队	九五七元	00
〃	8	〃	一四〇二元	00
〃	9	〃	一五三五元	00
〃	10	〃	二三七五元	00
〃	11	〃	二三七五元	00
〃	12	〃	二三七五元	00

附件：福鼎县补给分会领用周转金收结算表

（1945年4月26日）b面　G137-001-0004

279

34	1	〃	二二七元○○	食盐（斗捆每斤作抵）
〃	2	〃	二九六○○	
〃	3	〃	一四三四○○	
合计			六○三四○○	

附

一、领来周转金国币伍万元

注

二、自卅三年四月份起至卅四年三月份止共付差价国币五七五三元

三、收支相比计垫付国币七五三元系在县应缴屠宰附收项下借用已逾请示

兼主任委员 王道纯

补给股长 陈历屏

会计股长 魏金鉴

附件：福鼎县补给分会领用周转金收结算表

（1945 年 4 月 26 日） G137-001-0004

数月份開缮寫

福鼎县补给分会卅四年（一）（二）（三）（八）月份积欠驻军实物报告表　卅四年　月　日

部队	人数	马匹	应领实物 品名	应领实物 数量	已领实物 品名	已领实物 数量	未领实物 品名	未领实物 数量	当时市价 单价	当时市价 价值总数	应缴代金	应付差价	备考
福建保安第一大队	卅二人	无	食油	[illegible]斤十两	无	无	食油	[illegible]斤十两	[illegible]元	[illegible]万元	无	[illegible]万元	缮改
			燃柴	三千斤	无	无	燃柴	三千斤	一元	三千元	无	三千元	
合计												[illegible]万元	
福建保安第二大队	卅二人	无	食油	[illegible]斤十两	无	无	食油	[illegible]斤十两	[illegible]元	[illegible]万元	无	[illegible]万元	
			燃柴	三千斤	无	无	燃柴	三千斤	一元	三千元	无	三千元	
合计												[illegible]万元	
福建保安第三大队	卅二人	无	食油	[illegible]斤十两	无	无	食油	[illegible]斤十两	卅元	[illegible]万元	无	[illegible]万元	
		无	燃柴	三千斤	无	无	燃柴	三千斤	一元	三千元	无	三千元	

附件：福鼎县补给分会三十四年一二三八月份积欠驻军实物报告表
(1945年4月26日)a面　G137-001-0004

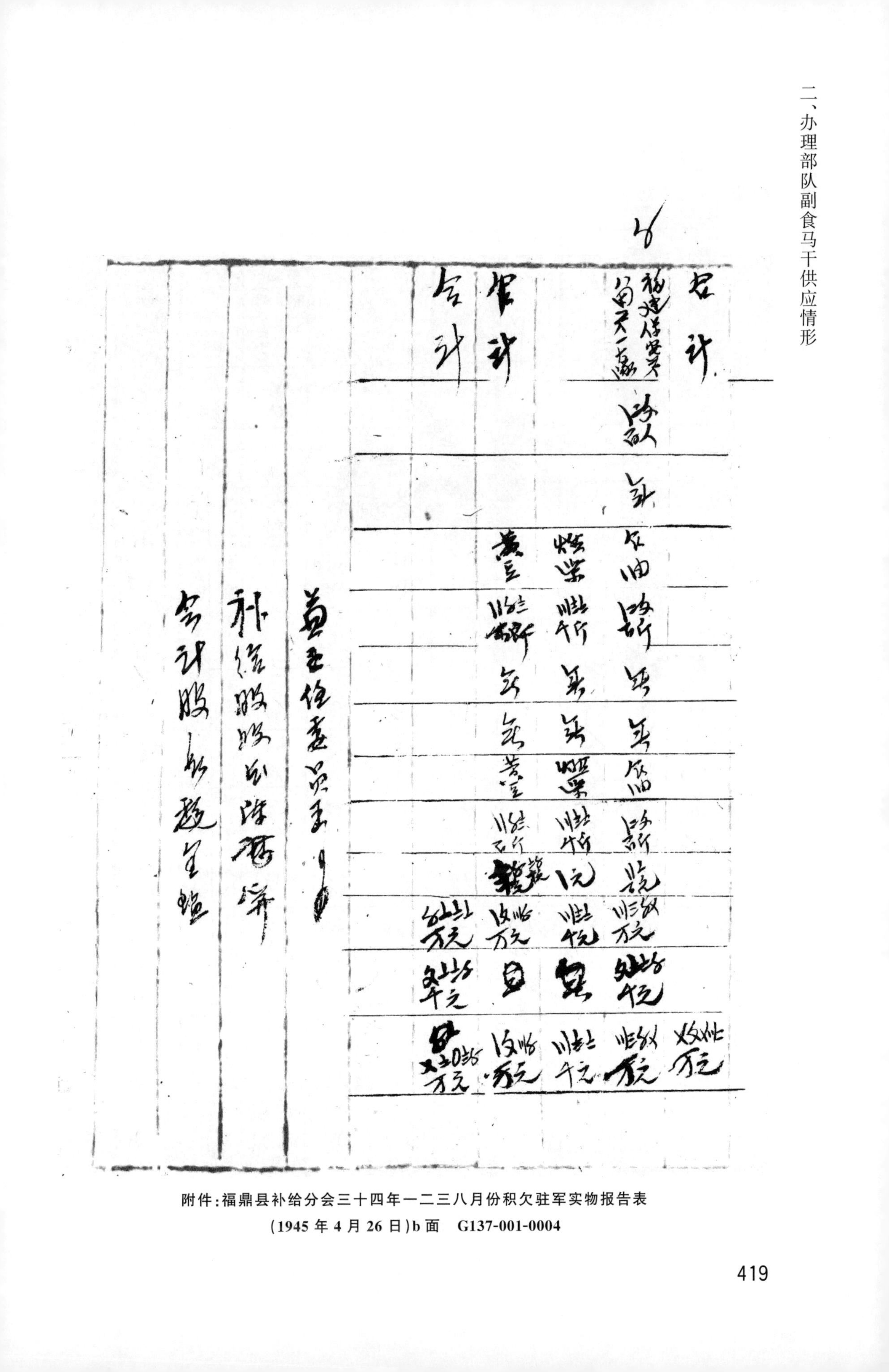

附件:福鼎县补给分会三十四年一二三八月份积欠驻军实物报告表

(1945 年 4 月 26 日)b 面　G137-001-0004

277

福鼎县补给分会卅四年四月份积欠驻军实物报告表　卅四年　月　日

部别	人数	马匹	应领实物 品名	应领实物 数量	已领实物 品名	已领实物 数量	未领实物 品名	未领实物 数量	当时市价 单价	当时市价 合计价款	应缴代金	应付差价
福建省第十九防空监视队	[illegible]	无	燃料	[illegible]	无		燃料	[illegible]	[illegible]	[illegible]	[illegible]	[illegible]
			猪肉	[illegible]	无		猪肉	[illegible]	[illegible]	[illegible]		
			黄豆	[illegible]	无		黄豆	[illegible]	[illegible]	[illegible]		
			食盐	[illegible]	无		食盐	[illegible]	[illegible]	[illegible]		
合计										[illegible]	[illegible]	[illegible]

备考：附粘商会证明一纸

主任委员　王〇〇
补给股股长　张〇〇
会计股股长　[illegible]〇〇

362

附件：福鼎县补给分会三十四年四月份积欠驻军实物报告表
（1945年4月26日）　G137-001-0004

3022　34.7.2　会

福建省補給委員會代電

事由：據呈送積欠駐軍實物報告表核復知照由

福鼎縣補給分會覽：卯寢動補二二七三號代電暨附件均悉。保八團一大隊卅三年一二三月份副食實物過時已久，未便補發，經明令文電飭遵在案。至保八團一大隊卅三年八月份(128)人、陸軍防空監視隊卅四年四月份(23)人，塗照該縣上年八月份當時市價折合代金，並照本年補發實物數需差價，仰核據報核核還。惟不得截用屠宰附加稅，仰遵照。省補委會二皓印

福建省补给委员会关于报送积欠驻军实物报告表核复的代电

(1945年6月19日)　G137-001-0004

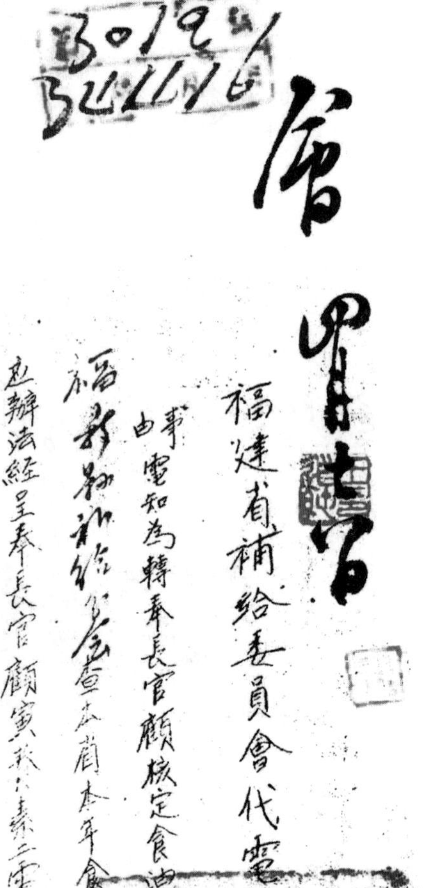

福建省補給委員會代電

事由：電知為轉奉長官顧核定食油缺乏時得暫以猪肉一斤半代替供應由

福新勒補給分會：查本省本年食油缺乏，關於駐軍副食實物代替供應辦法經呈奉長官顧寅養素二電核定：食油缺乏時得暫以猪肉一斤半代替供食油，嗣購到時仍以採用食油為宜。除飭駐軍知照外，特復。等因。除分電外，特電遵照。省補委會二永寅 卯印

福建省补给委员会关于转奉长官顾寅养素二电核定食油缺乏时得暂以猪肉一斤半代替供应的代电

（1945 年 3 月 31 日）　G137-001-0004

271

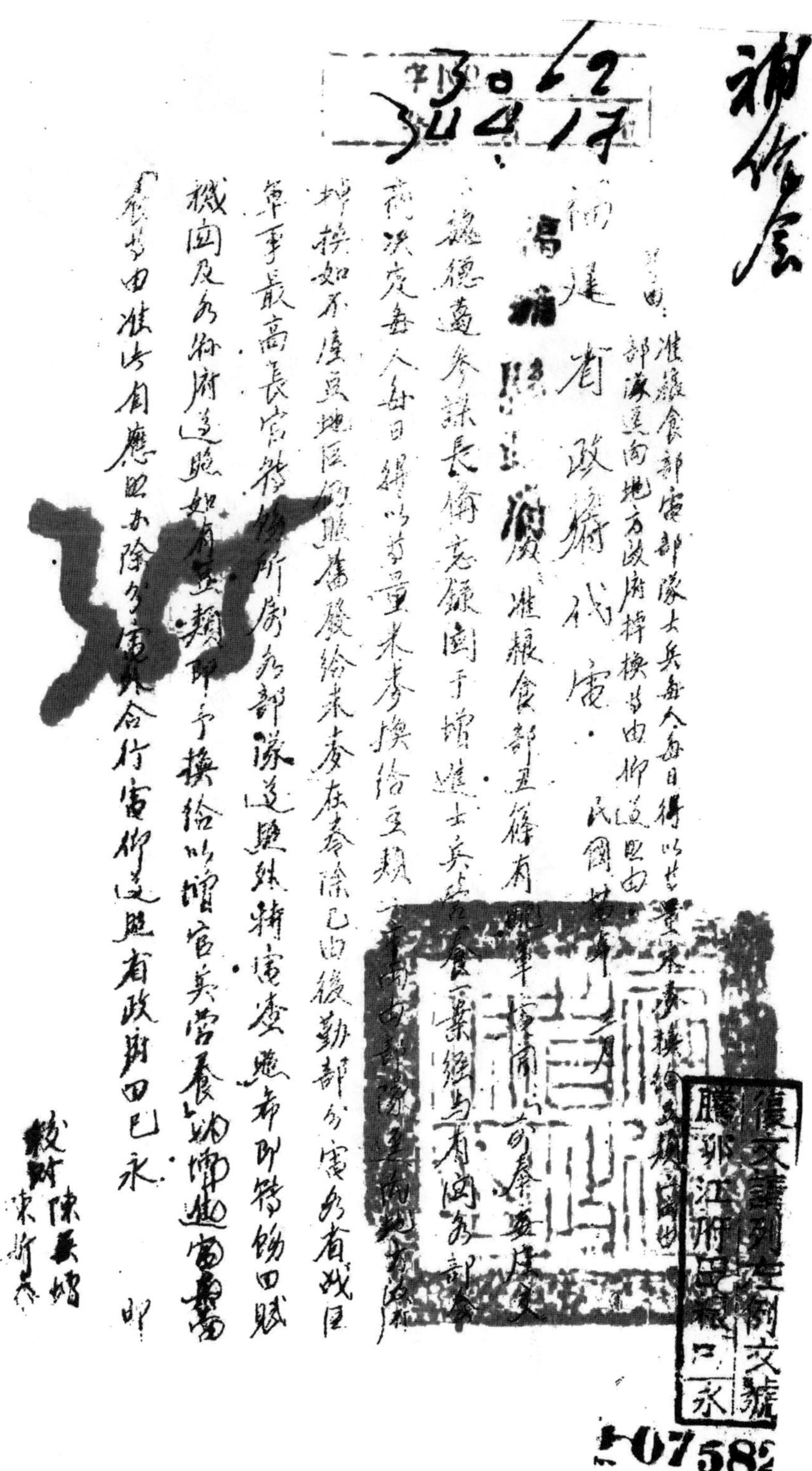

事由：准糧食部電部隊士兵每人每日得以等量米麥換給豆類由部隊逕向地方政府掉換由仰遵照由

福建省政府代電

民國卅四年四月 日

[illegible]准糧食部丑[illegible]電開：[illegible]魏德邁參謀長備忘錄關于增進士兵營養[illegible]決定每人每日得以等量米麥換給豆類[illegible]由部隊逕向地方政府掉換如不產豆地區仍照舊發給米麥在案除已由後勤部分電各省戰區軍事最高長官轉飭所屬各部隊遵照外特電查照希即轉飭田賦機關及各縣府遵照如有豆類即予換給以增官兵營養為盼等由准此自應照辦除分電外合行電仰遵照

省政府田巳永

校對 陳[illegible]

復文請列文號 田巳永

07582

福建省政府关于准粮食部电部队士兵每人每天得以等量米麦换给豆类由部队径向地方政府调换的代电(1945 年 4 月 3 日)　G137-001-0004

福建省補給委員會代電 補[illegible]字第七[illegible]號

事由：為食油應儘量供應植物油仰遵照由

中華民國卅四年四月 日

福鼎縣補給分會：時准七十軍陳軍長、第三補部東電節開：「近據各單位報稱：以毛猪肉一斤半代替食油一斤，似欠公允，且分配儲運亟感不便，擬請以米數配發」等由。查本省上年因植物油歉收，經呈奉長官顧核准，於植物油缺乏之時，得以猪油一斤或猪肉一斤半代替食油一斤，轉遵在案。除電復俟植物油可購到時，當飭照辦，並不得以毛猪肉一斤半折發外，特電遵照。省補委會秘一（ ）印

福建省补给委员会关于食油尽量供应植物油的代电

（1945年4月12日） G137-001-0004

福建省補給委員會代電

事由：為憲四團副食物照新給與規定由

福[illegible]縣補給分會案准憲兵第四團
代電開：頃奉憲兵司令部寅財寅號電開：奉軍政部寅刪代
電：兵站實物籌補不及，三月副食供據各地物價預算概數
由各單位商同地方政府暨補給委員會照新給與規定
量平價購買，四月起應由兵站供應實物等因，除
四月份副食費已於寅銑匯寄外，仰即遵照并將實施情形
隨時報核為要等因，奉此自應遵辦，除令飭所屬遵照辦理
外，用特電請貴會查照，轉飭各縣補給分會惠予協助購買
[illegible]為荷等由，查憲兵第四團自四月份起所需副食
實物既由兵站供應，各該分會三月所行補給，祗三月份代
購之副食實物除收回定額代金[illegible]元外，其餘差額價款應
[illegible]向所駐憲兵部隊洽領歸墊，除分電外，[illegible]
並[illegible]情形具報為要。省補委會秘一（ ）印

福建省补给委员会关于宪兵第四团三月份副食实物由各县补给分会协助平价购买，其差额价款应向所驻宪兵部队洽领归垫并将办理情形具报的代电（1945 年 4 月 11 日） G137-001-0003

326

會

福建省補給委員會代電

事由：為抄附食鹽雙聯借領格式一份仰遵照由

中華民國三十四年四月三十日

福新縣（區）補給分會：准保安縱隊司令部……代電

二一騰寅刪秘（永字第 532）號代電敬悉。茲規定各隊食鹽按月由本部按實人數應需鹽量出具正式雙聯借據交各隊持往駐地縣補給分會領食，附格式一份，隨電送請查照，仍煩轉知縣分會憑據發給為荷。等由附格式一份准此。茲隨電抄附雙聯借領格式一份，除縱隊司令本部暨一二四八九團特務第二大隊已受軍鹽公給不再墊借外，其餘該部縱隊司令部之各直屬隊（即工兵大隊、補充中隊、獨立中隊、野戰醫院、衛生隊、通訊第二大隊）所需食鹽准自本年四月份起憑據墊借，年終發給呈本會轉請負責歸還。除分電外，特電遵照。省補委會（一）卯印附雙聯借領格式一份

福建省补给委员会关于各队食盐按月持食盐双联借据往驻地补给分会领食并抄附双联借领格式的代电(1945 年 4 月 30 日)a 面　G137-001-0004

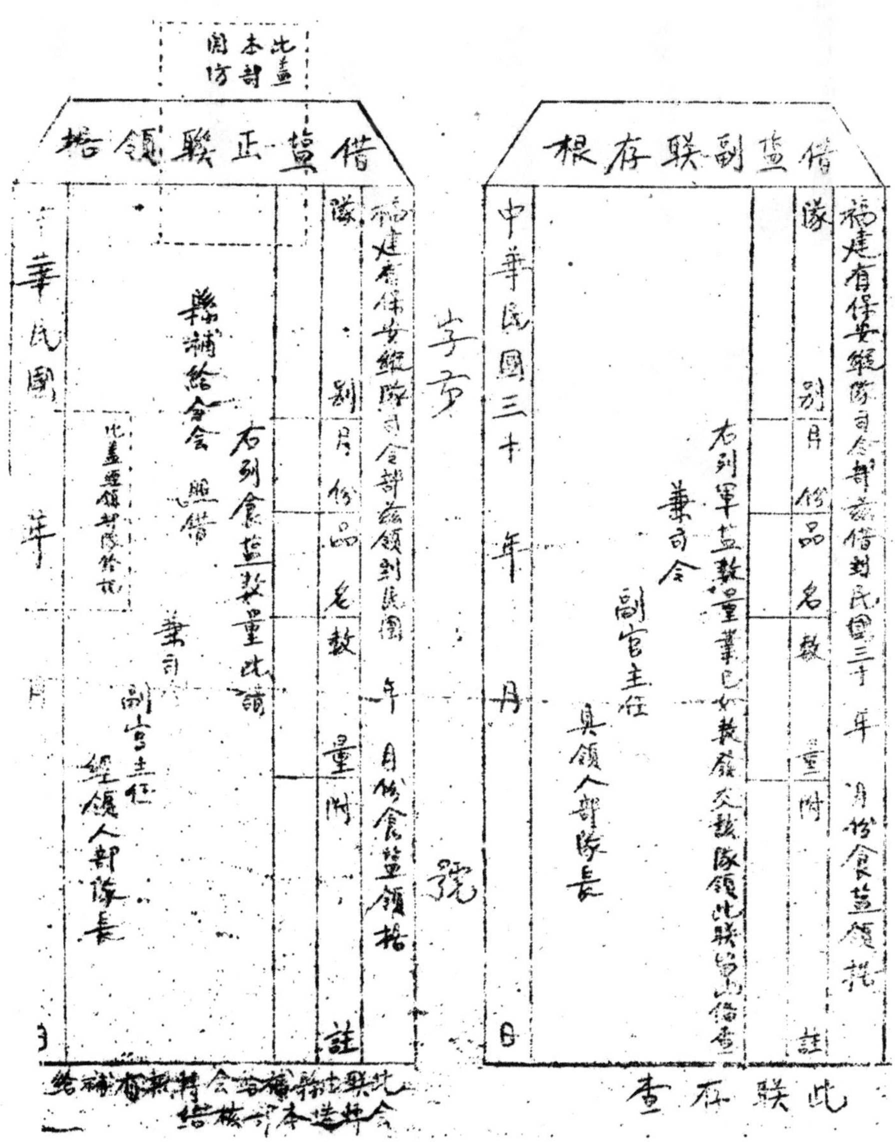

福建省补给委员会关于各队食盐按月持食盐双联借据往驻地补给分会领食并抄附双联借领格式的代电(1945 年 4 月 30 日)b 面　G137-001-0004

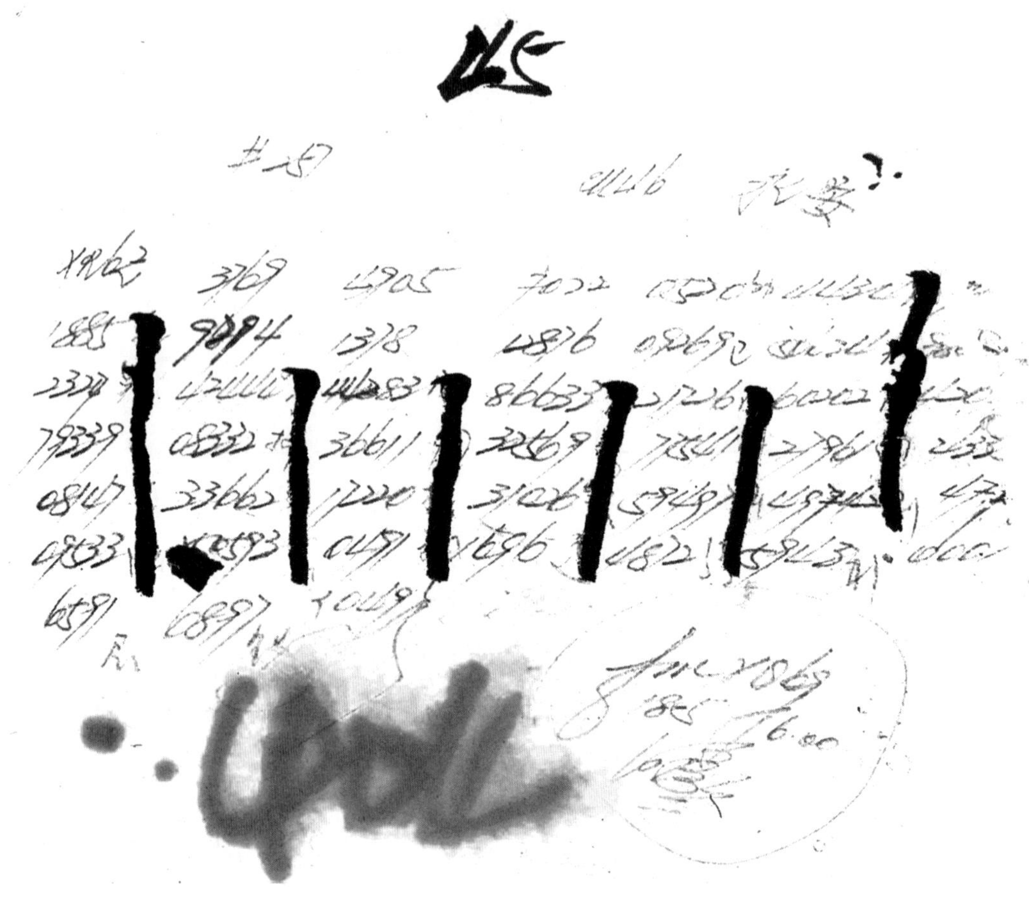

福建省补给委员会关于已征捐款应随征随解不得挪用的电报

（1945年5月16日）　G137-001-0004

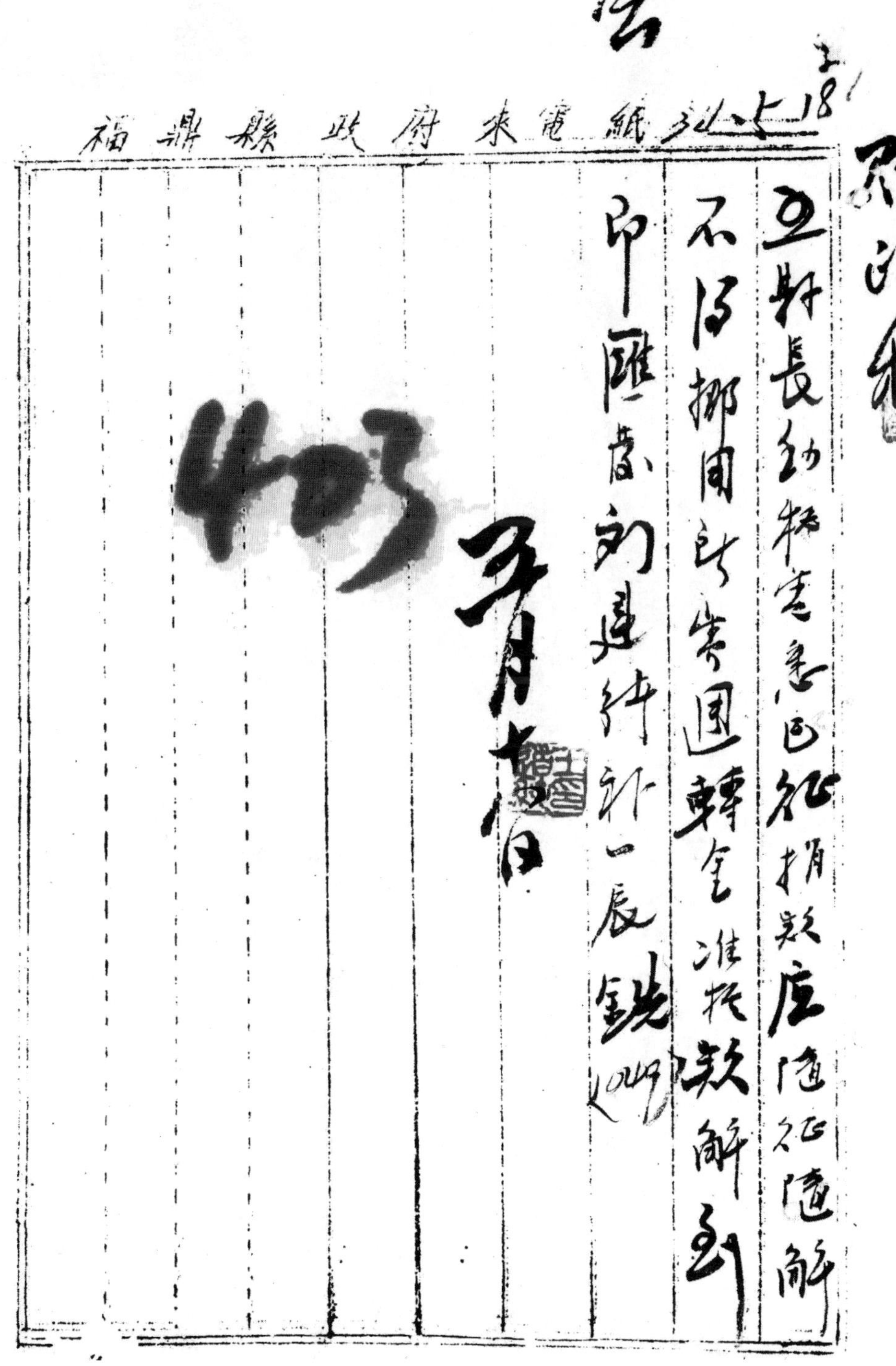
福鼎縣政府來電紙

福鼎县政府译福建省补给委员会关于已征捐款应随征随解不得挪用的电文

（1945 年 5 月 16 日） G137-001-0004

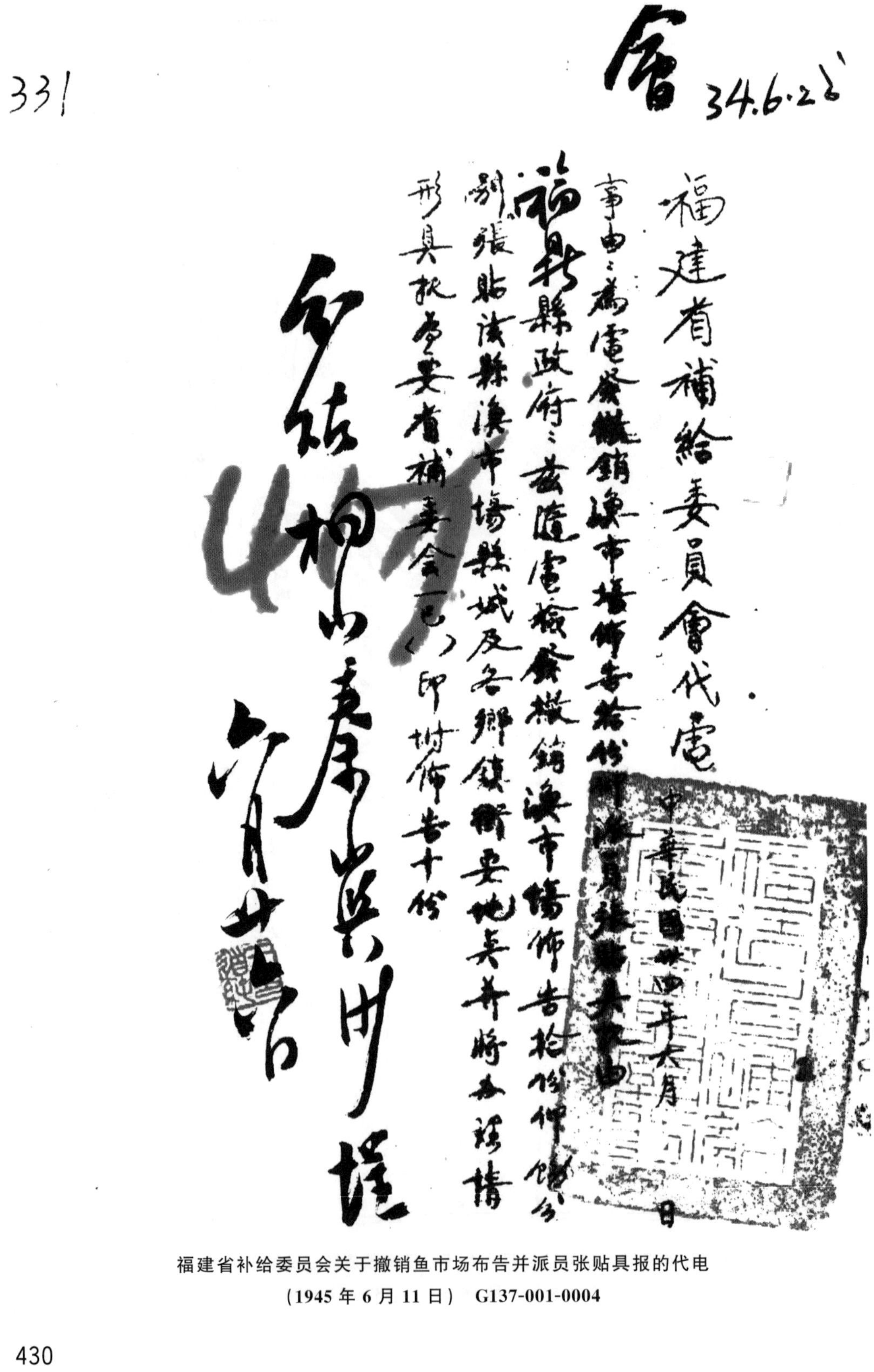

331

會 34.6.25

福建省補給委員會代電

事由：為電發撤銷漁市場佈告若份，希派員張貼具報由

中華民國卅四年六月　日

福鼎縣政府：茲隨電檢發撤銷漁市場佈告拾份，仰飭分別張貼該縣漁市場、縣城及各鄉鎮衙要地點，並將辦理情形具報為要。省補委會（巳）（ ）印附佈告十份

福建省补给委员会关于撤销鱼市场布告并派员张贴具报的代电

（1945年6月11日） G137-001-0004

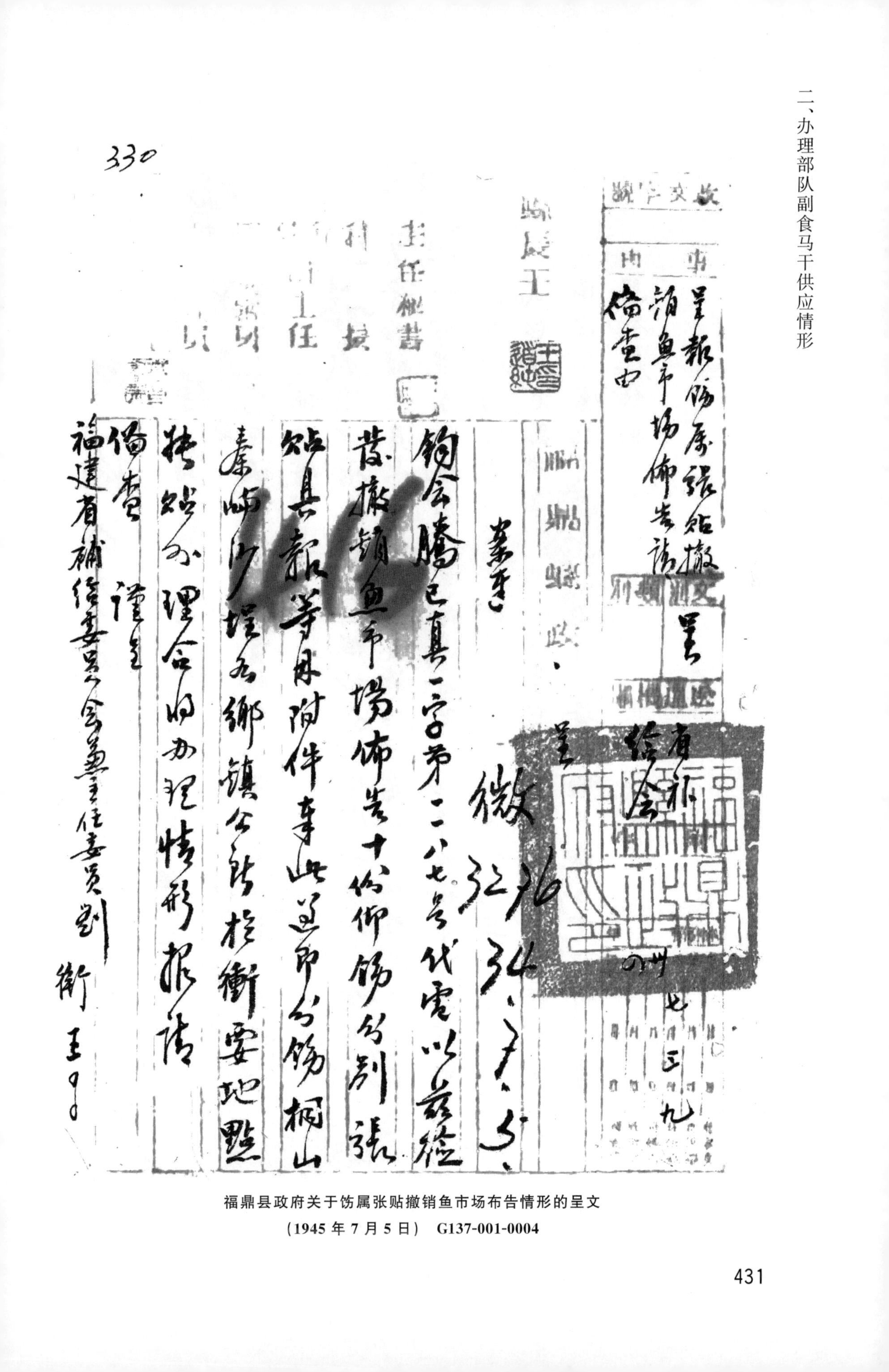

福鼎县政府关于饬属张贴撤销鱼市场布告情形的呈文

（1945 年 7 月 5 日）　G137-001-0004

福建省政府代電

事由：為省級團隊副乾實物自本年七月份起一律停止補給電仰遵照由

中華民國三十四年六月　日

膳巳給補一字第（1042）号

福鼎縣政府：關於省級保安防空官兵所需副食馬乾實物經六月七日本府委員談話會議定自本年七月份起一律照國軍通案由部隊逕派官長向當地按市價採購地方政府盡量予以協助調徵并不得以平價或其他變相方式向地方攤派各縣補給分會自七月份起停止補給各該團隊所需副食費并准由省預發一個月除分電外仰即遵照劉建緒補一巳（　）印

福建省政府关于省级团队副食马干实物自三十四年七月份起一律停止补给的代电

（1945 年 6 月 19 日）　G137-001-0004

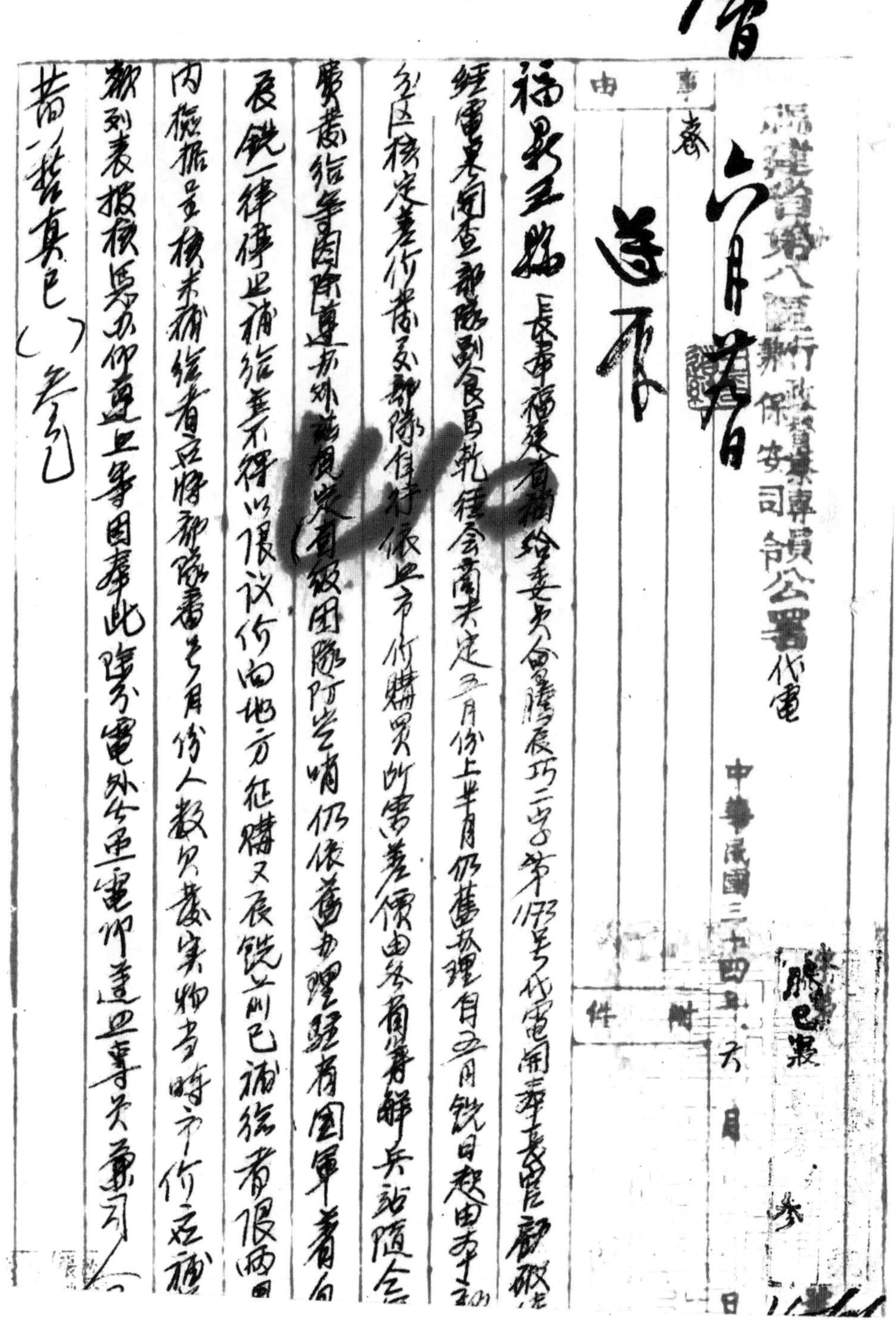

324

會

福建省第八區行政督察專員兼保安司令公署代電

事由

附件

中華民國三十四年六月　日

福安縣王縣長：奉福建省補給委員會勝辰巧二字第1173號代電開：奉長官顧

經電呈同意部隊副食馬乾經会商決定五月份上半月仍舊辦理，自五月銑日起由本省

分区核定差價，營及部隊得仍依照市價購買，所需差價由各府解兵站隨仝

發薪給等因，除遵辦外，茲規定省級團隊防守哨仍依舊辦理，駐省國軍者自

辰銑一律停止補給，並不得以限議價向地方征購，又辰銑以前已補給者限兩日

内根據至核未補給者應將部隊番号、月份、人數、實物、當時市價造

冊列表報核，馬乾仰遵照等因，奉此，除分電外，合亟電仰遵照為要。專員兼司

令黄哲真巳（　）參乙

福建省第八区行政督察专员兼保安司令公署关于部队副食马干自辰铣一律停止补给并不得以限议价向地方征购的代电(1945 年 6 月 26 日)　G137-001-0004

(四)供应驻县部队副食马干情形

1.保安第八团

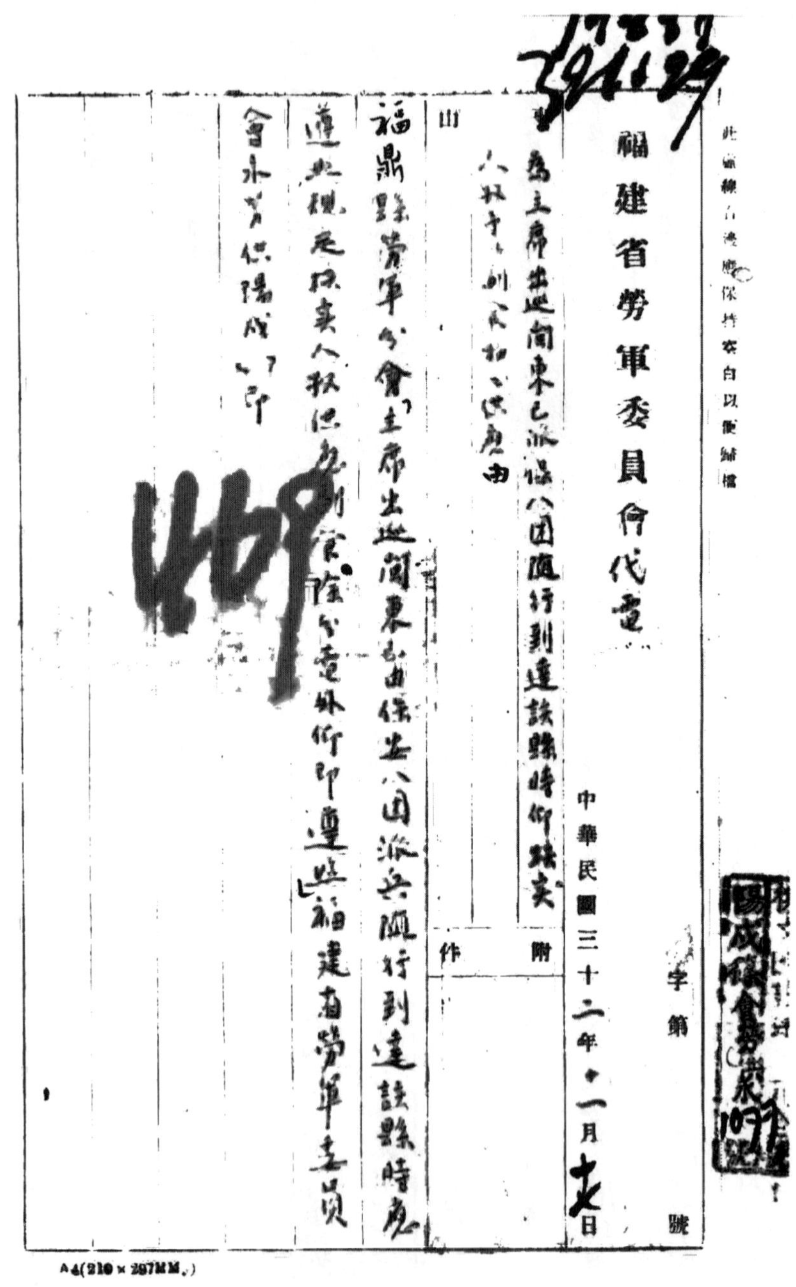

福建省劳军委员会代电

事由：为主席出巡闽东已派保八团随行到达该县时仰核实人数予以副食实物之供应由

福鼎县劳军分会：主席出巡闽东，已由保安八团派兵随行，到达该县时，应遵照规定，核实人数供应副食，除分电外，仰即遵照。福建省劳军委员会永劳供阳戌印

附件

中华民国三十二年十一月十七日

字第　号

A4(210×297MM.)

福建省劳军委员会关于主席出巡闽东已派保八团随行到达该县时核实人数予以副食实物之供应的代电(1943年11月17日)　G137-001-0005

案准

福鼎县保安第八团公函开：

「迳启者：本团第一大队截至十一月底止在贵县所借军米若干、借款若干，请分别「经领人」「数目」「时间」列表于十二月五日以前寄本部查对，并由本部负责发还，以清手续。十二月份起军粮所需马干副食费该大队部会计经费处所元，各中队每月各计元，统由大队长出条具领，请将是项借粮借款之借据于下月五日以前寄交本部，以便发还（现当有领付粮道而无部队移动及其他关系，致迟延发还之误），相应函请查照办理为荷」。

公函

汤玄

中华民国三十二年

福鼎县政府关于保八团驻县期间给养副食费由县军民合作站指导分处照规定手续供应办理的公函

(1943 年 12 月)a 面　G137-001-0006

等由准此。查保八团张营长刺（刺）照所需粮食给养先发奉

贵处饬暂行垫拨在案，除自十一月廿四日起至十一月廿一日止副食费数目已列单报付单据（在乡镇直接发应部份未取单据）由本县长亲赴解刻会之便，备函送该团部照收

过账外，至十一月廿一日以后给养费部份，除函请驻本县张大队长直接向

贵处照规定手续供应外，相应函请

贵处查照办理。

此致

县军民合作指导处

县长　王道纯

福鼎县十二月廿三日

福鼎县政府关于保八团驻县期间给养副食费由县军民合作站指导分处照规定手续供应办理的公函（1943年12月）b面　G137-001-0006

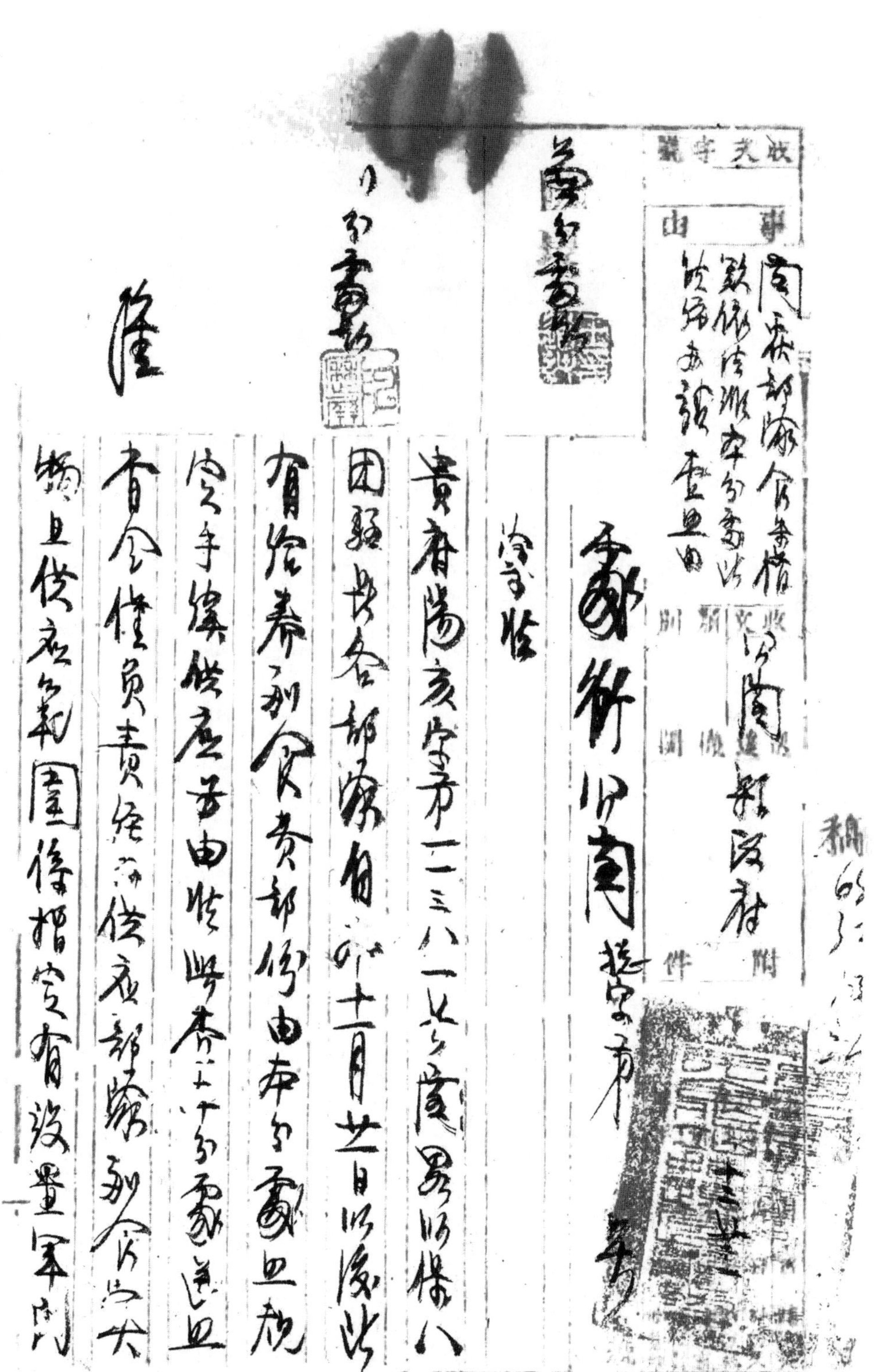

第三战区福建省福鼎县军民合作站指导分处关于部队食米借款依法非本分处所能经办的复函

（1943 年 12 月 31 日） G137-001-0006

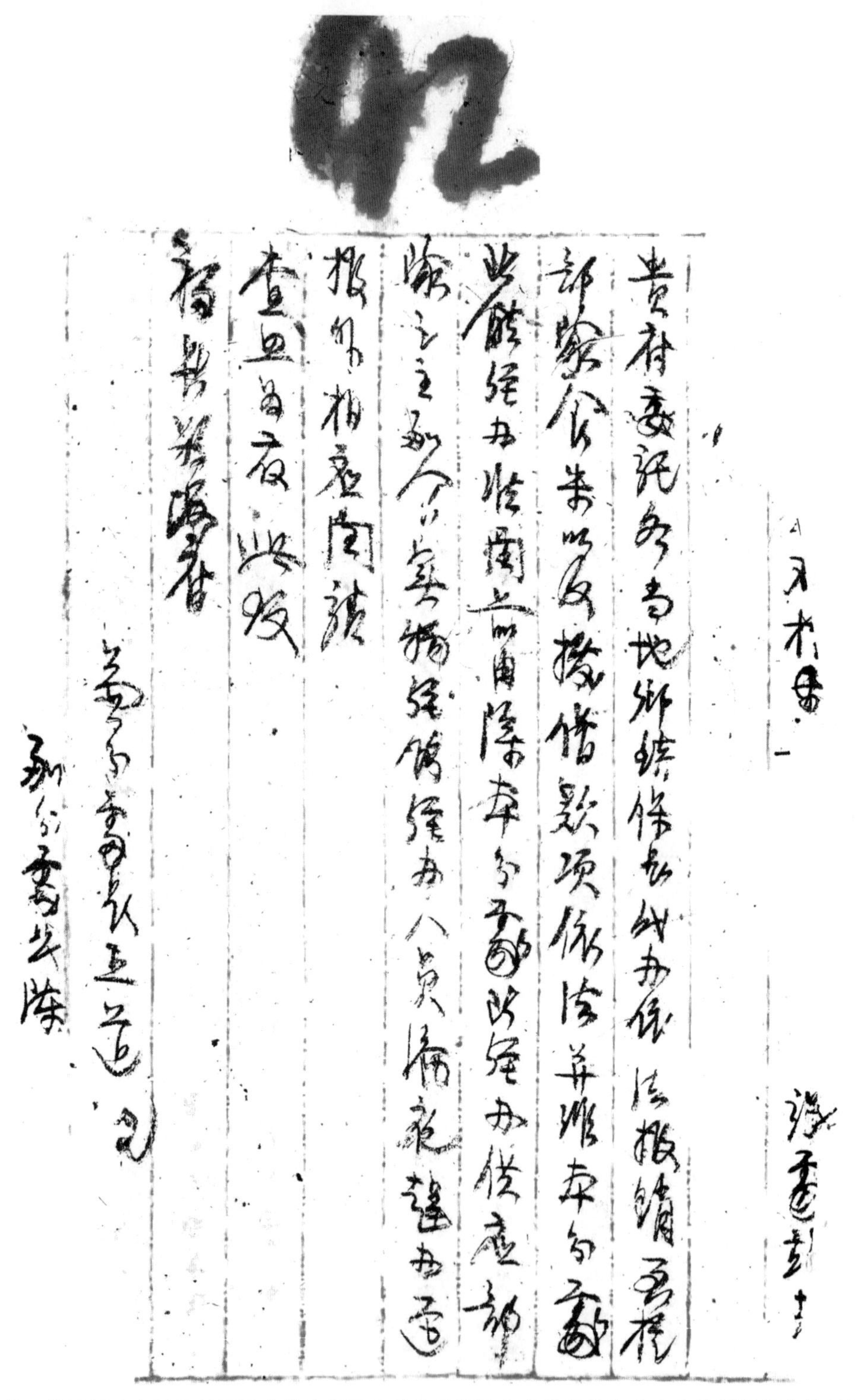

第三战区福建省福鼎县军民合作站指导分处关于部队食米借款依法非本分处所能经办的复函

（1943 年 12 月 31 日）　G137-001-0006

福鼎縣政府代電

宴子刪 府粮 034

檢副食費單据電請直接辦理由

軍民合作指導處鑒案准保安第八團團本部鵬需俊字第(014)號代電略以貴府陽戌馬財字第(1030)號公函稱本部第一大隊駐貴縣埶付軍粮及給養等情除十月廿九日起至十一月四日止在縣城計七天領食米壹仟伍佰弍拾市斤(附該大隊借据六紙)查該粮所有借据六紙已寄存本部移扣外其餘所送各單据均無正式收据無法移扣請貴府通知張大隊長及經理人員將各月份一切借粮及借款等數當面結算掉換正式領据再由貴府彙集該領据寄交福安本部移扣等由准此查該大隊所需經費業照團部規定向本府具借前項臨時副食費單据拾伍紙計國幣九百六十二元三角四分電請貴處直接依照規定手續收回代欵為荷縣長王道純(0113)附收据壹拾伍紙

福鼎县政府关于请福鼎县军民合作站指导分处检具保八团副食单依照规定收回代垫款直接办理的代电(1944 年 1 月 15 日)　G137-001-0002

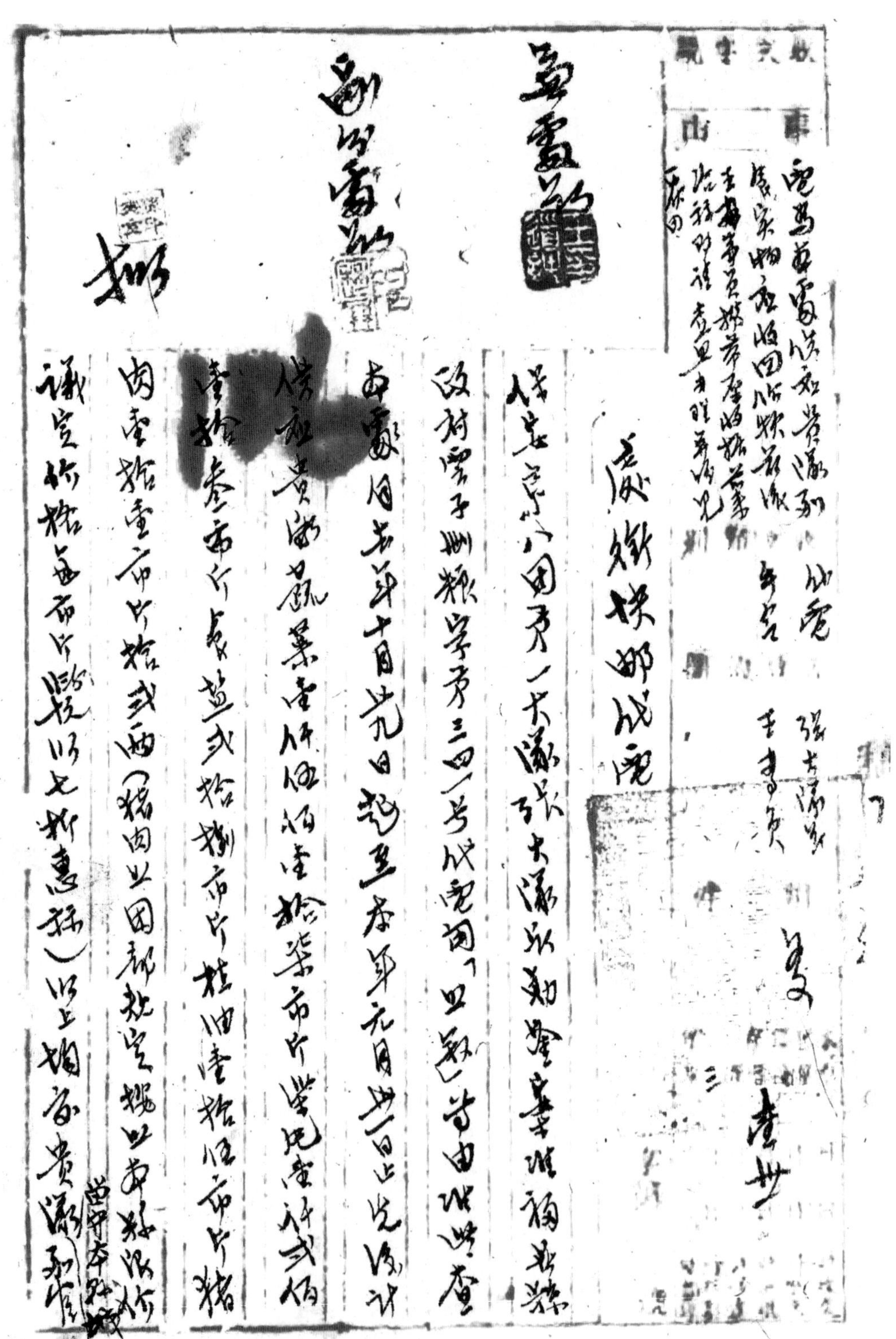

第三战区福建省福鼎县军民合作站指导分处关于本处供应保八团第一大队副食实物应收回价款兹派王办事员携带原收据前来洽算的快邮代电(1944 年 1 月 31 日)　G137-001-0001

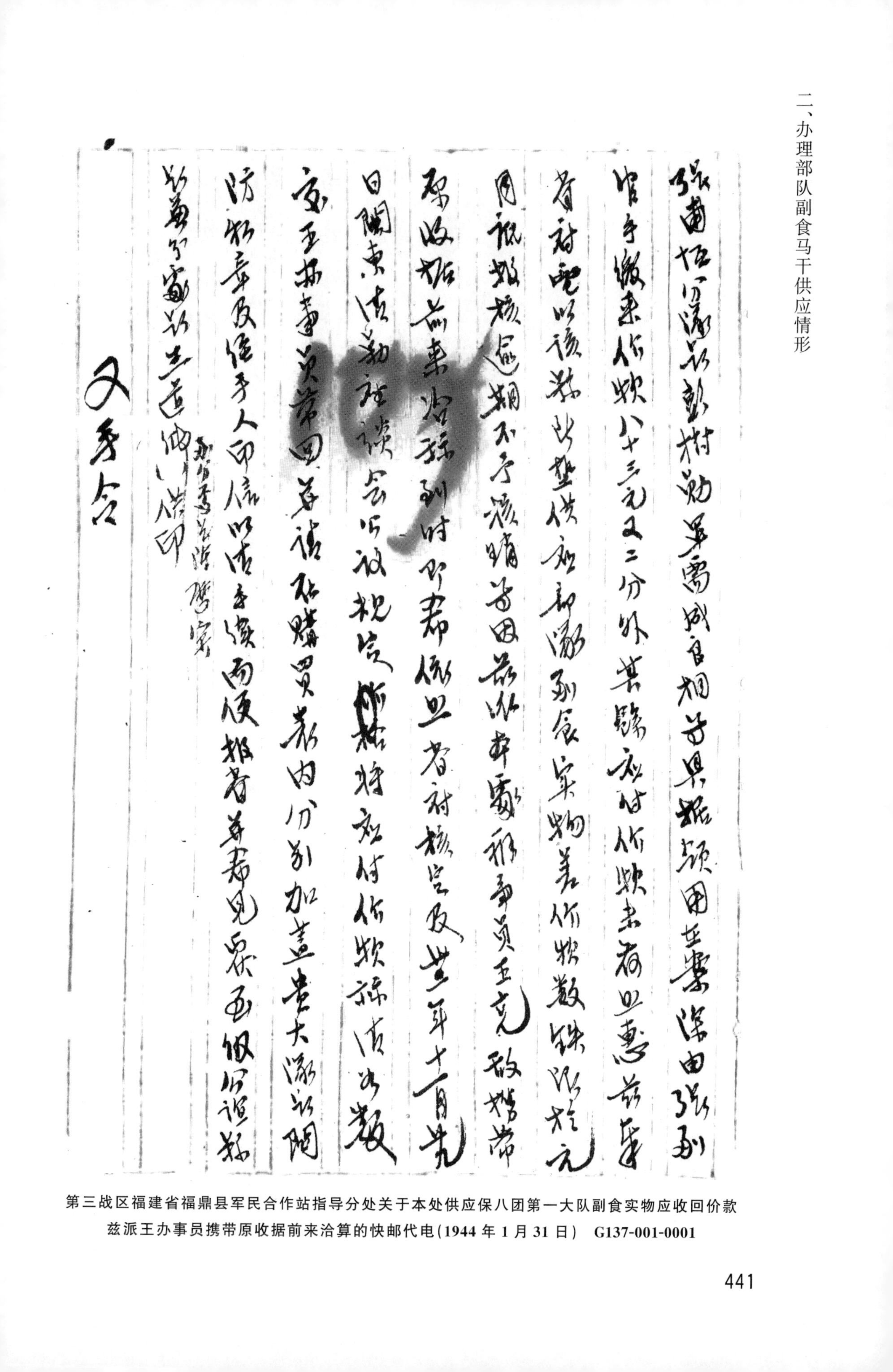

第三战区福建省福鼎县军民合作站指导分处关于本处供应保八团第一大队副食实物应收回价款兹派王办事员携带原收据前来洽算的快邮代电(1944 年 1 月 31 日)　G137-001-0001

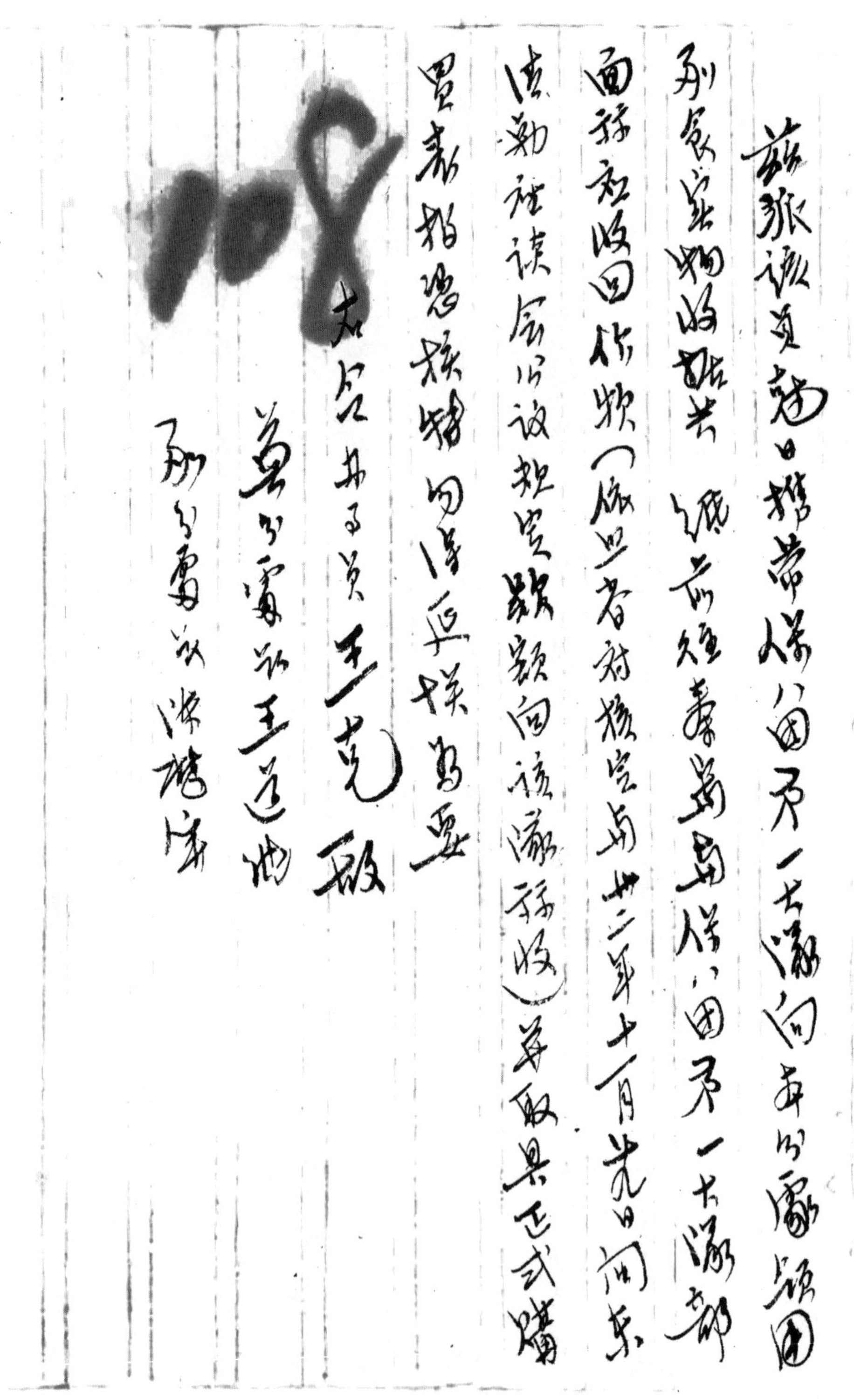

兹派该员前日携带保八团第一大队向本分处领用
列食盐物收据一纸前往[illegible]保八团第一大队部
面算应收回价款（依照省府核定卅二年十一月[illegible]向东
浦勤社该会所议定数额向该队算收）并取具正式购
买表报送核转勿得延误为要
右令　办事员王克敌
兼分处主任王道[illegible]
副主任　陈[illegible]

第三战区福建省福鼎县军民合作站指导分处关于派办事员王克敌携据与保八团面算应收回价款并取具正式购买表的手令(1944 年 1 月 31 日)　G137-001-0001

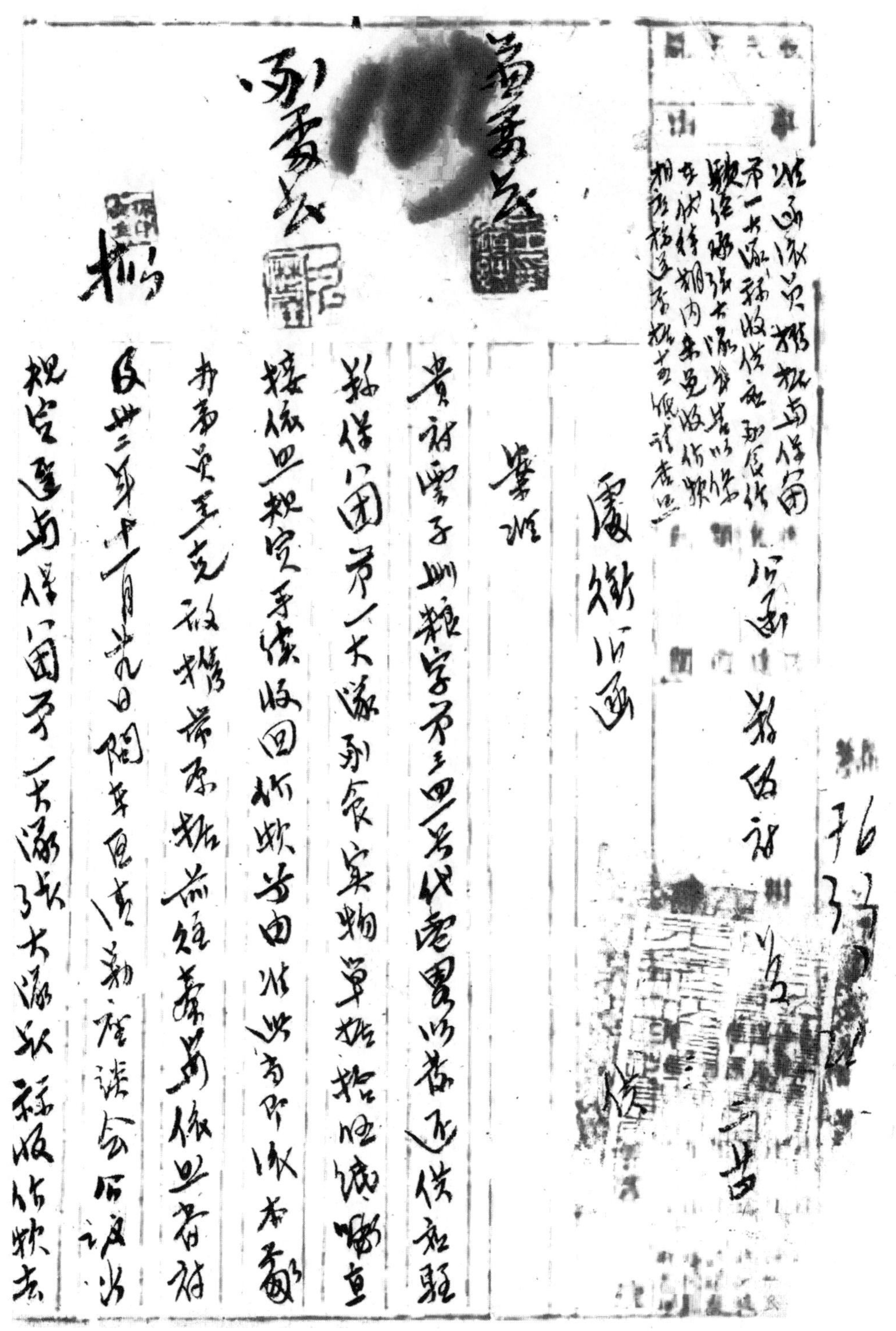

第三战区福建省福鼎县军民合作站指导分处关于本处派员携据与保八团第一大队算收供应副食价款承张大队长告以系在优待期内应免收价款相应检送原据十五纸请查照的公函

（1944 年 2 月 24 日） G137-001-0001

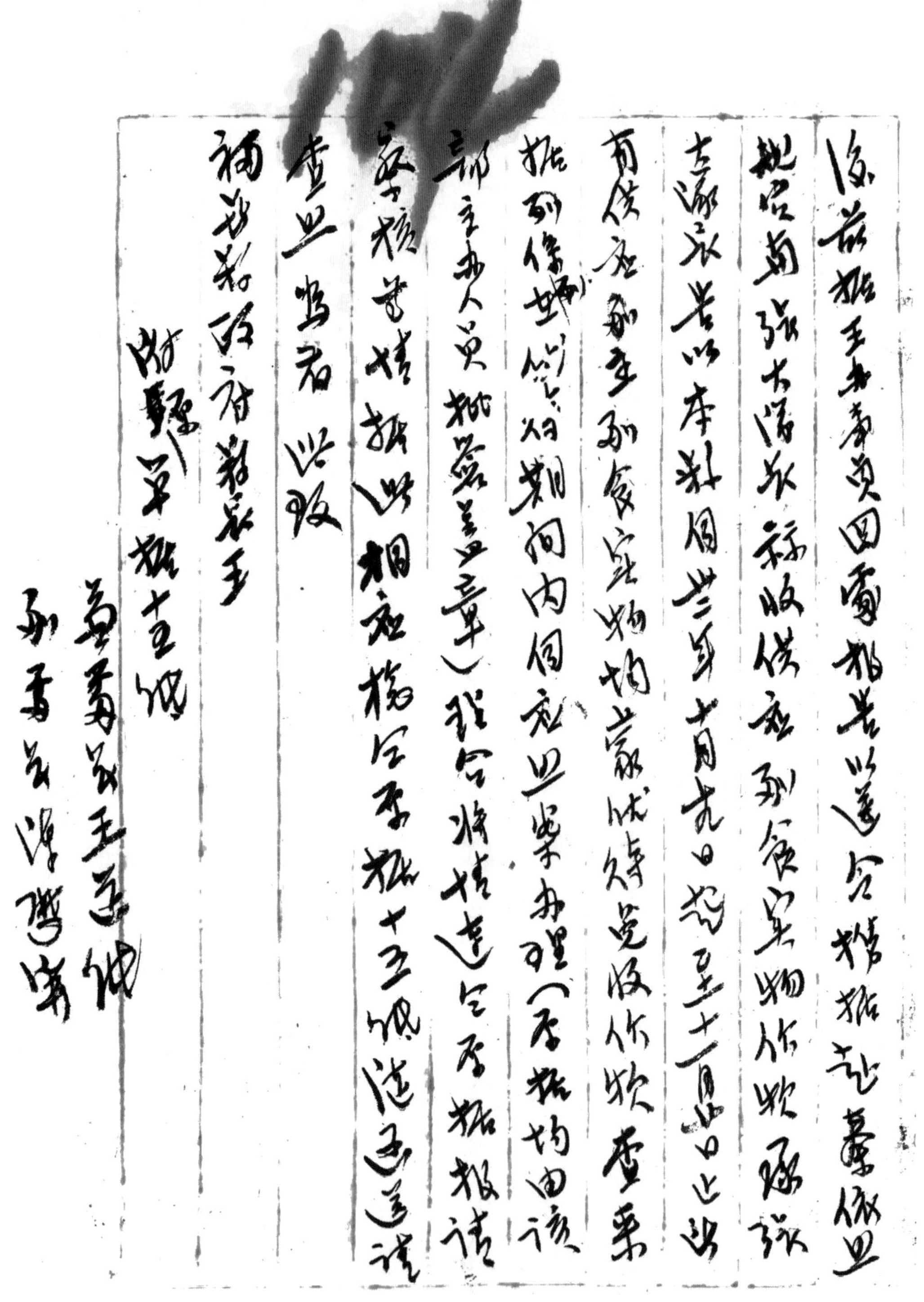

第三战区福建省福鼎县军民合作站指导分处关于本处派员携据与保八团第一大队算收供应副食价款承张大队长告以系在优待期内应免收价款相应检送原据十五纸请查照的公函

（1944 年 2 月 24 日） G137-001-0001

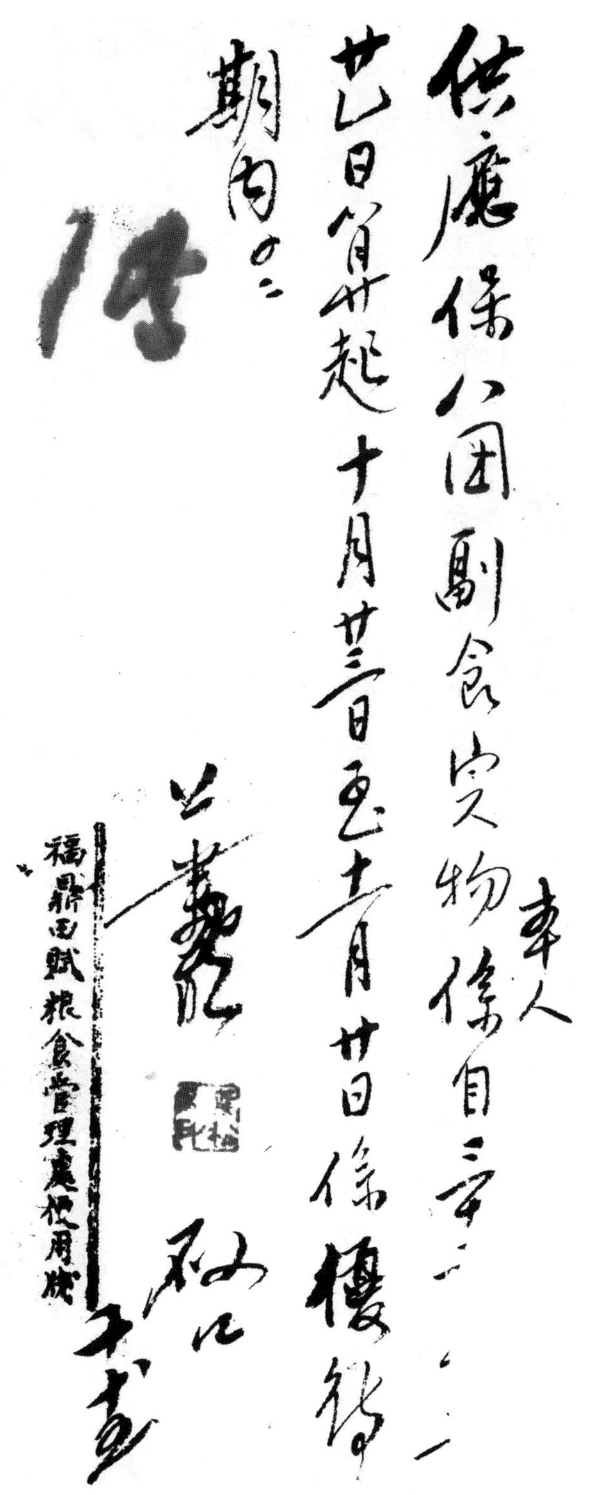

供應保八团副食實物係自三十二年十一月
本人
廿一日算起十月廿三日至十一月廿日係優待
期內

福鼎田賦粮食管理處便用箋

福鼎田赋粮食管理处关于供应保八团副食实物十月二十三日至十一月二十日系优待期的便笺

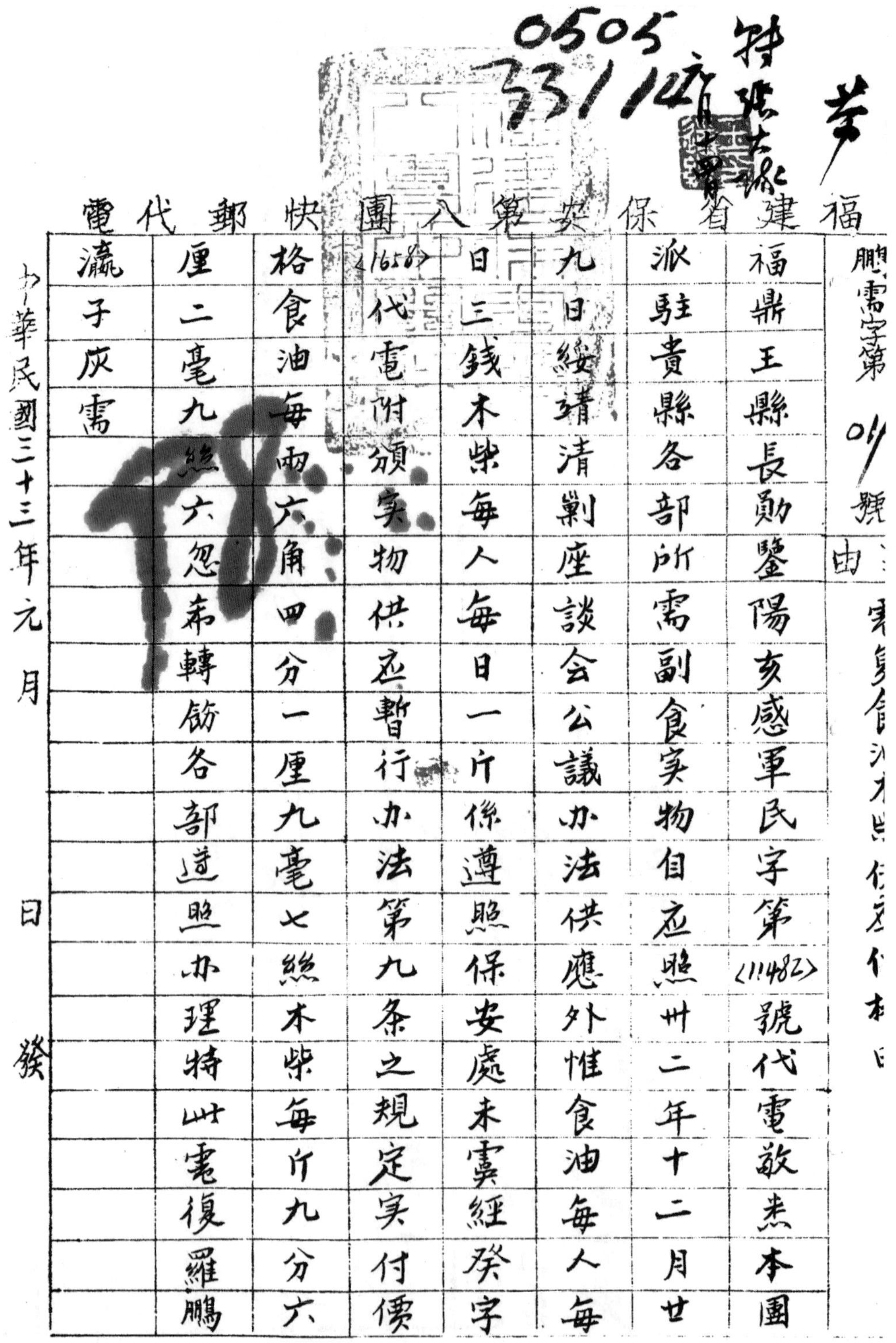

福建省保安第八團快郵代電

鵬需字第 號

福鼎王縣長勛鑒：陽亥感軍民字第〈11482〉號代電敬悉。本團派駐貴縣各部所需副食實物，自應照卅二年十二月廿九日綏靖清剿座談会公議办法供應外，惟食油每人每日三錢，木柴每人每日一斤，係遵照保安處未寘經癸字〈1658〉代電附頒實物供應暫行办法第九条之規定，實付價格食油每兩六角四分一厘九毫七絲，木柴每斤九分六厘二毫九絲六忽，希轉飭各部遵照办理。特此電復。羅鵬瀛子灰需

中華民國三十三年元月 日發

福建省保安第八团关于食油木柴供应价格请按照绥靖清剿座谈会公议办法办理的快邮代电

（1944 年 1 月 10 日） G137-001-0001

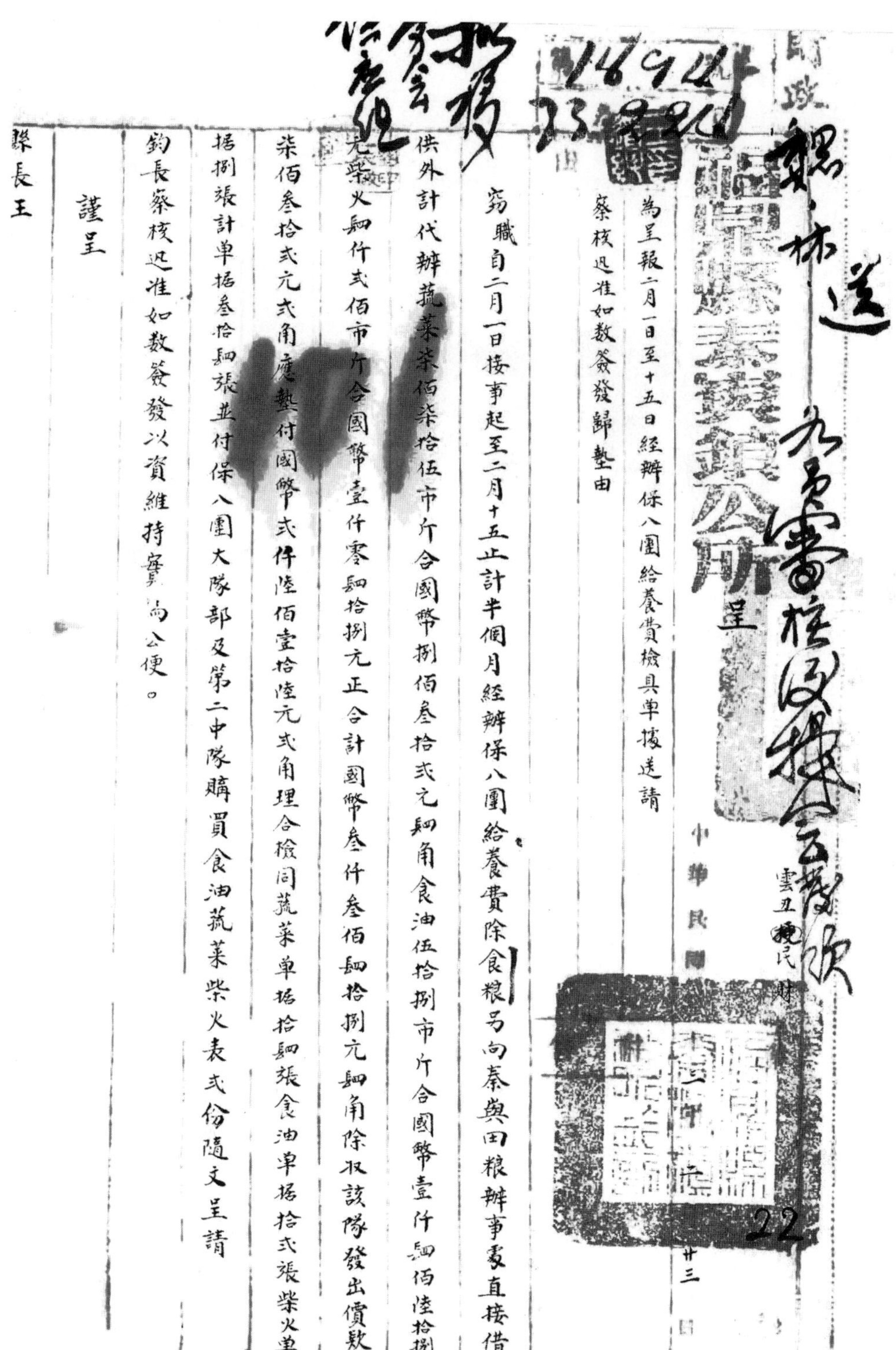

為呈報二月一日至十五日經辦保八團給養費檢具單據送請

察核迅准如數簽發歸墊由

竊職自二月一日接事起至二月十五止計半個月經辦保八團給養費除食粮另向秦嶼田粮辦事處直接借供外計代辦蔬菜柒佰柒拾伍市斤合國幣捌佰叁拾弍元貳角食油伍拾捌市斤合國幣壹仟貳佰陸拾捌元柴火貳仟弍佰市斤合國幣壹仟零貳拾捌元正合計國幣叁仟叁佰貳拾捌元貳角除收該隊發出價款柒佰叁拾弍元弍角應墊付國幣弍仟陸佰壹拾陸元弍角理合檢同蔬菜單據拾貳張食油單據拾弍張柴火單據捌張計單據叁拾貳張並付保八團大隊部及第二中隊購買食油蔬菜柴火表弍份隨文呈請

鈞長察核迅准如數簽發以資維持實為公便。

謹呈

縣長王

福鼎县秦屿镇公所关于二月一日至十五日经办保八团给养费检具单据迅准如数签发归垫的呈文

（1944年2月23日） G137-001-0001

附单据弍细張柴火表弍份
秦嶼鎮鎮長陳行夏

福鼎县秦屿镇公所关于二月一日至十五日经办保八团给养费检具单据迅准如数签发归垫的呈文
(1944年2月23日) G137-001-0001

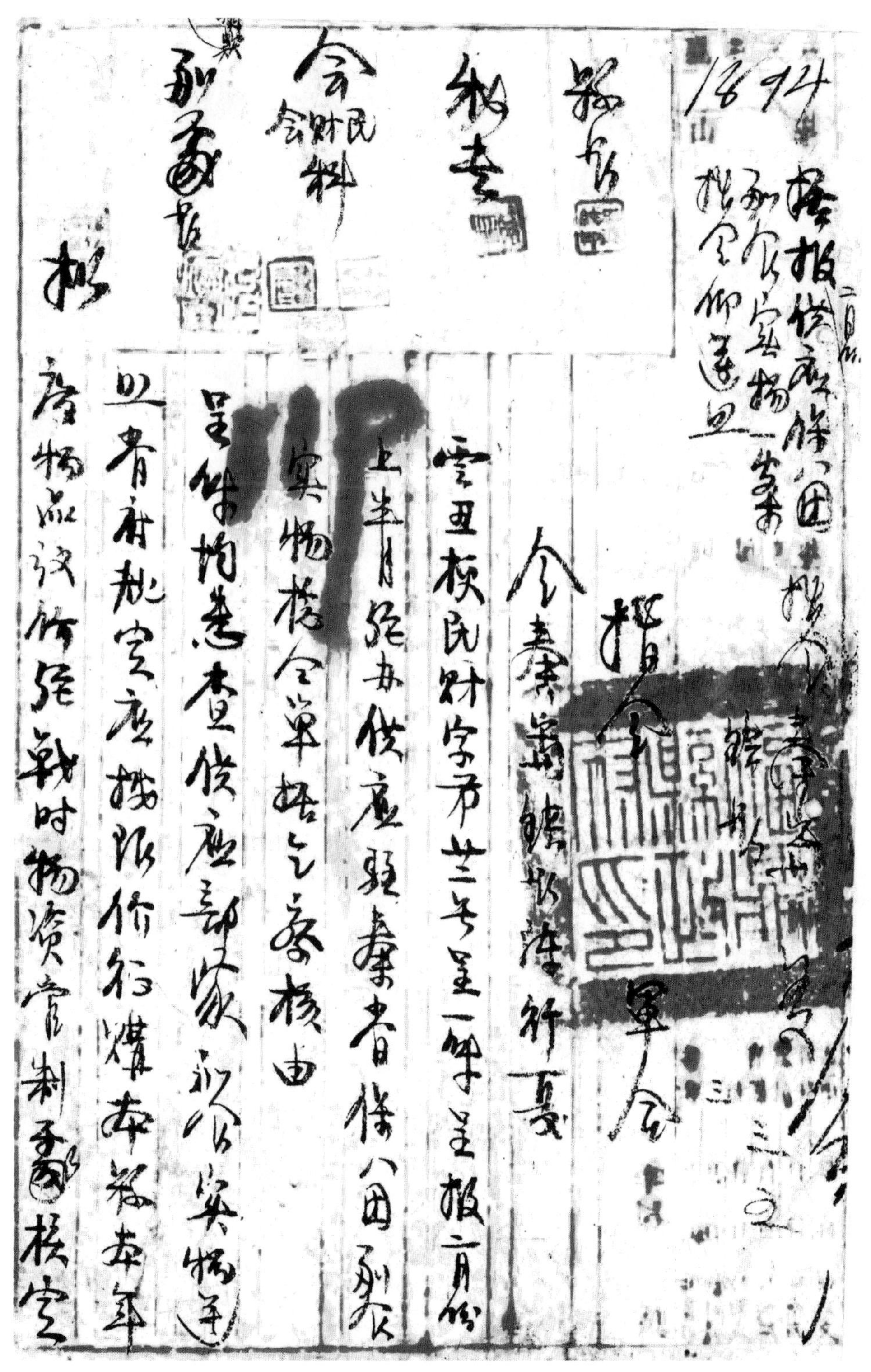

福鼎县政府关于秦屿镇公所二月份供应保八团副食实物一案的指令

（1944 年 3 月 5 日） G137-001-0002

中座白业（秦屿）镇公所二月份供应保八团副食实物一案……

福鼎县政府关于秦屿镇公所二月份供应保八团副食实物一案的指令

（1944 年 3 月 5 日）　G137-001-0002

第三战区福建省福鼎县军民合作站指导分处关于经办保八团驻城部队副食实物情形并检具购买表原始单据未缴军价款等一并送请报销的公函(1944 年 3 月 31 日)a 面　G137-001-0002

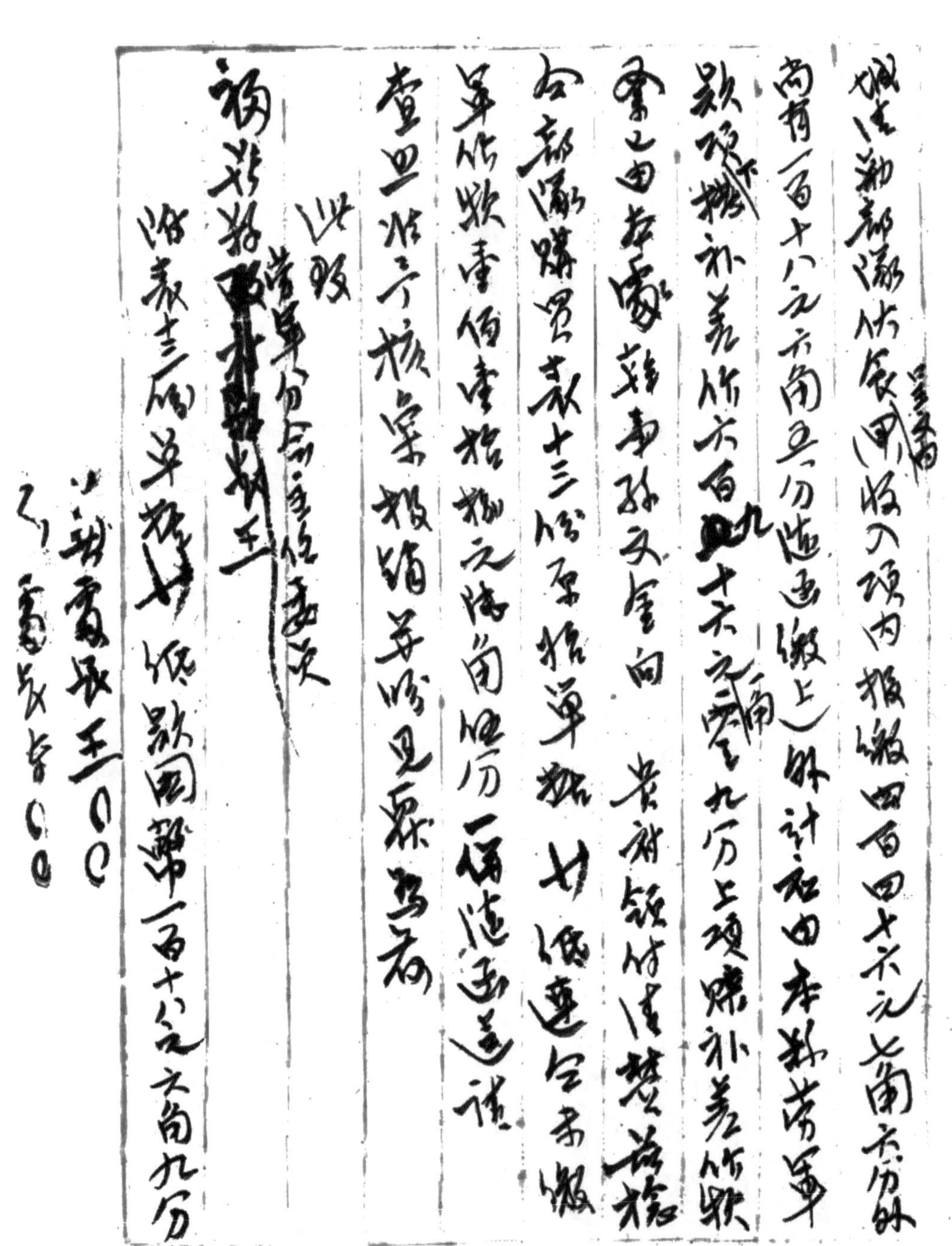
城八团部队伙食(即收入项内报缴四百四十六元七角六分外尚有一百十八元六角五分随函缴上)外计应由本站负担款项补差价六百九十六元零九分上项赔补差价款业已由本处筹集数交金向 贵副领付清楚核合部队购买款十三份原始单据廿张连同缴军价款壹佰壹拾捌元陆角伍分一并随函送请查照准予核实报销并希见复为荷

此致

福鼎分会主任委员

附表三份单据廿张缴款国币一百十八元六角九分

兼处长王〇〇

副处长〇〇

第三战区福建省福鼎县军民合作站指导分处关于经办保八团驻城部队副食实物情形并检具购买表原始单据未缴军价款等一并送请报销的公函(1944 年 3 月 31 日)b 面　G137-001-0002

福鼎縣政府 公函

由：復請查照更正原單據由

案准

貴處雲寅世供字第82號公函，以供應保八團第一大隊及機關槍中隊于卅二年十月廿六日至十二月卅一日止實物價款連同表十二份單据廿張國幣壹百壹拾捌元陸角玖分，惟此查來件未有長官簽章證明，且該列蔬菜食鹽、猪肉核與規定不合，應予剔除，除國幣壹百壹拾捌元陸角九分暫存外，相應檢同原件備函復請

查照，希予更正送府，以便彙轉為荷。

此致

福鼎縣軍民合作指導處處長王

副處長陳

福鼎县政府关于请查照更正原单据的复函(1944年4月)　G137-001-0002

福鼎县政府关于请查照更正原单据的复函(1944 年 4 月)　G137-001-0002

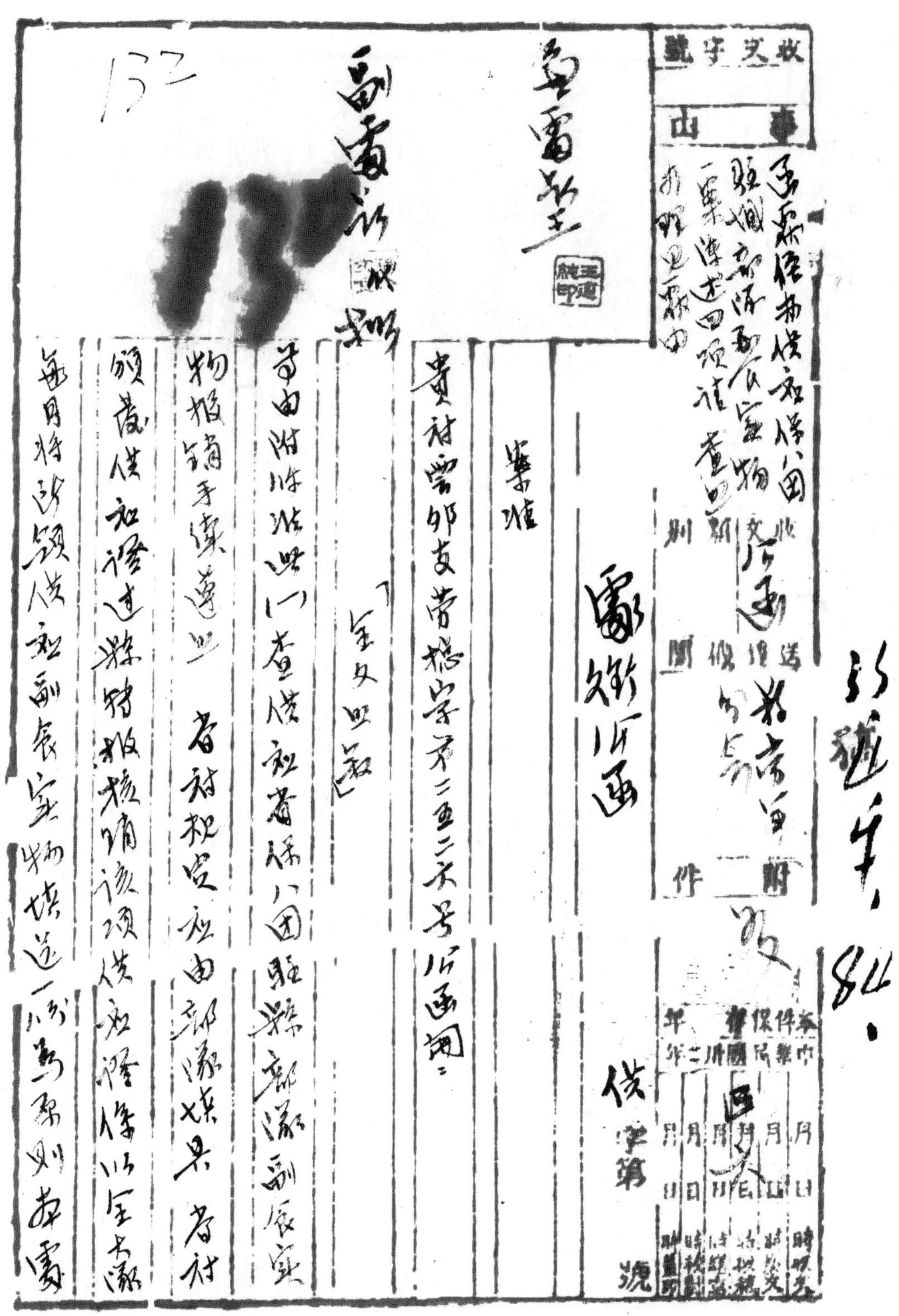

第三战区福建省福鼎县军民合作站指导分处关于经办保八团驻城部队副食实物一案陈述四项请查照办理见复的复函(1944 年 4 月 7 日)　G137-001-0002

第三战区福建省福鼎县军民合作站指导分处关于经办保八团驻城部队副食实物一案陈述四项请查照办理见复的复函(1944 年 4 月 7 日) G137-001-0002

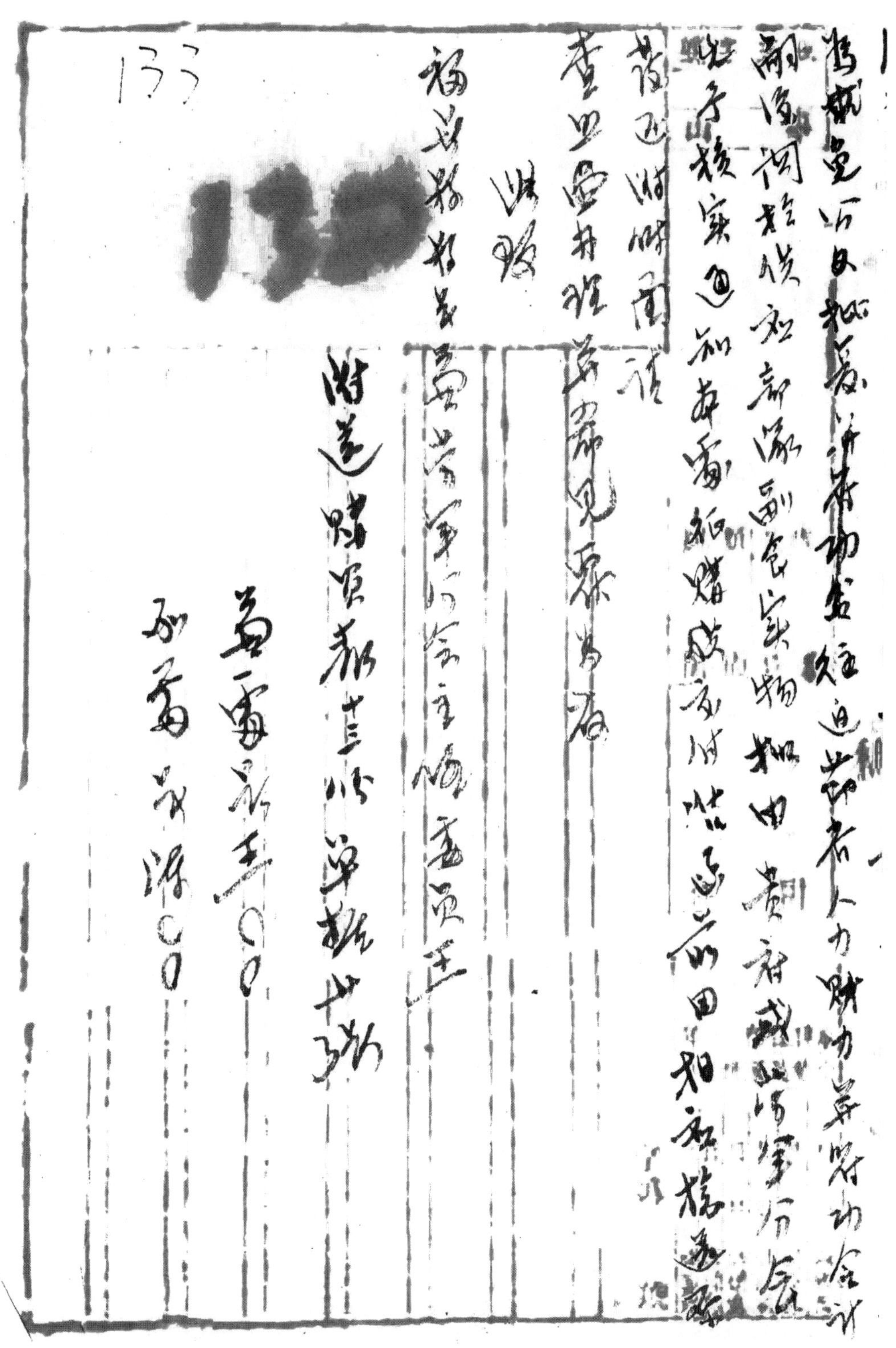

第三战区福建省福鼎县军民合作站指导分处关于经办保八团驻城部队副食实物一案陈述四项请查照办理见复的复函(1944 年 4 月 7 日)　G137-001-0002

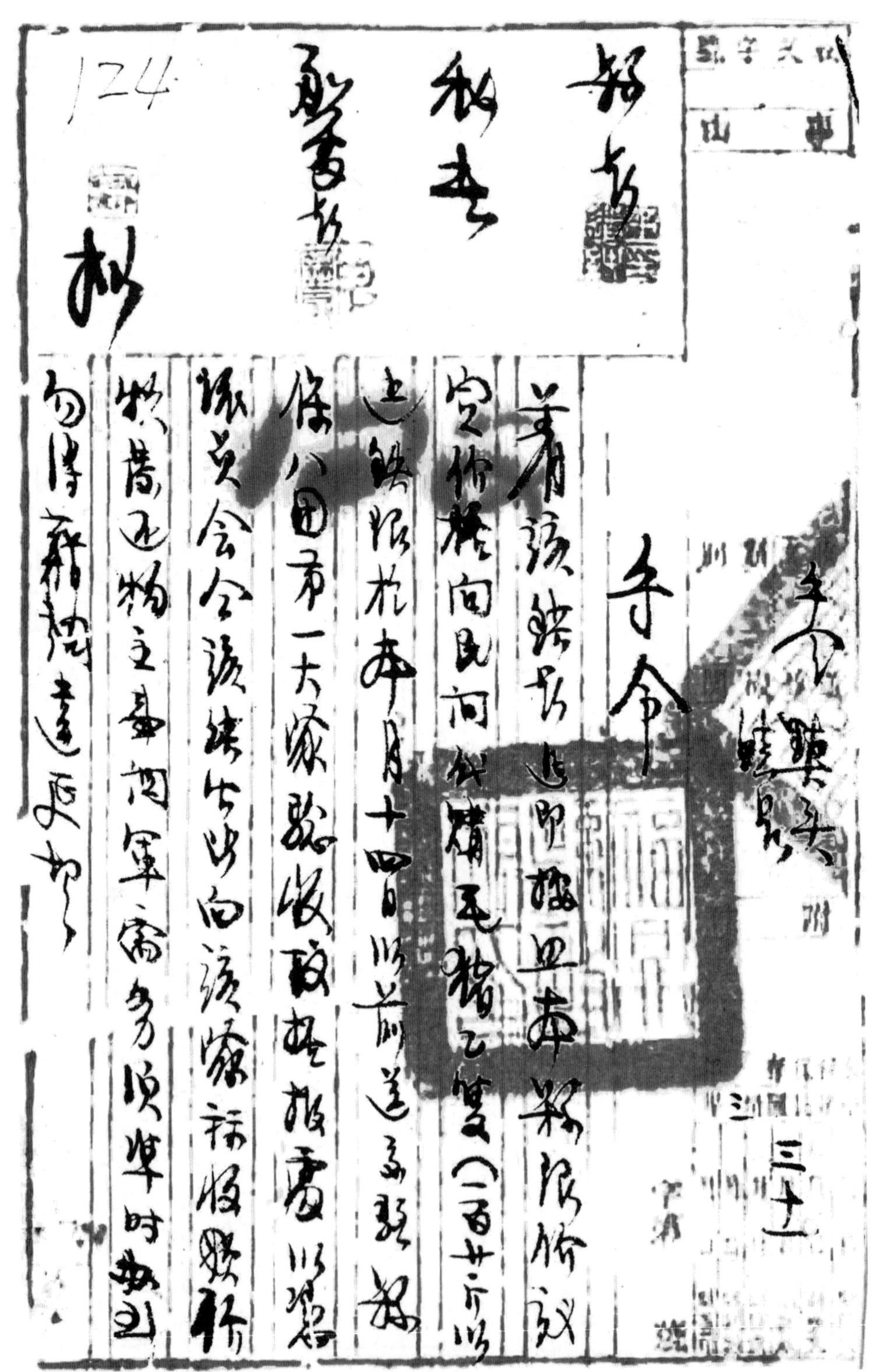

福鼎县政府关于限点头镇于十四日前代购毛猪一头送交驻县保八团验收取据的手令

（1944年3月11日） G137-001-0002

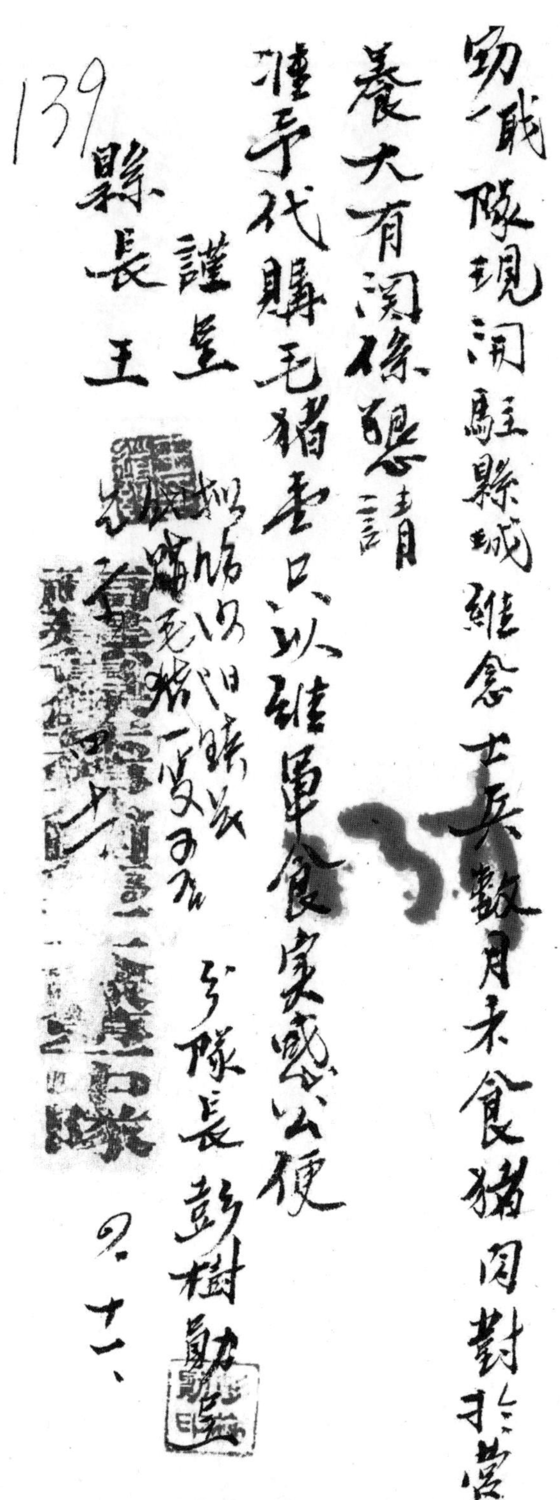
139

竊職隊現駐縣城，維念士兵數月未食猪肉，對於營養大有關係，懇請准予代購毛猪壹只，以維軍食，實感公便。

謹呈

縣長 王

職隊長 彭樹勛

四，十一

福建省保安第八团第一大队第一中队关于请代购毛猪一头送队的公函

（1944 年 4 月 11 日） G137-001-0002

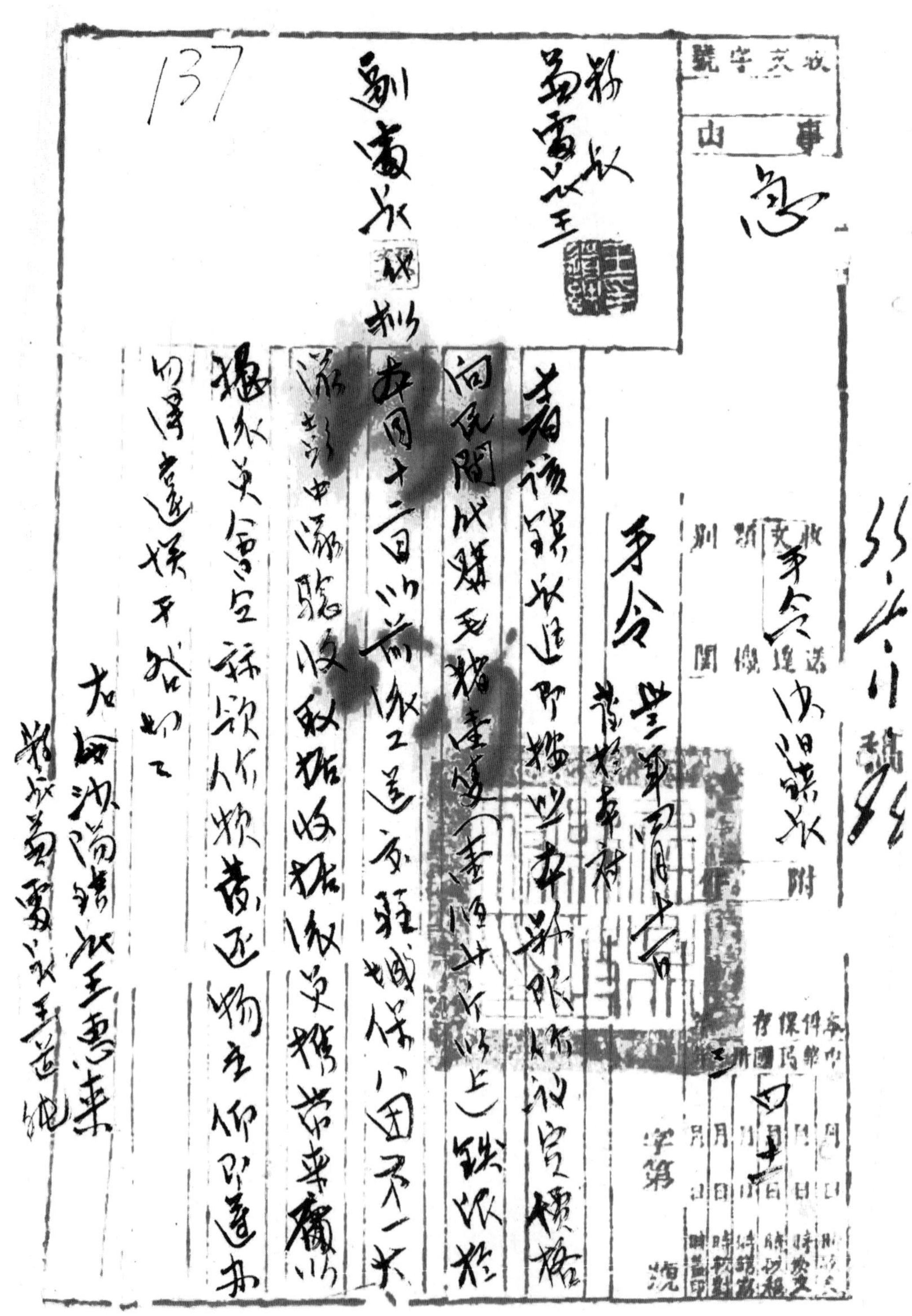

手令
卅三年四月十一日 發於本府
著該鎮長迅即[illegible]
向民間代購毛豬壹隻（重須廿斤以上）飭限於
本月十二日以前派工送交駐城保八團第一大
隊第一中隊驗收取據收據派員携帶來府以
憑[illegible]發還物主仰即遵辦
仍須遵照毋誤切切
右給沙陽鎮長王惠來
縣長 馬雷霆

福鼎县政府关于限沙阳镇于本月十二日前代购毛猪一头送交驻县保八团第一大队第一中队验收取据的手令(1944 年 4 月 11 日) G137-001-0002

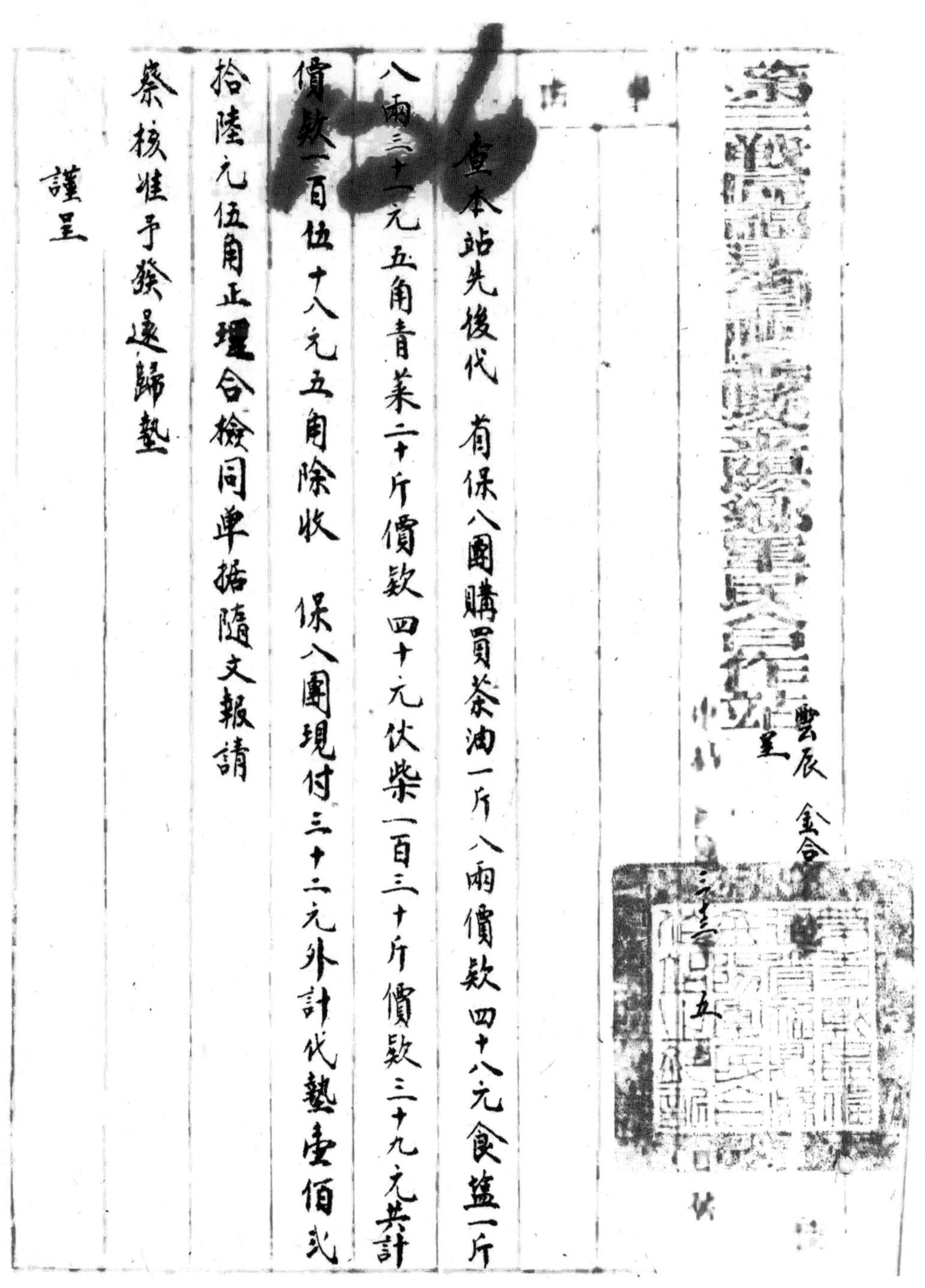

128

第三战区福建省福鼎县金阳乡军民合作站呈

查本站先后代荀保八团购买茶油一斤八两价款四十八元，食盐一斤八两三十一元五角，青菜二十斤价款四十九元，伙柴一百三十斤价款三十九元，共计价款一百伍十八元五角，除收保八团现付三十二元外，计代垫壹佰弍拾陆元伍角正，理合检同单据随文报请
察核，准予发还归垫。
谨呈

第三战区福建省福鼎县金阳乡军民合作站关于本站为保八团代购副食实物垫款额并检同单据请准予发还的呈文(1944 年 5 月)　G137-001-0002

131

兼處長王
副處長陳
附呈單據弍紙

金陽站長張之棟

第三战区福建省福鼎县金阳乡军民合作站关于本站为保八团代购副食实物垫款额并检同单据请准予发还的呈文(1944 年 5 月)　G137-001-0002

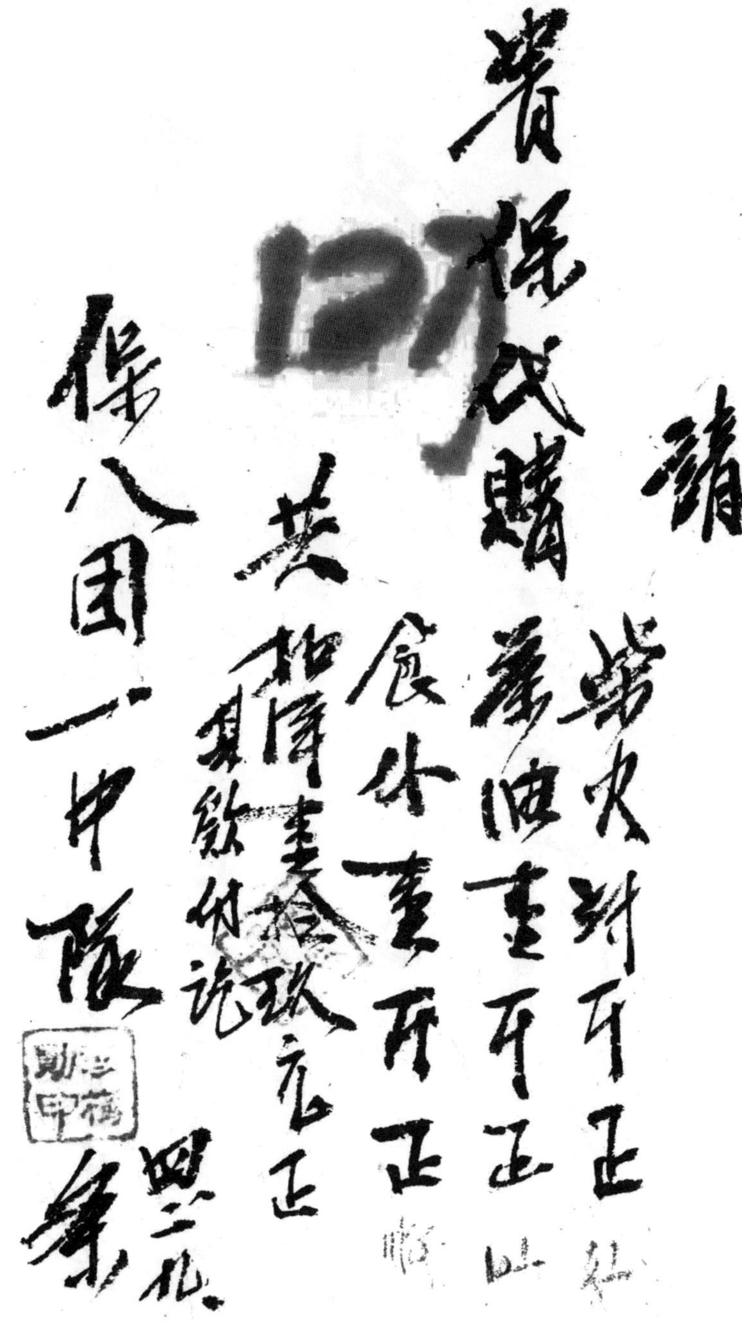

保八团一中队请代购副食实物的单据(1944 年 4 月 19 日)　G137-001-0002

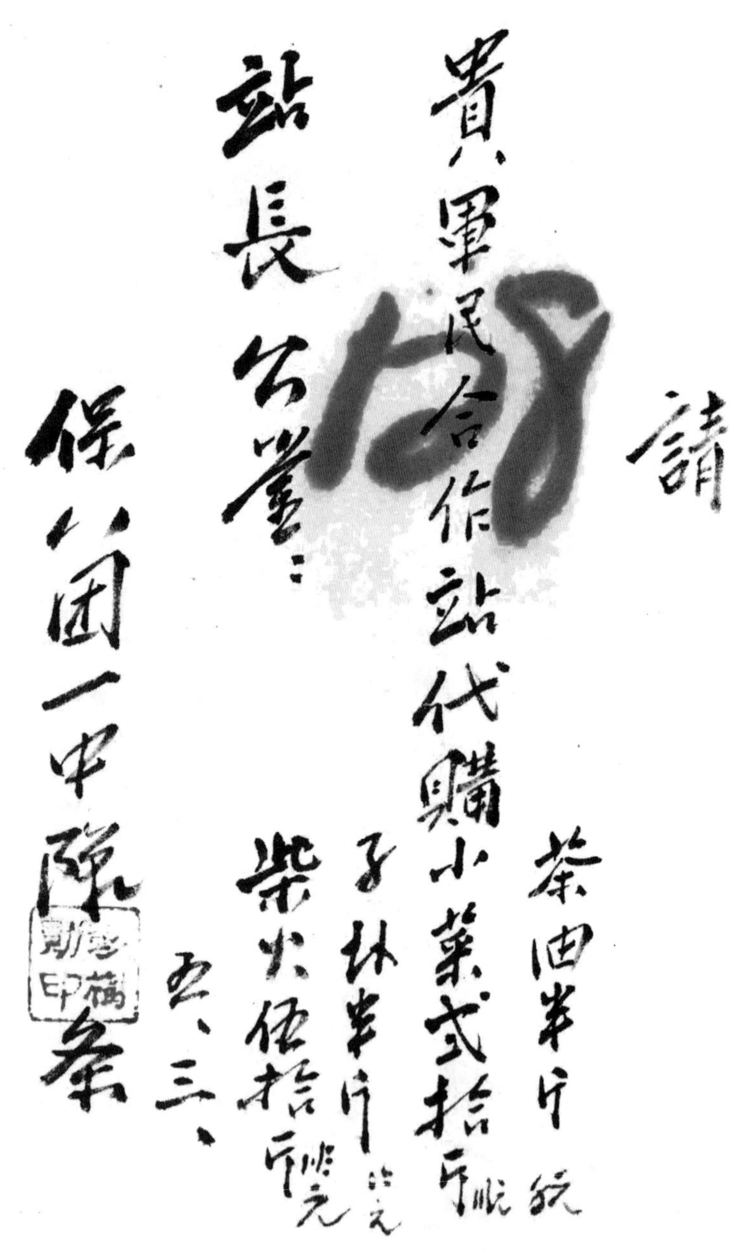
請
貴軍民合作站代購小菜弍拾斤
茶油半斤
子林半斤
柴火伍拾斤
站長公鑒：
保八團一中隊條
五、三、

保八团一中队请代购副食实物的单据(1944 年 5 月 3 日)　G137-001-0002

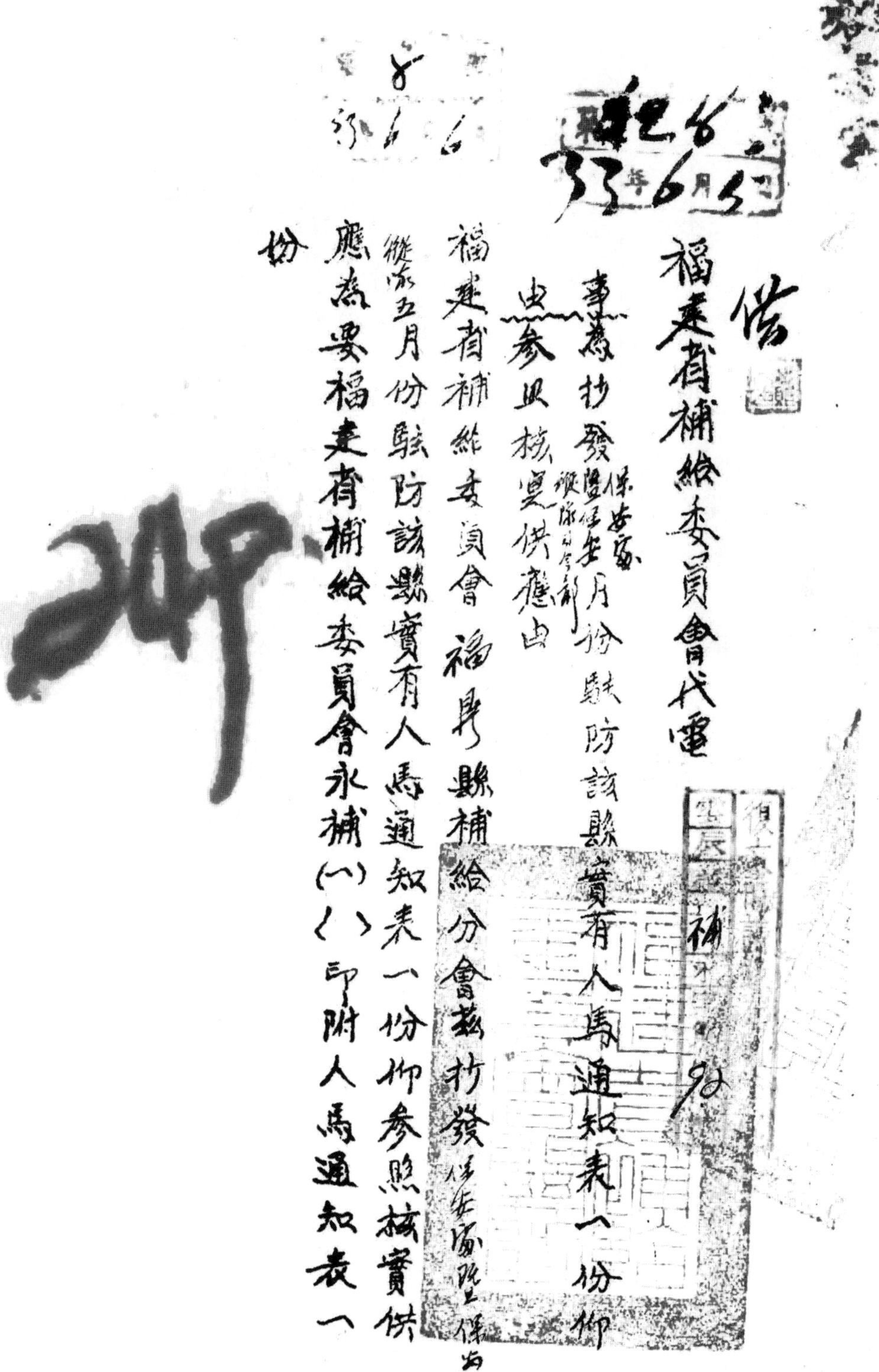
代

福建省補給委員會代電

事為抄發保安團隊五月份駐防該縣實有人馬通知表一份仰

參照核實供應由

福建省補給委員會福長縣補給分會茲抄發保安團隊五月份駐防該縣實有人馬通知表一份仰參照核實供應為要福建省補給委員會永補（一）〈 〉印附人馬通知表一份

福建省补给委员会关于抄发省保安团队五月份驻防该县实有人数通知表的代电

（1944年5月24日） G137-001-0004

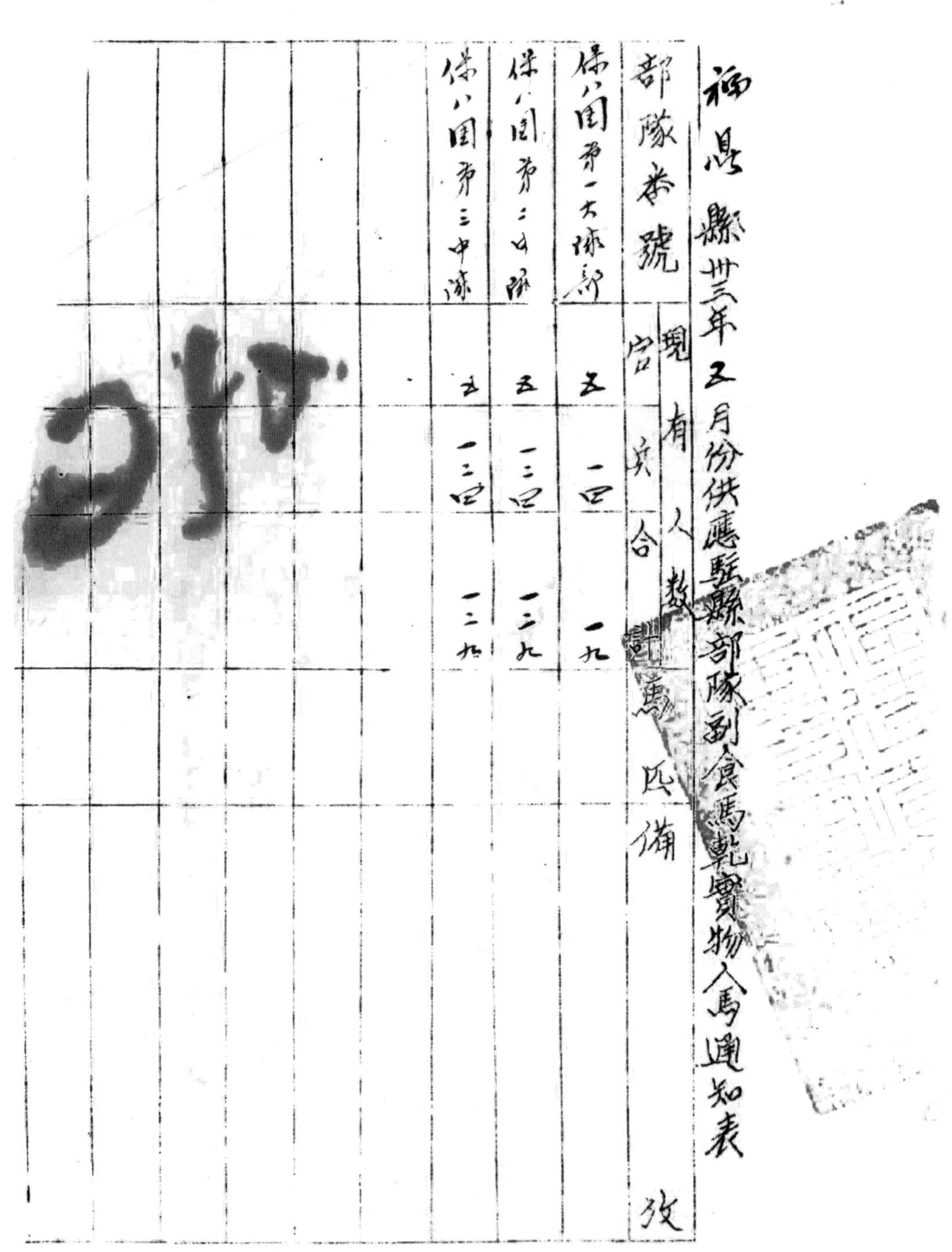

福鼎縣卅三年五月份供應駐縣部隊副食馬乾實物人馬通知表

部隊番號	現有人數 官	兵	合計	馬匹	備攷
保八團第一大隊部	五	一四		一九	
保八團第二中隊	五	一二四		一二九	
保八團第三中隊	五	一二四		一二九	

附件:福鼎县三十三年五月份供应驻县部队(保八团第一大队)副食马干实物人马通知表

(1944年5月24日) G137-001-0004

秘书室

福

财政大队

八

福建省保安第八团团本部代电　鹏需亮字第0319号

事由：为奉转本团供应军队副食费请查照由

福鼎县县长勋鉴：案奉保安处需丁筹四（甲）字第764号代电开：案奉省政府劳供永字第（卅）号电开：查军队副食费改归中央统筹后关于省县级团队在中央核示前一律暂停供应，业经本府以云寅世府劳供永（卅）号电饬属在案。惟查本年来保安团队大部担任海防余亦负地方治安重大责任，困苦若暂停供应势难维持。为体恤计，在未奉中央核准前所有保安处直属部队及所属团队四五两月份

福建省保安第八团关于奉转本团供应军队副食费请查照的代电

(1944年6月27日)a面　G137-001-0004

准由省糧予以供應副食并規定每兵每月免費供油九兩柴卅斤為乾
不發所需價款由縣核證報請省勞軍委員會核撥當地不得再有
攤派團隊亦不得再有額外需索除分電外特電遵照等因奉此
自應遵辦除分電外特電遵照」等因奉此自應遵辦除令飭駐
在地所屬按月分別派員特函撥據前來洽辦外相應電請查
並希預為籌辦以維軍食至紉公誼為荷保八團團長羅鵬瀛辰
感需亮印

中華民國三十三年六月　日發

福建省保安第八团关于奉转本团供应军队副食费请查照的代电

(1944 年 6 月 27 日)b 面　G137-001-0004

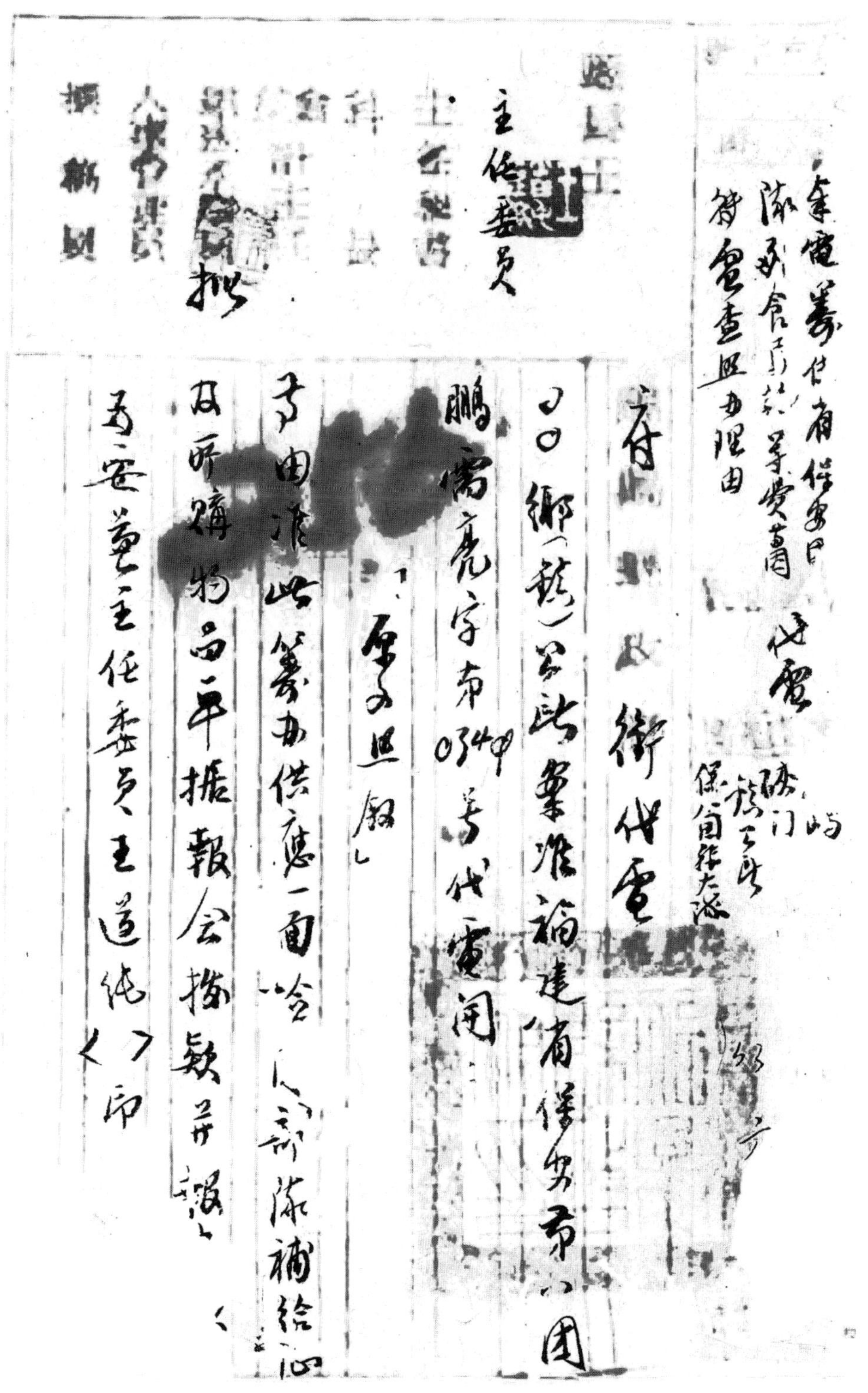
奉电筹供省保安团队副食马干等费饬查照办理由

府衔代电

各乡（镇）公所：案准福建省保安司令部团

鹏需亮字第0384号代电开：

（略）等由，准此。

除由县筹款供应一面令饬该队补给外，

及所需物品一律据报会拨款并报。

为要。县长王道纯印

主任委员

批

福鼎县政府关于奉转筹供省保安团队副食马干等费的代电

（1944年6月） G137-001-0004

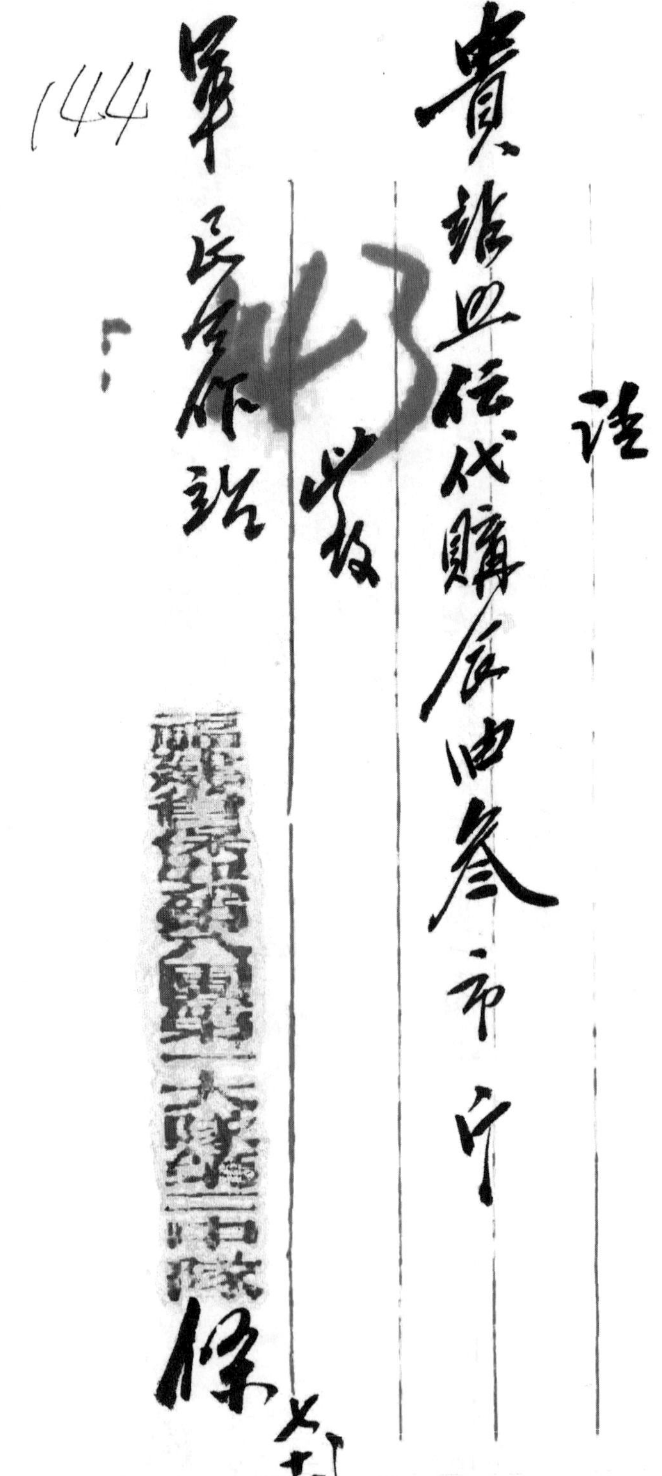

请

贵站迅予代购食油叁市斤

此致

军民合作站

福建省保安第八团第一大队第二中队

保[illegible]

福建省保安第八团第一大队第二中队关于请代购食油的公函

（1944年7月10日）　G137-001-0002

146

煩請
貴站照價代購食油叁斤
此致
軍民合作站

福建省保安第八团第一大队第二中队关于请代购食油的公函

（1944 年 7 月 16 日） G137-001-0002

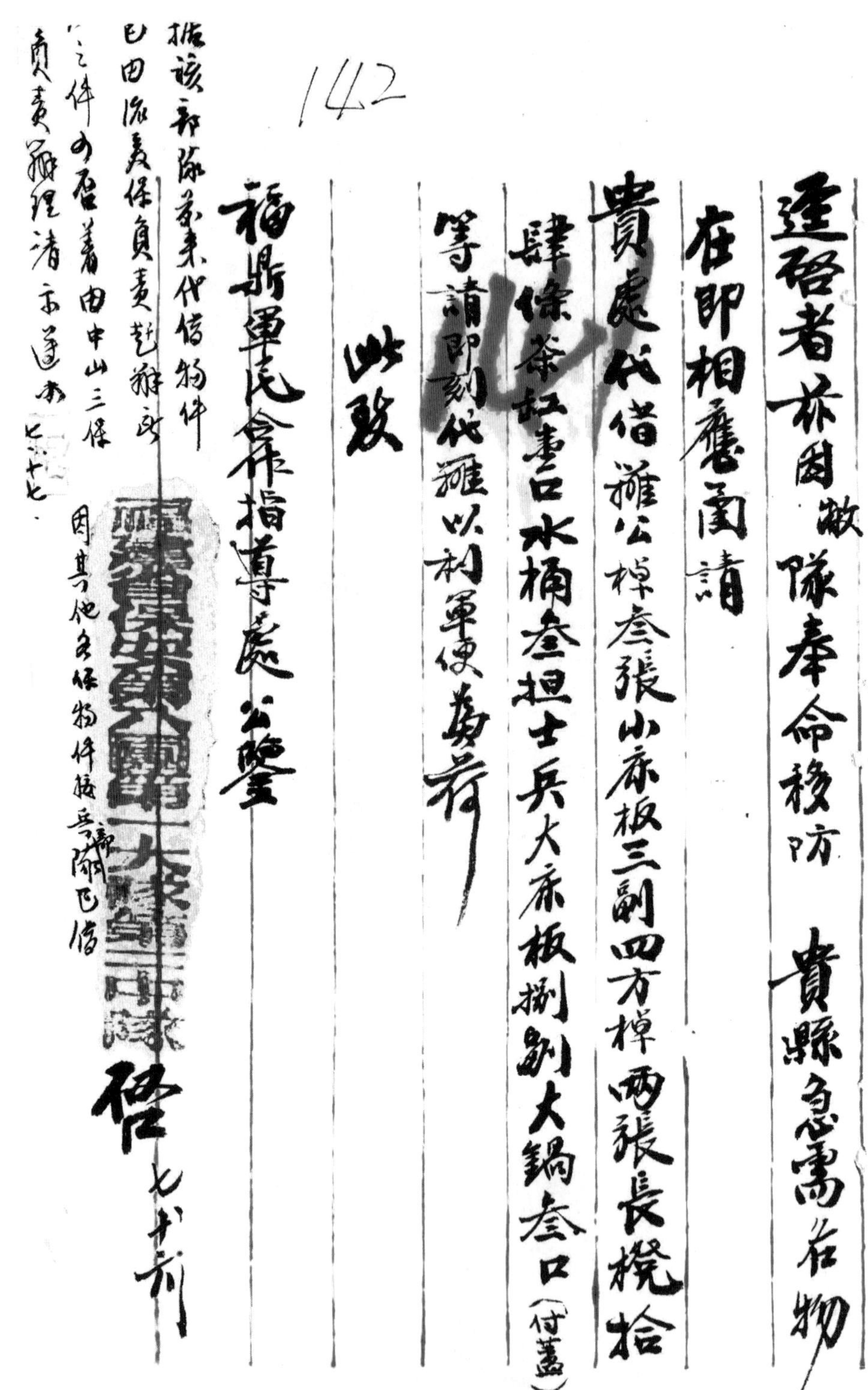

142

逕啓者：茲因敝隊奉命移防，貴縣急需各物在即，相應函請貴處代借辦公桌叁張、小床板三副、四方桌兩張、長櫈拾肆條、茶缸壹口、水桶叁担、士兵大床板捌副、大鍋叁口（付蓋）等，請即刻代辦，以利軍便為荷。

此致

福鼎軍民合作指導處公鑒

福建省保安第八團第一大隊第二中隊　啓　七、十六

据該部隊來代借物件，已由保長負責照辦外，一二件均着由中山三保負責辦理，請示遵辦。七、十七。

因其他各保物件係部隊已借。

福建省保安第八团第一大队第二中队关于请代借办公桌椅寝具炊具等的公函

（1944年7月16日）　G137-001-0002

147

逕啓者　茲因本隊奉命由泰開駐城廂，對于士兵日需品，貴其苦狀尤深，惟此用特函請貴處依照省府明令頒發對觧士兵困苦，祈給予之免費柴火食油等項，煩請貴處按本隊人數壹佰叁拾玖名計扣發給，實為軍便。為荷。此致

軍民合作指導處

隊長　鄧如秋

民國三十三年七月十八日

福建省保安第八团第一大队第二中队关于请依照省府明令按本队人数免费发给柴火食油的公函

（1944 年 7 月 18 日）　G137-001-0002

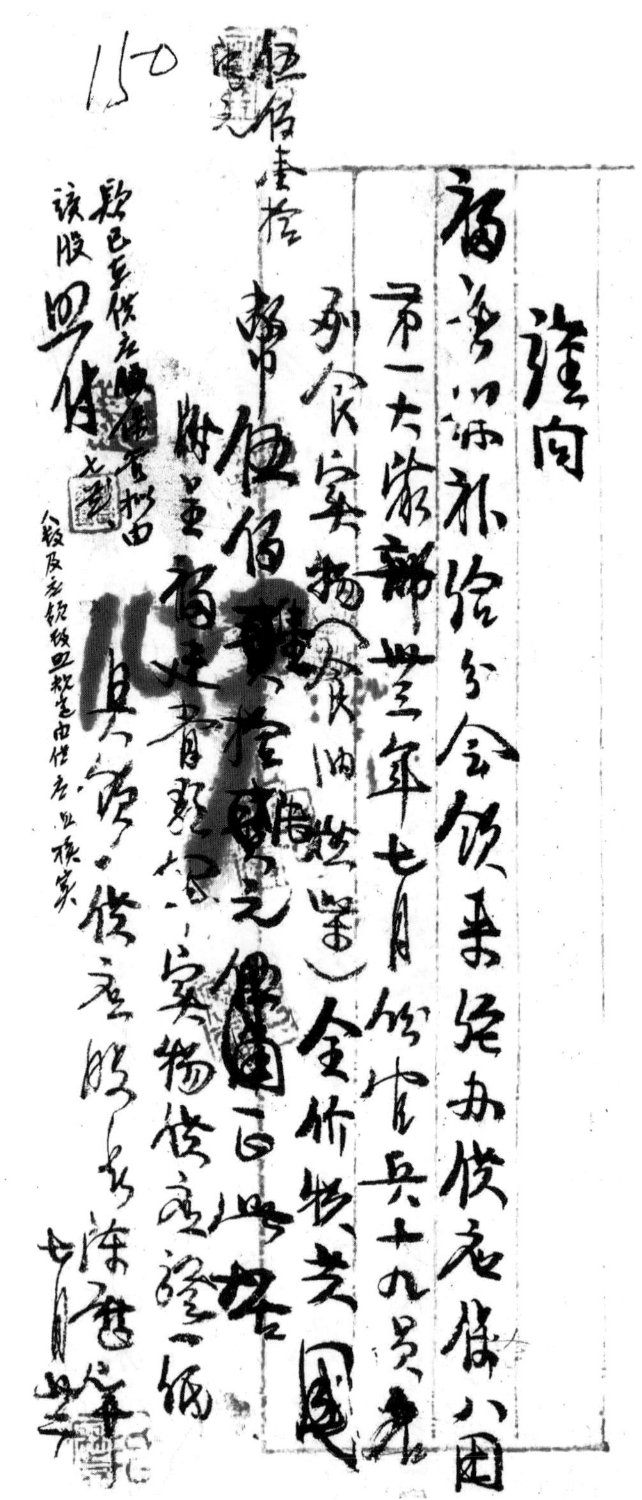

福鼎县补给分会供应股领来供应保八团第一大队部官兵副食实物价款的领据

（1944 年 7 月 22 日）　G137-001-0002

福鼎县补给分会供应股领来供应保八团第二中队第三中队官兵副食实物价款的领据

（1944年7月25日） G137-001-0002

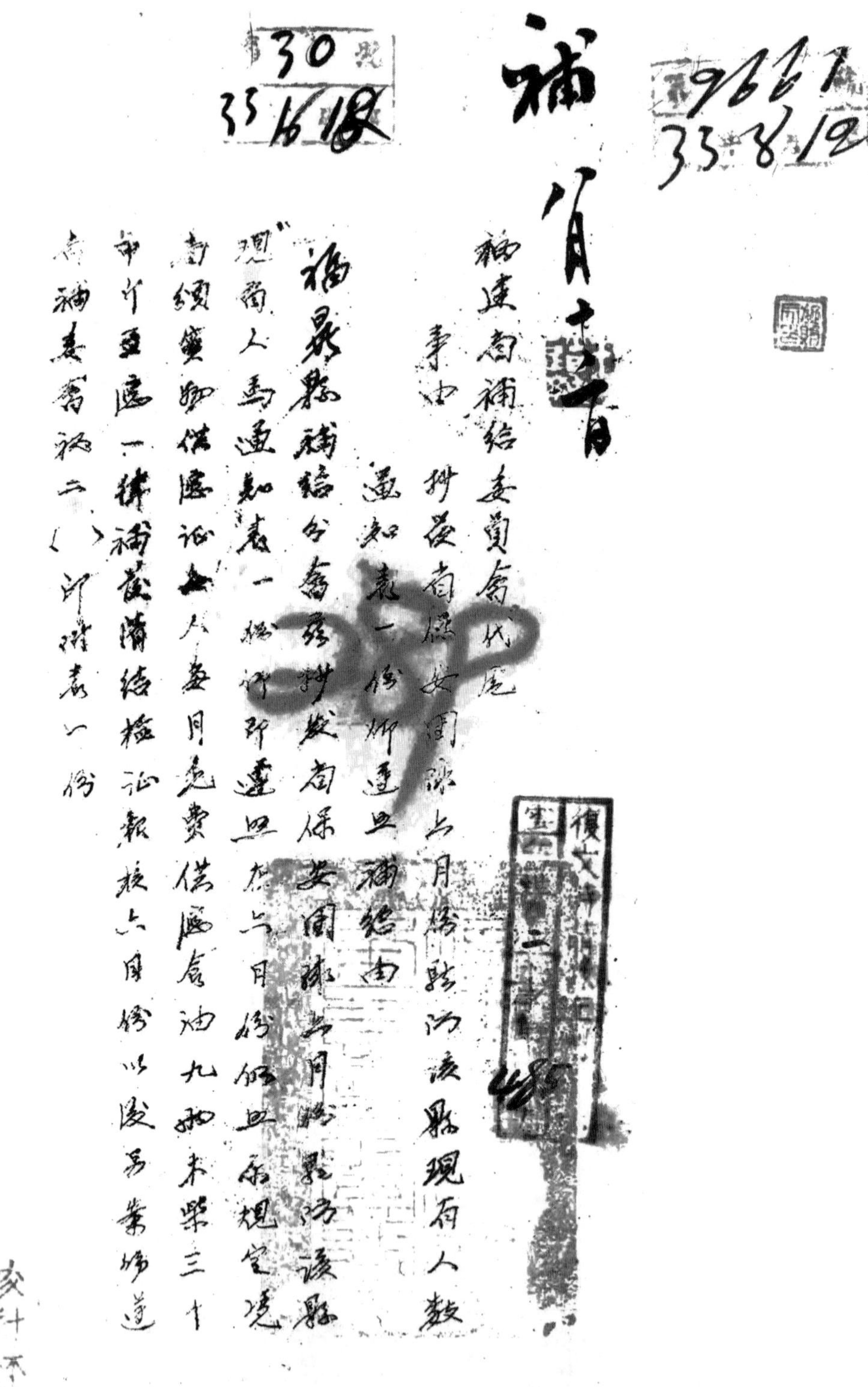

福建省補給委員會代電

事由：抄發省保安團隊六月份駐防該縣現有人數通知表一份仰遵照補給由

福建省补给委员会关于抄发省保安团队六月份驻防该县现有人数通知表仰遵照补给的代电

（1944 年 7 月 31 日）　G137-001-0003

福鼎縣三十三年六月份補給省保安處部隊副食[illegible]

部隊番號	現有人數 官	現有人數 兵	現有人數 合計	配撥補給兵馬匹數
保安第八團第一大隊部			一九	
保安第八團第一大隊第二中隊			一二九	
保安第八團第一大隊第三中隊			一二九	
總計			二七七	

改

附記

表列駐軍人馬數為各縣市月前發給實物之依據月終仍由部隊填具副食馬乾收支結算表冊寄本（曾）各縣具憑本會憑支結算通知書核結

附件：福鼎县三十三年六月份补给省保安处部队（保八团第一大队）副食马干实物人马通知表

（1944 年 7 月 31 日） G137-001-0003

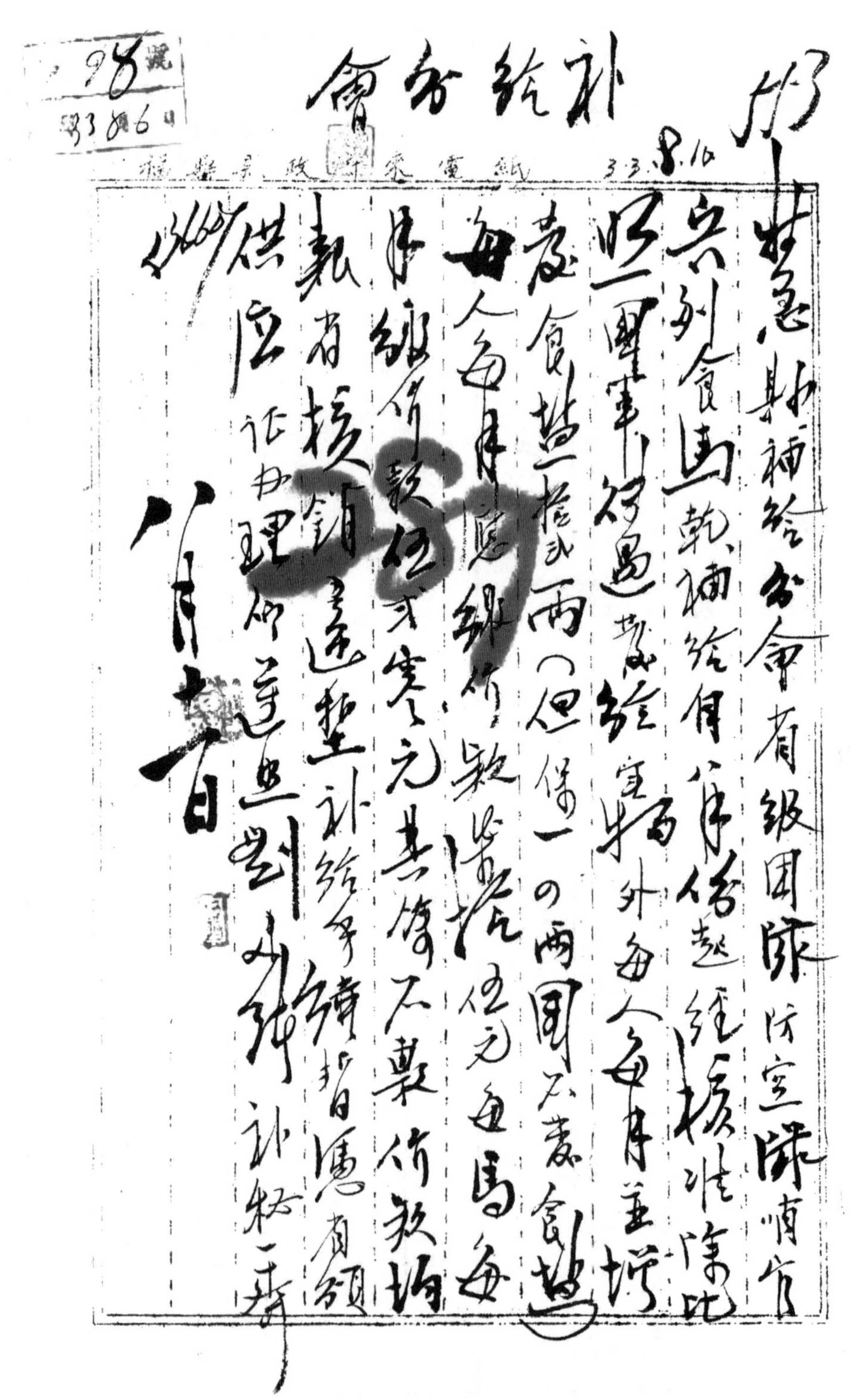

福建省补给委员会福鼎县分会译福建省补给委员会关于省级团队防空队哨官兵副食马干补给自八月份起增发食盐十二两不敷价款均报省核销归垫的电文(1944年8月10日) G137-001-0003

福建省政府代電　民國三十三年八月　日

事由　為保安團隊及防空隊哨副食馬乾自八月份起准照國軍待遇辦理並增發食鹽拾弍兩電仰遵照由

福建財政廳：本省保安團隊及防空隊哨副食馬乾補給辦法經決定如次(一)四五六七月份副食實物品量仍照本規定覓省級實物供應證發給(每人每月供應油九兩木柴三十斤)未領者應由各縣一律補發清給並將四五六七各月報銷速報省核銷歸墊(二)自八月份起每人每月現繳價款七十五元每馬月繳價款五二八元責各縣補給分全照國軍待遇每人每月供應食油一斤主類二斤燃料三十斤每馬每月黃豆料豆各七十五斤除保安一四八三個團外其餘再於儲發食鹽十二兩所有差價併入國軍副食馬乾差價內由省統籌彌補(三)補給手續在新訂表證未到前暫照省級實物供應證辦理上三項除分電外仰即遵照為要

福建省政府代电关于保安团队及防空队哨副食马干自八月份起准照国军待遇办理应增发食盐十二两的代电

（1944年8月11日）　G137-001-0003

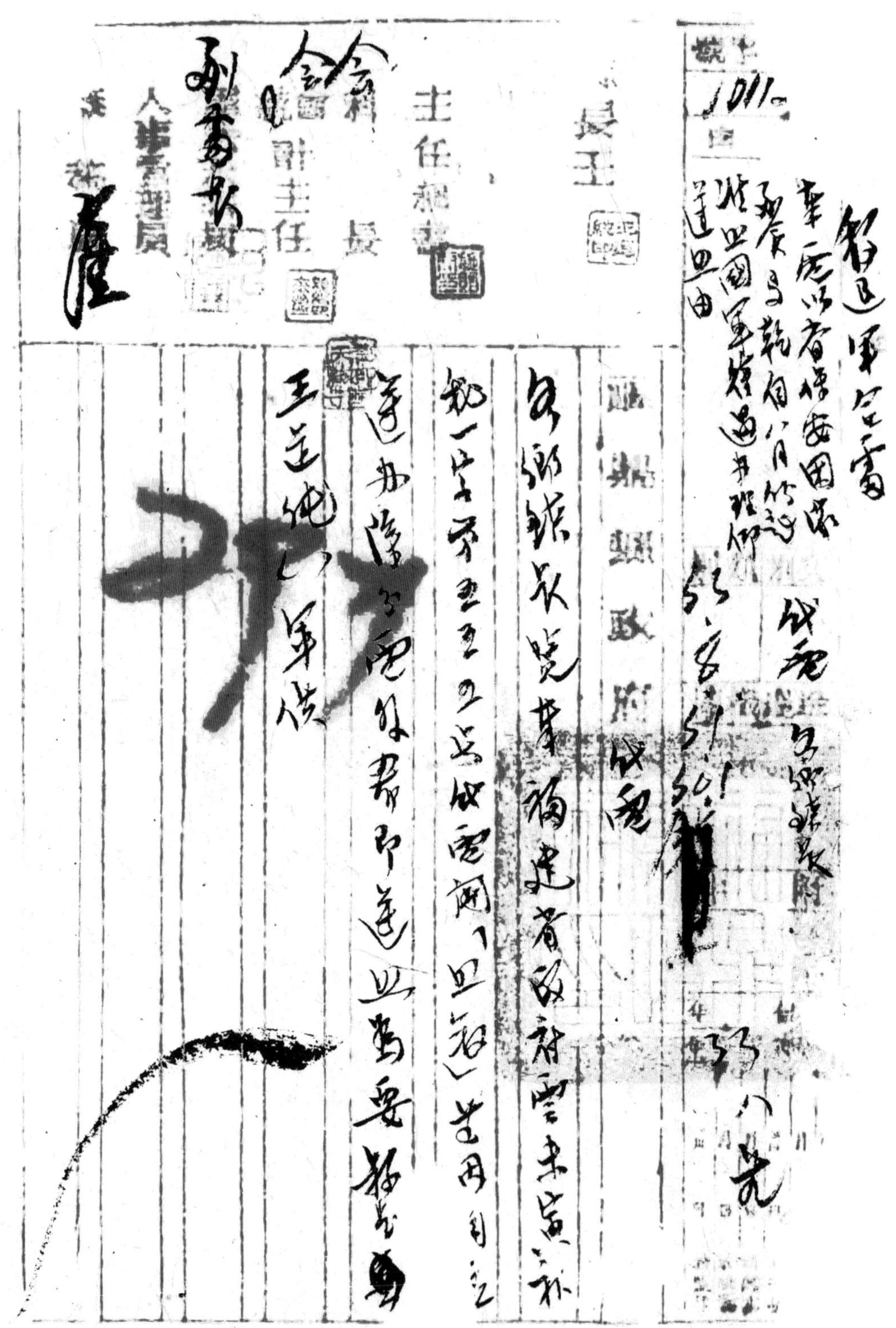

福鼎县政府关于奉令省保安团队副食马干自八月份起准照国军待遇办理的代电

（1944 年 8 月 29 日）　G137-001-0003

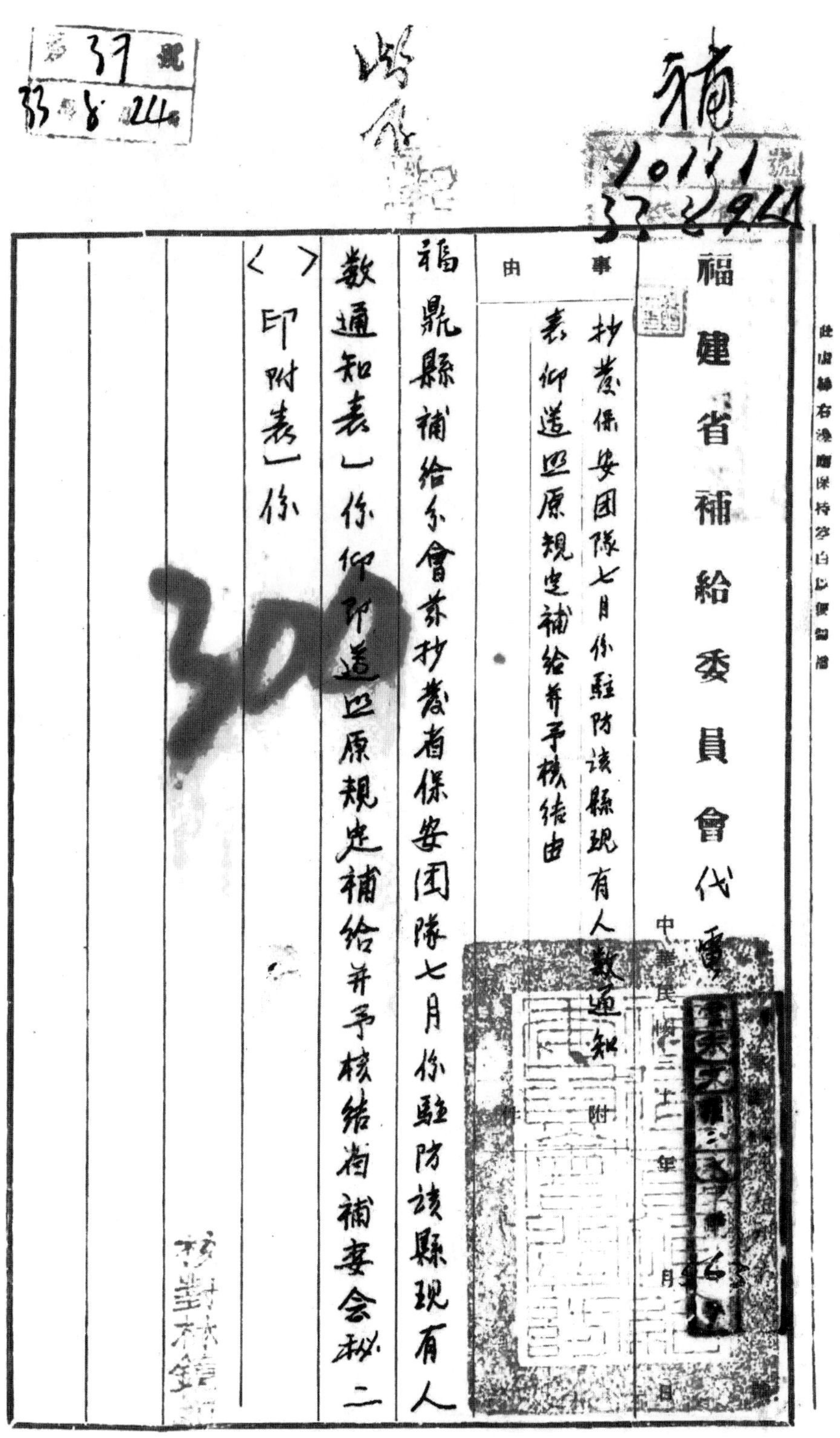

福建省補給委員會代電

事由：抄發保安团隊七月份駐防該縣現有人數通知表仰遵照原規定補給并予核結由

福鼎縣補給分會：茲抄發省保安团隊七月份駐防該縣現有人數通知表一份，仰即遵照原規定補給并予核結為要。補委会秘二

〈附表一份〉

福建省补给委员会关于抄发省保安团队七月份驻防该县现有人数通知表仰遵照原规定补给并予核结的代电(1944 年 8 月 12 日) G137-001-0003

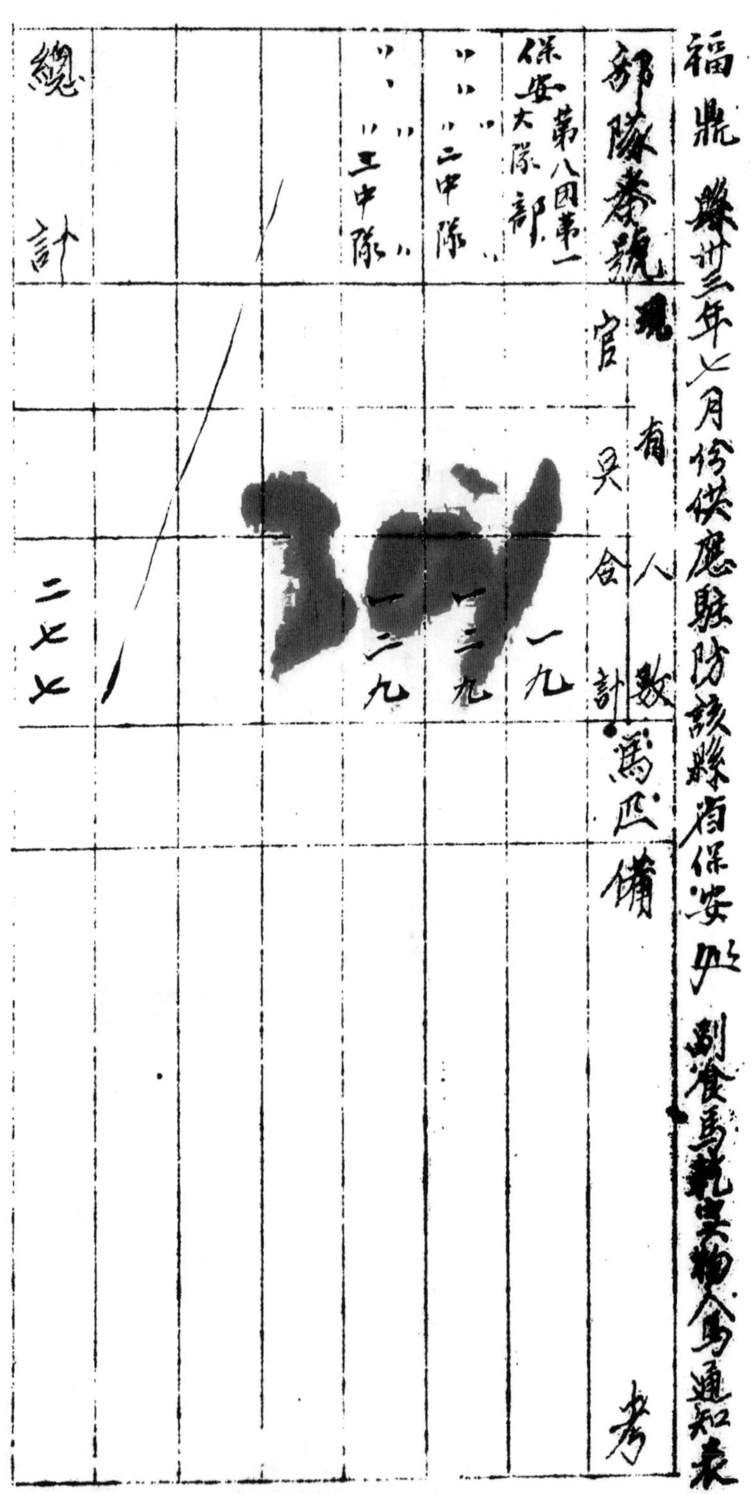

福鼎縣卅三年七月份供應駐防該縣省保安處副食馬乾實物人馬通知表

部隊番號	有人數		備考
	官兵合計	馬匹	
保安第八团第一大隊部	一九		
〃〃〃二中隊	一二九		
〃〃〃三中隊	一二九		
總計	二七七		

附件：福鼎县三十三年七月份供应驻防该县省保安处（保八团第一大队）副食马干实物人马通知表

（1944年8月12日）　G137-001-0003

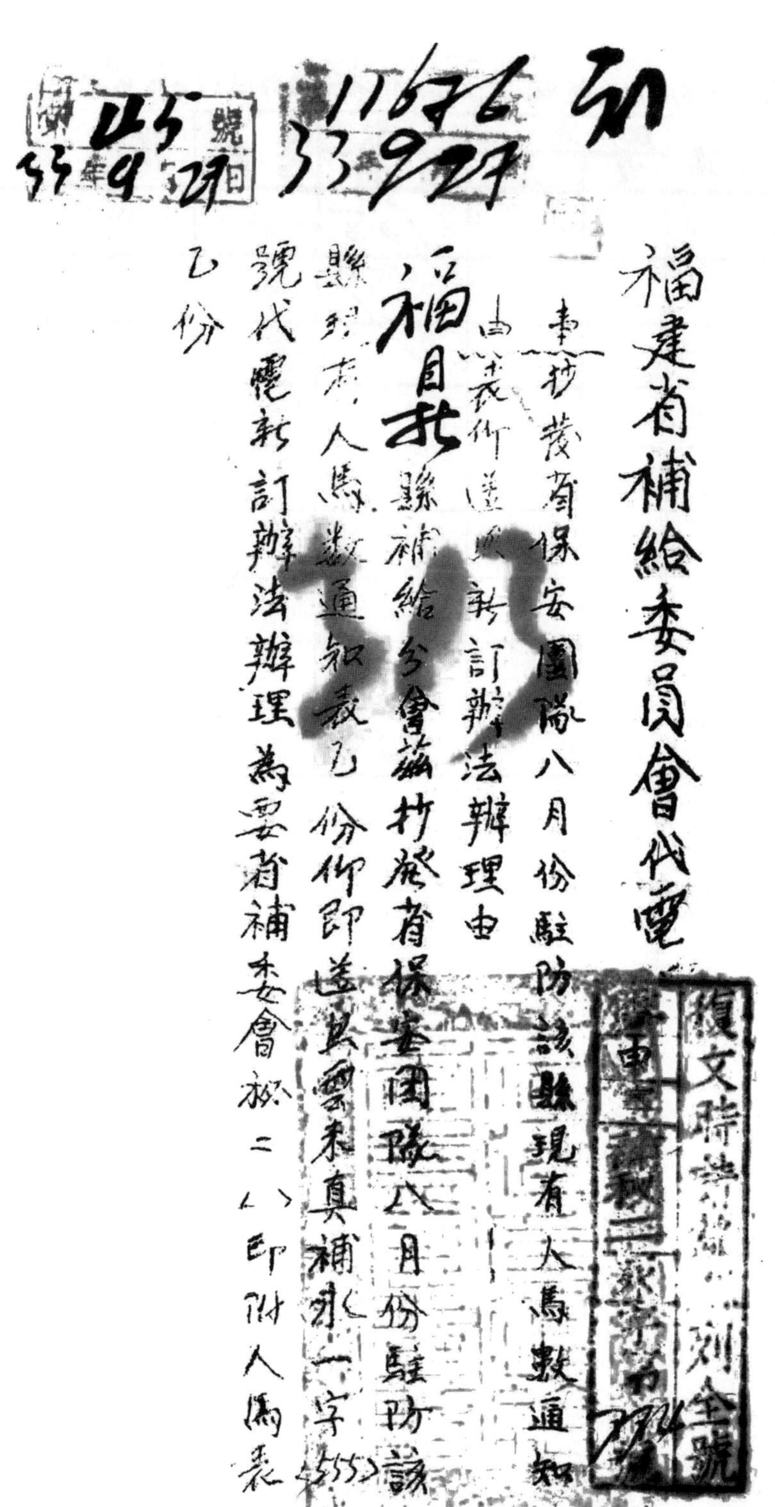

福建省補給委員會代電

事由：抄發省保安團隊八月份駐防該縣現有人馬數通知表仰遵照新訂辦法辦理由

福[illegible]縣補給分會：兹抄發省保安團隊八月份駐防該縣現有人馬數通知表乙份，仰即遵照未真補永一字（5553）號代電新訂辦法辦理為要。省補委會秘二（八）即

附人馬表乙份

福建省补给委员会关于抄发省保安团队八月份驻防该县现有人马数通知表仰遵照新定办法（照国军待遇）办理的代电（1944 年 9 月 14 日） G137-001-0003

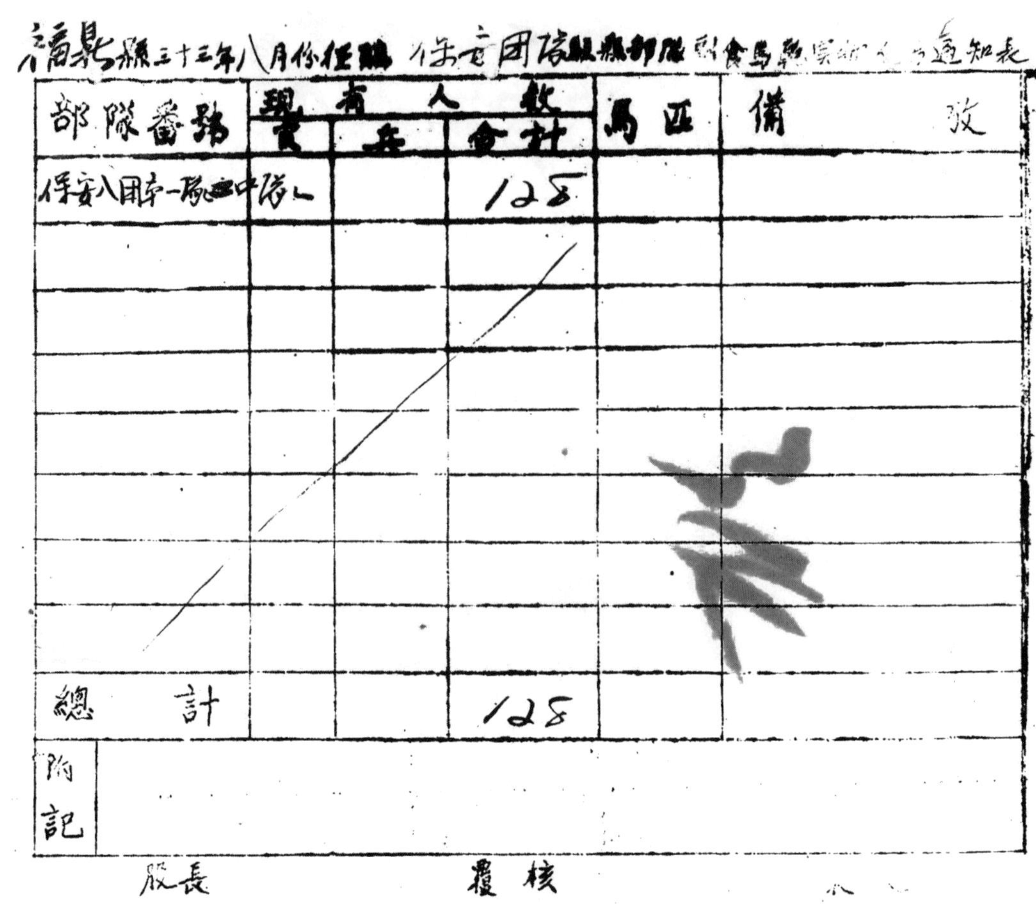

福鼎县三十三年八月份征购保安团队驻县部队副食马干实物人马通知表

部隊番號	現有人數			馬匹	備考
	官	兵	合計		
保安八团第一大队四中队			128		
總計			128		
附記					

股長　覆核

附件：福鼎县三十三年八月份征购保安团队（保八团第一大队）驻县部队副食马干实物人马通知表

（1944年9月14日）　G137-001-0003

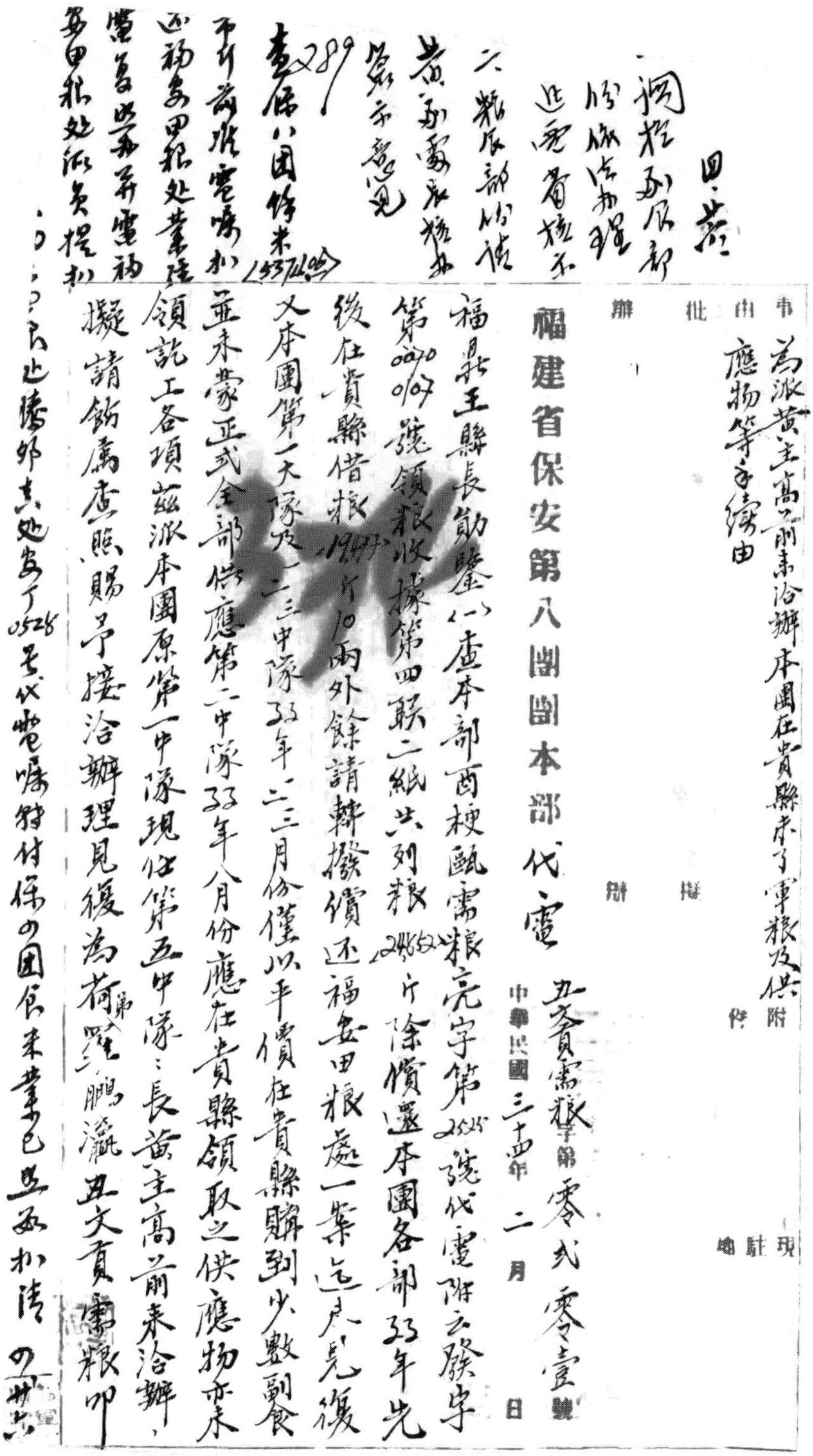

事由：為派黃主高前來洽辦本團在貴縣未了軍粮及供應物等手續由

福建省保安第八團團本部代電

中華民國三十四年二月 日 丑文貢需粮字第零貳零壹號

福鼎王縣長勛鑒：（一）查本部前梗甌需粮完字第2525號代電附云換字第007049號領粮收據第四聯二紙共列粮2465斤，除償還本團各部33年先後在貴縣借粮1347斤10兩外，餘請轉撥償還福鼎田粮處一案，迄今尚未見復。又本團第一大隊及一二三中隊33年一二三月份僅以平價在貴縣購到少數副食，並未蒙正式全部供應；第二中隊33年八月份應在貴縣領取之供應物亦未領訖。（二）各項茲派本團原第一中隊現任第五中隊中隊長黃主高前來洽辦，擬請飭屬查照，賜予接洽辦理見復為荷。第八團團長鵬瀛丑文貢需粮叩

福建省保安第八团团本部关于派员前来洽办本团在贵县未了军粮及供应物等手续的代电

（1945年2月12日） G137-001-0004

福鼎县政府关于保八团派员携省颁供应证来县请补领该团一大队三十三年一二三八月份副食如何办理的代电（1945 年 4 月 25 日） G137-001-0004

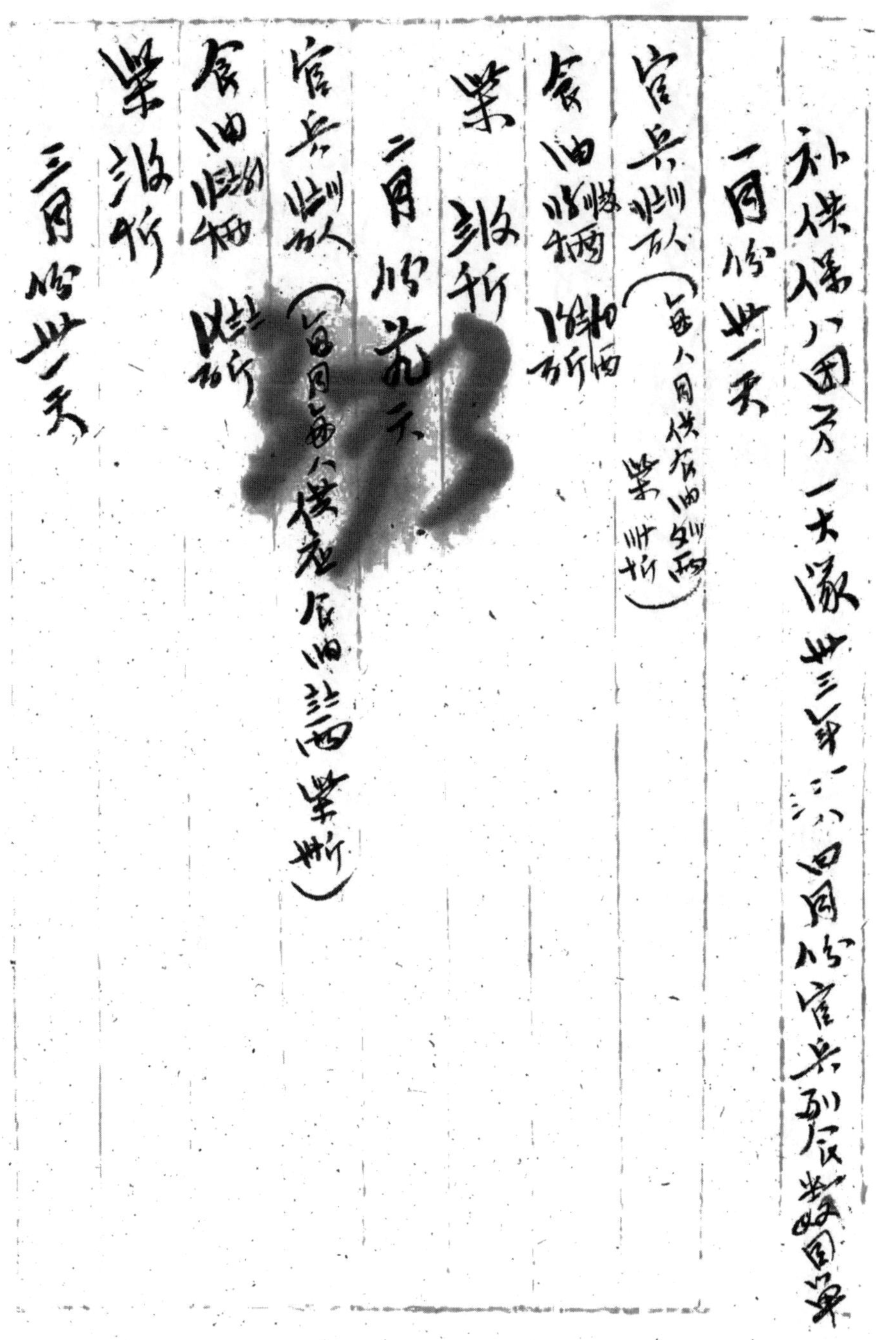

附件:补供保安第八团第一大队三十三年一二三八月份官兵副食数目单
(1945 年 4 月 25 日)a 面　G137-001-0004

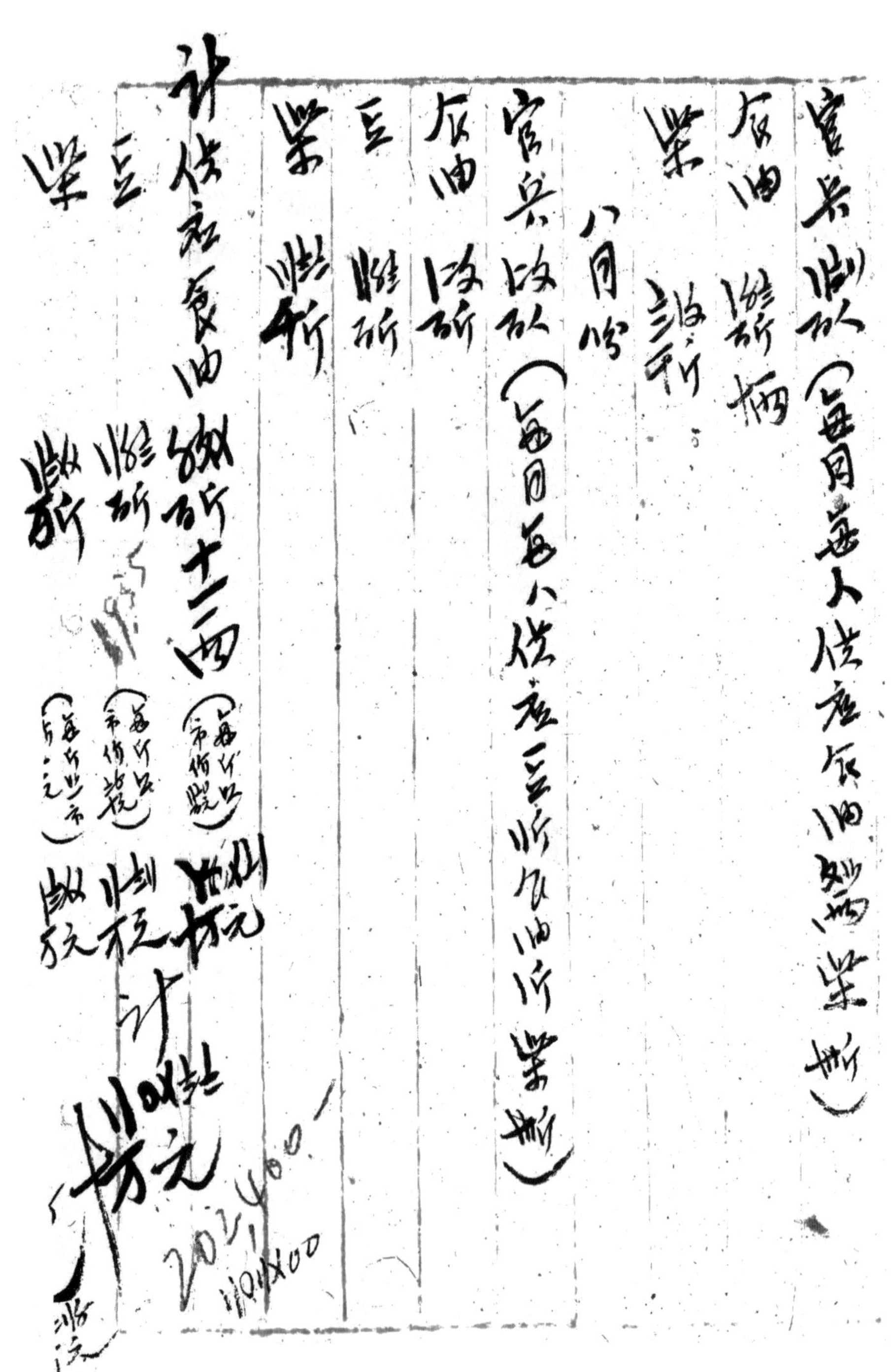

附件：补供保安第八团第一大队三十三年一二三八月份官兵副食数目单

(1945 年 4 月 25 日)b 面　G137-001-0004

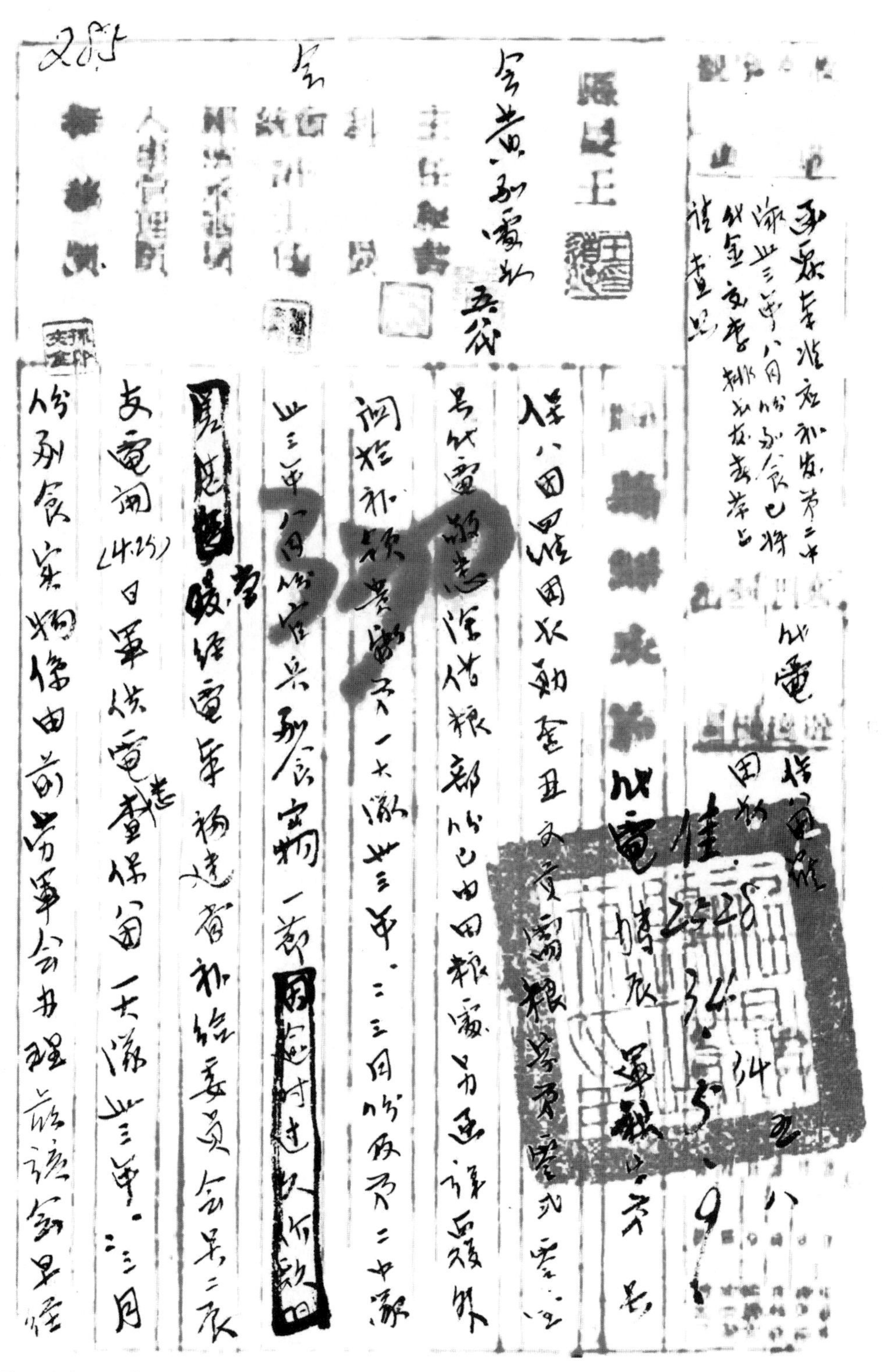

福鼎县政府关于奉准补发保八团第二中队三十三年八月份副食已将代金交李友春分队长带上的代电

（1945 年 5 月 9 日） G137-001-0004

福鼎县政府关于奉准补发保八团第二中队三十三年八月份副食已将代金交李友春分队长带上的代电

（1945 年 5 月 9 日） G137-001-0004

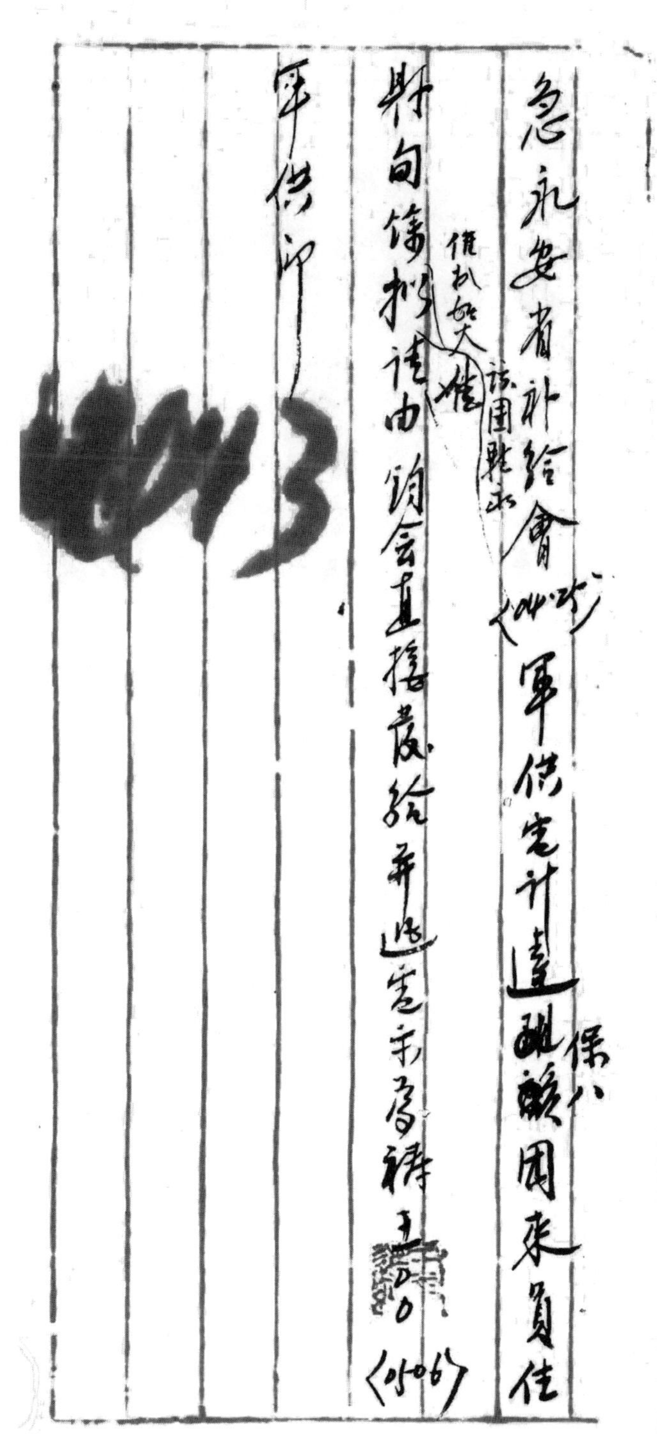
327

急永安省补给会（0425）军供处计处遵保八团派员来县佳（佳）县旬余催拨如火请准由钧会直接发给并迅电示遵福鼎县长…

福鼎县政府关于保安第八团派员来县旬余催拨如火请准由钧会直接发给并迅电示遵的急电

（1945年5月6日） G137-001-0004

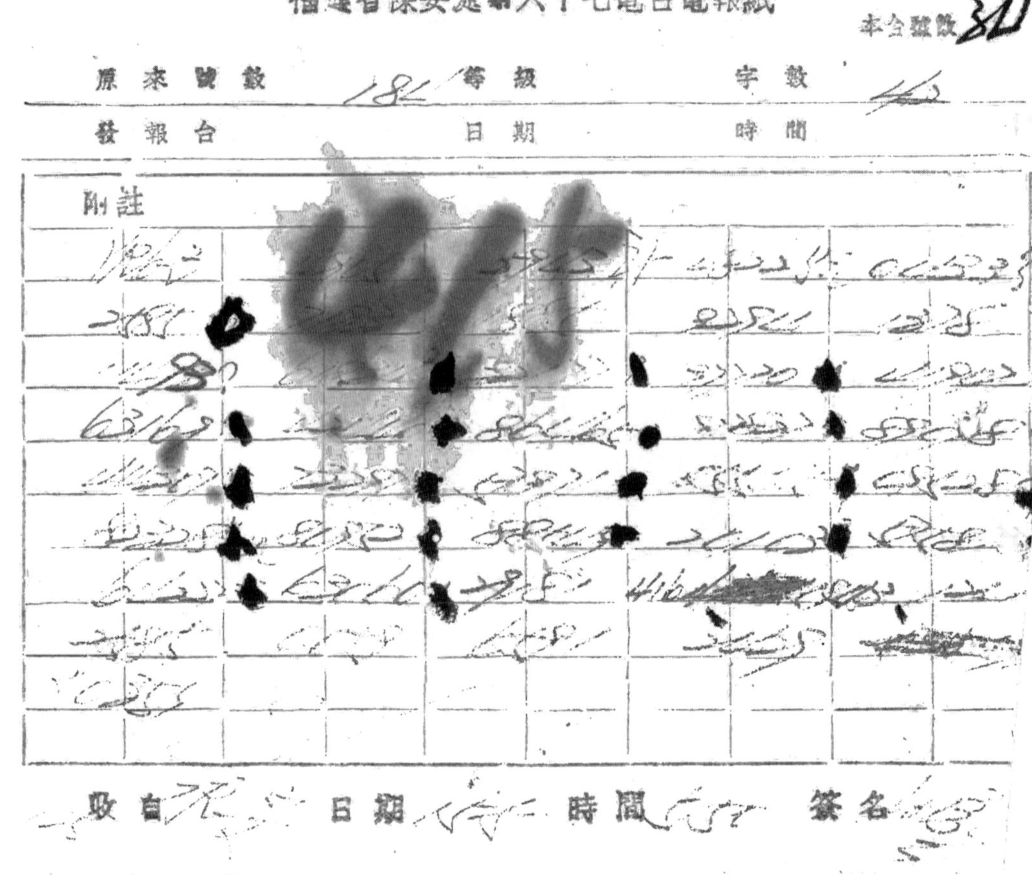
福建省保安處第六十七電台電報紙
本台號數
原來號數 等級 字數
發報台 日期 時間
附註
收自 日期 時間 簽名

福建省补给委员会关于保八团副食一节按辰支电办理的电报

（1945 年 5 月 12 日） G137-001-0004

328

會 改

福鼎縣政府來電紙 34.5.16

縣補給分會：請直接發給保八團副食一節，仰遵照本部辰支電辦理。省補給會。二辰〔魚〕

福鼎县政府译福建省补给委员会关于保八团副食一节按辰支电办理的电文

（1945 年 5 月 12 日） G137-001-0004

2.防空队

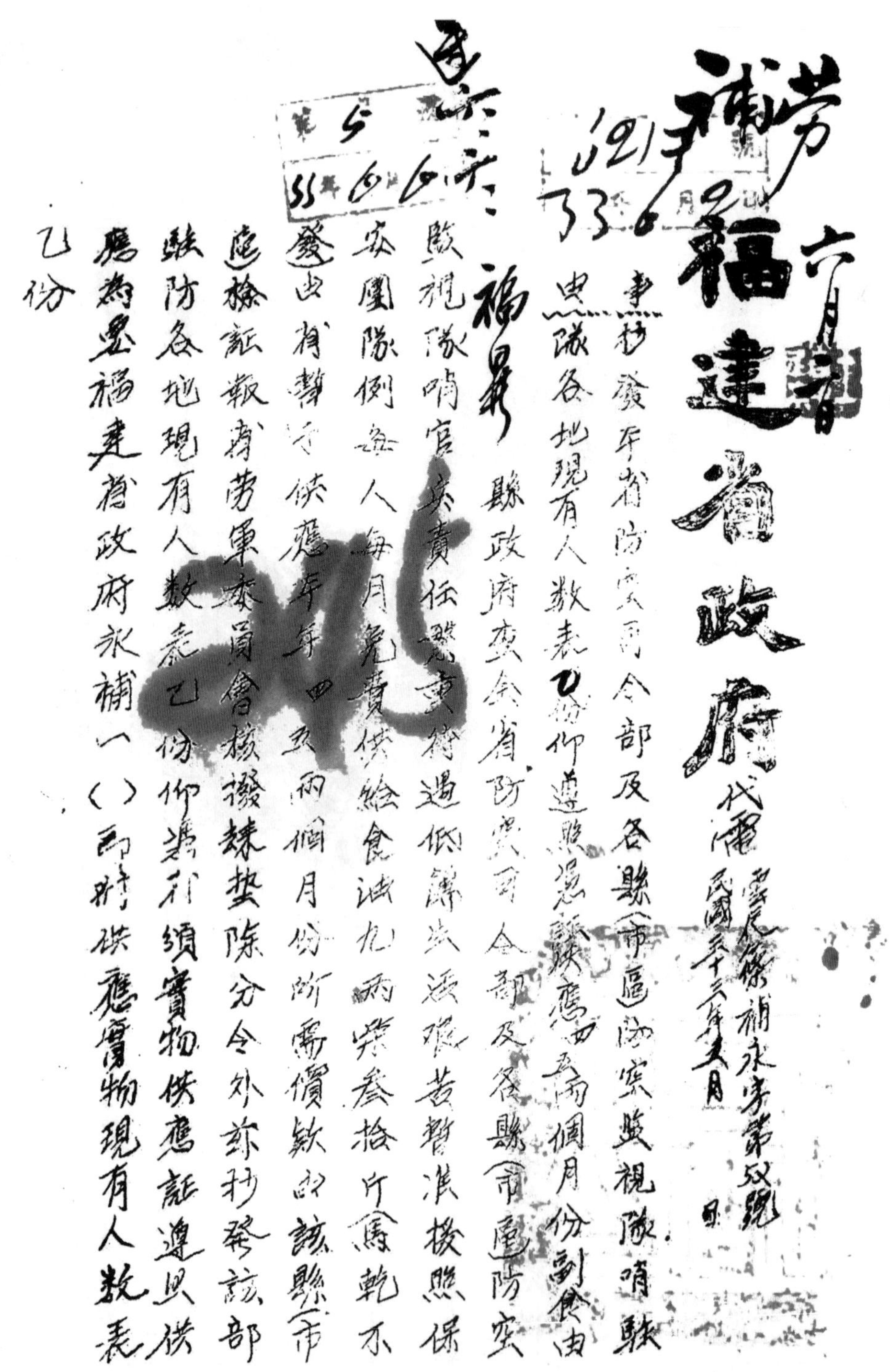
福建省政府代電　民國三十三年五月　日　保補永字第　號

事由：抄發本省防空司令部及各縣（市區）防空監視隊哨駐隊各地現有人數表乙份仰遵照憑證供應四五兩個月份副食由

縣政府：查奉省防空司令部及各縣（市區）防空監視隊哨官兵責任艱重待遇低薄此次經呈奉准按照保安團隊例每人每月免費供給食油九兩柴叁拾斤（薪乾）不發由精鹽肉供應本年四五兩個月份所需價款由該縣（市區）徑報省勞軍委員會核撥歸墊除分令外茲抄發該部隊駐防各地現有人數表乙份仰憑核須實物供應詳遵照供應為要。福建省政府永補一（　）西時。附供應實物現有人數表乙份

福建省政府关于抄发本省防空司令部及各县区防空监视队哨驻队各地现有人数表仰遵照凭证供应四五月份副食的代电（1944 年 5 月 17 日）　G137-001-0004

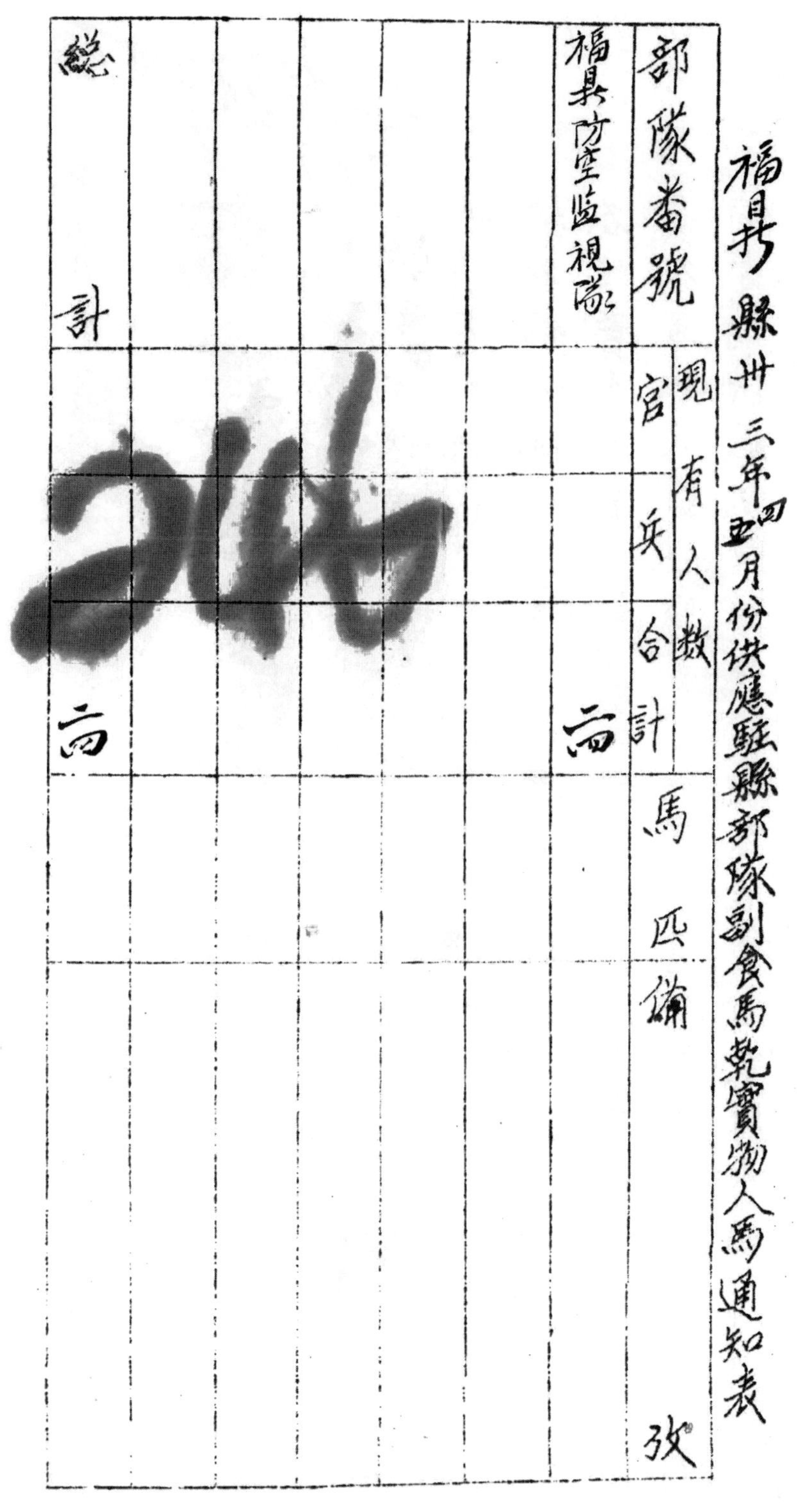

福鼎县卅三年四五月份供應駐縣部隊副食馬乾實物人馬通知表

部隊番號	現有人數 官	兵	合計	馬匹備
福鼎防空监視隊			〡〢	
總計			〡〢	

附件：福鼎县三十三年四五月份供应驻县部队（福鼎防空监视队）副食马干实物人马通知表

（1944年5月17日） G137-001-0004

福建省政府关于饬令继续补给省防空部队六月份副食一个月的代电

（1944 年 6 月 19 日） G137-001-0003

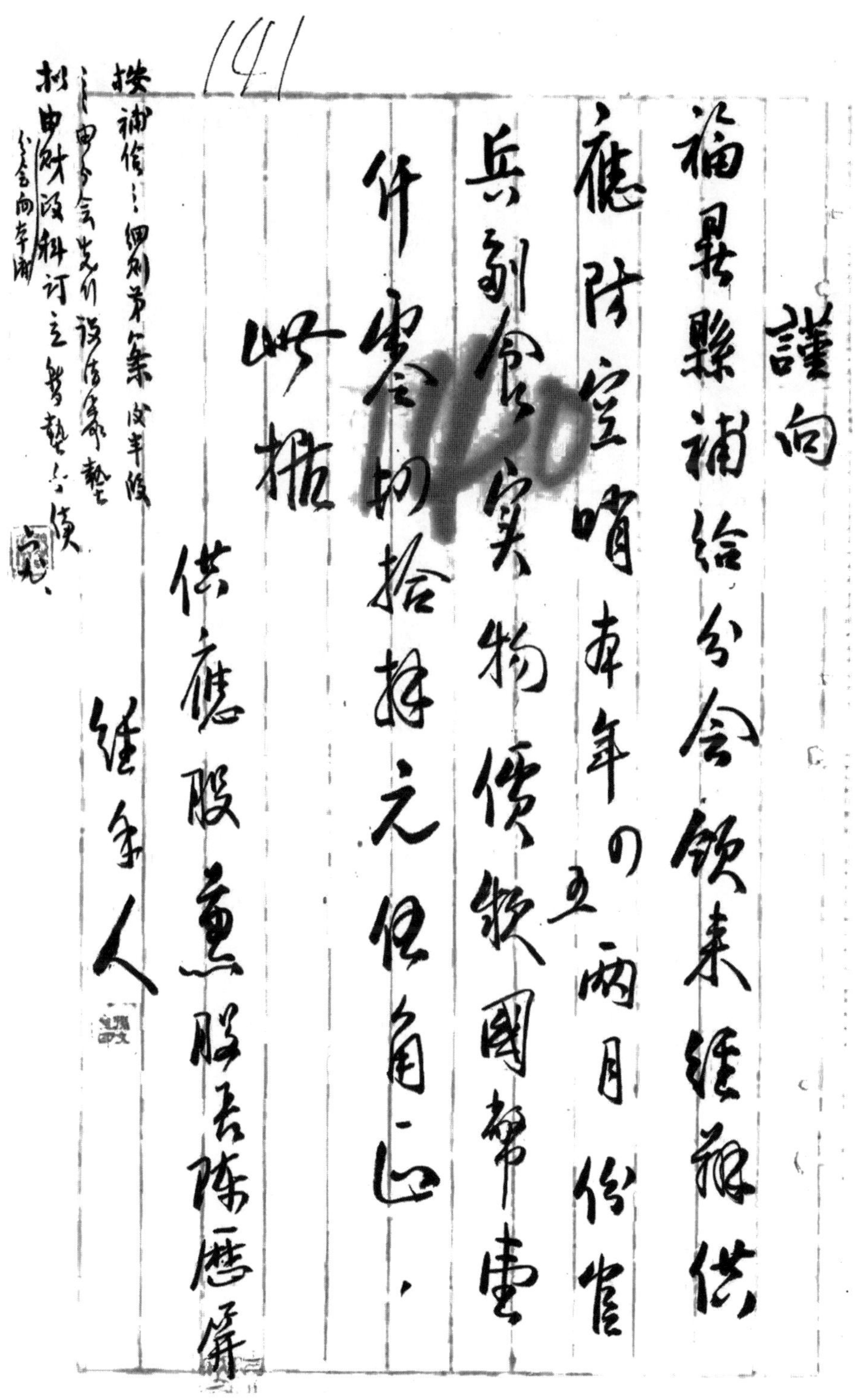

141

謹向

福鼎縣補给分会領来經辦供

應防空哨本年四、五兩月份官

兵副食實物價款國幣壹

仟零捌拾肆元伍角正。

此據

供應股

供應股[illegible]股長陳應屏

經手人

按補償之四月份第一案改半價
之之由分會先行設法墊整
擬由財政科訂之暫墊不償
之之[illegible]向[illegible]
[illegible]

福鼎县补给分会供应股领来供应防空哨副食实物价款的领据

（1944 年 6 月） G137-001-0002

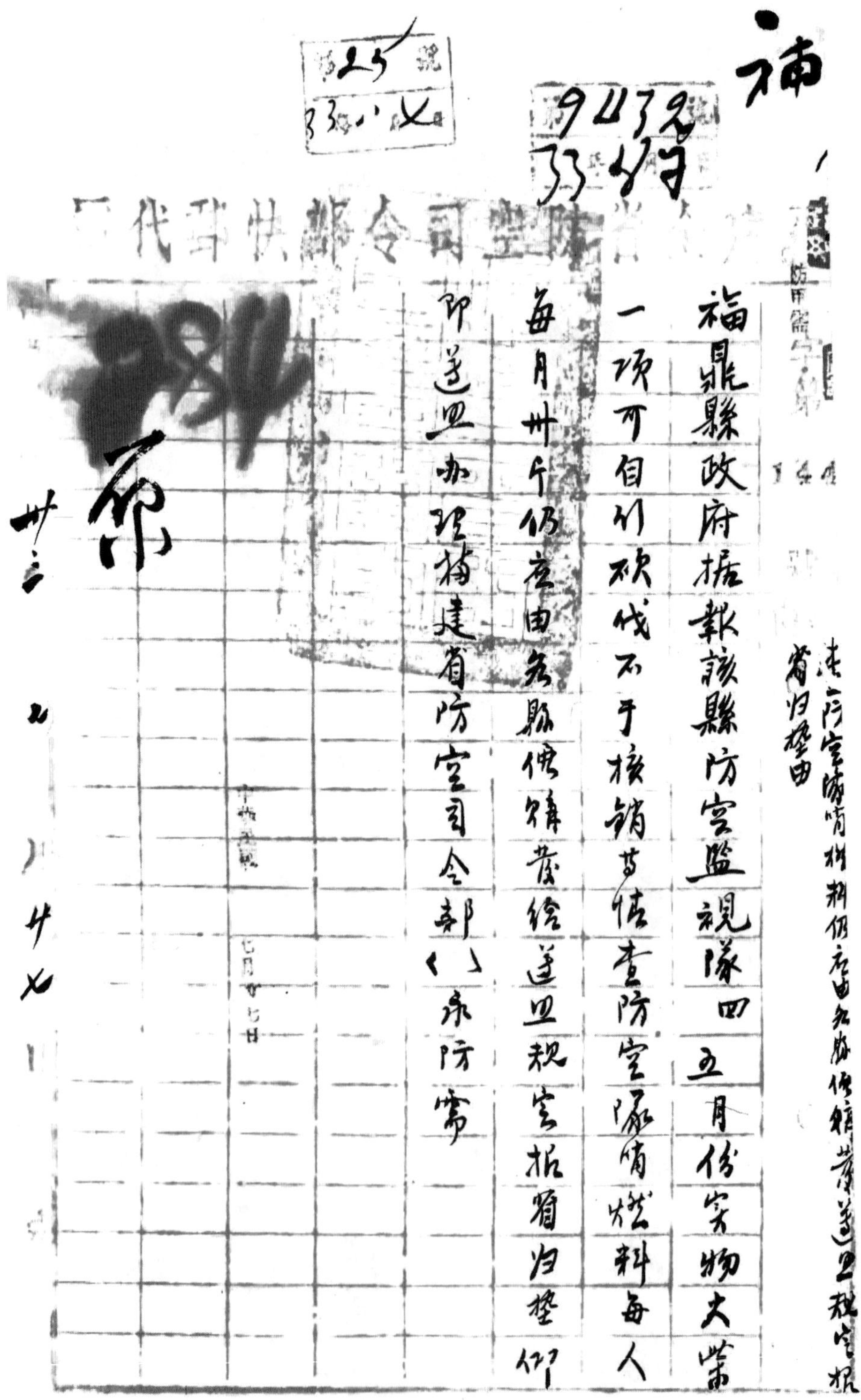
福建全省防空司令部快郵代電

福鼎縣政府據報該縣防空監視隊四五月份實物大米一項可自行收代不予核銷等情查防空隊哨燃料每人每月卅斤仍應由各縣價購發給遵照規定報省歸墊仰即遵照辦理福建省防空司令部（午）感防需

查防空隊哨燃料仍應由各縣價購發遵照規定報省歸墊由

七月廿七日

福建全省防空司令部关于防空队哨燃料仍应由各县价购发遵照规定报省归垫的快邮代电

（1944 年 7 月 27 日） G137-001-0003

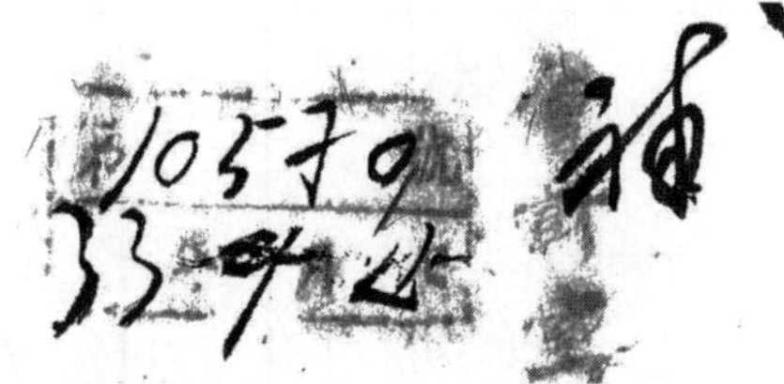

福建省補給委員會代電

事抄發省防空部隊七月份駐防該縣應需副食人數通知表乙份仰即遵照清結由

福鼎縣補給分會兹抄發省防空部隊七月份駐防該縣現有人數通知表乙份仰即遵照原規定請發副食并予核結為要省補委會歉二[illegible]印附表乙份

福建省补给委员会关于抄发省防空部队七月份驻防该县应需副食人数的通知表仰即遵照清结的代电

（1944 年 8 月 22 日） G137-001-0003

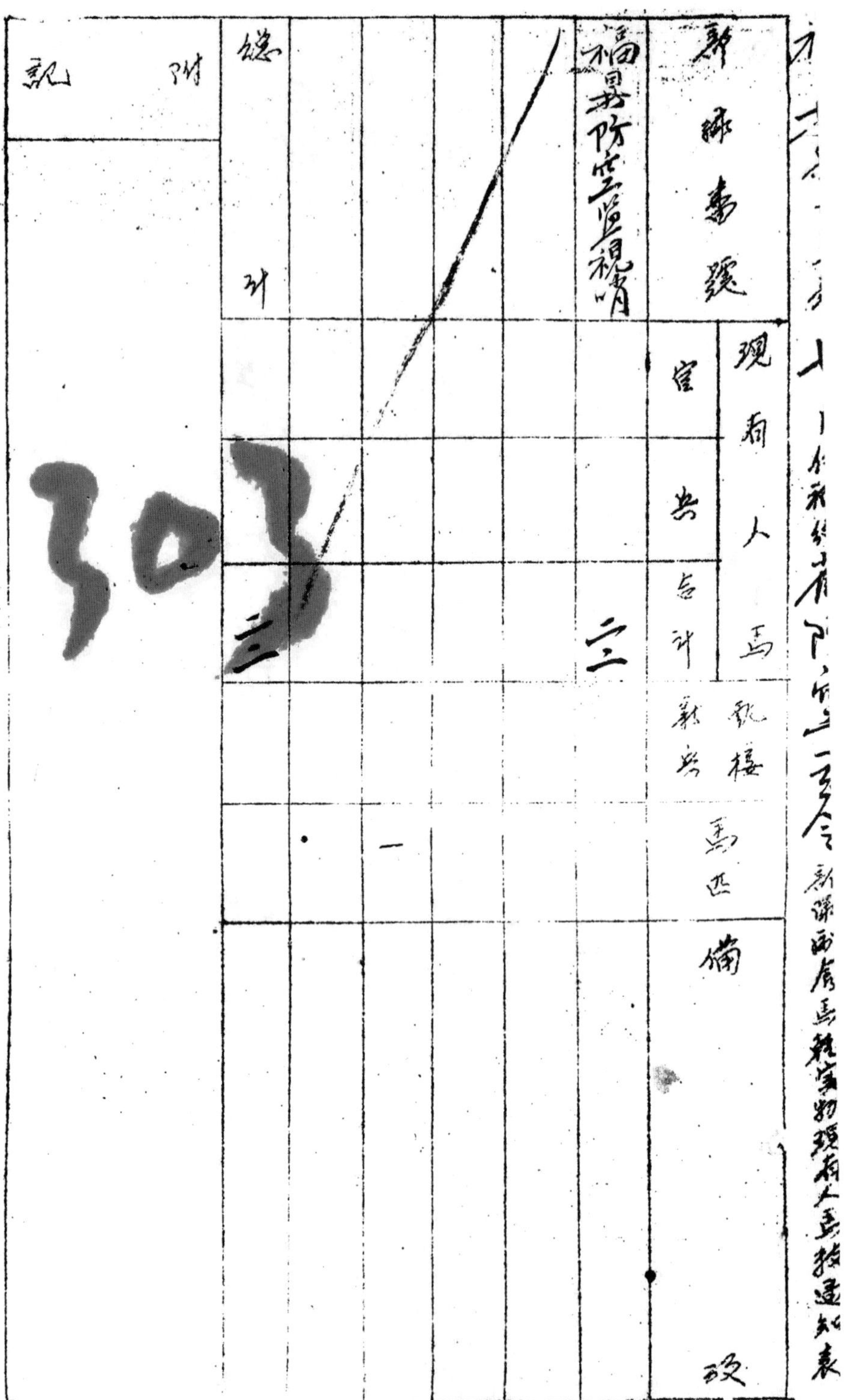

附件:福鼎县三十三年七月份补给省防空驻县部队副食马干实物现有人马数通知表
(1944年8月22日) G137-001-0003

福建省補給委員會代電 雲未有借秘一字第661號

事由 拟訂省級團隊食什購發辦法電仰遵照由

補給分会查保安團隊及防空隊自八月份起增發盐一案因食盐係属公費款規定由駐在地之部隊依照核定人数每月備函向當地盐務分局証明由各縣(市區)補給分会代價購買轉發以資便捷而符手续除函福建盐務管理局查照轉飭各分局辦理并電保安處及省防空司令部飭属遵辦外合亟電仰該分会遵照辦理為要省補委会秘一(八)印

福建省补给委员会关于拟订省级团队食盐购发办法仰各分会遵办的代电

(1944 年 8 月 25 日) G137-001-0003

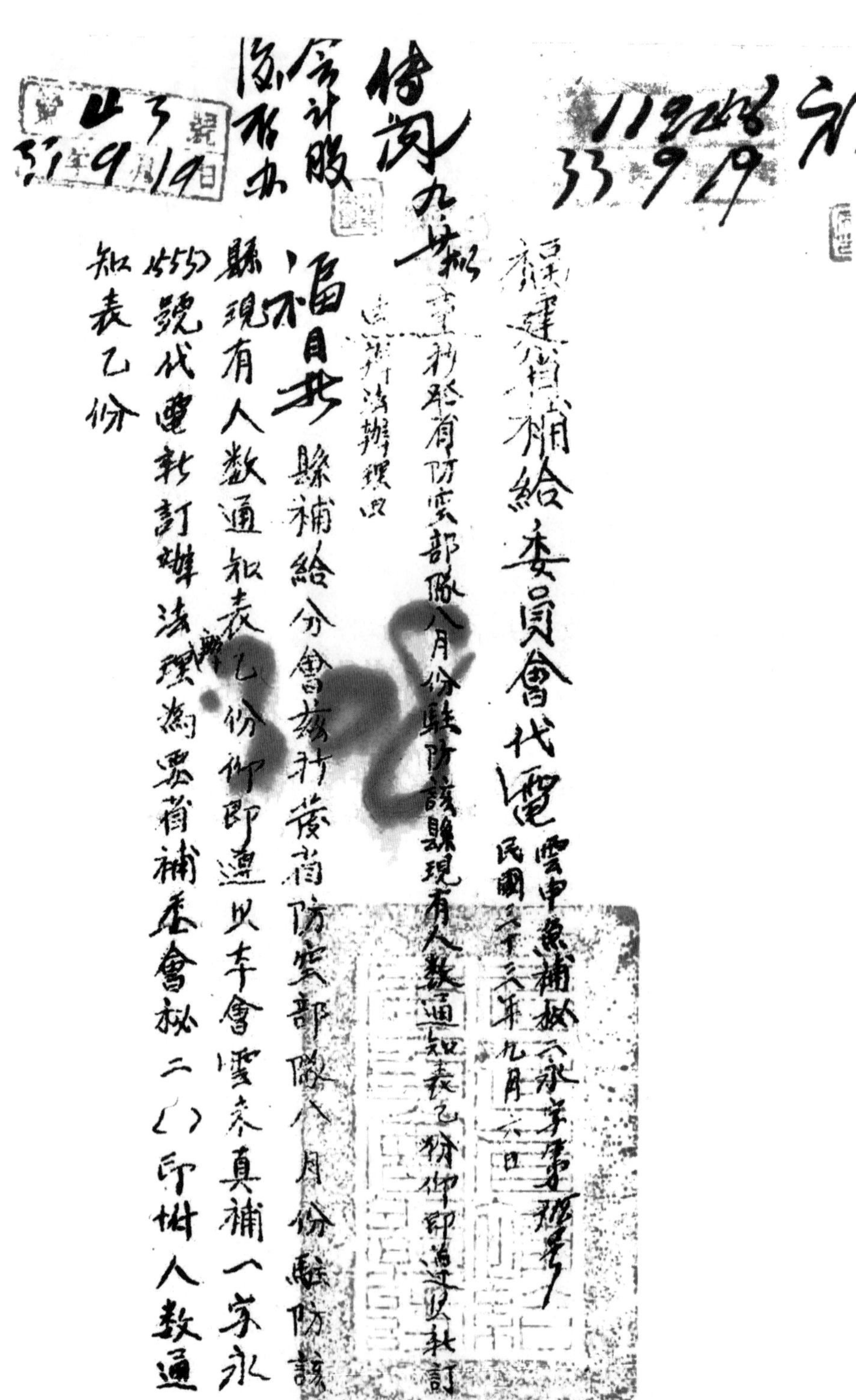

福建省补给委员会关于抄发省防空部队八月份驻防该县现有人数通知表仰即遵照新订办法办理的代电(1944 年 9 月 6 日)　G137-001-0003

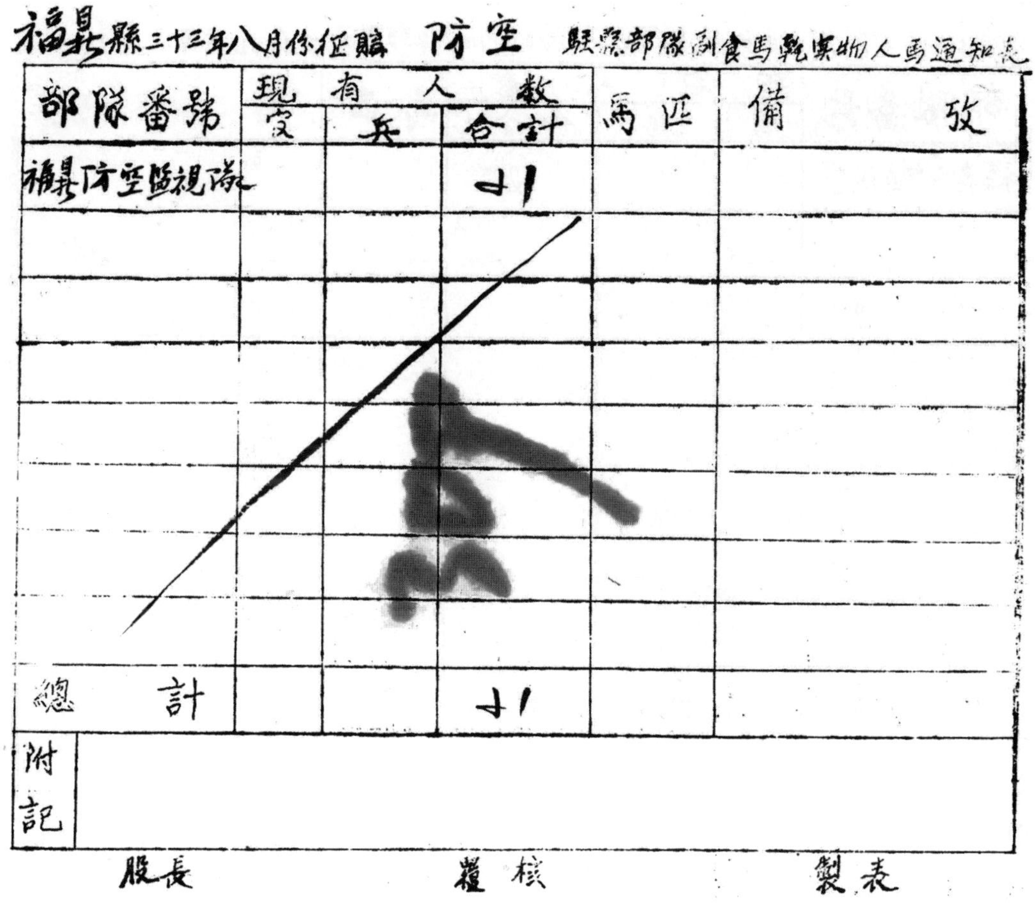

福鼎县三十三年八月份征购 防空 驻县部队副食马乾实物人马通知表

部队番号	现有人数			马匹	备考
	官	兵	合计		
福鼎防空监视队			十一		
总计			十一		
附记					

股长　　覆核　　制表

附件：福鼎县三十三年八月份征购防空驻县部队副食马干实物人马通知表

（1944 年 9 月 6 日）　G137-001-0003

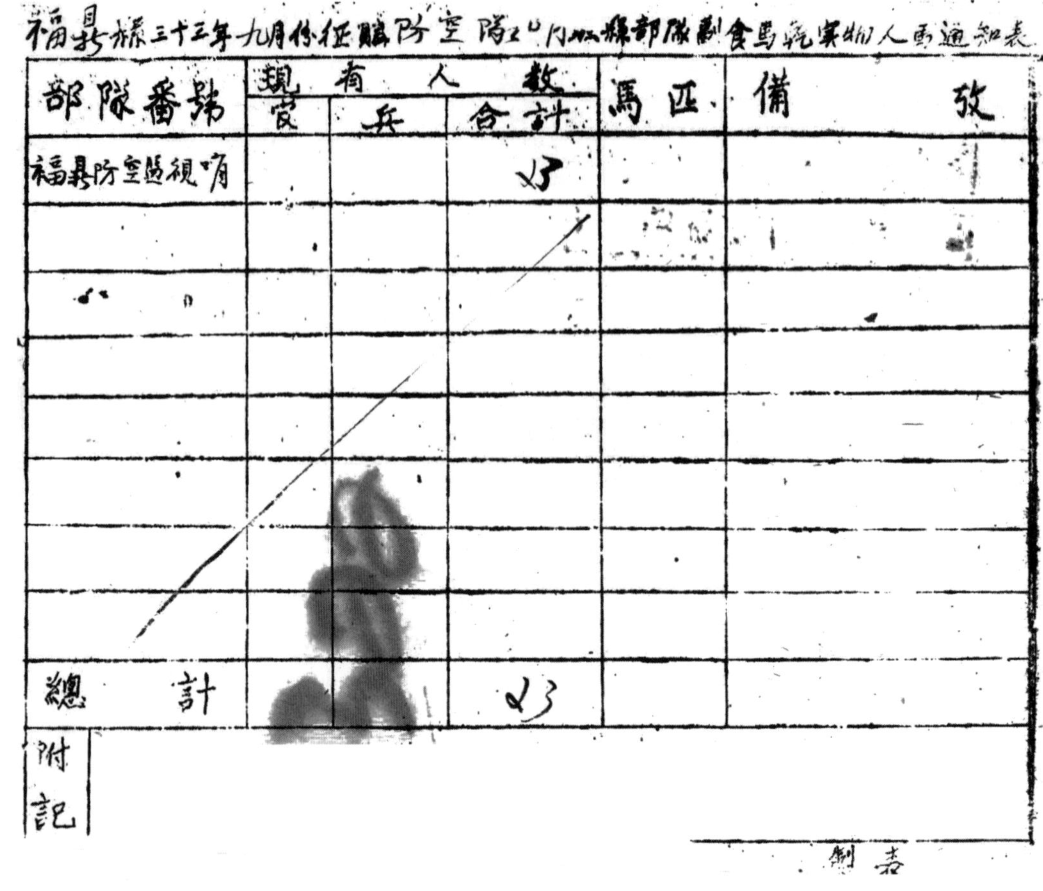

福鼎县三十三年九月份征購防空隊哨駐縣部隊副食馬乾實物人馬通知表

部隊番號	現有人數			馬匹	備攷
	官	兵	合計		
福县防空监視哨			23		
總計			23		

附記

製表

附件:福鼎县三十三年九月份征购防空队哨驻县部队副食马干实物人马通知表

(1944年10月) G137-001-0003

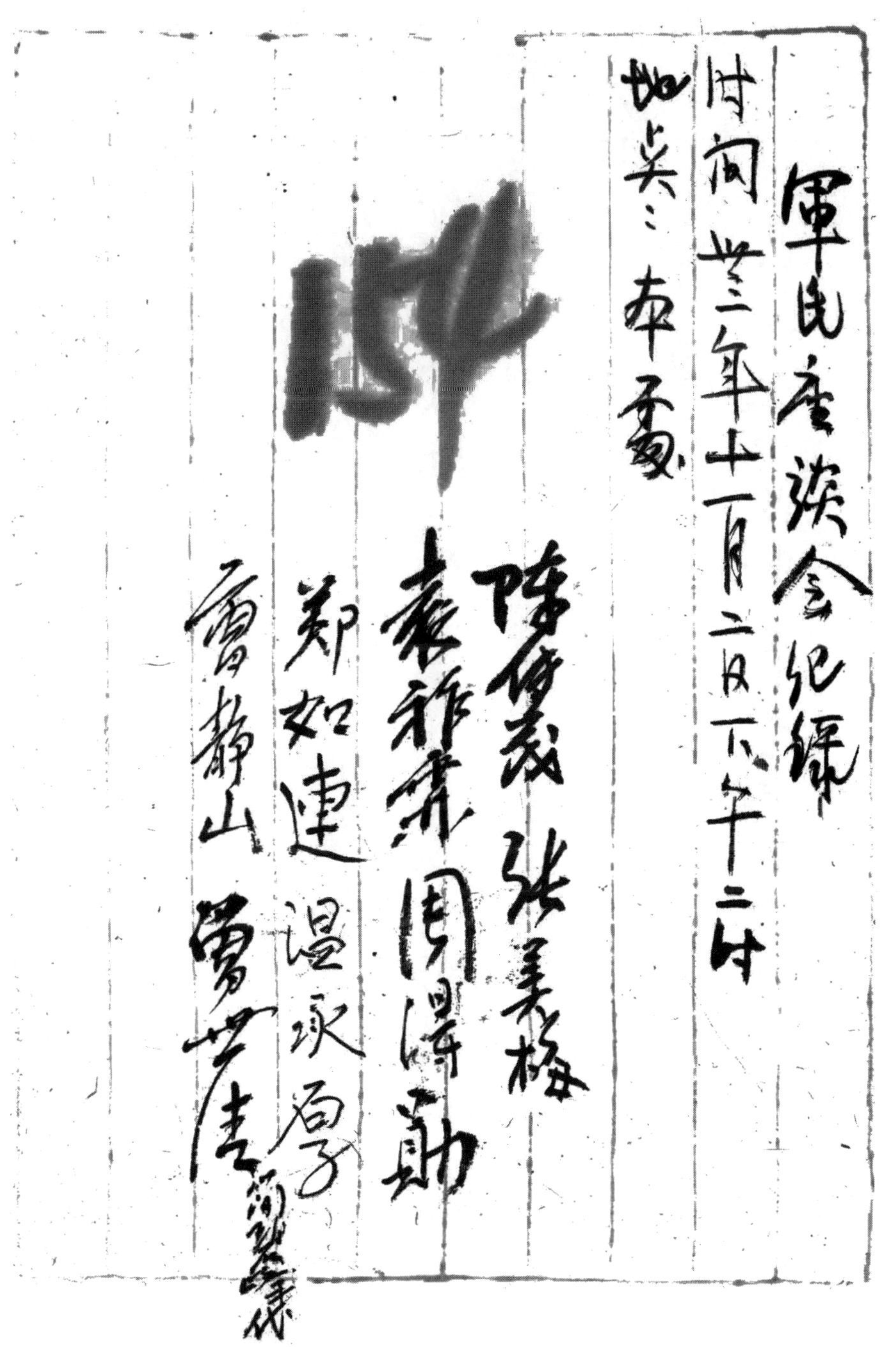

軍民座談會紀錄

時間 卅三年十一月二日下午十二時

地點：本府

陳傳義 張美梅

袁祚霖 周懌勳

鄭如連 温承學

曾靜山 曾世清（何鶴年代）

军民座谈会记录：讨论如何依法征购供应防空监视队本年七至十月份食油案及议决负担数额（1944年11月2日）a面 G137-001-0002

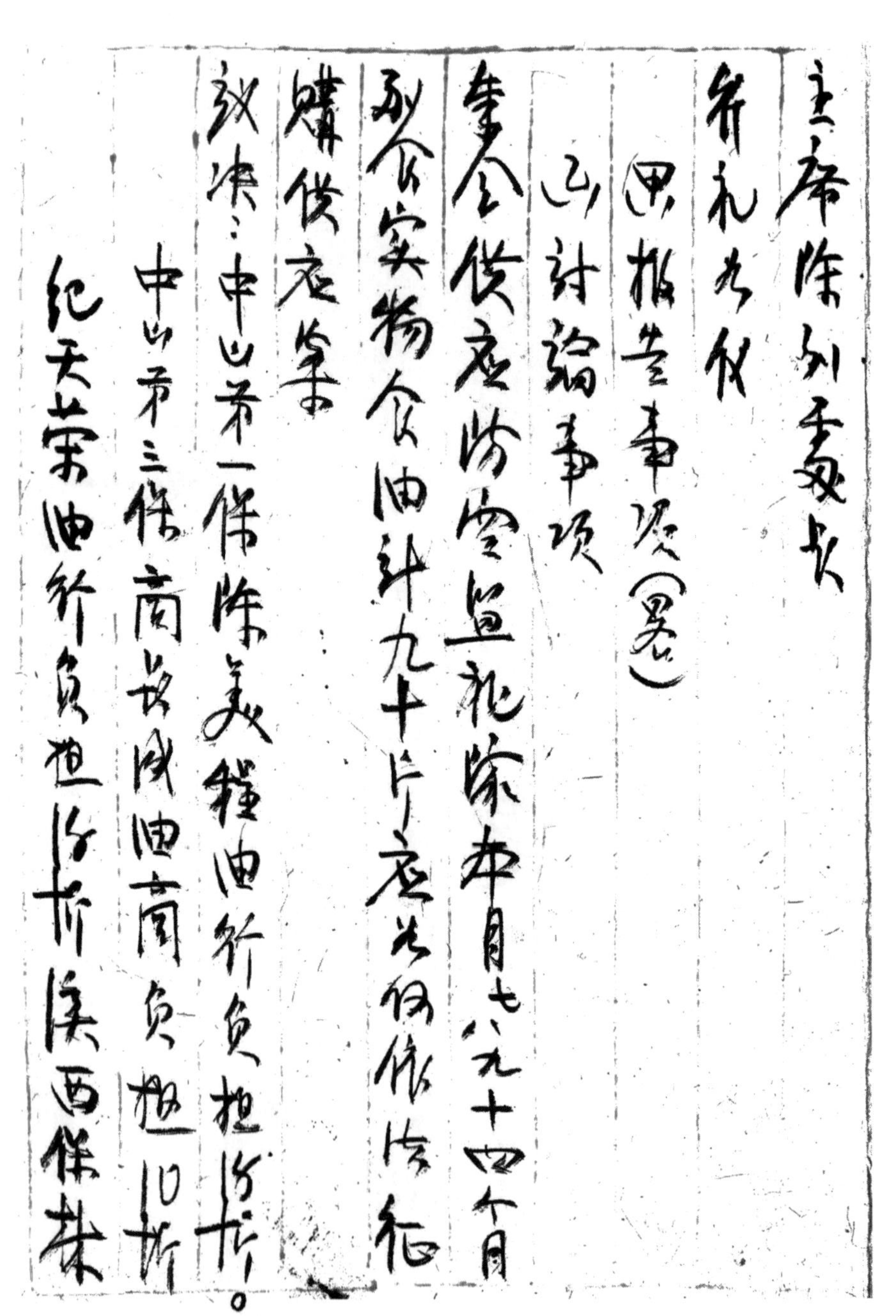

主席陈列委员长

行礼如仪

甲、报告事项（略）

乙、讨论事项

奉令供应防空监视队本月七八九十四个月份食实物食油计九十斤应如何依法征购供应案

议决：中山第一保陈义锺油行负担[illegible]斤。

中山第三保商会成油商负担10斤

纪天荣油行负担[illegible]斤溪西保林

军民座谈会记录：讨论如何依法征购供应防空监视队本年七至十月份食油案及议决负担数额

（1944年11月2日）b面　G137-001-0002

156

宝兴负担16斤，纪河象负担16斤，中（由商）
正一保平学顺（由商）负担16斤，中华二保陈
资益油行负担16斤，计九十斤整。照限
价每市斤捌玖元购买供应

军民座谈会记录：讨论如何依法征购供应防空监视队本年七至十月份食油案及议决负担数额

（1944年11月2日）b面　G137-001-0002

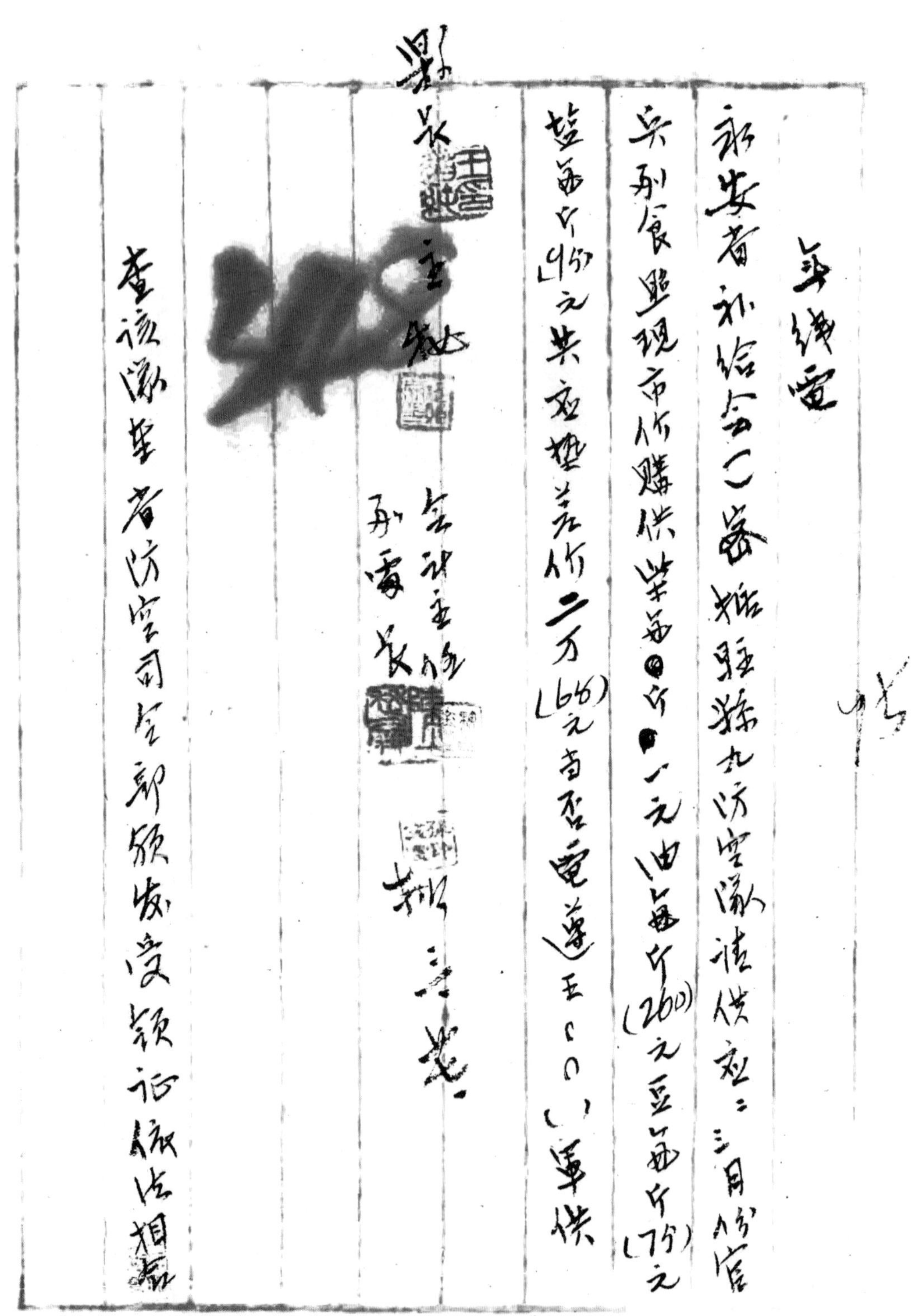

急缮电

永安省补给会(二)密。据驻县九防空队请供应二三月份官兵副食照现市价购供，柴每斤一元，油每斤(260)元，豆每斤(75)元，盐每斤(45)元，共应垫差价二万(66)元，当否，电遵。王(　)军供

查该队系省防空司令部领发受领证依法相符

福建省补给委员会福鼎县分会关于驻县防空哨队请供应二三月份副食实物应垫差价二万余元当否的请示电(附表)(1945年3月27日)　G137-001-0003

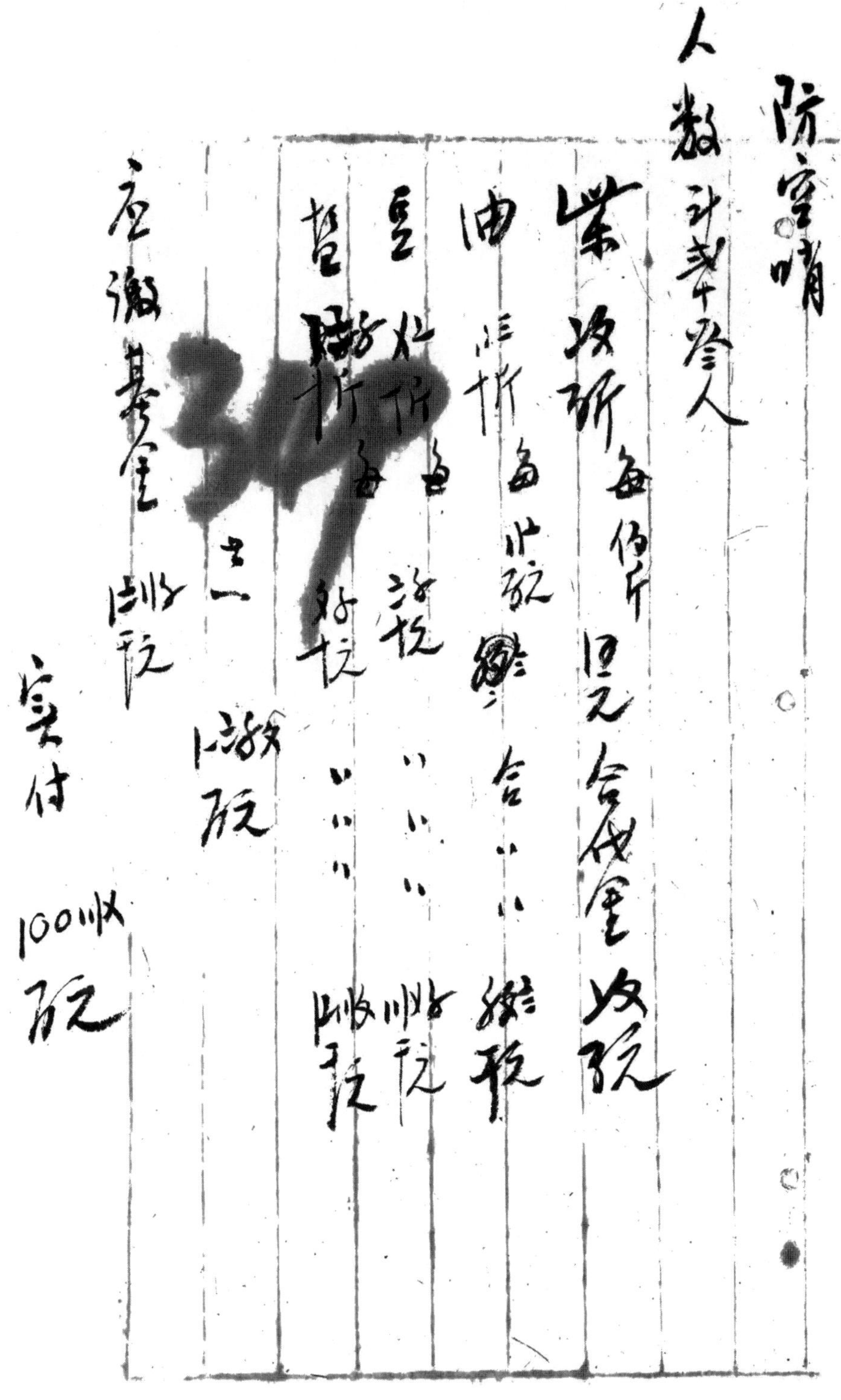

附件：驻县防空哨队二十三人副食实物供应及垫款统计表

（1945年3月27日） G137-001-0003

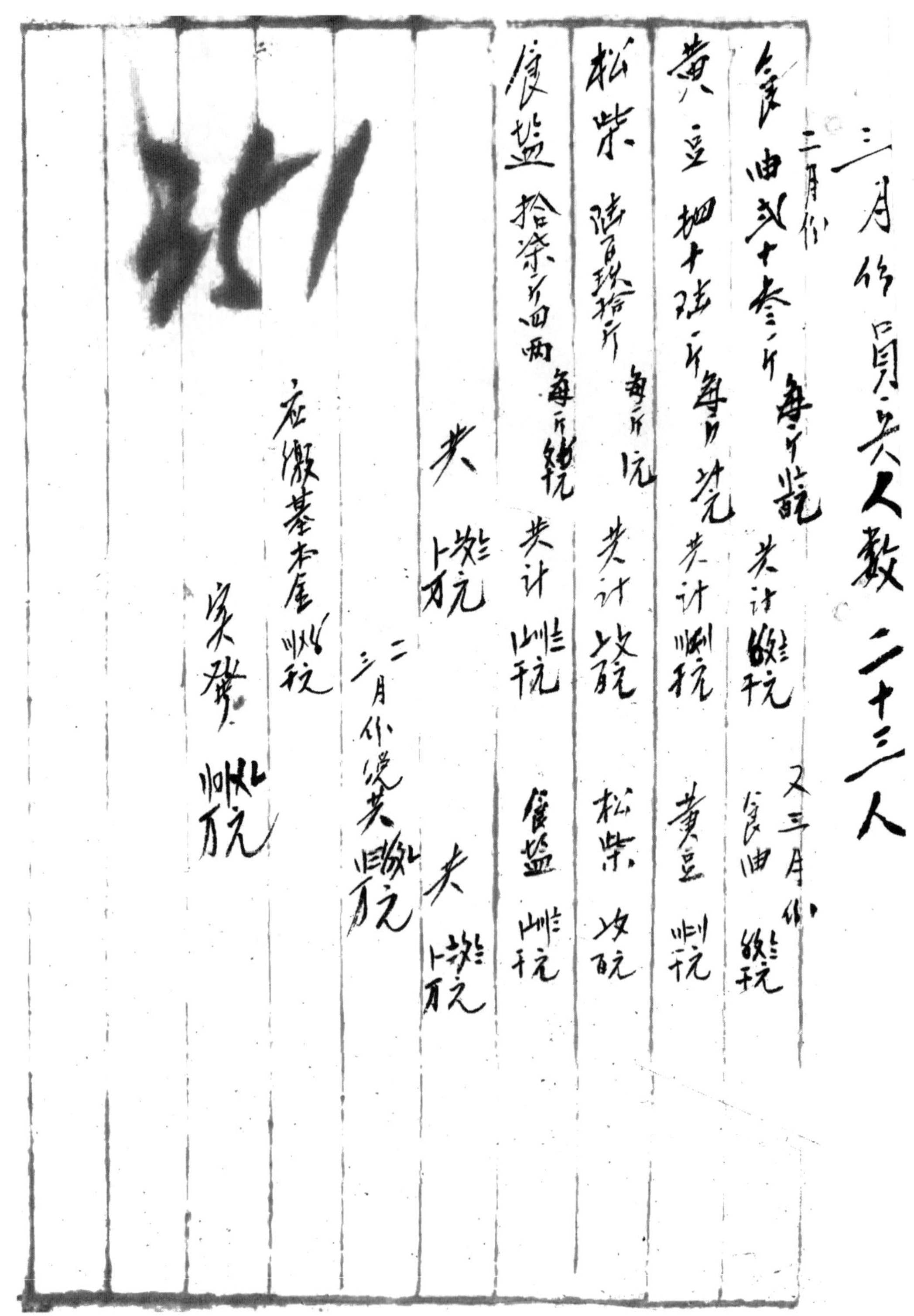

三月份员兵人数二十三人

二月份　食曲弍十叁斤　每斤[illegible]元　共计[illegible]元　又三月份　食曲　[illegible]元

黄豆捌十陆斤　每斤[illegible]元　共计[illegible]元　黄豆　[illegible]元

松柴陆百玖拾斤　每斤[illegible]元　共计[illegible]元　松柴　[illegible]元

食盐拾柒斤四两　每斤[illegible]元　共计[illegible]元　食盐　[illegible]元

共　[illegible]元　　共　[illegible]元

二三月份总共　[illegible]元

应缴基本金　[illegible]元

实发　[illegible]元

附件：驻县防空哨队二三月份员兵二十三人副食实物供应统计表

（1945 年 3 月 27 日）　G137-001-0003

交通部电报局
TELEGRAPH OFFICE
MINISTRY OF COMMUNICATIONS

由 From	流水号数 Sequence No. 13	报类 Class	发报局名 Office From	电报号数 Telegram No.
时间 Time 1120	原来号数 Original No. 5229	字数 Words 76/75	日期 Date 7	时间 Time 2000
收报员	备注 Service Instructions			

5943 4833 0433 2585 (0312) 2480 6511、0181、
7193、1885、6115、4905、7089、4500、0783、(122)
0086、0057、0005、0357、2588、2076、7174、1275、
3670、0602、3564、6115、6805、3981、2414、4579、
0305、2135、5943、0108、6855、3623、1125、2784、
3670、3111、2295、2634、6277、3111、0001、2443、
2057、6277、5113、1443、2584、0108、2583、6258、
0110、7768、7625、0001、2443、0108、2582、0111、
4249、3564、2164、5942、1201、2585、4434、0059、
0602、7625

注意：如有查询请带此纸
Notice: Any enquiry respecting this telegram please produce this form

福建省补给委员会补秘二卯鱼电:驻该县防空哨队二三月份所需实物照准供应

(1945年4月6日) G137-001-0003

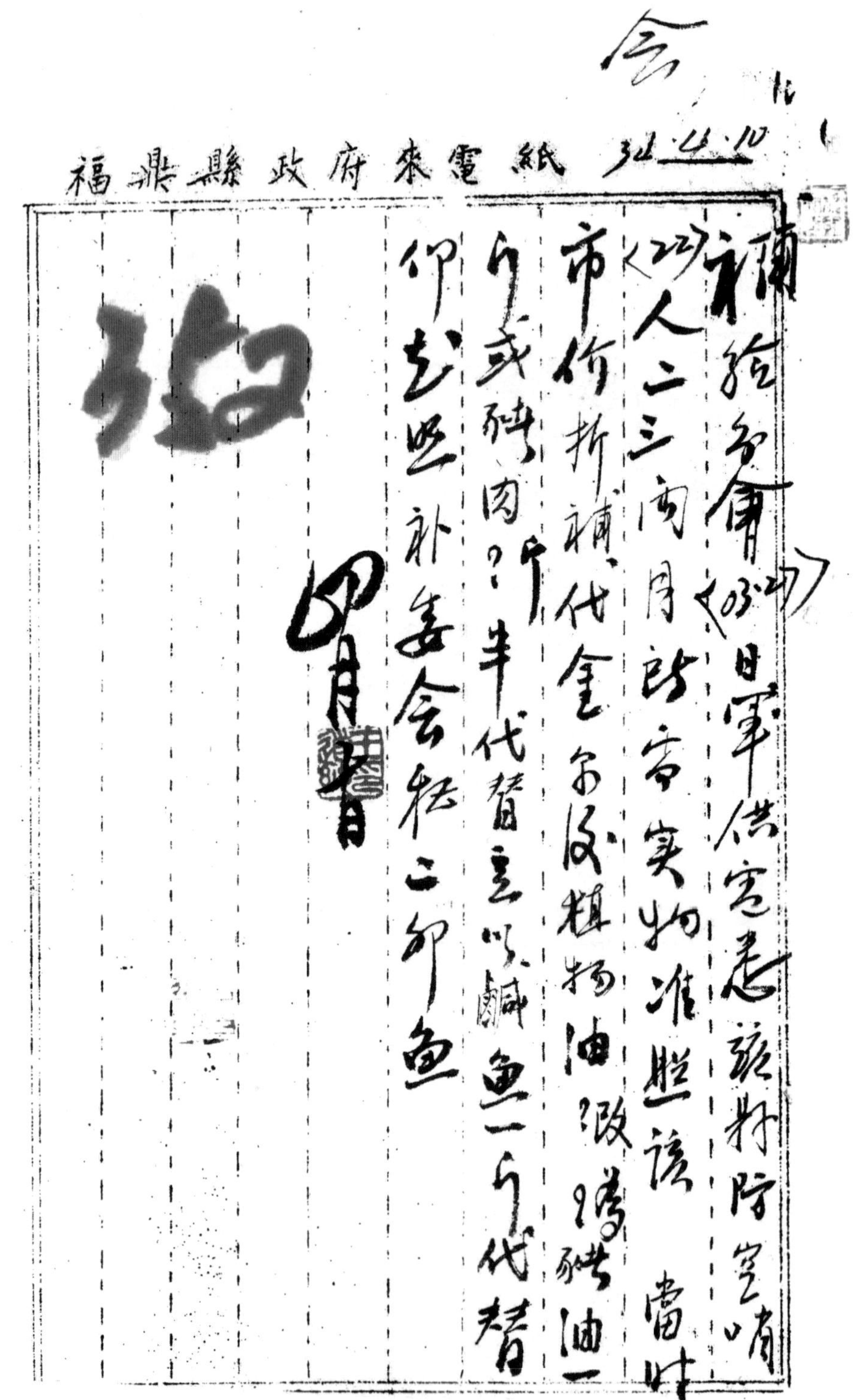
福鼎縣政府來電紙　34.4.10

補給分會〈0305〉日寅供宅悉該縣防空哨〈23〉人二三兩月防需實物准照該 當時市價折補代金米粮植物油改 豬油一斤或豬肉 斤半代替 並以鹹魚一斤代替仰知照 补委会 二卯魚

四月 日

福鼎县政府译福建省补给委员会关于驻该县防空哨队二三月份所需实物照准供应的电文

（1945 年 4 月 6 日）　G137-001-0003

3.保安第四团

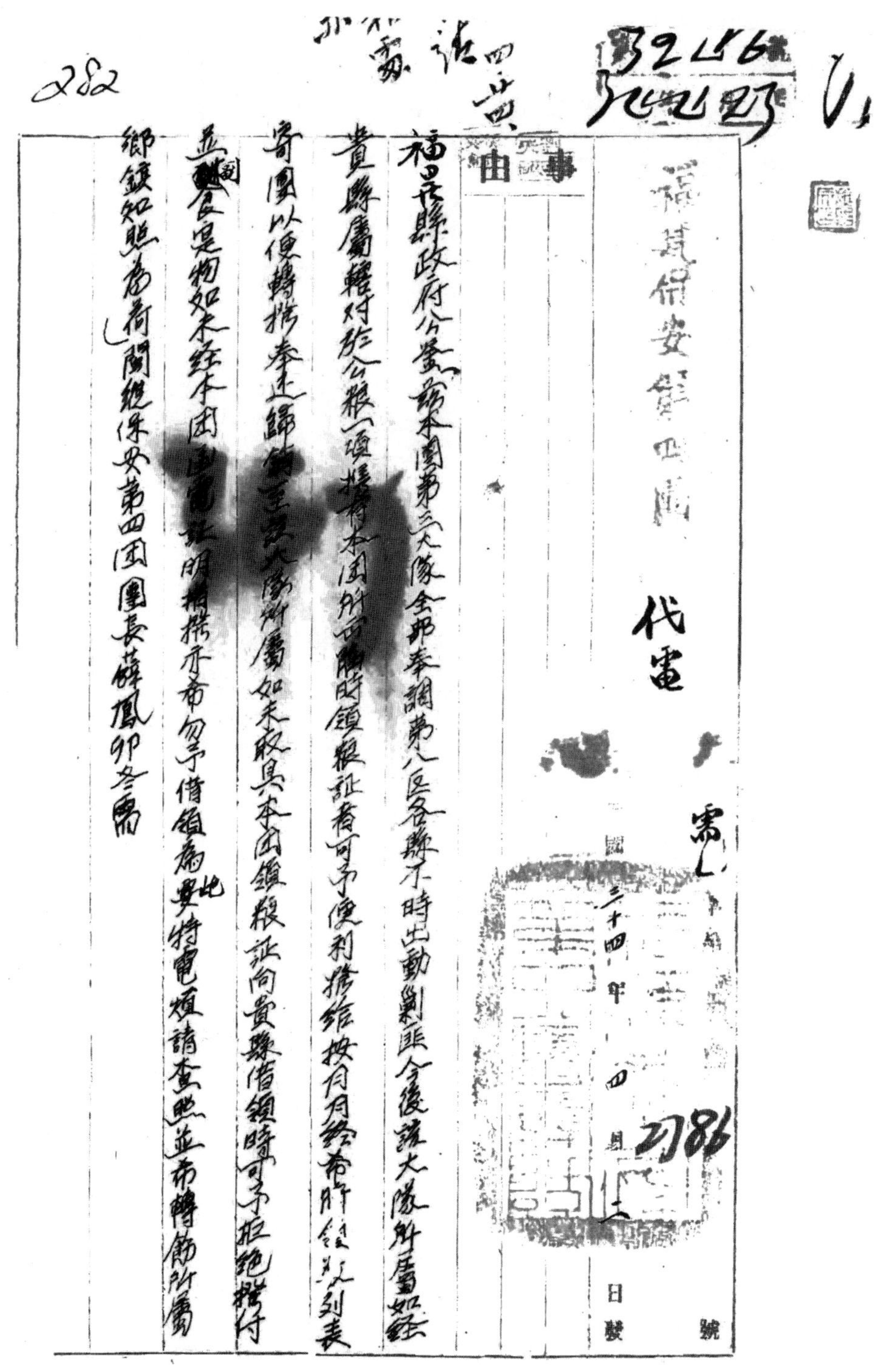

福建保安第四團

代電

事由

福鼎縣政府公鑒：茲本團第三大隊全部奉調第八區各縣不時出動剿匪，今後該大隊所需如經貴縣屬轄對於公粮一項，推持本團所發臨時領粮證者，可予便利撥給，按月月終，希將發放列表寄團，以便轉撥，奉述歸納至該大隊所屬如未取具本團領粮證向貴縣借領時，可予拒絕撥付。並副食是物如未經本團函電證明擔撥，亦希勿予借領為要。特電煩請查照，並希轉飭所屬鄉鎮知照為荷。閩綏保安第四團團長薛鳳卯冬印

三十四年四月二日

福建保安第四团关于未取具本团领粮证或未经函电证明者拒绝拨付勿予借领副食的代电

（1945 年 4 月 2 日） G137-001-0004

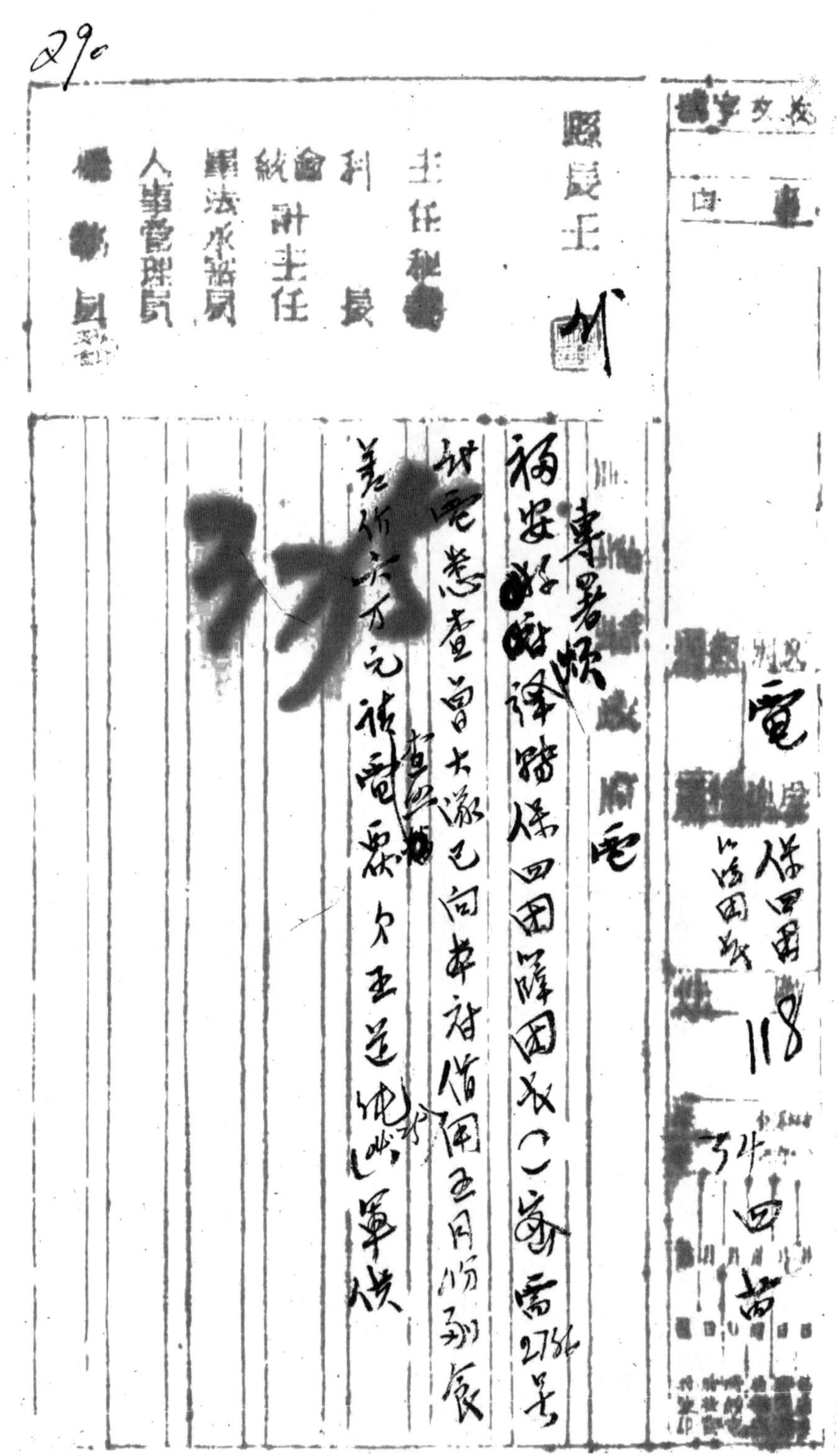

福鼎县政府关于保四团卯冬需 2786 电悉并曾大队长已向本府借用五月份副食差价六万元的代电

(1945 年 4 月 25 日)

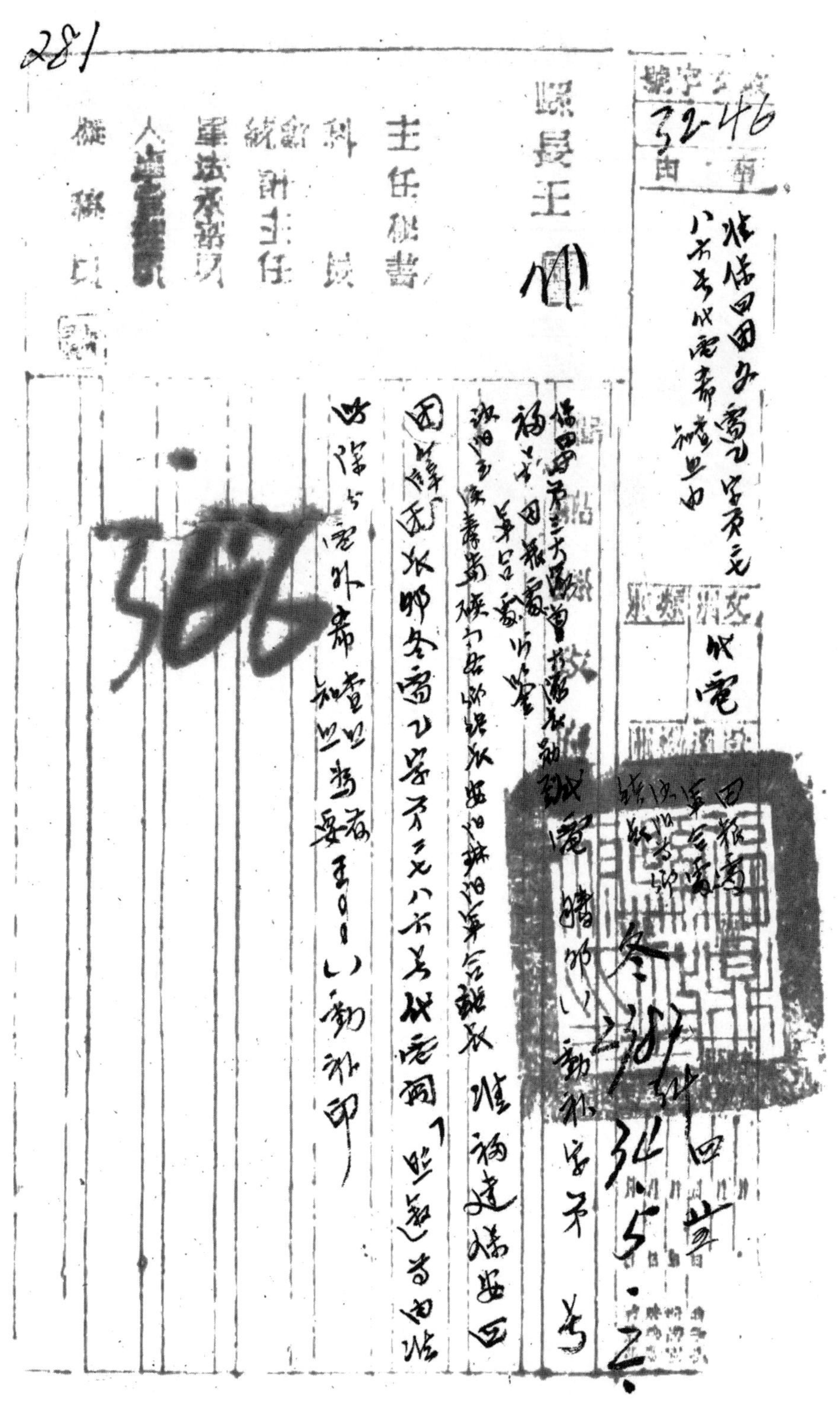

福鼎县政府关于准保四团冬需乙字第 2786 号电的代电

（1945 年 5 月 2 日） G137-001-0004

福建省保安處第六十七電台電報紙

原來號數 8 等級 字數

發報台 日期 時間

附註

收自 日期 時間 簽名

福建保安第四团关于希先予补给应缴价款月终拨转的电报

（1945年5月2日） G137-001-0004

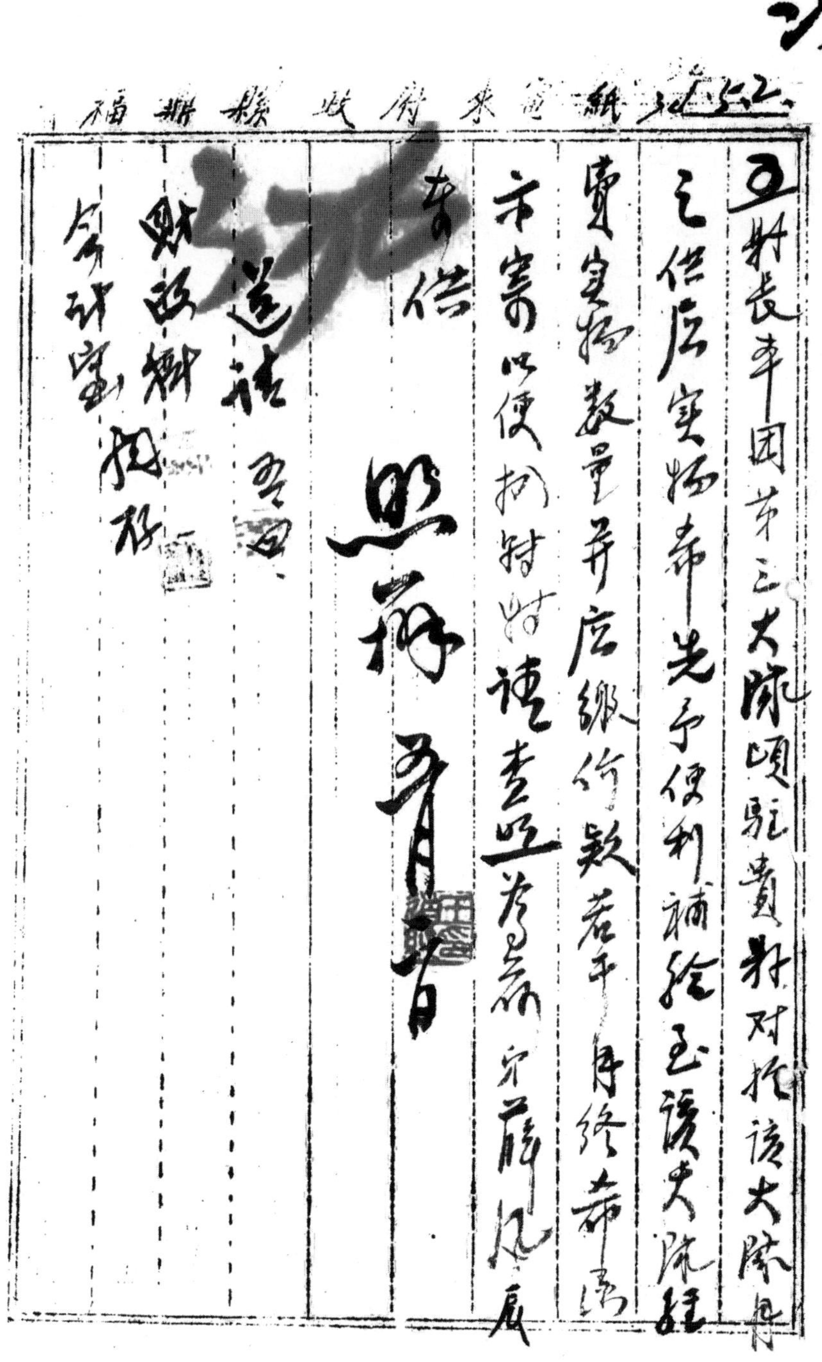

福鼎縣政府公函紙

對長率團第三大隊頃駐貴縣對於該大隊所需之供應實物希先予便利補給至該大隊經費實物數量并應繳價款若干月終希將示寄以便扣付對請查照為荷

照辦

五月二日

福鼎县政府译福建保安第四团关于希先予补给应缴价款月终拨转的电文

（1945 年 5 月 2 日） G137-001-0004

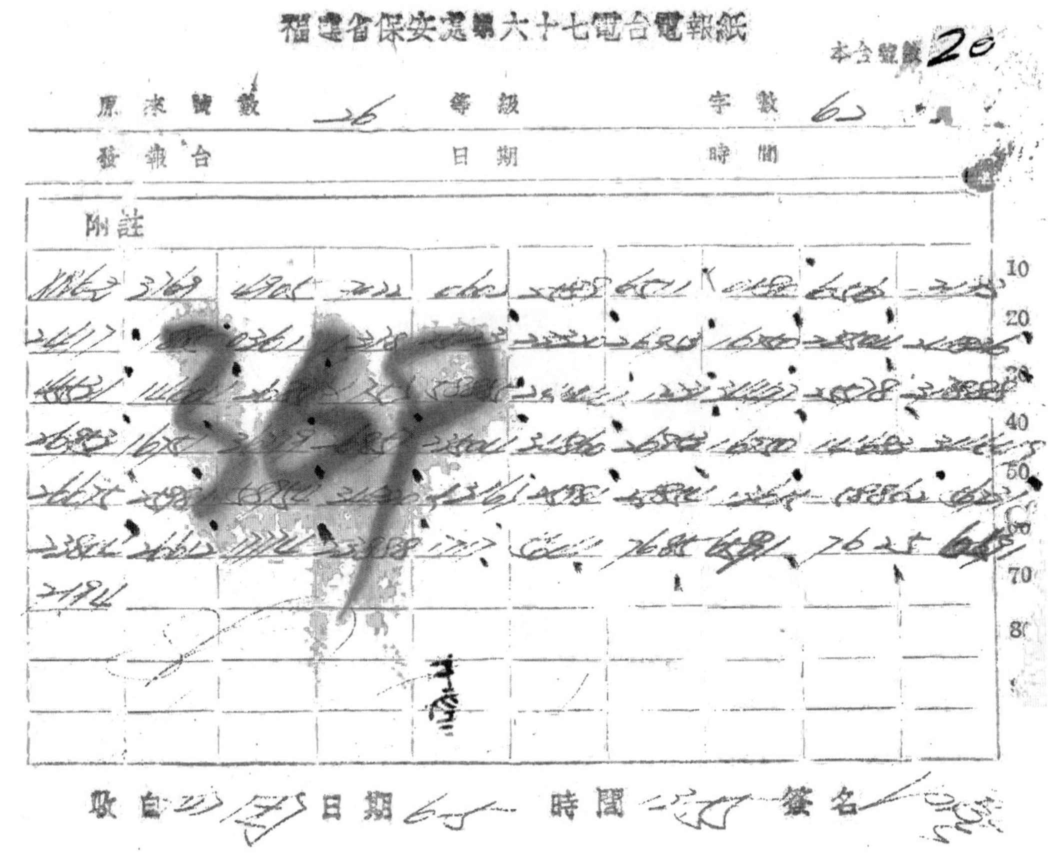

福建省保安處第六十七電台電報紙

本台號數 20

原來號數	26	等級		字數	62
發報台		日期		時間	

附註

收自 日期 時間 簽名

福建保安第四团关于五月份第三大队应补给员兵三百一十六名的电报

(1945 年 5 月 6 日)　G137-001-0004

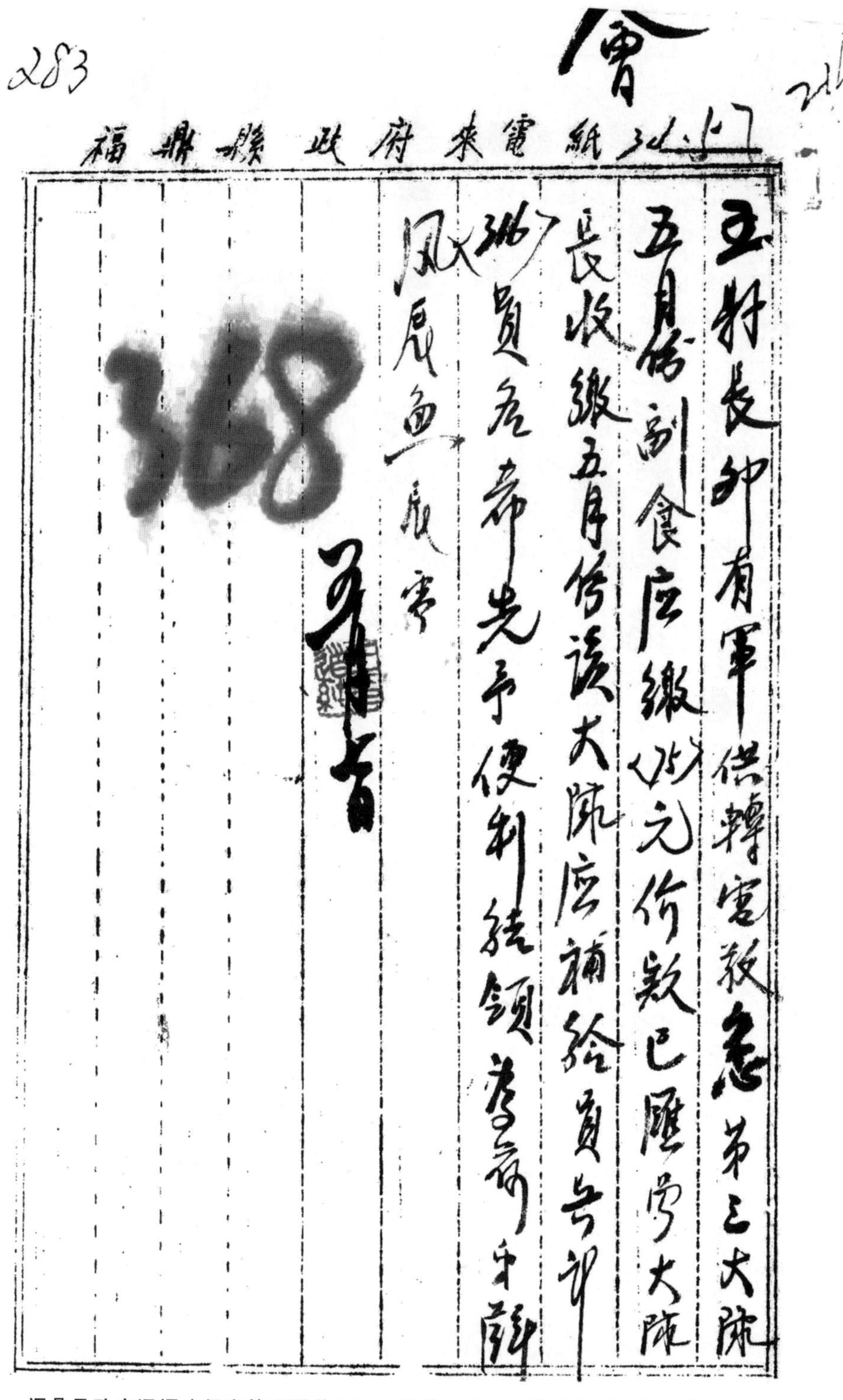

福鼎縣政府來電紙

五縣長鈞鑒：有軍供轉電敬悉。第三大隊五月份副食應繳（75）元代款已匯寄大隊長收繳。五月份該大隊應補給員兵三一六員名，希先予便利給領為荷。

福鼎县政府译福建保安第四团关于五月份第三大队应补给员兵三百一十六名的电文

（1945 年 5 月 6 日） G137-001-0004

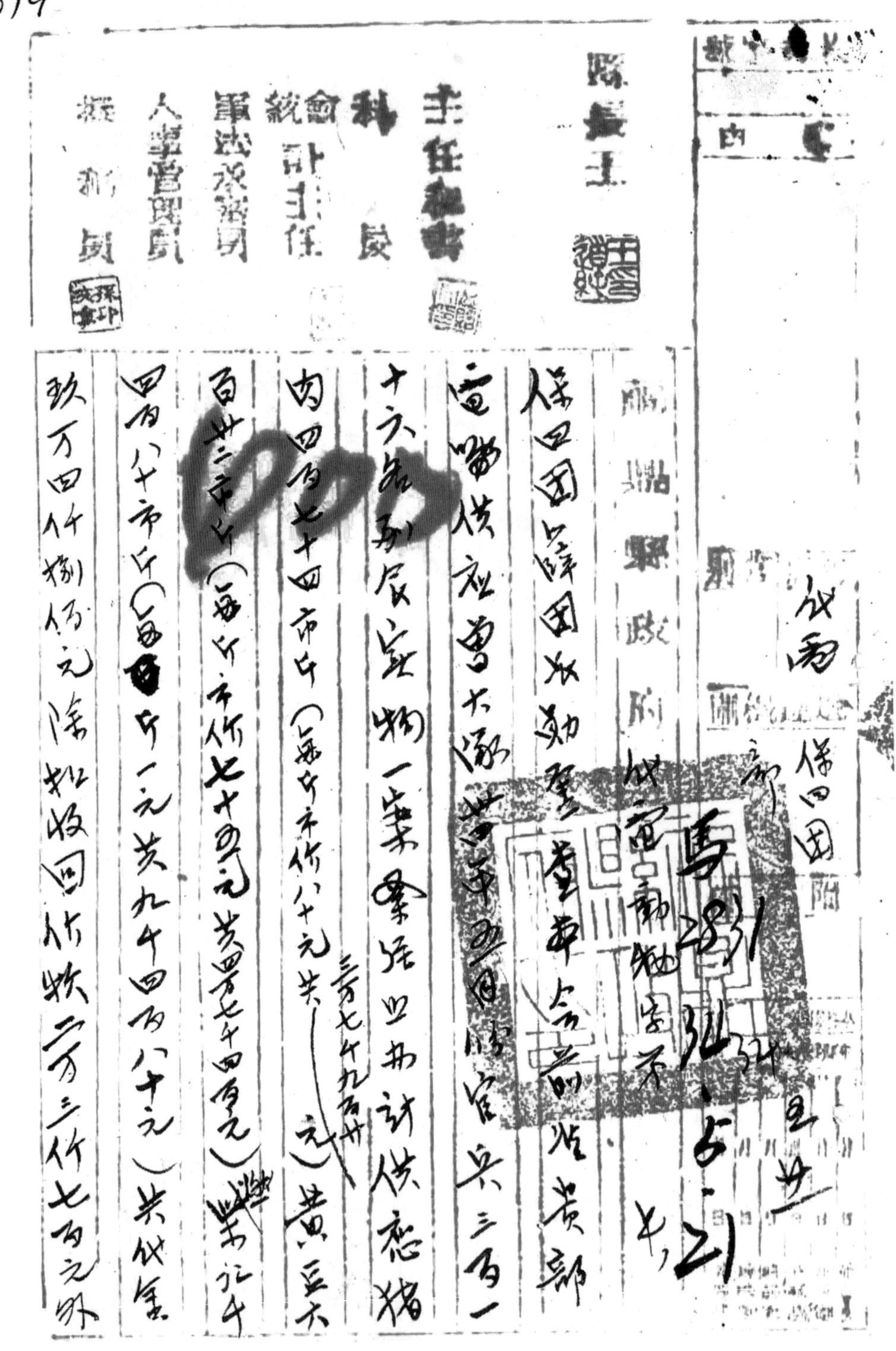

福鼎县政府关于准贵部电供应保四团第三大队五月份官兵副食实物业经照办收用清楚希补办受领正式手续过府以凭转省核销的代电(1945 年 5 月 21 日)　G137-001-0004

315

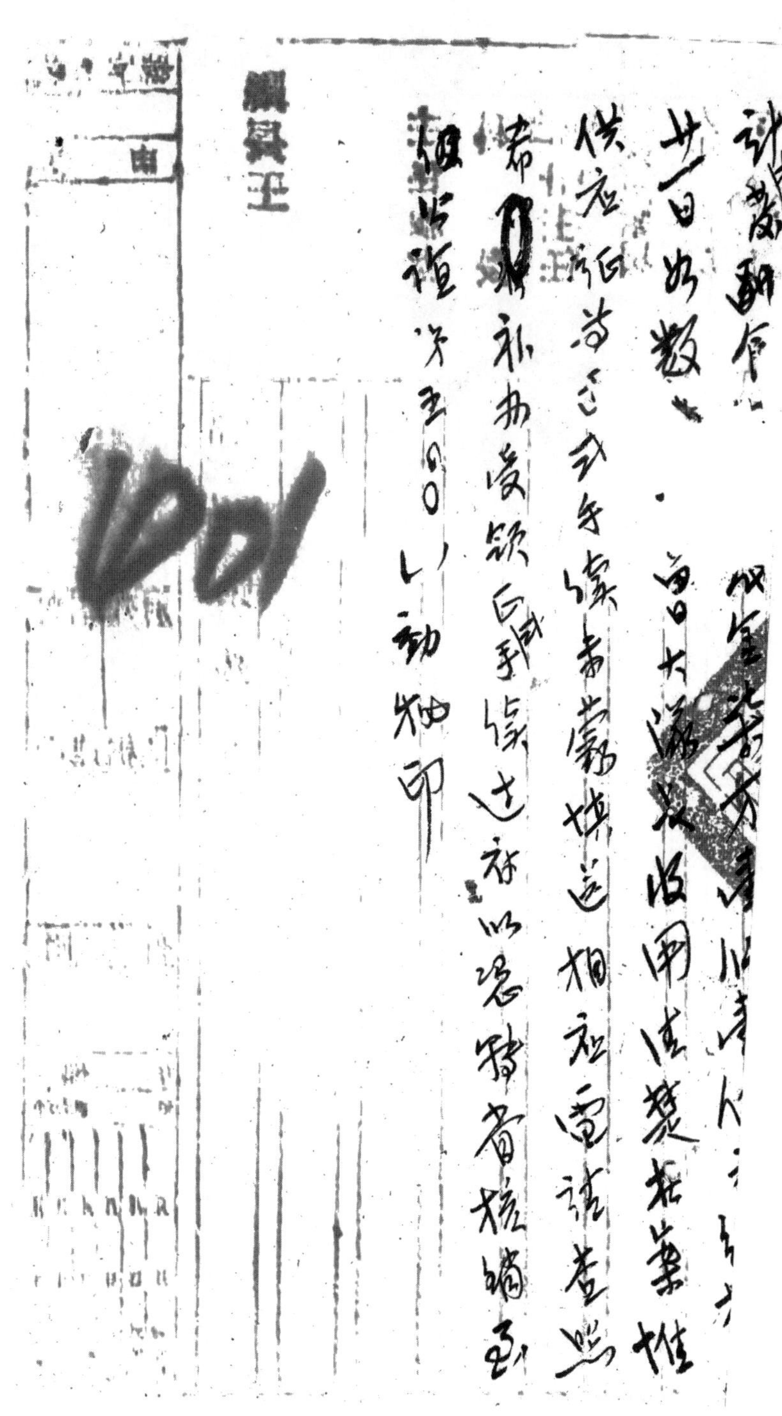

福鼎县政府关于准贵部电供应保四团第三大队五月份官兵副食实物业经照办收用清楚希补办受领正式手续过府以凭转省核销的代电(1945 年 5 月 21 日)　G137-001-0004

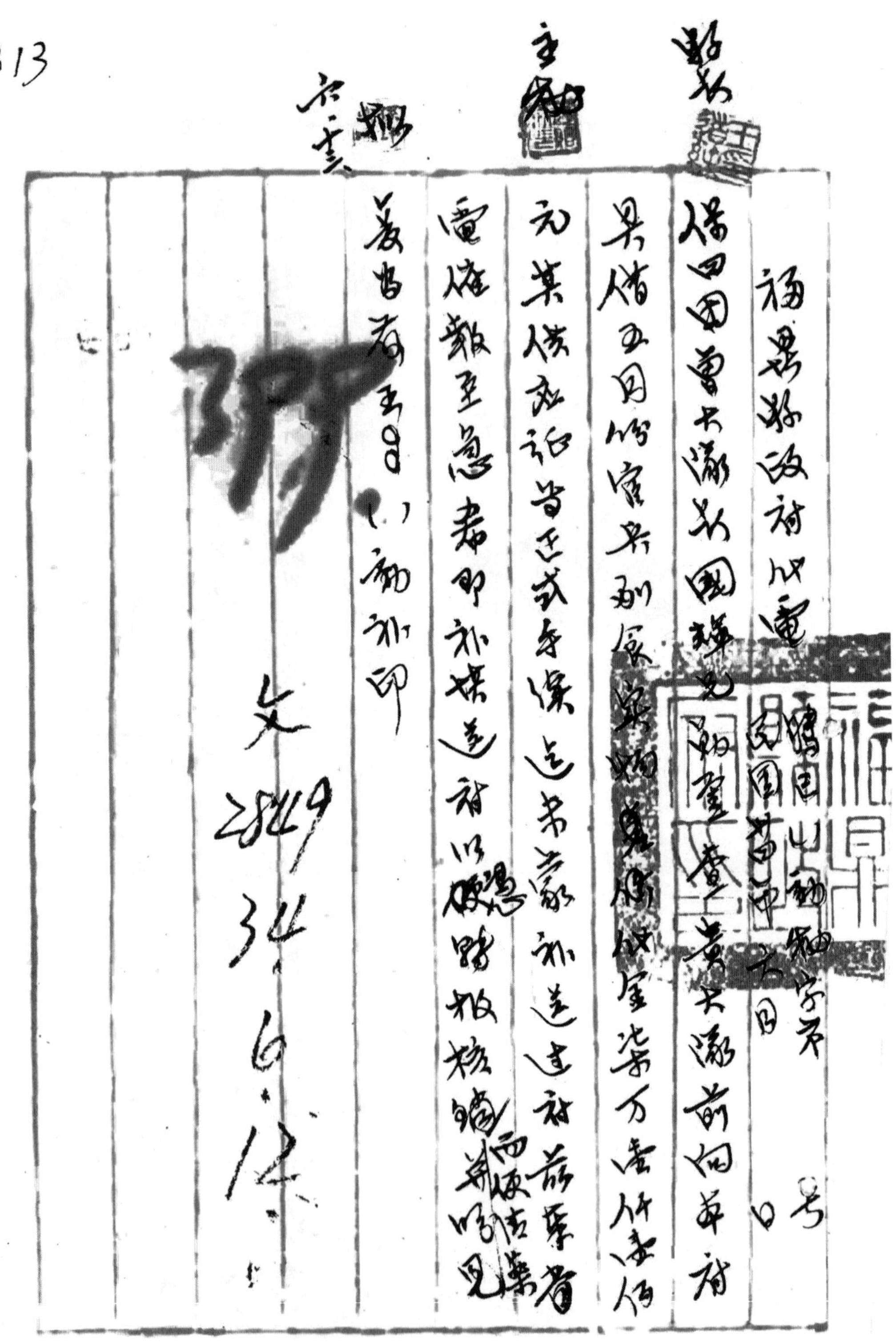

福鼎县政府关于保安第四团第三大队向本府具借五月份官兵副食实物代金及手续希即补填送府以凭转报核销的代电(1945 年 6 月 12 日)　G137-001-0004

逕復者接准
貴府代電騰已文動字第2849號開：
保安四團曾大隊長國輝兄勛鑒查貴大隊
前向本府具借五月份官兵副食實物代金伍萬
壹仟壹佰元其供應証等正式手續迄未蒙補送
府茲奉省電催報至急希即補填送府以憑轉
報核銷而便清案並盼見覆為荷
等由准此查敝大隊供應証等正式手續層峰尚未頒
發到隊以致延未送達現已電請發給一俟到達即行
補送茲准前由相應函復

福建省保安第四团第三大队关于供应证等正式手续尚未颁发到队一俟到达即行补送的复函
(1945年6月13日)a面　G137-001-0004

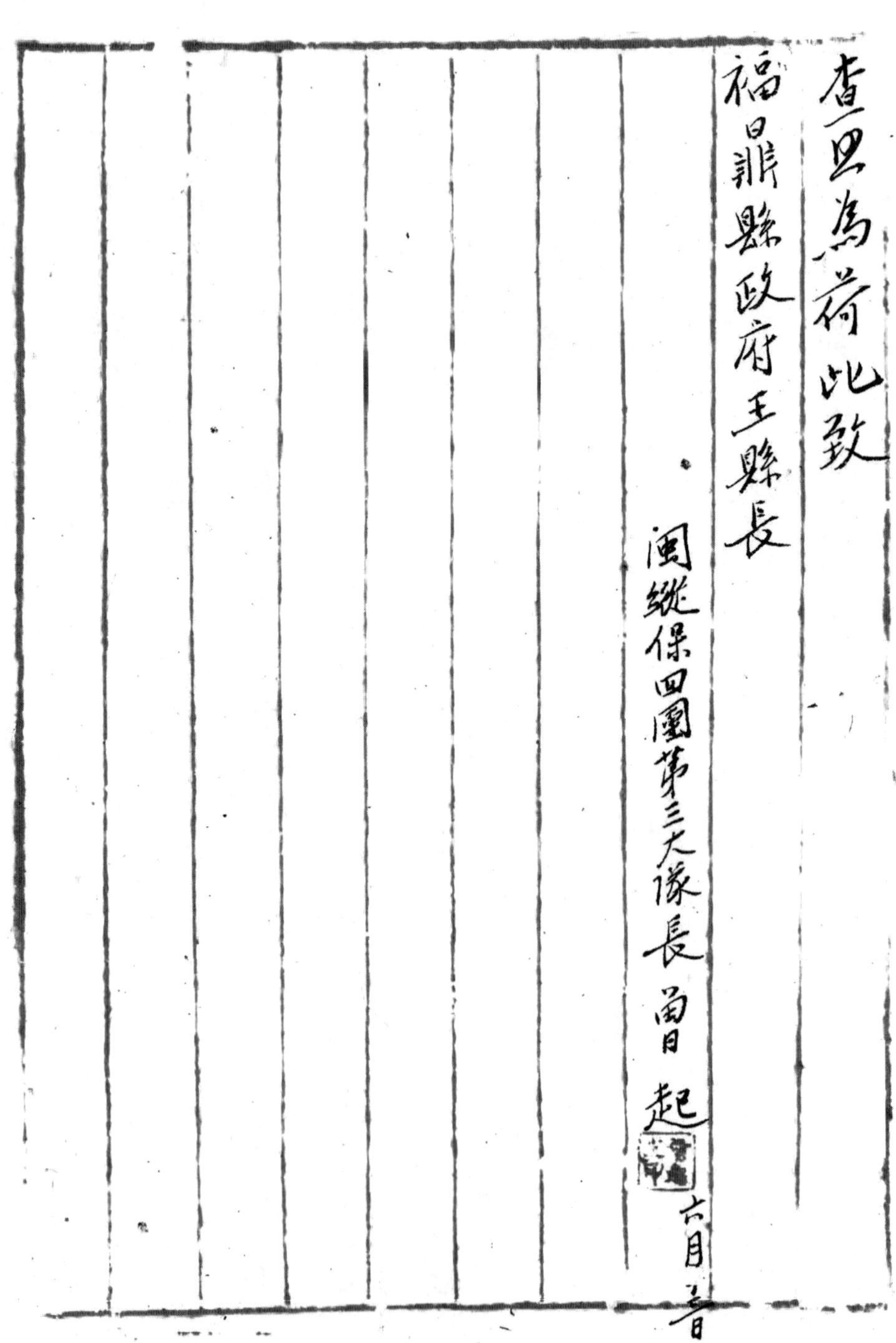
查照为荷此致
福鼎县政府王县长
闽继保四团第三大队长曾　起
六月十三日

福建省保安第四团第三大队关于供应证等正式手续尚未颁发到队一俟到达即行补送的复函

(1945年6月13日)b面　G137-001-0004

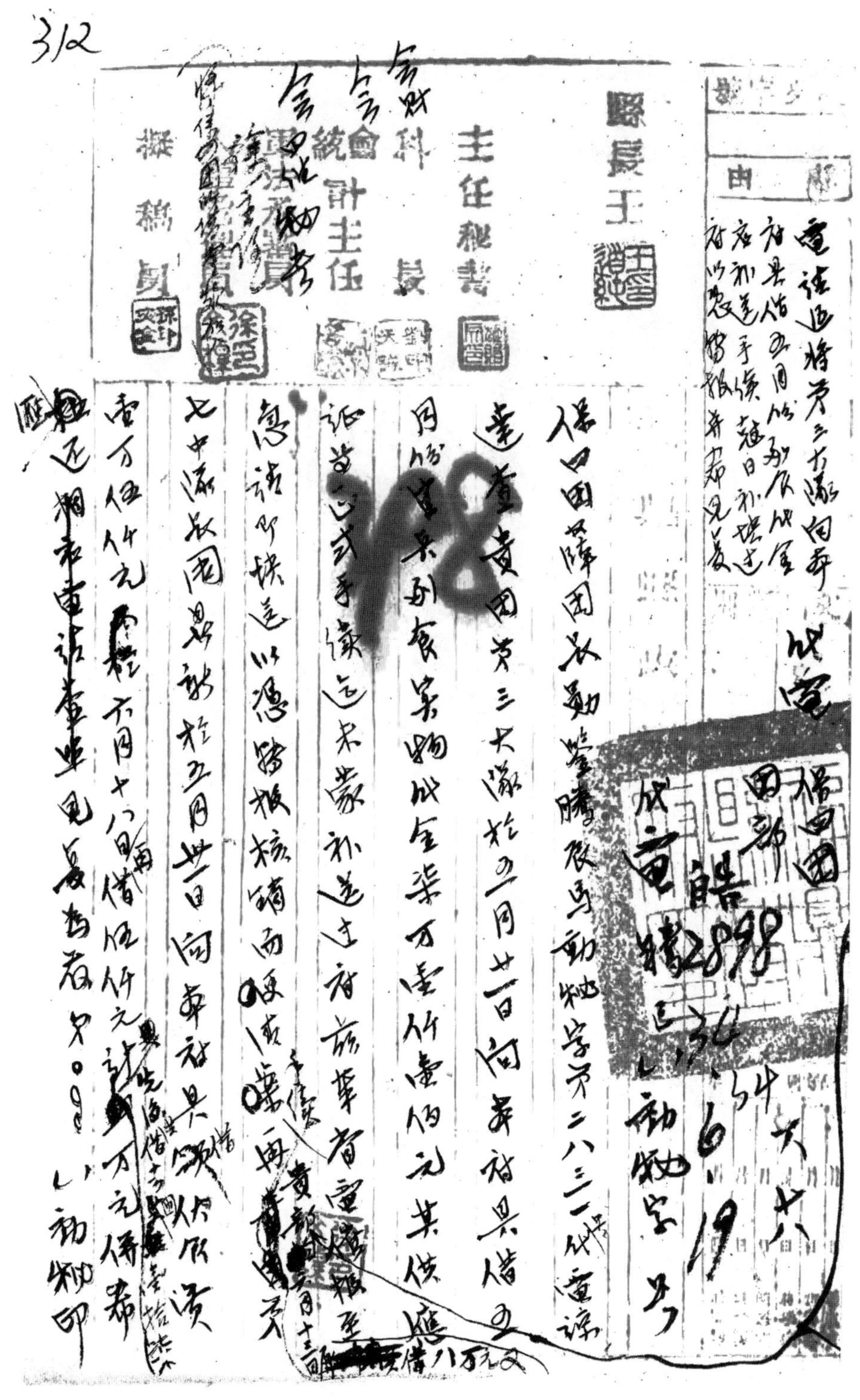

福鼎县政府关于请保安第四团迅将第三大队向本府具借五月份副食代金应补送手续克日补填过府以凭转报的代电(1945 年 6 月 19 日)　G137-001-0004

(五)供应过境部队副食马干情形

1.军政部补充兵训练处

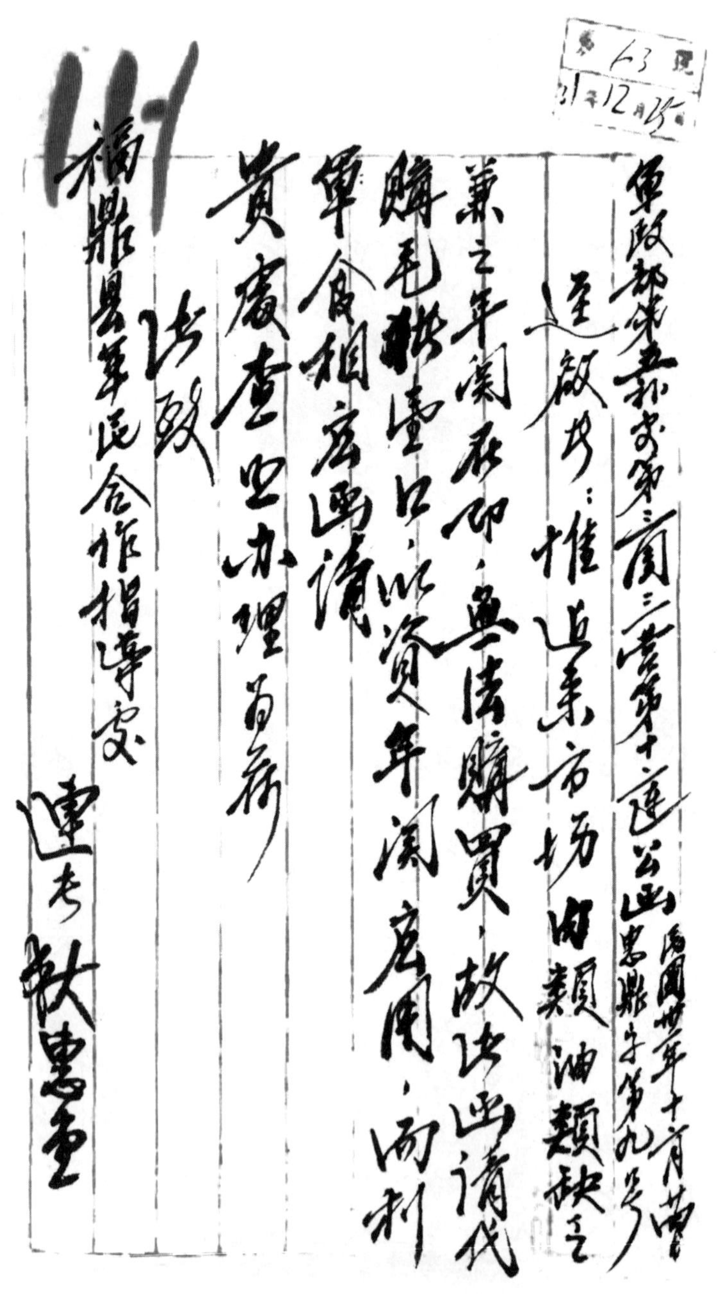

第63號 31年12月25

軍政部第五補充兵訓練處第三團第三營第十連公函 民國卅一年十二月廿四日 [illegible]鼎字第九號

逕啟者：惟近來市場肉類油類缺乏，兼之年關在即，無法購買，故特函請代購毛豬壹口，以資年關應用，而利軍食。相應函請

貴處查照辦理為荷

此致

福鼎縣[illegible]區合作指導室

連長 [illegible]

军政部第五补充兵训练处第三团第三营第十连关于请代购毛猪一口的公函

(1942年12月24日) G137-001-0008

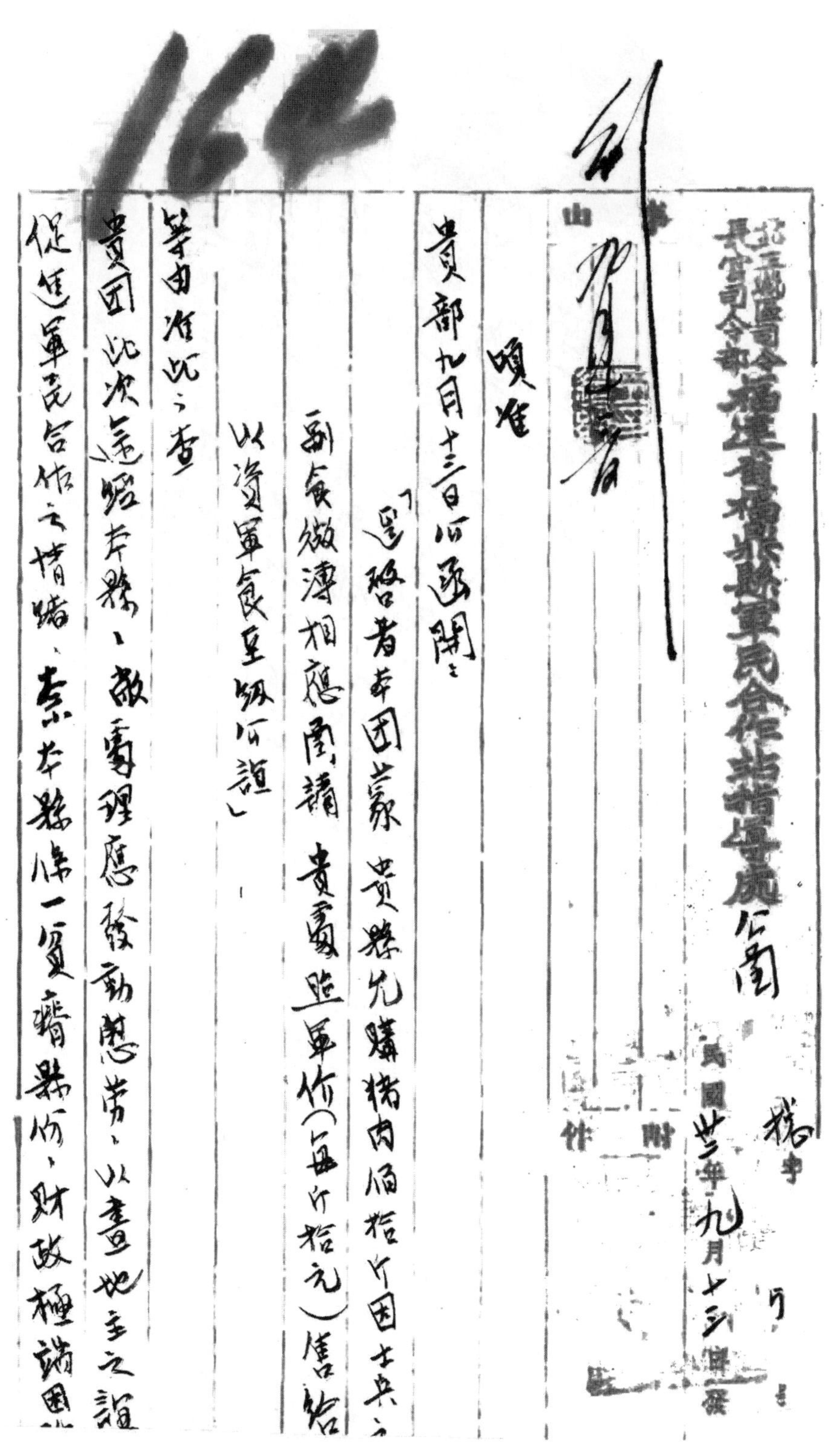
第三战区司令长官司令部福建省福鼎县军民合作站指导处公函

民国卅二年九月十三日发

贵部九月十三日公函开：
……

第三战区福建省福鼎县军民合作站指导分处关于本县尚未奉令以军价供应令供销社照本县目下评价发售猪肉给贵部的公函(1943 年 9 月 13 日)　G137-001-0009

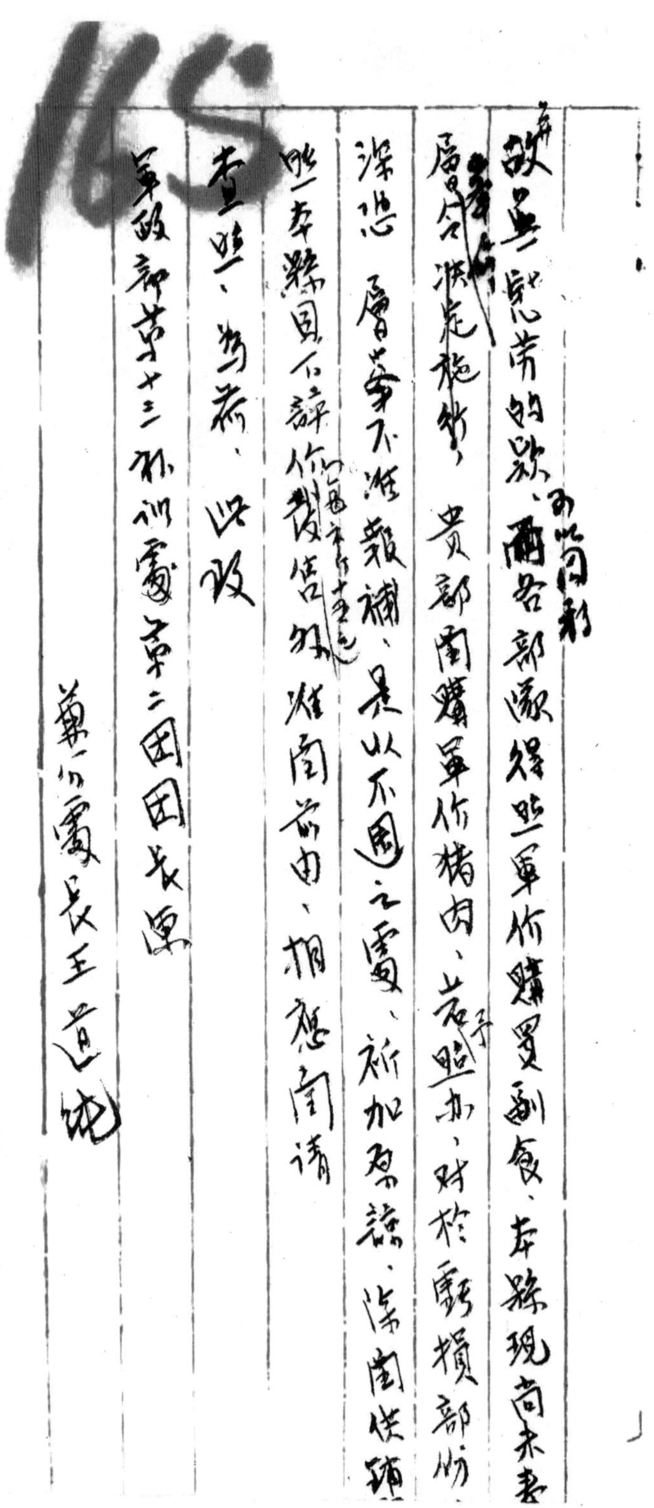

第三战区福建省福鼎县军民合作站指导分处关于本县尚未奉令以军价供应令供销社照本县目下评价发售猪肉给贵部的公函（1943 年 9 月 13 日） G137-001-0009

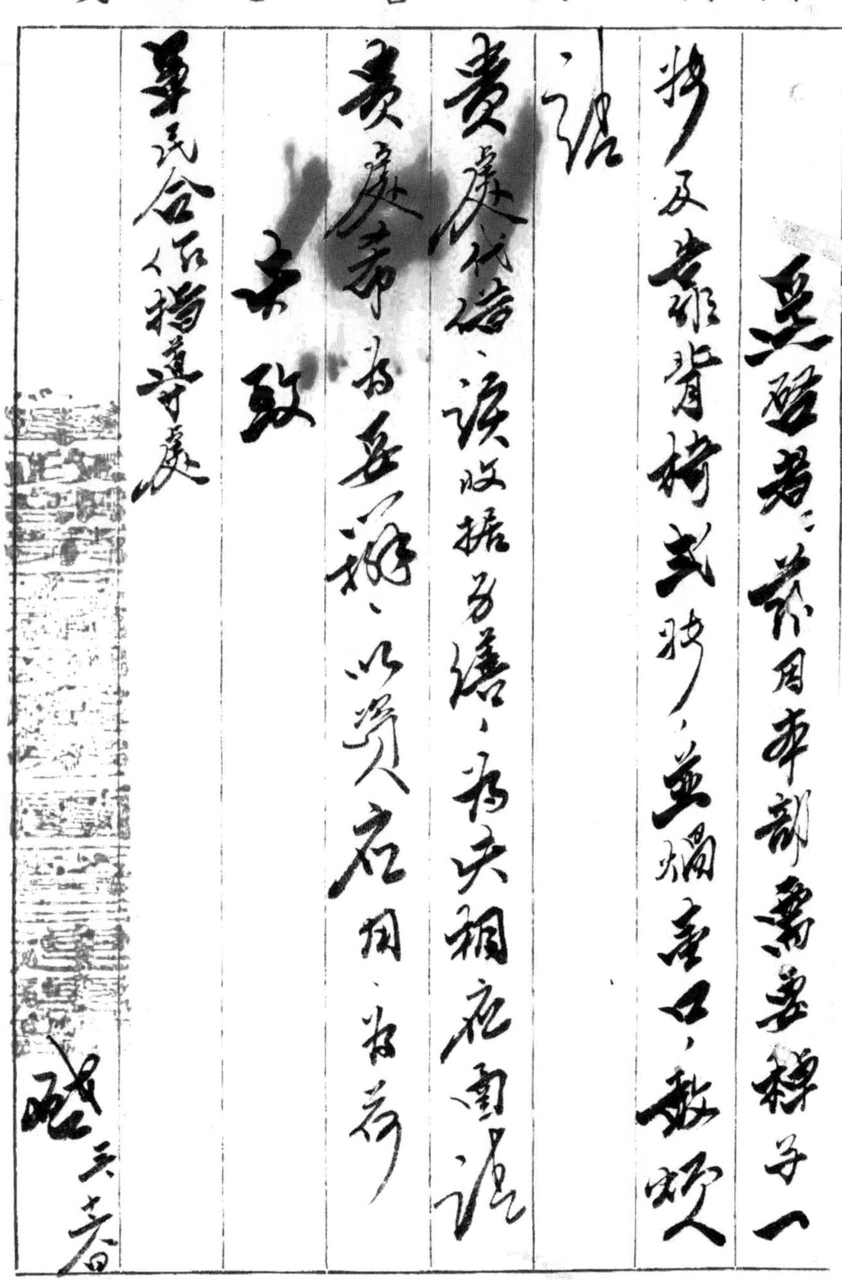

淵源二團一營三連用箋

逕啟者：茲因本部需要桌子一
張及靠背椅式張，並爐灶口，敬煩
諸
貴處代借，該收據另繕，為夫祠應用諸
貴處希為至荷，以資應用，為荷
此致
華民合作指導處
啟 三月十六日

军政部第五补训练处第二团一营三连连部关于代借桌椅炊具的公函

（1944 年 3 月 16 日） G137-001-0002

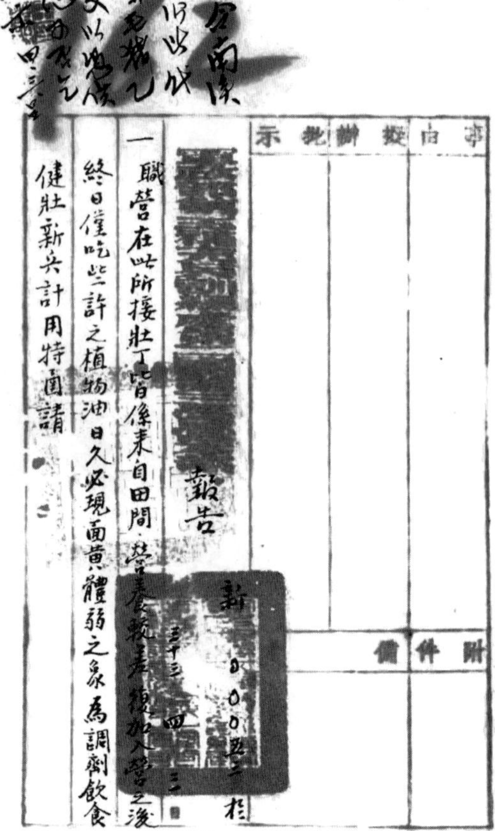

事由　擬辦　批示

附件

軍政部第五補充兵訓練處第二團第三營 報告

三十三年四月三日 於

一、職營在此所接壯丁皆係來自田間，營養較差，復加入營之後終日僅吃些許之植物油，日久必現面黃體弱之象，為調劑飲食健壯新兵計，用特函請

貴處分神依評價規章代購毛豬壹隻自殺應用，宜貝為公德兩便，務希於四月五日購妥備用為盼。

此上

福鼎縣軍民合作站指導處

兼處長王

第三營營長宋德新

軍政部第五补充兵训练处第二团第三营关于请依评价规章代购毛猪一只的报告

（1944 年 4 月 3 日）　G137-001-0009

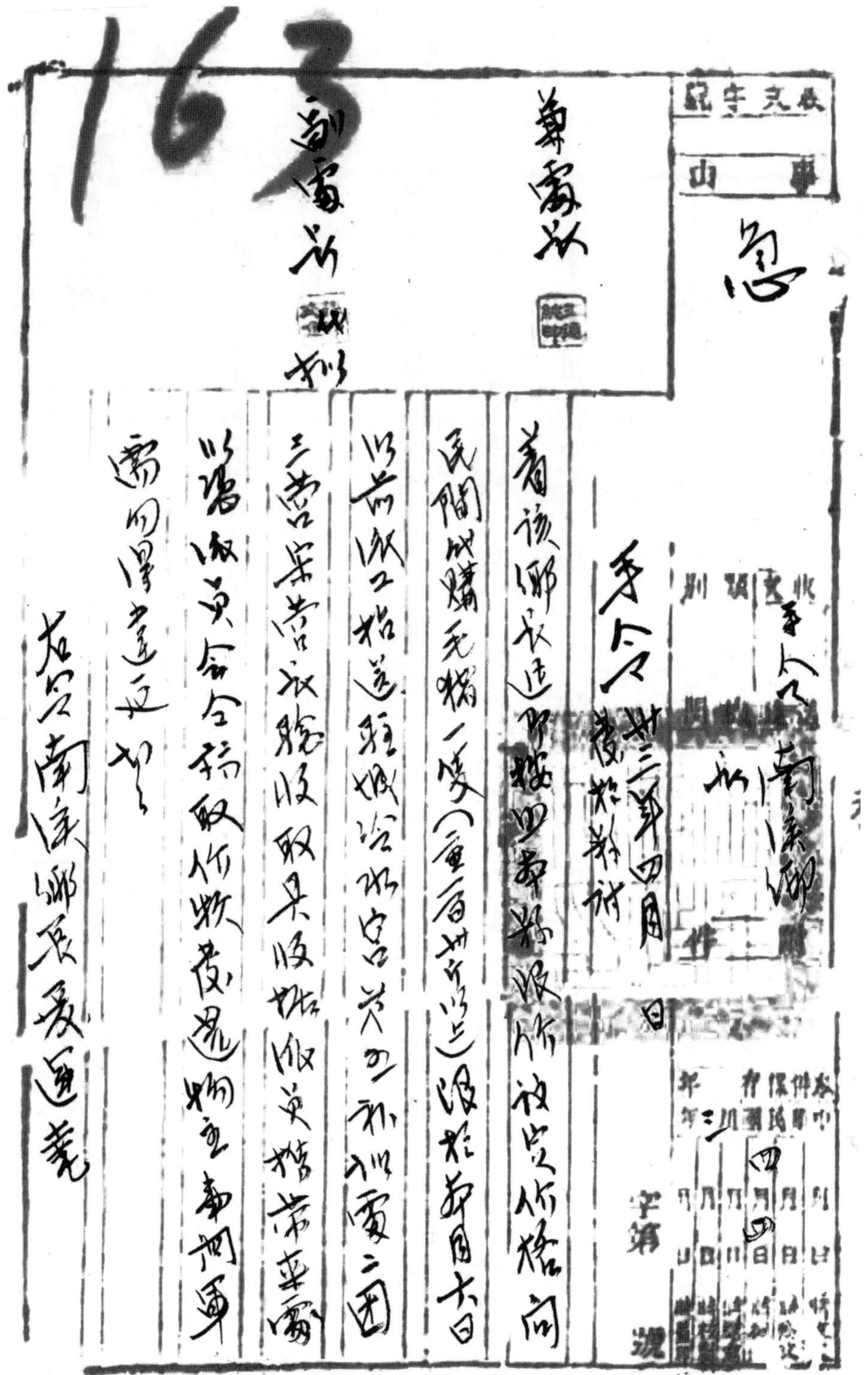

福鼎县政府、第三战区福建省福鼎县军民合作站指导分处关于着南溪乡迅即按照本县限价议定价格代购毛猪一只抬送第五补充兵训练处第二团第三营验收取据送处的手令

（1944 年 4 月 4 日） G137-001-0009

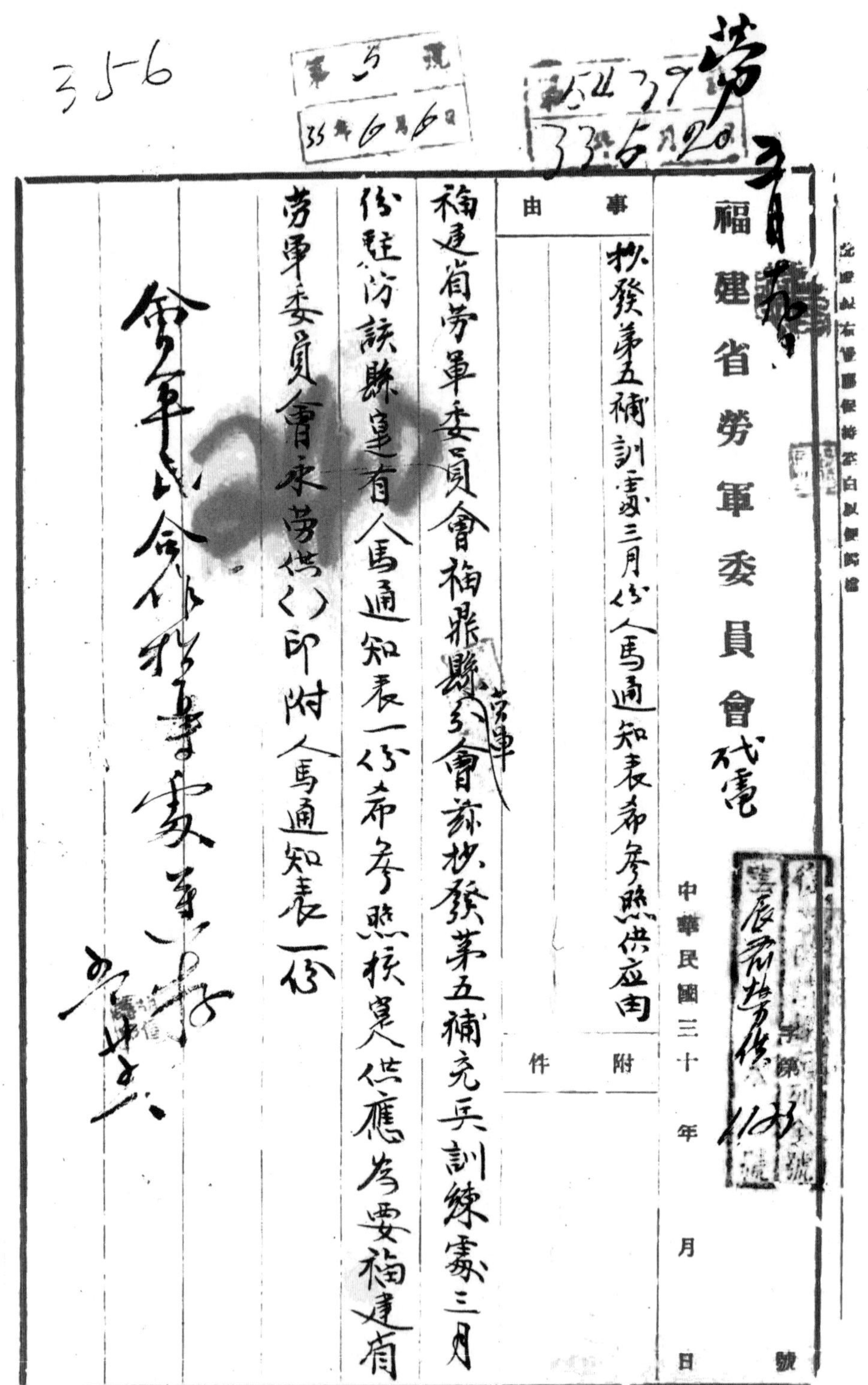

福建省勞軍委員會代電

事由：抄發第五補訓處三月份人馬通知表希參照供應由

福建省勞軍委員會福鼎縣勞軍分會鑒：抄發第五補充兵訓練處三月份駐防該縣實有人馬通知表一份，希參照核實供應爲要。福建省勞軍委員會辰勞供印

附件：附人馬通知表一份

中華民國三十　年　月　日　號

福建省劳军委员会关于抄发第五补训处三月份人马通知表希参照供应的代电

（1944 年 5 月 8 日）　G137-001-0003

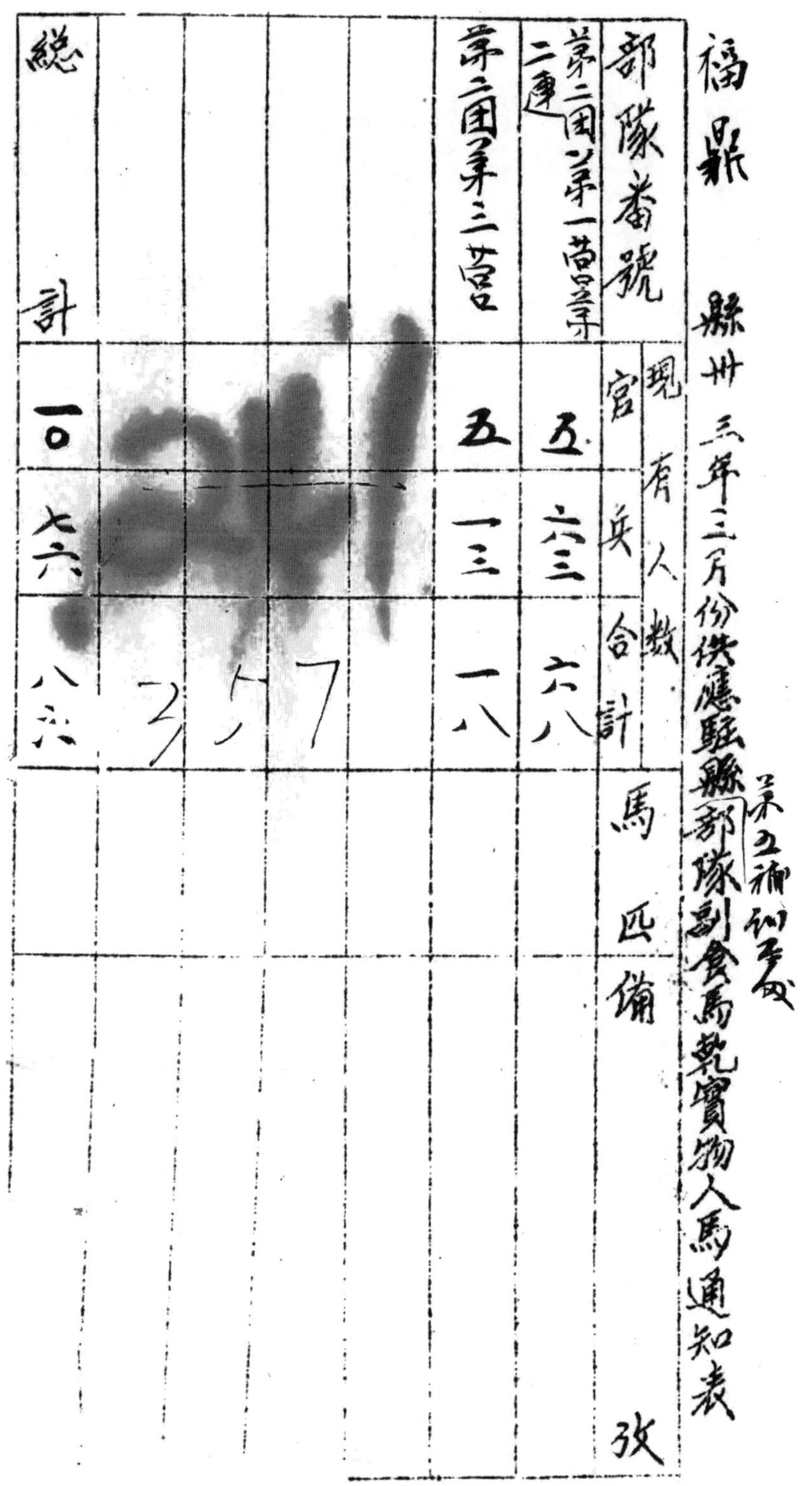

福鼎县卅三年三月份供应驻县第五补训处部队副食马乾实物人马通知表

部队番号	现有人数 官	兵	合计	马匹	备	考
第二团第一营第二连	五	六三	六八			
第二团第三营	五	一三	一八			
			257			
總計	一〇	七六	八六			

附件：福鼎县三十三年三月份供应驻县第五补训处部队副食马干实物人马通知表

（1944 年 5 月 8 日） G137-001-0003

2.闽浙赣三省绥靖指挥部第十一督剿部

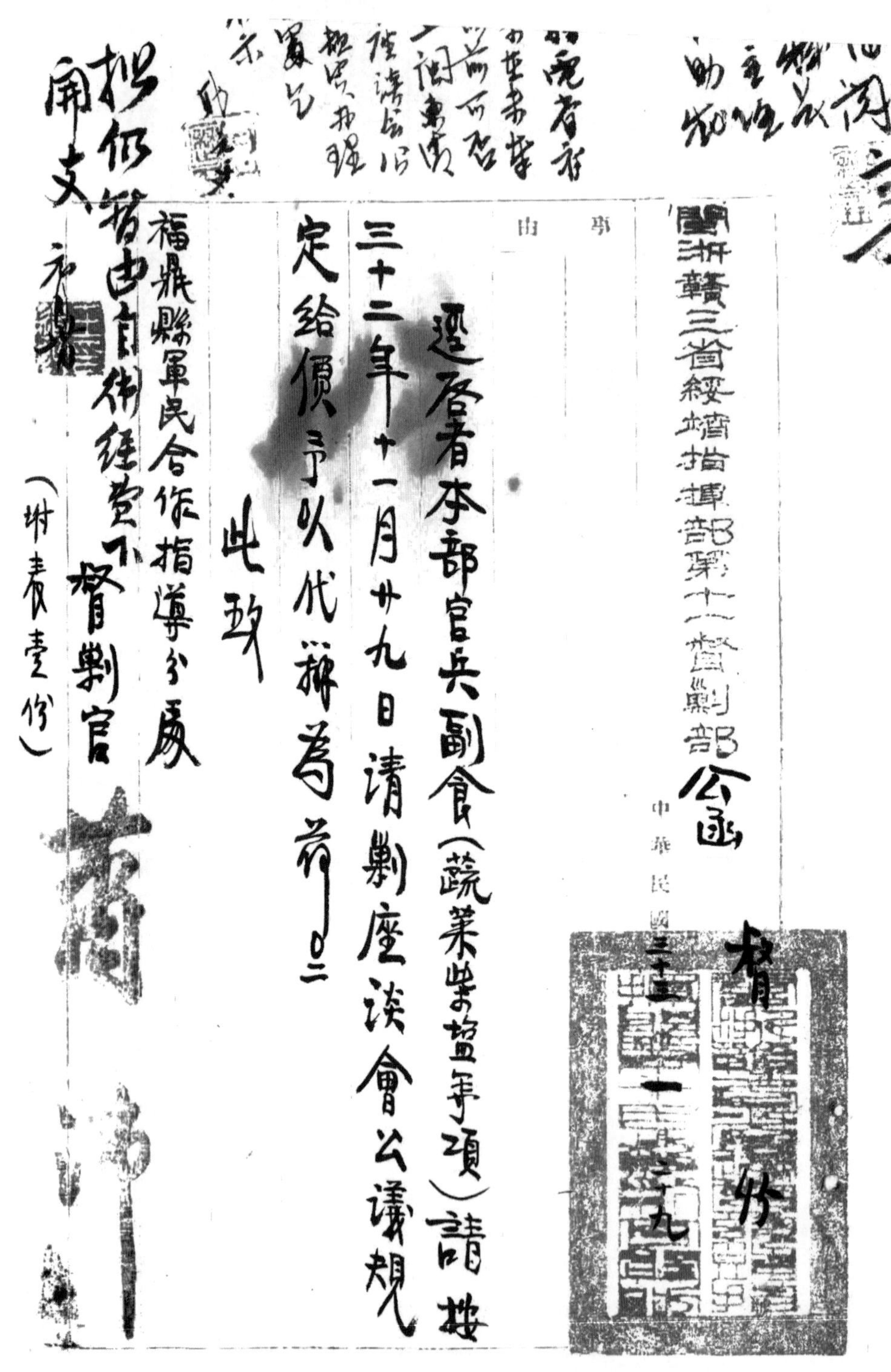

闽浙赣三省绥靖指挥部第十一督剿部公函

事由

逕启者本部官兵副食（蔬菜柴盐等项）请按三十二年十一月廿九日请剿座谈会公议规定给价予以代办为荷

此致

福鼎县军民合作指导分处

督剿官

（附表壹份）

中华民国三十三年一月廿九

闽浙赣三省绥靖指挥部第十一督剿部关于本部官兵副食请按规定予以代办的公函

（1944 年 1 月 29 日）　G137-001-0002

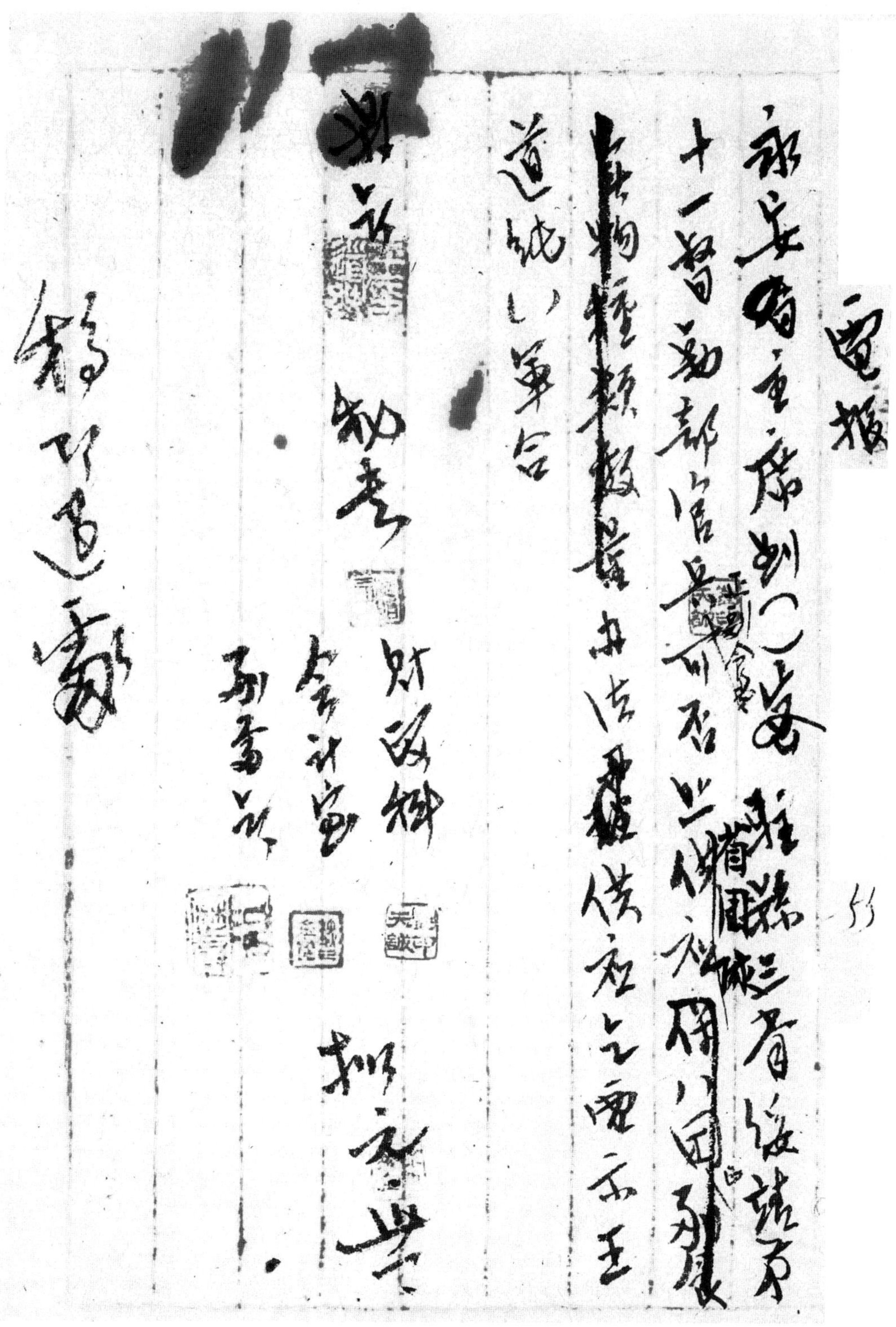

第三战区福建省福鼎县军民合作站指导分处关于驻县闽浙赣三省绥靖指挥部第十一督剿部是否照省团例供应的请示电(1944年1月31日) G137-001-0002

收報紙 RECEIVING FORM　交通部電報局

TELEGRAPH OFFICE

MINISTRY OF COMMUNICATIONS

由 From	流水號數 Running No. 3	報類 Class 5	發報局名 Office From	來報 Telegram
時刻 Time 0810	原來號數 Original No. 9432	字數 words	日期 Date 12	時刻 Time 1900
值機員 By	備註 Service Instructions			派送

注意：如有查詢事項請帶此紙

Notes: Any enquiry respecting this telegram, please produce this form

福建省劳军委员会关于该部不在规定之列不准供应的复电

（1944 年 2 月 12 日）　G137-001-0002

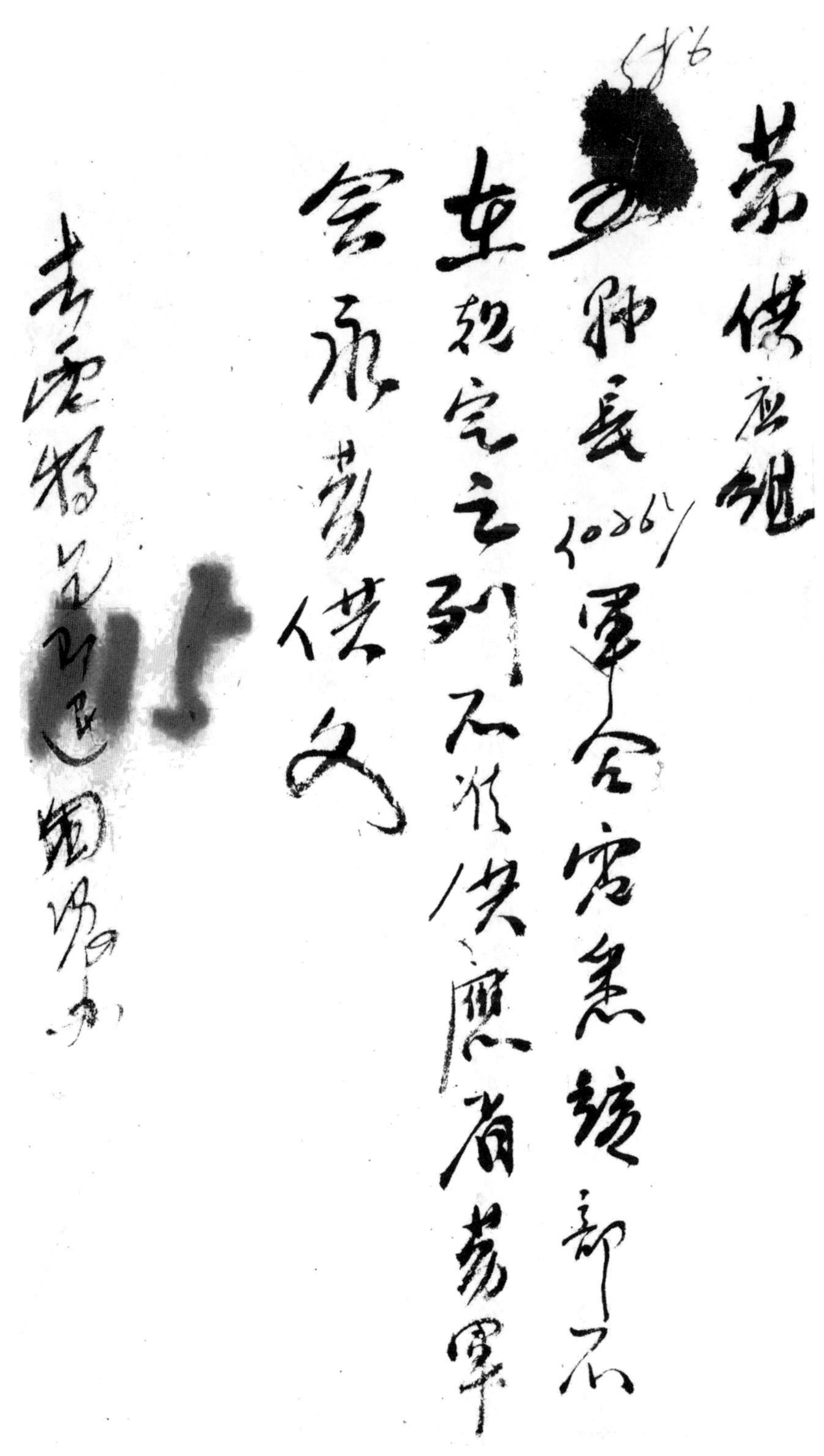
勞供應組
馬站長 40861 軍令部急轉部不
在規定之列不准供應省勞軍
會承勞供文

第三战区福建省福鼎县军民合作站指导分处译福建省劳军委员会关于该部不在规定之列不准供应的电文(1944 年 2 月 12 日)　G137-001-0002

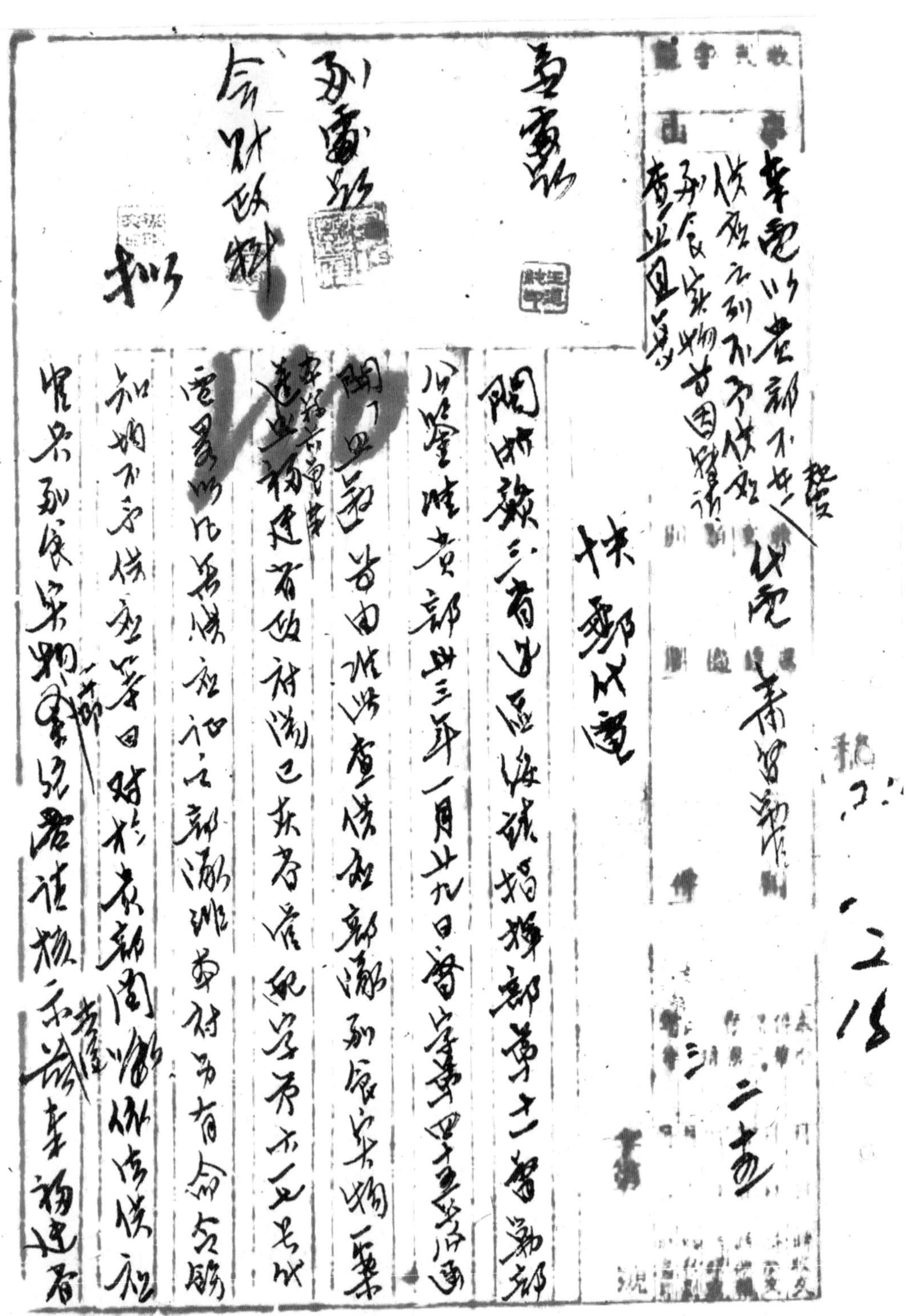

第三战区福建省福鼎县军民合作站指导分处关于奉电以闽浙赣三省绥靖指挥部第十一督剿部不在规定供应之列不予供应副食实物的快邮代电(1944 年 2 月 15 日) G137-001-0002

第三战区福建省福鼎县军民合作站指导分处关于奉电以闽浙赣三省绥靖指挥部第十一督剿部不在规定供应之列不予供应副食实物的快邮代电（1944 年 2 月 15 日） G137-001-0002

3.师管区

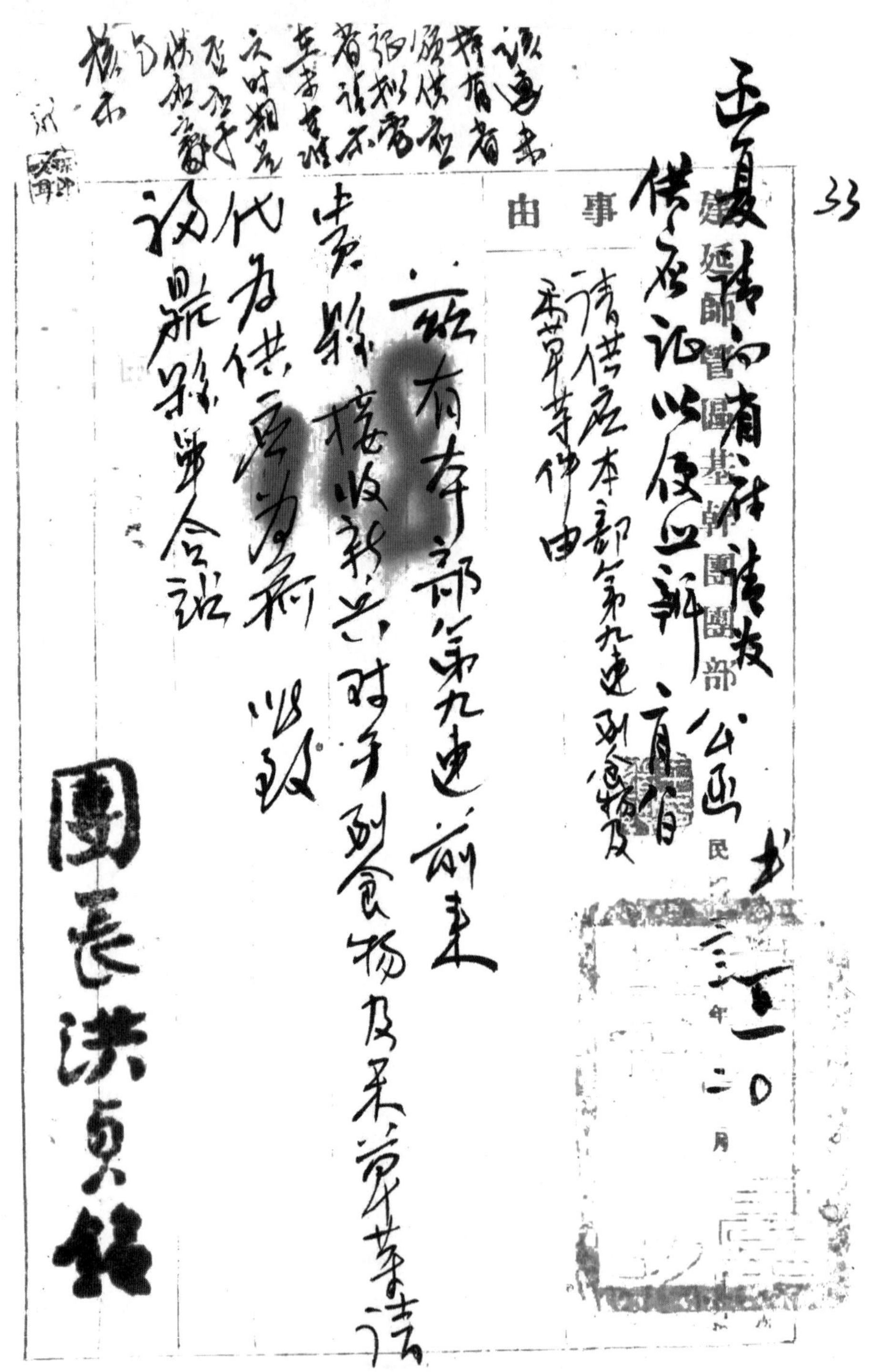

建延師管區基幹團團部 公函

事由：請供應本部第九連副食及禾草等由

民國三十三年 二 月

茲有本部第九連前來貴縣接收新兵，對于副食物及禾草等，請代為供應為荷，以[illegible]

此致

[illegible]縣縣長

團長洪貞

建延师管区基干团团部关于请供应本部第九连副食及禾草的公函

（1944 年 2 月） G137-001-0002

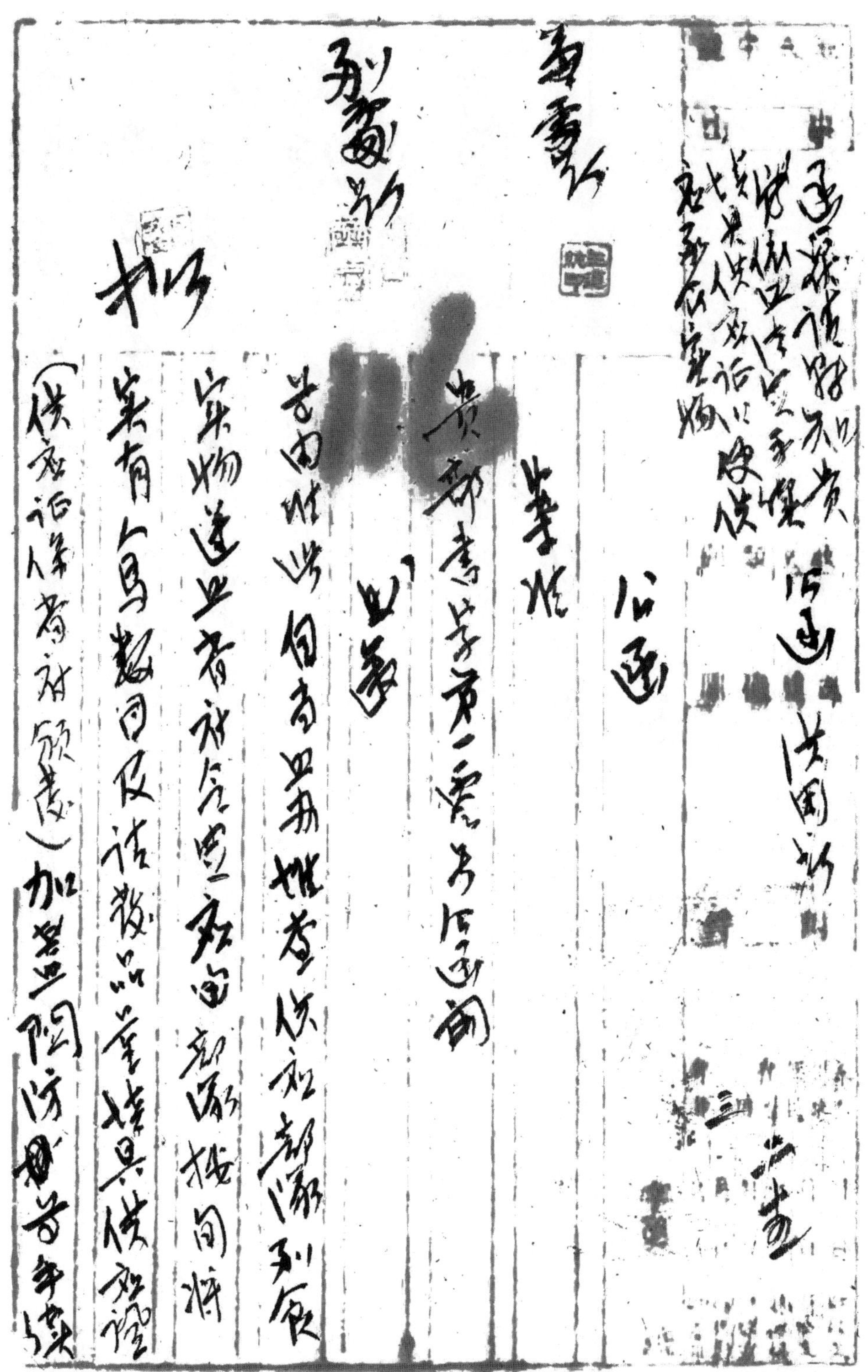

第三战区福建省福鼎县军民合作站指导分处关于请贵队依照法定手续填具供应证以便供应副食实物的复函(1944 年 2 月 15 日)　G137-001-0002

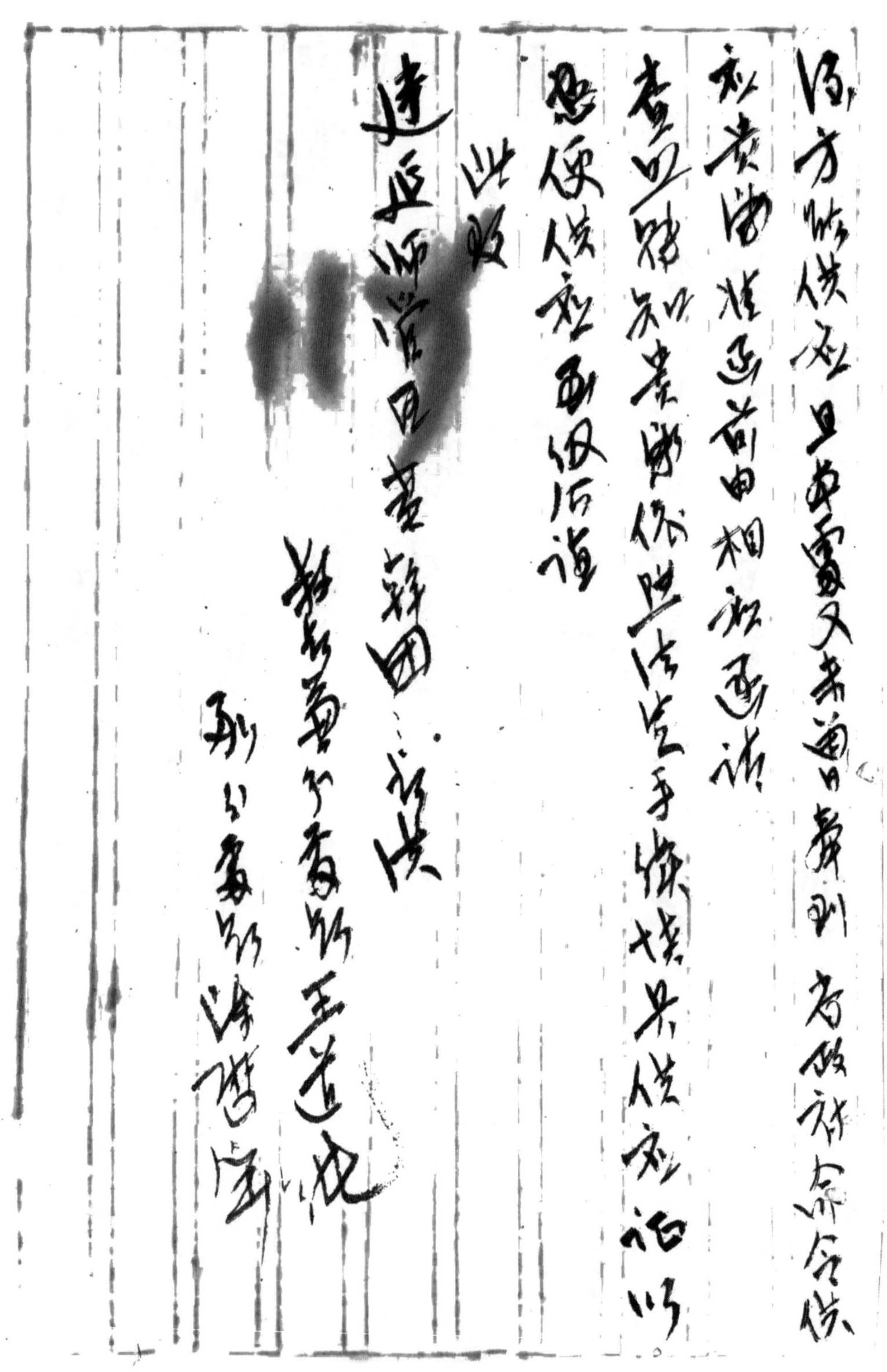

通方始供应，且本处又未曾接到 省政府命令供
应贵部，准函前由，相应函请
贵队转知贵部依照法定手续填具供应证，以
凭便供应为荷。
此致
建瓯师管区基干团[illegible]供
[illegible]兼分处长 王道忱
副分处长 徐[illegible]

第三战区福建省福鼎县军民合作站指导分处关于请贵队依照法定手续填具供应证以便供应副食实物的复函(1944年2月15日) G137-001-0002

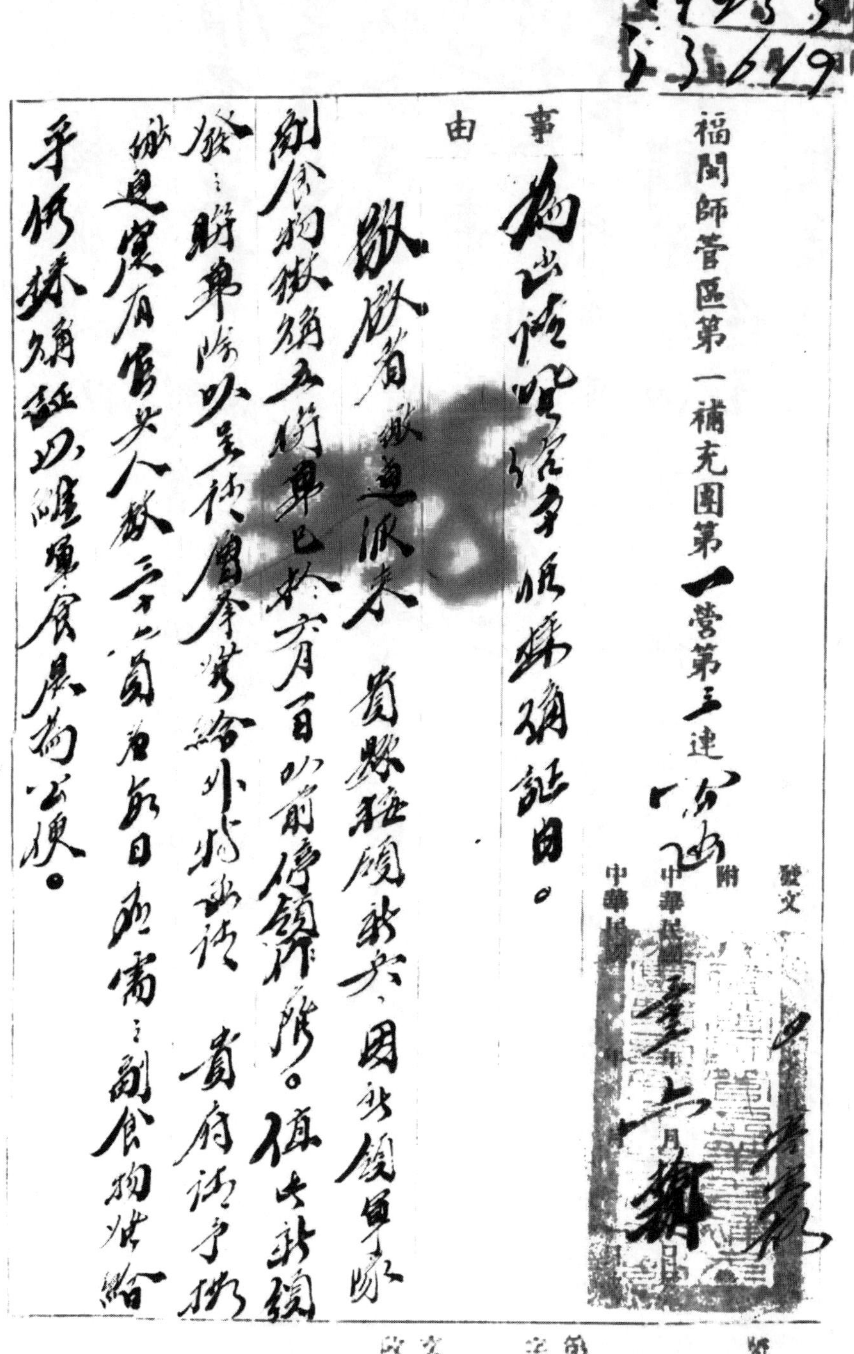

福閩師管區第一補充團第一營第三連

事由：為出征官兵請發採購證由。

敬啟者：敝連派來貴縣接領新兵，因新兵給與副食物繳納五個月，已於六月一日以前停領作罷。值此新領之需，除以呈發國幣給外，特函請貴府准予撥繳足實有官兵人數二十六員名每日所需之副食物供給平價採購證，以維現實生活為公便。

福闽师管区第一补充团第一营第三连关于请福鼎县政府发给采购证的公函

(1944 年 6 月 14 日)a 面　G137-001-0004

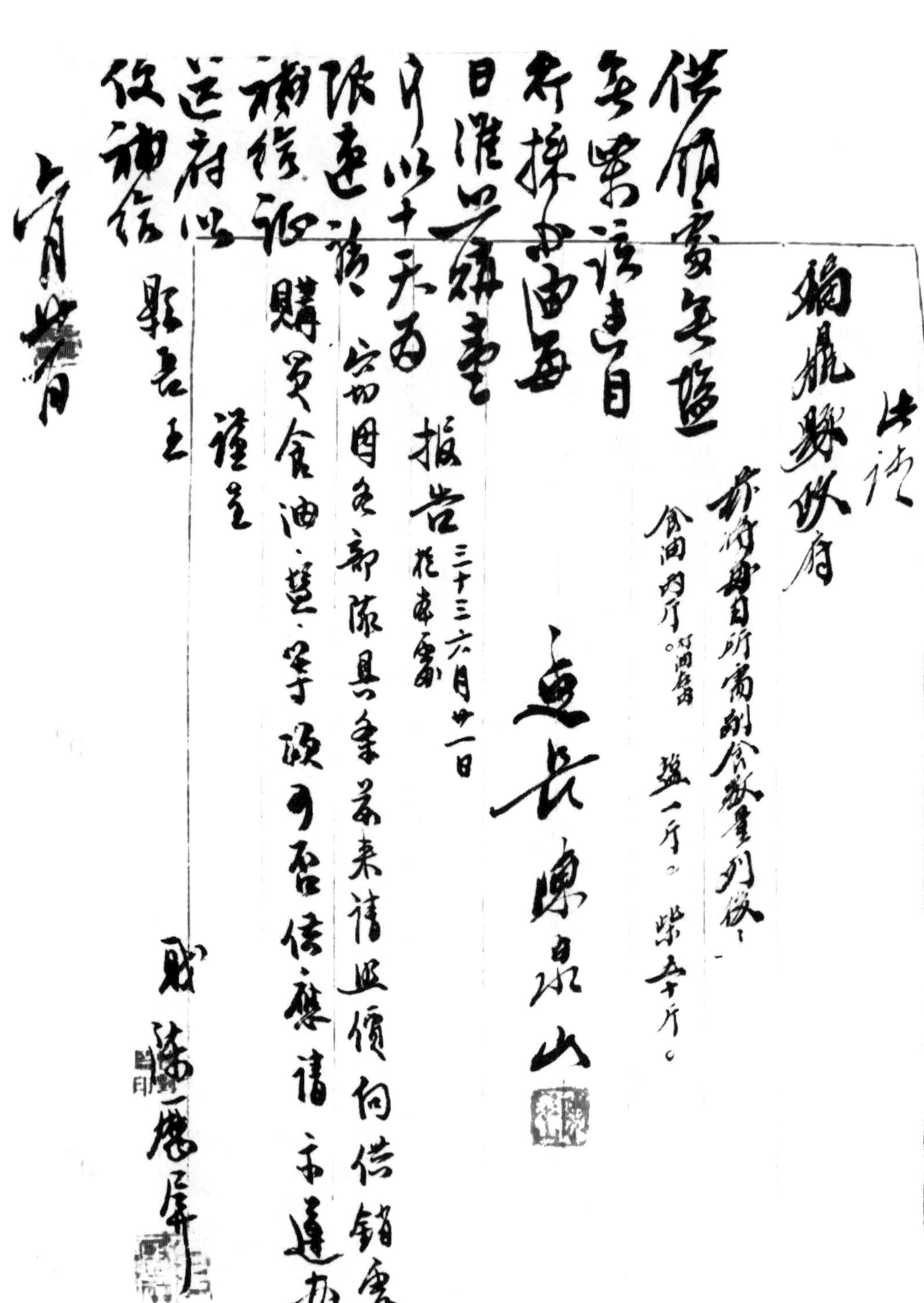

供銷處無鹽無柴請自行採辦由每日准[illegible]斤以十天為限速請補發証送府以便補發

[illegible]

此致

福鼎縣政府

計開每日所需副食數量列後：

食油肉斤。 盐一斤。 柴五十斤。

連長陳鼎山

報告　於本部　三十三、六月廿一日

竊因本部隊[illegible]來請照價向供銷處購買食油、鹽、柴等項可否仰懇請示遵办

謹呈

縣長王

職陳[illegible]

福闽师管区第一补充团第一营第三连关于请福鼎县政府发给采购证的公函

(1944 年 6 月 14 日)b 面　G137-001-0004

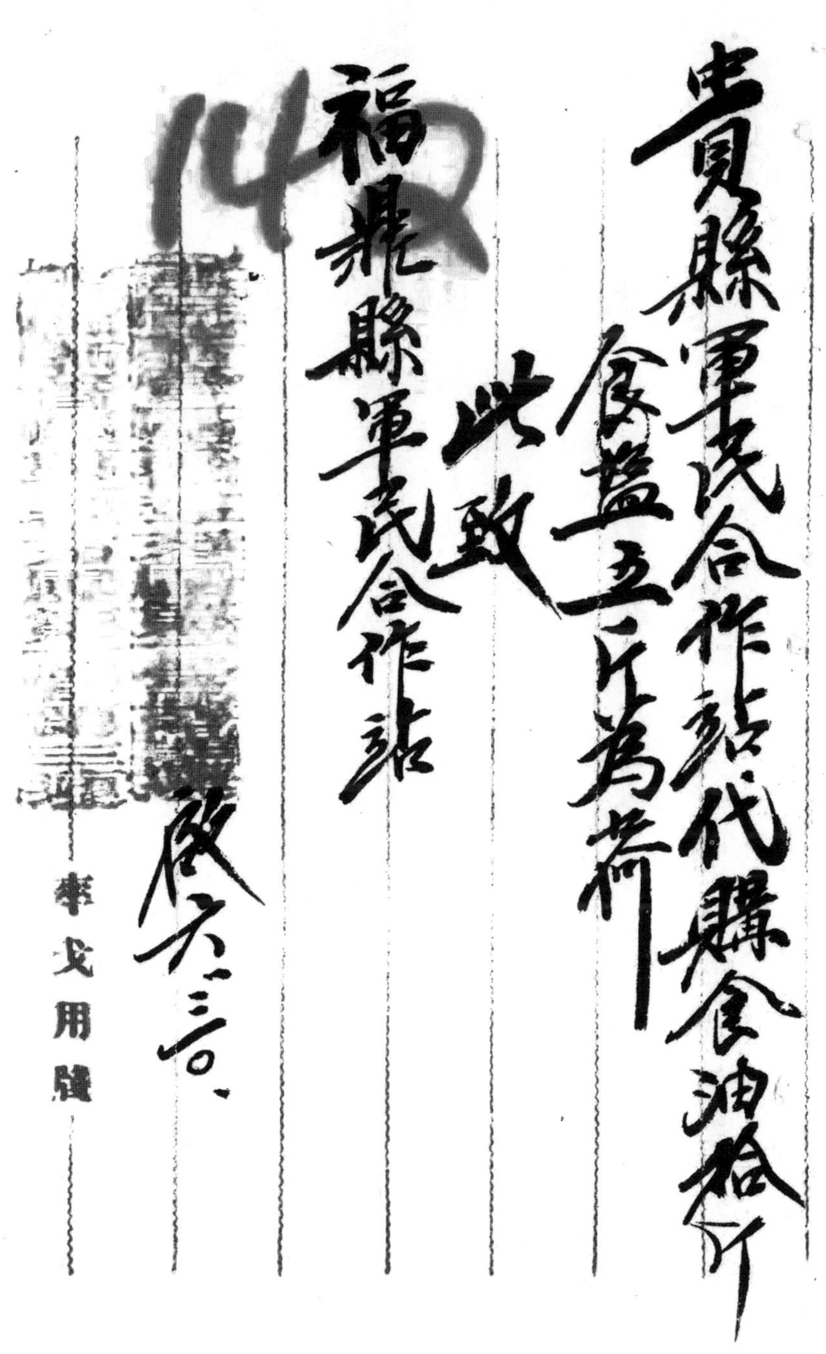

143

贵县军民合作站代购食油拾斤
食盐五斤为荷
此致
福鼎县军民合作站
民六、三〇、
李戈用笺

福闽师管区第一补充团第一营第三连关于请代购食油食盐的公函

（1944 年 6 月 30 日） G137-001-0002

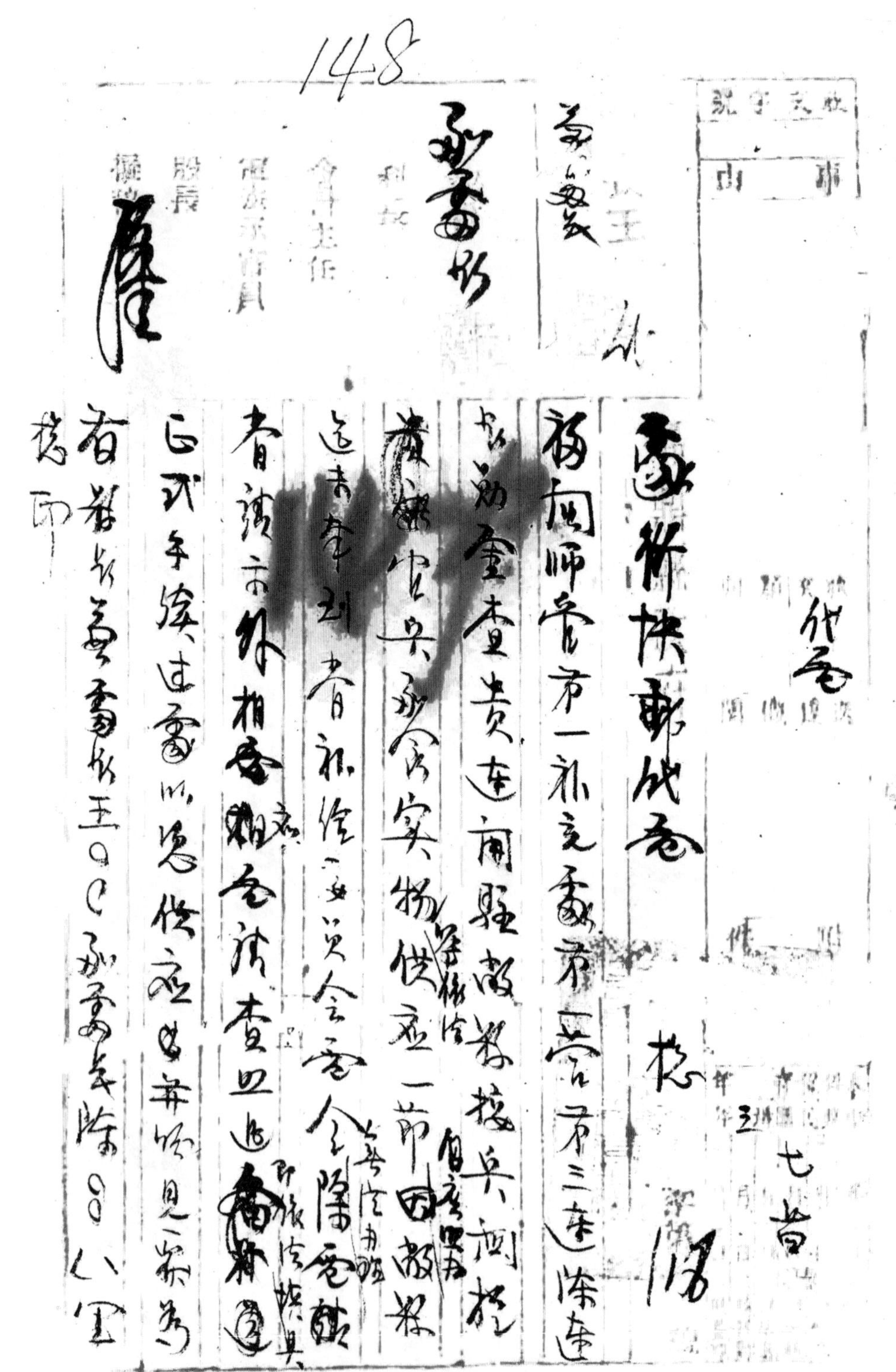

第三战区福建省福鼎县军民合作站指导分处关于未奉到省令仍请依法填具正式手续过处以凭供应的代电(1944 年 7 月 24 日)　G137-001-0002

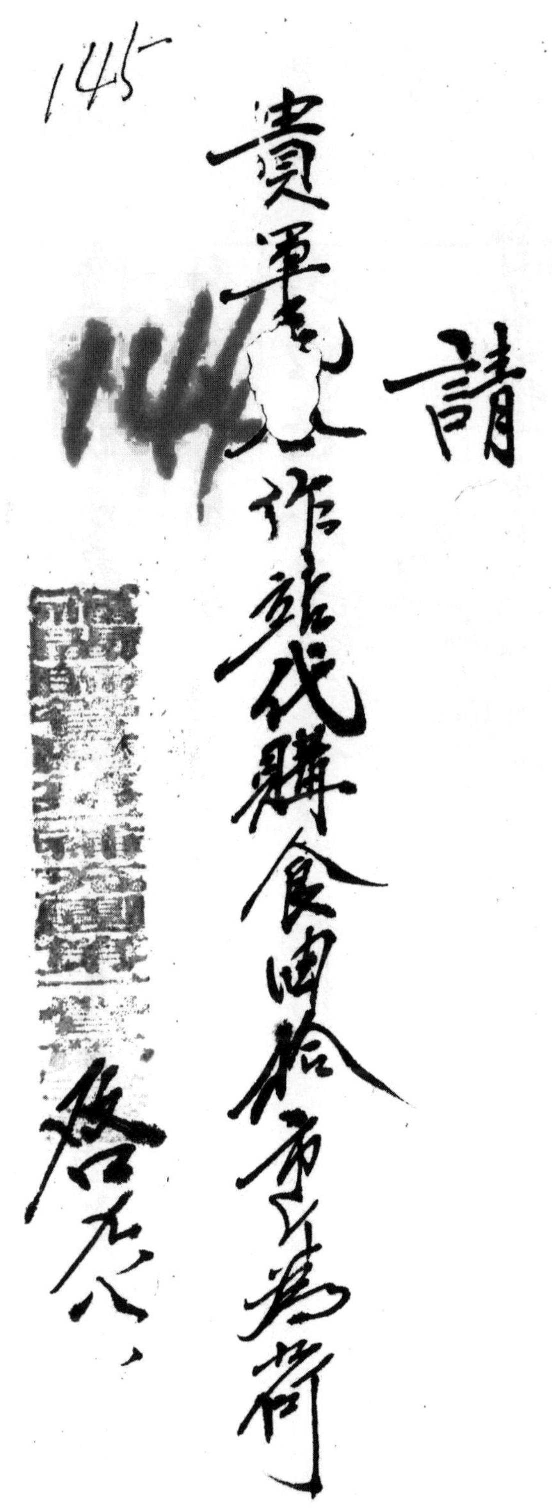
145

請

貴署合作站代購食油拾市斤為荷

啓 九、八

福闽师管区第一补充团第一营第三连连部关于请代购食油的公函

（1944 年 9 月 8 日） G137-001-0002

153

福閩師管區第二補充團第三營第十四連公函

事由：

民國三十三年十一月八日

逕啟者：查本連全體幹部暨士兵每日需要茶油叁斤、軍柴弍担（系財務函知）相應函請按照平價發售為荷。此致

福鼎縣軍民合作站

連長林虎亭

福闽师管区第二补充团第三营第十四连连部关于请按照平价每日发售茶油军柴的公函

（1944 年 11 月 8 日）　G137-001-0002

福建省补给委员会福鼎县分会关于福闽师管区第一补充团第一营第三连副食可否准予供应的电呈

（1944年11月29日） G137-001-0004

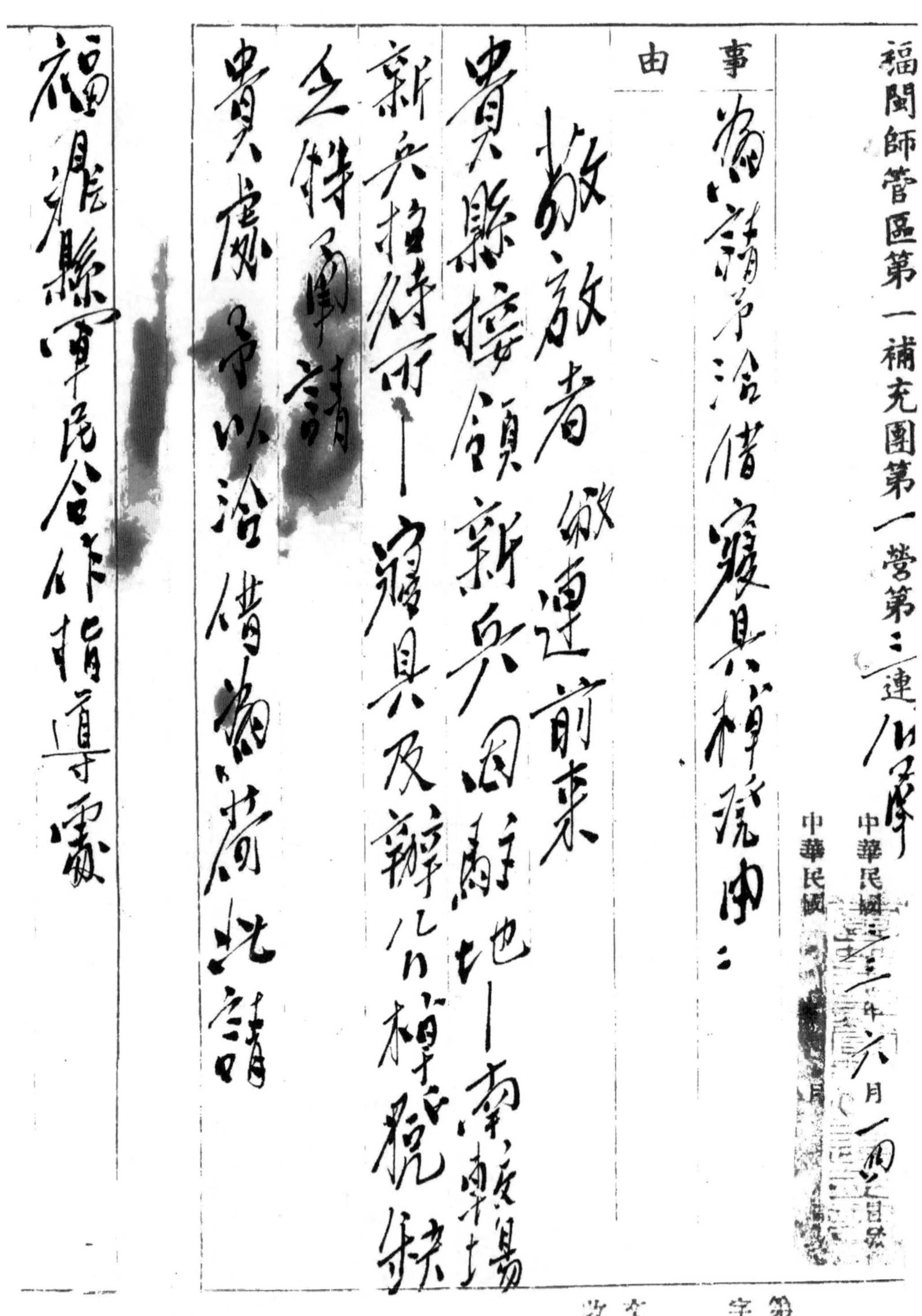
福閩師管區第一補充團第一營第三連公函

中華民國三十三年六月一四日發

事由：爲請予洽借寢具桌凳由

敬啟者：敝連前來貴縣接領新兵，因新兵駐地——南較場新兵招待所——寢具及辦公桌凳缺乏，特函請貴處予以洽借爲荷。此請

福鼎縣軍民合作指導處

收文　字第　號

福闽师管区第一补充团第一营第三连关于洽借寝具桌凳的公函

（1944年6月14日）　G137-001-0002

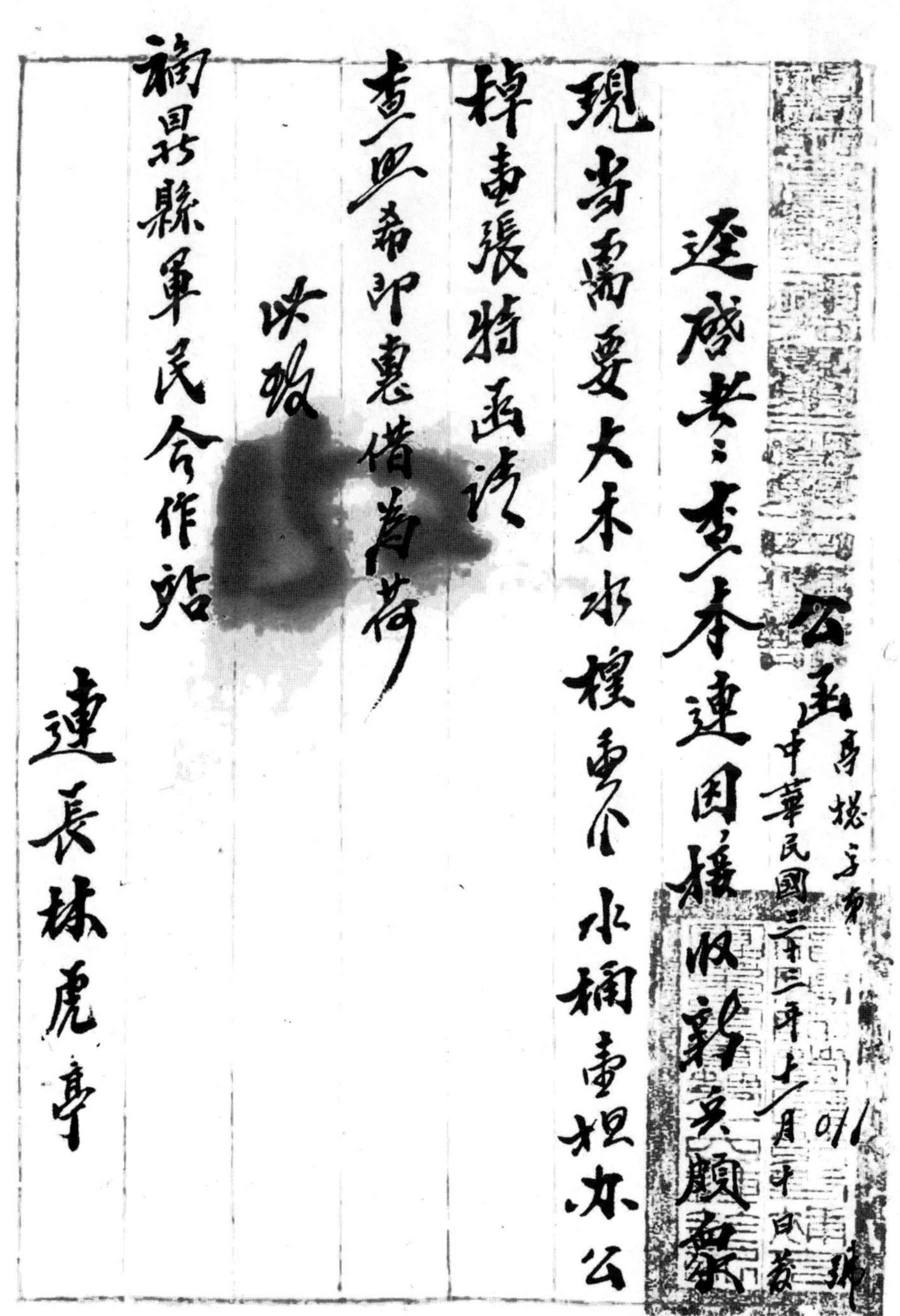
154

公函　字第　号
中华民国三十三年十一月十日发

逕啓者，查本連因接收新兵，頓感現尚需要大木水桯壹个、水桶壹担、办公棹壹張，特函請
查照，希即惠借為荷。
此致
福州縣軍民合作站
連長林虎亭

福闽师管区第二补充团第三营第十四连关于惠借水桯水桶办公桌的公函
（1944 年 11 月 10 日）　G137-001-0002

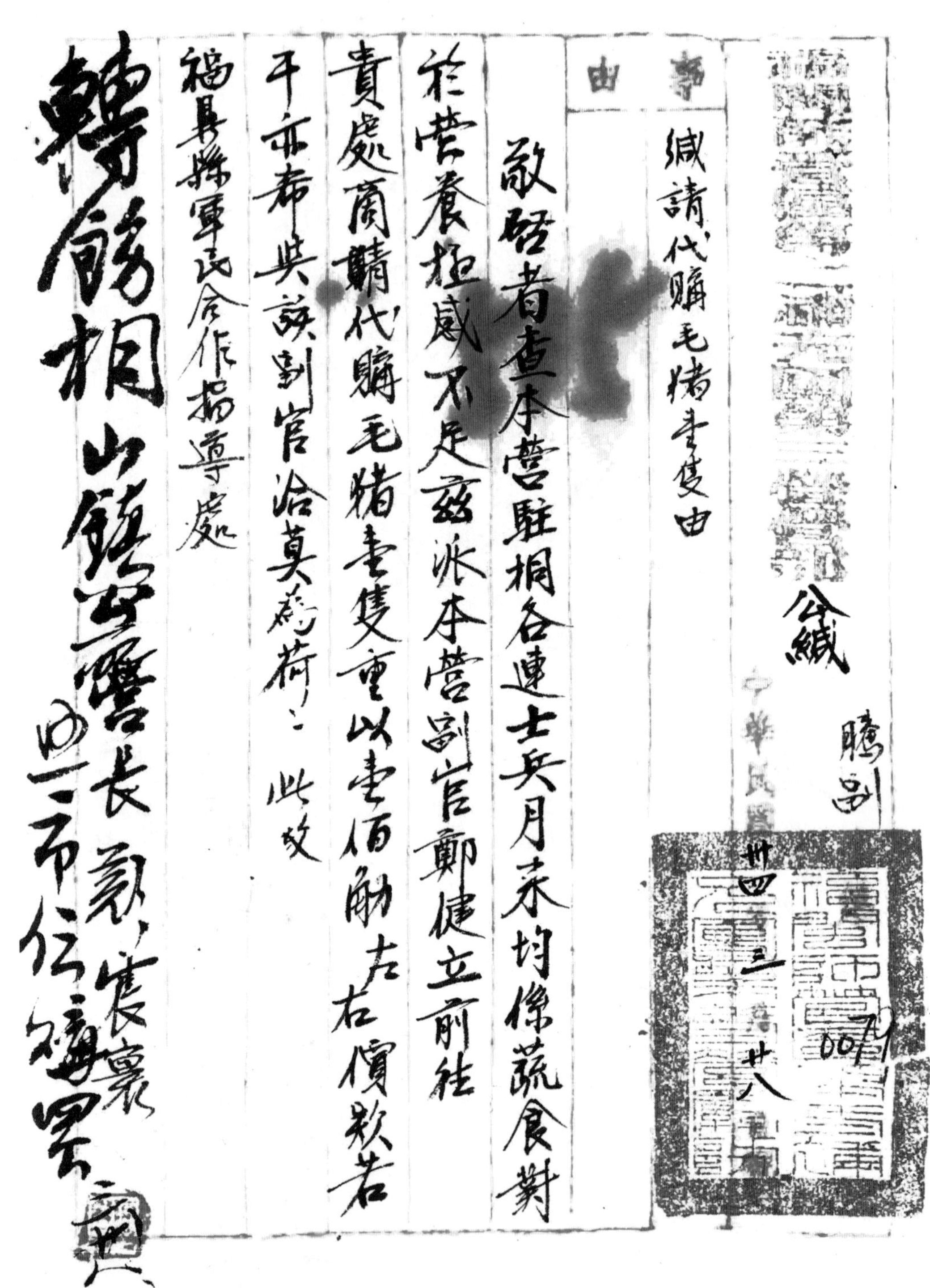

公緘

事由：緘請代購毛猪壹隻由

敬啟者查本營駐桐各連士兵月來均係蔬食對於營養極感不足茲派本營副官鄭健立前往貴處商請代購毛猪壹隻重以壹佰斤左右價款若干亦希與該副官洽莫為荷 此致

福鼎縣軍民合作指導處

轉飭桐山鎮公所

營長 劉震寰

卅四 三 廿八

福闽师管区第二补充团第三营营部关于请代购毛猪一只的公函

（1945 年 3 月 28 日） G137-001-0005

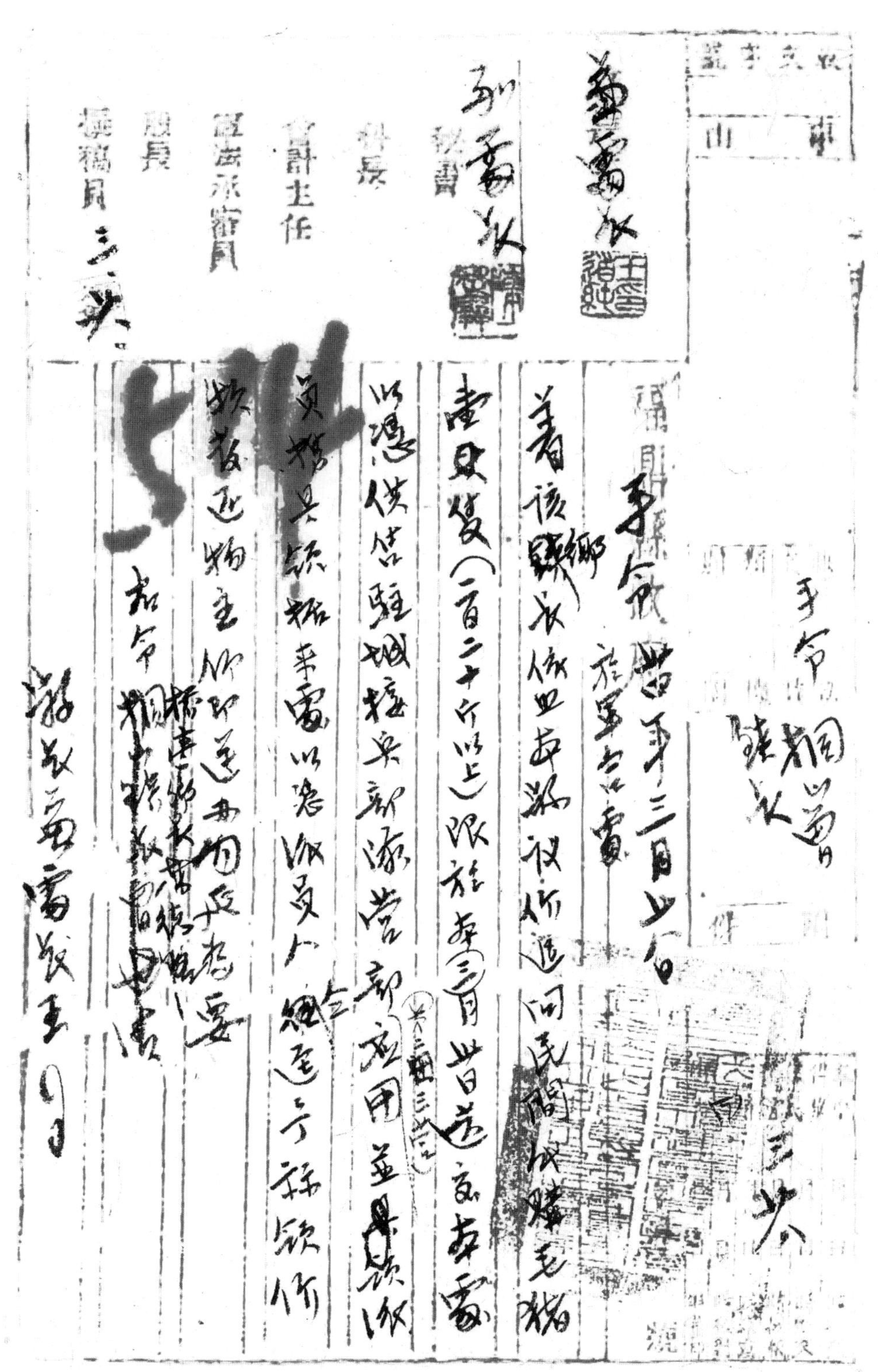

第三战区福建省福鼎县军民合作站指导分处关于桐山镇镇长迅即代购毛猪于三月三十日送交本处并派员径予算领价款发还物主的手令(1945 年 3 月 28 日)　G137-001-0005